학습의 자유

자기주도적 인간육성의 길

학습의 자유

자기주도적 인간육성의 길

칼 로저스 & H. 제롬 프라이버그 지음 | 연문희 옮김

Σ 시그마프레스

학습의 자유 자기주도적 인간육성의 길, 제3판

발행일 | 2011년 7월 25일 1쇄 발행
2014년 7월 25일 2쇄 발행

저자 | Carl Rogers, H. Jerome Freiberg
역자 | 연문희
발행인 | 강학경
발행처 | (주)시그마프레스
편집 | 김경임
교정 · 교열 | 김성남

등록번호 | 제10-2642호
주소 | 서울특별시 영등포구 양평로 22길 21 선유도코오롱디지털타워 A401~403호
전자우편 | sigma@spress.co.kr
홈페이지 | http://www.sigmapress.co.kr
전화 | (02)323-4845, (02)2062-5184~8
팩스 | (02)323-4197

ISBN | 978-89-5832-973-2

Freedom to Learn, 3rd Edition

* 책값은 뒤표지에 있습니다.

역자 서문

이 책은 우리의 교육현실을 보고 교육이 아니라 전쟁이라고 탄식하는 교사, 교육행정가, 교육학도, 학부모, 혹은 그 밖의 일반 독자들에게 참교육이 어떤 것인가를 보여 줄 책이다. 초등학교에서부터 대학원에 이르기까지, 또 불어수업에서부터 지구과학에 이르기까지 각급 학교와 다양한 교육환경에서 학생중심 수업, 인간중심 교육방법을 실천해 온 과정과 그 성과를 생생하게 보여 주고 있다. 교실에서 교사가 진실한 인간으로 학생들과 관계를 맺으며, 학생들의 생각과 감정을 존중하고, 그들에게 공감적일 때 학습은 촉진되고, 학생들의 타고난 실현 경향성이 조장된다는 감동적인 실례를 저자는 제시하고 있다.

유학시절 역자는 이 책을 읽으며 가슴이 확 열리는 듯한 심리적 해방감을 경험했고, 감동을 받아 눈물을 흘리기도 하였다. 읽을 때마다 신명나게 하는 책이어서 그 기쁨과 희망을 교육에 헌신하는 독자들과 함께 나누고 싶은 마음에서 즐거운 마음으로 번역하였다. 세월이 많이 흘렀으나 우리나라 교육의 현안은 '학습의 자유'를 그 어느 때보다도 더 절실하게 필요로 하고 있다는 믿음 때문에 제3판을 번역하였다.

이 책이 오늘날 우리 교육현장에 절실하게 필요한 이유는, 첫째로 자기주도적인 학습과 자주적이고 자율적이며 창의적인 인간육성이 크게 요구되는데 학습의 자유가 그 필수조건이기 때문이다. 자기 자신의 흥미에 따라서 자주적으로 탐구활동을 즐기고 창의적인 문제해결을 주도하는 인간이 어느 때보다도 더 필요한 세상이다. 저자 칼 로저스에 의하면 자기주도적인 학생들은 가정과 학교에서 학습의 자유를 누리고 즐겨서 자기 자신을 실현하는 사람이다.

둘째로 창의적인 학생, 복잡한 문제해결에서 수월성을 보이는 학생은 학습을 촉진하는 분위기와 촉진자 역할을 하는 교육자를 필요로 한다. 날 때부터 타고난 저마다의 자기실현 경향성은 학습의 자유가 보장되는 환경이라야 그 실현이 촉진된다. 교사와 부모들에게 유능한 촉진자가 되는 방법을 바로 이 책이 구체적으로 실례를 통해서 보여 준다. 어른 중심의 극성스러운 교육열은 학생들의 자기실현 경향성을 왜곡하거나 억압할 가능성이 많아서 오히려 건전한 성장발달의 장애요인이 될 수 있다. 그래서 우리 사회에 학습의 자유의 필요성은 더욱 절실해졌다.

셋째로 현대사회에서 우리가 꼭 배워야 할 것은 배우는 방법을 배우는 것이다. 교사가 주 임무로 생각하던 지식이나 기술의 전달은 오늘날에는 큰 의미가 없어졌다. 전자기기의 발달로 필요한 지식을 쉽게 구할 수 있는 세상이 되었고, 새로운 지식과 기술의 창출 속도가 매우 빨라져서 과거 지식의 암기나 필기는 가까운 장래에 무용지물이 되는 시대가 되었다. 오늘처럼 급변하는 사회에서는 새로운 것에 대한 호기심을 가지고, 배우기를 즐기고, 능동적으로 평생학습하는 사람만이 잘 살아남을 수 있다. 다시 말해서 현대사회는 학습의 자유를 누리며 즐겨 배우는 사람들이 자기를 실현하고 행복한 삶을 살 수 있는 세상이다.

체벌 없는 생활지도와 '학생 인권조례'의 발표가 교육현장의 뜨거운 관심사가 된 이때에 이 책은 제때를 만난 셈이다. 이 책은 아동 · 청소년 지도에 골몰하는 교사들과 학부모들에게 새로운 접근방법을 제시하고, 인간교육의 새로운 장을 열 것임을 역자는 확신한다.

원서 『Freedom to Learn』의 원저자 칼 로저스는 그가 살아 있던 1982년 연구에서 미국 상담심리학자들 중에 가장 영향력이 컸고(Heesacker, 1982; Darrell Smith, 1982), 그가 세상을 떠난 지 20여 년이 지난 2009년 연구에서도 칼 로저스는 상담전문가와 심리치료사들에게 가장 많은 영향력을 미친 학자들 중에서 또다시 1등으로 뽑혔다(Cook, 2009).

칼 로저스는 정신분석학과 행동주의 심리학에 만족하지 못하고, 제3세력의 심리학을 이끌어 간 인본주의 심리학자로서 상담심리학과 상담교육에 가장 많은 영향을 끼친 학자 중의 한 사람이다. 그는 1942년 『Counseling and Psychotherapy』를 펴내 비지시적 상담을 제창하였고, 1951년 『Client-centered Therapy』를 발간하여 비지시적 상담을 내담자중심의 심리치료로 심화 발전시켰으며, 1974년경부터 자신의 상담방법을 '인간중심 접근법(Person-centered Therapy)' 이라고 고쳐 불렀다. 1987년 타계할 때까지 그는 『On Becoming a Person』(1961), 『Freedom to Learn』(1969, 1983, 1994), 『Carl Rogers on Encounter Groups』(1970), 『Becoming Partners : Marriage and its Alternatives』(1972), 『A Way of Being』(1980) 등을 저술하여 충분히 기능하는 인간으로의 성장발달과 성장을 촉진하는 인간관계에 관해 뛰어난 업적을 남겼다. 그가 학교교육에 관심을 가지고 교육자들을 위해서 쓴 유일한 이 책 『학습의 자유』는 교실과 학교에서 혁명을 일으켰다.

『학습의 자유』는 1969년에 처음으로 출간되었으며, 1983년에는 많은 부분이 개정되었다. 이 개정판을 1990년에 완역하여 『학습의 자유—인간중심교육』이라고 제목을 붙였다. 칼 로저스가 1987년 타계한 후에 원저 집필에 긴밀하게 협력했던 제롬 프라이버그가 공동저자로 새로운 내용을 많이 첨가하여 1994년에 제3판이 나왔다. 『학습의 자유』 제3판이 우리 사회가 갈구하는 자기주도적인 학습과 창의적인 인간육성 방법을 구체적으로 제시하고 있음에 착안하여 '자기주도적 인간육성의 길' 이라는 부제를 달기로 하였다.

제3판은 이렇게 새로워졌다. 칼 로저스가 쓴 제2판의 내용을 거의 그대로 게재한 부분은 4장, 5장, 7장, 8장, 11장과 14장 등 모두 여섯 장이다. 공동저자 제롬 프라이버그가 새로 집필하여 삽입한 부분은 1장, 6장, 12장, 13장, 17장과 부록이다. 그리고 제2판의 내용을 첨삭하여 개정한 부분은 2장, 3장, 9장, 10장, 15장과 18장이다. 학교 현장의 새로운 사례와 최근의 학술연구 결과가 크게 보강되었다.

원서의 2판과 3판을 비교하면서 달라진 부분을 일일이 가려내어 역자에게 도움을 준 청소년과 놀이문화연구소 한기철 간사와 『학습의 자유』에 심취하여 번역을 재촉한 전국재 박사에게 고마움을 전한다. 그리고 잉태한 아이의 출생을 고대하듯이 이 책을 기다린 아내 조희숙 덕분에 번역의 진도가 빨라졌으니 참으로 고마운 일이다. 끝으로 학습의 자유의 중요성을 간파하고 제3판을 흔쾌히 맡아서 출판해 준 (주)시그마프레스 강학경 사장, 정성을 다해 교정해 준 김성남 씨와 편집부 여러분에게 감사의 말씀을 드린다.

2011년 6월

역자 연문희

머리말

내 아버지, 칼 로저스는, 꽤 혁명적이었다. 인본주의 심리학의 창설자 중 한 명으로 그는 국내외에서 널리 사용되고 있는 상담과 심리치료이론으로 내담자중심 접근법을 제창하였다. 겸손한 외모와 평범한 스타일의 옷을 즐겨 입은 칼 로저스는, 표현된 말의 내용은 물론 정서적인 의미를 진정으로 들을 수 있는, 남다른 능력으로 사람들을 자주 놀라게 하였다. 무엇보다도 그는 개인의 존엄성과 가치를 소중히 여겼고, 만일 적절한 환경이 조성되면 개인의 자기지도능력이 촉발된다는 것을 믿었다. 여러 해 동안의 신중한 연구결과 그는 안전하고 지지적인 환경은 사람마다, 어린이들까지도, 자기발견, 자기존중 및 자기주도적인 학습의 길로 나아가게 한다는 신념을 입증하였다. 그는 안전한 환경을 조성하는 방법을 구체적으로 기술하였다. 기본 전제는 만약에 교사, 부모, 혹은 카운슬러로서 우리가 진실하고, 아끼고 사랑하며, 공감적이면서 일치성이 있으면, 우리는 다른 사람의 성장과 학습능력을 조장하게 된다는 것이다. 그것은 참으로 단순해 보이지만 사실은 그렇지가 않다. 그 방법과 원리가 이 책 속에 명료하게 전개된다.

비록 칼 로저스의 초기 저술은 심리치료분야를 내포하지만, 그와 그의 동료들은 그들이 발견한 심리학적인 진실이 교육, 조직발달, 갈등해결, 혹은 중재에도 적용될 수 있다는 것을 곧 깨달았다. 『학습의 자유』 초판과 재판은 답답하던 교육현장에 서명을 비추었다. 그 책은 인본주의적 가치를 믿는 교사들에게 지지를 보냈고, 교실에서 혁신적인 개혁을 고취하였다. 그러나 안타깝게도 이 시기에 많은 정책결정자들은 학생들로 하여금 그들의 흥미분야를 스스로 탐색하는 학습보다는 타인이 계획하고 지도하는 학습으로 되돌아가게 하였다. 보수주의적 반동이 학교현장의 교육내용과 방법을 경직시키고 만 것이다.

칼 로저스가 그랬던 것처럼 나는 미국은 물론 전 세계의 장래가 어린이 한 사람 한 사람의 창의적인 생명력을 육성하는 데 달려 있다고 믿는다. 교사와 부모로서 우리는 그 창의력의 섬세한 새싹을 우리 손안에 가지고 있다. 그것은 쉽게 상처받거나 망가질 수도 있다. 나는 내담자나 학생들로부터 다음과 같은 말을 자주 듣는다. “우리 선생님은 제가 쓴 작문을 싫어하셔서 저는 쓰기를 포기했어요.” 혹은 “제 인생과는 아무 상관없는 지식들을 배워야 하기 때문에 저는 학교를 뛰쳐나왔어요.” 혹은 “미술선생님이 C 학점을 주시기에 전 미술을 집어치웠어요.”

창의적으로 생각하고 행동하는, 인간적인 삶을 소중히 여기는, 분별 있는 결단을 할 수 있는 젊은이들, 그리고 싸움보다는 대화와 타협을 할 줄 아는 젊은이들이 요구되는 세상이다. 이런 가치의 수호자로서 우리는 자유와 책임을 조장하는 학습 환경을 확립할 책임이 있다. 만약 당신이 어린이를 사랑하고, 그들의 호기심을 즐기고, 어떤 배경이나 상관없이 그들이 배우고 성장할 능력이 있음을 믿어 주고, 그들의 발달을 조장하는 새로운 방법을 발견하고 싶다면, 그렇다면 당신에게 이 책은 가치 있고 유용할 것이다.

만약에 당신이 건전한 교육체제에 관심이 있는 교사, 학교행정가, 부모 혹은 젊은이라면 이 책은 당신에게 흥미진진할 것이다. 나는 고등학생과 대학생들이 이 책을 읽기를 권장한다. 왜냐하면 학생들이 창의적인 학습풍토에 대한 권리를 주장할 때에 대책이 곧 나올 것이기 때문이다. 나는 젊은이들을 믿는다. 세 딸과 네 명의 손주들과의 나의 경험은 자녀들과 손주들(칼 로저스의 증손주)의 상승하는 역량이 창의적이고, 건설적이며, 정보가 풍부한 생각과 행동 면에서 우리를 능가한다는 점을 끊임없이 되새기게 한다. 그런 어린이들이 무럭무럭 자랄 수 있는 정원을 만들려면 인간중심적인 학습의 촉진자와 멘토들이 있어야 한다.

독자들은 아마도 우리 부모님이 나와 동생 데이비드에게 제공한 교육방법에 관심이 있을지 모른다는 생각이 났다. 우리 부모님이 소중하게 여긴 그 당시 진보주의 교육이라고 이름한 것과 학생으로서의 나의 경험의 단면을 여기서 보여 주고자 한다. 그 단면들은 평생 지속될 학습경험이 어떤 것인지를 보여 줄 것이다.[1]

내 경험에 의하면 자발성과 자기표현은 무비판적이고 수용하며 격려하는 분위기에서 양육된다. 뉴욕 주 로체스터에 있는 할리학교(Harley School)에서 나는 그런 교육기회를 가졌다. 비록 부모님은 경제공황을 겪는 어려운 시절이었지만 그들의 우선순위는 나와 동생 데이비드를 진보교육을 하는 사립학교에 보내는 것이었다. 학급은 아주 작아서 겨우 15명에서 20명 정도였고, 배우는 즐거움을 조장해 주었다. 우리의 호기심과 자유로운 정신은 칭찬받았다. 우리 학교와 가정 분위기는 순응하는 것은 막다른 골목이라는 메시지를 주었다. 우리는 자주독립적인 사고와 인간이 되도록 격려받았다.

할리학교에 다니는 동안 1학년부터 6학년까지 미술시간은 자주 있었다. 미술교실은 넓고, 밝고, 시원했으며 도자기 녹로, 화가 등 많은 기자재로 꾸며 있었다. 소묘, 조각, 그림그리기, 공작, 혹은 콜라주를 할 수 있었다. 무엇을 하든지 자유로웠다. 나는 특별히 미술교실 유리창 밖 사과나무에 하얗고 빨간 꽃이 피어오르는 것을 보고 감명을 받았다. 나는 화가를 세워 놓고 그 장면을 그리려고 열정적이었다. 나는 마음에 드는 결과를 얻지 못할 때 선생님에게 도움을 청했다. 선생님은 내가 틀렸다는 말을 한 번도 한 적이 없었다. 그는 색을 혼합하는 실험을 보여 주었고, 원하는 결과를 얻는 방법을 제안해 주었다. 최초로 나의 자발성과 창의력이 터져나왔다. 내가 필요해서 요청한 다음에나 기술적인 조력이 뒤따랐다. 즉 "해 봄으로써 배우게 된다"는 철학이었다.

학교에서 집에 돌아와 동네 친구들에게 내 작업에 대하여 이야기했더니, 그들이 다니는 공립학교 미술시간에 대하여 말하는 것을 듣고 나는 슬퍼졌다. 그들은 책상에 앉아서 작은 종이 한 장을 받아서 무엇을 어떻게 그릴 것인지 시키는 대로 그렸다. 미술을 하는 즐거움이 전혀 없어 보였고, 단지 내가 제대로 그렸는지, 내 점수는 얼마나 될까 하는 질문만 하고 있을 뿐이었다.

아버지가 콜럼버스에 있는 오하이오주립대학교 정교수로 부임했을 때 나와 동생은 그 대학교 사범대학 부속학교에 다녔다. 열성적인 젊은 교생들이 새로 학습한 기술을 실습하는 곳이었다. 나는 다시 선택의 자유와 자주적인 학습이 강조되는 교육환경에 놓이게 되었다. 중핵 교육과정은 학생 스스로 공부할 영역을 선택하고, 계획을 세워서 필요하면 연구를 실행하고, 교실에서 발표하는 것이었다. 우리는 단계마다 창의력과 독창성을 발휘하여 생각하고, 자기주도적인 인간이 되도록 훈련받았다.

나의 가장 추억에 남는 연구계획은 교육과정에 대한 나의 어린 시절 흥미를 보여 주는 것이었는데, 9학년 때 고안하고 수행한 연구였다. 나는 몇몇 초등학교의 철학과 교수

방법을 비교하였다. 아직도 내가 보관하고 있는 35쪽짜리 보고서의 서문은 다음과 같은 질문을 던지고 있다. 교육철학에서 차이점은 어떤 것인가? 진보주의적인 학교와 비교해 볼 때 보수적인 학교의 철학과 교수방법은 어떠한가? 내 목적은 어느 쪽이 더 좋은 방법인지를 보여 줄 자료를 수집하는 것이었다.

나는 보수적인 방법과 진보적인 방법의 실례를 보여 주는 초등학교 세 군데를 방문하였다. 나는 분위기에 대한 구체적인 관찰기록을 남겼다. 이동식 책걸상인가, 고정된 책걸상인가, 엄격한 규칙에 순종을 요구하는 교사의 행동과 반대로 학생들에게 경청한 후에 방법을 제안하므로 학생들을 존중하는 교사의 행동 등을 기록하였다. 전통적인 학교를 관찰한 기록에는 "인간들 대신에 꼭두각시가 책상에 앉아 있는 것 같다."라고 쓰여 있다. 진보적인 학교 4학년들에 대한 나의 논평은 "어린이들은 교사의 도움을 받으며 오후에 각자가 공부할 것을 계획하는 책임을 진다. 이것은 어린이들 주변세계와 그 문제를 생각해 보게 함으로써 매우 유익할 것으로 생각한다. 만약 학생들이 할 것을 교사들이 미리 계획했더라면 그들이 지금처럼 흥미를 느끼지 못했을 것이다. 원하는 것을 발견하기 위해서 어떻게 할 것인지를 계획하는 것이 일하는 즐거움의 반은 되는 셈이다."였다.

학교 교장선생님에게 보낸 쪽지에서 담임선생님은 다음과 같이 쓰셨다. "나탈리는 어른들이나 교육학을 전공하는 대학생들도 흔히 간과할 문제에 어린 손을 댔습니다(내 나이 13살 때 일이다). 저는 이것이 자기주도적인 학습을 강조하면 무한한 기회를 제공하게 된다는 좋은 사례라고 생각합니다."

이 보고서에서 나는 독일 독재정권의 교육과정과 민주사회의 그것 사이에는 차이가 있음을 여러 번 언급하였다. 그것은 내가 유럽의 갈등에 대하여 깊이 고민하고 있었음을 보여 준 증거이다. 제3제국이 나타나기 시작할 때 나의 정치적인 감각이 싹트고 있었다.

내가 성장한 교육제도의 철학과 가치관은 나의 창의력을 조장해 주었다. 대신에 나는 그 가치관을 다른 이들을 위하여 유사한 분위기 조성에 사용해 왔다. 이 철학은 다음과 같은 가치를 내포한다. 호기심과 실험정신의 격려, 개인의 자유와 책임을 존중하기, 판단이나 학점 대신에 지지와 건설적인 비판하기, 결과보다는 창의적인 과정을 중시하기, 교사가 미리 정한 목표가 아니라 학생 자신의 흥미와 목표를 추구하기, 그리고 개개인의 내적인 진실을 존중하기 등이다.

미국인들은 전에 있었던 것은 무엇이나 기정사실로 받아들이는 경향이 있다. 그러나 내 견해로는 사실은 교육에서 여러 실험들이 오늘날 진실로 수용되는 학습원리를 창출했다고 본다. 칼 로저스의 방법과 지혜는 오늘날 절실하게 요구된다.

『학습의 자유』를 개정하자는 제안이 나왔을 때 나는 칼 로저스의 역저를 감히 누가 향상시킬 수 있을까 하는 의구심이 생겼었다. 그러나 훌륭한 교사이며 어린이와 청소년들(특별히 교육제도에 의하여 제대로 혜택을 받지 못한 이들)의 헌신적인 촉진자인 제롬 프라이버그(Jerome Freiberg) 박사는 탁월하고 참신한 자료와 저술로 그 책에 새로운 차원을 첨가하였다. 『학습의 자유』 제3판은 교사와 행정가 모두에게 영감을 불어넣을 것이다.

프라이버그 박사는 로저스가 초판을 집필한 이래로 25년 이상 진화 발전한 교육의 실제를 반영하기 위하여 『학습의 자유』를 개정하는 데 거의 3년을 보냈다. 전국을 여행하면서 그는 학생중심적인 학교 학생들과 대화하였다. 이런 만남을 통하여 그는 '학생들이 학교를 사랑하는 이유' 를 발견하였다. 새로운 한 장이 그렇게 탄생한 것이다. 학생들의 필요를 중심으로 교육하는 교사와 행정가들과 인터뷰한 내용이 "촉진자로서의 행정가" 라는 새로운 중요한 장이 되었다.

통제가 학생들을 향상시킬 것으로 잘못 믿고, 과잉 통제하는 학교들이 있다. 그러나 통제와 규제가 심한 학교들은 숨 막히고 두려운 학습분위기를 만들게 된다. 민주적인 학교와 교실에서의 경험이 부족한 교사들은 종종 "학생들에게 자유를 주고 나면 규율은 어떻게 되는 것인가?" 라는 질문을 한다. 이 중요한 질문에 답하기 위해서 프라이버그 박사는 "인간중심 교실에도 규율이 있는가?" 라는 장을 집필하였다.

인간중심 학습에 대한 20년의 연구가 "교육에서 인간중심적 쟁점에 대한 학술 연구" 라는 장에 요약되어 있다. 프라이버그의 25년 동안의 교육현장체험이 "자유를 신장하는 방법" 의 장에 제시된 견해와 실례에서 분명하게 드러난다. 마지막 두 장 "새로워지는 학교 : 인간중심적인 조망" 과 "몇 가지 상념" 은 모든 어린이들을 건강하게 돌봐 주는 면학 분위기를 지지하는 우리 각자의 역할에 다시 직면해 보게 한다.

제3판은 칼 로저스의 가치관과 스타일에 일치한다. 우리 아버지가 그의 철학이 계속해서 번창하고 성장한다는 점에서 기뻐하실 것을 나는 알고 있다. 85세의 나이에도 그는 새로운 관점, 새로운 사고와 지각에 개방적이었다. 그는 제자들이 그의 견해를 고정시키기를 원치 않았고, 그가 발견한 것을 취해서 더 발전시켜 나가기를 희망했다. 『학습의 자유』 제3판은 인간중심적인 학습의 목표를 달성하는 여정에서 우리가 한층 더 전진하게 할 것이다.

1993년 8월 캘리포니아 산타로자에서
『출현하는 여성 : 중년 변환기의 10년』(1980),
『인간중심 표현예술치료 : 창조적 연결』(1993)의 저자
나탈리 로저스 박사

참고문헌

1. *Positive Regard: Carl Rogers and the Notables He Inspired*, edited by Melvin Suhd, Science and Behavior Books, Palo Alto, CA., forthcoming in 1994.

저자 서문

> 현대교수법이 천부의 지적 호기심을 온전히 질식시키지 못한 것은
> 사실은 기적에 가까운 일이다. 왜냐하면 섬세한 이 작은 싹은
> 지극이 아니라 주로 자유를 필요로 하는데
> 자유 없는 호기심은 반드시 말라죽기 때문이다.
> **-앨버트 아인슈타인-**

탁월한 심리학자이며 인본주의 교육의 현대 아버지인 칼 로저스는 1969년에 『학습의 자유』 초판을 집필하였다. 그 책은 교사인 그의 조카가 보다 더 학생중심적이라야 할 선생님들에게 로저스의 도움이 필요하다고 요청하여 저술하게 된 것이다.

교육에 관한 칼 로저스의 견해는 한평생 카운슬러이며 심리학자로서의 그의 철학과 사람들과의 상호작용의 경험에서 나온 것이다. 그는 일상적으로 쥐의 행동을 연구하고 실험실에서 실험을 강조하던 심리학 분야에다 사람들의 경험을 이끌어 내어 의미를 부여하는 현대화된 사례연구의 선구자가 되었다. 칼 로저스는 1940년대와 오늘날까지도 전문 심리학 학술지에 널리 쓰이던 지극히 공식화된 3인칭 논문작성법을 타파하였다. 그는 사적으로 의사소통하듯이 1인칭을 사용하여 독자들과 직접 대화하였다.

책을 개정하는 일은 언제나 기죽이는 경험이다. 『학습의 자유』의 개정은 교육에 관한 중대한 진술을 새롭게 할 기회와 그 내용의 진수를 보여 주는 도전을 맛보게 했다. 『학습의 자유』는 1983년에 1969년도 초판을 개정한 바 있다. 그 개정판에서 칼 로저스는 인간

중심 상담의 적용에 대한 연구자료와 초등학교에서 대학에 이르기까지 사람들이 교육현장에서 경험한 인간중심 학습의 결과를 제시하였다. 칼 로저스는 그 개정판을 위해서 많은 연구자와 교육자들을 물색했는데 내가 그 기고자들 중 한 명이었다. 1983년도 개정판에서 나의 역할은 인간중심교실의 사례와 연구결과를 제공하는 것이었다. 그리고 준비과정의 원고에 내가 논평을 하기도 하였다. 그 책을 집필하는 과정에서 칼 로저스와 나는 수정이 필요한 것에 관하여 의견교환도 하였다.

지난 20년 동안 나는 교사와 학생이 가르치고 배우는 환경을 개선하는 일에 헌신해 왔다. 나는 6학년 교사이면서 로드아일랜드 주에 있는 어느 도심 중학교의 팀의 지도자였다. 그리고 경계가 아주 심한 교도소의 자원봉사 교사, 서부 매사추세츠의 시골 중·고등학교 대리교사, 그리고 휴스턴에서는 지역사회와 함께 가르치는 교사연합 프로젝트의 책임자로 일했다. 나는 또한 휴스턴대학교에 있는 빈민지역학교 연구소와 빈민지역 교육연구소 소장을 지냈다. 나는 웨스트버지니아 프레스턴으로부터 캘리포니아 던스뮤어에 이르는 전국의 교사들과 함께 일하는 즐거움도 경험하였다.

그동안의 연구와 학교에서의 현장 체험과 1983년도 개정판 『학습의 자유』에 기고했던 글 때문에 칼 로저스의 딸 나탈리 로저스와 메릴 맥밀란 출판사가 나에게 제3판 개정판의 공저를 요청해 왔다. 이런 사연으로 교육분야에서 가장 중요한 글을 포함하고 있는 『학습의 자유』에다 1990년대 조망을 비추는 겸손한 작업을 시작하게 되었다. 제3판은 같은 제목을 가진 초기의 집필을 개정한 것이다. 어떤 장은 여전히 적절하여 거의 수정 없이 그대로 보전하였지만, 책의 반 이상은 최근의 경험을 통합한 새로운 자료로 구성되어 있다. 예를 들면 1980년에 했던 인터뷰를 같은 학교에서 1992년에 재실시했더니 그 결과는 놀랄 만한 것이었다. 학습에 관한 칼 로저스의 견해와 관점을 충실하게 유지하려는 노력은 독자들과 그의 1인칭 대화를 보전하는 것만큼이나 힘들었다. 나탈리 로저스와 출판사와 나는 1인칭 대화를 그대로 유지하기로 결정하였다. 칼 로저스의 글과 나의 것을 구별하려고 몇 가지 안을 의논한 끝에 책의 말미에 각 장마다 저자의 이름을 주석으로 표시하기로 결정하였다. 칼 로저스의 철학과 견해에 충실하려는 것이 우리의 첫 번째 목표였고, 그래서 단어나 문장이 첨가될 때마다 저자를 밝히는 것은 그의 저술에서 명확한 의사소통을 추구했던 로저스의 의도를 거스르는 일일 것이다.

1902년 칼 로저스의 탄생은 출발이었고, 1987년 2월 그의 사망은 종착지였으나 그의 85년의 생애는 놀랄 만한 여정이었다. 그가 저술, 개인적인 만남, 강연회를 통해서 많은 사람들에게 제공한 기쁨과 삶의 축하연이 곧 그의 기념비이다. 『학습의 자유』 제3판은 칼 로저스가 우리에게 남겨준 유산 — 인간의 중요성에 대한 자각 — 을 계속 향상시킬 것으로 믿는다.

나는 칼 로저스의 가장 가까운 동료였던 두 사람 하워드 커센바움(Howard Kirschenbaum)과 밸러리 헨더슨(Valerie L. Henderson)의 눈으로 본 칼 로저스 인생의 지도원리를 인용하는 것으로 이 서문의 끝을 맺고자 한다.

> 모든 인간은 개인적으로 만족스러우면서 사회적으로는 건설적인 방법으로 그들의 삶을 이끌어 갈 능력을 그들 자신의 내부에 가지고 있다. 조력관계의 특수한 형태 속에서 우리가 그들을 자유롭게 도와주면 그들의 내적인 지혜와 자신감을 발견하게 되어 그들은 점점 더 건강하고 건설적인 선택을 하게 될 것이다(p. xiv).[1]

H. 제롬 프라이버그(H. Jerome Freiberg)

참고문헌

1. H. Kirschenbaum and V. L. Henderson (eds.), *The Carl Rogers Reader*. (Boston: Houghton Mifflin, 1989).

차례

제2부 교실에서의 자유와 책임

제3부 교사를 위하여

개론

우리 교육제도가 우리 사회의 진정한 필요를 충족시키지 못하고 있다고 나는 생각한다. 학교는 우리 시대의 가장 전통적이고, 보수적이며, 경직된 관료적 기관이고, 변화에 대한 저항이 가장 심한 기관에 속한다. 이 말은 정확하지만 그것이 전체 상황을 다 묘사한 진술은 아니다. 새로운 발전, 즉 대안학교, 창의적인 교실, 자율학습의 기회 등과 같은 온갖 종류의 모험적인 시도가 헌신적인 교사, 행정가, 그리고 부모들에 의해서 수행되어 온 것도 사실이다. 『학습의 자유』를 개정하는 주목적은 교육계에 이와 같은 새로운 경향, 새로운 희망을 촉진하기 위한 것이며 동시에 한층 더 발전된 방법을 제시하기 위한 것이다.

또 하나의 큰 목적은 우리의 가장 소중한 자연자원, 즉 우리 자녀들과 젊은 사람들의 지성과 감성의 계발을 돕자는 것이다. 그들의 호기심, 배우고자 하는 열정, 어렵고도 복잡한 선택을 할 줄 아는 능력이 우리 세계의 미래를 결정하게 될 것이다. 우리가 이 파괴되기 쉬운 지구를 보전하며 건강한 사람이 살 만한 미래를 건설하고자 한다면, 우리는 빈민가의 기죽고 소외된 젊은이들, 목적 없이 방황하는 부유층 자녀들, 그리고 진지하고 사려 깊은 어린이들, 이런 모든 젊은이들의 도움을 받아야 한다. 그 도움을 보장받는 유일한 방법은 우리 젊은이들이 심오하고 광범하게 배울 수 있도록 돕는 것이고, 무엇보다도 배우는 법을 배우도록 도와주는 일이다. 어느 한 권의 책이나 어느 한 사람이 그와 같은 목적을 성취할 수는 없는 일이다. 그러나 우리 모두가 각자의 몫을 감당할 수는 있다. 나는 이 책을 통하여 그 목적달성에 크게 이바지하고자 한다.

이 개정판은 역사상 중요한 시점에 나타나게 되었다. 지난 10년 동안 이 나라에서는 교육자들이 '기본'을 가르치자는 쪽으로 선회하였다. 어린이들이 무엇을 배우고 할 수 있는지에 대한 우리의 기대를 낮추었다. 이런 경향이 학교교육의 핵심이고 본질이 될 수 있는 창의성의 많은 부분을 고갈시켜 왔다.

학습에 대한 최소한의 기대에 부응하여, 많은 교사들은 창조적인 것에 대하여 두려워하거나 위축되어 있다. 중학교 3학년 교사가 "내가 하고 있는 일을 나는 늘 두 번 생각해 본다. 내 학습지도안에 문제의 소지는 없는가, 만약 있다면 나는 그것을 사용하지 않겠다. 학생들이 판단해야 할 자료는 사용하지 않을 것이다."

학생들은 지금 판단할 기회가 주어지지 않으면 미래에 어떻게 판단할 수 있을까? 중학교 3학년은 머지않아 개인적으로는 물론 정치적, 사회적, 국제적으로 논쟁이 가득한 세계에 직면하게 될 것이다. 그들은 자신의 삶과 그들의 가족 및 사회에 영향을 주는 판단, 선택, 결심에 참여하게 될 것이다. 그러나 그 교사의 표현과 같은 겁에 질린 태도가 만연되어 있는 한, 학생들은 이 복잡한 세계의 삶에 대비할 만한 경험을 학교에서 할 수 없게 된다. 그들은 논쟁의 여지가 있는 문제토론에 참여하지 못할 것이고, 해결해야 할 새로운 복잡한 문제를 경험해 보지 못할 것이며, 책임 있는 결단과 승복하는 법을 배우지 못할 것이다. 교사이자 학부모인 한 분이 자기 아들에 대한 걱정을 다음과 같이 요약해서 표현한다. "나는 우리 집 아이가 비평할 줄 알고, 생각할 수 있기를 바랍니다. 생각할 줄 모르는 국민들은 독재정권을 낳게 합니다."

이 책은 매우 확실한 입장을 취하고 있다. 젊은이들을 신뢰하는 입장이다. 교사가 창출하는 진정으로 인간적인 분위기에서는, 학생은 자신이 존중되는 것을 발견하게 될 것이고, 책임감 있는 선택을 할 수 있게 되고, 배우는 즐거움을 경험하고, 많이 알며, 지식과 기술이 뛰어나고, 미래에 자신감 있게 대처하는, 효율적인 시민으로서의 삶의 기초를 닦을 수 있다는 증거를 이 책은 제시한다. 1992년에 보고된 앨런 스테클러(Allan Steckler)와 그의 동료들의 연구(*American Journal of Health Promotion*)에 의하면

교실, 학교, 지역사회에서 서로 돌보고 지지하는 분위기는 건강을 증진하는 가장 좋은 예측인자이다.[1]

저자, 전문가, 정치인 및 정부 관료들이 촉진적인 교사가 늘 알고 있었던 것, 즉 인간애가 학교에서 가장 중요한 요소임을 갑자기 발견했다는 것은 주목할 만한 일이다. 매일같이 학술지, 신문, 잡지 등에는 기본적인 것을 넘어서 더 풍요롭고 보람 있는 학습경험을 하는 교사, 학교, 학생들에 관한 기사가 실리고 있다. 최근에 교육기관들은 교실과 학교에서 인간적인 요소를 기꺼이 실험하려는 것처럼 보이는데, 그것은 교사와 학생의 역할에 대한 근거 있는 철학에서 나왔다기보다는 아마도 과거의 생각이나 방법은 아무 소용이 없다는 것을 깨닫고 절망한 데서 나온 현상이다. 학습을 위한 새로운 착상과 기회가 오늘날 어느 때보다도 더 시급해 보인다.

학교와 교실을 개방하려는 이들의 새로운 시도는 마치 우후죽순처럼 솟아오른다. 그래도 질문은 여전히 남아 있다. 이런 현상은 내용이 부실하여 다시 움츠러들고 사라질 것인가? 아니면 다음 세대들이 무럭무럭 성장할 토대를 우리가 건설할 수 있을 것인가?

이 책에서 여러분은 진정한 인간인 교사들이 학생을 진정한 사람으로 대해 주는 예를 많이 발견하게 될 것이다. 여러분은 학생들의 마음이 열려서 읽기, 쓰기, 산수와 같은 것을 창조적인 방법으로 공부하는 모습을 보게 될 것이다. 여러분은 교사들이 책임질 줄 아는 자유, 의미 있는 학습의 흥분이 지속되는 자유를 제공하는 교실을 발견하게 될 것이다.

1969년 『학습의 자유』 초판이 나왔을 때는 인간적인 분위기가 조성되는 교실, 태도나 감정 표현이 자유로운 교실, 학생들에게 다양한 선택의 여지가 주어지는 교실, 그리고 교사가 학습의 촉진자로서 봉사하는 교실에서는 훨씬 더 의미 있는 학습이 일어난다는 사실을 학생들과 교사들이 그들의 보고서에서 보여 주는 것 같았다. 그러나 그 당시에는 확실한 증거는 거의 없었다. 이제는 여러 해 동안의 연구 결과로 우리의 입장을 주장할 더 확실한 근거를 가지고 있다. 주로 초등학교에서부터 기술학교에 이르기까지 수백 명의 교사들과 수천 명의 학생들이 포함된 연구에서 연구자들은 광범위한 자료를 축적해 왔다. 연구 결과에 따르면, 교사가 진실하고, 이해심 있고, 아끼고 사랑할 때 학생들은 '기본지식'을 더 많이 배우고, 그 외에도 보다 더 많은 창의력과 문제해결능력을 보여 준다. 처음으로 인본주의적인 교사들은 교실에서 그들의 입장을 지지해 줄 사실을 갖게 되었다. 그런 연구 결과를 보고하는 제13장은 인간중심적인 학습의 철학을 지지할 토대를 마련해 준다.

다음과 같은 목표들이 이 책 속에 포함되어 있다.

- 교사들이 교실에서 신뢰할 수 있는 분위기를 조성하여 호기심과 학습하고자 하는 천부적인 욕망을 조장할 수 있도록 교사들을 조력한다.
- 학생, 교사, 그리고 행정가들이 모든 학습과정에 참여하는 의사결정 방식을 격려한다.
- 학생들이 그들 자신을 소중히 여기고, 자신감과 자긍심을 키우도록 돕는다.
- 학생들이 평생학습자가 되게 할 지적 · 정서적인 발견의 즐거움을 깨닫도록 한다.
- 교사들이 인간적으로 성장하고 학생들과의 상호작용에서 흡족하게 만족할 수 있도록 조력한다.
- 인간중심학습에 관심 있는 조직과 개인들의 연락망을 통해서 교육자를 위한 지지집단을 제공한다.
- 새로운 아이디어를 창출하고 확대할 책, 자료, 그리고 출판사의 안내자 역할을 한다.
- 행복한 삶이란 우리 내부에 있는 것이지, 외부의 어떤 요인에 달려 있는 것이 아니라는 것을 우리 모두가 자각할 수 있도록 한다.

이 책이 어떻게 조직되어 있는지 소개하고자 한다.

제1부 '어려움과 기회' 는 세 장으로 구성되어 있다. 제1장 '학생들이 학교를 사랑하는 이유' 는 학생들이 학교에 대하여 어떤 생각을 하고 있는지로 시작된다. 그 인터뷰는 학생중심이라고 알려진 학교에서 실시되었다. 학생들의 반응이 그 장의 제목을 정하게 하였다. 제2장 '현대 교직의 도전' 은 현실적으로 교단을 어렵게 만드는 외부의 힘과 상황을 탐색해 본다. 제3장 '인간적인 교사' 는 교직에서 활발한 상호작용과 성장하는 삶을 발견할 가능성을 열어 주는 교사와 교실 안의 요인들을 분석해 본다.

제2부 '교실에서의 자유와 책임' 은 네 장을 포함하고 있다. 제4장 '6학년 교사의 실험' 과 제5장 '학생들과 함께 성장한 불어교사' 는 인간중심적인 학습으로 여정을 떠나는 두 명의 교사를 관찰한 것이다. 제6장 '촉진자로서의 행정가' 는 어떻게 인간중심적인 학습분위기를 행정가들이 촉진할 수 있는지를 묘사한다. 촉진적인 행정가들이 학생들과 교사들에게 지원체제를 제공하는 실례를 보여 준다. 제7장 '자유의 촉진자' 는 촉진자들인 교사들이 그들 자신의 교실을 인간화하면서 느끼는 흥분, 좌절, 그리고 보람을 이야기하는 토론회를 보여 준다.

제3부 ‘교사를 위하여’는 다섯 장으로 되어 있는데, 제8장 ‘학습을 촉진하는 인간관계’, 제9장 ‘촉진자가 되는 길’, 제10장 ‘자유를 신장하는 방법’, 제11장 ‘교육의 정치’, 그리고 제12장 ‘인간중심 교실에도 규율이 있는가?’ 등이다. 이들 다섯 장은 책임감 있는 자유의 촉진자가 되어서 교육혁신의 모험을 시도해 보고자 하는 교사들에게 도움을 주려는 의도에서 썼다. 다루어질 질문 중에는 다음과 같은 것들이 있다. 촉진적 관계의 본질은 무엇인가? 그것은 교사 자신의 태도와 실제 학급에서 어떻게 시행될 수 있을 것인가? 인본주의 지향적 교사교육에서 내포되어야 할 것들은 무엇인가? 교육의 정치, 즉 개인과 교육기관의 권한 문제는 어떻게 다룰 것인가?

제13장 ‘교육에서 인간중심적 쟁점에 대한 학술연구’는 1970년대에 보고되었고 현재까지 지속되는 데이비드 애스피(David Aspy)와 플로라 로벅(Flora Roebuck)의 독창적인 연구로 시작된다. 그 연구는 학습과정에서 인간중심적인 태도의 가치를 강력하게 지지해 준다.

제4부 ‘철학적 입장과 가치지향’은 세 장으로 구성되어 있다. 제14장 ‘가치판단과정의 현대적 접근’, 제15장 ‘자유와 책임’, 그리고 제16장 ‘목표 : 충분히 기능하는 인간’이 그것이다. 이 부분은 언제나 존재하는 가치 문제, 결정론적 세계에서 선택의 자유 문제, 그리고 우리가 목표로 하는 인간에 관한 우리의 철학적 입장을 제시한다.

제5부 ‘학교의 일시정지’는 제17장 ‘새로워지는 학교 : 인간중심적인 조망’을 포함한다. 이 장은 학교개혁의 법과 관료주의적인 명령을 넘어서 학교 안에서 자체적으로 개혁한 학교를 보게 한다. 학습에 관한 전 국민의 대화를 요구하는 시급한 호소가 이 장에 들어 있다.

제6부 ‘시작된 여정’은 제18장 ‘몇 가지 상념’을 포함한다. 이 장은 교실에서 인간중심적 접근의 장점을 새롭게 요약한다. 우리 교육제도에 분명히 존재하는 변화에의 저항을 지적하고 몇 가지 그 원인들을 탐색한다. 이 장은 독자들에게 도전하는 것으로 끝을 맺는다.

부록 ‘변화를 위한 자원 : 학습공동체’는 여러분의 인간중심적인 학습분위기 개발에 도움을 줄 연결망 형성을 위해서 이 책에 첨가하였다.

이 책은 일정한 논리적 전개방법을 좇았으나 각 장마다 독립된 것으로 따로 읽어도 좋도록 구성되어 있다. 그래서 문맥상 약간의 손실이 있을지도 모르지만 독자들은 자기가 가장 흥미 있는 장부터 읽어도 그 나름대로 의미가 있음을 발견할 것이다.

이제까지 아무도 글쓰기에서 성별의 문제를 해결할 방법을 제시해 주지 못하고 있다. 대부분의 경우에 교사의 70%가 여성임을 감안하여 여성(she)으로 표시하였다. 학생(student)은 남자(he)와 여자(she)를 번갈아 사용하였다. 개인의 경우에는 저자의 성을 반영하였다.

사례와 타인들의 경험은 인간중심적 학습의 교육철학에 풍성함을 더해 준다. 인본주의적인 교육방식은 한 사람의 산물이거나 오직 한 가지 방식으로 실행된 결과가 아니다. 여러분이 보게 되겠지만 나이, 흥미, 성격, 담당교과목이 서로 다른 다양한 교사들이 모두 그들의 집단, 교실, 과목, 혹은 학과에서 창의적인 학습이 일어나도록 책임감 있는 자유로운 분위기를 조성하는 독창적인 방법을 발견하게 될 것이다.

참고문헌

1. A. Steckler, R. Goodman, K. McLeory, S. Davis, and G. Koch, "Measuring the Diffusion of Innovative Health Promotion Programs," *American Journal of Health Promotion* 6 (1992): 214-25.

| 제1부 |

어려움과 기회

제 1 장

학생들이 학교를 사랑하는 이유

"저는 일 년 내내 학교에 갈 수 있으면 좋겠어요."

–웨스트버지니아, 프레스턴 카운티, 3학년 어린이

"우리 선생님은 진정으로 내 말을 들어 주세요."

–매사추세츠, 뉴턴, 6학년 어린이

"선생님들은 우리와 친밀한 관계를 맺으면서 가르치세요."

–시카고, 중1 학생

"선생님들이 몰아붙이지 않고 우리를 도와주세요."

–시카고, 중2 학생

"선생님들이 반갑게 인사를 해 주세요. 어떤 선생님은 안아 주시기도 해요."

–필라델피아, 중3 학생

"선생님은 수학만 가르치시지 않고, 제가 학교생활을 어떻게 하는지도 관심 가져 주세요."

–휴스턴, 고3 학생

이 책은 장래를 염려하는 학생들과 사람들에 관한 책이다. 우리가 교육에서 소중히 여기는 가치, 즉 호기심, 동기, 배려, 흥분, 즐거움, 그리고 의미 있는 삶에 관한 책이다. 이 책은 성공을 위한 지침서가 아니라 학교, 학습, 학생에 대한 우리의 생각을 근본적으로 변화시킬 현실적인 가능성을 제시하는 틀이다.

학교를 사랑하는 학생들로부터 우리는 무엇을 배울 수 있는가? 교육을 향상시킬 필요를 느끼면서 우리는 무엇이 옳은가를 묻지 않고 무엇이 잘못되었는가에만 초점을 맞추어 왔다. 학교의 장점을 물어보자는 것은 장밋빛 세계관을 의미하는 것은 아니다. 나는 우리 교육제도를 가장 비판적으로 보아 온 사람이다. 그러나 부정적인 것만 찾으려 한다면 언제나 약점은 있을 것이다. 이 세상의 병리적인 것만 찾는다면 우리는 성공을 발견하거나 성공에서 배울 기회를 놓칠 수 있다. 모든 학생이 학교를 사랑하거나 좋아하는가? 대답은 "아니요."이다. 그러나 고등학교에서 병이 난 학생이 학교를 못 가게 될 때 벌을 받는 기분을 느끼는 학생들도 있다.

우리는 생각 대신에 도구, 지혜 대신에 지식, 실천 대신에 관료주의로 대치해서는 안 된다. 우수한 사람은 실수를 하고 실수로부터 배운다. 만약에 우리가 여기 존재하는 이유가 사람을 위해서라는 것을 기억한다면 어떤 조직에서나 약간의 혼돈은 건강한 표시이다.[1] 이런 사상은 과격한 구호가 아니고, 일터에서의 인간의 중요성 및 창의성과 자율성의 필요를 언급한 베스트셀러 『수월성의 추구(In Search of Excellence)』의 핵심요소이다. 그 사상은 10년 후에 그 책의 공저자 중의 한 사람인 톰 피터즈(Tom Peters)에게서 나온 말이다.[2] 우리가 학교에 존재하는 것은 학생들을 위한 것임을 기억하는 일이 교육현장의 최우선 과제이다.

이 장의 첫 부분에 기술한, 학교를 좋아하는 학생들의 경험과 학습 환경에서 특이한 것은 무엇인가? 그들의 성공적인 경험이 어떻게 하면 학생들의 배우는 기회를 제공하는 방식의 변화를 가져오게 할 것인가? 이 장은 어떤 학생들 혹은 많은 학생들에게 그렇게 될 수도 있는 따듯하고, 배려하며, 창의적인 면학분위기가 어떤 것인지 보여 주는 공연이다. 의미와 목적이 있는 면학분위기는 인간중심적이어서 학생들이 존중받고 모두 서로 이름을 알고 지내는 학습공동체를 조성한다. 인간중심적인 학교는 열악한 환경 속에서도 놀랄 만한 결과를 창출한다. 관계맺기, 도와주기, 포옹하기는 시카고, 필라델피아, 휴스턴, 그리고 전국의 다른 지역사회의 공립 초등학교, 중학교, 고등학교에서 매일 경험하는 교육과정이다. 사랑은 인간 감정 중에서 가장 강렬하다. 이 장에서는 대도시, 농촌, 교외에 사는 어린이들이 교사사랑과 학교사랑으로 연결되는, 배우는 즐거움에 관하여 진솔하게 기술한다.

학생면담

1990년대 초기에 나는 6개월 동안 필라델피아, 시카고, 뉴올리언스, 휴스턴, 웨스트버지니아를 여행하면서 학생들과 교사들의 학교에 대한 견해를 면접하였다. 학생식당, 복도, 교실, 회의실 등에서 면담을 하였다. 어떤 때는 일대일로, 대부분의 경우에는 5~6명의 소그룹으로 이루어졌다. 친구들과 함께 참여하면 학생들은 더 기꺼이 대화하려고 했다. 나는 다양한 인종과 문화를 대표하는 학생들을 만나려고 노력하였다. 과거의 교육제도에 의해서 전통적으로 푸대접받던 학생들을, 지금은 특별히 잘 지도하는 학교들을 방문하였다. 그것은 놀랄 만한 경험이었다. 이런 면담을 하기 전까지 나는 공교육제도에 대하여 크게 낙담하고 있었다. 그러나 이 학생들의 얼굴과 말에서 충분한 희망을 발견한 까닭에 나는 의미 있는 해결방안을 찾기 시작하였다.

왜 모든 학습경험들은 이 학생들이 지적하는 것만큼 긍정적일 수 없을까? 이 힘든 세상에서 학생들이 성장할 수 있는 유연성을 가지게 하는 면학분위기의 특징은 무엇일까? 이 학생들과 그들의 학습을 촉진하는 교사들로부터 우리는 무엇을 배울 수 있는가? 나는 한 학생과 다른 학생, 이 학교와 저 학교 사이에 상통하는 공통된 원리를 발견하였다. 학생들의 관점에서, 나는 학생들과 촉진자를 훌륭한 학습공동체로 묶어 주는 연결고리를 발견하였다.

- **학생들은 신뢰받고 존중받기를 원한다.** 6학년 아동들에게 선생님에게서 가장 바라는 것이 무엇이냐고 물었더니 공통된 대답은 '존중'이었다. 웨스트버지니아의 한 고등학교 1학년생인 멜린다는 "선생님을 존경하면 그들도 학생들을 존중한다"고 말했다. 휴스턴의 공연예술고등학교 3학년 학생은 "선생님들이 우리에게 혹은 우리와 함께 대화하는 것은 지시하거나 명령하는 것과 아주 다르다"고 말했다. 시카고에 있는 부적응학생을 위한 학교에 다니는 6학년생 안토니오는 선생님들이 학생들을 신뢰하고 "배우는 방법을 스스로 결정할 수 있다고 믿어 주니까 우리가 자주적으로 할 수밖에 없다. 교실로 학생을 끌고 갈 선생님은 더 이상 아무도 안 계시니까."라고 말

했다. 샌디에이고에 있는 오파렐지역사회학교의 중학교 1학년생은 '존경'에 대하여 다음과 같이 말했다. "모든 선생님들이 교실의 모든 학생들을 존중하니까 학생들도 선생님을 존경한다."

학습분위기는 신뢰와 존중으로 물들어 있어야 한다. 공연예술학교의 아네트 왓슨 교장은 21년 전에 그 학교 평교사였는데 그 당시 루스 데니 교장선생님이 교사들을 어떻게 신뢰했는지에 대하여 다음과 같이 설명하였다. "우리 학교의 교훈은 '교육은 신뢰 속의 모험'이었다. 데니 교장은 우리가 가능한 한 최선의 일을 할 것으로 믿어 주셨다. 대신에 우리 교사들도 학생들이 가능한 한 최선을 다할 것을 믿어 주었다."

- **학생들은 한 가족의 일부가 되기를 원한다.** 면접할 때마다 '가족'이라는 말이 자주 나왔다. "선생님들이 우리를 가족처럼 대해 준다"고 시카고의 한 중학교 2학년생은 말했다. 1972년에 대안학교로 설립된 뉴올리언스의 부유층 동네로부터 조금 떨어진, 전철노선 가까이에 있는 공립학교에 다니는 중학교 2학년생 터메니시야는 이렇게 말했다. "나는 이 학교에 다니는 것이 좋아요. 왜냐하면 우리는 가족 같거든요." 휴스턴의 공연예술학교 3학년생인 크리스티나는 "이 학교는 우리 집 같아요. 나는 집에 있는 시간보다 학교에 있는 시간이 더 많아요."라고 말했다. 오파렐지역사회학교는 학년별로 구별하지 않고, 집과 가정별로 구성되어 있다. 한 어머니는 그 학교에 다니는 자기 딸의 경험을 이렇게 소개한다. "나는 교사와 학생들이 아주 친밀한 교육가족의 개념을 좋아합니다."[3]

  매년 20% 이상의 미국인이 이사를 하고, 수백만 아동과 청소년들이 한 부모와 생활하는 사회에서 확대가족의 개념은 학교상황에서 매력적일 수 있다. 순기능가정은 책임감은 물론 무조건적인 사랑과 지지를 제공한다. 내가 면접한 많은 학생들은 이와 같은 가정적인 특성을 귀하게 여기고 이런 분위기를 조성하는 학습공동체에서 기꺼이 적극적인 참여자가 되는 것 같았다.

- **학생들은 교사들이 조력자가 되기를 원한다.** 학생 수가 3,400명이나 되는 휴스턴의 어느 고등학교 2학년생인 구스타보는 "일대일의 개인적 관계에서 선생님은 학생들 개개인에게 다가가서 저마다 학업성취수준에 차이가 있을 것이므로 어떻게 하고 있는지 일일이 물어본다"고 말했다. 내가 구스타보에게 선생님들이 하루에 140명의 학생들을 어떻게 일일이 다 만나 보겠느냐고 물었다. 죠라는 학생이 끼어들더니 "정말로 어려운 일이지요. 오후 늦은 시간에는 선생님들 얼굴이 피곤하신 것을 알 수 있어

요."라고 말했다. 구스타보도 "선생님들이 정말로 피곤해 보이지만 여전히 기꺼이 도와주신답니다."라고 동의하였다.

- **학생들은 책임질 기회를 원한다.** 나는 학생들이 전교생과 관련된 문제를 결정하기 위해서 회의에 참석하는 것과 과거에 주먹다짐까지 했던 갈등을 해결하고, 학생들끼리 서로 도와주고, 수업 중에는 선생님에게 협조하고, 졸업할 때는 의미 있는 업적을 남기는 것을 지켜보았다. 사례마다 그 학교와 교직원들은 학생들이 학습공동체에 적극 참여하도록 허용할 만큼 그들을 신뢰하였다. 공연예술고등학교의 한 학생이 다음과 같이 아주 잘 표현하였다. "학생들과 함께 시작해야 합니다. 이 세상에 그들이 설 자리가 있다고 느끼도록 도와주면, 그러면 세상을 사는 방법을 더 잘 배우고 싶어 할 것입니다." 필라델피아에 있는 중학교에서는 학생들 사이의 싸움에서부터 갱단 혹은 화장실 흡연에 이르는 문제를 토론하기 위해서 전교생이 매주 모임을 갖는다. 공연예술고등학교에서는 학생들의 관심사를 논의하기 위해 매년 60명의 대의원을 선출한다. 예를 들면 학생들이 점심시간에 사탕이나 음료수를 사러 학교 밖으로 나가서 안전 문제를 야기한다. 학교 밖으로 나갈 필요가 없도록 대의원 회의는 자동판매기를 들여놓도록 요구하였다. 학교당국은 이에 응했고, 학생들이 교외로 나가는 문제는 해결되었다.
- **학생들은 승낙이 아니라 자유를 원한다.** 내가 방문한 학교의 학생들은 그들의 경험을 공유하는 것을 즐거워했다. 그들은 자유와 승낙 사이의 섬세한 차이를 잘 알고 있었다. 학생들은 경직성이 없는 구조의 중요성에 대하여 언급하였다. 휴스턴의 한 졸업반 학생은 고등학교 다니는 동안의 자유에 관해 말했다. "우리의 자유는 자제하지 않고 마구 행동하는 것이 아니라 표현의 자유라고 생각합니다. 우리는 목표가 있는데 우리의 자유는 우리 자신을 표현할 자유입니다."
- **학생들은 사람들이 서로 배려하는 곳을 좋아한다.** 신임교사들은 흔히 "크리스마스까지는 웃지 마라."라는 충고를 듣는다. 그러나 실제 연구 결과는 교사와 학생들의 협력이 가능한, 따뜻하고 지지적인 분위기가 공동목표를 더 잘 달성하게 한다고 보고하고 있다. 학생들이 좋아하는 학교는 모두 친절한 사람들이 있는 곳이다. 공연예술고등학교에서는 수위 아저씨도 학교신문에 고정난이 있어서 매주 학생들에게 조언을 해 준다. 오파렐지역사회학교의 중1 학생은 "대부분의 선생님들이 정말로 나에게 친절하다. 선생님은 그들이 가르치는 과목뿐만 아니라 다른 과목이나 사적인 문제도

도와준다. 자기가 가르치는 과목이 아닌 것은 묻지 말라고 말하는 다른 학교 선생님들과는 다르다"(p. 80)고 말했다.[4] 같은 학교의 6학년 학생은 "대부분의 선생님들은 학교에서 공부를 잘해서 세상에 나가서도 성공하기를 바란다. 만약에 내가 학교를 중퇴한다면 선생님이 크게 실망하실 거다"(p. 195)라고 말했다.[4]

- **학생들은 실패가 아니라 성공하도록 도와주는 선생님을 원한다.** 내가 방문한 도시 학교마다 학생들은 공통된 주제를 언급한다. "선생님들은 우리가 실패하도록 내버려 두지 않아요." 휴스턴의 밀비고등학교는 학생 수가 3,600명이나 되는데, 대부분이 남미에서 이민 온 가정의 자녀들이다. 그 학교의 한 3학년생은 이렇게 말했다. "선생님들이 학생들의 학점에 관심이 있고, 반 학생 전체에게 친절하시다. 선생님들은 잘 도와주신다. 선생님에게 찾아가면 경청해 주시고 지지해 주신다. 선생님들이 해야 할 의무가 없는 일까지도 도와주신다. 단지 수학만 가르치는 것이 아니라 학교생활을 잘 따라오는지도 관심 가지신다. 수업이 없는 시간에도 학생들을 기꺼이 맞아 주신다. 학교공부나 아니면 집안 문제까지도 도와주시려 한다는 말이다." 다른 학교에서 적응할 수 없는 12살 된 학생이 시카고에 있는 몬테피오레학교에 전학 왔다. 많은 학생들이 그 학교에서 적응하지 못하면 결국 감옥에 가게 되는 마지막 학교이다. 그 학생은 자기가 성공할 때까지 계속 공부하도록 허용함으로써 선생님이 자기가 결국 성공하도록 동기를 부여하는 방법에 대하여 이야기하였다. "선생님은 기회를 주신다. 그리고 뭔가 잘못하면 선생님은 마침내 성공할 때까지 다시 해 보도록 하신다…. 다른 학교는 학생들에게 기회를 주지 않고 학생에게 야단만 친다. 그리고 선생님들은 학생을 정학시키고, 말도 걸지 않으려고 한다. 그러나 이 학교의 존스 선생님은 학생을 결코 포기하지 않는다." 같은 학교에 다니는 다른 학생은 "다른 정규학교에서는 뭔가 잘못하면 선생님이 '너 정학이야' 혹은 '소년원에 가라' 고 할 텐데 이 학교에서는 끝까지 학생을 도와주려고 노력한다. 이곳은 특전을 주는 학교이다."라고 말했다.
- **학생들은 선택의 자유를 원한다.** 학생들은 그들이 무엇을 배울 것인지에 대하여 발언권을 원한다. 특별학급을 선발할 때나 학교교육과정을 선택할 때에도 선택의 자유는 고려되어야 한다. 뉴올리언스에서는 인턴실습을 위해서 학생들이 지역사회 봉사활동을 선택하는 문제에 관하여 토론한다. 뉴올리언스의 한 중학교 2학년생은 "우리 학교는 인턴으로 일하는 교육과정이 있어서 교외에서 일할 수 있다. 내가 어린이 박물관에서 아이들과 일하는 것과 같은 것이다. 나는 실습생으로 매주 목요일 박물

관에서 반나절 일하고 학교에 돌아와서 나머지 수업을 한다. 나에게 도움이 된다. 나는 어린이들과 일하는데, 난 어린이를 좋아한다"고 말했다. 다른 학생들은 시청이나 양로원에서 실습생으로 일한다. 학생들은 그들이 좋아하는 지역사회 봉사활동을 선택하고 이력서를 준비하고 인터뷰에 참여한다.

시민인가 관광객인가

어린이들이 좋아하는 학교에는 인간중심적인 교사, 교장, 직원 혹은 부모가 있다. 학생들은 적극적으로 참여하고 관여하는 시민이다. 그들은 학습공동체의 주주들이다. 학생들이 배우기를 즐기는 마음은 교실에서 벌어지는 일을 직접적으로 반영한다. 교사의 역할이 어떤 것이냐가 결정적이다. 교사가 지식의 제공자가 아니라 학습의 촉진자이면 학생들은 자주적으로 사고하도록 도전받는다. 교사가 학생들을 지식의 소비자가 아니라 생산자로 존중해 주면 학생들은 그 학습과정에 개입하게 된다.

일반적으로 수업은 두 종류로 나눌 수 있다. 하나는 학생들이 지식의 소비자가 되는 수업이고, 다른 하나는 학생들이 생각의 창출자가 되는 수업이다. 소비자 수업에서는 학생들이 앉아서 강의에 귀 기울이고, 다량의 문제지에 답하고, 다른 학생들과 협력하거나 지적인 대화 없이 혼자 앉아 공부한다. 어느 부모는 자기 자녀들의 학교교육을 관찰한 후에 신문기고가에게 이런 글을 보냈다.

> 직업을 가진 어머니로서, 나는 우리 아이들의 학교에서의 성공이 평생성공으로 전환되리라고 믿기가 어렵다. 아이들은 선생님의 지시대로 보고서를 쓰지만, 나는 나의 창의력을 동원하여 사업보고서를 써야 한다. 세상에 나오면 남다르게 소신대로 살아갈 자신감이 있어야 하지만, 우리 아이들은 교실에 있는 다른 학생들과 똑같은 것을 하고, 똑같기 때문에 좋은 점수를 받아 온다(p. 2e).[5]

학교성적이 우수한 자녀를 둔 이 어머니의 걱정은 학교에서의 동일성과 획일적인 교육에 관한 것인데, 자녀들과 그들의 장래를 염려하는 어른들 사이에서 점점 공감대를 형성하고 있다. 연구자들은 지난 50년 동안 교사중심과 학생중심 학습 사이에서 시계추는 교사중심 학습 쪽으로 훨씬 더 기울었음을 보여 준다. 1965년 교실의 상호작용에 관한 연구는 중학교 수학교실에서 수업시간의 80~85%를 교사가 일방적으로 말했음을 보여 준다. 같은 시대에 사회과목에서는 70~73%를 교사가 말했다.[6] 그 숫자는 미국 전역에서 고등학교 수업을 여러 해 관찰한 후에 1983년에 보고한 존 굿래드(John Goodlad)의 연구와도 일치한다.[7] 최근 연구들은 오늘날 교실에서 교사의 말하는 시간은 증가하고 있음을 보여 준다. 비록 일부 교육자와 학자들은 교사가 말을 많이 하는 지시적인 수업은 학업점수를 향상시킨다고 주장하고 있지만, 학생을 향해 말하는 수업은 수동적인 관찰자를 양성한다. 인간중심 학습을 조장하는 소수의 교실과 학교환경은 데이비드 애스피(David Aspy)와 플로라 로벅(Flora Roebuck) 등에 의해서 구체적으로 연구되었는데, 정의적 그리고 인지적인 학습에서 의미심장한 성과를 보여 준다. 수동적인 학습분위기에서 학생들이 싫증을 내는 것은 이상한 일이 아니다.

교실 안의 관광객

학생들의 학년이 올라갈수록 수업이 지루하다는 견해는 증가한다. 이 지루함은 학교행정가, 교사, 그리고 대중들이 학생들에게 기대하는 수동성과 관계가 있다. 많은 학생들은 이해, 참여, 관여했다는 느낌이 없이 한 교실에서 다음 교실로 이동하는 방문객이나 관광객처럼 보인다. 이런 현상은 중등학교에서 특히 심하다.

관광객으로서의 학생이라는 생각은 내가 이탈리아 플로렌스에서 미켈란젤로의 다비드 조각상을 바라보면서 의자에 앉아 있을 때 떠올랐다. 하얀 대리석 조각이 탑처럼 솟아 있지만 그 조각은 백조의 우아함을 온통 지니고 있다. 전 세계에서 몰려온 관광객들이 안내자와 함께 햇살이 가득한 홀로 들어왔다. 한 안내자는 자기 집단을 한 2분 만에 한 바퀴 돌고 나가도록 인도했다. 그 시간에 안내자는 조각의 높이, 작품을 완성한 기간, 대리석 종류, 조각상 손에 보이는 혈관에 주목하면서 손을 자세히 설명했다. 관광객들은 그들이 가지고 있는 안내책자에 있는 정보 확인하기, 다비드 상 쳐다보기, 안내자의 설명 듣기로 정신이 없는데 안내자는 벌써 "자! 가야 할 시간입니다. 오늘 우리는 많은 장소를 돌아봐야 하고 박물관도 여럿 방문해야 합니다. 자, 따라오세요!"라고 말한다. 그들을 쳐다보고 있을 때 이런 행동패턴을 전에도 보았다는 생각이 들었다.

교실 안에 있는 관광객들은 교사가 이름을 부르는 일도, 그들이 알고 싶어서 자발적으로 질문하는 일도 거의 없다. 기회가 주어져도 교실 뒷자리에 앉아서 눈에 띄지 않으려고 한다. 관광객 중에 어떤 이들은 자주 꾸중을 듣거나 그들의 문제풀이를 시간 내에 다 하지 못하기 때문에 심화학습센터에서 공부할 기회가 주어지지 않는다. 그들은 통상 교실에서 외톨이가 된다. 대인관계 패턴은 교실에서 결정된다. 학생의 반은 교사와 상호작용하고 칭찬과 격려와 긍정적인 눈도장을 받게 되지만, 나머지 반은 소외당한다. 교실 상호작용 중에서 20%의 학생들이 거의 80%를 석권한다. 교사와 학생들 사이에는 불문율이 있는 것 같은데 "저를 내버려 두세요. 그러면 선생님을 괴롭히지 않겠어요."라는 것이다. 이렇게 내버려진 이들은 참여하지 않고, 관심도 없고, 선택되지도 않는, 단지 그곳에 와 있는 관광객이 된다.[8]

내가 관찰한 학교와 교실들은 관광객이나 시민이 되도록 격려하는 것으로 보였다. 그들은 수동적이거나 능동적인 분명한 두 집단으로 구분되었다. 학생들이 사랑하는 학교는 능동적인 학습분위기를 유지한다. 능동적인 학습분위기에서 학생들은 협동학습, 또래 가르치기, 학습센터, 현장학습, 탐구활동, 다양한 사고수준을 요구하는 교실토론 등을 통해서 참여하도록 유도되었다. 학생들은 매일 들어가는 시설과 동료들에게 서로 책임을 느끼는 학습공동체의 시민이 된다. 학생들이 사랑하는 학교는 학생들로 하여금 학습활동의 주주가 되게 하는 능동적인 학습분위기를 조성하고 있다. 그림 1.1에 기록된 특징은 두 가지 형태의 학습분위기에서 내가 관찰한 학생들의 차이점을 보여 준다.

그림 1.1 수동적 교실 대 능동적 교실

수동적 교실	능동적 교실
관광객 같은 학생	주주와 같은 학생
낮은 차원의 과제물 하기	소집단 탐구활동
각자가 과제물 하기	2~4명의 집단이 협동학습
교사가 준비한 과제물 처리	탐구활동을 통하여 새로운 생각과 문제 창출하기
쓰기가 거의 없다.	쓰기를 매일 한다.
학생 작품을 전시하지 않는다.	학생 작품을 전시한다.
답에 대한 이유를 토론하지 않는다.	답을 얻은 방법에 대하여 토론한다.
수업에 참여하지 않는다.	솔선해서 동료 혹은 교사와 상호작용한다.
교실을 '너희' 것으로 느낀다.	교실을 '우리 것'으로 느낀다.
교사중심 통제	협동적으로 운영
친구가 별로 없다.	여러 명의 친구가 있다.
자주 지각한다.	일찍 혹은 시간에 맞추어 온다.
자주 결석한다.	결석생이 적다.
무관심하거나 학교를 미워한다.	학교생활을 좋아하거나 참여한다.

출처 : H. J. Freiberg, *What to Do the First Days and Weeks of School* (Houston: Consistency Management Associates, 1992), p. 33.

청소년을 잘 가르치는 방법에 대한 견해가 분분한 때에 많은 교장, 교사, 그리고 학생들은 겨우 살아남는 것이 아니라 빼어날 수 있는 긍정적인 학습분위기를 조성하는 방법을 알고 있다고 한목소리로 말한다. 서로 다른 때에 여러 학교에서 조사한 설문에 따르면 학생과 교사들은 '학생들이 사랑하는 학교'를 만들어야 할 필요성을 이구동성으로 주장한다. 전국에서 내가 만난 교사들은 청소년들을 위한 긍정적이고 자상한 학습분위기를 조성하기 위해서는 관료주의, 규제, 까다로운 형식을 철폐해야 한다고 주장한다.

우리 학교들이 당면한 난제는 지난 10년 동안 정부와 개인 위원회 및 출판물, 그리고 이 책의 제2장에 조명되어 있다. 1983년의 보고서 〈위험에 처한 국가〉를 보면, "우리의 학교상황은 전쟁터로 생각해야 한다"고 선포한 이래로 우리나라 교육제도의 실패에 관하여 300개가 넘는 위원회가 자료를 제시하고 있다. 초창기 보고서들은 교사를 탓하지만, 그 후의 보고서들은 교사를 비난하는 것은 관심을 끌기에는 좋지만 문제해결에는 도움이 되지 않는다는 통찰을 반영하고 있다.[9] 최근 보고서들은 학생이나 학부모가 아니라 교사들에게 개선할 힘을 주어야 한다고 결론 내고 있다. 모든 것이 즉석에서 이루어지는 이 시대에 우리는 새로운 인기를 끄는 시류에 편승하는 경향이 있다. 텔레비전이나 방송에서 단기간 반짝 성공하다가 수개월 만에 사라지고 만다. 학생들에게 자유로운 분위기에서 지속적으로 성장할 기회를 주는 학습분위기에 대한 연구자료는 제대로 수집되어 있지 않다.

면접과 사례연구를 통해서 얻은 교훈은 대부분의 학생들이 배우는 방법을 변화시키기 위해서 확산될 수 있다. 우리는 개인 혹은 집단의 실패보다는 누적된 성공모델 위에서 일을 시작할 필요가 있다. 그래서 나는 인간중심 학습공동체를 조성한 학교의 예를 몇 가지 들면서 이 장을 끝내려고 한다.

학생을 사랑하는 학교

인간중심 학습공동체

급변하는 현대사회에서 20여 년 이상 교육 목적에 충실한 개혁적인 학교의 발전을 추적해 보는 것은 드문 일이다. 휴스턴에 있는 공연예술고등학교는 1971년에 개교하였다. 1980년에 『학습의 자유』 제2판을 위해서 그 학교 학생들을 면접한 바 있다. 그들은 그들의 삶에서 그 학교가 미친 역할과 배운 것에 대하여 질문을 받았다.[10] 학교창립 21년이 지난 1992년에 나는 학생들이 여전히 그 학교를 좋아하는지 확인하기 위해 찾아갔다.

1980년의 공연예술고등학교

휴스턴 시내 오스틴 거리에 있는 학교를 찾아가자 정문 돌에 '베스 이라스엘 사원'이라고 새겨진 낡았지만 자부심이 깃든 건물이 눈에 뜨인다. 1971년 이래로 개축된 유대인 교회가 공연예술고등학교가 되었는데 휴스턴의 독립교육청에 속하는 학교이다. 그동안에 학생 증가를 감당하기 위해 8개의 임시건물이 세워졌고, 가끔 길 건너 건물의 공간을 빌려 쓰기도 하였다. 개축한 임시 가건물은 그 도시나 교외에서 몰려온 500명의 학생들을 수용하고 있다. 학생들은 다양한 인종과 사회경제적인 계층 그리고 삶의 형태를 가진 이들의 표본이었다. 여기서 그들은 하루에 3시간씩 춤, 연극, 악기, 성악, 매체예술, 시각예술 중에서 선택한 것을 배우고, 나머지 4시간은 필수과목이나 선택과목을 공부한다.

공연예술고등학교의 개교는 전통적인 고등학교 교육과정과 집중적인 예술과목을 관련짓기 위해서 미국의 공립학교가 시작한 최초의 시도이다. 그 학교는 휴스턴의 대안학교 가운데 최초이고 그 후에 나타난 마그넷 스쿨*의 모델 역할을 하였다. 그 학교에는 34명의 전임교사와 몇 명의 시간제 교사가 있다. 그 외에도 노마 로우더 교장 말에 의하면 해마다 40~50명의, 교사 자격증은 없지만 그 분야의 전문가들을 학교로 초청하여 특별수업을 하거나 워크숍, 특강, 혹은 실연을 해 보인다고 한다.

교정에 들어서자마자 나는 자연스러운 동지애 분위기에 끌렸다. 감독하는 분위기의 억압된 침묵도 아니고 난잡한 소음도 없었다. 진지한 토론과 목적을 가진 움직임과 분주하게 활동하는 소리만 들렸다.

"오늘 저녁 존스 홀에서 오케스트라가 있기 때문에 기하학 수업이 제대로 안 될 것을 이해해 줄 만큼 융통성 있는, 경직되지 않은 교사들을 나는 구합니다. 그러고 나서 이 행사 때문에 기하학 수업이 피해를 봤으니 내 음악 시간에 기하학 수업을 해도 좋다고 말할 그런 음악 교사를 나는 원합니다."라고 로우더 교장은 설명한다. 교사들 사이의 우정은 상호협력과 공동체의식에서 나오는데 그 파급효과는 높은 직업만족도와 낮은 이직률로 나타난다. 낮은 이직률과 함께 교사들이 제공하는 개별화된 지도와 가정교사식 도움은 교사–학생관계의 질을 향상시킨다.

---

* 역자 주 : 보통학교보다 특별과목들을 다양하게 개설하여 넓은 지역의 우수한 학생들을 유치하는 학교

흥미롭게도 이 책의 후반부에 보고된 연구 결과와 일치하는데, 이 학교 학생들은 해당 교육청 산하에서 일관성 있게 가장 학업성적이 우수하고, 교육청이 선발한 장학생들 중에서 높은 비중을 차지한다. 1979년 전국에서 학업성적 우수학생에게 주는 대통령장학생 30명 중에서 3명이 이 학교 출신이다. 학교 복도 벽에 보면 많은 상패가 걸려 있다. 학생들이 광역단체에서 모였기 때문에 학교에 찾아오는 학부모들이 거의 없다. 학생들의 가정을 인종별로 지역사회에 묶어 놓았기 때문에 공연예술고등학교에 온다는 것은 그들의 문화적 경계를 넘어서는 최초의 모험일 수 있다. 그러나 부모들의 지지가 강하고, 학교에 대한 지역사회의 자부심이 대단해서 종종 학생들의 연주를 요청하기도 한다.

우리는 1980년 졸업생들에게 공연예술고등학교에 다닌 경험에 대하여 그들의 소감을 물었다. 다음은 3명의 졸업생들의 답변을 발췌한 것이다.

수잔 : 공연예술고등학교는 내 자신이 되게 하고, 대체로 스스로의 힘으로 성장하게 한다. 나는 결코 틀 속에 들어가도록 강요받은 적이 없고, 나 개인이 되어서 내가 옳다고 느끼는 대로 작품을 할 수 있도록 허용되었다.

존 : 진실하기 위해서는 오래 걸리는 과정이지만 자기 자신의 모든 국면을 알아야 한다. 일단 충분히 깨닫도록 허용되고 나면 그만큼 더 학습하는 것이 쉬워진다. 자, 이제 난 배울 수 있다. 나는 경험할 수 있고, 실제로 나의 발전을 눈으로 볼 수 있다. 그것은 자신감을 느끼게 한다.

샌드라 : 공연예술고등학교에 다닌 경험은 한마디로 묘사할 수 있다. 그건 경험이다. 학생마다 그 경험이 다르겠지만 누구에게나 창의성, 성장, 학습의 기본바탕이 주어진다. 학생이 교정에 들어가는 첫날부터 그는 창의성에 노출된다. 그 학교의 창의성은 결코 부족함이 없어서 모든 각각의 예술 분야에만 국한되지 않고 그들 사이에도 항상 흐르고 있다. 한 가지 예술은 다른 영역에게 늘 영감을 준다. 공연예술고등학교 학생들은 그들의 독창성을 두려워하지 않고 자랑스럽게 여기며 많은 방법으로, 개인 예능적 차원이나 교과목 영역에서도 자유롭게 표현한다.

이 결과로 학생들은 그들이 하는 일에서 최대의 잠재능력을 발휘하여 성장할 기회를 가지게 된다. 그들은 많은 다른 철학과 견해를 접하게 되고, 폭넓은 교양을 쌓고, 자기 자신의 신념을 키우게 된다.

성장의 많은 부분은 모든 분야의 예술에 종사하는 사람들과 만날 기회가 있으며, 사물을 다양한 관점에서 보는 법을 배운 학생들로부터 온다. 이런 노출로 인해서 학생들은 매우 다양한 표현방법에 개방적이 된다. 그리고 예술의 다양한 영역을 배울 뿐만 아니라 인생과 자기 자신에 대해서도 많이 배우게 된다. 공연예술고등학교는 매우 흥미진진하고 특별한 학교이다.

이 학생들을 관찰하는 것은 감동을 주는 경험이다. 학생들이 그들의 미래에 대한 희망과 존재가치를 느끼게 하는 학교환경이다. 그것은 분명히 교사들이 학습의 촉진자가 된 학교이다.

오늘의 공연예술고등학교

1982년에 이 학교는 휴스턴의 예술 지역사회의 심장부로 새로 이전하였다. 그것은 학생들의 연기와 시각예술에 맞도록 특별히 건축한 최초의 고등학교였다. 학생 숫자가 영구 건물의 교실보다는 야외 임시 가건물 교실이 더 많았던, 옛날에 개조된 건물을 넘쳐나서 감당할 수가 없었다. 공연예술고등학교의 새 건물은 화실과 미술관들이 늘어서 있는 주요 도로로부터 서너 블록 떨어져 있다. 그 학교는 1940년대와 50년대에 지은 단층과 2층 집들의 이웃에 위치한다. 2층으로 된 학교건물은 지역사회에서 돌출되어 있지 않고 잘 어울린다. 동해안과 서부에 있는 많은 학교들은 공장처럼 보이는데 공연예술고등학교는 현대 첨단기술로 된 시설처럼 보인다. 그 건물은 놀랄 만한 색채와 그래픽으로 고안되어 깨끗하고, 사방이 학생들의 작품으로 장식되어 있다.

학교 앞 주차장을 걸어가면서 나는 곧 프렌치 호른 소리에 매료되었다. 4중주 학생들은 학교건물 앞에 앉아서 연습을 하고 있었다. 그들은 야외에서 연주하는 많은 그룹 중 하나였다. 담당교사는 학생들의 연주를 경청하고 피드백을 주면서 이 그룹 저 그룹으로 옮겨 다니고 있었다. 다른 학생들은 그림을 그리고 있었다. 그들의 교사도 개개인에게 격려와 반응을 보이며 옮겨 다녔다.

이 첨단기술 시대에 나는 여전히 내가 제기한 질문, 즉 학교는 어떻게 기능하는가를 결정하기 위해 직관적인 가치판단에 의지하고 있다. 학교에 접근하면서 문을 열고 들어갈 때 내 느낌은 어떠한가? 내가 배우러 다니고 싶은 학교인가? 매력적인가? 어떤 소리들이 들리는가? 사람들이 대화하고 웃는가 아니면 규제된 침묵이 흐르는가? 사무실에 들어가 보면 그 학교에 관한 많은 것을 알 수 있다. 눈의 접촉은 아마도 한 학교 업무의 중요한 지침이 된다. 학생들, 교사들, 그리고 사무실 직원들이 당신의 얼굴을 쳐다보는가? 당신이 와 있는 것을 알아 주는가? 내가 그 학교 사무실에 예고 없이 찾아 들어가는 순간, 환영을 하면서 어떻게 도와줄까요 하고 물어 왔다. 수분 만에 나는 그 학교에서 소속감을 느꼈다. 내가 연습실과 식당으로 사용하는 홀로 들어서자 학생들은 "안녕하세요."라고 인사를 했다.

학습자들의 공동체

점심시간에 몇 명의 학생들과 대화하기 위하여 작은 공간을 요청하였다. 5명의 학생이 도시락을 들고 와서 우리는 서로 소개하기 시작하였다. 쉬나, 미레이유, 크리스티나, 구마로 그리고 러셀 등 모두 3학년이었다. 그들은 저마다 정규과목을 수강하는 것 외에 예능영역에서 한 가지씩을 전공하고 있었다. 그들은 문화, 인종, 흥미영역에서 그 도시의 다양성과 풍성함을 대표로 보여 주었다. 쉬나는 성악, 미레이유와 러셀은 연극, 크리스티나는 악기, 그리고 구마로는 춤을 배우고 있었다. 그들 자신과 친구들, 그리고 선생님들에 관하여 대화하는 것을 듣는 중에 나는 그들이 자신과 친구들, 그리고 선생님들에 대한 큰 존경심을 가지고 있다는 것에 깊은 인상을 받았다. 이 존경심이 다양한 집단을 묶어서 어느 한 사람보다도 더 강한 집단을 형성하게 하는 화합의 주제였다.

이 학교는 다른 고등학교보다 1시간 더 공부하는데, 그래서 학생들은 예술분야에 3시간, 그리고 다른 교과목에 4시간을 배정할 수 있다. 이 학교 입학은 시험점수로 사정하지는 않는데, 1992년에 150명의 졸업생들이 200만 달러의 대학 장학금과 많은 상패를 받았다. 이 학교는 축구, 야구, 혹은 농구팀이 없고, 치어리더나 무도회 왕이나 여왕도 없다. 모든 학생들이 저마다 중요시되는 학교이다.

나는 5명의 학생들에게 몇 가지 질문을 던졌는데 그들은 거의 1시간 반 동안 이야기했다.

질문 : 여러분은 중요한 것을 할 수 있는 자유에 대하여 언급했는데 이 자유를 나에게 설명해 주겠어요?

러셀 : 그건 통제된 자유입니다. 이해하실지 모르겠지만 안전한 곳에서 느끼는 자유요. 하지만 매일 당신 자신이 성장하도록 허락하고, 잠재력을 가지고 있는 한 어른이 되도록 허락하고, 그래서 당신 자신이 될 수 있는 자유 말입니다.

미레이유 : 내 생각에 자유는 스스로 발견하게 되어 있는 미지의 경계선을 보여 줍니다. 누군가가 "자, 너는 이렇게 태어났고, 어떤 것들은 이런 식으로 만들어졌다" 고 말해 주는 대신에 자유는 그것을 깨닫게 하니까 훨씬 더 만족스럽게 하거든요. 10대들은 모두 호기심이 많아서 우리가 하는 것들은 모두 호기심 때문이라고 생각합니다.

러셀 : 규정이 많아서 사물을 발견할 자유를 주지 않는다면 우리는 30대에 가서나 어떤 것을 깨닫게 될지도 몰라요. 자유는 젊은 날에 그것을 깨달을 수만 있다면 발전할 수 있는 시간을 많이 줍니다.

크리스티나 : 다른 학교에서는 축구선수가 되기 싫으면 밴드를 하거나 치어리더가 됩니다. 나머지 사람들은 존재가치가 없습니다. 이 학교는 저마다 자기가 잘하는 것이 한 가지씩 있습니다. 우리는 그것에 헌신할 수 있지요.

질문 : 왜 공연예술고등학교가 여러분에게 특별한가요?

쉬나 : 많은 것은 자기존중감 때문이라고 생각합니다. 우리 모두는 계속해서 자신을 키워 가고 우리가 어떤 잠재력을 가지고 있는지 배우게 됩니다.

구마로 : 나는 선생님들과 대화할 수 있고, 선생님들은 나와 말이 통합니다.

러셀 : 우리 학교의 중요한 점은 학생들은 배우고 싶어 하고, 선생님과 학생들은 한 편이라는 겁니다.

크리스티나 : 내가 중학교에 다닐 때는 선생님이 규율 잡는 데 30분을 쓰고, 15~20분을 가르치는 데 사용했어요. 여기서는 우리는 배우러 왔고 성장하기 위해 왔으니 규율 문제는 있을 필요가 없습니다. 이 학교는 규율 문제를, 말하자면 제거해 버린 셈입니다. 학생들은 지루할 시간이 없고, 할 일이 많기 때문입니다.

러셀 : 이 학교의 623명은 누군가가 총을 가지고 학교에 올 것에 대하여 걱정할 필요가 없습니다. 점심시간 혹은 수업시간에 날뛰는 갱이나 사물함에 밀어붙이는 인간에 대하여 걱정할 필요가 없습니다. 여기서는 전혀 문제가 없거든요.

질문 : 여러분 학교의 방문교사들에 대하여 할 말이 있나요?

쉬나 : 그들은 훌륭합니다. 전문직업 세계에 대한 통찰을 주니까요.

크리스티나 : 그들은 삶에 대하여 가르쳐 줍니다. 이야기 나누는 것이 재밌습니다.

쉬나 : 방문교사의 이름은 커크 웨이랜드인데 그는 지난해 왔습니다. 그는 재즈음악가인

데 수업이 끝난 다음에 음악을 직업으로 하고 싶은 사람은 앞으로 나와서 "우리 대화 좀 하자"고 했습니다. 그는 한평생 그가 지킨 원칙 세 가지를 우리에게 이야기해 주었습니다. 그 원칙은 '너의 예술에 진실하라! 결코 남들과 비교하지 말라! 그리고 네가 즐겁고 행복한 일을 하라!' 였습니다.

구마로 : 그들은 명확하게 제시했습니다. 제 말은, 교실에 들어와서 만약에 네가 할 수 없다면 나가도 좋다고 명쾌하게 말해 주었거든요. 선생님들은 우리에게 진실로 신뢰를 심어 주었고, 영감을 불러일으켰습니다. 난 잘 모르겠지만 핵심은 정직성과 그들이 배운 것과 성취한 꿈과 예술을 지켜 온 경험을 공유한다는 것입니다.

질문 : 학생들이 한 일에 대하여 어떤 식으로 피드백을 받나요?

구마로 : 명세표 검토라는 게 있는데 우리가 앉아서 명세표를 보여 주면 선생님들은 들여다봅니다. 일 년 동안 공부를 했는지 안 했는지 알게 되지요. 선생님들은 정말로 농담도 잘합니다. 즐거운 시간도 갖고 그래서 나는 뒤지지 않으려고 열심히 노력합니다.

실패의 경험

러셀 : 실수하는 것은 이제 쉬워졌어요. 나도 실수할 수 있고, 그렇다고 실수가 내 인생도 다른 누구의 인생도 망치는 것이 아니라는 것을 알게 된 것은 기분 좋은 느낌입니다.

미레이유 : 선생님들은 어떤 분야에서 내가 잘하지 못하면 미리 알려 주기 때문에 정말로 도움이 됩니다. 공부를 어떻게 하고 있는지 마주 앉아서 대화하는 것은 정말로 도움이 되었습니다.

질문 : 졸업반으로서 학생들이 입학하는 데 대하여 어떤 특별한 책임을 느끼나요?

미레이유 : 나는 많은 책임감을 느낍니다. 이 학교에서 나는 많은 것을 얻었기 때문에 다른 학생들도 똑같은 경험을 가졌으면 합니다.

크리스티나 : 신입생들은 이 지역 중학교에서 올 텐데요. 그들은 다른 사람들로부터 너무 분리되어 있어요. 지난해 점심시간에 남미계열 식탁, 흑인 식탁, 재즈 식탁, 댄스 식탁 등이 있었어요. 나는 그들에게 가서 다른 사람들과 사귀고 알고 지내며 우리가 모두 한 가족이 되어야 한다고 말해 주는 것이 내 의무라고 느꼈어요. 나는 신입생들이 그들 자신이 되기를 원하지요. 그들이 나에게 와서 스스럼없이 친구처럼 말해 주고, 누군가 그렇게

하는 것을 발견하면 나는 그들에게 가서 어떻게 지내는지 그들이 하고 싶은 것을 편안하게 하라고 말해 주고, 그러면 그들은 나에게 말을 걸 수 있겠지요. 나는 그들이 적응하기 위해서 의무감에서 할 필요가 없다는 것을 알려 주려고 해요. 만약에 너 자신이 되면 사람들은 너를 더 좋아하게 될 거라고….

질문 : "이 학교를 싫어한다", "이 학교는 그저 그렇다", "이 학교는 괜찮다", "이 학교는 좋다", "난 이 학교를 사랑한다" 중에서 여러분은 어느 것을 선택하겠어요?

모든 학생들이 한목소리로 : 나는 이 학교를 사랑해요.

러셀 : 우리는 모두 학교를 사랑합니다. 만약에 무언가를 사랑한다면, 그것을 성취할 수 있는 학교를 사랑해요.

머릴 : 전 학교를 사랑해요. 다른 어떤 학교에도 가고 싶지 않아요. 나는 다른 모든 학생들이 나하고 똑같이 느끼길 원해요.

나는 이 학생들이 선생님에 대한 특별한 언급 없이 그들을 둘러싼 심리적 분위기에 대해서만 이야기했다는 사실에 놀랐다. 탁월한 촉진자의 보상은 탁월한 교사의 보상과 다르다. 학술연구는, 수년 후에 학생들이 탁월한 선생님은 생생하게 기억하지만 그들이 수업시간에 뭘 가르쳤는지는 기억하지 못한다는 사실을 보여 준다. 그러나 학생들이 주도적으로 시작한 학습경험은 상세하게 기억할 수 있다.

공연예술고등학교 학생들은 꿈이 있고, 미래와 과거에 대한 판단능력이 있다. 그들은 새로운 세대에게 따뜻하고 친절하고 안전하고 만족스러운 학습분위기의 장점을 전해 주고자 하였다. 학생들은 여기서 개발한 창의적인 학습에 대한 열정을 잊지 않을 것이다. 그 학교는 학습공동체처럼 기능하고 있는, 학교라고 불리는 장소의 한 예에 불과하다. 그런 곳이 얼마든지 있다. 학습을 조장하는 분위기에 대해서는 연구자료가 많지 않다. 괄목할 만한 학습분위기를 조성하는 사람들은 통상 너무 분주해서 그들의 성공사례를 문서나 입증된 자료로 남기지 못한다. 많은 예를 보면, 혜택을 받은 사람들이 그들의 경험을 문서화하기 시작한다.

성공사례에 관한 문서

교육학자이자 영화제작자이며 학부모인 도로시 패더먼(Dorothy Fadiman)은 거의 70

년 동안이나 학생들에게 창의적인 학습기회를 제공해 온 캘리포니아에 있는 페닌슐러라는 한 사립학교에 관한 기록영화를 만들고 싶어 했다. 유치원생부터 중학생에 이르기까지 자기 자녀들과 많은 다른 아이들이 학교에서는 물론 졸업 후 여러 해 동안 무럭무럭 성장하게 한 학교의 면학분위기를 기록영화로 문서화하고 싶어 했다. 교사들은 유치원에서부터 어린이들이 모든 예능을 통하여 그들 자신을 표현하도록 유도하였다.

1991년 도로시 패더먼과의 면접에서 그는 페닌슐러학교에서 발견한 특성은 전국의 모든 공립학교에서도 명백하게 나타났다고 설명하였다. 페닌슐러학교에서 여러 해 기록을 담은 후에 그는 창의적인 눈을 매사추세츠, 캘리포니아, 미시시피, 미네소타, 콜로라도, 루이지애나, 그리고 뉴욕 등의 8개 학교로 돌렸다. 그가 관찰한 것은 〈애들은 왜 학교를 사랑하는가?〉라는 기록영화의 기초가 되었다. 그 영화는 공영방송에서 전국적으로 상영됐고, 비디오테이프로도 제작되었다(부록에 있는 참고자료를 참조). 기록영화에 나온 학교들은 저마다 독특한 특징이 있었지만 모두 유사한 가치를 존중하였다. 학생들에 대한 존중, 학습을 촉진하는 교사지원, 그리고 학생들에게 존재가치와 행복감 주기 등이 그것이다. 그 학생들이 학업성적이나 배우는 즐거움에서 탁월한 것은 놀랄 일이 아니다.[11] 그 학교들은 다른 보통학교와 구별되는 세 가지 공통주제를 가지고 있다.

- 혁신 : 교직원은 아동들의 필요에 따라 수업을 고안하고 촉진할 수 있는 자유가 있다. 교육과정은 교육부나 교육청의 획일적인 지침서를 사용하여 고안된 것이 아니다. 예를 들면 매사추세츠 주 캠브리지에 있는 그라함앤드파크스학교는 교사들이 그들의 교육과정을 창안해 낸다. 쌍방향 교육과정은 기계적으로 제작한 것을 시장에서 구입해서는 불가능하다. 가르치고 배울 사람들로부터 생성되어야 한다.
- 비경쟁적인 분위기 : 개인별로 진보 발달한다. 학생들은 상호경쟁이 아니라 협동하도록 격려한다. 만약에 경쟁이 있다면 그것은 저마다 자기의 목표를 달성하기 위해서다. 이 학교들은 학교에서 실패자가 나와서는 안 된다는 사명을 실천에 옮긴다. 아마도 이 사명의 가장 좋은 예는 A–F 학점제도이다. 뉴올리언스 프리스쿨은 도심에 있는 공립학교인데 20년 동안 학점제도를 시행하지 않았다. 1991년에 내가 면담한 그 학교의 창립자 밥 페리스(Bob Ferris)는 "우리가 학교에서 학점제도나 표준화된 시험을 멀리해야 한다는 것이 필연적이다. 학점제도는 학생들을 죽이는 일이다."라고 말했다. 그 프리스쿨에서는 학점제도가 아니라 각 학생들이 공부한 것을 서류철로

만들고, 교사가 부모와 학생들에게 구체적으로 평가하는 보고서를 보내 준다. "우리는 부모에게 교사의 의견을 글로 써서 보낸다. 우리는 학기 말마다 부모에게 서류철을 보내서 자녀들이 하고 있는 과제들의 질과 양을 모두 확인할 수 있게 한다." 이 제도는 소수 부모들의 반대도 있었지만 대부분의 학부모들이 이 서류철제도를 계속하라고 청원서를 제출하였다. 밥은 "학부모들이 그들은 학점을 원하지 않는다고 분명히 밝히고 청원서에 서명하였으므로 그 이후로는 서류철 보고를 계속할 수 있는 제도가 승리한 것이다."라고 말했다. 뉴올리언스 프리스쿨 학생들은 그 구역에서 학업성적이 상위 20%에 들어간다.

- 책임을 공유하기 : 학교의 모든 구성원들이 자율성 확립과 문제해결과정에서 발언권이 있다. 예를 들면 매사추세츠 주 로웰에 있는 시티 마크넷 학교에서는 학생들이 그들 사이의 갈등을 해결하기 위해서 사법제도를 운영한다. 콜로라도 주 제퍼슨에 있는 탱글우드 오픈 리빙 스쿨에서는 학생들이 이웃 봉사와 교육을 지원하는 박물관이나 지역사회 프로그램에서 인턴 실습을 한다.

패더먼의 이 기록영화는 학생을 우선으로 할 때 성취할 수 있는 것들에 대한 폭넓은 조망을 해 볼 수 있게 한다. 학습자들의 공동체는 공교육제도나 혹은 고등학교 3학년 교육으로 끝나지 않는다. 많은 사람들이 교육제도 안에서 실패하였으나 배우고 성장하고 싶은 끈질긴 필요성을 가지고 계속 전진한다.

인기 좋은 문맹퇴치센터

수백만 미국인들은 교육과 학습이라면 학교를 떠올린다. 그러나 공교육제도를 중도 탈락한 다른 수백만 명의 사람들은 학교와 그 부속기관을 자신을 실패자로 만든 곳이라고 본다. 20세기 초에 비문맹률이 겨우 20%였던 것이, 오늘날은 80% 이상이 되었다. 그럼에도 불구하고 만약 민주국가의 모든 시민들이 지식인이라야 마땅하다면 우리 세상은 99% 이상의 비문맹률을 요구한다.

1987년 휴스턴 시 지도자들은 개인 기금을 모아서 휴스턴 독서위원회를 설립했다. 그 위원회는 휴스턴의 50만 명으로 추산되는 문맹인과 반문맹인을 돕기 위해서 헌신하고 있는 20개 이상의 기관들의 문맹퇴치 노력을 조정하는 책임을 맡았다. 바바라 카즈덴(Barbara Kazden)과 마가레트 다우티(Margaret Doughty)가 인솔하는 헌신적인 시민으로 구성된 간부들은 휴스턴 시내 대부분 남미 이민자들이 사는 지역에 문맹퇴치 독서

위원회를 창설하였다. 창설 이래로 독서위원회는 도시 전역에 추가로 센터를 열어서 확장하였다. 그 위원회는 기업체 안에도 센터를 열어서 근로자들이 평일에도 쉽게 접근할 수 있게 했다. 가장 최근에는 교도소에서 풀려난 흉악범들을 돕고, 도시 전역에 있는 1만 명 이상의 성인 문맹을 퇴치하는 22곳의 다른 문맹퇴치운동가들과 협력하였다.

최초의 센터는 자원봉사자와 유급직원으로 구성된 간부들이 시작하였다. 그들은 정체를 알 수 없는 창고를 학습센터로 개조하였다. 드나드는 사람들을 위해서 세 가지 목표를 세웠다. (1) 독서위원회 문맹퇴치센터는 학생들을 환영하는 곳이 되게 한다. (2) 그 학생들이 학교에서 배운 것과는 다른 교육과정과 수업을 제공한다. (3) 학생들의 필요에 따라 오고 갈 자유를 주고, 센터의 계획과 일정이 아니라 학생들의 일정에 맞추어 배울 수 있도록 한다.

독서위원회는 이 목표를 모두 성취할 수 있었다. 2년에 걸친 광범위한 평가는 그 센터에서 116시간을 공부한 학생들이 3학년의 독서능력과 2학년의 수학능력을 획득한 것으로 나타났다.[12] 성취한 능력도 인상적이지만 자신들의 삶에서 새로운 희망과 의미를 발견했다는 젊은 남녀들의 면접 반응은 훨씬 더 인상적이었다.

나는 학생들에게 그 센터의 직원들이 그들의 목표를 달성하는 데 도움이 되었는지를 물어보았다. 한 학생은 "그들의 일을 제쳐 놓고 일대일로 도와주려고 하는 점이 좋았다. 그것이 내가 제일 좋아하는 점이다. 누구든지 관심의 대상이 된다. 여기서는 직원들이 나서서 학생에게 도움이 필요하냐고 묻는다"고 말했다. 다른 학생은 "사람들이 친절해서 나를 위해서 시간을 내줘요. 그들은 배려할 줄 알아요. 어떤 때 내가 피곤해하면, 밥은 시간을 내서 나와 대화를 나눕니다. 그런 것이 나를 계속 오게 만듭니다."라고 말했다. 그렇지만 편안하면서도 일 중심적인 분위기임을 묘사한다. 어떤 학생은 "나는 그냥 두 시간 동안 보내려고 와요. 그런데 그들이 공부에 끌려들게 합니다. 그들이 저에게 주목을 해요."라고 말한다. 또 한 학생도 그 센터에 대해 설명한다. "그곳은 최고예요. 그들은 정수리에 일침을 가해요. 내가 좌절을 느낄 때가 있지요, 그러면 그들은 느긋하게 앉아서 나를 편안해지게 합니다. 학교에 가면 그렇게 하기에는 학급이 너무 커요."

그들에게 그 센터를 다른 사람들에게도 추천해 주겠느냐고 물었더니 면접에 응한 모든 참여자들이 그렇게 하겠노라고 대답했다. (몇 사람은 벌써 그 센터에 다른 사람들을 모아왔다.) 한 학생의 말에 의하면 "우리는 일대일로 배우고, 압력이 없고, 스트레스도 없고, 좋은 분위기에다 직원 선생님들이 훌륭하다"고 대답했다. 다른 이는 응답하기를 "지식이 힘이요, 교육을 받으면 결국은 도움이 될 거예요."라고 했다. "직원들은 마음이 열려 있고, 친절하고, 정이 있어요. 그리고 가족처럼 대해 줘요."라고 말하는 이도 있었다.

논평

이 센터에 오는 많은 학생들은 공립학교나 교육청에서 운영하는 문맹퇴치 프로그램에서 중퇴한 사람들이다. 그들의 말을 들어 보면 오늘날 많은 공교육기관에서 제공하는 것과는 다른 종류의 학습이 필요하다는 것이 명백하다. 새로운 접근방법과 학습기회가 주어지면 그들은 자부심을 느끼면서 읽기와 수학에서 빼어날 수 있다.

주 전체

1970년대 후반에 미국이 읽기, 쓰기, 셈하기의 기본지식으로 돌아가고 있을 때, 캐나다 온타리오에 있는 토론토공립학교들은 남들이 안 가는 길을 선택했다. 그들은 학생들이 교양 있는 시민이 되어 미래 사회에 들어가기 위해서는 학생들이 필요로 하는 것이 무엇인가와 교사와 어른들이 그 필요를 어떻게 충족시킬 수 있을까를 스스로 질문해 보았다. 그들은 학생, 부모, 교육학자, 그리고 토론토 지역사회와 온타리오 주와 함께 학교가 배출해 주기를 바라는 인간상에 근거하여 위원회를 구성하였다. 성과는 학생들의 필요에 초점을 맞춘 '사명 선언서' 였다. 지역교육청과 그 학교들은 이 목표를 달성하는 최선의 방법을 결정할 주된 기관이었다.

교육부 부장관은 ABC 저녁뉴스에서 모든 학생을 교육할 최선의 방법은 따로 없다는 〈미국의 비망록(The American Agenda)〉을 설명하였다. ABC 방송국의 아나운서 빌 블레이크모어(Bill Blakemore)는 학생들이 학교를 떠나서 성인세계로 진입할 준비를 하도록 하기 위한 토론토의 선언문의 핵심요소들을 인상적으로 나열하였다.[13]

배우는 것을 즐기기	분명히 사고하기
깊이 느끼기	현명하게 행동하기
남들과 협력하기	문제해결사가 되기
다른 문화를 존중하기	기본기술을 갖추기

토론토 학교에서는 학생들이 개입하는 적극적인 학습과 학생들의 참여를 활용하여 교사들이 학습의 촉진자가 되어 왔다. 학생들이 둘씩 짝을 이루거나 4명씩 조 활동을 하는

협동학습은 학교생활의 통합된 한 부분이었다. 그것은 교육기회를 확대하여 인종이나 문화가 다양한 학교에 조화를 가져오기 위한 방편이었다.

ABC 뉴스는 인종이 서로 다른 2명의 소년들이 책에다 함께 쓰고 있는 것을 보여 주었다. 아나운서가 무얼 하는 중이냐고 묻자, "우리는 책을 쓰는 중이에요."라고 그들은 설명했다. 다른 학생들이 읽고 배울 수 있도록 도서관에 꽂아 둘 책을 출판할 계획을 세웠다는 것이다. 토론토 학교를 방문했던 미국 교육위원회의 렉스포드 브라운(Rexford Brown)은 ABC 방송 인터뷰에서 미국의 교육제도는 낮은 차원의 기본기술만을 요구하고 있다고 설명하였다. "우리는 뭔가 작은 것을 기대해 왔으므로 우리는 작은 것만을 얻어 왔다."[13]

마지막 논평

우리의 학습환경이 변해야 한다는 것은 분명하다. 비록 서로 다른 방법으로 우리의 공동목표를 성취할 수 있을지라도, 이 변화를 위한 틀을 제공할 효과적이고 장기적인 인간중심 프로그램의 실례가 많이 있다. 토론토 학교 조직, 공연예술고등학교, 뉴올리언스 프리스쿨 및 다른 많은 예는 학습공동체를 변화시키고 활성화할 수 있는 기회의 빙산의 일각을 보여 준다. 이 장에서 내가 만난 학생들은 배우면서 동시에 다른 사람의 학습을 촉진할 수 있는 기회를 가졌다. 학습의 촉진자가 되려면 삶에 대한 특별한 조망이 있어야 한다. 촉진자는 인기배우나 연극인이 아니다. 그들은 학습의 필요와 흥미를 제일 중요시하는 사람들이다. 다음 장에서 우리는 아동 · 청소년들을 가르칠 뿐만 아니라 학습을 촉진하는 사람들의 상호작용의 역동을 이해하기 시작할 것이다.

나는 중국의 철학자 노자가 2,500년 전에 가장 훌륭한 촉진자를 잘 묘사하였다고 생각한다. 이 장을 그의 말로 끝맺고자 한다.

> 한 지도자는 세상 사람들이 그가 존재하는지조차도 잘 모를 때 가장 훌륭하다.
> 세상 사람들이 그에게 순종하거나 칭송할 때는 그리 훌륭한 지도자가 아니다.
> 세상 사람들이 그를 경멸할 때는 가장 나쁜 지도자이다.
> "세상 사람들을 존중하지 않으면 그들도 지도자를 존중하지 않을 것이다."
> 그러나 말이 거의 없는 훌륭한 지도자의 경우에는
> 그의 일이 완성되고, 목표가 성취되었을 때에도
> 세상 사람들이 모두 "이것을 우리 스스로 이룩했노라"고 말할 것이다.[14]

참고문헌

1. T. Peters and R. Waterman, *In Search of Excellence: Lessons from America's Best-run Companies* (New York: Harper and Row, 1982).
2. J. Hillkirk, "In Search of Excellence Ten Years Later" (Interview with Tom Peters), *USA Today*, 11 November 1992, p. 7b
3. K. Bachofer and W. Borton, *Restructuring: A View from the Trenches: The Continuing Evolution of O' Farrell Community School, Center for Advanced Academic Studies* (San Diego: San Diego Public Schools, 1992).
4. K. Bachofer, *Hidden Messages: Student Perceptions of Teacher Expectation Communication* (dissertation, Claremont Graduate School, 1993).
5. Y. Fournier, "Children Must Learn to Collaborate," *Houston Chronicle* (from Scripps-Howard News Service), 1 January 1993.
6. N. Flanders, *Analyzing Teacher Behavior* (Reading, Mass.: Addison-Wesley, 1970).
7. J. Goodlad, *A Place Called School: Prospects for the Future* (New York: McGraw-Hill, 1983).
8. H. J. Freiberg, *What to Do the First Days and Weeks of School* (Houston: Consistency Management Associates, 1992).
9. S. Conneley and B. Cooper, *The School As Work Environment: Implications for Reform* (Boston: Allyn and Bacon, 1991).
10. H. J. Freiberg, *High School for the Performing and Visual Arts* (Unpublished manuscript, University of Houston, 1980 interview).
11. D. Fadiman, *Why Do These Kids Love School?* (study guide) (Santa Monica, Calif.: Pyramid Film and Video, 1991).
12. H. J. Freiberg, L. Gauthier, and T. Stein, *Assessment of the Read Commission Learning Center* (Houston: University of Houston, 1992).
13. ABC World News Tonight, "Toronto Public Schools: Make the Difference," from the series *The American Agenda* (New York: ABC News, 1990). Video.
14. Lao Tzu, *The Way of Life according to Lau Tzu*, trans. Witter Bynner (New York: Capricorn Books, 1962).

제2장

현대 교직의 도전

> 종종 우리는 모든 사람들이 우리 이름을 알아 주고
> 우리가 왔다고 늘 기뻐하는 곳에 가고 싶어진다.

학교를 위해서 참으로 멋있는 선언문이다. 그러나 이것은 보스톤에 있는 술집과 그 후원자들 사이의 인간관계에 관하여 오랫동안 방영한 텔레비전 연속물의 주제음악 "Cheers"에 나오는 말이다. 불행하게도 주제음악의 목표에 맞게 살지 못하고, 많은 학교들은 환호성도 배우는 것도 없는 곳이 되어 버렸다.

제1장은 학생들의 필요가 친절하고 창의적인 사람들에 의해서 충족될 때 학교의 영향력이 크다는 것을 보여 준다. 이 학생들은 학교를 사랑한다. 학습센터는 학습이 일어나는 데 필요한 조건을 만들어 낸다. 그러나 우리는 광명을 즐기기 위해서는 암흑을 보아야 하듯이 최선을 자각하기 위해서 최악을 경험할 필요가 있다. 그래서 제2장은 학습자의 필요를 통해서보다는 관료주의와 명령으로 운영하는 학교에서 우리가 당면한 도전을 살펴볼 것이다. 안타깝게도 많은 공립학교들이 학생과 교사들이 회피하는 장소가 되어 버

렸다. 홈스쿨의 성장이 어떤 추정에 의하면 150만 명의 학생들을 돌보고 있으며, 사립학교로 옮기려는 움직임이 민주주의 근간인 공립학교제도를 아수라장이 되게 할지도 모른다고 한다.

점점 우리 공립학교는 무관심으로 둘러싸여 있는 섬이 되고 있다. 우리 교실은 복도와 연결되어 있는 방에 불과하다. 미래 세대들은 건강한 어린이들의 분포가 줄어들고 있음을 보여 준다. 현재와 미래에 우리는 심각한 문제를 가진 어린이들의 증가에 직면하고 있다. "몇 해 전까지만 해도 반에 공부 안 하는 학생이 한두 명이었는데 이제는 반 학생 전체가 학습할 동기가 없다"고 웨스트버지니아 농촌의 고등학교 교사가 탄식을 한다. 전국의 교사들이 이구동성으로 이런 견해를 표현한다. 종종 어린이들은 배울 마음 없이 등교하고, 교사들은 그들의 증가하는 필요를 충족시킬 자원이 부족하다. 배우고 싶어서 학교에 온 학생들마저 끊임없는 규율, 시험, 경쟁, 경직성의 흐름 속에서 곧 동기를 상실한다.

우리 학교가 너무 조용하다. 대화나 토론은 표준이 아니라 예외일 뿐이다. 초등학교 아동들이 입에 손가락을 대고 복도를 걷는다. 그러나 500명 학생들이 조용하기를 바라는 어느 교외의 중학교 식당에서는 휴대용 확성기가 요란하다. 집단활동을 하면 학생들이 떠들고 너무 시끄러워서 어떤 교사들은 회피한다. 그러나 침묵은 수업 끝을 알리는 요란한 종소리 때문에 깨지고 만다. 방송장치의 고성은 단지 몇 학생에게 알려야 할 광고를 위해서 전체 학생과 교사들의 생각을 산산조각 낸다. "빌, 호세, 새라, 그리고 랜티아는 사무실로 오시오. 오늘 오후 4시에는 밴드연습이 있으니 명심하시오."

우리는 학교에 터무니없는 교육과정을 가지고 있다. 학생들은 영어, 수학, 사회, 문학, 예술, 역사 등의 통합을 경험하지 못하고 12년 동안 학교를 다닌다. 지식은 미리 정해진 42분 혹은 30분 동안에 상호관련성 없이 가르쳐야 한다.* 학생들은 단편 지식을 배우고, 마치 모든 학생들이 똑같은 방식으로 읽기를 배우는 것처럼 단체로 훈련시키고, 실험 없이 과학을 공부한다. 학생들은 수동적이도록 기대된다. 사회경제적 지위가 낮을 수록 그 학생은 더 수동적일 것으로 기대된다. 매일 교실에 앉아 있는 아동들의 눈을 보면 학교생활이 혼란스럽고, 좌절감을 느끼게 하며, 화나게 한다는 것을 알 수 있다. 이 혼란은 아동의 가정과 지역사회가 분열되어 지원이 부족하면 더 심각해진다. 아침에 아동은 읽을거리, 예술, 그리고 다른 지적 자극이 부족한 가정을 떠나서 똑같이 피폐된 학교에 다

* 역자 주 : 미국은 과목에 따라서 수업시간의 길이가 다르다.

닌다. 수백만 학생들이 학교를 그만두고, 다른 수백만 학생들은 몸은 학교에 가 있지만 마음은 없는 상태라는 것은 놀랄 일이 아니다.

개혁은 어떻게 진행되는가?

한마디로 한심하다. 학교를 개선하고 향상시키려는 10년 동안의 노력 후에 나온 평가이다. 우리 자녀들이 10년 혹은 20년 전에 비해서 오늘날 더 잘하고 있다고 나서서 말해 줄 교사, 학부모, 혹은 국회의원 혹은 지역사회 지도자를 찾아보기가 어렵다. 통계를 보면 가난, 절망 속에서 외롭게 주저앉은 젊은이들의 모습을 그리게 된다. 우리는 첨단기술이 인류역사상 가장 안락할 수 있는 기회를 제공하는 시대에 살고 있다. 오늘날 건강보험과 통신에서부터 컴퓨터와 교통에 이르기까지 세상은 이 책의 초판이 나왔던 1969년에 비해서 크게 달라졌다. 첨단과학기술의 발달에도 불구하고, 우리는 범죄, 폭력, 유아사망, 편협성, 고독, 무관심 그리고 가정해체의 지옥으로 무너져 내리고 있다. 우리의 긍정적인 미래는 기술의 발달 이상의 것임을 깨달아야 한다. 그것은 시간, 신뢰하고 아끼는 분위기, 긍정적인 자기개념을 필요로 하는 더 나은 인간관계를 의미한다. 몇 군데 자료를 훑어보면 우리는 남북전쟁 이래로 국민이 경험한 가장 큰 도전 중의 하나에 직면하고 있음을 보여 준다.

- 미국은 10만 명당 426명의 죄수를 가지고 있는, 세계에서 가장 높은 구속률을 보여준다. 이 비율은 1970년 이래로 3배가 증가한 것이다.[1]
- 휴스턴에서는 12살 아동이 자기의 로스앤젤레스 축구팀 재킷을 입었다고 살해당했다. 뉴욕에서는 소위 세력다툼을 하는 과정에서 갱들이 몇 달 동안 15명에게 총상을 입혔고, 6명을 죽였다.[2]
- 뉴욕 시의 학교들은 건물의 보수가 절실하고, 학급당 학생 수가 증가하는데 거의 7,500만 달러를 학교보안에 사용하고 있다.
- 4명 중 한 아이는 가난하다. 5세 미만의 어린이들은 최악의 빈곤층에 속한다. 가난한 사람의 40%는 어린이이고, 10%는 노인들이다.[3]
- 어린이 1,530만 명이 한 부모 가정에서 살고 있는데 90%는 어머니와 살고 있다. 190만 명은 부모 없이 살고 있다. 그들은 조부모가 양육하거나 다른 친척 혹은 양부

모가 키운다.[3]

- 대도시 빈민지역 교사들은 경찰, 관제탑 통제사를 포함한 모든 직업 중에서도 가장 높은 스트레스를 받는다.[4]
- 휴스턴의 65,550명의 중등학생들에게 설문조사한 결과 31,630명(48%)이 "학교는 안전한 곳이다."라는 말에 동의하지 않았다. 7,866명(12%)의 학생들은 "모르겠다"에 표시했다.[5]
- 10대 자살은 세 번째로 많은 사망원인이다. 10~15살 청소년 중에서 1960년대 중반부터 1980년대 중반까지 자살률은 3배로 늘었다. 15~19살 사이에는 같은 기간에 2배로 증가했다. 가장 높은 자살률의 증가는 백인 10대들이다.

우리나라와 학교의 문제를 약물 탓으로 돌리는 이가 많다. 그러나 약물은 더 심각한 문제의 징후일 뿐이다. 가족, 지역사회, 공동체, 혹은 학교에서 사람들을 함께 묶어 주는 보이지 않는 유대가 한계에 와 있다. 지난 30년 동안 일반대중, 대중매체, 그리고 지역사회는 주로 학교의 결점에만 초점을 맞추어 왔다. 학생들의 직업세계에 대비하지 못한 것, 성적저하에 비해 높은 재정적 지출, 사회병리의 증가수준(폭력, 자살, 10대의 임신, 갱 및 약물) 등이 미래에 대한 국가적 평가에서 중심이 되었다.

가족, 지역사회, 그리고 가치관이 튼튼하면 학교와 나라가 든든하다. 이것은 한 국가가 교육에 소비하는 자원에서 명백히 드러난다. 모든 산업화 국가 중에서 일본이 청소년 교육을 위해서 가장 적은 돈을 쓴다. 학생당 지출에서 미국은 두 번째로 높은 국가이다.[6] 일본은 가정, 지역사회, 종교 및 문화집단 등이 돈보다도 더 소중한 것, 즉 성공적인 학습 분위기를 조성하는 데 필요한 사회적 자원과 시간을 투자하기 때문에 재정지출은 아주 적다.

40년 전에는 학생교육은 5개의 기둥으로 지탱했다. 가족, 문화, 종교, 지역사회 및 학교가 그것이다. 경제적 · 개인적 필요에 의한 맞벌이와 함께 높은 비율의 이혼은 자녀들의 교육에 중점을 두고, 지원하던 가정의 능력을 흔들어 놓았다. 이혼, 이직 및 가난에서 오는 이주는 지역사회를 와해시켰다. 학자들에 의하면, 현재 추세가 계속된다면 2020년까지는 거의 50%의 학생들이 교육적으로 불이익을 당하게 될 것이다.[6] 이런 현상은 부분적으로 가치관이나 경험과 가정, 지역사회, 학교의 자원 사이에 불일치가 있기 때문이다.

가정과 가족, 지역사회, 종교, 그리고 문화가 자녀들을 지원하지 못하면, 학교는 그 역할이 더 커져서 다른 영역에서 더 많은 시간 대신에 돈을 요구하게 된다. 돈은 중요한 자원이지만 그것만으로는 부모들의 참여, 지역사회의 지지와 자각, 그리고 종교적 · 문화적 가치를 대신하기 어렵다. 5개의 기둥 사이에 균형이 잘 맞는 나라는 강력한 지도력, 삶의 질 및 경제적인 성공에 적합한 환경을 조성하게 된다. 한 국가의 학교 및 교육지원 제도 상태는 장래에 그 나라의 행복과 경제적 · 정치적 어려움에 유연하게 도전할 수 있는 능력을 예언한다.

교사, 교장, 혹은 부모가 일을 적게 하고 있다는 말은 아니다. 사실은 사람들마다 일을 더 많이 하는 것 같다. 1970년대 연구는 성인들의 여가시간이 20년 동안 극적으로 증가할 것이라고 예측했었다. 현실은 우리 성인들은 지난 15년 동안에 여가시간이 더 많기는 커녕 주당 7시간이 줄어들었다. 가족은 기본 생활을 유지하기 위하여 일하고 있고, 다음 세대들의 삶의 질은 부모세대보다 좋아지지 않고 더 나빠질 것이다.

통계숫자가 문제의 전모를 밝혀 주기는 하지만, 통계는 인간을 비인간적으로 만들고, 사람들이 숫자로 표시된다는 엄연한 사실을 축소시키는 경향이 있다. 학교와 사회의 문제는 복합적이어서 그 문제해결도 다차원적이라야 한다.[7] 사회의 모든 측면에서 집중적인 노력을 하지 않고 학교만으로 지속적인 사회적 변화를 이끌어 갈 수는 없다. 많은 정보가 삭막하지만 또한 희망도 있다. 그 희망은 기술이나 단순한 해결책에서 나오는 것이 아니라, 모든 어린이들의 복지를 위해서 일하는 사람들의 공동의 관심, 신념, 흥미를 가진 사람들이 함께 협력함으로써 가능해진다. 공동의 선을 성취하기 위하여 협력함으로써 개인의 노력이 배가되는 과정에서 그 희망은 솟아난다.

한 아이의 견해

더운 여름날이다. 공기는 습도가 높았고, 태양은 동쪽으로 향하는 새라의 침실로 밝게 비치고 있다. 3명의 여동생과 함께 방을 쓰는 새라는 벌써 여러 시간 전에 일어나 있다. 그는 개학 첫날을 준비하고 있으며, 매우 들떠 있다. 비록 간밤에 많이 자지는 못했지만 피곤을 느끼지는 않았다. 그는 새 학교에 가고 싶어서 안달이다. 오늘 새라는 중학교에 처음 가는 날이다.

나 역시 학교에 처음 가던 날의 흥분을 기억한다. 미지의 세계에 대한 불안과 새 학교에 대한 설렘과 기대가 균형을 이루었다. 새 학교, 다른 학생들, 그리고 가장 중요한 우리

선생님은 어떤 분일까 하고 궁리 중이었다. 입학하는 날에 수백만 학생들이 새라의 흥분과 궁금증을 함께 느낄 것이다. 어떤 학교는 밝은색과 푸른 숲, 복도 벽에는 학생들의 작품이 걸려 있고, 선생님과 학생들이 학교에 들어가는 사람을 보고 웃으며 인사하는 따듯하고 친절한 곳이다. 들어갈 때 어떤 느낌이었는지에 상관없이 학교에서 나올 때는 항상 기분이 좋다. 학생에게 행복감을 주는 것 같은 학교에는 활기가 있다.

나의 학창시절을 돌이켜 보면 학년마다 다른 경험을 했다는 것을 알 수 있다. 어떤 선생님은 내가 공부하기를 요구했고, 다른 선생님들은 내가 공부하고 싶도록 도왔으며, 어떤 이들은 우리와 함께 웃었고, 다른 이들은 우리를 비웃기도 했다. 내가 울고 싶도록 만든 이도 있고, 힘이 나도록 북돋아 준 이도 있다. 어떤 이는 나에게 희망을 주었고, 다른 이들은 나에게 절망감을 느끼게 했다. 어떤 이들은 내가 바보처럼 느끼게 했고, 다른 이들은 내가 영리한 사람처럼 느끼게 했다. 다른 말로 하면 어떤 이들은 나의 학습을 통제해야 한다고 느꼈는 데 반하여 다른 이들은 학습의 자유를 나에게 주었다.

학생들에게 경청하기

학생들은 그들이 학습할 수 있는 조건에 대하여 많이 들려준다. 그들에게 경청해 보면 우리 학교들이 성공하거나 실패하는 이유를 이해할 수 있게 된다. 예를 들면 어떤 학생들에게 학교는 범죄, 마약, 학대, 추위나 더위, 허물어지는 빈민가의 무료함에서 탈피하여 안전함을 느낄 수 있는 오아시스와도 같다. 다른 학생들에게는 학교는 따듯한 음식을 먹을 수 있는 유일한 쾌적한 장소이다. 어느 날 이른 아침에 나는 도시 빈민가 초등학교에 찾아가는 중이었다. 울타리 벽 밖에 한 집단의 학생들이 웅성거리고 서 있는 것이 보였다. 추운 아침이었는데 학교는 7시에 열게 되어 있고, 아직 15분을 기다려야 했다. 내가 한 학생에게 왜 이렇게 일찍 여기에 와 있느냐고 물었다. 빼빼하고 수줍음을 타는 학생이 "7시 30분에 아침식사를 주는데 안에 들어가면 따듯하고 좋아요."라고 말했다. 그 학교 교장은 학생들이 추운데 밖에서 기다릴 필요가 없도록 자기나 담당 교사가 일찍 나오게 할 계획이라고 말했다.

그러나 다른 학생들은 축구나 응원 같은 좀 더 흥미 있는 과외활동에 참여하기 위해서 학교는 참고 견뎌 내야만 하는 곳으로 본다. 또 다른 학생들은 학교는 다양한 생각, 토론, 기쁨, 친구, 그리고 환희가 가득한 훌륭한 곳으로 본다. 나는 중학교 운동장이 아침 7시 25분에 벌집처럼 웅성대는 것을 보았다. 학생들이 과학탐구활동을 함께하며 구체적인 문제를 토론하느라 활기를 보였다. 나는 북쪽 캔자스 시의 학생 수가 2,000명이 넘는 학교에서 비슷한 즐거움을 보았다. 그 학교 학생들은 2,000명의 작품을 다 출품하여 학교 벽을 가득 채우는 전시회를 밤 늦게까지 준비하고 있었다. 학생들이 3주간 계속되는 전시회를 보러 오는 부모와 방문객들을 안내하였다.

많은 학생들은 학교를 친구를 만나고 사귀는 장소로 생각한다. 어떤 학생들은 학교를 다른 학생들이나 지역주민들을 상대로 범법행위를 해서 취득한 것을 나누거나 약물을 사고파는 곳으로 생각한다. 대중매체는 후자에 속하는, 증가하는 범죄, 약물 및 갱단의 문제를 부각시키려는 경향이 있다. 그러나 많은 학생들에게 학교는 단지 지루한 곳이다.

학생들의 불만

정체감, 고독, 소외감의 문제는 미국에만 국한된 것은 아니다. 최근에 나는 이탈리아, 스페인, 그리고 이스라엘을 다녀왔다. 도시와 농촌의 이탈리아 고등학교 교사와 학생들과 시간을 보냈다. 나는 세미나에 참석한 교사의 딸과도 개인적으로 대화할 시간이 있었다. 그는 학교의 경험을 "우리는 마치 존재하지 않는 것처럼 존중받지 못하고, 아무 생각도, 견해도 없는, 쓸모없는 존재로 여겨진다"고 묘사하였다.

수십 년 전에 미국에서 학생들의 불만수준을 평가하기 위해서 한 교육학 잡지사가 "학생들이 학교에 관하여 말한다"라는 제목으로 학생들의 의견을 요청하였다. 학생들 반응이 그 잡지사로 홍수처럼 몰려왔다. 연구 결과는 다음과 같이 요약되었다. 미국과 캐나다, 중학교, 고등학교, 대학교, 대학원, 남자와 여자, 흑인과 백인, 공립과 사립학교, 부유층과 빈곤층이 모두 참석한 3,157명의 학생들이 써 보낸 말은 "학교는 지루한 곳이다"였다(pp. 5-6).[8] 그 이후에도 상황은 바뀌지 않았다. 사실은 더 악화되어 왔다.

국가 보고서에 의하면 교사가 된다는 것이 매우 어려운 시기라는 것은 명백하다. 또한 도전을 느끼게 하는 때이다. 그래서 이 책의 많은 부분은 그 도전에 대응하는 방법에 초점을 맞추고 있다. 그러나 오늘날 아동들의 교육에 영향을 미치는 매우 부정적인 요소들을 간과할 생각은 없다.

학습분위기

휴스턴 교육청의 교육장으로 그의 일을 시작하면서 교육장 프랭크 페트르지엘로(Frank

Petruzielo)는 교육청의 연구평가국에 교육의 주주들인 학생, 학부모, 그리고 지역사회 주민을 대상으로 설문조사를 부탁했다. 그 연구는 교육청이 격려하는 의사결정을 공유하는 프로그램의 한 부분이었다. 교육장은 대도시 빈민층 교육구에서는 의사결정과정에서 통상 빼 버리는 주민들을 설문조사에 포함시켰다. 그 조사 결과(1992)의 대부분은 고무적이었지만, 몇 가지 영역에서는 많은 학생들이 격려받는 환경이라기보다는 환영받지 못하는 적대적인 곳으로 학교를 보고 있음을 보여 주었다.

중학교, 고등학교를 포함하는 중등교육기관에서 응답한 64,550명 중 74%는 교사들이 학생들에게 최선을 다하도록 격려한다고 느꼈고, 68%는 그들의 학교가 학생들이 배우는 데 필요한 자원을 제공해 준다고 답했다. 그러나 겨우 48%의 학생들은 선생님들이 자신들을 중요하게 생각한다고 느꼈고, 단지 47%의 학생들이 선생님들이 자신들을 존중해 준다고 응답했다. 응답한 63,997명의 학생들 중에서 29%만 수업이 재미있다고 답하였다. 그 교육청 연구자들은 "대부분의 학생들이 학교는 학생들의 노력을 격려해 주고 있다고 답했지만, 많은 학생들은 교사들이 학생들을 개개인으로 인정해 주지 않는다고 믿고 있었다."[5] 같은 조사의 학생들 중에서 30%는 친구들이 제시간에 수업에 들어오고, 27%의 학생들은 그들의 친구들이 예의 바르게 행동한다고 대답했다. 그 보고서는 "조사 결과는 수업을 방해할 수 있는 교실환경을 보여 주는 것이므로 주목해야 한다"고 진술하고 있다.[5]

학생들의 불행은 초등학교, 중학교, 대학교 수준에만 국한되지는 않는다. 어느 저명한 의사는 우수한 의과대학교에서 학생들과 사적인 접촉을 할 수가 없었다. 그 의사는 전문교육에 관한 견해를 알기 위해서 거의 200명의 학생들과 만났다. 그런데 그 모임은 그가 학생들의 의견을 끌어내려고 노력하니까 마지못해 시작되었다가 곧 변화가 오기 시작했다.

논평이 시작되었다. 처음에는 천천히, 그러고 나서 좌절, 실망, 분노가 눈사태처럼 나에게 몰려왔다. 머지않아 굉장한 분노의 도가니가 되었다…. 사연은 간단하고 단순한 것이었다. 그들은 일방적인 강의를 듣느라 죽을 지경이다. 그들은 매일같이 조용히 앉아 있고, 학생들은 누군지도 알 수 없는 교수, 그리고 교수 또한 학생들이 누군지도 모른 채 엄청난 양의 지식을 쏟아 놓는다. 질이 떨어지는 강의, 공부할 시간의 부족, 교수와 개인적인 접촉 불가, 학생들의 필요와 불만에 대한 학교의 무관심 등에 관하여 수없이 많은 증언이 나왔다. 긍정적인 견해도 있을까 싶어서 노력해 보았으나 끌어낼 수가 없었다.

의대생들은 이 상황을 해결하기 위해서 창의적인 방법을 개발하였다. 그들은 각자 돈을 내서 기금을 마련하였다. 이 기금으로 소수 학생들이 수업에 참석하여 강의를 녹음해 오면 돈을 주기로 하였다. 녹음된 것을 전사하고 편집하여 재구성하였고, 주석까지 붙였다. 그리고 그 자료를 동급생들에게 배포하였다. 수강생은 200명이나 되지만 강의 출석 인원은 35명 정도가 보통이고, 적게는 10명쯤 출석한다. "강의실에 겨우 5명이 앉아 있을지라도 강사는 상상할 수 없는 격식을 갖추고 강의를 하러 강단으로 올라갔다"(pp. 3-4).[9]

우리 학교의 지루함과 불만의 또 다른 이유는 학점에 대한 점증하는 스트레스 때문이다. 한 학생은 이렇게 써 보냈다.

> 나는 학교에 오면 항상 불안하고 압력을 느낀다. 내가 한 공부를 엄격하게 외적으로 평가한다는 것이 얼마나 고통스러운 일인지 깨닫기 시작한다…. 나는 책을 읽으며 생각나는 개념이나 견해를 탐색해 보기를 좋아한다. 그러나 현재 분위기는 그런 식의 공부를 온전히 방해한다…. 나도 남들처럼 똑같은 것을 배우며 재미없이 불만스러운 삶을 살아야 하나? 나로서는 지금 그것이 매우 심각한 질문이다. 나는 좌절감을 느끼는 많은 대학생들과 10대들의 감정을 표현했다고 생각한다. 나는 좌절감이 일종의 절망감으로 변하고 있고, 그것이 나를 삼켜 버릴 것 같은 느낌을 마음속 깊이 느끼기 시작한다.

잊혀진 세대

이런 절망감에 대한 또 다른 이유는 교도소보다 별로 나을 것이 없는 학교에 학생들의 의지와는 반대로 그들을 잡아 놓기 때문이다. 수년 전에 그 일이 일어났을 때만큼이나 오늘도 생생한 경험을 나는 기억하고 있다. 나는 여러 학교에서 놀라운 성과를 거두고 있는 가난한 도심의 학군을 방문 중에 있었다. 교사와 학생들은 함께 일하고 함께 배우며 즐기고 있었다. 나는 깊은 인상을 받았다. 나는 행정책임자에게 "이 지역 학교들은 아주 훌륭합니다. 그러나 당신의 힘이 미치지 못한 학교도 있을 테지요."라고 말했다. 그는 대답하기를 "물론이지요. 몇몇 중학교는 우리가 아직 손도 못 대는 걸요."라고 말했다. 우리는 매우 황폐한 빈민가가 있는 학교를 방문했다. 복도는 어두웠고, 일부 학생들은 두려운 듯 눈치를 보면서 지나갔다. 교실문마다 잠겨 있었는데 학생들이 드나들지 못하게 하기 위해서였다. 교실문은 원래 유리창으로 되어 있었으나 대부분이 깨져서 합판으로 못질 등을 해 놓았다. 우리는 임의로 몇 개 문을 노크해 보았다. 교사는 안에서 문을 열고는 의심쩍은 듯이 내다봤다. 그가 높은 사람을 알아보고 문을 활짝 열었다. 이상한 광경이었다. 그의 얼굴은 빨개졌고, 숨을 몰아쉬고 있었으며 손에는 회초리가 들려 있었다. 흑인, 백인 할 것 없이 모든 학생들이 기분이 언짢고 화가 나 있어 보였으므로 그 교사가 방금 때린 학생이 누군인지를 알아볼 수가 없었다. 바로 그때 연극이 시작되었다. 교사는 회초리를 내려놓더니 "자, 여러분, 책을 들고 73페이지를 펴세요."라고 말하고는 책을 읽기 시작했다. 책을 손에 잡아 쥔 학생이 몇 명 안 되었다. 무뚝뚝한 그들의 표정은 "자, 실컷 가르쳐 보세요."라고 말하는 것 같았다. 우리는 더 이상 당황하지 않도록 하기 위해서 교실을 나왔다. 나는 종종 그 수업과 그 교사를 생각해 본다. 아침마다 일어나서 싫어하는 교실로 가야 하는 불쌍한 학생들을 상상해 보라. 그리고 그가 얼마나 많은 결점을 가지고 있는지 모르지만, 그 가련한 교사는 더욱 불쌍하다. 자기가 환영받지 않는다는 것을 알면서 매일같이 교실에 가야 먹고 살 수 있는 그 교사를 생각해 보라. 참을 수 없는 일이다. 이 학교의 교사와 학생에게 폭행사건이 자주 있고, 파괴행동이 많이 있다는 것은 놀라운 일이 아니다.

그 교사는 자기가 원하는 것을 학생이 하도록 시키기 위해서 때리는 방법 한 가지만 알고 있었다는 것은 분명하다. 다른 방법을 모르거나 다른 선택사항을 찾을 인내가 없으므로 그 교사는 대인관계와 학습에 극단적인 한계를 보였다. 어린이들은 본성이 알고 싶어서 동기가 유발되어 있으나 2~3학년 말이 되면 많은 아동들은 호기심이나 배우고 싶은 동기를 상실하고 만다. 학생들의 관심을 끌기 위해서 벌과 뇌물을 주는 것이 일과가 된다. 내가 1981년 6월에 예일대학교 총장이 쓴 졸업식 축사를 읽었을 때 그 학교와 유사한 다른 학교들 생각이 났다. 그 총장은 "미국은 공립학교를 성난 학생들의 창고로 변질시켜서는 안 된다"[10]고 말했다. 많은 학교들은 권태를 느끼고, 불만에 찬 성난 학생들의 창고라는 묘사가 아닌가!

비극 중의 비극은 철저히 절망적인 어린이들이다. 대도시 학교의 한 교사가 퇴폐적인 빈민가 출신의 8살 먹은 어린이 집단과 오랫동안 일할 기회를 가졌다. 그 교사가 어린이들의 신뢰를 받게 되자 초기의 난폭한 행동은 줄어들었고 감춰진 절망감이 드러나기 시작했다. 머리가 영리한 한 여자 어린이는 "나는 살고 싶지 않아요. 아무도 관심을 가져주지 않으니 살 이유가 없어요."라고 고백했다. 그는 이미 자살을 시도했었으나 적기에 만류되었다. 공격적이고 적극적인 한 흑인 학생은 이 교사를 찾아와서 "나는 이 그룹 중에서 제일 먼저 죽을 것입니다."라고 고백하였다. 교사가 그 이유를 물었을 때 그는 "나는 살고 싶지 않아요. 건물 꼭대기에 올라가서 초인간처럼 뛰어내릴 거예요."라고 말했다. 계속 이야기를 들어 보니 그 어린이가 하는 말은 진정이었다. 그런데 이 어린이는 겨우 8살이 아닌가?

프란시스 푸크스(Frances Fuchs)는 정규학교에서 퇴학당한 청소년들을 위한 훈련 프로그램에서 아이들을 가르쳤다. 학기 초에 그는 학생들에게 지금부터 5년 후에 무엇을 할 것인가에 관해 간단히 쓰게 했다. 여기에 한 대답이 있다. "5년 후에 나는 죽거나 군대에 가 있거나 아니면 어느 악단에서 기타를 연주하고 있을 것이다. 내 생각에는 5년 안에 전쟁이 터질 것이고, 우리 대부분은 죽을 것이다."[11] 이 집단의 절반 이상의 학생들이 5년 이내에 그들이 죽게 되거나 오염되고, 인구가 넘쳐나고, 범죄와 약물로 물든 도시에서 필사적으로 살아갈 것이라고 믿고 있었다.

우리는 얼마나 많은 청소년들이 죽음을 절박한 것으로 보는지 알 길이 없다. 그러나 〈코드 블루 : 건강한 청소년들을 위한 연합〉이라는 제목의 보고서는 우리 청소년들의 행복과 만족감에 대한 암울한 그림을 보여 준다(그림 2.1). 그 단체는 주 교육국 전국연합회와 미국 의사협회의 공동 후원을 받는 기관이다.

오늘날 많은 교실에 자살이나 혹은 거리의 갱단이나 마약 판매자들과의 갈등에서 죽게 될 것이라고 생각하는 어린이와 청소년들이 있다는 것을 알게 되었으니, 이는 우리의

그림 2.1 건강상의 위기

- 100만 명의 10대 소녀들이 매년 임신한다(거의 10명 중 1명꼴).
- 음주 관련 사고가 10대들의 사망 원인 중에 제일 많다.
- 10대들의 자살률이 1968년 이래로 배로 증가하였고, 청소년 사망 원인 중에 두 번째로 많다. 미국이 일본의 10대 자살 비율을 능가한다.
- 14세에서 17세 청소년들의 체포건수가 1950년대에 비해서 30배 증가했다. 살인은 15살에서 19살 사이의 소수민족 청소년의 사망 원인 중에서 제일 앞선다.

출처 : National Commission on the Role of the Schools and the Community in Improving Adolescent Health, *Code Blue: Uniting for Healthier Youth* (Atlanta : Centers for Disease Control, 1990).

근본에 도전하는, 교육경험에 새롭고 어두운 차원을 보태 준다.

변하는 학교

지금은 교육계 밖에서 시작된 많은 혼란한 환경에 교육이 직면해 있는 시대이다. 전국적으로 예산이 크게 삭감되어 모든 교육활동에 영향을 주고, 학교에서 변하는 요구에 부응할 자원을 제한시키고 있다. 학생들의 인구학적 통계도 변하고 있다. 1980년대 이래로 소수민족 청소년들이 전국의 대도시 학군 중 100곳에서 대다수가 되었다. 대도시 학군에서 유색인종이 다수인데도 유럽계 조상이 아닌 학생들을 지칭하기 위해 사용되는 '소수(마이너리티)' 라는 용어가 역설적이다. 그러나 이들 학군의 교사들은 보통 유럽계 배경을 가진 백인들이어서 문화적 이해에서 잠정적으로 심각한 문제를 야기할 수 있다.

관료주의의 영향

전에 보지 못했던 정도로 학교들은 외부 통제를 받고 있다. 주 정부가 지정한 교육과정, 연방 정부법, 주 정부법, 그리고 관료들의 규정이 교실이나 학교활동에 침투하고 있다. 사제간의 관계가 규정, 제한, 그리고 지정된 목적의 복잡한 틀 속에서 쉽게 잊혀져 버린다. 한 교사는 이런 상황에 대하여 자기 의견을 개진하였다. 다음은 그의 일기장에서 인용된 글이다.

> 가르치는 일이 나를 좌절하게 만든다. 일은 끝이 없고, 충분한 시간이 주어지지 않는다. 교실에서 제대로 가르치는 일을 방해하는 쓸데없는 행정업무, 서류작업이 태산같이 쌓여 있다….
>
> 가르침은 더 이상 창의적이 되도록 자극을 줄 기회를 주지 못한다. 남달리 독특하게 해 볼 수 없다는 것은 짜증나는 일이다. 창의성 없이 어떻게 교사가 될 수 있나? 내가 배운 것을 모두 활용할 수 없어서 답답할 때 나는 화가 난다. 학생도 교사도 로봇이 아니다. 그런데 예산삭감, 성적 올리기에 대한 사회적 요구 때문에 우리가 감정을 가진 온전한 인간인 학생들을 교육한다는 것을 깨닫지 못하고 있다….
>
> 교사로서 나는 시간을 때우기만 하면 되는 것 같다. 소란을 피우거나 개혁 혹은 창의적으로 할 생각은 말라. 이런 것이 행정가들에게 너무 많은 문제를 야기할 수 있다. 왜냐

> 하면 학생들은 행정가들이 생각할 수도, 답할 수도 없는 질문을 생각해 내기 때문이다….
>
> 사람들은 그들의 안정감을 훼손하거나 변화가 올까 봐서 창의성을 두려워한다. 나도 학생들이 필수불가결한 변화에 겁먹지 않도록 하기 위해서 마음속 깊이 안도감을 느낄 수 있도록 돕고 싶다. 우리가 다루는 법을 꼭 배워야 할 것은 변화이다!

교육에 관심 있는 사람은 누구나 이 교사의 감정이 많은 다른 교사들의 감정을 대표한다는 것을 안다. 나는 수백 명의 교사들과 대화를 나누었는데 그들도 같은 목소리를 낸다. "우리는 너무 규제가 많고, 지원은 적으며, 서류작성에 시달리고, 늘 감시를 당하고, 모든 학교의 문제는 교사들의 잘못인 것처럼 취급된다."

텍사스에서는 1992년 주 교육감이 모든 학교장들에게 주 정부 규정의 면제를 실험적으로 실행하겠다고 알렸다. 주 정부 규정을 면제해 달라는 2,000건의 요청이 텍사스 교육국으로 쇄도했었다. 겨우 100가지만 면제를 승인했다!

가르친다는 것의 의미

대부분의 사람들에게 가르침은 수업 중에 질서를 유지하고, 강의나 교과서를 통해서 사실을 전달하고 시험을 치르며, 학점을 주는 것을 의미한다. 이런 고정관념은 크게 수정되어야만 한다. 나는 독일의 철학자 마틴 하이데거(Martin Heidegger)가 쓴, 아주 정교한 생각을 불러일으키는 '가르침' 의 정의를 인용하고 싶다.

> 가르치기는 배우기보다 더 어렵다…. 왜 가르치기가 배우기보다 더 어려울까? 교사가 훨씬 더 많은 정보와 지식을 가지고 있어야만 하기 때문은 아니다. 가르치기가 배우기보다 더 어려운 것은 가르치기 위해서는 배우도록 내버려 두어야 하기 때문이다. 진정한 교사는 사실상 모든 것을 제쳐 놓고 배우는 법을 배우게 할 뿐이다. 만일 쓸모없는 지식을 획득하는 것이 학습이라고 생각한다면, 진정한 교사의 행동은 우리가 그에게서 아무것도 배운 것이 없다는 인상을 주기 쉽다. 학생들보다 배워야 할 것이 훨씬 더 많다고 하는 점에서 교사는 학생들보다 앞질러 간다. 제자보다도 더 잘 배울 수 있는 능력을 가지고 있어야만 한다. 그런 교사는 자기 분야에 관해서

> 학생들처럼 자만하지도 않는다. 그런 까닭에 교사와 제자관계가 진실한 것이라면, 모든 것을 다 아는 척하는 권위나 관료주의적인 행동은 발붙일 곳이 없다. 그러면서도 교사가 되는 것은 저명한 교수가 되는 것과는 전혀 다른 여전히 숭고한 일이다 (p. 75).[12]

하이데거의 생각은 이 책의 중심주제를 표현한 것이기 때문에 강조하고 싶다. 교사의 주 임무는 학생이 호기심을 충족시키기 위해서 배우도록 허용하는 것이다. 단순히 지식을 흡수하는 것은 당장에 적은 가치가 있을지 모르나 장래에는 훨씬 더 그 가치가 떨어진다. 배우는 법을 배우는 것이 현재나 장래에도 항상 가치가 있는 요인이다. 따라서 교직은 신중을 요하는, 만만치 않은, 진정으로 숭고한 직업이다. 진정한 가르침은 자기도취에 빠져 있는 사람이나 권위주의적 성격에는 맞지 않는다. 하이데거가 위에 언급한 말을 처음으로 한 것은 1951년인가 1952년의 강의에서였다. 다시 말하면 가르침에 대한 이런 생각은 새로운 것이 아니라는 말이다. 이 사상은 오래된 뿌리를 가지고 있다. 그러나 그것은 평범한 교사상과는 너무나도 거리가 있기 때문에 각 시대마다 과격한 것으로 받아들였다. 이 책의 의도는 오늘날 여러 학교상황에서 이 중심사상을 실행할 새로운 방법을 제시하자는 것이다. 한 교사가 학습을 촉진하고, 어떻게 하면 학습에 대한 사랑을 창의적으로 심어 줄 수 있을까에 대한 실제적인 대답을 제공하자는 것이다.

학습이란 무엇인가?

가르침의 목적이 학습을 촉진하는 것이라면 우리는 그 용어가 무엇을 의미하는지 물어볼 필요가 있다. 이 문제에 관한 한 나는 열정적이다. 나는 학습에 관해서 이야기하고 싶다. 그러나 순응이라는 쇠사슬로 의자에 붙잡아 매 놓은 가련한 학생들 마음속에 생명력이 없는 진부한, 곧 잊어버릴 것들을 집어넣는 그런 학습을 말하려는 것이 아니다. 나는 청소년이 내적 의미가 있는 주제에 대하여 그들이 보고 듣고 읽은 것을 끊임없이 흡수하려는 지칠 줄 모르는 호기심으로 배우는 것에 관하여 이야기하는 것이다. "나는 바깥세상에서 발견하고 내면화하여 그것을 나의 일부가 되게 한다"고 말하는 학생에 관하여 이야기하는 것이다. 학습자의 경험이 이런 식으로 발전하는 그런 학습을 나는 말하고자 한다.

"아니, 아니, 그건 내가 원하는 것이 아니에요."

"기다리세요. 이것이 제가 관심 있는, 제가 알고 싶은 것에 더 가까운 것이에요."

"아하! 바로 이것이네요. 이제 저는 알고 싶은 것과 제가 필요한 것을 이해하게 되었어요."

이것이 이 책의 주제이고 관심사이다.

학습의 두 가지 유형

학습은 의미의 정도에 따라 두 가지 일반적 유형으로 나뉠 수 있다고 믿는다. 수직선상의 한쪽 끝은 심리학자들이 피험자들에게 제시한 무의미 철자의 학습과 같은 것이다. *baz, ent, nep, arl, lud*와 같은 단어를 암기하기는 아주 어려운 과제이다. 의미가 없기 때문에 그와 같은 무의미 철자는 학습하기가 어렵고 또 바로 잊어버리기 쉽다. 교실에서 학생들에게 제시되는 많은 학습자료들은 무의미 철자처럼 학생들을 어리둥절하게 하는 무의미한 속성을 가지고 있다는 사실을 우리가 인정하지 못할 때가 자주 있다. 이와 같은 현상은 생활배경이 학교에서 제시하는 학습자료에 아무런 맥락도 제시해 주지 못하는 하류층의 자녀들에게는 더욱 절실하다. 그러나 거의 모든 학생들이 교육과정의 대부분은 의미가 없다는 것을 발견한다. 그래서 교육은 사적인 의미가 없는 자료를 학습하는, 쓸데없는 헛수고가 되고 만다. 그와 같은 학습은 지적인 면만을 관련시킨다. 그것은 머리에서만 이루어지는 학습이어서 감정이나 사적인 의미를 포함시키지 못한다. 그것은 인간 전체와는 관련성이 없다. 그와 대조적으로 중요하고 의미 있는 학습경험이라는 것이 있다. 어린이가 뜨거운 방열기를 손으로 만졌을 때, 그는 뜨겁다는 말의 뜻을 배우게 된다. 그는 그와 비슷한 모든 방열기에 대하여 앞으로 조심해야 된다는 것을 배운다. 잊어버릴 수 없는 중요한 체험을 통해서 이 학습을 받아들인다. 둘 더하기 둘은 넷이라는 것을 암기한 어린이가 어느 날 나무토막과 구슬을 가지고 놀다가 둘 더하기 둘은 정말 넷이라고 깨닫는 것과 같다. 그는 자기의 생각과 감정이 모두 관여한 중요한 것을 스스로 발견하게 된다. 아니면 읽기기술을 애써서 배운 어린이가 어느 날 만화나 모험소설 속에 빠져서 글자라는 것이 전혀 다른 세계로 안내할 수 있는 마력을 가지고 있음을 깨닫는 것과 같다. 그는 정말로 읽기를 학습한 것이다. 마샬 맥루한(Marshall McLuhan)은 다른 예를 들려준다. 만약 5살 된 어린이가 외국으로 이사를 해서 새로운 친구들과 몇 시간씩 자유롭게 놀게 된다면 언어교습이 없더라도 수개월 안에 새로운 말과 정확한 악센트를 배우게 된다는 사실을 그는 지적한다. 그 어린이는 스스로에게 중요하고 의미가 있는 대로 학습한다. 그와 같은 학습은 매우 급속도로 진행된다. 그러나 교사에게 중요한 요인들을 토대로 해서 어떤 사람에게 새 언어를 가르쳐 주려고 한다면, 그런 학습은 아주 늦어지거나 아예 포기하게 된다. 그와 같은 예는 흔한 것이지만 생각해 볼 만한 가치가 있다. 어린이에게 맡겨 두면 쉽게 잊어버리지 않는 아주 실용가치가 있는 학습이 빨리 일어나지만, 어린이의 머리만 개입시켜서 우리가 가르치려고 하면 이 모든 것이 그르쳐지는 이유는 과연 무엇인가? 아마도 자세한 검토가 필요한 것 같다.

이와 같이 의미심장한 학습이나 경험학습에 포함되어 있는 요소들을 나는 좀 더 정확하게 규명하고자 한다. 한 가지 요소는 개인이 참여하는 특성이다. 의미 있는 학습은 감정과 인지적 측면이 함께 참여하는 전인(全人)이 그 학습의 한 부분이 된다. 다른 요소는 스스로 시작한 학습이라는 것이다. 자극이나 충동이 외부에서 올지라도 발견하고 파악하고 이해하는 능력은 내부에서 온다. 또 다른 요소는 파급효과이다. 의미 있는 학습은 학습자의 행동, 태도, 심지어는 인성의 변화를 가져온다. 그리고 의미 있는 학습은 학습자 자신에 의해서 평가된다. 의미 있는 학습이 학습자의 필요를 충족시키는지, 그가 알고 싶어 하는 것으로 인도해 주는지, 학습자가 경험하고 있는 무지의 어두움을 밝혀 주는지 여부를 그 자신이 알게 된다. 평가의 소재가 분명히 학습자 내부에 있다고 말할 수 있다. 그런 학습의 본질은 의미이다. 그와 같은 학습이 발생할 때 학습자에게 주는 의미는 경험 전체 속에 스며들어 간다.

전인적(全人的) 학습

학습을 다른 각도에서 살펴보겠다. 전통적인 교육은 인지적인 좌측 두뇌활동의 질서정연한 형태라고 생각해 왔다. 두뇌의 좌반구는 논리적, 직선적인 방법으로 기능하는 경향이 있다. 그것은 전체를 구성할 구체적인 부분들을 강조하면서 직선으로, 단계적으로 기능하는 성향이 있다. 좌반구는 분명하고 확실한 것만을 받아들인다. 그것은 생각과 개념을 다룬다. 그것은 삶의 남성적인 측면을 연상하게 한다. 오늘날 학교에서 전폭적으로 받아들이는 것은 이런 종류의 기능뿐이다.

그러나 전인이 학습에 개입한다 함은 오른쪽 두뇌도 자유롭게 활용한다는 것을 의미한다. 두뇌의 오른쪽 반구는 전혀 다른 방법으로 작동한다. 오른쪽 두뇌는 직관적이다.

그것은 구체적인 부분을 이해하기도 전에 본질을 꿰뚫어 이해한다. 그것은 전체 형태와 전 위상을 이해해 버린다. 그것은 상징적으로 작용한다. 오른쪽 뇌는 논리적이라기보다는 미적이고 창의적인 비약이 가능하다. 그것은 예술가나 창의적인 과학자들이 선택하는 방법이다. 그것은 삶의 감성적인 특성을 연상하게 한다. 프란시스 본(Frances Vaughn)은 그의 고전적인 책 『직관을 일깨우기(Awakening Intuition)』에서 다음과 같이 말한다.

> 직관은 경험적으로 모든 사람들에게 알려져 있다. 그러나 자주 억압되거나 개발하지 않은 채로 남겨져 있다. 감각, 감정 및 사고와 같은 심리적인 기능으로 직관은 사물을 파악하는 방식이다. 우리가 무엇을 직관적으로 알 때는 진실의 기미가 있지만, 종종 우리가 아는 것을 어떻게 알게 되었는지를 설명하지 못한다…. 직관 사용법을 배우기는 당신 자신의 스승이 되는 법을 배우는 일이다(intro.).[13]

의미 있는 학습은 논리와 직관, 지성과 감성, 개념과 경험, 생각과 의미를 결합시킨다. 그와 같은 학습을 할 때 우리는 남성적인 잠재능력과 여성적인 잠재능력을 모두 활용하는 전인이 된다.

진퇴양난

모든 교사들과 교육자들이 무의미 철자 학습보다는 경험을 통한 의미 있는 전인적 학습 형태를 촉진하고 싶어 한다고 나는 믿는다. 그러나 대부분의 학교에서는 의미 있는 학습이 전혀 불가능하거나 매우 어려운 전통적인 방법에 얽매여 있다. 지정된 교육과정, 모든 학생들에게 똑같은 과제, 유일한 교수 방법으로서의 강의, 객관적으로 학생들을 평가하는 표준화 검사, 학습평가 방법으로 교수가 결정한 학점 등을 통합해 놓는다면 의미 있는 학습은 최소한으로 줄어들 것임을 우리는 장담할 수 있다.

다른 방법이 존재하는가?

교육자들은 심리 내적인 타락 때문에 그와 같은 자기파괴적인 제도를 추종하는 것은 아니다. 그들은 관료주의적 제도에 의해서 금지되어 있고, 또 파문을 일으키고 싶지 않아서이다. 그들은 실용적인 돌파구를 개척하는 절차도 대체로 모르고 있다. 그러나 수업과 학급을 다루는 새로운 방법, 즉 새로운 가정과 전제 위에 교육이 가능하고, 교육자와 학생들이 함께 추구할 수 있는 목표가 존재한다는 사실이 앞으로 이 책 속에서 충분히 예시될 것임을 나는 믿고 있다.

균형

우리는 오늘날 이 나라에서 가르치는 일을 고달픈 직업으로 만든 모든 요소들을 진지하게 검토해 볼 수 있다. 그리고 나는 이 장애물과 위험의 몇 가지를 이미 제시해 왔다. 학생의 생활에 파급되어 깨우쳐 주는 새로운 발견, 새로운 학습으로 그의 눈이 반짝일 때 가르치는 노력과 모든 고난은 매우 값진 경험이 된다는 기쁜 사실을 우리는 외면할 수 없다. 어떻게 하면 그 소중한 반짝임이 더 자주 일어날까? 교육자로서 나는 그 불길을 어떻게 번지게 할 수 있을까? 그 대답을 제시하는 것이 이 책의 목적이다. 이 책은 기술이나 방법에 관한 안내서가 아니다. 이 책은 교수–학습 상황에 관한 하나의 접근방법, 말하자면 하나의 철학에 관한 것이다. 저마다 독특한 체험담을 소개할 수 있는 많은 교사들과 학생들의 다양한 경험 속에 살아 있는 철학에 관한 책이다. 교육과 학습에서 위대한 변화는 교실활동에서 오는 것이 아니라 개혁방법을 추구하는 우리의 가치관과 신념에서 나온다. 이 책은 모든 사람들이 배우고 살아갈 탄탄대로가 있는 더 나은 세상의 미래상을 제시하려는 것이 목적이다.

우리의 교육제도가 제대로 굴러가지 못하게 하는 많은 요소들 때문에 고통받고 있다는 것을 나는 충분히 진술했다고 생각한다. 재정적 지원의 감소, 학생 수의 감소, 교실을 비인간적으로 만드는 거미줄 같은 규정과 관료주의, 선택과 사고의 자유를 막으려는 정치집단, 학생들의 권태, 좌절, 분노 및 절망 등이 교육을 병들게 하고 있다. 그러나 동전의 다른 면도 동등하게 강조되어야 한다. 이 책은 더 배우려고 요구하며, 재미있고 창의적인 학습경험에 참여한 학생, 교사, 부모 및 다른 교육자들을 축하하는 연회장이다. 미래에 대한 꿈을 가진 학교 행정가들이 있다. 학생들에게 한평생 배우는 즐거움을 심어 준 교사들도 있다. 학교는 가장 흥미진진했고 그들이 가장 많이 성장한, 즐겨서 가던 곳이라고 말하는 학생들도 있다. 나는 이제 교사의 과업을 가장 만족스럽게 만들 수 있는 기회와 놀랄 만한 도전들을 소개하고 싶다.

참고문헌

1. "National Affairs: The Cities' Deadly Tally," *Newsweek*, 26 March 1991, p. 36.
2. "New York Teen Slain in Another Jacket Robbery," *Houston Chronicle* (from Reuters News Service), 12 January 1991, p. 12a.
3. H. L. Hodgkinson, *The Same Client: The Demographics of Education and Service Delivery Systems* (Washington, D.C.: Institute for Educational Leadership, Center for Demographic Policy, 1989).
4. "Most Stressful Jobs," *Men's Health*, cited by B. C. Oren, *Houston Chronicle*, 27 June 1991, p. 18a.
5. K. Sanchez, *Student/Parent/Community Surveys 1991-1992: Districtwide and Administrative Results* (Houston: Houston Independent School District, 1992).
6. A. Pallas, G. Natriella, and E. McDill, "The Changing Nature of the Disadvantaged Population: Current Dimensions and Future Trends," *Educational Researcher* 8, no. 5 (1989): 16-22.
7. H. J. Freiberg, "A Multi-dimensional View of School Improvement," *Educational Research Quarterly* 13, no. 2 (1989): 35-46.
8. "Kids Talk about School." *Media and Methods* 5 (April 1969).
9. D. E. Rogers, *Some Musings on Medical Education. Is It Going Astray?* (Unpublished paper, Robert Wood Johnson Foundation, 1981).
10. A. Bartlett Giamatti, quoted in *Time*, 11 June 1981.
11. Frances Fuchs, The GUN on the Labor Market (Unpublished manuscript, 1981).
12. Martin Heidegger, *What is Called Thinking?* (originally published as *Was Heis Ist Denken?*) (New York: Hater Torchbooks, 1968), Book is based on lectures given in 1951-52.
13. F. E. Vaughn, *Awakening Intuition* (New York: Anchor Books, 1979).

제 3 장

인간적인 교사

교실에서 인간적일 수 있을까?

교사로 있는 친구 중에 한 사람이 내가 이런 제목의 글을 쓰고 있다는 것을 알고, 자기 반 학생들에게 교사들이 교실에서 교사가 아닌, 한 인간으로 돌아갈 수 있을까를 질문해 보았다. 그랬더니 전형적인 대답이 "물론 안 되지요!" 라는 것이었다. 그러고는 교실에서 온전한 인간으로 존재할 수 없는 이유를 학생과 교사 모두 다음과 같이 힘주어 대답하였다.

통상적인 수업

먼저 많은 교사들은 전문교육과 훈련을 받는 동안에 자기 자신을 전문가, 지식의 제공자, 질서유지자, 작품 평가자, 시험출제자 그리고 모든 교육의 목적인 학점을 주는 사람으로 생각하도록 조건화된다. 교사들은 있는 그대로 인간으로서 학생들 앞에 나서면 안 된다고 굳게 믿고 있다. 교사들은 남들이 보는 그런 전문가가 아니라는 것을 알고 있다. 교사들은 정보 제공자와 강사로서 성공하는 날과 실패하는 날이 있음을 알고 있고, 그리고 낙제점수를 받아 마땅한 때도 있다는 것을 알고 있다. 교사들은 그들이 가면을 벗어 버리고, 있는 그대로의 모습으로 나오면 "나도 모르겠는걸."이라고 대답해야 할 질문들이 나올 수 있음을 어렴풋이 알고 있다. 교사들은 학생들과 가까이 접촉을 하면 매우 좋아하게 될 학생도, 매우 싫어하게 될 학생도 있을 것임을 알고 있다. 그런 경우 학점 줄 때의 객관성이 어떻게 될까? 더구나 교사가 매우 좋아하는 학생이 성적이 아주 나쁠 때를 생각해 보라. 얼마나 안타까운 일인가? 교사가 좋아하는 학생에게 나쁜 학점을 줄 수 있을까? 또 다른 모험은 만약 진정한 상호작용이 있다면 학생 중에는 수업이 그들의 진정한 관심사와는 아무런 관련이 없기 때문에 대담하게도 수업이 별로 재미가 없다고 말할 학생이 있을 것이다. 한마디로 학생들이 교사를 하나의 인간으로 알도록 허용한다는 것은 정말 대단한 모험이다. 교사는 자기의 허점을 노출시킬는지도 모르기 때문에 인간적으로 모험일 것이다. 학생들이 말을 많이 하는 시끄러운 수업을 하고, 교과내용보다도 학생들에 관해서 더 많은 관심을 가지는 형편없는 교사라는 평판을 얻게 될지도 모르기 때문에, 교사로서도 또한 모험이 될 것이다. 그래서 아마도 대부분의 교사들은 안전한 길을 선택한다. 교사들은 가면을 단단히 쓰고 전문가 행세를 하며, 어떤 경우에라도 객관성을 유지하고, 교실에서 높은 지위에 있는 교사와 낮은 지위에 있는 학생 사이에 적절히 거리를 유지하고, 그리고 심판자, 평가자, 때로는 집행자로서의 권한을 유지해 간다.

그러나 많은 학생들도 가면을 쓰고 있다. 때때로 그들의 가면은 교사들의 가면보다도 더 두껍다. 좋은 학생이란 말을 듣고 싶어서 학생들은 정기적으로 수업에 출석하고, 교사만을 쳐다보고, 노트에 열심히 적는다. 교사를 열심히 바라보고 있으면서 사실은 주말의 데이트를 생각하고 있거나, 책상을 내려다보며 노트에 편지를 쓰거나, 가족복지수당이 도착했나 안 했나를 궁금히 여기는 것은 상관할 바가 아니다. 학생은 교사가 가르치는 것을 정말로 배우고자 할 때도 있다. 그러나 그 경우에도 그의 관심은 교사와 같은 견해로 숙제를 하기 위해서 "이 과목에 대한 선생님의 주장과 편견이 무엇일까?" 하는 질문과 "선생님이 내기 쉬운 시험문제는 어떤 것일까?" 하는 질문 때문에 부산하다. 학생이 질문을 한다면 그 질문은 자기가 얼마나 많이 알고 있나를 보여 주고 싶은 것과, 교사가 가지고 있는 지식과 관심사를 탐색하는 두 가지 목적을 가지고 있다. 학생들은 교사를 당황하게 하거나 교사의 무식을 탄로시킬 질문은 하지 않는다. 학생이 이 과목을 어떻게 생각하는지, 또 교사나 자기 친구들을 어떻게 생각하고 있는지는 상관이 없다. 학생은 그와 같은 진실한 태도들을 조심스럽게 숨겨 둔다. 왜냐하면 그는 학점을 받고 싶고, 교사에게 좋은 평판을 얻어서 기회의 문을 열어 줄 졸업장과 자랑스러운 학위를 받고 싶기 때문이다. 그러고 나면 이 학생은 모든 걸 잊어버리고 현실사회에 들어갈 수 있게 된다.

그러니 교실에서 온전한 인간이 된다는 것은 수없이 많은 학생들에게 너무나 큰 모험이다. 학생들에게 인간이 된다는 것은 권태나 차별대우에 대한 분노, 흥미진진한 어떤 느낌, 동급생에 대한 부러운 마음, 자기 집안에서 벌어지고 있는 어려운 일에 대한 걱정 근심, 여자친구와 경험하는 실망과 환희, 어떤 중요한 것을 배우고 싶은 욕망, 성이나 심령이나 정부정책에 대한 호기심 등등 이런 것들에 관한 그의 감정을 보여 주는 것을 의미한다. 교사는 물론 학생들도 입을 다물고 점잖은 자세로 자기 임무를 다하고 물의를 일으키지 않으며 점수나 따는 것이 훨씬 더 안전하다. 학생들은 교실에서 인간이 되는 모험을 하기를 주저한다.

내가 너무 심한 말을 했는지 모르지만 수없이 많은 교사와 학생들이 학기마다 이런 연극을 되풀이하고 있다는 것을 여러분은 알고 있을 것이다. 소위 이와 같은 '교육적' 상황에서 학생들은 보다 수동적이고 무감각하고 권태를 느낀다. 교사들은 매일매일 그들 자신을 보여 주기를 거부하면서 단단한 고정관념 속에서 맥없는 교단생활을 하게 된다. 여기에 보스턴 지역의 여러 계층에서 온 중학생에서 대학생에 이르는 학생들이 제공한 증거가 있다.

> 학교는 친구들이나 만나는 곳이고 수업은 참고 견뎌 내야 하는 것이지요. 수업은 참으로 재미없어요. 저는 어떤 선생님들은 친구처럼 좋아요. 그러나 그들이 선생님의 역할로 돌아갔을 때는 정말 재미없어요. 학생들은 선생님이나 학교행정가들 면전에서 그들이 진정으로 느끼는 것을 이야기할 용기가 없어요. 저는 학교에 들어가기 전에는 책과 백과사전을 참으로 열심히 읽었어요. 그러나 1년쯤 학교를 다니고 보니 이젠 책은 보기도 싫어요. 저는 완전히 쓸어 버리고 싶어요. 학교를 모두 불태워 버리고 새 출발을 해야 할 거예요.

이제 나의 질문은 "이와 같은 분노에 찬 불만들이 필요한 것이냐?"라는 것이다. 교실이 생활과 관련 있는 문제를 다루는 흥미진진한 학습의 장이 될 수는 없을까? 당신은 다른 사람에게 배우고 다른 사람은 당신에게 배우고, 교사는 제자들에게, 제자들은 교사에게 배우는 상호학습이 벌어지는 장소가 될 수 있을까? 나는 그것이 가능하다고 생각할 뿐만 아니라 그런 일이 벌어지는 것을 보았다. 많은 교실에서 이런 일이 일어날 수 있다고 깊이 믿지 않았다면 나는 이 책을 쓰지 않았을 것이다.

그러나 어떻게 그것이 가능할까? 이제 자세하게 이야기해 보자.

나 자신의 체험

나는 좀 우회적으로 교실에서 인간다워짐의 중요성에 대하여 배웠다. 근심걱정이 있는 학생이나 다른 사람들을 다루는 카운슬러로서 내가 그들에게 말하고, 충고해 주고, 사실을 설명해 주고, 그들의 행동의 의미를 일러 주는 것은 도움이 되지 않는다는 것을 깨달았다. 그러나 만약에 내가 근본적으로 그들을 유능한 인간으로 신뢰하고, 나 자신이 그들에게 정직하고, 그들이 내면세계에서 느끼고 지각하는 대로 그들을 이해해 주면 건설적인 성장이 시작된다는 사실을 나는 점진적으로 깨달았다. 그들은 훨씬 더 분명하고 깊은 자기통찰이 가능해지고, 그들의 문제를 해결하기 위해서 해야 할 일이 무엇인지를 알게 되었으며, 보다 더 자주적으로 문제를 해결할 수 있는 행동을 취하기 시작했다.

나에게 중요한 이 학습은 교사로서의 나의 역할에 의문을 제기하게 만들었다. 내가 학생들을 그렇게 신뢰하지 못하면서 어떻게 나의 내담자들을 신뢰하여 상담과정에서 건설적인 방향으로 가게 할 수 있을까? 그래서 나는 수업에 임하는 나의 접근방법에 불안하지만 탐색적인 변화를 시도하였다. 놀랍게도 내가 교사로서의 역할을 멈추자, 교실은 훨씬 더 흥미진진한 학습의 장이 된다는 것을 깨달았다. 쉬운 일은 아니었다. 매우 점진적으로 일어난 현상이지만, 내가 학생들을 신뢰하기 시작하자 그들의 대화, 교과과정을 학습하는 과정, 그리고 인간으로 성장하는 과정에서 놀랄 만한 일이 벌어진다는 것을 발견했다. 무엇보다도 그들은 내가 내 자신으로 돌아갈 수 있도록 용기를 주었고, 이 용기가 의미심장한 상호작용을 가능하게 했다. 학생들은 나에게 그들의 감정을 이야기해 주었고, 내가 생각해 본 적이 없는 질문들을 제기하기도 하였다. 새롭고 흥미진진한 새로운 아이디어들이 내 마음속에 번쩍이기 시작했으며, 그것은 학생들에게도 마찬가지였다. 내가 다음과 같은 말로 한 과목 수업을 시작할 수 있었을 때, 나는 중요한 분기점을 통과했다고 믿는다.

이 과목은 '인성이론' (그 밖의 어떤 과목이라도 마찬가지이지만)이라는 과목이다. 그러나 이 과목에서 우리가 무엇을 할 것인가는 우리에게 달려 있다. 이 과목과 관련하

> 여 우리가 성취하고 싶은 목표를 우리가 설정할 수 있다는 말이다. 우리가 원하는 방법으로 우리는 수업을 할 것이다. 시험이니 학점이니 하는 귀신도 우리가 다루고 싶은 대로 결정할 것이다. 나는 우리가 활용할 수 있는 많은 자료들을 가지고 있다. 그리고 여러분이 다른 자료를 찾는 데도 도움을 줄 것이다. 나 자신이 자원인사 중의 하나이고, 나는 여러분이 원하는 만큼 여러분을 도와줄 것이다. 그러니 이 수업을 어떻게 하고 싶은가?"

이 말의 취지는 "우리는 우리가 원하는 대로 우리가 원하는 것을 배울 자유가 있다"는 것이다. 이 말이 교실의 분위기를 완전히 뒤바꾸어 놓았다. 그 당시에는 이렇게 표현할 것을 생각해 본 적이 없었지만 그 순간에 나는 교사, 또는 평가자의 입장에서 아주 다른 직업, 즉 학습의 촉진자로 변한 것이다.

그 반응은 결코 긍정적인 것만은 아니었다. 어떤 학생들은 바로 안도감을 느끼며 선수를 잡기 시작했는가 하면, 다른 학생들은 의심쩍어했다. "듣기에는 그럴듯하지만 솔직하게 말해서 우리는 선생님들로부터 너무나 많은 허튼소리를 들어 왔습니다. 따라서 우리는 선생님을 믿을 수 없어요. 선생님은 어떻게 우리를 평가할 작정입니까?" 어떤 학생은 "나는 여기에 돈을 주고 와서 선생님이 우리에게 가르쳐 주기를 바랐는데, 이제 선생님은 우리 스스로 배워야 한다고 말하고 있으니 사기당한 기분"이라고 분개하기도 했다.

학생들의 이와 같은 부정적인 태도를 나는 이해할 수 있었는데 나의 의도를 분명하게 해명한 후로는 몇 가지 일들이 일어났다. 그럼에도 불구하고 모욕을 당하거나 망신을 당하지 않는다는 것을 발견했다. 그것 하나만으로도 이 수업이 다른 수업과 다르다는 것을 분명히 했다. 조금씩 조금씩 책임감 있는 자유의 개념이 체험됐다. 지적으로나 말로만이 아니라 학생들이 지성과 감성 속에서 체험한 것이다. 그러고 나서 각기 다른 방법과 다른 속도로 학생들은 책임감 있는 자유를 활용하기 시작하였다.

여름학기 대학원 수업에 참석한 사무엘 테넨바움(Samuel Tenenbaum)이라는 사람은 그 수업에 관해서, 즉 놀라움과 학생들의 분개하는 마음, 점진적인 흥분, 동급생들 사이의 친밀감, 엄청난 학습량 그리고 그 수업의 산물인 자기통찰에 관해서 글을 썼다. 그는 내가 수강생들과의 관계에서 자원인사로서, 실수할 수도 있는 인간적인 촉진자로, 내가 원했던 대로 거의 되어 가고 있었을 때에 관해서 쓰고 있었다. 나는 그의 설명을 내 책 중의 하나에서 자세히 활용했다(pp. 297~313).[1] 여러분도 그것에 흥미를 느낄 것이다.

더 많은 것을 경험하면서 내가 초기에 불러일으킨 적개심과 분노는 반드시 필요한 것이 아니라는 것을 느끼게 되었다. 그 결과 비겁해서든 지혜로워져서든 나는 학생들이 기본적인 틀이라고 지각할 수 있는 요구조건과 제한점을 명백하게 제공해서 학생들이 편안한 마음으로 공부를 시작할 수 있도록 했다. 별개로든 통틀어서든 각 요구사항은 "당신은 이 과목에서 하고 싶은 대로 하고 느끼고 생각나는 대로 써도 된다"는 말을 다른 말로 표현한 것에 불과하다는 것을 깨닫는 것은 학기가 진전되면서나 가능해진다. 그러나 자유가 어떤 면에서 전통적인 용어처럼 일련의 요구사항으로 제시되었을 때에 좌절과 불안을 줄여 주는 것 같았다.

내 말의 뜻을 분명히 하기 위해 한 과목에서 제시한 예를 들어 보겠다.

요구사항

이 과목에서 필수적으로 해야 할 몇 가지 사항이 있다. 첫 번째 요구사항은 다음과 같다. 나는 여러분이 이 과목을 위해서 읽은 책의 목록에 그 책을 읽은 정도를 표시해서 학기가 끝나기 전에 제출해 주기 바란다. 예를 들면 책 이름을 쓰고 "3장과 6장을 정독했음."이라고 쓰면 된다. 여러분은 다른 책 이름을 쓰고 "나는 이 책에서 얻은 것이 얼마나 많았던지 그 책을 두 번 읽고 5장부터 12장까지 노트를 해 가면서 읽었다."라고 하면 된다. 여러분은 "나는 저자의 견해에 반발을 느꼈고 저자에 대해 혐오감이 생겨서 더 이상 못 읽었다."라고 써도 된다. 다른 말로 하면 내가 원하는 것은 여러분이 읽은 것에 대한 정직한 설명과 읽은 정도이다. 여기 추천도서 목록에 있는 책만을 읽어야 할 필요는 없다.

두 번째 요구사항은 학생 자신의 가장 중요한 가치와, 이 과목을 듣고 나서 그 가치가 변했는지 혹은 변하지 않았는지에 대해서 학생이 원하는 대로 길든 짧든 글을 써내는 것이다.

세 번째 요구사항은 학생이 공부한 것에 대한 학생 자신의 평가서와 적절하다고 생각되는 학점을 써서 제출하는 것이다. 이 요구사항에는 학생이 업적을 평가하는 기준과 그 기준에 도달했는지 혹은 실패했는지의 정도에 대한 설명, 그리고 그 기준에 도달했거나 도달하지 못한 정도에 대한 적절한 학점이 포함돼 있어야 한다. 만일 학생에 대한 나의 평가가 학생 자신의 평가와 아주 다르면, 나는 학생과 사적인 대화를 가지고 내가 양심적으로 사인을 해서 제출할 수 있는 상호 만족스러운 학점을 정하도록 할 것이다.

네 번째 요구사항은 이 과목 전체에 대한 학생의 개인적인 소감을 제출하는 것이다. 여러분은 이것을 편지봉투에 넣어서 봉함을 하고 겉에다 이름을 써서 제출하기 바란다.

소감을 제출할 때 이 과목이 여러분에게 긍정적 혹은 부정적으로 어떤 의미가 있었는지 정직하게 진술해 주기 바란다. 이 과목에 대한 비평과 어떻게 개선될 수 있을지에 대한 제안을 써 주었으면 좋겠다. 간단히 말해서 이것은 여러분이 이 과목, 담당교수, 그리고 수업진행 방법에 대하여 여러분이 평가할 기회이다. 이것은 여러분의 성적에 아무런 영향도 미치지 않을 것이지만, 성적에 영향을 줄까 봐 두렵다면 그 봉투 겉에다가 "마지막 학점 평가가 끝날 때까지 이 봉투를 열지 마시오."라고 써 주기 바란다. 만일 봉투에 그렇게 써 놓을 경우에는 여러분의 "성적제출이 끝날 때까지 그 소감문을 열지 말라"는 말을 존중해 줄 것을 나는 보장한다. 나는 이런 요구사항이 모두 이행될 때까지는 이 과목의 최종학점을 학교에 제출하지 않을 것이다.

아마도 이 예는 전통적인 방법처럼 보이는 구조 속에서 얼마나 많은 자유를 줄 수 있는가를 보여 줄 것이다. 또한 그것은 학생들에 대한 지시가 인간적인 방법으로 진술될 수 있음도 암시해 준다고 나는 믿는다. 나는 흔쾌히 온몸으로 지지할 수 없는 자유나 신뢰를 허용하는 것처럼 말해서는 안 된다는 것을 뼈저리게 느꼈다. 내가 자유를 허용했다가 다시 그것을 빼앗았을 때 그 분노는 대단한 것이었다. 자유를 주었다가 다시 권위주의적 태도로 돌아서려면 차라리 안 주는 것만 못하다는 것을 나는 배웠다. 자유와 신뢰가 어느 정도 제한된 곳에서는 그 제한이 명백해야 된다는 것을 나는 배웠다. "나는 이 강좌가 가능한 한 자유롭기를 바란다. 그러나 학과에서 이 두 교과서를 다루도록 요청하고 있고 학과에서는 이 두 교과서에서 시험문제를 내고 평가할 것이다." 아니면 "여러분들이 공평하다고 생각하는 학점을 스스로에게 주라! 그러나 나는 내가 승인했다는 표시로 평가서에 사인을 해야 한다는 것을 알고 있다. 따라서 그 학점은 상호 수용할 수 있는 것이라야 한다. 만일 나의 주관적인 평가와 여러분의 평가 사이에 차이가 있으면 그것을 토론해서 서로 합당한 학점을 결정하도록 할 것이다." 나는 학점이 너무 높다고 주장한 때보다는 더 높은 학점을 주어야 된다고 주장할 때가 더 자주 있었다. 즉 시를 쓰거나 그림을 그리거나 지역사회활동을 하는 것이 종종 학생들의 공부가 되었다. 나에게 더 중요한 것은 애매모호하고 불확실한 생각(창의적인 생각은 처음에는 항상 불확실하다)을 자유롭게 표현할 수 있었고, 그리고 그런 것들을 토론하는 데서 훨씬 더 많은 자극을 자유롭게 받을 수 있었다는 사실이다. 또한 나는 더 이상 권위자가 아니었기 때문에 학생들에게 솔직한 감정을 표현하는 데 자유로웠다. 즉 "다른 사람은 어떻게 느끼는지 모르지만, 나는 자네가 너무 말이 많은 것에 짜증이 나네." 또는 "자네가 말할 때마다 얼마나 요점중심이고 예리한지 나는 자네가 좀 더 자주 말해 주었으면 좋겠네."라고 자유롭게 표현할 수 있었다.

교실에서의 이와 같은 인간적 학습의 효과는 오래 간다. 나는 여러 해 동안 연락이 없던 한 젊은 여성(이제 더 이상 젊지는 않지만)으로부터 편지 한 통을 받았다. 그 여자는 다음과 같이 썼다. "저는 4개의 학교에서 9년에 걸쳐 대학과 대학원 공부를 하면서 제가 발견한 가장 유일한 교육적 경험은 20년 전 선생님에게서 들은 두 과목이라고 말씀드리려고 편지를 씁니다. 그때만큼 즐거운 마음으로 그토록 많은 심리학책을 읽은 적이 없습니다. 그 과목은 다른 과목과 비교가 되지 않았습니다." 나는 그 여학생을 거의 기억할 수 없었으나, 그는 20년 동안이나 자기가 자유롭게 배우고 자유롭게 존재할 수 있었던 그 수업을 기억해 온 것이다.

촉진적인 교실

내가 이 모든 사적인 경험을 이야기하는 이유는 무엇일까? 그 이유는 여러분과 여러분의 제자들이, 이제까지 내가 말한 것으로부터 자유롭고 창의적인 학습분위기를 개발해 내는 방법을 고안할 수 있을 것이라고 생각하기 때문이다. 당신은 내가 아니고, 당신의 제자들은 내가 그동안 가르쳐 온 학생들이 아닌 까닭에 "수업은 이런 식으로 해야만 된다"고 말하는 것은 정답이 아니다. 만약에 학생들과 교사가 그 문제를 허심탄회하게 토론한다면, 모두가 교실에서 온전한 인간이 될 수 있는 방법을 찾아낼 수 있다는 것을 단지 암시하고자 한다. 나는 가끔 그와 같은 토론에서 기적 같은 일이 생긴다는 것을 안다. 그러나 보다 흔한 것은 교사나 학생 개개인의 마음속에, 그리고 집단의 상호작용 속에 고통스러우나 성장을 돕는 몸부림이 있게 마련이다. 저마다 교실에서 온전한 인간이 되려고 노력하는 것이 얼마나 값진 일인가를 깨닫게 되는 것은 학기 말에 가서나 혹은 그 후에야 있는 일이다.

자유토론으로 진행된 고등학교 심리학 과목을 들은 학생들이 한 학기가 끝난 다음에 진술한 문장들을 여기 소개하려고 한다. 그 수업에서는 성(性)이나 약물과 같은 아주 민감한 문제점들도 금지되지 않았고, 여러 가지 자료, 즉 영화, 책, 녹음테이프, 그림 등이 활용되었다. 앨리스 엘리어트(Alice Elliott) 박사는 분명히 가르친 것이 아니라 그 수업을 촉진했을 뿐이다.

나는 학생들이 자유롭게 발언할 수 있는 수업이 더 많아야 한다고 생각한다. 그 수업에서는 학생들이 다른 수업에서보다 더욱 진실해질 수 있는 것 같고, 그래서 남들의 감정을 잘 자각하고 있는 것 같다.

이 수업은 나로 하여금 더욱 자각이 있고 호기심이 있는 사람이 되게 했다. 나는 전보다 더 자주적이고, 탐험가가 된 것 같은 느낌이 들었다. 나는 탐구하고 싶고 훨씬 더 알고 싶어졌다.

이 수업을 듣고 나는 전보다 더 독특한 개인이라는 것을 깨닫게 되었다. 나는 나 자신이라야지 다른 사람과 비교해서 평가되기를 원하지 않는다.

이 수업은 학교에서 나에게 벌어진 가장 위대한 사건에 대한 것이었다. 왜냐하면 이 수업은 나의 인생목표, 즉 이 세상에서 나는 무엇을 하고 있으며, 무엇을 하고 싶어 하는지에 관해서 자각하도록 도와줬기 때문이다.

이 수업은 이 세상에 나 홀로 있지 않다는 것과 모든 사람들이 나만큼이나 많은 문제를 가지고 있다는 사실을 깨닫게 해 주었다. 또한 그 수업은 다른 사람들의 행동동기를 좀 더 충분히 이해할 수 있도록 도와주었다.

학교에 다니기 시작해서 내가 하는 일이 무엇인가를 이해하기 시작한 이래로, 나는 언젠가 세상이 좀 달라지기를 꿈꾸어 왔다. 나는 책이나 다른 읽을거리를 좋아해 본 적이 없다. 나는 다른 사람들이 좋아하는 것과 싫어하는 것을 알아차리면서 훨씬 더 많은 것을 배우게 되었다.

지난 2년 동안 나는 가식 속에 살아왔다. 내가 어떤 인간인가를 깨달으면서 나에게 변화가 생겼다. 나는 나 자신이 되고 싶고, 내가 느끼는 것을 말하고 행동하고 싶다. 다른 사람들이 어떻게 생각하는가를 더 이상 두려워하지 않는다.

이상과 같은 진술은 교사가 진정한 인간이며, 학생들을 아끼고 사랑하고, 학생들의 생각과 감정을 이해해 줄 수 있다는 것을 알려 주는 그런 수업에서나 나오는 것이다.

교실에 생긴 변화의 한 예

이 책을 쓰고 있는 동안 나는 고등학교 학생으로부터 그 학생의 수학교사에게 생긴 극적인 변화를 묘사한 편지 한 통을 받았다. 나는 많은 관심이 생겨서 그 교사에게 그의 경험을 좀 더 알려 달라는 편지를 썼다. 그것은 정말로 거의 연극만큼이나 극적인 이야기였다. 그것은 현실로 나타나기에는 너무나도 멋진 일이어서 독자들이 믿지 않을 것이기 때문에 이 책에 인용하지 않을 생각이었다. 좀 더 생각해 보니 몇 주 동안에 벌어진 이 교사의 갑작스러운 변화는 내가 수개월 혹은 수년 동안에 많은 교사들에게서 관찰해 온 점진적인 변화와 너무나도 흡사한 것이라고 생각됐다. 그래서 나는 고등학교 기하담당 교사와 그 학생들로부터 얻은 자료를 이 책에 싣기로 결심했다. 이름은 가명을 썼다.

여기 그 '기적' 에 관해서 이야기하는 피트(Pete)의 편지 일부를 소개한다.

> 우리 학교에 기적이 일어난 후 두 달 하고도 열하루가 되었다. 어떤 선생님이 3월 9일 월요일 완전히 다른 사람이 되어서 학교에 오셨다. 우리 학교의 대수와 기하담당 위니 무어 선생님이 진실로 변하셨다. 우리는 원형으로 둘러앉아서 학생이 학생을 가르친다. 그러나 이 수업에서 수학만 배우는 것이 아니라 인생을 배운다…. 앞서 말한 것처럼 위니 무어 선생님은 나의 인생관을 바꿔 놓았다. 나는 이제 교사가 되어서 이 놀랍고 새로운 방법을 활용해 보기 위한 목표를 세웠다. 나는 이제 다른 사람들과 대화를 할 수 있다. 나의 부모님과도 훨씬 더 잘 지내고, 다른 것들에 대해서도 깊은 관심이 생겼다. 나는 전에 느끼지 못하던 것을 느끼게 되었다. 나에게 생긴 이런 모든 변화는 이 새로운 학습방법 때문에 생긴 것이다.

피트는 그와 똑같은 경험을 한 여러 명의 다른 학생들의 진술도 포함했다. 나는 몇 가지 예를 나중에 인용할 생각이다. 나의 최초의 반응은 "그 교사에게 도대체 무슨 일이 벌어진 것일까?" 하는 것이었다. 나는 그 교사의 주소, 성명을 알고 있었으므로 몇 주 후에 다른 어떤 일보다도 혹시 그 교사가 참만남 집단에 참여한 경험이 있는지 여부를 물어보기 위해서 편지를 했다. 왜냐하면 참만남 집단에서는 갑작스러운 변화를 가져올 때가 가끔 있기 때문이다. 그 교사는 만남 집단에 참가해 본 적이 없다고 대꾸했다. 그러나 교실에서 그에게 변화를 가져온 어떤 사건에 관해서 이야기하고 싶다고 했다.

그는 겨울 동안 개설된 상담과목을 하나 들었는데, 그 과정에서 내가 쓴 글들을 읽고 학습과 인간적 성장을 촉진하는 특성, 즉 진실성, 깊은 공감적 이해, 그리고 타인에 대한 따뜻한 수용에 관해서 배울 기회가 있었다고 한다. 그는 말을 계속했다.

그런 개념은 나의 호기심을 자극했고 놀랍게도 다음 주에 나는 그런 개념들을 사용할 수 있었다. 심각한 문제를 가지고 있는 학생이 나의 집을 방문했다. 폴은 15세인데 약물을 복용한 경험을 가지고 있다. 나는 폴이 누군가와 간절히 대화하고 싶어 한다는 것을 느꼈고, 그리고 하나님이 나를 바로 그 사람이 되게 했다고 느꼈다. 나는 그 현상을 심리학 용어로 철저히 설명할 수 있을 것이라고 확신한다. 나는 정성을 다해서 그의 말을 경청했고, 마침내 그의 어려움이 더 이상 견딜 수 없을 정도로 나의 내면 속에 들어왔다. 갑자기 인생이 그에게는 얼마나 고통스러운가를 나는 깨달았다. 더욱 충격적인 것은 내 수업을 듣는 학생으로서 그가 느끼는 것이 무엇인가를 깨닫게 됐다. 나는 그에게 고통을 가중시켜 주고 있었던 것이다. 내 과목 시험을 치면서 그가 겪는 고통을 나는 알게 되었다. 그 고통은 나의 고통이 되었다.

그 주 수요일 저녁 상담시간에 나는 역할연습을 했다. 나는 사적인 문제를 가진 내담자 역할을 하도록 지난주에 뽑혔었다. 자살을 생각하고 있는 깊이 고뇌에 빠진 사람의 역이었다. 그 역에서 나는 폴과 내가 뒤섞인 역할을 했다고 믿고 있다. 카운슬러 역을 했던 한 부인은 놀라서 내게 말하기를 "이 어려운 일을 당신이 해낼 수 있는 것을 보니 무엇이든지 할 수 있겠어요."라고 말하면서 거의 눈물을 글썽거렸다. 나는 3월 6일 금요일날 독특한 경험을 했다. 그것은 남편 존이 내가 폴하고 대화하도록 도와준 일이었다. 우리 셋은 방바닥에 앉았고, 존은 비록 어려울지라도 우리 모두는 정말로 서로 정직하지 않으면 안 된다고 말하면서 말문을 열었다. 내가 오랫동안 말하기도 전에 폴은 눈물이 글썽글썽해졌고, 그래서 나는 그에게 다가가서 속삭였다. 내가 말해 준 것을 지금 모두 기억할 수는 없지만 아주 쉽게 말이 나왔었다. 나는 폴에게 그가 자살하려고 노력해 온 것이 확실하다고 말해 주었다. 나중에 폴은 네 번인가 다섯 번 자살을 시도했었다고 말했다. 나는 폴에게 그가 그토록 외롭고 낙담되는 일이 없도록 관심을 가지겠다고 말해 주었다. 폴은 나에게 전에는 아무도 자기에게 관심을 가지는 사람이 없었다고 말했다. 이런 대화가 나로 하여금 얼마나 안도감이 생기게 했던지 잠시 후에 나는 힘이 솟아오르는 것을 느꼈다. 나는 정말 누군가를 만난 것이다. 내가 느꼈던 그 힘은 폴에게로 흘러 들어가는 것처럼 느껴졌다. 인성에 관한 책에서 매슬로우(Maslow)의 '황홀감' 이라는 묘사를 본 적이 있다.

> "시야에 전개되는 무한한 수평선, 그 전보다도 훨씬 무기력해지면서 동시에 보다 강력함을 느끼는 기분과 황홀감과 경이와 두려움을 느끼는 것, 시간과 공간에서 위치를 상실한 느낌, 마침내 무엇인가 대단히 중요하고 값진 것이 일어났다고 하는 확신, 그래서 그 주인공은 그와 같은 경험 때문에 일상생활에서조차도 어느 정도 변화가 오고 힘이 생겨난다."

바로 이것이 나의 체험이었다. 나는 나흘 동안 황홀감을 느꼈다. 과거에도 그랬지만 나는 마음 닫힌 교사를 더 이상 참을 수가 없었다. 나는 나 자신에게 정직해야만 했으므로 가르치는 행동에도 변화가 왔다. 전통적인 교수방법은 내 마음을 아프게 했다. 나 자신이 변할 수 있고, 그리고 폴도 변할 수 있다는 것을 폴에게 보여 줘야만 했다. 내 제자들이 당신에게 말한 것처럼 그다음 주 월요일 날 나는 모든 수업을 바꾸어 버렸다. 처음 몇 달 동안 폴은 나에게 많이 의지했었다. 그러나 우리는 친구관계로 서서히 변했다. 그는 자주 독립적이고 친구들과의 관계에서도 전보다 자신감이 생겼다.

이것이 바로 그 교사에게 일어난 일이었다. 분명히 그는 커다란 변화를 가져온 경험을 한 것이다. 나는 감명을 주는 연사나 집단의 압력과 같은 외적 환경 때문에 생기는 변화에 대해서는 항상 의심쩍어한다. 그러나 내적인 경험에 의해서 생기는 변화는 전혀 다를 뿐 아니라 지속적인 경향이 있다. 그 교사와 그의 남편이 폴에게 한 일은 많은 독자들이 의심쩍어할 수 있다. 그는 그토록 심각한 문제를 가진 학생을 상담할 자격이 있었는가? 위험을 무릅쓰고 교사에게 도움을 청하러 왔던 학생을 돌려보낸다는 것은 분명히 상처를 남기는 일이다. 그래서 나는 그 여교사가 기꺼이 맞아 준 것을 다행으로 생각한다. 폴이 자살을 시도했었다는 사실을 직관적으로 알아낸 그 교사는 정말로 심리적으로 통하는 바가 있었음에 틀림없다. 폴에게 속삭이듯이 말해 준 것은 대단히 위험한 것이었으나, 그 교사의 직관이 사실로 드러났기 때문에 정당화될 수 있다. 내가 그 교사였다면 그토록 단정적인 말은 피했을 것이다.

그러나 그 여교사와 폴과의 상담을 어떻게 보든 그 여교사에게 남긴 영향은 지대하다. 그 여교사는 자기 제자 중의 한 사람의 경험세계 속에 들어가서 그가 겪고 있는 고통은 물론, 수업시간에 자기가 주고 있는 고통까지도 경험했다. 모든 교사들이 단 몇 분만이라도 자기 수업이 학생들에게 주는 느낌을 느껴 볼 수 있다면 얼마나 큰 변화가 생길 수 있나를 상상해 보라! 그 여교사에게 있어서는 이 폴과의 심오한 공감적 관계가 수업시간에 그의 전 존재를 변화시키는 원인이 되었다. 이 변화가 가시적이라는 사실은 피트 이외 다른 학생들의 진술에서도 증명이 된다. 예를 들면 다음과 같다.

기하시간에 일어난 일을 글로는 표현할 수가 없다. 그러나 이 모든 것은 그 여선생님이 우리와 자기 자신에게 정직했기 때문에 생긴 일이다. 이 작은 변화가 나와 수업, 나의 교육과 인생관에 준 영향은 말로 다 표현할 수가 없다. 그 수업에서 많은 사람들에 대해서 많은 것을 배웠고, 기하를 배우고 싶은 의욕을 얻었다. 선생님들은 사람의 마음을 아프게 하도록 만들어진 로봇이라고 나는 믿었었다. 선생님들이 나를 겁에 질리게 했으므로 나는 마음의 문을 닫고 그들 말을 듣지 않으려고 했다는 것을 깨달았다.

2학년 때 수학선생님은 내가 시험문제를 틀리거나 숙제를 이해하지 못할 때마다 바보, 게으름뱅이, 배은망덕한 놈이라고 불렀다. 그 선생님은 얼마나 무서웠던지 시험 칠 때가 되면 낙제할까 두려워서 시험을 잡치곤 했다. 부모님은 내가 공부를 많이 하지 않으므로 틀린 것이라고 생각하고는 나의 모든 특권을 빼앗아 버리고, 그다음 날 학교에서 지긋지긋한 하루를 보내기 위해서는 내가 일찍 쉬어야 된다고 7시 30분에 잠자리에 들게 하곤 했다. 그런데 학생들이 선생님을 필요로 하고, 그들의 친구가 되어 주기를 바라며, 많은 어려운 문제들을 이해할 수 있도록 도와주기를 바란다는 사실을 깨닫고 있는 선생님이 여기 계시니 꿈만 같은 일이다. 나는 선생님 수업을 마칠 때마다 나를 아껴 주는 사람이 있다는 사실을 모든 사람들에게 외쳐 말하고 싶은 충동을 느꼈다.

교사와 교실분위기가 그렇게 갑자기 변하는 것은 아주 드문 일이라고 나는 생각한다. 점진적인 변화든 여기서처럼 짧은 기간에 생긴 변화든 간에 학생들의 반응은 놀랄 만하다. 인간적인 교사를 만나고, 교실에서 한 인간으로 대우받는다는 것은 귀중한 경험일 뿐만 아니라, 자기이해와 친구들과의 대화를 증진시키고, 지식의 습득도 촉진하는 소중한 경험이다.

나는 어떻게 진실해질 수 있을까?

이제까지 진실해진다는 것, 참자아가 되는 일에 대해서 나는 여러 번 언급했다. 이 말은 근본적으로 무엇을 의미하는가? 여러 각도에서 이 문제에 접근하고자 한다. 먼저 그런 의문은 자주 나타난다. 나는 상담관계와 참만남 집단에서 젊은 남성과 여성들을 가깝게 사귀어 왔고, 강의나 세미나 혹은 개인적인 대화에서 많은 사람들을 사귀어 왔지만 피상적인 대화 뒤에는 심각한 질문이 있다는 것을 발견했다. 대부분의 사람들이 답을 얻고자 하는 질문은 "나는 진정으로 누구인가?", "나는 참나를 발견하거나 만날 수 있을까?" "나는 나 자신에게서 확신이나 안정감을 느낄 수 있을까?" 하는 것이다. 그리고 이런 질문들은 젊은 사람뿐만 아니라 수없이 많은 성인들도 하고 있다.

정체감 추구 : 현대 문제

아마도 우리 모두는 우리가 되고 싶은 사람, 즉 우리 자신의 정체감을 발견하기 위해 몸부림치고 있다. 이것은 우리의 옷치장, 머리모양, 외모를 포함하는 광범위한 탐색이다. 보다 깊은 차원에서는 가치관의 선택, 부모나 다른 사람들과의 관계에서의 나의 입장, 대사회관계, 인생철학 등을 포함하는 것이다. 오늘날 가장 어리둥절하게 하는 문제 중의 하나가 그것이다. 한 여대생의 말을 들어 보자.

> 나는 혼란에 빠져 있다. 나는 위기를 느낄 때마다 산다는 것이 무엇인지를 알고 있다고 확신하는 사람과 대화를 나눈다. 그런데 나는 자신이 없기 때문에 그때마다 정말로 강한 인상을 받게 된다. 그러고 나서 돌아서 오면 그것은 그의 대답일 뿐이라는 것을 나는 깨닫게 된다. 그것은 나에게는 정답이 될 수 없다. 나는 나 자신의 대답을 찾아내야만 한다. 그러나 모든 것이 어지럽고 불확실한 때에 대답을 찾는다는 건 참으로 어려운 일이다.

이와 같은 참나의 탐구, 정체감의 탐색은 과거보다는 오늘날의 문제라고 본다. 역사를 통해서 볼 때 개인의 자기탐구는 별 문제가 되지 않았다. 자기가 살아온 정체감은 남들이 규정해 준 것이기 때문에 자기 자신을 발견하지 못하면 오히려 더 편안하게 살 수 있었다. 한번 봉건시대를 회고해 보면 재미있다. 농노(農奴)는 한평생 농노였고, 그의 자녀들까지도 농노로 살았다. 그 대신 농노는 대부분 봉건영주를 위해서 일했고 그 대가로 가난한 살림을 유지할 수 있었으며 보호를 받았다. 귀족은 좀 더 호화로운 생활 속에서 또한 제약을 받았다. 그는 봉건영주요, 자기 노예들에 대한 책임을 져야 했다. 그리고 자녀들은 귀족의 역할을 계승해야만 했다. 미국 역사의 암흑기간에도 노예는 항상 노예였고 주인은 항상 주인이었다. 이와 같은 역할정체를 포기하는 어려움은 아직도 우리에게 남아 있다. 정해진 역할의 경직성은 오늘날 우리에게 믿을 수 없으리만큼 구속감을 주는 대신 인생을 여러 면에서 보다 더 단순하게 만들었다는 사실을 도외시할 수 없다. 신기료 장수는 자기와 자기 아들들이 항상 구두를 꿰맬 것임을 알고 있었고, 그의 아내는 자기 자신과 딸들이 항상 남편을 섬기는 하인이 될 것을 알고 있었다. 선택의 자유가 거의 없었기 때문에 오히려 우리가 과거 속에 묻어 둔 일종의 안전감을 보장해 주었다. 우리가 이해할 수 있는 비유를 들자면 평화 시의 군대와도 같다. 많은 남성들과 여성들은 군대생활을 그들이 상상했넌 것보다도 훨씬 더 만족스럽게 받아들였다. 그런 삶에는 거의 결단이 필요 없었다. 그들에게는 입어야 할 옷, 행동양식, 살 곳, 해야 할 일들이 다 정해져 있다. 그들은 인생에 대한 아무런 책임감도 없이 사정이 허락하는 대로 자유롭게 살았다. 그들의 정체감은 주어졌고, 그들이 누구인가는 규정되어 있으므로, 우리 대부분이 겪어야 하는 고뇌에 찬 개인적 탐색은 적어도 일시적으로는 필요가 없었다.

참자아의 탐색이 특별히 현대 문제라고 내가 말하는 이유가 여기에 있다. 개개인의 인생은 자기 가정, 사회계층, 피부색깔, 교회 혹은 민족에 의해서 영향을 받을지는 모르지만 더 이상 규정되어 있지 않다. 우리는 우리 자신의 정체감을 발견하는 책임을 스스로 지고 있다. 오늘날 자기탐색의 고통을 겪지 않는 유일한 사람은 일정한 목표, 가치관, 준수해야 할 철학을 규정해 주는 어떤 조직이나 기관에 자신의 정체감을 자발적으로 떠맡긴 사람뿐이라고 나는 생각한다. 예를 들자면 모든 답을 확실히 제공하는 엄격한 종파에 투신한 사람들, 그들의 철학, 생활형태 그리고 행동양식을 정해 주는 과격한 이념(혁명주의자들이거나 보수주의자들)에 의식화되어 있는 사람들, 자연과학, 사업 혹은 전통적 교육에 완전히 헌신적인 사람들(비록 그 기관들의 확실성이 흔들리고 있긴 하지만), 또는 앞서 언급한 대로 생애를 군대에 바치는 그런 사람들이다. 그런 데서 오는 만족과 안도감이 개개인으로 하여금 결단을 내리게 한다는 것을 충분히 이해할 수 있다. 그러나 대부분의 젊은이들은 진정한 자기발견에 필요한 독특한 존재가 되기 위하여 차라리 고통스러운 선택의 책임을 선호하고 있다고 나는 생각한다. 개인적으로 나도 그 길을 선택했다.

자기 내면의 참모습을 발견하려는 사람들의 공통된 두려움 중의 하나는 미지의 나 자신이 알고 보니 가치 없고, 사악하고, 끔찍한 존재로 판명되면 어쩌나 하는 두려움이다. 자기를 탐색 중에 있는 학생이 이런 말을 했다.

> 내 마음은 일종의 굴뚝처럼 열려 있다고 생각한다. 꼭대기에는 불꽃이 번쩍이고 굴뚝 저 밑바닥은 캄캄하다. 그래서 내가 발견하게 될지도 모르는 것에 대한 두려움 때문에 나는 저 아래로 내려가 보기를 두려워한다. 지금은 들어가 보고 싶지 않다.

이런 태도는 정말로 흔히 나타나는 것이다.

자신을 찾는 길

자기 자신이 되고자 하는 목표를 추구하는 방법은 여러 가지다. 어떤 이들은 어린 시절부터 몹시 일그러졌거나 왜곡되어 왔다. 그들이 참자아를 발견하는 과정은 멀고도 고통스러운 길일 수 있다. 보다 운이 좋았던 사람들은 편안하게 이미 발견하는 과정에 들어가 있기도 한다. 어떤 이들은 자기탐구 과정에 내포된 모험이 두려워서 미지의 세계로 통하는 길을 선택하지 못하고, 현재 그대로의 자기 자신을 방어하려고 노력한다. 참자아를 탐색하면서 사람들이 모험하는 방법을 몇 가지 소개하려고 한다.

상담

점점 더 많은 사람들이 오늘날 상담과 심리치료를 통해서 그들 자신을 발견하려고 노력한다. 이 모험의 성공 여부는 심리치료자의 태도와 인간됨에 주로 달려 있다. 나는 동료와 함께 심리치료관계에서 특별히 중요한 세 가지 태도, 다시 말하면 세 가지 존재양식을 규명해 냈다. 많은 연구 자료들이 이 믿음을 확인시켜 주고 있다.

첫째는 심리치료자 속에 있는 진실성이다. 그는 보이는 그대로의 인간이어야 한다. 그 내적 상태는 외적인 표현과 일치해야 한다. 둘째는 도움을 청한 사람에게 안전한 분위기를 창출해 주는 비소유적이고 무비판적인 사랑이다. 셋째는 내담자의 내면세계에 대한 수용적 이해와 통하는 심리치료자의 공감적인 청취능력이다. 심판받지 아니하고 충분히 이해받는다는 느낌은 매우 소중한 경험이고 그것이 내담자를 성장하게 할 수 있다. 그러나 이 묘사는 카운슬러나 심리치료자의 입장에서 쓴 것이다. 내가 몇 개의 문단으로 기술하려는 것은 상담의 과정으로 끝나기까지는 수주, 수개월 혹은 수년이 걸린다는 사실을 지적하고자 한다.

여기에 멜라니로부터 온 편지의 일부를 소개한다. 그녀는 교사 경험이 있는 24세 여성이다. 그는 나의 책 중에서 한 권을 읽고 그의 치료에 관한 이야기를 써 왔다.

> 나는 생기와 모험심, 새로운 삶을 발견했다. 내 안에서 남들에게 사랑을 줄 힘과 남들이 자신 있게 독자적으로 살아가도록 도와줄 이해심을 발견했다. 나는 학생들이 분위기가 맞으면 방어를 내려놓고 접근하며, 그동안 나와 떨어져서 생겼던 거리감을 줄이려고 모험을 하기도 하는 학생들을 기쁜 마음으로 바라볼 수 있는 교직으로 되돌아왔다.

만약 어떤 사람이 자기 자신이 되거나 자기 나름대로 독립된 인간이 되려고 한다면 다른 사람 속에서 신뢰와 수용과 사랑을 발견해야 된다는 것을 위의 글이 잘 예시해 주고 있다고 나는 생각한다. 분명히 멜라니 교사는 지금 자기 학교 학생들을 위해 자기가 창조한 분위기에서 그와 같은 인간관계를 제공하고 있다.

학습집단

사람들이 집단에서 일종의 집중적인 대인관계 경험을 하는 것은 점점 흔한 일이다. 이런 집단에는 다양한 이름이 붙어 있다. 현재 우리 관심사와 가장 밀접한 것은 대학의 강좌와 연결하여 개최되는 집단인데, 그것은 자기 자신의 이해와 수용 속에서 학생이 성장할 기회를 주는 등 여러 가지 목적을 가지고 개최된다. 많은 의과대학이 신입생들을 위한 그와 같은 그룹을 조직해 왔다. 많은 기업체들이 황무지 체험에 참여할 사람들의 팀을 구성한다. 애리조나 프레스코트 대학에서는 신입생들이 교수들과 함께 17~19일 동안 황무지 체험에 참석한다. 변화를 원하는 공립학교들도 변환과정의 한 부분으로 집중적인 집단에 참석해 왔다.

수양회 집단은 학생들과 교수, 그리고 행정직원들을 포함한다. 결혼한 학생들은 배우자도 초청하도록 격려한다. 집단 활동은 대학캠퍼스에서 떨어진 비공식적이며 캠프 같은 장소를 선택해서 한다. 앞서 언급한 것과 같은 심리치료자의 태도를 구비한, 경험이 많은 사람에 의해서 촉진될 때 그 결과는 참여자들에게 매우 의미 있는 것이 된다. 학생들은 교수들과 함께 돈독하고 사적인, 격의 없는 관계를 구축하고, 다른 학생들과 친구관계를 맺게 되며, 평상시 가면 속에 숨겨진 진정한 사람들을 많이 발견하게 된다. 나와 많은 다른 교수들은 교과목의 한 부분으로 그와 같은 집중적인 집단 경험을 포함시켜 왔다. 내가 좋아하는 것은 두 번에 걸친 주말집단인데 한 번은 학기 초에, 다른 한 번은 학기말에 가진다. 앞서 이수한 3명의 학생이 촉진자로서 도와준 30명이 수강한 과목의 예를 들고 싶다. 문제와 관련된 소감을 뽑았다.

나는 언제나 존중받고 수용받고 사랑받고 싶었다. 그리고 그것은 다른 사람들의 가치판단에 의해서 이루어질 수 있다고 느꼈다. 내 힘으로는 어쩔 수 없는 일이며 나의 진실한 느낌은 문제되지도 않는다고 느꼈다. 첫 번째 만남의 집단에서 나는 혼란이 일어났으나 내 자신의 참모습을 보려고 노력했을 때, 그리고 남들의 귀환반응이 유쾌한 것일 때, 그리고 나의 깊은 사적인 문제를 이야기했을 때 기분이 좋았다. 그러나 그것은 결국 진정한 내가 아니라는 것을 깨달았다. 어쩌면 거기에는 또 다른 의견을 가지고 있는 다른 내가 있는 것도 같았다.

그러나 그가 바른 소리를 할 권리가 있는가? (그는 자기가 어떻게 진실한 감정을 표현하기 시작했는가를 말해 준다.) 이때 나는 내가 경험하고 있는 것을 진실로 자각하고 진정한 나의 감정을 남들에게 이야기해 주고 있는 것이었다. 이 글을 쓰면서 나는 감정이 올라와서 눈물을 글썽거리며 쓴다.

나는 당위성과 남들의 기대에 부응하는 일로부터 분명히 거리를 가지게 되었으며, 항상 남들을 기쁘게 해야 할 필요는 없다고 느끼고 있다. 나 자신이 될 수 있고, 내가 경험하고 있는 것을 실제로 자각할 수 있으며, 그런 것이 죄악이 아니라 나 나름대로의 권리라고 느끼게 됐다. 나의 가치관에 참으로 놀라운 변화가 왔음을 의미한다. 시간이 걸리기는 하겠지만 나 자신을 신뢰하는 방향으로 변하고 있음을 알아차릴 수 있었다.

지난번 워크숍 이후로 나는 의욕이 왕성해져서 보다 더 분명하고 의미 있는 방법으로 나와 아내와 아이들 그리고 내 직장을 경험하게 됐다. 새로운 아이디어나 생각, 그리고 정서적인 통찰이 끊임없이 계속되어 더욱 자유롭고 개방적인 행동을 할 수 있게 되었다. 나는 이 변화를 나의 워크숍 경험 덕으로 돌리고 있다.

소집단에서 경험한 것을 회고해 볼 때 나는 일종의 편협한 지각방식을 가지고 있었다는 것을 깨닫는다. 즉 나는 내가 옳다고 생각하는 방식에 맞지 않는 것들을 백안시하는 경향이 있었다.

소집단 구성원들은 나에게 직접 지적해 줄 뿐만 아니라 개방적인 자세로 상호작용함으로써 나의 비합리적 행동을 볼 수 있도록 도와주었다. 집단상담이 끝나 감에 따라서 나는 좋은 감정을 경험하기 시작했다. 나의 문제를 긍정적으로 대면할 욕망이 생겼으며, 그렇게 하면서 내가 5년 동안 두려워했던 것이 그렇게 중요한 것은 아니라는 것을 배우게 되었다.

만남의 집단경험 이후로 나는 내 자신을 받아들이는 법을 배웠다. 자기수용을 터득하는 일이 시간이 걸릴 것임을 나는 잘 알고 있다. 그러나 내가 나 자신을 적게 비판함으로써 보다 행복해질 수 있음을 느꼈다. 나는 이 과목이 이런 측면에서 도움을 주었다고 확신한다.

나는 나 자신을 증명하기 위해서 노력해 왔다는 사실을 크게 깨달았다. 나 자신을 증명할 필요가 없지 않은가? 내가 진정으로 해야 할 것은, 즉 나 자신의 유일한 책임은 나 자신이 되는 일이다. 나는 한 인간으로서 나 자신을 더욱 아끼게 되었다. 나의 잠재능력, 존재가치, 유능성, 지식, 다른 사람에 대한 따뜻한 감정은 물론, 나의 의존적인 욕구, 불안, 증명하고 싶어 하는 욕구, 부적절감, 그리고 한계까지도 소중히 여기게 됐다.

이와 같은 집단경험에서 모든 사람이 득을 보지는 않는다. 이 수업에서도 한 사람이 부정적인 반응을 보였다.

그 과목에 대한 나의 부정적 반응은 정말로 심각한 문제를 가진 사람이 우리 집단에 많이 있는 것을 보고 개인적으로 기분이 울적해졌다는 것이다. 어떤 사람은 하도 깊고 복잡한 문제를 가지고 있어서 결코 그 문제를 해결하지 못할 것 같아 걱정이 됐다. 물론 다른 한편 나는 그들과 같은 운명이 아니어서 감사할 수 있었으나 고마운 감정이 쌓일 때마다 내 마음에 생기는 걱정을 극복하지는 못하는 것 같았다. 왜냐하면 많은 문제를 가진 사람들이 이 세상에서 우리 동료로 어울려 다녀야 할 것이기 때문이다…. 나는 이 만남의 집단에서 개인적으로 도움을 받지 못했다. 그러나 문제가 많은 나의 동료들에게 큰 도움이 되었다는 점은 인정한다.

마지막 예를 제외하고는 이 학생들의 진술은 보다 깊고 더욱 진실한 자기를 발견하는 쪽으로 참석자들이 발전하고 있다는 증거가 될 것이다.

평생과업인 자기발견

자기발견, 자기수용, 자기표현의 이 과정은 심리치료나 집단활동에서만 가능한 것은 아니다. 많은 사람이 이런 경험을 해 본 적이 없다. 경험이 있는 사람들에게도 심리치료나 집단활동은 오직 제한된 시간 동안에만 가능하다. 그러나 우리 모두에게 있어서 남다른 독특한 인간이 되고자 하는 노력은 한평생에 걸치는 과정이다. 자서전이 많은 독자들에게 매력을 지니는 이유가 바로 그것이라고 믿는다.

우리는 자신의 잠재가능성을 실현하기 위한 한 개인의 노력을 추적하기를 좋아한다. 나의 경우는 화가인 조지아 오키프(Georgia O' Keeffe)의 생애를 소개하면서 막 탈고를 끝낸 책이 그 예가 될 것이다. 그 화가의 성장발달에는 많은 단계가 있다. 14세 때, 내적으로는 자주독립적이지만 외적으로는 순응하는 그 소녀가 엄격한 가톨릭 학교에서 숙녀다운 행동으로 금메달을 땄다. 그러나 16세가 되자 그 여자는 여러 해 동안 그의 특징이었던 중서부식 코르셋 없는 맞춤옷을 입기 시작했다. 29세 때 그 화가는 화실에 들어앉아서 그때까지의 자기의 작품을 모두 냉혹하리만큼 초연한 자세로 분석했다. 그는 어떤 그림은 교수를 기쁘게 하기 위해서 그린 것이고, 어떤 것은 다른 사람을 기쁘게 하기 위해서 그렸는지를 구분할 수 있었다. 어떤 작품은 그 시대의 유명한 화가의 영향을 받은 것이라고 말할 수 있었다.

> 그러고 나서 새로운 생각이 떠올랐다. 그가 배운 것과는 전혀 다른 새로운 추상적 형태들이 상상력과 통합이 되어 마음속에 자리 잡았다. "나 자신의 것인 이것이 나에게 얼마나 가까이 있었던지 나는 결코 그것이 거기 있었는지를 깨닫지 못했다"고 그 여자는 나중에 설명했다…. 내가 그리고 싶었던 것들이 줄줄이 생각났지만, 그와 같은 것을 본 적이 없었기 때문에 실제로 그려 볼 생각을 하지 못했던 것이다." 그 화가는 마침내 결심을 했다. 이것이야말로 그 화가가 그려야 할 것이었다(p. 81).[2]

여러분도 상상할 수 있듯이 그 결단은 그 여자로 하여금 원숙기에 가서 위대한 화가가 되게 한 첫걸음이었다. 그는 지금 90대에 이르렀지만 사막이나 하얀 뼈, 크고 화려한 꽃에 대한 그의 독특한 지각을 그리려는 목표를 아직도 끊임없이 추구하고 있다. 그의 그림은 한 장만 보아도 그것이 오키프의 것이라는 것을 깨달을 수 있을 정도로 독특한 그림을 그려 낸다.

오키프처럼 우리 각자는 우리 자신의 인생의 설계자요, 화가이다. 우리는 남의 것을 복사할 수도 있고, 남을 기쁘게 하기 위해서 살 수도 있으나, 독특하고 우리들에게 소중한 것을 발견할 수도 있다. 그러니 그것을 그리며 실현해야 한다. 이것이야말로 한평생이 걸리는 과업이다.

보이지 않는 대학

전문가로서 우리는 평생학습을 방해하는 역할을 할 때가 있다. 전문가들이 강단에 서서 지식인들에게 그들이 써 온 글을 읽는 모임은 나에게는 귀중한 자원을 낭비하는 것으로 보인다. 나만이 이런 견해를 가지고 있는 것은 분명히 아니다. 1974년부터 학교교육에 관한 연구를 하는 대학교 교수 집단이 교직에 직면한 중요한 논쟁거리를 토론하기 위하여 회의를 시작하였다. 어떤 글도 낭독하지 않았다. 연구자들은 원으로 둘러앉아서 몇 사람이 제안한 제목에 관하여 토론하였다. 그 집단은 '보이지 않는 대학'이라고 알려졌다. 그 용어는 관료제도나 건물의 필요성 없이 그 집단이 대화와 토론에 초점을 둔 것과 관련이 있다. 그 집단의 창설자이고 미시간주립대학교의 탁월한 교수인 제리 브러피(Jere Brophy)는 연중행사의 조직책이고 그 꿈을 지켜 가는 사람이다. 보이지 않는 대학에의 입학은 위원들이 제출한 주제에 관심 있는가에 달려 있다. 명목상의 등록금인 10~15달러는 부과된다. 보이지 않는 대학의 200명 회원들은 미국 교육연구협의회(American Educational Research Association)의 전국 모임이 있기 이틀 전에 만난다. 회기는 가끔 밤 늦게까지 계속되고, 활발한 토론과 논쟁으로 가득 차며 끝난 후에는 함께 노래도 부른다. 이제 20년이 된 연차대회는 박사과정 학생을 포함하여 확대되었고, 대학 교수들이 사석에서 서로 배우는 기회를 제공한다. 한평생 배울 기회를 찾는 것은 처음 생각보다 훨씬 더 도전적이었다.

남들로부터 배우는 축복

학습의 질을 향상시키는 운동은 교사들을 해방시켜서 그들이 촉진자가 되게 하는 일에서 시작된다. 1980년대부터 25개주 교육부는 교사, 교장 및 교육장들이 학습할 아카데미를 설립하였다. 그 아카데미는 학교에서 떨어진 자연 속에서 1~2주씩 숙박하는 수련회이다. 그 아카데미들은 교사들에게 집중적인 대인관계 경험을 제공하였다. 웨스트버지니아 주는 교사들을 위한 첫 번째 아카데미를 주도했다. 교사들은 전국의 교육자들로부터 서로 배우기 위해서 모였다. 그 개념이 너무나 성공적이어서 지역 교육청은 그들 자신의 아카데미를 시작하였다. 1992년 웨스트버지니아 찰스턴에서 거행된 여름 아카데미는 교사들에게 축하할 만한 배움의 순간을 글로 쓰도록 하였다. 이 짧은 글들은 교사가 된 것에 대한 의미와 서로 배우는 힘에 관한 것들로 마음에서부터 우러나온 것이다. 다음의 글들은 자기발견의 길을 비춰 준다.

어느 학생이 가르쳐 준 교훈

크로스 레인즈 초등학교 다이애나 라이트너

제1교훈 : 첫 인상이 매우 중요하다. 나는 우연이 아니라 오직 기회를 믿는다. 내가 멀버리 헬름 센터에 유일한 정규교사로 고용되었을 때 나는 가장 훌륭한 기회를 맞았다.

우리 반 학생들마다 나의 멘토가 되었다. 그 학생들은 나의 대학교육의 빈틈을 채워 주었고, 내 삶을 감동시키는 기쁨과 통찰을 주었다.

학생들마다 사연이 있었다. 나는 테리에게서 배운 교훈을 나누고 싶다. 여러 개가 있는데 재미도 있다. 테리의 임상학적 묘사는 경력이 풍부한 특수교사의 혈압을 높이기에도 충분한 것이었다. 이렇게 쓰여 있다 : 테리는 21파운드, 5세 된 남자, 뇌성마비가 있는 것으로 진단됨. 그의 신체적인 비정상은 뇌수종 환자의 머리, 비뚤어진 눈두덩, 뒤로 쳐진 목, 두툼한 가슴, 곱추등, 절름거리는 왼쪽 다리, 두꺼운 오른 발을 포함한다.

그는 앉은 자리에서는 몸을 지탱하고 스스로 먹을 수 있었다. 몸의 다른 부분의 움직임은 모두 도움이 필요했다. 그는 심각한 말더듬이었다.

맙소사! 나의 특수교육 수업에서는 어떤 방식으로든 이런 상황에 대비한 준비를 나에게 시켜 주지 못했다. 완전히 압도당했다는 느낌을 말하는 것은 나의 깊은 근심을 표현하기에 충분하지 못했다. 어쩔 도리가 없는 형편이었다.

테리는 내 수업에 들어오는 순간부터 나에게 가르쳐 주기 시작했다. 그는 나에게 그의 상표나 다름없는 큰 미소를 보이면서 "제 이름은 테리입니다. 우리 선생님 맞아요?" 라고 말했다. 테리의 모든 비정상적인 면은 사라지고, 거기엔 약한 작은 몸매에 무엇이든지 배우고 싶어 하는 어린이가 한 명 있었다.

제2교훈 : 마음이 아름다운 사람은 타인의 추한 모습을 다른 각도에서 본다. 우리는 연방정부가 지원하는 프로그램이어서 많은 방문객을 맞이하게 된다. 나는 방문객들이 방안으로 몰려 들어오면 동물원의 동물과 비슷하게 느껴진다는 상상을 해 본다.

많은 경우 방문객들은 친절하고 자상한 태도로 우리 어린이들과 관계한다. 어떤 경우에는 역겨운 얼굴 표정으로 문쪽으로 되돌아가기도 한다.

그런 방문객이 있은 후에 나는 정말로 화가 난다. 나의 몸, 얼굴표정, 그리고 목소리가 나의 화를 분명히 보여 준다. 테리가 무엇이 잘못됐냐고 나에게 물었다. 나는 그에게 저 사람들이 우리에게 부정적인 반응으로 감정을 상하게 할 권리가 없다는 것을 어렴풋이 설명하려고 노력하고 있었다.

테리는 예절 바르고 친절한 태도로 단순히 이렇게 말했다. "아마도 그들은 어린이들 곁에 있는 것이 익숙하지 않은 모양이지요."

제3교훈 : 타인이 당신을 결코 제한하지 못하게 하라. 매일 하는 활동 중의 하나는 로우 선생님이 지도하는 음악수업이다. 어린이들은 정말로 신이 나서 온갖 소음을 다 내기 시작하였다. 그들은 정말로 음악을 즐겼다. 테리가 춤을 추고 싶다고 선언한 것은 이 수업 중에 일어난 일이다.

어른들마다, 우리가 앞뒤를 둘러보자, 비언어적인 첫 번째 반응은 "무슨 소리! 안 돼!" 였다. 그것이 엄청난 힘으로 우리를 덮쳤다. "우리 어린이들이 할 수 없는 것이 몇 가지가 있다!" 그 상황이 비참하게 끝나기를 원치 않아서 버니는 테리를 번쩍 들어 올렸다.

"그러지 마세요!!"라고 테리는 더듬었다. "날 바닥에 내려놔요. 나도 그들이 텔레비전에서 춤을 추듯이 춤을 출 거예요!"

버니는 허리를 굽혀서 테리를 마룻바닥에 내려놓고, 자기가 옳게 행동했나를 확인받으려는 듯이 특수교육 자격증을 가진, 모든 것을 다 알아야 할 나를 쳐다보았다. 나의 가슴이 심하게 두근거렸다. 나는 거의 공황상태에 있었다. 남다른 독특한 존재인 테리는 불가능한 것을 할 자기 능력을 보여 주려고 나아갔다. 춤을 췄다! 그가 정말로 춤을 췄다는 말이다. 배 위로 그의 모든 상체를 마룻바닥과 각을 이루어서 들어 올렸다. 리듬이 있었다! 그는 창의적인 움직임을 보였다! 그는 박자를 정확하게 해석하고 있었다.

제4교훈 : 어느 정도까지는 참을 수 있지만 그 정도를 넘어서면 자기 자신을 표현할 필요가 있다. 우리의 과제 중의 하나는 테리에게 먹는 기술을 가르치는 것이었다. 그는 음식을 양볼 안에다 저장하는 습관을 가지고 있었다. 그의 어머니는 테리가 잠이 들었을 때 그 음식을 빨아들여서 죽게 될까 봐 걱정을 했다.

테리네 가정에는 7명의 자녀가 있었는데 겨우겨우 먹고 살았다. 우리가 배운 것은 테리가 자기 몫을 천천히 먹으면 배고픈 채로 식탁을 떠나야 한다는 사실이다. 그는 그의 환경에 적응하는 법을 배운 것이다.

그런 상황을 어머니에게 설명한 후에 우리는 테리에게 입안의 음식을 삼키는 방법을 다시 가르쳐야만 했다. 이것은 단순한 과제가 아니었다. 그는 5년 동안이나 음식을 입안에 넣어 두는 실습을 한 셈이었다. 우리는 이유식처럼 부드러운 음식으로 과제를 시작하였다.

매일 우리는 테리에게 점심에 주기로 계획된 음식이 무엇인지를 말해 주었다. 늘 그는 웃으면서 "야, 신난다!"라고 말했다. 우리는 옥수수 크림 상자가 있어서 그는 그것을 자주 먹었다.

어느날 이런 절차를 밟은 지 약 3주 지나서, 우리는 그동안에 했던 것처럼 그가 점심에 먹을 것을 알려 주었다. "오늘 너는 토마토소스로 요리한 고기와 빵, 라임, 젤로, 그리고 옥수수 크림을 먹게 될 거야."

테리는 깊이 숨을 들이마시더니 얼굴을 찌푸리고 소리를 질렀다. 우리는 깜짝 놀랐다. 상냥하고, 울지 않으며, 칭얼대지 않던 테리였다. 그가 신체적으로 고통을 받은 것이 아닐까? 나는 그 앞에 무릎을 꿇고 그의 머리를 쓰다듬으면서 부드럽고 조용하게 "테리야, 뭐가 잘못됐니?"라고 물었다.

그는 잠시 동안 흐느껴 울더니 다시 숨을 들이마시고, 머리를 들더니 아픈듯이 내 눈을 들여다보았다. 그는 조용한 음성으로 흐느꼈다. "서~ 선생님, 나는 옥수수 크림을 싫어해요!!"

교사로서 나는 학생들로부터 많은 소중한 것들을 계속 배우고, 그리고 나 자신을 재발견한다.[3]

조용한 축하연

엘크뷰 중학교 팀 메리필드

당신은 학생들이 당신이 축하하고 있는지도 모르게 학습의 어떤 순간을 축하해 본 적이 있는가? 나의 가장 축하할 만한 순간은 한 학생의 큰 성취를 나 혼자서 바라보면서 기뻐서 운 순간이었다. 그 이야기는 이렇게 전개된다.

교단생활 첫해 나는 오웬스 학교의 실습교사였다. 이 자리는 현장에서 지적장애학생들을 가르치는 기술을 필요로 하였다. 고용주에게 가면 그들은 학생들이 특별한 과제를 하기 위해서 어떤 기술이 필요한지를 나에게 말해 주었다. 나는 또한 학생들이 학교에서 집으로 가는 방법을 가르쳐 주어야 했다.

이것은 버스를 타고 학교에서 집으로 가는 것을 의미한다. 여러분은 지적장애학생들이 버스 요금을 내고 집으로 버스를 타고 가도록 지도해 본 적이 있는가?

내가 조이라고 부를 이 학생은 사탕을 파는 상점에 가야만 했다. 그는 마멧 시에 살고 있었다. 매일 우리는 버스를 타기 위해서 복잡한 자동차 길을 건너야 했다.

9월부터 12월까지 우리는 똑같은 일을 반복했다. 우리는 쏜살같이 빠른 자동차에 치이지 않도록 애를 썼다. 매일같이 길을 건너서 조이에게 버스 요금 내는 법과 버스 내리는 곳을 가르쳐 주는 것이 일이었다.

마침내 크리스마스 휴가 전날, 그 일이 일어났다. 나는 조이에게 오늘은 혼자서 집으로 가야만 한다고 말했었다. 여러 달 동안 우리는 그 순간을 준비해 왔다. 하루 종일 조이는 불안하고, 어쩔 줄을 몰라 하고, 흥분하고, 두려워했다. 그는 흥분과 두려움 때문에 거의 일을 할 수가 없었다. 조이는 내가 자기와 함께 버스에 가야 한다고 몇 번이고 말을 계속하였다. 그는 할 수 없다, 그는 하지 않겠다, 그는 나와 함께 가겠다고 말했다. 나는 일이 끝난 직후 의사와의 약속 때문에 그가 혼자서 집에 가는 것을 실천해야 한다고 말해 주었다. 3시가 되었을 때 그는 나보고 떠나지 말라고 울었다. 나도 길모퉁이를 돌아서면서 울었다. 그와 나 둘 중에서 누가 더 불안했는지는 알 수가 없다. 그가 모르게 나는 그가 집으로 제대로 가는지 확인하기 위해 버스를 따라갈 생각이었다.

조이가 사탕 가게를 떠났다. 나는 길모퉁이에서 그를 지켜보고 있었다. 나는 그가 복잡한 도로에서 다리나 팔을 잃거나 죽게 되지 않기를 간절히 바랐다. 그는 첫 번째 모퉁이로 가서 길을 건너기 위해 양쪽을 쳐다보았다. 그가 막 도로에 들어서자마자 검은색 자동차가 끼익 소리를 내며 멈추었다. 이 광경을 보고 나는 학생을 잃지 않으려고 모든 것을 막기 위해서 전속력으로 달려갔다. 천만다행히도 조이가 도로를 건너가면서 나를 보지는 못했다. 나는 땀을 흘리며 울면서, 난 어쨌든지 정말로 교사가 되고 싶은 것은 아니라고 혼잣말을 하고 있었다. 그다음 단계는 맥코클을 건너는 것이었다. 조이는 신호등에 와서 빨간 신호등이 켜지자 그가 건너갈 수 있을 때까지 기다리고 있었다. 그리고 제대로 해냈다. 여기까지는 그 교사가 심장병이 있는 것을 제외하고는 아무 문제가 없었다. 버스가 오기까지 마치 닷새는 걸리는 것 같았다. 조이가 버스에 탔다. 버스가 달리기 시작했을 때 나는 따라가기 위해서 내 차로 달려갔다. 내가 버스 뒤를 쫓았을 때 나는 한층 더 불안해졌다. 조이가 버스는 성공적으로 탔지만 제 정거장에서 내릴 수 있을까? 그의 집까지 가는 동안 며칠이 걸리는 기분이었다. 마침내 그의 정거장이 다가왔을 때 나는 그가 버스를 세워서 내리기를 기도하고 있었다. 그가 제대로 해내서 나는 안도의 한숨을 쉬었다. 조이는 버스를 내려서 길을 건너고 자기 집으로 걸어갔다. 그가 집에 도착했을 때 그는 기뻐서 펄펄 뛰었다. 이것이 바로 그 순간이다. 나는 차를 멈추고 나와서 펄펄 뛰었다. 나는 정말로 신바람이 났다. 나는 그 기쁨을 조이와 함께하고 싶었으나 그렇게 할 수가 없다는 것을 알고 있었다. 나는 공중전화에서 차를 세우고 교장선생님에게 전화를 걸어서 이 기쁨을 함께했다. 오늘까지도 그 사건은 좋은 추억을 떠오르게 한다. 우리는 각자가 그 순간을 축하하였고, 그 때문에 나는 더 좋은 사람이다.[4]

변화는 시간이 걸린다
시슨빌 고등학교 재니스 니스

인권운동이 절정에 달했던 60년대 후반에 나는 시슨빌 고등학교에 도착해서 대부분의 학생들 사이에 존재하는 편견과 편협성의 정도에 놀라서 어안이 벙벙하였다. 이런 태도를 바꾸는 것이 나의 목표가 되었다. 몇 년이 지나서 나를 기쁘게 할 만한 작은 변화를 감지했지만 축하할 만한 정도는 아니었다.

몇 해 후에 내 영어 수업에 완벽한 학생의 특성을 두루 갖춘 영리한 학생이 한 명 들어와서 기뻤다. 실망스럽게도 그는 편협하고 자기만 옳은 종교적 신념을 가지고 있는, 말이 많은 고집쟁이인 것을 알게 되었다.

다행히도 그때쯤은 나는 직면은 적절하지도 않고 지속적인 변화로 이끌 수 없다는 것을 깨닫고 비지시적인 접근방법을 개발하고 있었다. 나는 시 부분에서 현대 흑인 시인들 몇 명을 포함시켰고, 소설로는 흑인들의 경험을 진정으로 대표할 만한 사람을 선정하였다.

처음에 데이비드는 이 교육과정에 마지못해 참석하는 사람이었으나 연말이 되자 그는 랭스톤 휴즈의 시집을 수업시간에 가져오기 시작하였다. 데이비드가 졸업할 때가 되자 나는 그의 다른 특질과 성품에 크게 인상을 받았으며, 나는 그의 세계관을 직접 개방하려는 사명감을 버린 지 오래였다.

축하할 만한 큰 이유가 없다고 말할지도 모른다. 1983년에 큰 대학교의 청소년 의학의 주임 심리학자가 된 데이비드는 금년의 교사로 나를 지명하는 긴 편지를 썼다. 더 중요한 것은 흑인문학을 공부한 것은 흑인들의 경험에 대한 새로운 조명을 주었으며 그가 매일 접촉하는 흑인 청소년들과의 관계와 그들의 이해에 크게 이바지하였다고 묘사한 거였다. 더 논리가 분명해진 그는 새로운 사상과 경험에 노출되는 것의 가치와 우리 주변의 사람들과 세상을 더 잘 이해하기 위한 노력의 가치를 확신하였다.

자 이제, 우리는 축하할 만한 진정한 이유가 있고, 나는 축하한다. 데이비드의 편지를 읽는 순간을 나는 축하한다. 우리는 얼마나 진심으로 의미심장하게 학생들을 움직이게 할 수 있으며, 지속적인 변화에 얼마나 영향력을 미칠 수 있는가를 나는 이해한다. 나는 축하하고 기도한다. 학생들에게 내가 주는 영향이 항상 긍정적이고 학생이나 개인으로서 그들의 존재가치를 확신할 수 있게 되기를 나는 기도한다.[5]

여기에 아름다움이 있다
세인트 앨번스 고등학교 베티 스미스

셰넌도어 밸리는 아름답다. 2주 전에 나는 I-81 고속도로를 타고 남쪽으로 달리고 있었다. 날씨는 완벽했다. 옆에는 내 딸 질이 앉아 있었다. 우리는 전국건강연구소에서 집으로 가던 중이었다. 우리는 8주마다 전국건강연구소를 다녀온다. 질은 치명적인 피부병이 생겨서 이 연구소를 다녀와야만 했다. 그날 오전에 의사는 딸의 상태가 악화되었다고 말해 주었다. 운전을 하면서 생각해 보니 우리 가정의 최근 사건들이 떠올랐다. 아버지가 사망하셨고, 양자인 혼혈 막내아들이 백인 신부를 아내로 맞았는데 그 가정은 그 딸을 버린 셈이다. 그리고 우리 어머니는 73세인데 지저귀를 갈아 주고 음식을 먹여

드려야 하는 알츠하이머 환자이다. 이런 상황인데 나는 어머니를 양로원에 보내지 않고 모시고 살기로 결심했다. 현실은 현실이다! 셰넌도어 밸리는 아름다웠으나 나의 세계는 어쩐지 암울했다.

나는 딸을 쳐다보며 그의 삶을 생각해 보고 있었다. 참으로 특별한 딸이다. 그 순간 중압감을 느끼고 있었는데 갑자기 딸이 질문을 해서 나의 생각을 흔들어 놓았다. "엄마, 왜 엄마는 선생님이 되기로 결심했어요?" 깜짝 놀라면서 나는 "왜 그런 질문을 하게 되었지?"라고 딸에게 되물었다. "그냥, 엄마가 다른 일을 한다는 것은 상상할 수가 없는 일이니까."라고 딸이 답을 했다. 눈에 눈물을 글썽이며 나는 딸을 쳐다보며 웃었다. "맞아, 질. 네 말이 맞아!"

교사! 그것이 나의 소명이었고 사랑이었다. 그러고 나서 갑자기 나는 그 셰넌도어 밸리 골짜기가 태양으로 가득하고 세상은 한층 더 아름답다는 것을 깨달았다. 내 인생의 문제를 그렇게 잘 감당할 수 있던 것은 내가 교사이기 때문이었다! 교단을 통해서 나는 내 삶의 의미를 찾았다. 그것이 행복하다. 축하할 만한 배움의 순간은 어린아이의 순수한 마음, 고난의 여행, 그리고 내가 간절히 원하던 교사라는 것을 깨달아 앎으로써 찾아왔다. 교사!!! [6]

너무 늦은 법은 없다
시슨빌 고등학교 버니스 보게스

20년의 교육경력과 석사학위는 충분한 교육이다. 나는 젊은 후배교사들과 함께 대학원 과목을 이수하는 일에 관심이 없었다. 나의 중년 나이에 젊은 지성인들과 더 이상 경쟁할 수가 없을 것이다. 나는 고등학교 사서교사로서 내 임무를 수행할 적절한 능력을 이미 가지고 있다. 나는 과목담당 교사가 아니므로 새로운 교수방법을 배울 필요도 없었다. 그러나 어느 날 학교에서 나의 태도가 변했다.

점심시간에 동료교사가 도서관으로 들어와서 도서관 후원자들을 목격했다. 그는 왜 그토록 많은 '부적응자들'이 점심시간을 나와 함께 보내야 되느냐고 물었다. 그의 질문은 나 자신의 질문을 시작하게 만들었다. 내가 학생들에게 영향을 줄 수 있을까? 내가 학생들의 학교생활을 좀 더 가치 있게 만들 수 있을까? 어떻게 하면 그들끼리 서로 수용하고 우정을 나누도록 격려할 수 있을까? 내가 이들 10대들에게 접근해 갈 만한 열정을 가지고 있는가? 스스로 해 보는 질문에서 나는 정체된 사람이지만 교사로서의 유용성이 끝난 것은 아니라는 깨달음이 왔다.

새로 배우기 시작하였다. 대학원 과목에 등록하여 효율적인 대화기술과 인간관계 형성방법을 배웠다. 협동학습에 관한 과목은 학생들의 자긍심을 높이는 기술을 가르쳐 주었다. 교사들의 아카데미가 내 마음과 정신을 다시 젊어지게 하였다.

매 학기마다 어떤 학생들은 도서관에 와서 홀로 앉아 있다. 방해가 되지 않게 나는 학생들과 대화를 하면서 숙제에 도움을 주거나 자료를 보완해 주거나 아니면 긍정적인 논평을 해 주었다. 종종 나와 대화를 한 후에는 그들은 다른 학생들과도 상호작용을 했다. 학년 말이 되면 이들 '부적응자' 중에서 많은 학생들이 친구들과 긴 책상을 공유한다. 마음속으로 나는 그들과 함께 축하를 한다.

나 자신을 평가해 본 순간 이후로 나는 학습에는 많은 단계가 있음을 깨닫게 되었다. 지식의 습득은 단 한 가지 요소에 불과하다. 지혜와 열정을 얻고, 개인의 잠재력에 대해 감사할 수 있음은 계속되는 과정이다. 늙어 가는 나의 얼굴은 그것을 반영하지 못한다. 그러나 내 머릿속에는 "타인들의 삶에 접촉할 수 있도록 날 가르쳐 주세요."라고 말하는 젊음이 있다.[7]

논평

다이애나 라이트너와 베티 스미스는 둘 다 저마다 독특한 장애가 있는 어린이들로부터 배우고 깨달아서 희망과 이해의 한평생을 살게 되었다. 팀 메리필드, 재니스 니스와 버니스 보게스는 자기 학생들로부터 자신들의 삶의 새로운 국면을 재발견하였다. 팀은 조이의 자주독립은 교사로서의 자기 역할이 변해야 함을 의미한다는 것을 깨달았다. 재니스는 학생들이 세상을 배우게 하는 일은 학생들이 어른이 되었을 때나 비로소 그 효과가 나타난다는 것을 발견하였다. 그리고 버니스는 학습은 진실로 한평생 추구할 일임을 발견했다.

축하할 만한 배움의 순간에 관한 글들은 우리 주변에 우리 자신에 대하여 배우고 발견할 기회가 널려 있음을 보여 준다. 5명의 교사들은 그들의 마음을 열어 듣고 볼 수 있었기 때문에 그들의 학생들(한 명은 자기 딸)로부터 배울 수 있었다. 다른 사람의 학습을 촉진해 주려면 먼저 여러분은 자기 자신의 학습의 촉진자가 되어야 한다.

진실한 자기 자신으로 돌아가기

자신의 참자아를 발견한다는 것이 무엇을 의미하는지 요약해 보겠다. 첫째로 그것은 어떤 정적인 성취를 의미하는 것이 아니라 하나의 과정이요 방향이다. 짐작컨대 아무도 끊임없이 변하는 자신의 참자아를 발견하는 일에 완전히 성공할 수는 없다. 그러나 이 과정의 몇 가지 특징은 존재한다. 참자아를 발견하는 사람들은 의식적이든 무의식적이든 가면이나 가식 뒤에 숨으려 하지 않는다. 그들은 마음속으로 경험하는 것을 자각하고 좀 더 그것에 가깝게 행동한다. 이 경험은 야만적이고 열광적인 감정에서부터 건전하고 사회적으로 용납되는 감정에 이르기까지 지극히 복잡하고 다양하다는 것을 그들은 알게 된다. 그들은 이런 모든 경험을 소유할 수 있는 것으로 수용하기 시작한다. 그들은 매우 다양한 반응을 가진 인간이라는 것을 수용하는 방향으로 변해 간다. 그들이 더 많은 것을 수용하고 소유하고, 마음속의 반응을 두려워하지 않으면 않을수록 마음속의 반응이 가진 의미를 그만큼 더 알아차릴 수 있다. 내적인 풍요로움이 커지면 커질수록 그만큼 더 그들은 그들의 경험대로 존재할 수 있다. 한 개인은 누구에겐가 의지하고 싶고, 사랑받고 싶고, 보호받고 싶은 어린아이 같은 욕구를 깨달을 수 있다. 적절한 상황에서 그는 바로 그 어린아이다운 의존적 자아가 될 수도 있다. 어떤 상황은 그로 하여금 화가 나게 한다는 사실도 발견하게 된다. 그는 화난 감정을 억압했다가 죄 없는 희생자에게 폭발적으로 표출할 수 있다. 남성은 특히 남자들이 소유하기가 어려운 부드럽고 다정하고 사랑하는 감정을 발견할 수 있고, 그 감정들을 부끄러움 없이 만족스럽게 표현할 수도 있다. 그래서 이런 사람들은 더욱 다양한 감정과 태도와 잠재능력을 실현할 수 있게 된다. 그들은 자신들 마음속에서 진행되는 것과 조화를 이루어 살아간다. 그들은 그들의 모든 경험을 미워하거나 불신하지 않고 좋아하거나 감상할 수 있게 된다. 그들은 순간순간마다 온전한 그들을 발견할 수 있고, 그런 사람이 될 수 있도록 성장한다. 내가 보기에는 이것이 한 인간이 자기가 누군가를 발견하는 방향으로 성장하는 방법이다.

두 번의 주말에 만남 집단을 가졌던 그 과목에 관한 예를 하나 더 들면서 이 장을 마치려 한다. 이것은 젊은 사람이 쓴 것이 아니라 막중한 행정적 책임을 수행했던 어느 고등학교 교장이 쓴 글이다. 그러나 그가 자기 자신을 발견하고, 자기 자신이 되려고 하는 첫걸음을 내딛었다는 것은 분명하다. 그가 자기 자신을 발견하지 못한 채로 30년 이상 살아왔다는 것은 비극처럼 보인다. 그러나 새 출발을 하고 있다는 자부심과 자기를 잘 알게 됐다고 하는 기쁨이 그의 논평에 나타나 있다.

> 이 글을 쓰기 위해 책상에 앉아 있으면서 나는 마음속에 환희를 느끼고 있다. 그것은 전에는 가져 본 적이 없는 그런 경험이다. 내가 글을 쓰면서 지켜야 할 규정이 없기 때문에 나는 생각나는 대로 기록할 것이다. 당신이나 다른 누군가 나의 생각에 대해서 어떻게 반응할 것인가가 나에게 전혀 문제가 되지 않기 때문에, 마치 둥둥 떠도는 듯한 가벼운 기분이다. 그럼에도 불구하고 동시에 나는 문장의 형태나 양식이나 학문적인 표현에 관계없이 당신이 나의 생각들을 나처럼 수용해 줄 것이라고 생각한다. 나의 관심은 나 자신을 좀 더 잘 이해하고 싶어서 나 자신과 대화를 해 보고자 하는 것이다. 내가 진정으로 하고자 하는 말은 당신을 위해서도 아니요 학점이나 수업을 위해서도 아니고 나 자신을 위해서 쓰고 있다는 말이다. 그런데 이것은 과거에 감히 생각도 할 수 없었던 것이기 때문에 나는 그 사실을 대단히 만족스럽게 생각한다. 만약에 남들이 나를 좋게 생각하지 않으면 그것이 마음을 괴롭게 하리라고 생각된다…. 나는 사람들이 나의 척하는 모습을 좋아할 것이 아니라 지금 현재의 있는 그대로를 좋아하기를 바라고 있다는 것을 깨닫고 있다.

도전

이 장은 하나의 문을 열어서 그다음에 올 것이 무엇인지를 흘깃 보게 했으리라고 생각한다. 그것은 생동감이 넘치는 교실로 통하는 문이다. 또한 충분히 당신 자신이 되게 하는 통로이다. 독자들 중에 어떤 사람은 그 문을 닫아 버리고 싶을 것이다. 왜냐하면 건너편에 있는 것은 너무나도 모험적이고 감정적이고 놀라우리만큼 자기책임이 커지고, 그리고 그 문과 연결되는 길은 너무나 불확실하고 알려져 있지 않기 때문이다. 어떤 이들은 조심성 있게 안을 들여다보고는 겨우 몇 발자국 잠정적으로 들어가 보고 싶어 한다. 또 다른 사람들은 '이것이 바로 내가 갈 길' 이라고 느끼고, 그들이 읽은 예에서 본 대로 이것이 그들의 인생행로를 활짝 열어 줄 수 있다는 것을 깨달을 것이다.

참고문헌

1. Carl R. Rogers, *On Becoming a Person* (Boston: Houghton Mifflin, 1961).
2. Laurie Lisle, *Portrait of an Artist: A Biography of Georgia O'Keeffe* (New York: Washington Square Press, 1980).
3. Diana Ritenour, *Lessons a Student Taught Me* (Unpublished manuscript, 1992).
4. Tim Merrifield, *A Quiet Celebration* (Unpublished manuscript, 1992).
5. Janice Nease, *Change Takes Time* (Unpublished manuscript, 1992).
6. Betty W. Smith, *The Beauty Is Here* (Unpublished manuscript, 1992).
7. Bernice Boggess, *It's Never Too Late* (Unpublished manuscript, 1992).

| 제 2 부 |

교실에서의 자유와 책임

제4장

6학년 교사의 실험

이 장의 첫 부분에 나오는 일기[1]는 많은 학생들과 끊임없이 접촉해야 하는 매일매일의 어려움과 정해진 교과과정, 불평하는 학부모, 훈육 문제, 그리고 무감각한 학생들로 인해 괴로움을 겪는 교사에 관한 이야기이다. 그 일기는 지극히 사적인 자료이다. 그 일기가 나에게 의미가 있었듯이 각급 학교 교사들에게도 의미 있는 자료가 되기를 기대한다. 나는 '불가능한' 교실에서도 희망을 가질 근거가 있다는 느낌을 받았다. 그 자료를 읽고 여러 교사들이 대담해져서 학생들에게 정직해지고, 그 결과를 보장할 수는 없지만, 인간존재를 신뢰하는 모험을 할 수 있게 되기를 기대한다.

바바라 쉴 교사의 일기

지난해는 초등학교에서 가르친 지 13년이 되는 해였다. 나는 6개 학년을 다 가르쳐 보았다. 이 자료(본래 나의 일기로 기록된 것임)에 언급된 학급은 생활지도, 흥미의 부족, 부모들의 간섭 측면에서 볼 때 이제까지 가르쳐 본 학급 중에 가장 어려운 학급의 하나였다. 그 학급에는 지능이 82~135 범위에 속하는 36명의 어린이가 있었다. 사회적 부적응아, 학습부진아, 정서적으로 불안한 아동이 여러 명 있었다.

나는 그 사태를 해결하기 위해 기진맥진했으나 진전이 없었다. 많은 문제행동 때문에 악명이 높았고, 갖가지 문제로 아이들은 교무실이나 벌받는 방으로 불려 다녔다. 그들의 태도나 행동은 끊임없이 말썽을 일으켰다. 몇몇 아이는 단기간 정학을 받기도 했다. 그 외에도 학부모들은 비협조적이거나 자기방어가 심했다. 대부분의 학부모가 자녀들의 문제로 교사나 학교를 비난한 경험이 있었다.

3월 5일 시작

일주일 전에 비구조적, 비지시적 접근방법인 학생중심수업에 근거하여 6학년 학급에 새로운 수업을 시작해 보기로 결심했다. 나는 어린이들에게 실험을 해 보자고 선언했다. 하루 종일 어린이들이 하고 싶은 것은 무엇이나 해도 좋다고 설명했다. 만일 하기 싫다면 아무것도 안 해도 좋다고 일러 주었다.

많은 어린이가 그림을 그리기 시작했다. 어떤 아이들은 하루 종일 그리거나 색칠을 했다. 다른 아이들은 책을 읽거나 산수 문제를 풀거나 그 밖의 것들을 했다. 온종일 흥분된 분위기였다. 많은 어린이가 자기가 하는 일에 흥미가 있어서 점심시간이나 휴식시간에 밖에 나가려 하지 않았다.

수업이 끝날 무렵에 어린이들에게 그날의 실험을 평가해 보도록 하였다. 어떤 어린이는 해야 할 구체적인 과제도 없고 선생님이 시키는 일도 없어서 어리둥절하고 불편하게 느꼈다.

대다수의 어린이들은 그 실험이 훌륭했다고 생각했으나 어떤 어린이는 시끄러운 점과 하루 종일 장난이나 치는 몇몇 아이에 대하여 우려를 표시했다. 대부분 평상시만큼 공부를 많이 했고 시간에 쫓기지 않고 끝마칠 때까지 한 가지 일을 할 수 있었던 것을 좋게 생각했다. 그들은 자신들이 할 일을 결정짓기를 좋아했고 강요당함이 없이 공부하는 것을 즐겼다. 어린이들이 그 실험을 계속하자고 요청해서 이틀 동안 더 실험해 보기로 결정했다. 그 후에 재평가하기로 하였다.

그다음 날 아침, 나는 계약수업의 개념을 도입했다. 각 어린이는 자기가 그날에 할 구체적인 계획과 공부할 영역을 선택하여 계약서를 쓰게 되었다. 연습문제를 끝낼 때마다 각 어린이는 교사용 지도서를 이용하여 자기가 한 것을 확인하고 수정하는 것이었다.

그들이 한 것은 계약서와 함께 서류철 속에 보관되었다. 학습 자료는 제공되었고 필요한 제언도 있었으며, 필요할 때 사용할 연습문제도 만들어 놓았다.

나는 개별적으로 만나 계획을 의논했다. 어떤 어린이는 아주 짧은 시간 안에 계획한 것을 끝마쳤다. 우리는 이런 현상의 의미와 그 대책에 대하여 집단토의를 했다. 학습계획량이 너무 적었으니 조정이 불가피하다거나 하루 계획에 다른 영역을 더 보태야 할 것으로 의견이 나왔다.

나는 시간이 더 많이 있어서 개인이나 소집단과 함께 공부하거나 대화를 하면서 시간을 보냈다. 세 번째 날이 끝날 무렵 나는 한 사람 한 사람과 만나 서류철에 보관했던 것들을 평가했다. 성적문제를 해결하기 위하여 각 어린이가 어떤 성적을 얻을 것 같은지를 나에게 말하도록 했다.

그 시간에 또한 어린이들은 부모들의 의견과 함께 그 실험에 대한 두 번째 평가서를 썼다. 4명을 제외하고 모든 어린이가 이 실험을 좋아했고 학교가 훨씬 더 재미있다고 생각했다. 그 4명은 여전히 안정감을 느끼지 못했고 구체적인 과제를 내주기를 바랐다. 새로운 사태에 적응하기까지는 시간이 필요하므로 실험할 시간을 주는 문제로 그들과 대화를 나누었다. 그들은 그렇게 해 보겠다고 동의했다. 나머지 어린이들은 남은 학기 동안 이 방법으로 계속한다는 생각에 기뻐 날뛰었다.

내가 당면한 가장 큰 문제는 규율을 지키는 일이다. 내 학급에는 여러 명의 문제아가 있어서 교사의 외부통제가 없어지자 규율 면에서 퇴행이 나타났다. 어려운 문제의 일부는 내가 어린이들로 하여금 그들이 앉고 싶은 사람과 자리에 앉도록 허락한 데서 생겼다. '문제아' 들은 한군데 어울려서 싸우고 서로 방해하고 아무것도 하는 일 없이 대부분의 시간을 보냈다. 그것이 나에게 또 다른 내적인 문제를 가져왔다. 나는 그들이 허송세월하는 것을 쳐다보는 일이 괴로웠고 때때로 그들의 발전과 학업성취 등이 염려됐다. 이 아이들은 전통적인 수업에서도 역시 실패했었고, 해야 할 일을 제대로 한 적이 없었음을 나 스스로 자꾸 상기해야만 했다. 그들은 과거에도 무언가 하고 있는 것처럼 보였을 뿐이다.

나는 문제되는 아이들 몇 명의 자리를 바꾸어 줄 것을 고려했다가 다시 통제한다면 그 수업의 한 가지 중요한 면에서 실패하게 된다는 것을 깨달았다. 이 기간을 잘 견디어 낸다면 아마도 때가 되었을 때 그들에게 자제력이 생길지도 모른다고 생각했다.

그 어린이들도 불만이었다는 사실은 나에겐 흥미 있는 일이었다. 그들은 모두 내 책상 가까이 앉아서 이 새로운 방법이 너무 힘들다고 말했다. 유혹이 너무나 컸다. 이것만 보아도 그 아이들이 겉으로 보이는 것처럼 완강하지는 않다는 것을 알 수 있다.

반 아이들은 대체로 기뻐했다. 그들은 공부할 것을 가지고 다니며 교실 밖에서도 했으므로 학교 전체가 관심을 가지게 되었고 우리가 하는 것이 화젯거리가 됐다. 그리고 어린이들이 내가 정말로 변했다고 생각한다는 이야기를 들었다. (어린이들이 내 기준에 순응하도록 요구하거나 나의 목표를 어린이들이 달성하도록 요구하는 일을 집어치웠기 때문이다.) 수업분위기는 문제아들의 소동을 제외하면 자극적이고 편안하고 행복한 것이었다.

흥미 있는 연구계획이 개발되었다. 남자 어린이 몇 명이 자동차를 고안하고 그리는 것을 목격했다. 나는 큰 종이 한 장을 그들이 원하는 대로 사용할 수 있도록 붙여 놓았다. 그들은 계획을 의논하더니 미래의 자동차 고안을 포함하여 자동차 역사에 관한 벽화를 그리기 시작했다. 그들이 가져온 자동차에 관한 책은 물론 백과사전도 참고서로 사용했다. 이제까지 별로 생산적인 일을 안 하던 소년들이 함께 일하며 자동차 모델과 스크랩북을 만들기 시작하였다.

많은 어린이들이 관심영역에서 흥미 있는 연구를 하고 있었다. 어떤 어린이는 철자와 같은 몇 가지 영역에서 그 학년에 해야 할 분량을 앞당겨 마치기도 했다. 나에게 있어서 가장 중요한 것은 솔선성과 책임감의 증거가 표출되기 시작한 것이었다.

3월 12일 중간보고

우리의 '실험'은 약간의 수정을 거쳐서 사실상 우리의 학습지도안이 되었다.

어떤 아동은 교사의 지도 없이는 좌절과 불안을 계속 느꼈다. 규율문제는 몇몇 아동에게 여전히 문제가 되었다. 그 아동들은 다른 아동들보다도 그 학습지도안을 더 필요로 할지 모르나 내가 너무 많은 것을 요구하고 있다는 것을 깨닫기 시작했다. 그들은 아직 자기지도를 할 준비가 안 되어 있었다. 아마도 숟갈로 떠먹이던 습관을 점진적으로 고쳐 가야 할 것 같았다.

나는 그 학급을 두 집단으로 재편성했다. 가장 큰 집단은 비지시적인 집단이다. 그보다 작은 집단은 교사중심 집단인데 그전의 교사중심 방법으로 되돌아가기를 원하는 아동들과, 여러 가지 이유로 자율적으로는 제대로 기능할 수 없는 아동들로 구성되어 있었다.

어떤 일이 일어나는지 보고 싶어서 더 오래 기다려 보고 싶은 마음도 있었다. 그러나 소수 아동의 상황은 날마다 조금씩 더 악화되어 학급 전체에 방해가 되었다. 방해가 되는 요인은 모든 아동을 불만스럽게 했고, 열심히 하고 싶은 아동 수를 줄어들게 했다. 그래서 계획을 수정하는 것이 학습지도안이나 학급 전체를 위하여 가장 좋은 일인 듯 보였다.

실험을 계속한 아동들은 진도가 앞서 가고 있었다. 나는 그들에게 교과서를 안내서로 삼아서 학습계획을 짜는 법을 보여 주었다. 그들은 스스로 배울 수 있고 서로 가르쳐 줄 수 있으며, 도움이 필요할 때는 내가 도울 수 있음을 알고 있었다.

주말에는 각 영역에서 성취 정도와 정확성 측면에서 그들 자신이 자기평가를 했다. 우리는 오답의 수가 성공 실패의 기준이 아니라는 것을 배웠다. 실수는 배우는 과정의 한 부분이고, 그래야만 한다. 계속해서 만점을 얻는 것은 학습자료가 너무 쉬운 탓이므로 앞질러 나아가야 한다는 사실에 대해서도 토론했다.

각 어린이는 자기평가 후에 그들의 평가서와 학습자료를 가지고 와서 나와 의논을 했다. 나와 함께 공부한 집단의 몇몇 아동들은 '자주적인' 학생이 되고 싶어 애를 썼다. 매주 그들의 목표를 향한 전진을 우리는 평가할 것이다.

나는 이제까지 부모의 항의를 단 한 번 경험했다. 그 부모는 자기 자녀가 교사의 지도 없이는 제대로 배울 능력이 없다고 생각했다.

처음에 교사중심 수업으로 되돌아가기를 원했던 두세 명의 아동들은 이제 자율학습 집단에 들어가기를 기대하고 있다. (내가 옛날 방식에 다시 적응하기 어렵듯이 그들도 과거의 수업방법에 적응하기가 어려웠던 것으로 판단된다.)

3월 19일 중간보고

교사로서 나의 관점에서 볼 때 오늘이 우리의 새로운 학습지도를 시작한 이래로 가장 만족스러웠다.

교사중심 집단에 있는 각 아동과 개인별 평가를 시작했다. (나는 비지시적 집단과는 그 전날 회의를 가졌다.) 교사중심 집단의 몇몇 어린이가 자기들도 비지시적 집단에 갈 준비가 되어 있다고 느끼고 있었다. 그들은 결국 자유가 좋다는 결론을 내렸고, 책임이 뒤따른다는 것도 이해한다고 생각했다. 정말로 그들이 준비가 되었는가를 보기 위하여 일주일 동안 시험적으로 해 보기로 결정했다. 나는 학습계획이나 실제 학습과정에서 그들에게 도움이 필요하면 언제나 그들을 도울 것이다. 현재 나는 교사중심 집단에 6명만 데리고 있다. 한 아동은 다른 집단에 속하길 원하지만 그의 어머니가 불평을 했던 장본인이어서 어머니와 먼저 그 문제를 의논하도록 말해 주었다.

우리는 구두평가도 가졌다. 토론한 제목 중의 하나는 학부모들의 반응에 관한 것이었다. 한 소년은 "선생님이 가르치는 일을 포기한 것 같다"고 그의 어머니가 말했다는 보고를 하였다. 다른 소년은 자기 아버지가 전에 자기에게 자기책임 훈련을 시켜 보았다고 말하면서 선생님이 한 번에 그토록 많은 아동들에게 시도하는 것으로 보아 정신 나간 사람이라고 아버지가 말했다고 보고하였다.

우리는 학부모들이 새로운 학습지도방법을 이해하도록 돕기 위해 우리가 할 수 있는 일에 관하여 토론했다. 매주 학습자료철을 집에 가져가 보여 주자는 제안과 실체(實體)가 없는 학습은 수업계약서에 나타나 있으니 그것도 토론될 수 있을 것이라는 안이 제기되었다.

그날의 나머지 시간은 가능한 한 내가 간섭하지 않고 보낼 수 있도록 했다. 집단과 개인은 각기 학습계획에 따라 공부하였다. 참으로 생산적이고 보람 있는 하루였다.

날마다 낙관과 걱정, 희망과 두려움 사이를 오고 갔다. 우리가 만든 모험의 사다리를 한 칸씩 올라감에 따라 내 감정의 온도도 오르락내리락했다.

어떤 날은 우리가 바른 궤도에 올라선 것을 확신하며 자신감이 생기고 기분이 좋을 때도 있다. 어떤 때는 의심으로 가득 차 있을 때도 있다. 모든 교사양성 교육, 권위주의적 전통, 교과과정, 그리고 성적표가 나를 위협하고 있다.

거의 온종일 아무것도 하지 않은 아이를 발견하면 앞으로 통제해야겠다. 자제력을 개발할 기회를 주는 일은 때때로 훨씬 큰 시련이다.

그와 같은 수업방법을 시도하려면 교사는 자기의 자아개념에 대하여 안도감이 있어야 한다는 것을 깨달았다. 교사중심 수업에서 허용되는 교사의 역할을 포기하기 위해서는 교사는 먼저 자기 자신을 이해하고 수용해야 한다. 교사가 지향하는 목표에 대한 분명한 이해도 중요한 것이다.

나중에 쓴 또 다른 문장에서 쉴 교사는 '실험' 기간에 학교생활의 여러 요소를 묘사한다. 쉴 교사는 물론 학생들이 어떻게 작용했나를 좀 더 자세히 보여 주기 위해서 그것을 여기에 게재한다.

그 학급의 전형적인 하루

하루하루를 아무 형식 없이 시작했다. 각 아동의 처음 과제는 그의 학습계획을 세우거나 학습계약서를 쓰는 일이었다. 가끔 아동들은 한두 명의 다른 사람과 계획을 세웠다. 집단을 형성하고, 재편성하고, 자율학습을 위해 집단에서 나오는 일이 끊임없이 일어났다.

계약이 이루어지자마자 자기 계획에 따라 아동들은 공부를 시작했다. 아동들은 자기가 필요한 만큼, 하고 싶을 때까지 공부할 수 있었다. 주에서 개정한 교육과정표를 무시할 자유가 없었기 때문에 나는 아동들에게 매주 학과목 시간대를 설명해 주었다. 아동들은 이 점을 그들의 계획에 고려해야 했다. 우리는 다음 단계의 학습에 들어가기 전에 기술을 습득해야 하는, 특히 수학의 순차적 학습에 대하여 토론했다. 교과서는 기술을 소개하고 시범을 통해 그 기술을 실제로 보여 주며 그것을 숙지하기 위한 연습문제를 제공하고 나서 학업성취를 확인하기 위한 시험을 친다는 사실을 그들은 발견했다. 그들은 앞서 나갈 준비가 되어 있다고 느꼈을 때 자유로이 그렇게 했다. 그들은 스스로 속도를 정하고, 자신의 수준에 맞게, 그들이 할 수 있는 만큼 혹은 동기가 유발된 만큼 계속했다.

나는 "그렇지만 사실과 새로운 개념을 어떻게 가르쳤느냐?"라는 질문에 끊임없이 도전을 받았다. 질문하는 사람들은 틀림없이 교사가 불러 주고, 지시하고 설명하지 않으면 학습은 일어나지 않는다고 가정하는 것이다. 나의 대답은 "난 가르쳐 주지 않았다."라는 것이다. 아동들은 스스로 배우고 서로 가르쳐 주었다.

개인이나 집단이 그들의 연구과제, 학습내용 혹은 연구보고서를 전체 학생에게 발표하고 싶을 때나, 학생 전체에게 보여 줄 만한 시청각 자료가 있을 때는 그것을 칠판에 광고하여 개개인의 학습계획 속에 포함시키도록 하였다. 예를 들면 남아메리카에 관한 영화를 반 전체가 시청하였다. 그러나 영화를 보고 나서 무엇을 할 것인가는 개인에게 달려 있다. 그들은 줄거리를 적어 보거나 요약하거나 영화에 대한 그림을 그릴 수도 있다. 아니면 무시하고 싶으면 아무것도 안 해도 된다.

아동들이 개인, 집단 또는 학급 전체의 '문제'를 토론할 필요를 느낄 때 우리는 책상을 원으로 배치하고 토론시간도 가졌다. 우리는 음악시간이나 체육시간에는 전체가 한 집단으로 활동했다.

평가는 스스로 하고, 교사는 그것을 존중해 주었으므로 성공하기 위하여 속일 필요가 없었다. 실패란 하나의 단어일 뿐이고 실패와 실수 사이에는 차이가 있으며 실수는 배우는 과정의 한 부분인 것을 우리는 발견했다.

미술시간에 아동들은 책이나 생각은 물론 종이, 물감, 크레용, 백묵, 진흙 등을 가지고 자유로이 조작과 실험을 통하여 그들 스스로 새로운 매체의 사용법과 기술을 터득했다. 처음에는 다른 사람이 발견한 것에 많이 의존하지만 똑같은 작품은 하나도 없었다. 때가 되면 아동들은 자신감이 생기고 자유롭게 실험할 능력이 생겼다.

나는 미술이 나의 재능이나 장점이라고 생각하는데도 불구하고 교사중심 수업에서 성취한 것보다 훨씬 더 흥미진진한 결과가 나왔다.

아동들은 조용히 공부하고 싶거나 홀로 있고 싶은 개개인의 필요를 존중해 주는 학습 규율을 개발했으나 상호작용은 여전히 허락하였다. 따라서 비밀쪽지를 돌릴 필요나 '파괴적인' 상호작용의 필요성은 없었다. 눈에 보이는 작품에 대한 존중은 물론 명상이나 관조에 대한 존중도 있었다. 아동들은 서로 알고 지낼 기회도 있었고, 대화하는 법도 배웠다.

마지막 기록 : 4월 9일 중간보고

나는 우리 프로그램을 묘사할 때 비지시적이라는 말보다는 자기지도라는 용어를 더 좋아한다. 나는 그 말이 그 프로그램의 실행방법은 물론 목표를 더 잘 나타내 준다고 믿는다. 우리는 교과과정의 구조와 구체적인 단원 안에서 공부해야 한다는 뜻에서 지시를 받는 셈이다. 그러나 어린이 각자가 이 기본구조 속에서 자기 자신의 학습계획에 대하여 책임을 진다는 면에서는 자기지도라 할 수 있다.

지금까지 그 프로그램에 참여하지 않은 아이는 4명뿐이다. 나는 그들이 결단을 내리고 책임을 질 수 있는 시간을 매일 제공하고 있다. 그들은 나의 지도 없이는 불안하거나 좌절을 느껴서 남다른 도움을 필요로 한다.

성적표에 학업성적을 기록하는 과정에서 아이들의 성장발달의 가장 귀한 면을 문자 학점으로는 평가할 수 없다는 사실을 깨달았다. 어떤 아이들에게는 관찰할 수 있거나, 손으로 만질 수 있는 변화는 없다. 그러나 성장한 것을 느낄 수 있고 변화가 있었음을 알 수는 있다.

나는 날마다 대화와 사회성의 발달을 알아차릴 수는 있다. 태도의 변화, 점증하는 흥미, 자기향상에 대한 자부심은 측정할 길이 없다. 그러나 그런 것이 실재한다는 것은 알 수 있다. 그리고 교사가 자기수양을 어떻게 평가할 수 있겠는가? 나에게 쉬운 것이 남들에게는 쉽지 않을 수도 있다.

성적표는 하나의 징후일 뿐이다. 그러나 어린이들이 시정할 사항은 줄어들고 성적은 향상되었으니 내가 기뻐하는 것처럼 그들도 기뻐할 것이다.

그들의 업적을 평가할 때, 어린이들은 꽤 지각이 있고 잠재능력을 알고 있으며 성취와 능력을 관련짓는 법을 알고 있음을 나는 발견했다. 나는 그들의 성적을 고칠 필요가 거의 없었다. 고쳐야 할 때는 학점을 올리기 위해서였다. 규율이나 정서적인 측면에서 이 학급에 문제아가 얼마나 많은가를 앞서 말한 적이 있었다. 사실 이 프로그램은 문제아들이 얘기하는 도전을 극복할 목적으로 개발되었다. 가끔 나는 패배감이나 좌절을 느꼈다. 나는 전진할 수가 없었으며 감독자로서의 나의 역할을 싫어했다.

우리 계획이 완전히 가동된 이후로 나에게도 변화가 생겼음을 알았다. 학년 초에는 문제아들이 향상되고 발전하여 중학교에 진학하는 것을 보는 것이 나의 꿈이었다. 그러나 지금은 다른 눈으로 그들을 보게 되었다. 그들을 관찰해 보니 희망이 있다는 것을 깨달았다. 나는 이 학급을 현재 상태 그대로 7학년까지 맡게 해 달라고 요청했다. 실현될 가능성이 적지만 이 어린이들은 자율학습계획의 자유와 틀 속에서 자아실현을 향하여 꾸준히 발전할 것이라는 느낌이 들었다.

자율학습계획의 운영방법이 정해졌고, 나와 어린이들 사이에 깊은 이해와 라포가 형성되어 창의력, 솔선성, 독창성은 물론 자기소양, 자기수용 및 이해 등 자율성장을 위한 기회가 많아졌다.

때때로 내 생각에 마땅히 해야 할 일을 하지 않는 어린이를 볼 때 나는 궁극적인 목표를 상기해야 했고, 또 과거에도 그들은 주어진 과제를 하지 않았다는 사실을 나 스스로 상기해 보았다. 미적으로 아름답지 않은 것을 그릴지라도 그들은 무엇인가 그리고 있는 중이며 그것은 적어도 독창적이 아닌가! 그들이 부지런히 무엇인가 하지 않을 때는 생각에 잠겨 있는 것일지도 모른다. 그들이 떠들고 있을 때는 그들은 대화하는 법을 배우며 협동하고 있는 것일 수도 있다. 그들은 주목할 만한 행동으로 싸우기도 하고 욕설도 한다. 그러나 그것은 그들이 알고 있는 유일한 방법일 수도 있다. 그들은 수학을 많이 하지 않지만 그들이 한 것은 이해하고 기억할 수 있다.

무엇보다도 좋은 것은 그들이 학교와 성적에 훨씬 더 흥미를 느끼고 있다는 것이다. 짐작컨대 이 프로그램 때문에 중도탈락자나 '실패자'가 줄어들 것임이 틀림없다.

그것은 모든 문제를 해결하지는 않지만 한 단계 발전한 것이다. 하루하루가 긴장, 걱정, 즐거움의 순간으로 이어지는 새로운 모험이다. 그런 모든 것이 자아실현의 목표로 가는 디딤돌이다.

나는 마지막 보고서를 쓴 후 두 달이 되는 학기 말까지 그 프로그램을 계속했다. 그동안에 어린이들에겐 계속적인 변화가 있었다. 그들은 여전히 말다툼도 하고 싸우기도 했으나, 학교, 어른, 교사, 재산 등등에 대한 존중심이 생기는 것 같았다. 그리고 그들 자신과 자신들의 행동을 더 잘 이해하게 되자 소란과 분쟁이 줄어들었다.

그들은 그들 나름의 가치관, 태도, 행동기준을 설정하였으며 그 기준에 맞추어 살아갔다. 그 어린이들은 결코 천사가 되지는 않았지만 분명한 발전이 있었다. 다른 교사들과 주변의 교사들은 우리 반 어린이들을 나무랄 필요가 거의 없었으며 행동과 태도의 변화에 비난할 것이 없었다. 규칙을 위반하여 교무실에 끌려가는 일도 거의 없었고 연말까지 학부모의 불평도 없었다. 어린이들이 사회적으로나 학습 면에서 눈에 띄게 좋아지자 부모들의 태도에도 큰 변화가 생겼다.

나는 지금까지 학업성취 면에서 평균 이상인 아동들, 문제아가 아닌 아동들에 대해서는 별로 언급하지 못했다. 분명한 사실은 빼어난 아동들은 이 자율학습계획에서 가장 많이 덕을 본 아이들이라는 것이다. 우수한 아동들은 자기들끼리 경쟁심을 유발하고 상대방의 연구과제에 관심을 가졌으며 공부 못하는 아이들 때문에 지체되는 일이 없이 앞서 나갔다. 그들의 학업성취는 나에게는 놀랄 만한 것이었다.

성적이 가장 저조했던 아동들도 크게 발전하였다. 4학년 때 배웠어야 할 구구단을 못 외우던 아이들은 6월까지는 거의 틀리지 않고 곱하기와 나누기를 할 수 있게 되었다.

나는 무슨 일이 일어났는지 정확하게 설명할 수가 없었다. 그러나 그들의 자기개념이 바뀌고, 그들도 할 수 있다는 것을 깨닫고 나니 정말로 잘하게 된 것이 아닌가 싶다. 학습부진아들이 공부 잘하는 아동이 되었다. 정말로 성공은 성공을 낳는다.

…많은 학교와 학군에서 지금 나에게 허용된 그런 자유를 주지 않는다는 사실을 나는 알고 있다. 우리 교장선생님과 담당 장학사는 나의 노력에 관심을 가지고 지지해 주었다. 내가 계속 7학년을 맡을 수 있도록 교육과정도 조정해 주었다. 그러고 나서 나는 중학교에 임용된 교사들이 초등학교 교사자격이 없어서 내 자리를 메울 수 없다는 사실을 알게 되었다. 그래서 하는 수 없이 내가 다시 6학년을 맡기로 했다. 아동들, 학부모 그리고 나 자신도 매우 섭섭했다.

이것에 대한 실망으로 쉴 교사는 다른 학교로 가 버렸다. 그러나 그 학생들과 완전히 접촉을 끊지는 않았다. 그다음 해 가을에 한 보고서가 쉴 교사에게 들어왔다.

이번 주에 그전 교장선생님으로부터 편지가 왔다. 편지 내용에는 "당신의 제자들은 파괴적이 아니라 건설적인 일에 헌신하고 있다는 사실을 알려 주고 싶소. 당신이 기여한 것에 대하여 자부심을 가지시오. 당신이 가르친 학생들, 비록 나쁜 환경에 있는 아동들조차도 내가 나무랄 데가 없으니, 당신의 자율학습지도는 성공적이었소. 그리고 그 아동들의 당신에 대한 애착은 주목할 만한 것이요."라고 되어 있었다.

쉴 교사는 다음과 같이 결론을 내린다.

"만약 3개월 동안의 자율학습이 이 나이의 아동들에게 그토록 확실한 결과를 가져왔다면 더 장기간에 걸친 자율학습계획이 가져올 잠재가능성을 상상이나 해 보세요. 참으로 생각만 해도 신명이 나는 일이지요…."

실험에 대한 논평

쉴 교사의 설명은 자명하지만 '실험적' 수업을 실행한 방법상의 현저한 특징과 다른 교육상황에 전이될 수 있는 학습내용을 지적하고 싶다.

헌신

쉴 교사는 자기지도와 자유에 대한 신뢰가 가장 의미 있는 학습을 초래한다는 철학에 매우 헌신적이었다. 이 헌신은 경직된 것은 아니었다. 사실은 그의 의심과 망설임이 그의 설명 중에 가장 의미 있는 특징 중 하나였다. 왜냐하면 그와 같은 접근은 불완전하고 자신이 없는, 결코 확신에 차 있지 않은 사람들에 의해서도 수행될 수 있기 때문이다. 그러나 나의 요지는 이것은 단지 하나의 기술이나 재주가 아니라는 사실이다. 그 교사는 그것을 실험이라고 불렀지만 쉴 교사 자신이 좋아했고 확신을 가졌던 실험이다. 헌신의 중요성은 교사가 내게 쓴 편지의 짧은 대목에 나타나 있다. 그는 "여러 선생님들이 내 생각을 실험해 보았으나 실패했어요. 그들은 진실로 그 방법을 좋아하는 것이 아니고 나의 열성적인 보고와 학생들의 열성 때문에 끌려갔기 때문이라고 생각합니다."라고 말했다. 아동들에게 자유와 자율을 허용하는 것이 단지 하나의 새로운 '방법'에 지나지 않는다면 분명히 실패로 끝난다. 헌신과 확신이 필수적이다.

평가의 내적 소재

쉴 교사의 수업에서 실행된 그 생각은 의심할 것도 없이 여러 자료에서 얻어 낸 것이겠지만 그의 일기를 읽어 보면 이것은 교사 자신의 실험이다. 그는 시도해 볼 것과 물러설 때에 관하여 자기 자신의 판단을 신뢰했다. 그는 다른 사람이 고안한 계획을 시험해 보는 것이 아니었다.

내가 내재적(內在的) 판단기준이라고 한 것을 유지하는 것은 대단히 중요하다. 그는 자기 방법이 뜻대로 실행되지 않을 때 결단을 내렸다. 그래서 본래 계획에는 없던 것이지만 학생중심 집단과 교사중심 집단의 두 그룹으로 반을 나눌 필요가 있다는 판단을 내렸다. 그 상황에 나타난 증거, 자신의 감정과 직관, 그리고 그 증거에 바탕을 둔 판단에 의해서 그는 유연성을 보여 주었다. 다른 사람들을 기쁘게 할 필요도, 어떤 정확한 모델을 따를 필요도 없었다. 그는 유동적인 상황에서 살며, 행동하고 결정하는 것이었다. 그 교사는 자기를 가장 위협하는 요인을 알고 있었으며 그 경험의 위협적인 측면을 마음속에서 공개적으로 대면했다.

현실에 대한 인식

필수과목과 필연적인 성적표에 쉴 교사가 적응한 방법은 존경할 만하다. 아동들이 외부의 요구조건에 부응하는 것은 내 생각엔 놀랄 일이 아니다. 어른들은 물론 아동들도 사회나 기관이 부과한 합리적인 요구조건을 수용할 수 있다. 중요한 것은 자유와 자율을 한 집단에 허용하면 그들의 자유를 가능케 하는 의무와 제약을 훨씬 쉽게 수용한다는 점이다. 그래서 쉴 교사 학급의 학생들은 꼭 해야 할 학습을 다 하고 나서 더욱 흥미 있는 학습활동을 계속했다. 그들은 성적표라는 괴로운 문제에 대하여 상호 만족스러운 해결책을 찾아내기까지 했다.

집단 문제해결

쉴 교사가 그 집단과 집단의 잠재력에 헌신한 한 가지 증거는 예기치 못한 문제에 대처하는 방법에서 찾을 수 있다. 그는 자기 계획에 대한 학부모들의 회의를 분명히 예측하지 못했을 것 같다. 그러나 다른 영역에서와 마찬가지로 여기에서도 그 교사는 그 문제를 해결할 수 있는 집단의 능력을 신뢰했다. 그 사태에 관한 자유토론에서 문제해결에 도움이 되는 아주 건설적인 방법을 찾아냈던 것이다.

경험

만약 그때가 쉴 교사의 교단생활 첫해라면 과연 그의 실험을 수행할 수 있었을지 모르는 일이다. 틀림없이 그의 오랜 경험이 매일매일의 수업활동을 전개하는 데 자신감을 주었고, 아주 새로운 방법을 시도할 만한 여유를 제공했으리라.

다른 측면에서 보면 쉴 교사가 여러 해 동안 아동들과 맺어 온 관계가 가장 큰 변화를 겪은 요인이라는 사실이다. 이 변화를 제일 먼저 목격한 것도 학생들이었다. 쉴 교사는 그 변화가 단지 아동들의 인식 속에만 있었던 것처럼 논평한 것을 일기 속에 재미있게 언급해 놓았다. 나중에 쉴 교사는 아동들과 자기와의 관계가 얼마나 심오하게 변했는가를 시인했다. 그래서 신임교사는 버려야 할 것이 그만큼 적을 것이라는 주장이 있을 수 있다. 나는 그것을 하나의 질문으로 제기하는 것뿐이다.

지지

쉴 교사는 교장선생님과 장학사의 관심과 지지를 얻었으니 물론 행운이었다. 지지와 안도감은 모험을 용이하게 만든다. 그러나 그와 같은 지지받을 가능성을 과소평가하는 경우가 많다. 새로운 것을 시도해 보아도 좋은가를 물어보았다면 전폭적인 지지가 있을 수 있는데, 상급자들이 전혀 지지해 주지 않을 것이라고 가정하는 교사들의 예가 가끔 있다. 행정가들도 역시 사람이므로 변화와 실험을 종종 환영한다. 적어도 교사의 새로운 시도에 대한 지지 여부를 결심할 기회는 행정가들에게 주어야 한다.

의사소통능력

자기지도 교육과정(self-directed curriculum)을 1년 더 실험한 후에 쉴 교사는 교육적으로 소외된 아동, 그들의 교사 및 행정가들을 위해 고안된 새로운 프로그램의 중개자로 다른 학군으로 초빙되어 갔다. 그 프로그램의 목적은 아동들에게 실험적인 자기지도 교육과정을 제공할 뿐만 아니라 교사들에게도 같은 경험을 제공하기 위함이다. 교사들이 행동과 지각의 변화를 시도하는 어려움과 갈등을 직면해야 하므로 그들도 역시 지지와 이해를 필요로 한다. 쉴 교사는 자기 경험을 다음과 같이 보고한다.

> 참여하는 교사들은 오전에는 아동들을 만나 지도하고 오후에는 만남의 집단에서 심리학자와 만나서 오전 중의 경험, 그들의 태도 및 느낌을 함께 탐색했다. 그 집단의 목적은 단 한 가지 방법을 보여 주려는 것이 아니라 여러 가지 방법이 있을 수 있음을 예시하는 것이다. 우리는 아동들에게 제공한 것과 같은 분위기 속에서 교사들이 자기지도를 체험하기를 기대했다. 거의 모든 교사들이 자유로운 환경에서 문제아들을 지도하는 데 대하여 큰 불안과 염려를 경험하고 있었다. 관련된 모든 이들이 정서적으로 어려운 시간을 경험했는데 성장이란 때때로 그런 경험을 필요로 하는 것 같다. 어쨌든 여러 가지 평가서는 그 집단 활동의 교사들이 지각과 태도 변화에 큰 도움이 되었음을 지적하고 있었다.

교사 한 분은 그 상황을 이겨 내지 못하고 마침내 사표를 냈다. 교사, 학생, 학부모들의 일반적인 반응은 '좋아한다' 에서 '열광적이다' 에 이르기까지 다양했고 새로 30명 이상의 교사들이 집단 활동에 지원했다.

이 만남의 집단에 대해서는 나중에 더 소개하기로 한다. 여기서는 자기탐색과 다른 사람들과의 관계를 탐색할 기회를 제공한 것이라고 말하는 것으로 족하다. 쉴 교사는 다음과 같이 말하면서 보고서를 끝냈다.

> 회고해 볼 때 그와 같은 탐험에 개입되는 실제의 눈물, 고통 그리고 용기를 다 표현할 수가 없다. 여러 사람이 자기 속에 깊이 들어가 교사로서의 자기에게 많은 영향을 미치는 불안, 적개심, 욕구 등을 발견했다. 교육기관의 경직된 구조는 일종의 피난처요, 의도적으로 변혁을 꾀하는 것은 굉장한 위협으로 느껴질 수 있다.
>
> 나로서는 즉석행정가(준비도 과정도 밟지 않은)가 된 것이 새로운 도전이었다. 처음에는 두렵기까지 했다. "내가 해낼 수 있을까? 실패하면 어떡하지? 해낼 수 없는 일을 맡은 것은 아닌가?" 여러 가지 역할을 한다는 것이 어려웠고, 어린이들보다 어른들 속에 있는 어린애를 다루는 것이 더 힘들었다. 진실로 촉진하는 것은 촉진에 대하여 말하는 것과는 아주 다르다는 것을 배웠다.

확실히 이 모든 프로그램은 쉴 교사가 6학년 학급에 사용했던 방법이 그 근본적인 태도에 있어서 다른 교사들에게도 전달될 수 있다는 증거가 되었다. 교사들에게는 더 큰 자유와 자기지도를 경험할 때에만 이 새로운 학습이 효과가 있을 수 있다는 것이 분명해졌다. 그 학습은 지적인 차원에서 전달되는 것은 아니다.

요약

나는 쉴 교사가 자기의 자료를 사용하도록 기꺼이 허락해 준 데 대하여 깊이 감사드린다. 그가 새로운 접근방법을 시작하면서 학생들의 것은 물론 자기의 불확실성과 혼돈을 묘사하고 있기 때문에 실제적인 도움이 되었다. 새로운 것을 시도하는 데는 용기가 필요했다. 각급 학교의 많은 교사들은 이 용기가 부족한 것 같다.

쉴 교사의 경험은 다른 교사들이 따라야 할 모델은 분명 아니다. 이 보고서에서 가장 의미 있는 요소 중에 하나는 자기가 편안하게 느낄 수 있는 범위 안에서 아동들에게 자유를 주었다는 사실이다. 그래서 이 자료는 자기가 노력한 결과 때문에 실망하고 때로는 감동을 받거나 자극을 받기도 한 교사, 모험을 무릅쓰고 변화를 추구하는 인간에 의해서 실천된 새롭고 모험적인 수업 사태에 대한 설명서라고 말할 수 있다.

후기

바바라 쉴의 이야기는 교사들이 통제하는 역할에서 학습의 자유를 주는 촉진자로 변함에 따라서 여러 차례 소개되었다. 내성, 질문 및 변화의 단계들은 교사들마다 독특하지만 첩경이 거의 없는 과정인데 진화의 형태를 갖추는 것 같다. 학습을 촉진하고자 하는 교사, 행정가, 그리고 다른 사람들은 이 책 속에 묘사된 것처럼 저마다 독특한 자유로 통하는 길을 가지고 있다.

참고문헌

1. Barbara J. Shiel, *Evaluation: A Self-directed Curriculum, 1965*(Unpublished manuscript, 1966).

제 5 장

제자들과 함께 성장한 불어교사

고등학생들은 어떨까? 그들도 배우고 싶어 할 것이라고 믿어도 될까? 그들도 배우고 싶은 것을 적절히 선택할 수 있을까?

게이 스웬슨(지금은 심리학자인 스웬슨 박사이다)과 대화하다가 여러 해 전에 불어를 가르친 그의 경험담을 들었다. 그는 보고서를 쓸 만큼 많은 자료와 노트를 가지고 있었으므로 그의 경험을 글로 쓰도록 격려했다. 이것이 자신의 경험이 교과목 담당 교사와 교사 지망생에게 여전히 관련이 있고 도움이 되겠다고 그가 판단하게 된 계기였다.

그래서 그는 불어교사로서 개인적 성장경험과 자기 제자들의 흥미 있는 성장을 다음과 같이 소개하게 되었다(pp. 115~27).[1] 나는 게이 스웬슨 교사와 그의 학생들이 늘 변하는 학습과정을 볼 수 있도록 허락해 준 데 대하여 고맙게 생각한다.

문법과 성장 발달

시작

내가 1966년도에 강사 생활을 시작했을 때 많은 조건이 마음에 들었다. 나는 젊고 열성적이었으며 나의 두 전공분야인 불어와 사회 과목에 전념하고 있었다. 그래서 가르치는 일이 보람 있었다. 그해 말에 혁신적인 분위기로 널리 알려져 있고 명성 있는 한 고등학교에 전임발령을 받았다. 여름 내내 자료, 시청각 교재, 불어학습지도안을 준비하며 보냈다.

그해 가을 학기에 나는 최근 대학원 교육학 과목에서 새로 배운 가장 좋은 원리를 적용해 보면서 나의 유머와 '인성'을 가지고 학생들을 재미있게 가르쳤다. 때때로 나는 꾀와 잔재주로 학생들이 공부하도록 유도하는 것 같았다.

분명히 그들은 대체로 좋아했고, 나는 훌륭한 교육이라는 명분에서 계속적으로 동기를 유발시켰다. 학기 말에 가서 나는 우리가 재미있게 배운 것을 매우 만족스럽게 생각했다. 학생들은 새 선생님을 좋아했고 불어도 상당한 양을 배웠다. 학과장, 교장 그리고 동료교사들이 탁월한 교사로서 잠재력을 인정해 주기도 했다. 그리고 경험이 적은 교사에게는 아주 드문 일인데 그다음 해에는 나에게 교생지도까지 맡겨 주었다.

그러나 나는 무언가 부족하다는 느낌이 들었다. 나의 '훌륭한' 학습지도안은 뜻밖에도 실패로 끝나거나, 평범한 학습지도안은 마치 내가 여러 시간 준비한 것처럼 성공하기도 했다. 수업의 성공, 실패는 아마도 그날의 때, 계절의 온도, 학생들이나 나의 사생활 혹은 다른 우연한 변인과 관련이 있는 것 같이 생각되었다. 최악의 경우에는 위기로 가득 찬 날의 좌절감에서 "항상 나에게서 재미있는 일만 기대하려거든 집에 가서 텔레비전이나 틀어 놓으라"고 소리를 지르기도 했다…. 그들은 배우러 온 것이지 재미만 찾을 것은 아니지 않은가?

이런 우여곡절 끝에 나중에 최초의 원칙으로 발전한 하나의 모형이 뚜렷하게 나타났다. 즉 ① 개인의 창의력, ② 연구과제 결정에서 학생의 개인적 선택, ③ 학생들의 사적인 경험세계에 적용할 만한 논쟁거리를 내포하고 있을 때 학습은 어김없이 일어나고, 지속적이지만 측정할 수 없는 어떤 것들이 풍성하게 일어났다. 다음은 이와 같은 관찰을 설명해 주는 예이다.

두 학생이 〈불어 I〉을 일주일 동안 가르치기로 했다. 두 학생은 가르치고 싶은 개념들을 선택하고, 적당한 방법과 시청각 교재를 고안하고, 그 단원을 가르친 후 시험문제를 출제하여 학생들을 평가하게 되어 있었다.

두 학생은 그들 자신과 그들의 노력에 대한 반 학생들의 반응을 평가하기로 되어 있었다. 반 학생 전체가 그 단원을 배우는 동안과 배운 후까지 여러 가지 반응으로 마음이 뜨거웠다. 재미있어하는 사람, 열광적인 사람, 분노와 좌절을 느끼는 사람 등등 항상 생동감이 있었다. 학생들은 시험문제, 학점, 학습지도에서 명백성의 결여에 대해서 논평했다. 학습자들과 나를 포함해서 가르친 사람들을 위한 결과는 의미심장한 것이었다. 첫째로 전체적으로 학점이 높고, 둘째로 기술습득의 명백한 증거가 있었고, 셋째로 모든 사람이 이해할 수 있는 일관성 있는 학습지도안 개발의 어려움에 대한 분명한 통찰이 생겼고, 넷째로 가르치는 사람에 대한 공감적 이해가 가능해졌다. 여기에 나타난 가장 중요한 원리는 학습이 학생들 스스로 자율적으로 시작한 것일 때는 적극적 참여와 열성이 있다는 것이다. 자유롭게 학습하도록 풀어 놓은 초기의 경험은 그다음 해에 교사인 나 자신에게 큰 변화를 가져온 토대가 되었다.

학생들의 사생활과 사회에 관련된 시사성 있는 문제에 관하여 토론을 시작하자, 교실에서 학습의 촉매자로서의 논쟁의 중요성이 자주 부각되었다. 우리 모두가 똑같이 느끼지는 않았을 터이지만, 초급불어 때부터 계속해서 기회가 있을 때마다 능력의 수준을 불문하고, 어려운 문제를 공공연히 불어로 토론했다. 나는 그들이 나에게 했던 것처럼 나의 가치관과 견해를 들려주었다. 이렇게 하는 것이 학생들과 나에게 독특한 것으로 느껴졌으며, 학생들은 그들의 의사를 불어로 말하려고 애를 썼다. 마지막으로 중요한 것은 논쟁에 참여할 수 있을 만큼 그들의 가치를 내가 존중하고 인정해 준 것이 매우 큰 격려가 되었던 것 같았다. 내가 정기적으로 요청한 무기명 평가에서 그들은 그 사실을 밝혀 주었다.

이런 경험을 바탕으로 나는 좀 더 명백한 방향감을 갖기 시작했다. 여름 동안 나는 혁신적인 교육에 관한 독서를 했고, 교육과 사회변화에 관심 있는 사람들이 개최하는 회의에 참석하기도 하였다.

과도기에 처한 학교

우리 학교는 오랫동안 커다란 사회적, 구조적 변화를 계획하고 준비해 왔는데, 내가 교단에 선 지 2년째 되던 해에 실행되었다. 나중에 가서 이 개혁은 다양한 방법으로 지역사회를 참여시키는 것이었다. 그 변화는 우리 학교가 시작한 '융통성 있는 일과표'에 의하여 가장 분명하게 드러났다.

그것은 우리 모두에게 흥미진진하고 도전적인 사건이었다. 융통성 있는 일과표란 대학에서와 비슷하게 수업에 참여하는 모형이다. 시간마다 빈틈없이 수업을 하는 것이 아니라 요일마다 정해진 시간에만 수업을 하는 형태이다. 수업시간도 과목에 따라서 20분에서 2시간까지 다양하다. 학급의 크기도 8명에서 200명까지 다양하고, 교사도 적게는 1명, 많으면 5명의 팀이 관여한다. 학생들은 하루 중 60~90%의 시간에 수업이 들어 있어 공강시간도 다양하다. 융통성 있는 일과표의 문제와 장점이 개개인의 관점에 따라 여러 가지가 있지만 의무교육의 여러 문제를 다루기 위해서는 진작 활용했어야 하는 방법이라고 생각한다.

새로운 일과표에 들어 있는 한 가지 중요한 변화와 내가 나중에 시도한 전반적인 개혁의 선구자는 소집단 세미나였다. 외국어학과에서 적용하고 있는 것처럼 이것은 말하기와 듣기에 더 많은 시간을 할당하기 위해 고안되었다. 3년째 외국어를 택한 학생들은 12명 이하의 집단으로 일주일에 한 번 45분씩 세미나에서 만났다. 이 회화집단에 사용된 자료와 내용은 집, 신체, 옷, 숙어 및 영화, 식당과 같은 상황에 따른 대화와 관련지어 조직한 단어표에 근거한 것이었다. 교사가 약간의 독창력만 동원해도 학생들은 몰두해서 시간을 잘 활용하였다. 그러나 학생들이 자기의 생각을 전달하려고 진심으로 노력하는 것은 학습내용이 그들의 관심사를 내포하고 있을 때이다. 계속함에 따라 그와 같은 방법의 효과가 여실히 나타났다. 그래서 나는 학생들이 제안한 관심사의 목록과 대화기술을 쌓아 갈 적절한 어휘목록을 만들기 시작하였다. 학생들이 제안하고 함께 토론했던 화제의 몇 가지 예를 들어 보면 섹스, 약물, 생태학, 공동생활, 학교 교과과정, 학점, 술 마시기, 데이트, 운전, 편견, 정치, 부모, 평화 그리고 교사 등이다. 학생들의 참여에 큰 변화가 생겼다. 회화유창성이 발달했고 그들의 흥미와 참여가 증가했으며, 의견이 분분하고, 감정이 표출됨에 따라 좋은 생각이 마구 쏟아져 나왔다. 이 모든 것을 학생들은 '불어'로 대화하려고 노력하였다. 배우는 것이 대체로 재미있다는 학생들의 평가가 나왔다.

조기계약

일과표와 교육과정의 혁신, 소집단 토론과 학생중심 수업의 강조에도 불구하고 교실의 구조와 위계질서에는 근본적인 변화가 없다고 나는 느꼈다. 출석, 교육과정 그리고 학점을 통제하는 힘은 여전히 교사가 가지고 있었다. 도전을 느끼지 못하고, 지루해하고, 소극적인 학생들도 여전히 있었다. 나는 이런 학생들을 위하여 새로운 방법을 찾아내고 싶었다. 나는 몇 가지 서로 다른 방법을 시도해 보았다. 그들은 학급 전체에서 그와 같은 원리를 나중에 적용해 보도록 나에게 자극을 주었다.

한 가지 대안적 방법은 3학년 불어를 수강하는 매우 유능한 두 여학생이 선택한 것이었다. 우리는 영어와 불어를 위한 공동접근방법을 창안해 냈다. 한 여학생은 영어시간에 아동문학을 공부했고, 불어로 쓰인 동화에다 직접 삽화까지 그려 넣은 자신의 책을 만들었다. 거기에다 친구와 협동해서 두 사람은 미국과 불란서의 낭만시를 분석하고 비교하였다. 두 사람은 각자 시의 형태에 관한 진지한 논문을 썼고, 일련의 난해한 빅토르 위고의 시를 원작의 운치, 소리, 심상까지 보전하려고 노력하면서 번역을 하여. 아주 잘 해냈다. 오늘까지도 그 두 여학생은 불어에 큰 관심을 갖고 있으며 1년에 한두 번씩 나를 찾아오거나 편지를 주고받는다.

부상하는 가치

교단생활 2년 만에 그와 같은 작은 성공을 경험하고 나니 몇 가지 가치가 정립되었다. 그러나 아직도 나는 학습과정에 대해 많은 염려를 하고 있었다. 학생들을 풀어서 자유롭게 배우게 하는 데도 성공 가능성과 함정이 있었다. 그래서 잠재 가능성은 극대화하는 방법이 관심사가 되었다.

나는 내 스스로 물어보았다. "서로 다른 모든 학생들의 저마다 독특한 필요를 어떻게 충족시켜서 그들이 수업시간이나 자유시간을 창의적으로 독특하게 보내게 할까?" 새로 만든 융통성 있는 일과표대로 하니까 수업을 빼먹거나 부분적으로 골라 가며 수업에 들어가거나 빈 시간을 비생산적으로 사용하는 예가 초기에 많았다. 그러나 내 수업에 빠지는 학생은 많지 않았다. 내가 운이 좋아서 그런 학생들을 만났거나 아니면 더 중요한 것은 우리가 수업시간에 함께하는 것이 남다른 데가 있어서, 그것과 관련이 있으리라고 나는 가정한다.

후자에 속한 가정을 근거로, 이제까지 실험해 온 부분적 개별지도의 장점은 수업구조의 영원한 한 부분이 되어야 한다는 믿음을 가지고 3년째 교단생활을 시작하였다. 그해 여름에 로저스가 쓴 『학습의 자유』를 다 읽었으므로 나는 개별화학습에 대하여 더욱 강한 신념이 생겼다.

그러나 어디서부터 시작할까? 금년에 나는 다섯 등급의 불어반을 모두 가르치도록 되어 있어서 당장에 모든 학급을 철저하게 개별화할 수는 없었다. 한 학급을 선정하는 나의 기준은 무엇이 되어야 할까? 여러 학급을 알기 위해서 시간을 좀 들인 후에 나는 다양한 잠재력을 가진 한 학급을 선정하였다.

자유로운 학습자

1969학년도의 '자유로운 학습자'는 내가 3년째 맡게 되는 불어반이다. 학급의 크기는 28명이고 주로 2학년인데 3학년과 4학년도 한두 명 있었다(게이 스웬슨 교사는 4년제 고등학교에서 가르치고 있었는데, 대학에서처럼 선택과목에는 서로 다른 학년이 함께 수강할 수 있었음). 그들은 동기유발이 강한 학생, 세련된 학생, 친절한 학생으로부터 전혀 그렇지 못한 학생에 이르기까지 다양한 집단이었는데, 과거에 그들은 지루하거나 흥미를 잃으면 거침없이 내게 알려 주는 그런 학생들이었다. 그들은 1시간씩 일주일에 세 번 수업이 있었고, 그 외에 회화세미나를 매주 한 번, 그리고 다른 불어교사 학급과 함께 영화감상이나 강의를 일주일에 한 번씩 했다.

가을 학기에는 '자율학습' — 우리가 그렇게 부르게 되었다 — 을 시작하지 못했다. 나는 여전히 모험을 두려워하면서 망설이고 미적미적했다. 너무 많은 자유를 주면 학생들이 필요한 문법을 배우지 못할까 두려워서 시작하지 못한 것이다. 대신에 잔재주를 부려서 평범한 단편소설, 문법, 받아쓰기, 수필 그리고 듣고 이해하기 시간을 재미있게 하려고 애썼다.

나는 동시에 불어를 택한 300여 학생들이 정규 수업시간 이외에 자원한 동료 학생들의 개인지도를 받을 수 있도록 개인지도계획을 세우고 있었다. 이 역사적인 계획은 많은 정력과 시간, 그리고 배짱과 용기가 필요했는데, 결과적으로 나는 그것을 '자율학습'에 포함시키지 못했다. 합리적인 '일단정지'였으나 나에게 자극도 주었다. 왜냐하면 이 경험은 나중에 우리 계획에 적용하게 된 자발적 학습 및 교수에 대하여 나에게 가르쳐 준 바가 크기 때문이다.

주저하는 발걸음

수업을 탈구조화하려는 나의 첫 번째 시도는 자크 브렐(Jacques Brel)의 음악과 가사에 기초한 단원을 계획하는 것이었다. 그런 점에서 매우 구조적이지만 내가 학생들을 위해서 미리 개발해 놓은 단원이었다. 앞에 사용한 대명사(나의, 내)에서 오늘도 나는 망설임을 느낄 수 있다. 그 단원을 마칠 때에는 내가 그 단원을 다시 하게 된다면 나는 주로 학생들에게 맡겨 개발하고 조정하도록 하겠다고 생각했다. 학생들 말을 들으면 그 단원이 퍽 재미있었다고는 하지만 학생들이 솔선해서 했더라면 훨씬 독창적이고, 더 중요한 것은 더욱 의미 있는 것이 되었을 것이다.

크리스마스 방학 후에 우리는 다른 교과서를 사용하기 시작하였다. 학생들은 전통적인 교수방법으로 돌아가기를 싫어했다. 그래서 그들은 자크 브렐 단원에서 그들이 했던 것처럼 그룹을 짜서 서로 다른 장을 공부하고, 학급에 나와 발표하고, 그들 자신이 단어 목록을 만들고, 시험문제도 내도록 하자고 제안하였다. 그러나 이번에는 그것도 낡은 방법이었다. 그들은 교과서 자체가 가벼운 것에 싫증을 느낀 것은 물론 같은 수업모형에 바로 권태를 느꼈다. 또 한 학기가 거의 끝날 때가 되었으나 별 성과가 없었다. 학생들은 짜증이 났고, 나는 늘 하던 말 "너희들은 즐겁게 해 주기만을 바라는구나."를 되풀이하여 말했다. 우리는 수업이 왜 잘 안되는지에 대하여 솔직하고 마음 아픈 토론을 몇 시간 했다. 학생들은 단지 흥미를 더 이상 못 느낀다는 것이었다. 몇몇 학생은 불어 선택을 취소하고 싶어 했다. 우리 모두는 낙심했으며, 나는 학생들이 자유롭게 공부하도록 풀어 주는 일에 더욱 저항을 느끼게 되었다. 그러나 바로 이 위기가 학생들과 함께 내가 변화의 거친 바다로 뛰어들게 한 마지막 자극제가 되었다.

연구와 자기탐색

학생들이 더 이상 흥미를 느끼지 못한다는데 무엇으로 그들의 흥미를 부추길 수 있을까? 내가 물었더니 학생들은 일련의 좋아하는 목록, 즉 시, 음악, 미술, 역사, 유행, 연극, 만화, 요리, 모든 종류의 문학, 철학 그리고 문법 등을 제시했다. 여러 주 동안 학생들과 나는 언어학과에 있는 시청각자료와 인쇄된 자료를 샅샅이 찾았고, 학교 도서관 자료를 수색했으며, 우리 각자가 집에 가지고 있는 책과 음반도 첨가했다. 문학서적만도, 『피너츠(Peanuts)』, 『위니 더 푸우(Winnie the Pooh)』, 『빨간 풍선(The Red Balloon)』에서부터 브렐, 피아프, 보들레르, 베를렌느, 라퐁텐, 몰리에르, 사르트르, 카뮈, 비용, 프레베르 등이 있었다. 단편소설, 시, 음악, 잡지, 선집, 대학교과서 그리고 참고서를 문학적 평가, 역사, 문법 측면에서 다루었다.

이 자료를 가지고 널리 알려진 '손수레', 즉 봄 학기가 시작되면 개인이나 집단이 그들의 연구 과제를 선택할 수 있는 책, 테이프, 음반과 환등기가 실려 있는 손수레를 만들었다.

연구과제

우리가 완전히 개별화된 방법을 시도하자 조심스럽게 다루어야 할 조직과 개인의 문제가 생겼다. 그 문제를 다루는 법은 우리가 진행함에 따라 매일매일 달라졌다. 그러나 총체적인 테마는 다음과 같이 다소 일관성 있게 나타났다.

그 변화에 따르는 개인적 측면을 다루기 위해서 우리는 비공식적 그룹모임과 학급회의를 가졌다. 장시간 다룬 문제들은 ① 이 접근법에 관련된 문제와 가능성, ② 자신과 타인들에 대한 책임, ③ 좌절이 생길 때마다 직면하는 일, 그리고 감정이 쌓일 때까지 내버려 두지 않는 일, ④ 개별화 프로그램에 대한 큰 기대와 실망, 그리고 변질되거나 실현되지 않았을 때 있을 수 있는 실망과 좌절감을 다루는 일 등이었다. 때가 되니 이 다양하고 폭넓은 감정, 즉 불안, 분노, 성급한 출발과 좌절, 자기지도 능력이 없음을 알고 느끼는 서운함, 비난하고 싶은 욕구, 그룹별로 혹은 혼자서 일하는 어려움 등이 마음속에 일어나는 때가 있었다. 그 감정과 문제마다 주의와 관심을 요구하고 이해와 격려가 필요하였다. 우리는 개별적으로 혹은 학급 전체로서 서로 필요한 것을 보충해 주었다. 나중에 이와 같은 측면을 여실히 보여 주는 개혁의 특수사례를 제시하고자 한다.

창의적인 해결을 요하는 두 번째 요인은 다음과 같은 계속적인 문제들이다. ① 개인의 학습계약을 수립하는 일, ② 연구과제 선정, ③ 시간 사용, ④ 새로 학습한 자료의 기록 및 정확한 진도표 작성, ⑤ 완성된 자료의 제출 책임과 공부한 범위 내에서 자기 자신이나 다른 사람을 위한 시험문제 출제와 시험일정을 정하는 일, ⑥ 한 연구과제가 끝나면 새로운 목표 설정, ⑦ 목표를 변경하거나 손수레나 다른 곳에서 학습자료를 더 찾아내는 일 등이다.

세 번째 중요한 학습 — 더 정확히 말하면 잊어버리는 — 과정은 학생들이 각자의 연구과제에 몰입해서 완성함에 따라 생기는 평가의 문제이다. 이 단계에 적응하자면 동료들과의 비교를 통해서나, 교사의 독단적인 평가에 의해서가 아니라 성장과 발전의 증거를 자기 내부에서 찾는 학습이 요구된다.

처음에 우리는 자기 평가에 대해 강한 저항을 느꼈다. 그것은 놀랄 일이 아니었다. 왜냐하면 평가하는 책임은 여러 해 동안 조건화되어 있어 교사들은 포기하기 어렵고, 학생들은 책임 맡기가 어려운 것이다. 권위 있는 사람이 "잘했다", "네가 옳다", "계속 해라"와 같은 평가를 내려 주기를 기다리지 않고 학생들이 자기평가자가 되기를 배우려면 중대한 변화가 있어야 한다는 사실을 나는 깨달았다. 그런 문제에서 학생들은 나와 책임을 나누어 지거나, 능률이나 안도감을 느끼는 정도에서 차이는 있지만, 책임지는 법을 배웠다. 이것 역시 지도와 격려를 요구했는데, 그 결과로 체험한 성장에 대하여 개인적인 만족을 느끼게 하였다.

자율학습계획이 더 진척됨에 따라 물리적 환경 자체는 좌절을 주기도 하고 재미있기도 했다. 몇몇 학생과 내가 녹음기, 전축, 환등기를 끌고 교실로 가는 모습, 그리고 나중에는 다음 교실로 뛰어가다가 학습 자료들을 바람에 날리기도 하는 모습을 보는 것은 드문 일이 아니었다. 갑작스런 교실 변경, 전체집합, 학생이 반에서 발표할 시간의 변동 등은 끊임없는 융통성의 필요와 혼란한 행동을 증가시켰다. 그날 하루를 보낼 장소에 자리 잡고 심호흡을 하고 나면 창조적인 혼돈이 시작됐다. 학생들마다 개인 혹은 그룹 활동을 선택했으므로 사전지식이 없는 방문객은 방 안에서 극의 대본을 연출하는 학생, 소설을 큰 소리로 읽고 번역하는 학생, 혼자서 방바닥에 그림 그릴 것을 펴 놓거나 시를 읽고 있는 학생, 구석에 있는 녹음기 소리 너머로 전축을 듣느라고 꾸부리고 서 있는 학생등을 발견하게 될 것이다. 일상적인 대화를 즐기는 학생들은 남자, 성(性), 정서적인 속성을 이해하려고 나에게 도움을 청하는 이들도 있다. 그리고 내가 가까이 갈 때까지 영어로 실컷 떠들며 노는 이들도 물론 있고, 제대로 하는 그룹도 있다. 걱정이 많은 학생은 시끄러운 소리 너머로 소리치기도 한다. "내가 뭘 하고 있는지 모르겠는걸. 혼란스러워 미치겠어."라는 말이 방문객을 놀라게 만들기도 한다.

솔직하게 말해서 혼란이 있다. 물리적, 철학적 그리고 정서적 요인은 언제나 존재했다. 나나 학생들에게 그것은 적은 변화가 아니었다. 전 과정을 통해서 볼 때 생동감과 활력이 넘쳐 흘러서 흥미진진하였다. 그 생동감이 죄책감, 분노, 비난 혹은 그 순간의 발견과 성취를 기뻐하는 형태로 나타날 것을 우리는 전혀 몰랐었다. 한마디로 들뜬 시간이었다.

지역사회의 염려

교육대학원 용어로, 지금까지 논의된 것은 주로 정의적 영역에 관한 것이다. 학생들의 인지적 과정에는 실제로 어떤 일이 발생했을까? 다른 말로 하면 학생들은 측정할 수 있을 만큼 무엇을 실제로 배웠는가?

측정가능한 성과문제와 밀접하게 관련 있는 것은 자율학습방법의 효율성에 영향을 준 두 가지 사건이다. 하나는 학급 전체로서 우리에게 영향을 주었고 다른 하나는 학교 전체를 개입시킨 것이다.

첫째로 봄 학기 동안 우리 학교는 학생들이 시간을 선용하든 악용하든 스스로 결정할 자유가 주어진 '융통성 있는 일과표'의 진가에 관하여 지역사회의 목소리 큰 소수로부터 많은 공격을 받아 왔다. 이 점에서 그 소수그룹은 지방신문의 강한 지지를 받았다. 갈등이 심화되자 밤낮으로 회의가 열렸다. 학생, 부모 그리고 교사들의 위원회가 찬성, 반대 그리고 화합하는 그룹으로 나누어졌다. 그 장애를 해결하기를 희망하는 사람들에게 여러 주 동안 불안과 압력이 있었다.

많은 나의 반 학생들과 나는 봄 학기 내내 교실 안팎에서 이 논쟁에 깊이 관여했다. '손수레'에 정신 쓸 겨를이 없었다. 이 경우 주객의 전도는 상투적인 문구나 말장난일 뿐 아니라, 또한 큰 재난이었을 것이다. 그러나 우리의 소집단토론 세미나는 그 갈등이 축소된 불어로 말하는 마을집회와도 같았다.

이 대화 중에 학교와 그 혁신방안을 지지하는 우리들 사이에 단결심이 생기고 강화되었다. 그래서 학생들은 그 제도를 향상시키기 위한 좋은 제안도 하게 되었다. 그 학기는 다음 해에 다시 재연될 아직 해결되지 않은 문제를 남겨 두고 끝나 버렸다.

반 전체로서 우리에게 사적으로 영향을 준 두 번째 사건은 나의 건강이었다. 그 기간 나는 몹시 아팠다. 이 자율학습방법을 시작하고 나서 5주간 나는 병원에 10일간 있었고, 그다음 한 달을 집에서 쉬었다. 이런 사태에 적응하느라고 나를 대신한 교사들이 고생을 하였다. 그 교사들에게 그 계획은 작게는 놀랄 일이고 크게는 충격을 주는 것이었다. 수업시간에 벌어지고 있는 일 혹은 제대로 되지 않는 일에 놀라 어안이 벙벙해서 대리교사들은 금방 물러가고, 다른 사람 또 다른 사람으로 교체되었다. 학생들은 늘 그랬던 것처럼 자기들이 책임지게 되어 있었으므로 어떤 면에서는 훨씬 쉬웠다. 대리교사를 돕는 것은 학생 개개인의 책임이었고, 내 서류철과 책상은 학생들에게 개방되어 있었다. 그들은 '손수레'가 있는 곳과 자료와 장비를 빌려 오는 법을 알고 있었다. 학생들은 대리교사에게 걱정하지 말라고 당부하였다. 학생들은 자기네들이 무얼 하고 있는지 알고 있었다. 병원에 있는 나에게 전화를 걸어 무엇이 어디에 있는지 물어보거나 혹은 어느 학생이 대리교사와 함께 그 주에 가르칠 것인지 등도 알려 주었다. 종종 학생들은 그들의 빈 시간에 병원이나 우리 집에 찾아와서 즐거운 선물이나 농담, 쾌유를 비는 말을 해 주었다. 중요한 것은 불어공부에 대한 진지한 질문이나 관심이었다. 이 기간에 보통 교실에서는 거의 경험할 수 없는 책임감과 자유를 느꼈을 것으로 나는 믿는다. 그들의 마음이 내키는 대로 적당히 놀고 지내거나 아니면 좋은 결실을 거두고 성장하는 것 사이에서 선택이 가능했을 것이다.

손수레의 결실

4주 후에 학기를 겨우 한 달 남겨 놓고, 적극성이나 열성도 별로 없이 내가 학교에 되돌아왔을 때 두려운 마음이 속으로 생겼다. 주다 말다 한 영양분과 정지상태 때문에 개개인의 노력의 성과가 상처를 입었을까 걱정이 되었다. 지난 수년간에 쌓아 올린 나의 믿음과 가치가 객관적 사실에 근거한 것인지를 나는 알고 싶었다. 이런 마음속 질문에 대한 대답은 우리가 함께 모험을 감행한 자율학습방법의 진가에 관하여 중차대한 기준이 될 수 있었다.

수확한 결실을 제시할 때가 되었을 때 별로 비옥하지 못한 혼돈의 땅에서 처음 시도한 창의적인 개인과 집단의 노력은 놀랄 만한 것이었다. 그 수확은 내가 기대했던 것보다도 훨씬 더 풍부해서 거의 믿을 수가 없을 정도였다. 다음은 그와 같은 성장, 즉 일과 놀이와 학습의 예를 수집해 놓은 것이다.

① 한 여학생은 불어로 시, 음악, 문학에 관한 글과 수필을 15편이나 썼다.

② 한 학생은 12권의 단편소설을 읽고 각 단편소설마다 독창적인 불어작문으로 요약했으며, 시험문제, 단어 및 문법단원을 만들었다.

③ 몇몇 학생들은 인기 있는 만화나 독창적인 만화를 그리고 불어로 번역을 하였다.

④ 한 학생은 신문에 실린 시를 그림으로 개작하고 기사를 불어로 구두 설명했다.

⑤ 많은 학생들은 생전 처음으로 예술형태, 즉 콜라주, 사진, 그리고 그림으로 소설이나 시를 개작하였다.

⑥ 몇몇 학생들은 책을 읽거나 테이프를 듣고 분석하여 라퐁텐의 우화와 그 주제에 관한 수필을 썼다.

⑦ 학생들은 문법을 연구하고 배운 요점을 여러 가지 소설형태나 수필, 혹은 개인일지에 적용해 보았다.

⑧ 몇몇 학생들은 프랑스 시인의 시를 10여 편 읽고 단어를 공부하고 그들에게 개인적으로 어떤 의미를 가지는지 불어로 발표하였다.

⑨ 가수 피아프와 브렐은 개인의 삶의 의미와 가치관을 탐색하는 인기 있는 자원이 되었다.

⑩ 『빨간 풍선』, 『코끼리 바바르』와 같은 이야기는 직접 번역해서 연출하였고, 그에 관한 글을 썼으며, 문법과 단어능력을 향상시켰다.

⑪ 많은 학생들이 그들 마음속 깊은 데서 나온 절실한 감정을 표현하는 일지나 시를 썼다.

⑫ 여러 가지 양식으로 문법공부는 계속되었다. 전통적인 방법으로 집중해서 공부한 학생들은 내가 같은 기간에 정상적으로 부과할 것보다도 훨씬 더 많은 양을 다루었다.

비교할 만한 사실

7주간이라는 거의 비슷한 기간에 우리는 통상 과거에 그랬던 것처럼 반 전체가 몇 편의 단편소설이나 『어린 왕자』를 함께 읽고, 문법을 배우고, 받아쓰기와 청해훈련을 했을 것이다. 학생들의 80%가 최소한 세 가지 서로 다른 연구과제를 수행했다. 그리고 모든 학생들이 적어도 번역, 논문 1편, 시험, 단어와 문법상의 성장을 포함하는 한 가지 연구과제를 완성했다. 단 한 명만이 아무것도 제출하지 않았다. 그 학생은 수업시간에는 시를 읽고, 수업에 참석하지 않을 때에는 다음 학년에 그가 선택할 것과 가정에서 혹은 그 밖에 사적인 생활에 미치는 그 선택의 영향에 관하여 우리와 토의를 했다.

평가

학생들과 내가 보건대 이 자율학습방법에는 단점과 장점이 분명히 있다. 학년 말에 학생들이 써낸 평가의 초록을 보면 다음과 같은 점들이 반복적으로 언급되거나 개인 사례를 강조하면서 지적되었다.

① 나의 결근이 가장 많이 언급되었다. 많은 학생들이 나의 결근 때문에 성과가 줄었다고 느꼈는데 특별히 교사의 지도를 많이 필요로 했던 학생들의 경우가 그랬다. 그 필요는 어느 한 형태의 학생들에 의해서 표명된 것이 아니라 탁월한 학생, 자기지도를 두려워하고 망설이는 학생, 낙제하지 않기 위해서는 자극을 받을 필요가 있는 학생, 그리고 교사가 지시를 하면 더 잘했을 학생 등으로부터 표현되었다.

② 오역이 발생했다. 혼자서 또는 그룹으로 공부할 때 숙어마다 혹은 문법적으로 까다로운 것을 그들은 항상 나에게 확인하거나 사전을 찾아보지 않으므로 부정확한 학습이 발생하였다.
③ 몇몇 학생들은 내가 좀 더 엄격한 마감날짜를 정해 주기를 원했다. 그것은 매주 해야 할 일, 일정한 기간에 성취해야 할 분량 등을 포함한다. 옛날의 조건화가 편안하고 안전하게 느껴지는 것 같다.
④ 어떤 학생들은 자기 능력에 걸맞는 공부를 하지 않았다고 시인한다. 그들은 목표를 분명하게 잘 세우지도 달성하지도 않았다. 그리고 수업에 자주 참석하지도 않았다. 이런 학생들도 그들의 보고서에 의하면 자기 자신에 대하여 무엇인가 귀한 것을 배웠다.
⑤ 많은 학생들이 일주일에 한 번 열리는 소집단 회화세미나에서처럼 불어회화공부를 더 하고 싶어 했다.
⑥ 어떤 학생들은 대학에서 공부하는 데 필요한 만큼 전통적인 방법으로 충분히 학습하지 못했을까 걱정을 하기도 했다.

보다 긍정적인 점은 명백하게 진술되었다. 교과목 측면에서 볼 때 학생들은 불어에 관한 새로운 흥미와 관심이 커졌음을 자주 언급했다. 많은 학생들이 불어로 된 것을 더 많이 읽게 되었고 재미도 생겨서 연구과제로 제출하는 것이 아니라 단지 좋아서 자발적으로 한다고 말하였다. 개인적인 면에서 보면 경쟁을 최소화하고, 함께 배우는 것을 도와주는 집단의 협동정신에 대하여 좋게 생각했다. 그들은 시험불안이 없어진 것을 높이 평가했으며 따뜻하고 편안한 수업 분위기를 찬양했다. 어느 정도 중립적이던 학생들도 그들의 능력과 참여수준에 알맞은 연구과제를 선택할 수 있어 목표달성이 불가능하지 않았으므로 흥미가 점증되었다. 모든 종류의 학습자들이 창조할 자유, 자기지도 및 책임감, 눈을 속여야 할 압력의 제거, 자신의 잠재력 발견, 그리고 학습과정을 스스로에게 맞도록 조절할 수 있는 능력과 한계를 인식하고 고맙게 여겼다. 마지막으로, 그러나 자주 언급된 것은 그들이 배운 것을 훨씬 더 오래 즐거운 마음으로 기억할 것이라는 느낌이었다. 자율학습법에 참여했던 단 한 학생이 전통적인 수업방식으로 돌아갈 것을 제안하였다.

이 연구계획에 참여했던 사람으로서 나의 개인적 견해는 당연히 선입견과 가치판단을 반영할 것이다. 더군다나 나의 견해는 젊은이들에 대한 나의 민감성, 내 자신의 직관적, 지성적 장점에 대한 존중감을 표현하게 되겠지만 그런대로 몇 가지 결론을 여러분과 함께 생각해 보고 싶다.

① 나에게 새롭고 의미 있는 것은 학생들의 학습이 교실에서만 발생하는, 공간적으로 일차원적인 것이 아니라는 사실이다. 교실 밖, 사무실, 나무 밑 혹은 복도에서 학생들은 좋아하는 시인이나 작가에 관하여 다른 사람과 정말 진지한 관심을 가지고 토론하는 것을 볼 수 있었다. 학습은 숙제에만 국한되는 것도 아니다. 그들은 친구들과 앉아 다른 친구의 연구과제에도 관심을 가지곤 하였다. 가끔 그들은 책을 교환하거나 책을 사거나 빌리기도 했고 연구과제가 끝난 다음까지 오래 책을 보기도 했다. 참고서적이나 나에게 도움을 청하기 위해, 아니면 영어나 불어로 말을 해 보려고 내 사무실에 들르는 것이 흔한 일이었다. 우리는 여러 곳을 함께 방문했는데 차 안, 공원, 식당 그리고 박물관에서 "너무 많이 했으니 이제 그만하자"는 말이 나올 때까지 불어로 말했다. 아마도 어떤 변화는 단지 교실 밖에서 이런 것을 할 시간이 있었기 때문에 생긴 것이었으리라. 그러나 그것만이 이유가 되지는 않을 것이다.

② 나에게 매우 중요한 것은 우리가 함께 학습자가 되었다는 사실이다. 나는 그들이 열중하는 모든 분야에서 전문가가 아니기 때문에 그들과 함께 발견하고 연구하고 있었다. 나는 모든 문법을 통달한 것도 불문학의 어휘를 다 아는 것도 아니므로, 우리 모두가 그 사실을 자연스럽게 받아들였다. 나는 "모르겠다"고 말하기를 두려워하지 않았고, 학생들도 이 현실을 점점 더 편안하게 받아들였다.

③ 개인적 성장, 학생 상호 간 및 학생과 교사 사이의 관계 변화는 나에게는 매우 괄목할 만하고 감동적이었다. 우리는 서로의 기분에 대하여 매우 개방적이어서 우리의 감정이 변한 것을 느낄 때마다 분명하게 서로 알려 주었다. 나도 학생들도 분노, 기쁨, 슬픔, 호탕한 웃음과 눈물을 자유롭게 보여 주었다. 학생들이나 나에게서 이런 말이 나오는 것은 흔히 있는 일이었다. "내가 말을 너무 많이 한다 싶거든 내 말을 멈추게 해 주렴." "난 오늘 정말 맥이 풀린다. 내가 다시 기운이 날 때까지 나 대신 이 문제를 다루어 주겠니?" "난 지금 막 싸움을 했더니 머리가 혼란스럽다." "이번 주말에 가장 놀랄 만한 일이 나에게 발생했단다." "미안하다. 내가 네 말을 제대로 경청하지 못했구나." "너는 나에게 많은 것을 베풀어 주었구나." "나는 진실로 너를 사랑한다." "나

> 는 정말로 화가 난다." "너는 내 생각을 조금도 하지 않는구나." 우리는 소집단 세미나시간에나 교실 밖에서 성, 약물, 유산 등등의 우리 문제에 대하여 장시간 공공연히 토론하곤 했다. 학생들은 내가 병원에 입원했을 때 방문하거나 여러 개의 선물 중에 『어린 왕자』에 나오는 "당신은 이 세상에서 유일한 존재입니다."라는 쪽지와 함께 작은 장미나무를 보내 주었다. 교사들마다 수업방법이나 교육과정에 관계없이 학생들의 그런 사랑과 관심을 경험했으리라고 생각한다. 그러나 1년 동안 우리가 운영해 온 수업이 그런 것과 쉽게 관련이 된다고 나는 느낀다. 우리 각자는 서로에게 매우 독특한 존재가치가 있으며 우리가 지적, 정서적으로 성장함에 따라 우리 자신에게 점점 귀중한 존재라는 믿음이 다음에 발생하는 일들을 촉진시켰다.

내 생활의 사적인 변화 때문에 특별히 기분이 언짢을 때면 나는 감정을 선명하게 표현하였다. 그러면 내 책상 위에는 꽃들이나 쪽지가 놓이고, 많은 민감한 학생들과 염려하는 접촉이 있게 마련이다. 하루는 한 학생이 내 사무실로 찾아와 앉아서는 우리의 연령이나 역할의 차이에도 불구하고, 위로하는 인간으로서의 자신의 가치를 실감하면서 다음과 같이 말했다. "스웬슨 선생님, 요즈음 평상시의 선생님이 아니신 것 같아요. 우리 모두 정말로 걱정하고 있습니다. 우리는 단지 학생들이라는 것을 압니다. 그러나 우리가 혼란스러울 때마다 선생님은 그 자리에 자주 계시니, 그런 문제로 하실 말씀이 있으시면 우리는 선생님 말씀에 경청하고 싶다는 사실을 알아 주세요." 나는 지금도 이 사건을 회상하면서 그 여학생의 말이 예시해 준, 나를 위하는 마음과 그 학생의 자부심 때문에 크게 감동받고 있다. 성숙해진다는 것은 단지 교과목의 숙달 이상의 것이었는데, 지난해에 우리는 함께 서로를 성장하도록 도와주었다.

오래된 공포

그러나 학년 말이 다가오자 옛날의 감정이 찾아왔다. 전에 가졌던 두려움이 학생들과 내 마음속에 다시 나타났다. 형태심리학 용어로 당분간 '배경' 이었던 것이 염려하는 마음으로 '전경' 으로 나타나고 있었다. 전통적인 방법으로 그들이 배웠을 경우만큼 그들이 많이 배웠을까? 그전부터 실시해 오던 중요한 학력검사에서 학생들이 잘할 수 있을까? "그들의 존재 가치를 위해 필요한 가치와 이상을 학습할까? 그들이 자유로운 학습자가 될 수 있을까? 인간의 필요에 관심 있는 사람들이 될까?"와 같은 질문이 슬그

머니 다시 떠올랐다.

학생들과 나는 첫 번째 시도 중에 모두 그런 두려움에 직면해 있었다. 그래서 기말고사 전 주에 나는 학생들에게 개별적으로 충분히 공부하지 않았을지도 모르는 문법 부분을 속히 복습하는 것이 좋겠다고 말해 두었다. 나는 학년 초에 그리고 그 후 가끔 가다 우리가 사용했던 문법연습문제를 훑어보도록 제안했고, 모든 동사의 어미변화와 문법에 관하여 선다형시험을 한 가지만 달리해서 보겠다고 제안했다. 3시간에 걸친 기말고사 중에 각 페이지를 마칠 때마다 그들이 가지고 나오면 틀린 답에는 점을 찍어 줄 테니 다시 고칠 기회를 가지자는 것이었다. 그때만은 정답을 선택한 근거를 이해하고 있음을 말로나 글로 설명해야만 했다. 그런 식으로 해서 운이나 추측요인을 줄이려는 의도였다. 우리는 그렇게 실천했다. 시험문제는 어려웠으나 그 결과는 탁월했다. 많은 학생들이 다시 고칠 필요가 없었다. 물론 몇 사람은 문법을 여전히 이해하지 못했는데, 그들 중에는 학급에서 가장 창의적인 학생도 끼어 있었다. 내가 반 학생들에게 어떻게 그렇게 잘했느냐고 물었더니 그 대답은 통상적인 학습방법에 대한 재미있으면서도 슬픈 논평이었다. "무슨 상관이 있습니까? 언제나 학생들은 기말고사 전 주에 벼락치기를 하고 시험 친 다음 날에 다 잊어버리는걸요. 그래서 우리도 이번에 그렇게 했지요. 다른 점이 있다면 1년 내내 훨씬 더 흥미 있는 공부를 했다는 거예요."

졸업하지 않는 학생 28명 중 3명만이 그다음 해에 4년째 불어를 계속했다. 그들은 금년처럼 수업이 조직되기를, 아니 구조화되지 않기를 바라고 있었다.

몇 가지 결론

우리 학습방법의 주요 약점과 개인적, 학문적 성장 가능성의 윤곽을 소개했으므로 자율학습방법을 시도한 이후 몇 년간 내가 지녀 온 소신을 이제 소개하고 싶다. 이들 전제와 가치는 내 마음속에 오랫동안 '내적인 충동'으로 자리 잡아 왔다. 내가 그 음성에 귀 기울이고 그에 따라 행동할 때마다 이들 신념은 『학습의 자유』가 가정한 대로 학습이 자율적일 수 있음을 증명해 주었다. 사실상 아래 기록한 가치의 많은 부분은 로저스가 주장한 가치들과 매우 유사한 것이다.

나는 다음 것들에 대하여 강한 느낌을 가지고 있다.

① 교과과정은 학생들의 현재 흥미와 능력에 근거하여 학생 스스로 선정할 수 있다.

② 자율시험, 자기평가, 자율목적이 가능하며 그것들은 믿을 만하다.

③ 어떤 프로그램에 대한 효율성의 잦은 평가는 학습과 개개인, 교사, 반 전체 학생들의 의견수렴으로 할 수 있다.

④ 그와 같은 방법은 불평불만, 긍정적 감정, 상반되는 감정 그리고 창의적인 문제해결을 가능하게 하는 축소형 '만남의 집단'이나 '현안문제 토론' 시간을 필수로 한다.

⑤ 관심사가 바뀌면 그 변화는 실패라거나 죄책감을 느껴야 할 것이 아니라 스스로 선택한 성장 발달의 우회라고 생각할 수 있다.

⑥ 경쟁보다는 협동이 가능하고 그것이 고취될 수 있다.

⑦ 학점은 개개인의 기대에 근거하므로 매우 다양할 수 있다. 한 학생의 A가 다른 학생의 A와 매우 다를 수도 있다는 말이다.

⑧ 학생들마다 수업시간에 따라 학습에 쏟는 시간의 양이 다르다. 수업시간에 수줍어서, 어떤 부분에 자신이 없어서, 또는 수업시간에 배운 것보다 더 심화된 학습을 하고 싶어서 찾아와 배우는 학생들도 있다. 그런가 하면 거의 노력하거나 시간을 투자하지 않는 학생들도 있다.

⑨ 학생들은 목표달성을 위한 교과과정의 구상, 학습자료 및 학습방법의 선택과정에 언제라도 참여할 수 있다.

⑩ 언어학습은 기본적으로 문화적 구두대화의 수단인데, 그것은 서로 다른 사람들 사이의 통찰과 이해를 증가시킬 수 있고, 서로 다른 점에서 불화와 편견을 감소시키는 데 도움을 줄 수 있다.

⑪ 그런 까닭에 회화세미나의 가장 적절하고 만족스러운 내용은 같은 나이 또래의 프랑스 사람과 그들이 토론할 수 있는, 그들이 선정한 논쟁이 될 만한 주제들이다.

⑫ 인간조건과 관련된 가치와 신념은 문학과 문법공부에 통합될 수 있다.

당신 방식대로

그와 같은 신념체계의 실천은 모험적이고 두려운 일이며 도전받기 쉬운 일이다. 그것은 교사 편에서 심리적으로나 연구 면에서 상당한 준비를 필요로 한다. 그러나 자율학습방법이 계속됨에 따라 더욱 많은 가능성이 나타나거나 동료교사들과 학생들에 의해서 제시될 수도 있다. 흥미를 느끼고 협조적인 동료들이 팀티칭(team teaching)을 하게 되면 감격적이고 다양한 경험이 될 것이다. 학습자료, 기자재 등이 한 장소에 모여 있는 어학실습실이 있다면 훨씬 더 편리할 수 있다. 우리 학교 스페인어과에서 채택한 것과 같은 중핵 문화적 접근방식을 학생들이 도와서 개발할 수도 있다. 목공예, 연극, 정치 혹은 사회적 운동과 같은 학생들의 흥미에 기초한 짧은 교과과정도 개발될 수 있다.

앞에 언급한 것들이 처음부터 필요한 것은 아니다. 필요한 것은 자신의 용기, 학생들과 자신을 발견할 인간능력에 대한 깊은 신뢰뿐이다. 바로 그때부터 우리는 한층 더 참다운 자신, 즉 자유롭고 신나는 학습자와 성장하는 인간이 되기 시작한다.

후기

앞에 언급한 경험을 함께 한 학생들의 편지나 방문이 수년 후에 계속되었다. 문제들은 진지하게 다루어졌고, 그 기간에 제공한 기회가 그 학생들로 하여금 더욱 유능한 의사결정자가 되게 했으며, 매우 중요한 것은 개방적이고 모험할 줄 아는, 자신의 인격을 확신하는 성인이 되게 했다는 편지 내용들이 나를 안심시켰다.

이 글을 마치며 나는 바로 이번 주에 소식을 들은 한 학생을 생각하게 된다. 그 여자는 다음과 같이 썼다. "그곳에서의 경험이 많이 생각납니다. 훨씬 좋으리라고 생각했던 대학에서조차, 아니 다른 아무 곳에서도 거의 경험하지 못한 고무적인 분위기와 지적인 흥미, 협조적이던 교사와 학생 그룹을 잊을 수가 없습니다…. 매일 새로운 것에 눈 뜨던 일을 기억합니다…. 내가 수업시간에 경험했던 그런 성장을 고취하거나 지지해 주는 곳을 다른 데서는 찾아볼 수가 없었습니다."

학문적으로나 인간적으로 함께한 우리 방식은 시간과 공간적으로 교실을 넘어서 오래 지속된다는 것을 알고 흐뭇했고 자신감이 생겼다. 우리는 학습자일 뿐 아니라 동시에 인간일 수 있는, 좀 더 인간적인 수업을 진실로 했었다는 것을 알고 나는 감격하였다.

논평

스웬슨 박사의 보고서 속에서 대부분의 것들은 이미 진술되었지만 내가 특히 중요하다고 보는 몇 가지 요소를 지적하고 싶다.

이 글은 한 교사가 실패해도 괜찮을 만큼 작은 모험을 시도해 보는 방법을 제시한 훌륭한 예이다. 모험적 행동은 매번 새로운 학습과 새로운 자신감을 제공함으로써 교사는 학생들에게 더 큰 책임을 허용하는, 더 크고 파급적인 혁신을 시도할 수 있게 된다. 다른 말로 하면 교실에서 책임 있는 자유를 허용하는 것은 흑백논리가 아니다. 그것은 학생과 교사를 다 포함해서 점진적인 성장과정을 의미한다.

기본철학이 절대적으로 중요하다는 것은 자명하다. 학생 개개인의 잠재능력에 대한 신뢰라는 기본철학은 융통성 있게 사용할 수 있다. 기술이나 특별한 수업방식은 이차적인 문제이다.

스웬슨은 처음부터 학생들과 자기 과목에 헌신적이었다. 그는 모든 경험에서 배우고자 열심이었다. 그의 교육철학과 같은 것이 개발되고 풍성해지고, 학생들이 자라도록 허용할 수 있는 그의 능력이 신장된 것은 그의 인간됨에 기초한 것이다.

스웬슨의 경험을 추적해 보면 그는 가끔 비난하고 판단하는 교사로부터 학생들에게 경청하고 배우는 교사로 성장하는 과정을 우리가 볼 수 있다. "여러분은 그저 재미만 있으면 된다는 거야!", "학교는 재미만 있는 곳으로 생각하지 마라."에서 "무엇을 하면 네가 흥미를 느끼겠니?"로 그의 태도는 변했다. 그랬더니 그들이 말해 주는 것이 아닌가? 이런 식의 학습과정에서는 교사가 꾸준히 성장발달한다는 사실이 명백하다.

그것이 기쁨, 분노 혹은 확신이든 간에 자신의 감정으로 수용하고 남들도 그들의 감정을 소유할 수 있도록 허용하면서 자기 감정을 점점 더 개방적으로 표현하는 그의 태도는 놀랄 만하다.

스웬슨 교사의 학생에 대한 사랑은 많은 방면에서 나타났고 그가 아팠을 때, 특히 심리적으로 위기에 처해 있을 때 그의 사랑은 한 여학생에 의해서 감동적으로 보상받았다.

지역사회와 학부모를 참여시킨 것은 위기상황에서 매우 값진 조치였다. "우리가 어떤 혁신을 겪기 전과 겪는 동안과 그 후에 다양한 목소리와 견해를 듣는다는 것은 얼마나 중요한가를 알려 주는 증거이다."라고 스웬슨 교사는 말하고 있다.

스웬슨 교사의 보고는 자유와 책임이 주어지면 교사가 아픈 동안에 학생들이 협동적인 학습자, 유능한 의사결정자, 책임 있는 지도자가 되었다는 증거가 된다.

스웬슨 교사가 시작하고 모든 학생들이 협조해서 조성한 그 분위기에서 그들은 전통적인 수업에서 배웠을 불어보다 더 많은 불어를 배웠다. 거기에다 그들은 다른 사람들과 더불어 책임감 있고 창의적으로 살아가는 법을 배웠다.

마지막으로 지적할 것은 이 점이다. 시험에 통과하기 위해서 학습하는 것은 비교적 적은 시간이 걸리고, 그 사실을 현실로 받아들이고 나면 창의적인 개인학습이나 집단학습을 할 시간이 많이 생긴다는 학생들의 말은 전적으로 옳다.

비록 불어와 같은 특별한 과목의 학습에 초점을 맞출지라도 교사와 학생들은 개인의 책임 아래 허심탄회한 대화 속에서 자존감을 느끼면서, 창의적이고 따뜻한 인간관계 속에서 함께 배우고 성장하는 것을 볼 때 참으로 반가운 일이다. 이런 학습은 수년이 지난 후에도 지속된다는 사실은 총체적인 경험의 중요성을 더해 준다.

참고문헌

1. Gay Swenson, "Grammar and Growth: A French Connection," *Education* 95, no. 19(1974): 115-27. Used by permission and revised for this chapter.

제 6 장

촉진자로서의 행정가

지도자는
세상 사람들이 그가 존재하는지조차도 잘 모를 때 가장 훌륭하다.
세상 사람들이 그에게 순종하거나 칭송할 때는 그리 훌륭한 지도자가 아니다.
세상 사람들이 그를 경멸할 때는 가장 나쁜 지도자이다.
"세상 사람들을 존중하지 않으면
그들도 지도자를 존중하지 않을 것이다."
그러나 말이 거의 없는 훌륭한 지도자의 경우에는
그의 일이 완성되고, 목표가 성취되었을 때에도
세상 사람들이 모두 "이것을 우리 스스로 이룩했노라"고 말할 것이다.[1]

제1장 끝에 결론으로 인용했던 노자의 말로 이 장을 시작한다. 노자의 말은 촉진자가 되는 것은 지도자가 되기보다 훨씬 더 어렵다는 생각을 하게 한다. 지도자는 추종자가 있어야 되는데, 촉진자는 떨어져 서 있기보다는 다른 이들과 더불어 서 있어야 하기 때문이다. 가장 훌륭한 촉진자는 자기 집단과 융합할 수 있다.

모순어법인가 일치성인가?

촉진자로서의 행정가의 개념은 모순어법이 아니다. 두 용어는 서로 어긋나는 말이 아니다. 행정가는 학습을 촉진할 수 있고, 촉진하고 있다. 이번 장은 학생과 교사들이 사랑하는 학교를 만든 학습의 촉진자들의 실례를 제시한다. 또한 교사와 교장 사이의 가장 어려운 상호작용 — 지도감독과 평가 — 이 촉진적이며 건설적인 과정이 될 수 있는 방법을 예로 보여 준다. 제1장에서 언급한 자기 학교를 사랑하는 이유를 설명한 학생들은 청소년들의 행복이 삶의 목표와 사명이었던 행정가, 교사 및 따듯하게 돌보는 사람들을 만난 학생들이다. 이들 촉진자들의 행동이나 말은 서로 일치하고, 그들의 학생들이 제1장에서 언급한 것과도 일치한다. 학교와 지역사회는 다양한 유형의 지도자를 가지고 있다. 우리는 인생에서 다른 사람의 성장발달을 촉진하는 것을 자신의 역할이라고 믿는 이들을 방문하고자 한다.

이름 부르기

"20년 전에 열린학교(Free School)는 교정에 있는 학교가 그 지역을 통제할 것을 선언했다. 교육개혁의 선봉장은 주 의회와 학교이사회에서 권력을 학교로 전환하는 일이라고 나는 자랑스럽게 말할 수 있다."[2] 이것은 학습의 촉진자 로버트 페리스가 뉴올리언스 열린학교의 20주년 기념식에서 한 말이다.

뉴올리언스 열린학교 학생들은 그들의 촉진자 교장을 밥(로버트의 애칭)이라고 불렀다. 다른 사람들은 그를 학교의 창설자로 알고 있다. 뉴올리언스에 있는 유치원부터 중학교 2학년까지를 수용한 공립학교는 세기 초에 건립된 낡은 건물이다. 그 학교는 바닥이 나무로 되어 있고, 천장이 높고, 습도가 높은 뉴올리언스 날씨에도 냉방시설이 없다. 도심에 있는 학군 사무실에는 로버트 페리스 박사가 교장이라고 알려져 있다.

나는 20주년 기념행사 때 그 학교를 방문했다. 밥 페리스는 헌 가구로 꾸며진 그의 사무실에서 나를 맞았다. 그가 일할 공간은 쓰레기 더미에서 구해 온 낡은 학생용 책상 하나인데 크기가 가로 세로 60~90cm를 넘지 않았다. 그 학교는 뉴올리언스의 저소득층 자녀들을 가르치는데 90%의 학생들이 무료점심을 먹는다. 학교 20주년 기념을 위해서 학부모와 학생들이 저녁식사와 댄스파티를 후원했다. 개교기념식은 변화를 위해 필요한 기금을 모으기 위해 학교가 필연적으로 시간과 열정을 바쳐야 하는 모금운동의 일부였다. 연설을 하는 대신에 교장 밥은 '성가신 존재에서 주류로 : 뉴올리언스 열린학교의 20년 후' 라는 제목으로 그의 생각을 편지로 썼다. 다음은 학생, 부모, 교사 및 지역사회 주민들에게 쓴 그의 20주년 기념 편지에서 인용한 것이다.

우리는 20년 동안의 학교운영 실태를 공유하려고 한다. 그 세월의 여정을 돌이켜 볼 때 그 과정은 힘들고 어려웠으며 가끔은 보람도 있었다. 우리는 현실로 나타난 좋은 생각을 가지고 출발했다. 단지 생각이었던 것이 이제는 어른이 된 것을 축하한다.

20년 전에 우리는 의지가 강했고, 열정적이었다. 역사의 방향을 바꾸려고 굳은 결심을 했고, 확실히 우리는 옳았다. 지금에 와서 단 한 가지 차이점은 우리가 나이가 들었고 더 이상 좌충우돌하지 않으며 사려 깊고 반성할 줄 알게 되었다는 점이다. 개혁자들은 더 이상 범법자나 법을 어기는 자가 아니며 반항자거나 성가신 존재로 보이지 않는다. 오히려 개혁자는 법률제정자, 미래 전망자, 사상가 및 개척자로 여겨진다.

우리가 1971년에 열린학교를 시작할 때 핵심개념은 교육은 어린이들의 삶과 관련이 있어야 하고, 학습은 남다른 개인이 삶에 참여할 때 이루어진다는 것이었다. 우리 프로그램은 여전히 탐구중심적이고 실험적이고 창의적이라고 말할 수 있어서 나는 자랑스럽다. 정답, 경직성, 판에 박힌 뻔한 것을 암기하도록 강조하는 대신에, 우리의 역점은 학생들이 배우는 과정에 능동적으로 참여하고 지식의 창출에 개인적으로 빠져들게 하는 것이다.

20년 전에 우리는 미국이 진정으로 공립학교를 다시 활성화시키려면 작은 학교를 설립해야 한다고 주장했다. 어떤 학생도 이름을 모른 채 학교를 졸업하도록 내버려 두어서는 안 된다. 우리처럼 크게 산업화된 나라에서는 교육은 모든 학생들의 아주 사적인 경험이 되도록 보장해야 한다.

우리는 20년 전에 무학점 제도를 확실하게 구축했다. 학점은 안간힘을 쓰는 학생들을 흔히 주저앉게 하거나 무기력하게 만들지만 영리한 학생들에게도 도움이 되지 않는다.

… 우리는 뉴올리언스 학생들에게 통상 낮은 자존감과 자기상으로 통하는 상호비교, 전통적인 불안이나 상처를 주는 상호비교 없이도 성적이 향상되는 분위기를 제공하고 있다.

오늘날 학점은 과거 1971년도만큼 쟁점이 되지 않는다. 오늘날 논쟁거리는 표준화 검사에 관한 것이다. 표준화검사는 공립학교에서 매우 파급적이고 강력해서 공립학교의 질을 크게 떨어뜨려 왔다.

… 강조점은 종종 즐거움, 설렘, 그리고 배움의 도전에 있지 않고, 기술 발달, 단편적인 기술의 숙달, 시험 치는 기술 등에 치중하고 있다. 교육과정은 더 이상 흥미, 필요 혹은 호기심에 기초하지 않고, 시험에 나올 문제 중심이다. 교육자로서 우리는 시험에 속임수를 쓰지 않도록 당부하면서 다른 한편으로는 시험에 나올 문제를 가르치라고 한다. 배우는 즐거움과 배우는 법을 알고, 현대사회의 복잡성을 다룰 수 있을 만큼 난해한 과정을 생각해 본 개인들을 통해서 지식의 확장을 강조해야 하는 시대에 성취도검사에 대한 지나친 강조는 교육과정의 내용을 좁게 해석하는 결과를 가져온다. 시험제도는 학습의 과정을 바꾸어 놓았다. 학습을 촉진하고 평가하기 위해 시험을 치는 대신에 시험 치는 방법을 가르치는 교사들의 능력을 시험하는 것이 되어 버렸다. 학습이 시험에 영향을 주는 것이 아니라 시험이 배울 것을 결정하고 있다. 인간발달을 위해 시험을 활용하는 대신에, 시험제도는 인간의 가치를 측정하는 도구가 되었다.

거대한 관료주의적인 공립학교 구조는 우리의 순응과 수렴을 강제하고 있다. 이 정치적이고 관료주의적인 구조는 「개성이 있는 고등학교」라는 최근 연구의 표현을 빌리자면 학교로 하여금 '타협한 조직체'가 되게 만들었다. 풍부한 자원과 관례 때문에 운영되는 소수 고립된 학교들이 있음에도 불구하고, 공립학교 구조의 정치적 메시지는 "너희도 이렇게 해야 돼"이다. 학교 교직원들은 우수하고 영리한 사람을 구멍으로 기어 들어가게 하거나 원칙과 신념을 희생시키거나 교단을 떠나게 하고, 반대파라는 외로운 자리에서 평생을 살게 하여 정신적 난쟁이가 되게 만든다.

20년 전에 우리는 밖에서 안을 들여다보았다. 우리는 관료주의적 학교통제를 강력하게 공격하고, 주식회사 미국을 비판하였다…. 지금은 관료주의 공격에 심혈을 기울이는 대신에, 우리는 대부분 저소득층 학생들의 필요에 부응하는 인본주의 교육의 모델로서 봉사를 강조하며 교육을 가다듬고 있다. 우리는 주식회사 미국에 합세하기까지 했다. 이제 우리는 두 개의 동업자를 가지고 있다…. 사회의 복합적이고 심각한 문제를 고려할 때 협력해야만 비로소 우리는 변화를 가져올 수 있다는 것을 깨닫게 되었다.

… 우리는 학교를 획일적인 순응으로부터 다양하고 창조적이며 살아 있는 조직체로 바꾸어야 한다. 우리는 개혁의 미사여구에 대하여 말하는 것이 아니다. 학교단위 경영, 의사결정의 공유, 권리위임 등은 관료주의의 전문적인 유행어이다…. 흔들기 위해서 배를 침몰까지 시켜야 하는가? 난 그렇게 생각하지 않는다. 샴페인을 마시기 위해서는 코

르크 마개를 뽑아야 한다는 것을 나는 알고 있다. 나는 또한 20년이라는 세월이 긴 시간이라는 것을 안다. 자, 함께 샴페인을 마시자.[2]

논평

밥 페리스가 학습의 촉진에 한평생을 받쳐 온 그의 강한 사명감에 나는 감동을 받았다. 학생들이 우선이고, 관료주의는 나중이다. 지난 20년 동안 페리스는 촉진자로 성장해 온 것처럼 보였다. 어린이들을 돕기 위해서 지역사회 기업체들을 포함하여 자원을 총동원하는 일은 조직 밖에서 독자성을 유지는 것과 동시에 학습공동체를 지원하기 위해 자원을 집결시킬 수 있도록 관계 맺는 일 사이의 균형을 잘 유지해야 한다. 밥은 일상생활에서 교육을 실천한 사람이다. 그의 말 속에서 우리는 시험, 학점, 경쟁, 간혹 어린이들의 삶에 대한 무관심의 영향을 알아차릴 수 있다. 20년이 지난 후에도 그가 모든 해답을 얻지는 못한 것이 사실이다. 밥은 지금도 뉴올리언스의 어린이들의 삶을 향상시킬 방법을 찾고 있다. 해답을 찾는 과정에, 그는 다른 지역의 많은 어린이들의 삶을 향상시키게 될 수도 있을 것이다.

밥 페리스와의 면담

촉진자 및 교장으로서의 전국적인 명성과 남다른 기록 때문에 나는 1991년 방문 시에 밥과 면담을 하게 되었고, 1993년에 후속 대화를 했다. 질서, 신뢰, 그리고 의사소통의 장애물에 관하여 토론했다. 밥은 행정가로서 학습을 촉진하는 몇 가지 방안도 암시해 주었다. 다음은 1993년에 추가된 정보와 함께 주로 1991년 면담의 발췌록이다.

의사소통의 장애물

질문 : 여기 당신 사무실에 학생들의 책상과 같은 크기의 책상을 가지고 있는 것을 기술하고 싶다. 당신은 그것 때문에 학부모들이 이곳에 찾아오기를 더 편안하게 생각할 거라고 보는가?

밥 페리스 : 정말로 격식을 갖춘 사무실에 앉아 있으면 조심스럽게 만들 것이다. 그 방은 탈의실로도 쓰이고, 내가 어린이들에게 댄스를 가르칠 때는 댄스교습소로도 쓰인다. 두세 명씩 불러서 스텝을 연습하기도 한다. 나는 이 방에 있을 시간이 많지 않다.

정숙과 질서

밥 페리스 : 우리는 기본적으로 산업화 시대의 학교를 모델로 한다고 생각한다. 학교는 공장이고 공장처럼 운영한다. 그런 학교에서는 질서유지가 학습보다 더 중요하다. 불행하게도 대부분의 사람들이 정말로 조용하고 질서 있는 학교를 좋아한다. 어린이들은 항상 조용하거나 질서정연하지는 않다. 통제가 느슨하거나, 학습을 좀 더 생활과 관련 있게 만들고, 능동적이고 재미있게 하려면 질서유지는 정말로 도전이다. 여기 우리 학교의 소음은 상호작용의 소리이고 배우는 소리이다. 통제가 어려울 때가 있다. 그러나 대부분의 사람들은 그 통제를 놓으려 하지 않는다…. 그들은 통제를 공유하는 것이 교사와 학생들 모두에게 더 좋다는 것을 깨닫지 못한다.

신뢰

질문 : 나는 당신과 학부모와의 대화를 어깨너머로 듣지 않을 수가 없었다. 아이가 당신에게 거짓말을 했고, 당신은 신뢰의 불이행 문제를 제기했다.

밥 페리스 : 여중생이 학교 안에 어떤 학생을 데리고 들어와서 나에게 자기의 동생이라고 말했다. 우리가 전혀 모르는 학생을 자기 동생이라고 나에게 거짓말을 했다…. 나는 그 학생과 그의 어머니에게 문제의 심각성을 전달하려고 했다. 나는 학생들을 신뢰할 수 있기를 원하기 때문에 그것은 신뢰의 위반이라고 지적해 주었다.

학생들의 선택

질문 : 학생들이 학년을 뛰어넘어 상호작용하는가?

밥 페리스 : 학생들은 심화학습 프로그램으로 '선택시간' 이 있기 때문에 학년을 넘어서 서로 만난다. 매주 월요일 아침에 수업 시간표가 학교 안에 나붙는다. 실은 지금 막 학교 안에서 진행되고 있어서 학생들은 수업을 선택해서 월요일부터 목요일까지 매일 마지막 시간에는 그 교실로 간다. 매주 수업이 바뀐다. 1학년에서 4학년까지 함께 선택할 수 있고, 5학년에서 8학년까지 함께 선택할 수 있다. 그러니 4학년이 1학년과 나란히 앉아 수업할 수 있고, 5학년이 8학년과 함께 공부할 수 있다. 목적이 있어서 그렇게 했다. 그 수업은 학생들을 많이 섞어 놓는다. 학생들은 예를 들면 수화, 밴드, 민속춤, 탭 댄싱, 합창, 사진, 체스, 미술과 공작 등을 선택할 수 있다.

선택수업 외에도 7학년부터 학생들은 어린이 박물관, 시청, 양로원, 혹은 다른 장소에서 인턴 실습을 한다. 학생들은 이력서를 쓰고, 면접에 응하는데 일주일에 한 번 오전이나 오후 반나절은 인턴실습을 하게 한다. 1993년에 학생들은 뉴올리언스가 직면한 문제를 선정하도록 했고, 그 문제해결 방향으로 학생들의 봉사를 유도했다. 학생들은 집 없는 사람들에게 봉사를 하기로 선택했다.

학생체벌

밥 페리스 : 우리는 어떤 방법이나 형태로도 학생을 때리지 않는다. 명예롭게도 뉴올리언스 교구는 체벌에 반대하는 규정이 있다. 그래서 "우리는 너희를 때리지 않을 것"이라고 앞장서서 학생들에게 선언하였다.

주정부 명령

밥 페리스 : 우리는 교육과정을 주 정부 지시에 따르는데, 그것이 날 피곤하게 만든다. 기본적으로 학교는 독자적으로 생존할 수 있는 조직이 아니라 순응하는 기관이어서 우리 자신의 구상대로 일하는 대신에 너무 많은 시간을 다른 사람들의 협의사항에 따른다. 우리는 창의적이어야 한다고 말하지만, 교사평가는 가르치는 방법을, 교과서는 가르칠 내용을, 표준화 검사는 우리가 가르칠 것의 가치를 결정한다.

성공과 실패

밥 페리스 : 모든 학생이 우리 열린학교에서 성공하지는 못한다. 일찍이 이 학교에 들어올수록 우리와 학생들이 성공할 가능성이 높다. 초등학교에서부터 시작하여 8학년까지 진급한 학생들은 매우 성공적이다. 7학년이나 8학년에 들어온 몇몇 학생들은 이곳의 자유에 적응하지 못한 경우가 있다. 그들은 해야 할 일, 하는 방법, 해야 하는 때를 일일이 지시하도록 훈련을 받아서 우리 학교가 제공하는 자유나 선택을 다룰 줄 몰랐다. 학생들이 탐색활동보다는 주어진 문제풀이나 하고, 우리가 주는 선택의 자유를 다른 사람들의 선택을 훼방할 자유로 생각할 때 우리 학교와 사회에 대하여 부정적인 논평이 나온다. 다행히도 우리가 성공할 기회를 주지 못한 학생들의 수는 아주 적다.

탐구활동계획

밥 페리스 : 우리는 예술단체와 관계를 맺고 있어서 두 명의 화가가 와서 이틀 반나절을 우리 학생들 및 교사들과 함께 작업을 한다.

모든 과목에서 우리는 학생과 교사들에게 창조적 예술의 요소가 포함된 탐구활동계획을 개발하게 하고, 그것을 교실 발표와 통합하게 한다. 예를 들면 과학시간에 교과서를 사용하지 않는다. 학생들은 탐구활동계획서를 쓰고, 실험을 하고, 연구결과를 교실에서 발표한다. 학생들은 과학연구계획을 교실에서 발표할 때 예술적인 면을 가미시켜서 발표하게 한다.

교장이 없는 학교

밥 페리스 : 여러 해 동안, 정확하게 14년 동안 우리는 교장이 없었다. 학교는 사립학교로 시작했다가 1973년에 공립학교로 편입되었다. 1960년대 후반, 70년대 초반에 시작한 열린학교 중의 하나가 되었고, 이 건물로 1980년에 이사한 후에 계속 성장하고 있다. 규모가 커지기 시작하자 교육청 행정가들은 "교장이 있어야 한다"고 말했다. 다른 말로 하면 우리를 그들의 관료주의 체제로 끌어넣으려고 했다…. 솔직하게 말해서 학교를 운영하면서 기금을 모으는 조직을 이끄는 것은 매우 어려운 일이었다. 너무 힘들었다. 우리는 정말로 교장을 두고 싶지 않았다. 그러나 교장을 두느냐 아니면 학교를 닫느냐 하는 문제였다. 우리는 자유의 철학이 도시 빈민학생들의 지역에서 작동할 수 있는지 시범을 보이고 싶었다. 이 학교는 저소득층 자녀들에게 헌신하는 뉴올리언스에 있는 유일한 마그넷스쿨이다.

논평

밥 페리스는 20년 이상 촉진자로 보낸 후에 자신의 역할을 남들이 배우도록 초대하고, 배우는 과정을 공유하는 것으로 보고 있다. 그의 간편한 사무실로부터 사무실에 대한 열린 정책에 이르기까지, 즉 공간이 필요한 모든 사람들이 사용할 수 있었으니 그의 이상을 현실화한 사람이다. 영토권을 다투는 세상에서 그의 사무실은 누구나 환영한다. 그는 또한 다른 방법, 즉 학교 안에서 돌아다니는 것만으로도 촉진한다. 그는 그의 사무실에 앉아 있을 필요가 거의 없다. 활동이 학교 전역에서 진행되는 것 같다. 그는 그의 대부분의 시간을 교실과 건물을 돌아다니며 보낸다. 매일 마지막 시간에 하는 학생 선택수업에서는 그는 자신이 민속춤 가르치기까지 모든 면에서 기꺼이 촉진자가 된다. 그는 지역사회에서 인턴 실습과 선택수업을 통하여 학생들에게 서로 만나고 상호작용하고, 학년을 초월하여 서로 배울 수 있는 기회를 줌으로써 학생들에게 실생활 경험을 제공할 수 있다. 탐구활동계획은 단편적인 지식이나 파편화된 개념 속에 파묻히지 않고, 학생들이 학습의 전 과정을 이해할 기회를 제공하기 위하여 고안된 것이다.

예술단체와의 관계는 학습을 촉진하기 위해 지역사회의 모든 자원을 동원하는 예이다. 우리는 1970년대 설립된 휴스턴의 공연예술고등학교가 학습의 전인적 접근을 지원하기 위해 지역사회를 참여시키는 방법을 보았다. 뉴올리언스, 휴스턴, 시카고, 프레스턴 카운티, 혹은 우리나라 어디에서라도 지역사회와의 상호작용은 학생들이 누구인가 어디에서 왔는가에 관계없이 모든 이들에게 가장 훌륭한 교육을 위해서 아주 중요한 구성요소이다. 나는 학생들이 좋아하는 학교는 다른 학교들에 비해 지역사회 동반자를 두세 배 더 가지고 있음을 목격하였다.

교사로서의 교장

뉴올리언스 열린학교는 14년 동안 교장 없이도 잘 운영되었다는 사실이 흥미롭다. 관료제도가 생기기 전에는 모든 학교들이 행정가 중심이 아니라 학생과 교사 중심으로 조직되었다. 교사들이 자기들 중 한 사람을 뽑아서 교장이 되게 하였다. 이런 개념에서 현대식 교장이 생겨났는데 학교장은 학생들의 학습과는 거리가 먼, 주로 운영에만 전념하게 되었다.

내가 만난 많은 교장들은 학습의 촉진자들이고, 시간을 내서 매일 교실에 들어간다. 그들은 여유 시간이 있어서가 아니라 학생들을 직접 만나고 교사들이 경험하는 것이 어떤 것인지 교장이 직접 경험해 보는 것이 중요하다고 생각하기 때문에 정기적으로 수업을 한다. 존 맥클랜 박사는 최근까지 주로 남미계열 학생이 3,600명인 휴스턴의 빈민가 고등학교의 교장이었는데 그는 매일 1시간씩 가르쳤다. 교장과 교감은 영어를 쓰는 사람인데 두 사람 다 스페인어를 배웠다. 교감도 정기적으로 수업을 했다. 맥클랜 박사에게 그가 수업을 하는 것에 대한 교사와 학생들의 반응을 물었다. 그 교장은 다음과 같이 그들의 반응을 묘사했다.

어느 교사가 말한 대로 들려주리다. "제가 학생들을 골라서 반 편성을 해 드리겠습니다."라고 말했다. "나는 카운슬러에게 누구를 내 반에 배정해도 좋다"고 말해 주었다. 나는 말썽꾸러기와 모범생을 다 받았다. 그랬더니 그 교사는 "교장선생님이니까 학생들이 어련히 알아서 행동하겠지…."라고 말했다. 일주일이 지나니까 학생들은 내가 누구냐에 상관없이 마구 행동했다. 그들은 교장이 박사인지 뭔지도 몰랐다. 학생들에게는 박사 같은 것은 아무 의미도 없다. 학생들은 '자기들을 아껴 주는지' 여부만을 알고 싶어 했다. 그래서 교감과 함께 우리는 그렇게 했다. 내가 교장이라는 사실을 부인하지 않지만 학기가 진행되자 학생들은 교장이라는 것을 잊어버리고 다른 교사를 대하듯 하면서 필요할 때는 말대꾸도 했다. 한 교사는 나에게 와서 "이 학교에 20년 있었는데 교장이 수업하는 것은 처음 보았습니다. 교장과 교감선생님이 교실에서 수업하시는 것에 정말로 감사드립니다."라고 말해 주었다. 지금도 우리는 학생들을 위한 지도자과정을 팀티칭하고 있다.

사람들이 문제와 해결책을 공유할 때 집단사고의 결과는 종종 어느 한 사람의 생각보다 훨씬 더 창의적이 된다.

훌륭한 착상을 촉진하기

교장이 교사들과 학생들을 촉진하고 그들의 실수를 통해서 배우게 하면 머지않아 성공이 찾아온다. 많은 실례가 있지만 그중에 한 가지 예가 돋보인다.

많은 학교에서는 교사들이 학년 중간에, 어떤 이들은 학기 초에 사표를 내고 떠난다. 그들은 쉽게 좌절을 느끼고, 교실의 인간관계가 무너지거나 아니면 아예 조성되지도 않으면 교사들은 학생들을 떠나 버린다. 이직하는 교사들은 아마도 학습분위기나 학습공동체를 조성할 줄 모르면서 이직의 이유를 학생들이 규율을 지키지 않아서라고 말한다.

이직이 그 교사와 어떤 경우에는 학생들에게 도움이 될 수도 있다. 내가 면담한 많은 학생들은 교사들이 무시해서 상처받고 화가 났다고 말한다. 그 교사가 떠나면 보통 절차는 장기 기간제 교사를 발견할 때까지 단기 기간제 교사를 고용한다. 많은 경우에 학생들은 정규 교사를 고용하기 전까지 5~6명의 단기 기간제 교사를 경험하게 된다. 학생들은 버려진 느낌과 분노를 새로 온 교사에게 표출한다. 많은 교실에서는 새로운 교사가 차례

대로 물러감에 따라 무정부 상태가 온다. 학생들이 그들 앞에 서 있는 어른들을 왜 신뢰해야 되는지 의문을 제기하는 것은 이해할 만하다. "그 선생님도 몇 주 안에 우리를 떠날 텐데요."라고 4학년 어린이가 대꾸했다.

이런 상황은 비참한 결과와 함께 1년에 수천 번 일어난다. 학생들을 돌보는 물건이나 교체가 가능한 부품처럼 느껴진다고 여러 명의 교사들이 나에게 그렇게 설명했다.

집단적인 문제해결

똑같은 문제가 어느 도심 빈민가 초등학교에서 발생했으나 결과는 달랐다. 어느 4학년 교사가 그 학교의 문제아동반으로 알려진 학급 담임직을 추수감사절 직전에 사표를 내고 떠났다. 이번에는 학교장이 다른 4명의 4학년 교사들과 후임 문제를 의논하려고 만났다. 선생님들은 가능한 해결책을 위해서 시간을 좀 달라고 했다. 그들의 해결책은 버려진 반 아이들의 필요에 초점을 맞추는 것이었다. 그들은 적어도 6주 동안* 7명씩 자기 반에 받아들이겠다고 했다. 기간제 교사가 오면 4학년 네 반에서 작은 그룹을 매일 1시간 반씩 지도하게 한다. 일단 정규 교사가 채용되면 최소한 일주일은 그 작은 그룹의 학생들 이름, 취미 등을 익히게 하고 읽기수준 등을 확인한 후에 그 그룹을 다시 모아서 새로운 학급을 편성하자는 의견이다. 교장은 그 계획에 동의하였고, 심각한 규율문제가 있던 그 학급은 선생님들이 원하는 대로 공부하는 집단이 되었다.

학생들은 버려진 반에서 초대받는 느낌으로 변했다. 교장과 교사들은 학생들에게 유리한 해결책을 찾았고, 결국 학교 전체에도 도움을 주었다. 4명의 교사들에게는 더 많은 부담이 생겼으나 그들은 떠난 교사 한 사람의 책임이 아니라 모든 교사들의 책임임을 깨달았다.

그 학교장은 교사채용지침을 따르는 행정가라기보다는 문제해결의 촉진자 역할을 했고, 문제를 무시하지 않고 해결사가 되었다. 교장은 학생들의 필요를 충족시키기 위해서 과정 중에 규칙을 위반했으나 촉진자 교장은 언제나 학생들과 교사들의 이익을 제일 우선한다.

---

* 역자 주 : 추수감사절부터 겨울방학이 시작되는 크리스마스 직전까지 계산한 것으로 보임.

전망은 밝은가?

훌륭한 지도자는 다른 사람이 이끌어 가도록 허락한다. 여러 해 동안 학생들의 학습을 촉진해 온 학교에서 그 지도자는 인간중심의 미래상을 어떻게 지속하는가? 지도자가 떠나면 어떤 일이 벌어지는가? 그런 학교와 프로그램은 자주 무너지고 만다.

도심 초등학교에 역동적인 지도자를 모셔 온 학교를 연구해 보았다. 1년 전까지만 해도 그 학교는 주 정부 교육국에 의해서 성적이 하위 5%에 속하는 학교로 확인되었다. 새 교장은 학교에다 엄청난 정력을 쏟았다. 새로운 교사들이 채용되고, 일부 오래된 교사들은 은퇴하고, 어떤 이들은 처음 두 해 안에 스트레스가 적은 직장으로 이직하려고 떠났다. 새 교장은 학생들의 필요를 더 잘 충족시키기 위해서 유능한 경력교사와 신임교사들을 모아 자기 주변에 새로운 팀을 구성하였다.

그 교장은 지역사회 학교를 만들기 위해서 빈약한 자원들이라도 동원하기 위해 가난한 지역사회와 함께 일했다. 목사 한 분을 설득해서 그의 자녀들을 사립에서 그 공립학교로 전학하게 하였다. 점진적으로 그 목사는 공립학교의 강력한 후원자가 되어 다른 이들도 그들의 자녀를 공립학교로 다시 옮기도록 권면했다. 머지않아 자원들이 그 학교로 모여들기 시작하였다. 기업체와 지역사회 후원자들은 토요일과 여름 심화프로그램을 포함하여 학교와 힘을 합쳐서 연중 학문적 수월성과 자부심을 높이는 프로그램에 동참했다. 학교 교정에 필요한 지역사회 공원과 운동장을 만들기 위해 수천 달러가 모금되었다. 학생들이 지각한 학교의 면학 환경과 분위기는 매우 높게 평가되었다. 그 학교를 관찰대상으로 지목했던 주 교육국은 5년 안에 탁월한 성적을 올린 데 대하여 교장, 교사, 지역사회 그리고 학생들을 포상했다. 상을 받은 후에 얼마 있다가 학교장과 몇몇 교사들은 다른 학군에서 또 다른 학교를 설립하기 위해 학교를 떠났다. 재활성화되었던 프로그램과 지역사회의 후원은 시들기 시작했다. 학업성적과 학교 분위기도 변하기 시작하였다. 곧 그 학교는 옛날 모습으로 되돌아가고 있었다.

이와 같은 학교의 흥망성쇠는 특히 도시의 빈민가 지역에 있는 학교에서 공통된 패턴을 이룬다. 역동적인 지도자가 떠나면 일단 형성되었던 인간관계 자원이 그 학교나 학생들이나 설립목적을 위해서가 아니라 개인 지도자에게 연결되어 있었음을 보여 준다. 전임자처럼 역동적이지 못한 후임자는 전 행정가에게 충성하고 연합하던 환경에 들어서게 된다. 새로운 교장이나 교육장이 취임하고 나면 그전 프로그램이나 정책과의 연계 고리가 끊어진다는 것은 이상한 일이 아니다. 새 지도자는 교사와 학부모들과의 자기 자신의 인맥을 형성할 필요를 느낀다. 학생들의 이익을 위해서 작용했던 프로그램들은 갑자기 사라지고 교사, 학생, 지역사회의 참여가 거의 없이 새로운 프로그램이 등장한다. 교육은 끊임없이 제자리를 돌고 도는 것 같다. 이런 각본은 개방적인 건전한 학교운동이 부족한 이유 중의 하나를 설명해 준다.

또 다른 이유는 지도자들이 다른 사람에게 미래설계자가 되도록 선견지명과 기회를 심어 주지 못하는 것과 관계가 있다. 만약 노자가 오래전에 말한 대로 "우리 스스로 이것을 성취했다"라는 인식이 없다면 선견지명은 지도자가 떠나면 함께 사라진다. 학교가 분명한 목표를 규명하고 그 목표를 확립한다면 지도자는 오고 갈 수 있다. 미래상이나 목표는 새로운 개념을 첨가할 기본이 구축되어 있어서 성장한다. 주주와 같은 부모, 학생, 지역사회는 청소년들의 필요를 촉진하는 연속적인 과정 속에서 참여자가 된다. 세월을 초월하여 학교의 미래상을 유지하는 실례가 있는가? 물론이다. 다음 예는 지도능력이 공유될 수 있음을 보여 준다.

설립된 지 20년이 넘고 많은 성장과 발전이 있은 후에 휴스턴의 공연예술고등학교는 여전히 초창기 사명을 분명히 하고 있다. 그 고등학교는 제1장에서 언급한 대로 23년 동안에 3명의 교장이 교체되었다. 현재 교장인 아네트 왓슨은 1970년에 미술교사였고, 최초의 설립자이며 교장인 루스 데니와 함께 창립 기획위원이었다. 왓슨은 그 학교에서 7년간 가르쳤고 12년 동안 그 학교를 떠났다가 최근에 교장으로 돌아왔다. 그는 교사로서의 관점과 현재 교장의 위치에서 그 학교의 초창기를 회고한다.

색다른 경험이었다. 실제로 학교가 장래 어떤 모습이 될지 우리가 알고 있었는지 잘 모르겠다. 설립자 루스 데니가 나를 불러서 이런 막연한 생각을 가지고 있다고 말했다. 그는 교육장과 이사회가 마그넷 개념을 이용하여 그 학군의 인종을 통합할 수 있는 한 가지 방법으로 공연예술고등학교의 설립을 구상해 보라고 부탁받았다. 그리고 루스 데니는 예술이 모든 사회경제적 및 인종의 장벽을 허문다는 것을 알고 있었다.

루스 데니는 연극교사로서 자신의 경험을 통해서 예술활동 없이는 교실에서 생산적인 사람이 될 수 없을 그런 학생들을 다룰 수 있고, 전교적으로 예술적인 분위기를 활용한다면 그들을 다양한 방법으로 변화시킬 수 있다는 것을 알고 있었다. 그래서 그는 나에게 창립기획위원이 되기를 부탁했고, 나는 그것을 수락하고 나중에 교사로 고용되었다.

… 아무도 이런 일을 성취한 적이 없었다. 누가 자기 자녀들을 축구와 야구팀이 없는 공연예술학교에 버스로 시내를 지나다니게 하겠는가?

그 학교의 미래상은 루스 데니와 교사들로부터 나왔다. 루스는 예술교사, 교과목 교사, 그리고 학교에 와서 그 프로그램을 지원해 줄 지역사회 전문가들로 구성된 고등학교를 머릿속에 그렸다.

… 우리는 예술 체험은 남을 돕기에 적합한 사람이 되게 한다는 것을 발견했다. 휴스턴 발레단의 무용수, 교향악단의 음악가는 학생들에게 무언가 보여 줄 수 있다. 그리고 학생들을 사랑하고, 사람들과 잘 어울리고, 대인관계기술이 있는 사람들도 필요했다. 그래서 특별한 예술가, 남다른 음악가, 그리고 학생들과 의사소통을 잘하고 무언가 이루고 싶은 특별한 사람을 찾아야 했다. 그들은 자격증을 가진 교사를 대신하는 것이 아니라 보완하고 보충한다. 그들은 전문세계로부터 끊임없는 새로운 아이디어와 경험을 학생들과 교사들에게 불어넣었다. 상아탑을 세워서 예술세계의 현실로부터 단절시킨다면 그 역동성은 사라질 것이다.

그러나 처음부터 루스 데니의 모토는 '교육은 신뢰 안에서 이루어지는 모험' 이었다. 그는 우리가 최선을 다할 것을 믿어 주었고, 우리도 학생들이 가능한 한 그들의 최선을 다할 것으로 신뢰하였다.

… 우리는 만약에 학생들에게 성공할 자유를 주려면 그들에게 선택의 자유도 주어야 한다. 그리고 이 선택은 학생들을 실패하는 상황으로 이끌 수도 있다. 그러니 누구나 실패할 자유가 있다. 내가 이대로 나머지 인생을 보내고 싶지 않다고 결심하는 일은 실패보다 더 중요하다.

루스 데니는 "수학시간에 배운 것이 예술시간에 학생들에게 의미가 있어야 한다"고 주장했다. 그래서 그는 음악적 배경과 경험이 있는 수학교사, 오페라 경험이 있는 국어교사, 피아노와 연기 경험이 있는 영어교사 등을 채용하였다. 나는 학생들이 춤을 추면서 세포의 전환과정을 보여 주던 장면을 결코 잊을 수가 없다. 그것은 세포가 계속해서 분화하는 모습이었고, 과학수업이었는데 참으로 아름다웠다. 내가 학생들이 미국원주민의 문화를 배우는 사회수업에 들어갔는데 플루트를 부는 한 학생은 인디언과 관련된 악상으로 작곡을 했던 것으로 기억한다. 그는 많은 연구를 했음을 보여 주었다. 미술을 하는 한 학생은 노예 신분과 구속으로부터 해방되는 여인들을 조각했다. 안으로부터 부활하는 그들의 팔과 몸의 아름다운 조각은 찬란했다.

우리는 이런 개념에서 출발했고, 지금도 여전하다. 젊은 영어담당 여선생을 나는 막 채용했다. 훌륭한 영어교사일 뿐만 아니라 그는 학교신문과 앨범을 담당하고, 춤에 대한 이해를 얻기 위해 휴스턴 발레단에서 수련을 받고 있다.

나는 아네트 교장에게 "어떻게 그 생동감을 유지하나요?"라고 물었다. 그의 반응은 학교와 지역사회 예술계와의 연결고리에 초점을 두었다.

무엇보다도 새로운 사람들이 들어와서, 특히 초빙 예술가들이 생동감을 불어넣어 준다. 다른 세계에서 매일 2~30명의 사람들이 학교에 드나들면 정적일 수가 없다. 해마다 같은 사람들이 같은 일을 한다면 찾아볼 수 없을 에너지와 생동감을 가져온다. 정말로 단조로워질 수도 있다. 교사와 행정가 둘 다 그렇게 될 수 있다. 일상의 상투적인 습관에서 벗어나서 생기를 불어넣을 일이 생겨야 한다.

행정가는 전문가들 세계와 접촉을 유지한다는 것이 중요한 일 중의 하나라고 생각한다. 자신을 고립시키지 말고 스스로 행정가로 자각할 필요가 있다. 행정가는 학생과 교사들을 돕기 위해서 모든 자원을 동원하는 연락책임자로 자신을 인식해야 한다. 행정가는 탐색해 보기도 전에 선택사항을 배제하지 말고 개방적인 자세로 임해야 한다. 훌륭한 행정가는 "무엇이든지 가능하니 우리가 해낼 수 있는 방법을 찾아보자."라고 말하는 사람이라고 믿는다. 훌륭한 행정가는 가능한 한 가장 우수하고, 영리하고, 친절하고, 헌신적인 사람을 발견해서 그들이 해야 할 일을 하도록 자유를 주는 사람이다. 내 생각에 우수한 행정가는 학생들을 보호해야 한다고 생각한다. 항상 학생들의 이익을 명심하고 최선을 다해야 한다. 그러기 위해서 교사들에게 냉혹하게 대해서는 안 된다. 나는 내가 대우받고 싶은 대로 교사들을 대하려고 노력한다. 만일 그들이 교사로서 당면하고 있는 문제가 있으면 그들과 마주 앉아서 정직하게 그리고 아끼는 마음으로 의논한다. 나는 교사들이 성공하기를 원한다. 내가 교사들이 성공하기를 원한다는 것을 교사들이 느낄 필요가 있고, 그들에게 시간을 주어서 성공하도록 지원하는 방법을 찾아낸다.

행정가는 용기가 있어야 한다. 만약에 마음속 깊은 곳에서 옳다고 생각하는 일을 할 용기가 없다면 그는 행정가 자리에 맞지 않는 사람이다. 아주 조용히 앉아서 자신의 내면을 들여다보며 '무엇이 옳은 일인가'를 자문한다. 그러면 내면의 목소리가 정말로 그것이 옳은 일인지 아니면 잘못된 일인지를 알려 준다. 내면의 목소리를 무시하면 종종 직관을 무시하려는 정신상태 때문에 매번 그 대가를 치르게 된다. 자신을 신뢰해야만 한다. 예술활동이 이바지하는 것 중의 하나는 모험을 할 수 있는 사람이 되게 한다는 것이다. 만약에 모든 일을 안전한 방식으로만 한다면 학생들에게 해를 끼치면서도 규정에만 매여 일하게 된다.

학교를 시작하고 7년 동안 내가 여기에서 일할 때는 입학 조건으로 학생들의 학점이나 시험점수를 따지지 않았다. 내가 없는 동안에 어디에서 압력이 왔는지 어떻게 시작되었는지 알 수 없지만 심사를 받은 학생들은 반드시 오디션을 통과해야 할 뿐만 아니라 시험과 학점기준도 통과해야 한다. 내가 이 학교로 되돌아오기 전에 그 점을 알고 있었다. 그것이 설립취지와는 다르다는 것을 알기 때문에 나는 여러 해 동안 고민을 했다.

우리가 관심 가지는 것은 하루에 3시간은 예술수업, 나머지 4시간은 엄격하게 교과목수업을 하겠다는 학생들을 찾는 것이다. 학생이 그렇게 하겠다면 오디션 일정을 정하고, 그 오디션을 통과하면 입학이 결정된다. 현재의 상황은 성적이 떨어지지 않는다는 것이다. 우리는 학업성적이 다양한 학생들을 입학시키고 있다. 교사들은 학생들이 계속해서 공부를 잘하도록 심혈을 기울인다. 학교가 시험성적 때문에 명성을 얻으려는 것이 아니라 학생들이 그들이 원하는 것을 할 수 있도록 준비돼야 하기 때문이다.

논평

미래상과 지속성에 대한 믿음이 아네트 왓슨과의 면담 속에 면면이 묻어 있었다. 공연예술고등학교 입학기준으로 예술적 재능을 내세운 취지는 학교 운영을 책임지는 다른 사람들이 간과하기 쉬운 점이다. 공연예술고등학교는 학생들이 배우기를 즐기는 분위기를 지속적으로 만들어 주었고, 제1장에 나오는 1980년과 1992년의 학생들의 논평은 학습의 자유를 제공하는 힘을 반영한 것이다.

왓슨 교장은 초빙 예술가들을 통해서 지역사회를 학교 학습과 연결시키고, 공연예술고등학교 학생들의 공연을 통해서 학교를 지역사회로 연결시키는 가교 역할을 한다. 공연예술고등학교의 모토 "교육은 신뢰 안에서 이루어지는 모험"이라는 루스 데니 교장이 처음 시작한 말인데 20년이 지난 지금에도 여전하다. 그 학교의 전통은 학교의 설립취지와 일치하는 행정가를 선택하는 능력을 보여 준 셈이다. 그동안 변화가 있었지만 자원과 힘을 한 사람 주변에 집중시키지 않고 오히려 행정가들은 학생들에게 그들 자신의 학습을 할 수 있는 수단을 지원해 주기 위해 그곳에 존재한다. 사람은 스스로 학습할 자유를 누려 봐야 그들도 다른 사람을 촉진할 수 있는 사람이 된다. 루스 데니는 교사들에게 그런 경험을 허용하고, 왓슨은 그 경험을 바탕으로 다른 사람들의 학습을 촉진하기를 계속하고 있다.

열린학교/건강한 학교

이 장에 소개된 실례들은 교장이 지지적인가 아니면 지시적인가를 폭넓게 연구한 결과가 뒷받침해 준다. 웨인 호이(Wayne Hoy), 존 타터(John Tarter), 그리고 로버트 커트캠프(Robert Kottkamp)가 실시한 학교분위기와 건강에 관한 연구는 '열린학교와 건강한 학교' 라는 제목으로 교과서에 보고되었다. 그것은 뉴저지의 72개 고등학교의 행정가들의 속성에 대하여 기술하고 있다. 연구자들은 교사들이 전문적인 판단을 할 자유가 주어지지 않고, 교장에 의해서 감시를 받는 경우에 교사들은 교장을 불신하는 경향이 있다. 학교장이 지지적이고 개방적일수록 교사들은 학교장을 더 신뢰한다. 그런 교사들은 "학교에 대한 자부심을 공유하여 학교일에 적극 참여하고, 학생들에 대한 책임감, 동료들에 대한 관심과 신뢰 등이 바람직한 교사 행동을 조장하기 쉬웠다"(p. 121).[3] 이 연구에 참여한 교장들은 교장과 교사들 사이에 신뢰를 구축하는 데 적극적인 역할을 하는 반면에, 교사들 사이의 동료애나 신뢰형성을 위해서는 보다 더 간접적인 역할을 수행했다. 호이와 그의 동료들의 연구에 의하면 "교장의 주된 역할은 개방적이고, 건강하고, 신뢰하는 분위기를 조장하여 간접적으로 수업의 질을 높이는 것이다"(p. 121).[3]

교장의 직접적이고 통제하는 행동은 건강하지 않은 학교를 만드는 데 일조한다. 연구자들은 '촉진적' 이라는 용어를 사용하지는 않았지만 그 연구에서 토론한 교장들은 학습공동체를 돕기 위해 자원을 구하고, 학습을 위하여 개방적이고, 건강한 환경을 조성함으로써 학생들과 지지적인 교사들을 위하여 면학분위기를 조성하는 데 촉진적이었다. 학교장이 교사들에 대한 감시를 최소화하는 것은 사전에 규정한 교수요목에 따라 교사들을 평가하고 등급을 내도록 하는 주 정부의 훈령에 역행하는 것이다. 열린학교의 교장 밥 페리스는 "평가는 교육을 촉진하는 것이 아니라 통제하는 방편이고, 교사들로 하여금 시험과 교과서중심의 매우 보수적이 되게 하는 통제수단이다."라고 말한다. 교사들로 하여금 학생들을 더 잘 가르치도록 격려할 다른 간접적인 방법들이 있는데 나는 그것을 좀 더 탐색해 보고 싶다.

자기 평가 : 충분히 기능하는 전문가 양성

어떻게 학교장이 교사들로 하여금 지식의 전달자에서 학습의 촉진자가 되게 할 수 있을까? 교사들이 그들의 가르침에 대하여 심사를 받는 평가과정에서 교장과 교사 사이에 전형적으로 일어나는 다음 사건을 비교해 보라. 교장보다는 교사가 자기 수업의 전개과정을 설명하고 토론하는 교장과 교사 사이의 수업평가회를 상상해 보라. 한 과학교사가 어느 특정한 수업의 장점과 단점 영역을 자신 있게 설명한다.

학생들이 멘델레예프 시대의 화학원소를 발견하는 수업에서 시간의 40%는 내가 말을 했다. 학생들은 저마다 그 시대의 화학원소를 파악했고, 나는 그 원소를 기록할 카드를 나누어 주었다. 학생들은 그들이 알고 있는 정보를 근거로 가능한 새로운 원소에 대하여 소그룹으로 다양한 착상들을 토론했다. 학생들이 그들의 카드를 벽에 붙이기 시작하니 곧 현대 우리가 사용하는 원소주기율표가 생성되었다. 내가 토론을 주도하지 않고서도 학생들끼리 토론할 수 있어서 매우 기뻤다. 지난번 비슷한 수업을 할 때는 내가 시간의 80% 이상을 이야기했다. 그 수업에서는 무언가를 발견한 사람은 나 혼자뿐이었다. 나는 학생들의 아이디어도 활용할 수 있었고, 우리는 다음 수업을 위한 계획도 세웠다. 학생들은 창의성과 그 시대에 멘델레예프가 새로운 원소를 발견하는 과정에서 어떤 경험을 했을는지에 대해서도 이야기했다. 지난번 수업 이후로 나는 또한 단순 암기를 질문하는 횟수를 줄였다. 학생들이 생각하도록 자극을 주려면 나는 낮은 차원의 질문을 멈추어야 한다는 것을 깨달았다. 각 학생의 진술마다 내가 논평하던 통상적인 패턴을 버리고 학생들의 대답을 기다렸다. 나의 참여를 줄이니까 학생들의 질문과 학생들 사이의 상호작용이 증가했다.

그 평가회는 교사가 준비했던 자료를 읽으면서 그 교사와 교장 사이에 그 후에도 15분 이상 계속되었다.

그 교사는 『전 세계 교수전략』 "자기평가를 통한 자기향상"(pp. 413-453)[4]의 마지막

장에 묘사된 형식을 사용하여 수업결과를 분석하고 자기 수업의 비디오테이프를 청취하여 자기 평가서를 만들 수 있었다. 그 교사는 테이프를 틀어서 교장과 함께 자기 수업토론의 본보기들을 청취했다. 수업 테이프 분석 외에도 그 교사는 앞서 언급한 책에 나오는 교실의 건전성과 분위기를 측정하기 위한 학생설문조사 도구를 사용하였다. 두 군데서 얻은 연구자료는 교사와 학생들이 교실에서 활동한 것에 대하여 진실한 반응을 제공하였다. 교사는 수업한 테이프를 틀어서 학생들이 자신들의 토론에 경청할 수 있게 했다. 학생들의 반응은 교사가 유연성이 없고, 학생들의 말을 경청하지 않으려 한다고 보았다. 그 교사는 이 정보를 교장과 공유했고, 나머지 회의시간은 학생들의 견해에 더 경청하는 방안에 관하여 교장과 의논하였다. 그 교사는 수업이 진행되는 방식에 대하여 문제를 제기하기 위한 학급회의에 시간을 좀 할애하기로 결심했다. 그 교사와 교장은 다음 회의에서 이 문제에 관하여 더 대화할 예정이다.

평가의 내적 소재

지식은 힘이다. 그러나 자기 자신에 대한 지식은 가장 위대한 힘이다. 앞선 예에서 교장과 교사는 역할을 교체하였다. 일반적으로 교실에 앉아서 교사가 하는 수업에 대하여 관찰용지에 노트를 하거나 암호로 썼다가 나중에 그 교사에게 피드백을 주는 것이 교장의 역할이다. 젊은 교사가 교직에 들어와서 은퇴할 때까지 그 교사는 "나는 잘 가르치고 있는가?"라는 질문에 다른 사람들의 답변에 늘 의지한다. 통제의 소재가 늘 내재적이라기보다는 외재적이다. 충분히 기능하는 전문가들이 성장하기 위해서는 자주독립이 필요하다. 내가 어떻게 할 것인가를 남들의 지시에 의존하게 되면, 개인적인 성장은 억압되고 전문직 전체가 주눅이 드는 의존성만 키우게 된다. 의미 있고 지속적인 변화는 우리가 우리의 내면에서 답을 찾을 때 일어난다.

녹음테이프는 교사가 학생들과의 상호작용을 검토해 볼 수 있는 한 가지 수단이다. 만약에 목표가 인간중심적이라고 하면서 교사가 수업시간의 70~80%를 장악한다면 이것은 교실에서 학생과 교사의 상호작용하는 방식에 변화가 와야 한다는 것을 의미한다. 앞 예에서 교장은 변화의 과정을 촉진하는 중이었다. 과거에는 이 교장도 1년에 한두 번 관찰하면 수업이나 상호작용 그리고 교실 학습을 향상시킬 것으로 기대하는 형식적인 제스처에 동참했던 사람이었다.

다른 학교에서도 촉진적인 교장들은 교사들의 대화집단 형성을 지원한다. 소집단의 교사들은 자신들의 녹음테이프 분석을 완성하여 서로 자기평가를 공유한다. 나는 전국의 학교에서 이런 활동을 보아 왔다. 가르침의 철학에 대한 열린 생각과 토론을 공유하면 동료 교사들의 개방성을 크게 진작시킨다. 어느 중학교 영어교사는 다음과 같은 자기수업평가를 내놓았다. "내 생각에 나의 큰 약점은 질문하는 대신에 설명하는 경향이다. 나는 자주 학생들이 생각할 시간을 주지 않고 내 질문을 반복 진술하거나 내가 대답을 하곤 한다"(p. 91).[5] 교장과 학교분위기가 자기주도적 학습을 권장한다면 교사들은 평가의 내적 소재를 구축할 수 있다. 자기 자신의 성공과 실패를 통한 학습이 가장 훌륭한 교사가 될 수 있다.

행정가들은 교사들이 성공과 실패를 공유하는 기회를 가지고 서로 배울 수 있는 풍토를 촉진할 수 있다. 학교장은 개방적이고 건강한 학교를 육성하는 과정에 교사, 학생, 학부모, 그리고 지역사회 주민들과 동반자가 될 수 있다. 우리는 이 장에서 다른 어떤 한 사람이 아니라 학생들을 우선하는 학교에서 촉진의 중요성을 보았다. 학교장이 촉진자가 아니라 인기스타 같은 학교에서는 교장이 떠나면 공허한 유산만 남는다. 그러나 설립취지를 발전시키는 사람들은 그 취지를 다른 이들과 공유하고 기꺼이 다른 사람들을 촉진시킬 수 있는 사람들과 함께 일을 한다. 아네트 왓슨은 교장 루스 데니에 의해서 신뢰받고 촉진된다는 것이 어떤 것인지를 경험한 사람이다. 이제 교장이 된 아네트는 다른 사람들이 공동 지도자가 되도록 믿어 주는, 미래에 대한 이상을 실천할 수 있게 되었다.

변화가 오려면 당연히 더 많은 사람들이 촉진적인 사람과 함께 일하는 것의 장점을 경험할 필요가 있다. 타인을 촉진할 수 있는 사람의 숫자가 증가할수록 다음 세대의 지도자들이 타인에게 학습의 자유를 제공할 기회도 증가할 것이다. 행정가들도 촉진자가 될 수 있다. 그러나 행정가들은 '교육을 신뢰 속에서 모험하는 일'로 보아야 하고, 다른 사람들이 "우리 스스로 이것을 이루어 냈다"고 말할 때 자부심을 느낄 수 있어야 한다.

참고문헌

1. Lao Tzu, *The Way of Life according to Lao Tzu*, trans. Witter Bynner (New York: Capricorn Books, 1962).
2. Robert Ferris, "From Gadfly to Mainstream: The New Orleans Free School Twenty Years Later" (Unpublished letter to the community, presented at the twentieth anniversary of the founding of the New Orleans Free School, 1991).
3. Wayne K. Hoy, John C. Tarter, and Robert B. Kottkamp, *Open Schools/Healthy Schools* (London:

Sage, 1991).

4. H. Jerome Freiberg and Amy Driscoll, *Universal Teaching Strategies* (Boston: Allyn and Bacon, 1992).
5. H. Jerome Freiberg, "Teacher Self-assessment and Principal Supervision," *NASSP Bulletin* 71, no. 498(1987): 85-92.

제 7 장

자유의 촉진자

인간중심 교육방법에 대하여 가장 많이 파급된 오해 중의 하나는, 그 방법이 단지 일정한 종류의 교과목이나 어떤 특별한 상황에서만 적용될 수 있다는 믿음이다. 우리는 초등학교는 물론 중등학교와 외국어학습에서 인간중심 접근방법이 실행되고 있음을 앞 장에서 관찰했다. 이 장에서 나는 아주 다양한 상황에서 그 방법이 활용될 수 있음을 보여 주고자 한다.

아주 다양한 사람들의 경험을 소개하면 우리가 어떤 기술이나 한 가지 방법에 관하여 이야기하는 것이 아니라는 사실이 명백해지리라고 나는 믿는다. 교육현장에서 인간중심의 존재양식이란, 우리가 성장해서 도달하는 어떤 상태이다. 그것은 개인의 존엄성의 강조, 개인의 선택의 중요성, 책임감의 중요성, 창의성의 기쁨을 강조하는 성취하기가 쉽지 않은 가치체계이다. 그것은 개개인에게 권한을 주는 민주적인 방식의 바탕 위에 구축한 철학이다.

이 장에서는 여러분이 다음과 같은 것을 발견하게 될 것이다.

1. 교실에서 자유를 신장하기 위한 과감한 노력이 한 가지 실수로 좌절된 어느 과학교사
2. 민주적인 과정을 신뢰하고 교수와 학생들에게 권한을 주는 일에서 한계를 넘은 한 학과장
3. 창의적인 사고를 위해 좋은 환경을 구성하는 요인을 배우게 된 수학자
4. 교사의 태도를 변화시키는 방법으로 어린 시절의 기억을 사용한 교사 중의 교사
5. 오래 지속되는, 양분이 많은 열매인 자유의 작은 정원을 가꾼 어느 전통적인 학교의 카운슬러 등

용기, 통합 그리고 한 번의 실수

지금까지 학습과정과 학습의 결과가 학생들에게는 물론 교사에게도 긍정적인 예만 소개한 것을 나는 알고 있다. 이제는 내 판단에 실수를 해서 불행한 결과가 나타난 혁신적인 강좌를 소개하고자 한다.

존 바크햄(John Barkham) 박사는 영국 어느 대학에서 환경학을 가르친다. 그는 가장 혁신적인 방법[1]으로 자기가 가르친 한 과목에 대한 장문의 사려 깊은 분석을 나에게 보내왔다. 그 강좌는 학생들에게는 물론 그 교수에게도 값진 학습경험이었다. 바크햄이 강의준비를 하고, 독창적인 연구방법을 써서 평가를 한, 그 헌신적인 방법을 나는 이 좁은 지면에서 제대로 다 소개할 수가 없다. 나는 그의 보고서를 인용하면서 두드러진 특징 몇 가지에 초점을 맞추려 한다. 그 과목 전체에는 부당한 일이지만 그가 한 일과 하지 않은 일 몇 가지를 강조하고자 한다. 내 판단으로는 그것이 심각한 실수가 되었고, 그래서 그 경험은 기대할 수 있던 경지에 이르지 못했다.

바크햄 박사는 얼마 동안 혁신적인 수업형태로 접근해 가고 있었다.

> 여러 해 동안 나는 〈생태조직경영학〉이라는 과목을 가르치는 방법을 개발하고 개선해 왔다…. 1978년에 집단참여학습의 잠재력을 깨닫기 시작하였다(그가 1979~1980년에 토론그룹을 개발한 이야기를 말한다). 그때 나는 나에게 큰 변화를 준 두 권의 책을 처음으로 읽었다. 아담 컬(Adam Curle)이 쓴 『해방을 위한 교육』[2]은 감동을 주었고, 약간의 혁명가적인 열성을 나에게 주었다. 로저스가 쓴 책 『학습의 자유』[3]는 학생들을 좀 더 효과적으로 촉진하기 위해여 바로 그때 내가 찾고 있던 도구를 발견할 수 있게

했으며, 나의 감정을 확신시켜 주었다. 지금의 당신 생각대로 머물러 있고 싶거든 두 책 중에 어느 것도 읽지 말기를 바란다.

그는 많은 교사들의 심금을 울릴 수 있는 방식으로 진술하면서 자기 마음속의 갈등을 아주 정직하게 표현한다.

1978학년도 〈생태조직경영학〉을 수강한 많은 학생들의 어려움은 나 자신의 역할 혼미를 반영하는 것이었음을 처음으로 깨달았다. 학생들은 "나는 여러분에게 탐구할 자유를 주고 싶다"고 말한 내 말을 들었으나, 그들이 느낀 것은 내가 통제하고 있고, 그리고 더 나쁜 것은 학생들을 또 다른 방식으로 내가 조작하고 있다는 것이었다. 정말 나는 그렇게 하고 있었다. 학생들 자신의 학습을 위하여 자유와 책임을 학생에게 준다는 것은 매우 걱정되는 일이다. 나는 나쁜 결과가 나오거나 통제하지 못할까 봐 두려웠다. 결국 내가 학생들보다 훨씬 더 많이 안다면 분명히 내가 그것을 학생들 앞에 내놓아야 할 의무가 있는 것이 아닌가? 어쨌든 학생들이 그들의 생각이 내 생각만큼이나 중요하고 타당하다고 생각하게 된다면 그들은 나를 존경하지 않을 것이다…. 나는 무엇이 중요한 것인지 알고 있다.

중요한 것은 교수요목이고, 모든 학생들은 내가 가장 많이 안다는 사실을 받아들여야 한다는 등, 내가 나 자신에게 분명하게 밝혀 주지 못한 두려움이 내 마음속에 있었다. 그래서 만약 학생들이 진실로 자유로워져야 한다면, 나는 정말로 고삐를 놓아주어야 한다는 것을 깨달았다. 로저스의 책을 읽고 나서 나는 하루 동안에 1980학년도 과목을 위한 유인물을 작성했다.

수강신청을 한 37명의 학생들에게 개강하기 수개월 전에 그 유인물을 나누어 주었는데, 그것은 아주 철두철미하고 상세한 11쪽 분량의 글이었다. 짤막한 한 토막을 보아도 그 목적과 논조를 알 수 있을 것이다.

여러분과 나는 많은 사람들이 참여한 3년차 과목을 정말로 가치 있는 과목이 되도록 운영할 수 있을까? … 이 과목에 대한 나의 개인적인 목적은 생태조직 경영과 자연보호를 연구할 수 있도록 여러분에게 가능한 모든 자유를 주자는 것이다. 여러분은 내

> 그릇 속에 있는 내용물을 쏟아부을 수 있는 빈 그릇이 아니다. 이 과목은 여러분의 과목이라는 것을 나는 항상 기억하지 않으면 안 된다. 수강신청을 함으로써 여러분은 관심을 표명했으니, 나의 역할은 촉진자로서 나의 기술이 허락하는 한 여러분이 자신의 관심사를 추구할 수 있도록 도와주는 것이다. 나는 자율적이고 창의적인 학습이 자유롭게 일어날 분위기를 조성하고 싶다.

분명히 그 과목에 영향을 준 마음속 갈등의 흔적이 이미 명백하다. '여러분과 나와 함께'와 '이것은 여러분의 과목이다. 내 것이 아니다' 사이의 불일치를 눈여겨보자. 어떤 진술이 그가 믿고 있는 것일까?

유인물은 여러 가지 주제를 언급하고 있다. 그는 학생이 자신의 목적을 분명히 할 수 있도록 질문을 제시한다. 그는 책, 현장견학, 외부 전문가 등 많은 자원을 소개한다. 그는 학생들이 착수할 수 있는 연구과제의 종류를 제안한다. 그는 학생들이 배운 것에 대한 평가문제를 길게 다루면서 '대학도 만족하고 동시에 우리의 학습의 자유와 이 과목의 정신도 해치지 않는 평가방법을 함께 찾아내는 것'이 그의 목적이라고 진술한다. "내 생각에는 이것이 첫 시간 수업의 가장 중요한 협의사항이 될 것이다."라고 말한다. 그는 또한 그 과목에서의 경험과 담당교수를 긍정적이든 부정적이든 평가하는 보고서를 학기 말에 무기명 혹은 기명으로 제출할 것을 공지한다.

이용할 자원을 소개하면서 자원인사 중 한 사람은 '나'라고 진술한다.

> 내가 보기에 처음에는, 그리고 몇몇 사람에게는 나를 어떻게 효율적으로 활용하느냐가 어려운 문제가 될 것 같다. 여러분은 모든 것을, 아니 대부분의 것을 혼자 결정하는 교수들에게 익숙해 있다. 이제는 여러분 스스로가 결정하지 않으면 안 된다. 여러분은 이 문제를 극복할 수 있다고 나는 확신한다.
>
> 여러분의 학습을 촉진하기 위하여 내가 제공해야 할 것이 무엇인가? 내가 해야 할 일이라고 스스로 생각하는 것과 여러분이 내가 해야 할 일이라고 생각하는 것이 다를지도 모른다. 여기에 내가 제공할 수 있는 자료가 좀 있는데, 언젠가 여러분이 활용하고 싶어 할지도 모른다(그러고 나서 그는 자기의 관심과 경험을 나열한다).
>
> 여러분은 내가 다른 방법으로도 도와주기를 기대할 것이다. 여러분이 나를 잘 활용하도록 하기 위해 만날 수 있는 시간을 미리 정해 놓아야겠다. 적어도 가을 학기 동안 거의

언제나 만날 수 있는 시간표가 여기에 있다(그 교수는 연구실에 있을 시간표를 준다). 십중팔구는 내 시간을 예약해야 될 것이다. 많은 사람들이 만나기를 원하는 이유가 무엇인지, 그리고 나를 어떻게 활용하려는지 간명하게 말해 주어야 한다. 그래야만 내가 그 질문에 대한 준비를 할 수 있을 것이다. 만약 내가 여러분의 요구를 이해하지 못한다거나 여러분의 요청을 받아들일 수 없거나, 이의를 제기해야 한다면 그렇게 말하겠다. 그렇지 않고서는 나는 최선을 다할 것이다.

도와줄 것을 자원하면서도 유인물의 다른 부분과 일치하지 않는 일정한 형식과 거리가 있어 보인다. 그는 첫 수업의 일자, 시간, 장소를 밝히면서 진술을 마치는데 매우 무뚝뚝한 문장으로 결말을 짓는다.

나는 3시 30분에 수업을 시작해서 5분 이내에 여러분 마음대로 이끌어 가도록 여러분에게 맡기겠다. 단, 최소한 다음과 같은 것들이 토의 안건이 되기를 바란다(그는 그룹형성, 외부 전문가의 활용, 시험 및 평가 등의 문제를 나열한다).

이 마지막 진술문을 보면 그는 이 과목에서 자기 자신을 격리시키는 것처럼 보인다. 첫 번째 수업에서 그런 종류의 학습경험이 늘 내포하는 혼란이 있었음에도 불구하고 그 교수는 중요한 부분으로 참여하지를 않았다.

최초의 모임은 긴장감이 감돌고 불안했다. 말문은 내가 열었지만 나는 통제와 지시를 삼갔다. 명백한 것은 대부분의 학생들이 그렇게 큰 집단에서 어떻게 행동할지 몰라 어려워했다는 것이다. 주도권을 잡으려고 여러 학생들이 나섰으며, 많은 학생들은 침묵을 지켰다. 많은 시간이 평가문제를 토론하느라 소비되었고, 학기 말에 시험을 칠 걱정이 자유롭게 표현되었다.

그 교수가 깊이 참여하지 않았다는 증거가 불안하면서도 정직하게 표현한 두 개의 진술 속에 나타나 있다.

전반적으로 나는 처음 몇 주 동안 불안했다. 첫 모임 이후에 몇몇 학생은 사라져 버렸다. 나는 그 문제를 어떻게 다루어야 할지 몰랐다. 내가 할 수 있는 한 가지 반응은 그들에게 내가 자유를 주었으므로, 공부하는 데 그 자유를 선용할 것인지 말 것인지는 그들이 책임져야 할 결단이라는 것이다. 몇몇 학생의 경우에는 전혀 공부를 하지 않을 것이라는 두려움이 내 마음속에 있었는데, 그것은 입증할 수도 부인할 수도 없는 것이었다.

나는 앉아서 걱정만 하지 않고 자유롭게 자주적인 행동을 취했다. 나는 학생들의 요청에 반응하는 것 이외에 남는 시간을 자연보호에 관한 새로운 학습에 사용하려 했다. 그렇게 함으로써 학생들에게 보다 효과적인 자원인사가 되려고 했다.

그 집단은 통솔력의 공백을 그대로 남겨 두지는 않았다. 한 학생이 그 시점에 이르니 일을 조직하는 데서 지도자 역할을 했다. 그는 일을 추진해 갈 결의에 차 있었고, 세미나를 개최하는 등 다른 학생들을 이끌어 가며 솔선수범하고 있었다. 바크햄 교수는 선두에 나서서 두 가지 일을 했다. 그는 여러 명의 전문적인 자연보호주의자를 초청하여 학생들과 비공식적으로 만나게 했다. 그 모임은 출석률이 좋았고 모두 고마워했다. 중요한 것은 그가 이 모임을 이끌어 가지 않았다는 사실이다. 또한 그는 몇 차례 강의를 했다. 첫 강의는 학생들의 요청에 의해서 했는데 그 강의에서 그는 자연보호에 대한 자신의 가치관을 소개했다. 학생들은 그것을 특별히 좋아했다.

학생들의 생산성과, 그들의 반응이나 평가에 나타난 그 강의의 결과는 대체로 만족스럽거나 그 이상이다. 그 강의는 대부분의 학생들에게 자주적인 학습시간이었다. 전형적인 반응을 소개하면 다음과 같다.

이 과목의 구조는 자신의 생각의 방향을 정할 수 있어서 좋았다고 생각한다. 처음부터 각자가 저 나름대로 공부한다는 것을 명백히 했다. 그래서 다른 과목과는 달리 내가 그 과목을 자기발견의 여정으로 생각하게 하였다. 그리고 미리 정해진 의무사항이 없어서 틀에 박힌 강의보다 더 자유롭게 나 자신을 계발할 수 있었다. 이런 과목에선 주입식 공부는 있을 수 없다. 이런 과목이 실제로 흥미를 느끼게 한다.

그리고 그 학생은 자기가 좀 더 적극적인 역할을 했으면 좋을 뻔했다고 말했다.

당신의 공헌은 내 생각에는 부적절했다. 대화를 좀 더 많이 하거나 당신이 실제로 무언가 준비해야 하는 세미나다운 세미나가 더 좋았을 것 같다.

나는 개인적으로 당신이 강의 측면에서가 아니라 토론을 이끌어 가는 일에 더 큰 역할을 했어야 한다고 느낀다.

논평

바크햄 교수의 경험에 관해서 나는 논평을 하고 싶다. 그는 '우리의' 강좌인지 '너희의' 강좌인지에 관하여 분명히 양면적이었는데, 그의 행동은 후자였음을 보여 주었다. 그는 집단활동에서 스스로 빠져나왔는데, 일단 나오고 나니 침범하지 않고는 자연스럽게 되돌아갈 수가 없었다. 그가 강의를 하기로 결심했을 때 그것이 학생들의 불안에 대한 반응이거나 그 자신이 무용지물이라는 불안감에 대한 반응은 아니라고 보고서에서 말한다. 그는 방문객들과 비공식적인 모임을 주선했을 때도 자기가 나서서 한 일을 정당화하고 있다. 분명히 그는 그 과목에서 행동할 권리가 없다고 느끼고 있다.

바크햄 교수가 자기 과목에 관여할 기회를 스스로 막아 버린 것은 실수였다고 믿지만, 나는 그를 매우 동정한다. 나는 요직에 있는 교수들과 주말에 가졌던 그룹활동을 생생하게 기억하는데, 그 그룹은 그들의 교육목적을 다시 생각해 볼 목적으로 만난 것이었다. 바크햄 교수처럼 나는 그것이 그들의 그룹이므로 그들이 원하는 대로 시간을 활용할 수 있다는 것을 분명히 했다. 난처하게도 그들은 대체로 잡담하면서 시간을 보내기로 한 것이었으나, 그 상황을 변화시킬 묘안이 내게는 없었다. 만약 그것이 '우리의' 그룹이었다면 귀한 시간을 허송하는 데 대한 나의 분노가 참여자의 한 사람으로서 표출될 수도 있었을 것이고, 그들은 내 말을 들었을 것이다. 그렇지만 그 주말은 완전한 실패로 기록되었다.

내 경우와 바크햄 교수의 경우도 그렇겠는데, 그 잘못은 남을 신뢰하는 데 지나치게 열중한 데서 왔다. 내가 하지 못한 것은 나 자신을 그 그룹의 유용한 구성원으로 신뢰하는 일이었다. 그러니까 내가 해 줄 수 있는 일을 안 해 준 것이었다. 바크햄 교수의 경우도 똑같다고 나는 생각한다. 그는 공동참여자가 될 기회와, 더 중요한 것은 공동학습자가 될 기회를 상실했던 것이다.

스스로 그 과목에 참여하는 것을 차단한 두 번째 결과는 구성원 상호 간의 허심탄회하고 개방적인 상호작용에서 나올 자극과 창의성이 없었다는 점이다. 그는 불안한 채로 사무실에 앉아 자신의 감정을 홀로 간직하고 있었기 때문에 그 학생들도 똑같은 방법으로 행동하는 경향이 있었다. 그들은 토론도 좀 했지만 대부분 그들 각자가 자주적인 학습을 했다. 그것도 우수한 방법이긴 하지만, 교수가 촉진자가 되는 정규 토론시간이 있었더라면 훨씬 유익했을 것이다. 그렇게 조성된 자유로운 분위기에서는 한 학생의 생각이 다른 사람을 자극하고, 한 사람의 통찰은 다른 학생들의 창의적인 반응을 야기시켜서 역동적인 집단과정이 모든 학생들의 학습과정을 고무시키게 된다.

내가 보기에는 그 집단에서 교수가 고립된 것이 그 자신과 학생들의 중요한 공동학습을 불가능하게 하였다. 그러고 나서 촉진적인 집단경험을 개발하지 못한 것이 거의 확실히 일어날 많은 창조적인 통찰을 빼앗아 갔다.

이것은 세심한 주의를 하면서 수행한 하나의 대담한 실험이었고, 그 결과는 대체로 양호했다. 그러나 한 가지 실수, 즉 교수가 자기 자신을 그 집단의 중요한 구성원 중의 하나로 보지 못한 실수만 아니었더라면 학생들과 교수에게 훨씬 더 귀중한 학습경험이 될 수 있었을 것이다.

과격하리만큼 민주적인 지질학

빌 러미(Bill Romey)는 어떻게 하면 지질학과 지구과학에서 학습이 제대로 일어날 수 있을까 하는 꿈을 가지고 있었다. 그는 마침내 세인트로렌스대학교에서 그의 생각을 실현할 수 있게 되었다. 러미가 자신의 말로 직접 자기 계획을 말하게 하겠다(pp. 680~96).[4*]

세인트로렌스대학교에서 토론 중에 학문이라고 불리는 좁은 구조물보다는 사람들에게 초점을 맞추려는 한 학과의 계획이 발표되었다. 대학당국도 그 계획을 받아들였고, 초기의 대화는 기꺼이 그 실천을 뒷받침하겠다고 제안했다. 그 계획은 다음과 같은 요소를 지니고 있다.

1. 모든 학생과 교수들에게 자주적인 학습계획이 모든 정규과목을 대신할 것이다.

---

* Reprinted by permission from Bill Romey, "Radical Innovation in a Conventional Framework: Problems and Prospects." *Journal of Higher Education* 48 (November/December 1977): 680-96. 1977 by the Ohio State University Press. All rights reserved.

2. 학생들은 스스로 학업을 평가할 것이다.
3. 학생들은 자기가 성취한 것을 보여 줄 방법으로 그들이 공부한 것의 서류철을 유지할 것이다. 전통적인 형태의 시험은 이제 더 이상 없을 것이다.
4. 학생과 교수는 충분히 동등하게 학과운영에 참여할 것이다.
5. 학생도 그 학과에서 무엇을, 언제, 얼마나 오랫동안 그리고 누구와 함께 배우고 싶은지를 스스로 결정해야 한다. '지질학'과 '지리학'은 가능한 한 넓은 의미로 해석될 것이다.
6. 교수는 모든 사람들의 이익을 위하여 풍요롭고 자주적인 학습분위기를 학생들과 협력하여 조성할 책임이 있다.
7. 학점을 이수하기 위해 정식으로 수강신청을 했든지 안 했든지 상관없이 대학교 내의 모든 이들이 자유롭게 드나들 수 있도록 학과를 개방적인 유기체로 운영할 것이다.
8. 모든 것이 협상이 될 수 있다. 교수들과 학생들은 남에게 군림하거나 다른 사람을 조작하거나 통제하지 않기로 합의할 것이다.
9. 지역사회는 서로에 대한 존중과 물리적 시설을 존중하게 할 개방적인 대화를 조성·유지하도록 노력할 것이다. 우정, 상호지지 그리고 긴밀한 인간관계를 추구할 것이다.
10. 모든 사람은 교사와 학습자로서의 기능을 다 발휘할 것이다.
11. 수평적인 행정구조는 모든 참여자들에게 동등한 힘, 권위와 기회를 줄 것이다. 학과장직은 우리처럼 수평적으로 조직된 그룹을 엄격한 수직적 위계로 조직된 대학교에 가능한 최소한으로 통합되도록 조정하는 자리가 될 것이다. 학과장은 돌아가며 할 것이다.
12. 그 학과는 지구에 관한 교양을, 좁게 정의된 지질학과 지리학 전문가 준비만큼이나 중요시하는, 보다 자유로운 학과로 발전할 것이다. 이리하여 사업가, 정치인, 음악가, 역사가, 언어학자 또는 어떤 인생행로를 가는 사람이든, 지구에 관하여 좀 더 깨닫고 알게 될 기회를 제공할 것이다.

논평

상상할 수 있는 대로 바로 문제가 발생했다. 한 가지 큰 문제는 성적평가에 관한 것이었다. 러미 교수와 학생들은 학적과에 두 가지 평가, 즉 이수학점이나 '진행 중'이라고 기록해 두는 제도를 채택하였다. 다른 말로 하면 상대평가의 의미에서는 학점이 전혀 없었다.

또 다른 큰 문제는 이 실험에 참여한 다섯 개 영역의 교수들에 관한 문제였다. 어떤 교수들은 일정이 짜여진 과정이 없어서 매우 불안하게 되었다. 그래서 그러한 과목은 점진적으로 재정립되었다. 5년 반이 지나서 그 실험은 60% 이상의 학생들이 연구과제중심 집단에 등록하고 그 나머지는 전통적인 강좌에 참여하는 이중제도를 운영하게 되었다.

이처럼 광범위한 실험을 평가하는 것은 어려운 일이었다. 한 관찰자는 다음과 같이 말했다. "좁은 의미로는 그 실험은 몇몇 교수들이 옛날 교수방법으로 돌아갔으므로 실패했다고 말할 수 있다. 그러나 이 변화를 단순한 복귀로 생각하는 것은 잘못이다. 분위기가 전체적으로 변했고, 이 변화는 보수적인 교수들이 스스로 인정하는 것보다도 더 많은 영향을 그들에게 주었다. 더군다나 실험의 목적이 학습자들에게 최대한 선택의 폭을 넓혀 주는 분위기 조성에 있었다면 그 실험은 큰 성공이었다. 교수방법과 가설의 다양성이 그 학과 안에 있는 모든 이들에게 명백해지자 학생들 사이에 교육에 대한 인식이 높아졌다" (pp. 16-17).[5]

러미 교수와 그의 동료들이 실험한 것은 매우 보수적인 인문대학에서 본질적으로 색다른 대학을 만들어 보자는 것이었다. 더군다나 이 색다른 대학은 과감하게 민주적이었다. 우리가 민주주의를 실천하기보다 가르치기를 더 좋아하는 이유가 무엇일까? 여기서는 교수와 학생들이 모든 중요한 결정에 참여한다. 얼마나 민주적이었던지 혁신과는 다른 의견까지도 허용되었다.

교수도 학생들도 억지로 자유롭게 하지는 않는다. 그들은 자기 자신이 가장 편안하게 느끼는 학습방법과 교수방법을 선택할 수 있다. 위계질서에서 그들이 벗어난 정도를 보면 놀랄 만하다. 이것은 커다란 전통적인 대학교라는 테두리 속에서 건강하게 자라고 있는 작은 혁명이다. 다른 대학들에게 모델이 될 만한 것이다.

이 실험이 진행 중인 5년 동안 이 분야를 전공하는 학생 수가 거의 세 배로 증가했다는 것은 의미심장한 일이다. 우등상을 받은, 거의 책으로 발간해도 될 만큼 우수한 졸업논문의 수가 증가했다. 대학원에 진학하는 학생 수도 천천히 그러나 꾸준히 증가했다. 분명히 이 프로그램에 속한 학생들은 배우고 있으며 배우는 것을 즐기고 있다.

사랑과 신뢰가 낳은 창의적 지식

캘리포니아 주 클레어몽트에 있는 하비머드대학의 앨빈 화이트(Alvin White) 교수는 남다른 수학선생이다. 수년 전에 그는 변량분석(나는 그 뜻도 모른다) 과목을 인간중심의 학습경험이 되게 하는 실험을 소개하였다(pp. 128~133).[6] 그것은 관련된 모든 사람들이 성장하는 학습과정이었으므로 그는 점점 대담한 모험을 계속하면서 교수들을 교육하고 한층 더 독특한 생각을 수업시간에 시도해 보았다. 최근 보고서에서 그는 지식을 얻는 방법과 창조하는 방법을 배우는 것이 주된 목적인 괄목할 만큼 변형된 세미나에 대해서 설명하고 있다. 그의 보고서는 매력적인 면이 있다.[7]

어떤 때는 한 가지 경험이 얼마나 심오한 영향을 미치는지 그 특별한 경험이 실례가 되는 일반원리를 추론해 내게 한다. 만약 그 통찰이 진실로 판명되면, 일반원리는 그것을 야기한 특수사례를 유명하게 만든다.

나는 여러 해 전에 그와 같은 운 좋은 경험을 매사추세츠 공과대학 학생들과 함께한 적이 있다. 그 기억은 조용한 만족감을 아직도 마음속에 솟아나게 한다. 교육연구부는 나에게 방문교수 자격을 제안하고, 1976년 봄학기에 내가 원하는 세미나를 개최할 수 있도록 초청장을 주었다. 그 초청은 모든 학문에 공통인, 그러나 별로 연구한 바가 없는 질문을 할 수 있는 기회였다. 나는 일련의 질문을 제기하였다.

> 사람들은 어떻게 지식을 습득하는가? 확실성의 한계는 무엇인가? 일반지식과 과학적 지식의 관계는 무엇인가? 독창적인 발견에서 아름다움, 단순성, 직관의 역할은 무엇인가? 예술, 인문과학, 자연과학의 현재 지식은 창조적인 상상력의 유산이다. 이 유산이 각급 학교 교육에 어떤 영향을 주는가?

적절한 독서를 권장했다. 그 범위가 놀랍기도 했고 나에겐 즐겁기도 했다. 방문객이라는 점이 대담성을 부추기기도 했다.

12명의 학생이 참여하였다. 인공지능, 생물학, 전산학, 전자공학, 환경학, 언어학, 수학, 물리학 그리고 시각예술을 전공하는 학생들이었다. 그 집단은 학제 간 학문이거나 복수전공하는 학생들이었다. 우리 경험은 학문 공통적이거나 초월적이었다! 우리는 답을 찾기 위하여 많은 저자들의 글을 읽고 토론하고 보고서를 썼다. 그러나 지식을 습득하는 방법에 대한 대답은 우리가 보기에는 과정과 맥락 속에 묻혀 있었다.

우리는 오전 9시부터 10시 30분까지 일주일에 두 번 만나기로 일정을 짰다. 실제로 토론은 12시까지 계속되곤 했다. 모두 오전 중의 다른 약속을 취소하였다. 학생들은 자기 교수들을 초대하여 참여케 했다. 조용히 관찰하겠다는 청강생들이 생겼는데, 머지않아 그들도 통상 침묵을 지키지 못했다. 우리 세미나가 청강생들에게 인기가 좋은 것은 아마도 개방성, 정직한 경청 그리고 상호존중이 분명하기 때문일 것이라고 한 학생이 논평했다. 어떤 발언도 무비판적인 태도로 수용되었다. 아무도 말하도록 강요당하지 않았고, 누구나 말할 기회가 있었다. 우리는 듀이, 칸트, 폴라니, 포퍼, 러셀 등의 저술을 공부했다.

2학기 마지막 주는 그 세미나를 평가하고 토론하는 시간이었다. 그렇게 성공적이었던 이유가 무엇인가? 우리에게 무슨 변화가 있었나? 어떻게 우리가 낯선 사람들이었다가 친구와 동료집단으로 변했는가? 마치 우리는 학기 내내 축하연을 베푼 것 같았고, 알랭푸르니에의 방랑객처럼 그 장소의 신령에 붙들린 것 같았다. 한 학생은 이 세미나는 자기가 출석해서 변화가 생긴 최초의 과목이라고 말하였다.

그 세미나가 그토록 만족스러웠던 이유는 무엇인가? 무엇을 배웠으며 다시 축제분위기를 느끼고 싶을 때 우리는 무엇을 어떻게 해야 하는가? 뜻밖의 대답이 하나 나왔다. 세미나에 관한 질문은 물론 세미나에서 나온 질문의 답이 되는 것이었다. 통찰의 순간에 한 학생에게서 나온 그 대답은 '사랑과 신뢰'였다.

그 문구는 무엇을 의미하는가? 그 개념은 참가한 학생의 어느 전공분야에서 나온 것이 아니라 우리의 탐험과정에서 생겼다. 사랑과 신뢰는 축제기분에 공헌했고, 지식을 습득하는 과정에 필수적인 요소였다. 사랑과 신뢰가 없던 몇 가지 예를 회고해 보니, 그때는 최소한의 학습이 있었을 뿐이다. 사랑과 신뢰가 그토록 놀랄 만한 대답이었어야 했는가? 내가 놀란 것은 나의 형식적 교육의 유산이었던가? 과거에 나는 그와 같은 특성을 목격하기에는 너무나 주의하지 않았던가? 아니면 나의 기억이 교육현장에서 자주 발견한 잔인성과 미친한 행동에 의해 영향을 받았던가? 학생들과 나는 그 경험이 참된 것이며 예외적인 것이라고 인정했다. 그런 경험의 희소성 때문에 우리는 그것을 소중히 여기게 되었다. 그럼에도 불구하고 그런 대답을 감상적이라거나 그만도 못한 것이라고 말할 수 있겠는가?

그들이 교실에서 만나고 있을 때 사랑과 신뢰는 수학적인 논리나 전기공학과는 거리가 멀어 보인다. 그렇지만 우리가 학습과 가르침에 개입되면 모든 학문은 지적인 상상과 창조에 포함된 과정을 공유하게 된다. 사랑과 신뢰는 그 집단상황에서 우리 학습의 자연스러운 부분이었다. 우리는 그 세미나에 대한 묘사에 마음이 끌려 모였다. 서로 이해하는 데 진전이 있었다. 그러나 우리의 이해심은 그 세미나를 초월한 것이었다.

아마도 나의 놀라움은 어떤 과목의 교수요목이나 학습목표 혹은 교과서 목차에 분명한 항목으로 사랑과 신뢰가 없었던 데서 온 것 같다. 교수요목은 학과내용에만 초점을 맞춘다. 지식습득의 방법은 학문 외적인 것으로 생각되어 대체로 토론의 대상이 되지 않는다. 그러나 여행을 하는 것은 지식이라는 길을 발견하는 것만큼이나 중요하다. 지식의 습득은 아마도 한 강좌의 목적일 것이다. 우리의 세미나는 자연스러운 방법이고, 사랑과 신뢰가 없는 학습과 교수는 인위적이라고 가정을 하면 어떨까? 그 세미나에 관한 깊은 생각은 우리의 성공에 대한 그 학생의 통찰이 일반원리의 한 실례였다는 사실과 이 방법을 채택한 사람들은 감상적이 아니라 당연하다는 사실을 확인하려는 추진력이 되었다.

수학은 초심자들에 의해서 아무런 정서적 내용도 없는 것으로 생각되었다. 확대해서 수학의 학습과 교수는 정서적 내용과는 상관이 없는 것으로 생각될지 모른다. 그러나 최근에 수학적 불안이라는 개념이 인정되었다.[8] 웨슬리안대학, 스탠포드대학 그리고 밀즈대학에서 수학적 불안을 극복할 프로그램을 설명하는 데 한 가지 합의점은 여러 가지 접근방법의 피상적인 차이에도 불구하고 그들이 성공하는 데는 필수적인 공통요인이 있다는 사실이었다. 그 요인은 불안한 학생이 자기를 도와줄 사람이 있으며, 성공할 능력이 있다고 믿어 주는 사람이 있음을 알고 있다는 사실이다. 불안의 원인이 무엇이든 간에 치료약은 둘 사이의 사랑과 신뢰였다.

지식에 대하여 남들이 한 말을 읽는 것 이외에 그 세미나 자체는 지식습득 방법의 한 실례였다. 우리 세미나의 지지적이고 불안이 없는 분위기는 간단한 착상이지만, 성취하기는 어려울지도 모른다. 그리고 그 생각을 교수나 학생들이 만장일치로 후원해 주지도 않는다. 그러나 그 분위기는 사람을 해방시킨다는 것을 우리는 발견했다. 학생들은 기쁨, 주인의식 그리고 사적인 의미가 있어서 공부를 했다. 우리의 토론은 기억에 도움이 될 뿐 아니라 생각과 통찰을 교환할 기회였다. 토론은 생각과 통찰의 창조를 위한 기회였다. 지식은 우리가 토론하는 과정 속에서 창출되었다.

논평

수학자가 자기 교실의 기본요소로 사랑과 신뢰를 삼으려고 노력하는 것은 얼마나 이색적인지 잘 믿어지지가 않는다. 그러나 인간적인 분위기는 심리학이나 인문과학에서는 물론 딱딱한 자연과학, 그의 세미나와 관련된 철학적인 문제, 그리고 수학을 학습하는 데도 촉매작용을 한다.

학습에의 인본주의 접근은 통상 '부드러운' 과목에만 적용된다고 가정하기 때문에 나는 화이트 교수의 실험에 특별한 관심을 가져왔다. 그는 인본주의 접근방법이 미적분과 같은 과목의 학습에도 적용될 뿐만 아니라 수학 혹은 인식론 세미나, 즉 인간지식의 탐구에서 창의적인 새로운 학습을 유발한다는 사실을 보여 주었다.

앞에서 한 부분을 소개한 그 원고에서 앨빈 화이트는 여러 철학과 어느 전국적인 위원회가 그들의 견해를 좀 더 학문적인 용어로 표현했을 뿐 자기 세미나의 결론과 거의 같은 결론에 도달했다는 것을 보여 준다. 그는 "내가 놀란 것은 학생이 통찰력 있는 대답을 해서가 아니라 새로운 첨단 분야가 개척되었다고 생각했었는데, 이제 알고 보니 잘 알려진 길이라는 사실이다."라고 말한다. 그것은 정말로 여러 해 동안 많은 사람들이 걸어간 잘 알려진 길이다. 그러나 그것은 소수가 다니는 길로 남아 있었다. 전체로서의 사회, 전체로서의 교육은 감히 신뢰를 바탕으로 하지 않았고, 확실히 사랑을 감행하지는 못했다.

이런 요소를 포함시킬 만큼 대담한 교사만이 학생과 교사를 위하여 창의적인 학습의 문을 열어 줄 것이다.

교사양성의 꿈

줄리 앤 알렌더(Julie Ann Allender) 박사는 교사들이 진정한 학습을 촉진하거나 억압하는 경험을 깨닫게 하기 위하여 독특한 방법을 사용한다.[9] 그 방법은 교사들의 현직 교육에 특별히 적절하다고 생각된다.

지난 8년 동안 나는 템플대학교에서 강사로 교사들을 훈련시켜 왔다. 정의적이고 효율적인 교수방법, 말을 바꾸면 전통적인 교육과 개방교육의 차이점을 가르쳐 왔다. 근본적으로 주된 변인은 강사, 교수형태, 집단역동기술, 계약제도에 기초한 평가제도 그리고 로저스, 매슬로우, 듀이와 같은 사람들을 근거로 한 개방교육 기술이다.

매 학기 초 나는 부정적인 측면에서 교육의 문제점들을 보기 시작한다. 나는 그것을 '부실교육'이라고 부른다. 우리는 학습이 어떻게 방해받았나를 살펴본다. 교사들이 학생들과 자기 자신을 위해서 어떻게 불유쾌한 환경을 조성하는가를 살펴본다. 우리는 학생들의 동기와 호기심이 어떻게 말살되는가를 검토해 본다. 우리는 학생들과 교사들이 감사하는 것과 동시에 분개하는 것을 조사해 본다. 건설적인 귀환반응을 주는 법을 배우기도 한다.

학생들이 교육의 문제점들이 무엇이며, 성과가 없는 것은 어떤 것인지에 대하여 생각해 보도록 하기 위하여 내가 맨 먼저 실시하는 것은 학생들이 원을 그리고 앉게 한다. 그러고 나서 내가 '부실교육 실례'라고 부르는 유인물을 대량 나누어 준 다음, 그것을 그룹에게 큰 소리로 읽어 주게 하는 것이다. 그 실례의 많은 것들은 잘 알려진 것이고, 어떤 것들은 덜 알려진 것들인데 내가 수년 동안에 걸쳐 수집한 것들이다.

이 활동은 그 실례들이 진실임을 깨닫게 하여 충격과 공포감을 늘 야기한다. 그리고 학생들이 그 실례에 대하여 이야기하다 보면 자기들의 학교경험에 대한 두려운 이야기를 서로 하게 된다. 이 부실교육의 실례는 그다음 한 학기 동안 우리가 함께할 경험과 학습의 토대가 된다.

내가 '4학년 공상 활동'을 소개하는 것은 바로 이때이다. 모든 학생들이 편안한 자리를 찾아가서 눈을 감게 한다. 그러고 나서 전등을 꺼 버린다(이렇게 하면 늘 킥킥거리고 웃거나 시끄러워진다. 대부분의 학생들이 전통적인 강의에 익숙해져 있음을 기억할 필요가 있다). 이때 들이마시고 내쉬는 숨소리를 들으면서 2~3분 동안 조용히 심호흡을 하게 한다. 그다음 발에서 머리에 이르기까지 몸의 각 부분을 2~3분씩 긴장시켰다 이완시켰다를 반복하게 한다. 학생들이 느긋해졌다고 판단될 때 나는 이 활동을 시작한다.

나는 환상 속에서 학생들을 방 밖으로 데리고 가서 그들의 초등학교 건물로 가게 한다. 그들이 천천히 걸어서 학교건물에 접근함에 따라 할 수 있는 대로 모든 것을 눈여겨보면서 주변을 둘러보게 한다. 나는 그들이 4학년생이고 수업이 시작될 시간이므로 서둘러 교실로 들어가야 한다고 말해 준다(4학년 시절을 기억하지 못하는 이들에겐 5학년을 제시한다). 나는 학생들이 공상 속의 4학년 교실에서 약 10분간 나와 함께 보내게 한다. 우리는 학생들의 책상배열, 선생님 책상이 있는 곳, 벽에 걸려 있는 것, 교실의 분위기, 그 교실에 들어가 있는 기분 등을 살펴보게 한다. 그들에게 충분한 시간을 주어 그 교실에서의 기분에 정신을 집중하게 한다. 이제 그날 수업이 끝날 때가 된다. 모두 갈 준비가 되어 있다. 그들이 현재 우리 교실에 돌아올 준비가 되었을 때 천천히 그들의 눈을 뜨게 한다. 모두 눈을 떴을 때 나는 전등을 켠다.

다음 단계는 학생들이 너무 정교하지 않은, 4학년 교실의 도해나 그림을 조용히 그리게 하고, 그것이 끝나면 다른 세 사람과 그룹을 지어 4명이 각각 초등학교 4학년 교실이 어떠했는지를 이야기하게 한다. 이 과정이 끝나면 학급 전체가 함께 모여 소그룹에서 토론한 것을 서로 이야기하게 한다.

나는 주로 필라델피아에서 교육받은 총 195명의 학생들에게 최근에 이 공상활동을 사용해 보았다. 이 학생들 중에서 전통적인 구조로 좌우로 열을 맞춘 교실 이외의 것을 상상했던 학생은 한 학급에 1명을 넘지 못했다.

교사들의 책상이 교실의 옆, 뒤 혹은 앞에 있어서 다를 뿐 그것을 제외하고는 모두 똑같았다. 책상들은 모두 하나 아니면 둘씩 줄지어 있었고, 가구들은 움직이지 못했다. 좀 더 경직된 교실 중에는 책상들의 바닥에 못질이 되어 있었다. 교사 1인당 교실마다 50~90명의 학생이 있던 가톨릭학교 출신학생이 각 교실에 최소한 2명씩은 있었다. 이 정보는 우리 반 학생들에게 충격적이었다. 나로서는 상식이 되다시피 한 것이다. 3~4년이 지나니 나는 더 이상 놀라지 않았다. 학급규모와 경직된 교실구조가 학습에 미칠 영향을 생각해 보면 마음 아픈 것이 사실이지만 놀라지는 않았다.

이런 것이 얼마나 학습에 영향을 미칠까? 그다음 단계는 학생들이 마음에 떠오르는 단어들, 한 범주 아래 칠판에 적을 수 있는 단어들, 학습을 묘사하는 단어들을 거침없이 말하게 하여 중지를 모으는 것이었다. 칠판의 왼쪽에는 긍정적인 것, 오른쪽에는 부정적인 것을 나열했다. 매번 칠판이 쉽사리 가득 찼으며, 최소한 칠판의 반은 가득 찼는데… 그들의 눈을 통해서 학습을 묘사하는 단어들이었다.

오른쪽 반은 항상 차고 넘쳤다. 학생들은 부정적인 것에 관련된 그들의 단어를 칠판에 쓰고 싶어 기다리질 못했다. 그러나 긍정적인 편인 왼쪽에는 내가 애를 써야 거의 절반 정도를 채울 수 있었다. 부정적인 단어들은 주로 규율, 형식, 벌, 비밀의사일정, 학점, 시험 등과 관련된 것이다. 학습과는 아무 관계도 없는 것이다. 당황, 두려움, 실패, 똑바로 앉는다, 이야기하지 말아라, 조용히 등과 같은 단어들. 긍정적인 면은 학교를 회피하는 것과 관련이 있는데 휴식, 점심, 방학, 친구 만나기 등으로 그것도 학습과는 아무 상관없는 단어들이다. 가끔가다 교사의 이름이 자상하게 돌봐 주는 친구로서 긍정적인 쪽에 들어갈 때가 있었으나 아주 드문 일이었다.

내가 교수로서 얼마나 많은 정보를 가지고 있고, 묵살하고 있는지를 깨닫지 못했던 것 같다. 이것은 한 가지 예에 불과하지만 진실이다. 그것은 대단히 중요하다. 이들 195명의 학생은 여러 학교 출신들인데, 만약 그들의 교육이 스스로 부정적인 것으로 생각된다면 교육이 뭔가 잘못된 것이고, 이런 실례들이 더 많이 간행될 필요가 있는 것이다. 더 많은 학교들이 교육의 정의적이고 효율적인 방법을 사용하도록 권장할 필요가 있다. 교육과 관련해서 긍정적인 학습과 추억이 전혀 없다고 말하려는 것은 아니다. 195명 중 3~4명의 학생들이 개방교육을 체험했는데, 그들도 별로 다르게 느끼질 못했다. 4학년 교실에 대한 그들의 묘사는 다양했다. 나는 그들을 한 부류 속에 넣을 수 없었고, 내가 나머지 190명을 묘사하는 것처럼 쉽게 그들의 학습상황을 묘사할 수는 없었다. 이 학생들은 내 수업을 훨씬 더 긍정적인 기분으로 시작하는 경향이 있었다. 그들의 4학년 교실의 회상은 긍정적이었다. 사실은 칠판에 쓴 대부분의 긍정적인 단어는 이 몇 학생들에게서 나온 것이었다. 그들은 열성을 가지고 시작했고, 학기 내내 그대로였다.

자신들의 교육과정에 대한 긍정적인 기억이 거의 없었던 학생들은 전통적인 수업만을 경험하고 다른 경험을 거의 해 보지 못한 97~98% 학생들이었다. 학기가 끝날 때가 되어서는 고무적이게도, 대부분의 이 학생들을 적극적이고 흥미를 느끼는 학습자가 되게 할 수 있었다. 그러나 그때 필연적인 문제가 생겼다. 궁극적인 질문이 제기되었다.

"이제 어떻게 해야 합니까? 우리는 우리가 싫어하는 다른 선생님들과 전통적인 교수방법으로 되돌아가야만 합니까?" 슬픈 마음으로 나는 대답해야만 한다. "그렇다. 그러나 굴 저쪽 끝에 빛은 있다. 이제 최소한도 여러분은 그 차이를 안다. 그리고 여러분은 변화시킬 힘을 가지고 있다."라고 나는 그들에게 말해 준다.

논평

이 경험의 의미를 곰곰이 생각해 보면 충격이 크다. 여기 교사들, 훈련 중에 있는 교사들의 수업이 있다. 만약 그들의 교육에서 어떤 가치를 발견하지 않았더라면 아마도 교단생활을 선택하지 않았을 것이다. 그런데 그들의 학창시절을 되돌아보면 감정들은 대체로 부정적이고 긍정적인 감정조차도 학교에서 도피하는 것과 관련이 있는 것이다. 그들의 경험은 두려움, 실패, 굴욕, 분개, 속박으로 점철되어 있다. 그런 경험은 개인적인 것이어서 중요한 학습이다. 그들이 수강했던, 과목의 내용, 즉 그들이 배우기로 되어 있던 것은 생각나지도 않는다. 얼마나 어처구니없는 사실인가? 우리는 자녀들을 상처받고, 피해 보고, 아프게 하며 망쳐 놓기 위해서, 또 호기심이 가득한 학습자로부터 교육에 대한 적극적인 반항아가 되게 하기 위하여 세금을 지불해 왔다.

이런 결과는 전혀 불필요하다는 사실을 기억해 볼 때 그것이 얼마나 어리석고 비극적인 일인가? 이것이 사실인 것은 개방적이고 다양하게 개별화된 교육을 경험한 소수 학생들의 반응에서 나타났다. 그들은 마음에 상처를 받지 않았다. 확실한 다른 방법이 있는데 왜 우리 사회는 상처를 주는 학교교육을 고집하고 있는가? 그 질문은 가장 괴롭히는 것 중 하나이다.

시간제 자유와 그 영향

이 책의 기초가 되는 사상과 철학은 새로운 것이 아니다. 그 출처는 과거로 거슬러 올라간다. 60년대 초에 한 사람이 느꼈던 불만이 출발점이 된 어느 학교의 혁신적인 계획을 소개함으로써 실례를 들어 보고 싶다. 그 이야기는 그 계획에 참가했던 사람의 그 당시 충격과 15년이 지난 오늘에 미친 영향을 소개함으로써 끝나게 된다.

그 계획은 아주 색다른 것이었다. 그것은 학생들과 교사가 시간제로 참여한 것이었다. 학생들은 중학교 1학년 부진아로부터 고등학교 2학년 수재에 이르기까지 다양하였다. 일주일에 30~35시간 중에 그 학생들은 6~10시간을 그 프로그램에서 보냈다. 그리고 교사와 카운슬러도 같은 시간을 보냈다. 거기에 필요한 아주 융통성 있는 일과표는 학교장의 전폭적인 지원으로 작성되었다.

다음에 가장 깊이 관여했던 사람 루스 샌포드(Ruth Sanford)가 8년 된 그 프로그램을 설명한다.[10]

학습에 관한 이 실험은 나 자신을 구하기 위한 거의 필사적인 필요에서 시작되었다. 공립학교 자치구의 행정책임을 지고 있는 카운슬러로서 나는 매일 조금씩 시들어 가고 있다는 느낌을 얼마 동안 느꼈었다. 나는 학생들의 성장과 학습을 주창하면서 동시에 교육위원회, 지역사회, 교사, 학부모, 학생, 행정가의 좌절, 불안, 압박감을 흡수하는 충격 흡수자처럼 느끼기 시작했다. 모든 사람들이, 그중에서도 특별히 내가 실패하는 것처럼 보였다. 무슨 다른 방도가 있을 텐데! 다른 방법을 찾아내지 못하면 나의 정력과 열성은 쇠퇴해 가고, 나는 교단을 떠나는 또 하나의 중도 탈락자가 될 참이었다.

나의 장점 중의 하나는 일단 좋은 생각이 떠오르면 그것에 대하여 어떤 조치를 취하는 것이라고 믿고 있다.

내가 맨 먼저 한 일은 안식년 휴가를 신청해서 그 휴가 동안 '공립 중등학교에서의 수업이 창의력, 지능, 학업성취에 미치는 의미'를 연구하였다. 그 연구는 다음 해에 처음엔 한 집단의 교사들과 내가 카운슬러로서, 그리고 나중엔 수업에 임하는 그 교사들과 함께 일하는 하나의 실험으로 발전했다. 우리의 목적은 성장하고 싶은 강한 충동과 학습의 흥미를 키워 주는 분위기를 조성하는 일이었다. 놀랍게도 우리가 조성하려고 노력한 그 분위기에서 우리 자신이 힘을 얻었고, 우리 속에서 학습의 흥미가 소생하는 것을 발견하게 되었다.

그다음 8년간은 그때까지의 나의 교단생활 중에 가장 활기 있고 모험적인 것이었다.

그 프로그램은 학년이나 그 학년의 시간표에 따라 형태와 참가하는 학생들이 해마다 바뀌었지만, 학생들이 선정한 '실험'이라는 이름은 계속 유지되었다. 아마도 풀이나 동물 같은 많은 생물체처럼 생존의 가장 근본적인 특징들은 그의 적응력과 삶에의 의지인 것 같았다. 그 프로그램은 학생들에게 배우고 싶은 것을 그들 나름대로의 방식으로 배울 수 있는 시간과 장소를 제공하여 정규 필수과목을 보충하고 통합시키는 기회를 주었다.

학교장도 예비 워크숍 그룹과 같은 열성을 가지고 있어서 학교일과표를 작성하는 데 적극 협조적이었다. 어떤 그룹은 학생들의 동의를 얻어 영화, 토론 그리고 미술을 할 수 있는 연속시간을 만들기 위하여 매일같이 자유시간에 붙여서 한두 시간씩 만났고, 다른 그룹은 매주 연속시간과 미술, 음악, 읽기시간에 할당된 시간까지 합쳐 두 번씩 만났다. 일주일에 한 번씩 워크숍과 카운슬러들이 진행하는 시간에 참여할 수 있도록 교사들의 수업 준비시간과 자유시간도 조정하였다.

우리는 교과내용을 페이지를 바꾸어 낄 수 있는 『살아 있는 교과서』*를 중심으로 정했고, 편의상 '네 개의 세계'라고 이름 붙인 자연의 세계, 예술의 세계, 기술의 세계, 인간사회의 세계로 구분했다. 그 책의 서문은 여러 세계는 통합될 수도, 서로 다른 세계는 분리시킬 수도, 아니면 무시할 수도 있다면서 학습자에게 다음과 같이 말하는 셈이다. "이것은 당신 책의 시작이오. 당신이 바꾸든지, 첨가하든지, 삭제하든지 아니면 개정하든지 삽화를 그려 넣든지, 무언가 만들어서 그 사진을 포함시키든지, 혹은 당신 마음에 드

* 이 책은 당시 미시간주립대학교 시절 엘리자베스 드루스 박사가 개발한 『Living Textbook』을 본뜬 것이다.

는 페이지를 써넣든지 간에 그것은 당신이 살아 움직이듯 살아 있는 당신의 것입니다."

우리는 드루스(Drews) 박사가 연방정부 지원금으로 개발한 영화 〈존재와 과정(Being and Becoming)〉을 제일 많이 사용하였다. 이 영화는 자아를 실현하는 남자와 여자가 전인으로서 일하고, 놀고, 가족과 시간을 보내고, 지역사회에서 일하는 모습을 보여 주었다. 그 영화는 예를 들면 여자 판사, 남자 화가, 여자 의사를 제시하여 남녀의 직업에 대한 고정관념에 도전했다. 그 영화와 함께 『살아 있는 교과서』는 생각, 가치, 편견, 그리고 야망에 대한 열띤 토론을 자극하였다. 그 자료는 독창적인 공부와 폭넓은 독서를 고무하였다. 어떤 학생들은 새로이 발견한 관심사, 특별한 흥미 분야에 대하여 전문가가 될 만큼 자극을 받았다. 이런 모험적인 학습은 방과 후나 가족들의 저녁식탁, 아니 학부모들의 모임에까지 소문이 나 있음을 우리는 나중에 발견하였다.

어떤 학생들은 그들의 『살아 있는 교과서』에만 열중하고 영화를 싫어하는가 하면, 어떤 학생들은 『살아 있는 교과서』는 손도 안 대고 영화만을 좋아하기도 했다. 어떤 학생은 수업시간에 말을 많이 하는가 하면 전혀 말이 없는 학생도 있었다. 어떤 학생은 혼자서 조각 작품에 열심인 반면 다른 학생들은 시나 소설을 쓰기도 했고, 하늘을 응시하기도 했다. 인정받을 만한 작문을 써 본 적이 없던 몇몇 학생이 같은 그룹에 있는 친구와 혹은 어른들 중의 한 사람과 대화하는 것을 녹음하더니 글로 옮겨 쓰고 편집을 했다.

그러고는 그 결과를 보고 "내가 저것을 썼던가!" 하며 놀라워했다.

평가와 귀환반응을 위하여 대부분의 시간을 전부 혹은 일부 녹음해 두었고, 요청하면 틀어 볼 수 있도록 준비해 놓았다. 마음 문을 열고 신뢰를 쌓는 그룹 과정과 함께, 녹음테이프를 틀어 보는 것은 그 학습과정의 중요한 부분이 되었다. 여러 해 동안 어른들에게 조작당했다는 느낌 때문에 신뢰는 점진적으로나 소생했으나, 두 번째 학기가 되니 많은 학생들이 교실에서 온전한, 진실한 사람이 될 만큼 신뢰가 쌓였다.

학생들, 그 프로그램에 직접 참여한 교사와 카운슬러, 교실 밖에서 학생들을 아는 교사, 그리고 학부모들 모두가 평가과정에 참여하였고, 짤막한 평가서는 성적증명서과 함께 학생들의 서류철 속에 들어 있었다. 학점은 없었다.

학생들, 그 그룹의 어른회원들, 그리고 학부모들도 그 프로그램을 평가하였다. 한 학생은 "학교생활 9년 만에 처음으로 내가 존재한다는 것을 느낀 수업이었다"고 썼다. 다른 학생은 "이 과목은 나에게 아무 도움도 되지 않았다"고 쓰고, 이어서 "교육에 대한 몇 가지 새로운 생각을 나에게 준 것을 제외하면"이라고 덧붙였다. 고등학교 1학년 여

학생은 "이 반에는 선생님도 안 계신데, 선생님이 계신 다른 수업에서보다 더 많이 배웠으니 그 이유가 무엇일까?"라고 물었다. 고등학교 2학년 학생은 "이 프로그램은 나에게 걱정거리를 가져왔다. 이제는 무슨 좋은 생각이 있거나, 다른 사람과 의견을 달리할 때 나는 꼭 입을 연다. 보통 선생님은 그것을 좋아하지 않는다. 특히 내가 선생님 의견에 동의하지 않을 때 말이다."라고 썼다.

교실에서 겉으로 나타나는 행동만 보고서 학생의 참여와 학습 정도를 측정할 수 없다는 것을 우리는 배웠다. 교사와 카운슬러가 그 프로그램에서 별로 얻은 것이 없을 것이라고 판단했던 한 여학생이 고등학교를 졸업한 지 4년 만에 돌아와서 신바람이 나서, 그 프로그램이 자기의 교생실습에 얼마나 큰 도움이 됐는지를 말해 주었다. 그 학생은 그 계획에 대하여 질문이 많았다. 혹은 "그것이 저절로 그렇게 됐나요?"라고까지 물었다.

교사들은 대단히 놀랍게도 대체로 학생들은 학점이라는 자극 없이도 공부를 더 많이 하고 규율문제도 줄어든다는 것을 배웠다.

일반적으로 이 그룹에 속한 학생들은 이 경험을 한 후에 영어와 사회과목에서 성적이 향상되었다. 대부분이 그들이 잘하는 과목을 선택하기를 좋아했고, 다른 교과담당 교사들이 보기에 훨씬 더 자주적으로 공부를 하고, 문제를 흑백으로 갈라 보지 않았으며, 학급토론에서 가치의 경중을 다룰 줄 알았다. 대부분 학생들이 그 프로그램에 1~2년 참여한 후에는 그들의 특별한 흥미와 관련된 다양한 활동에 더 적극적으로 참여하였다.

이 프로그램이 정규과정이 된 지 8년이 지난 지금, 깊이 관여했던 교사들에게는 지속적인 영향을 주고 있다. 그 실험의 핵심을 구성했던 5명 중 4명의 교사와 나는 개인적인 유대를 맺고 있다. 그들 중 2명은 거의 똑같은 말을 사용한다. 즉 "이 실험에 여러 해 참여한 후 나는 전과 똑같은 사람일 수가 없었다." 한 사람은 행정에, 또 한 사람은 음악을, 다른 사람은 영어를, 네 번째 교사는 가난한 농촌에서 불우한 어린이와 성인들을 지도하고 있다. 어느 경우에서도 그들은 다른 사람을 신뢰하여 선택의 자유를 주고, 참여하게 하고, 배우게 하는 공동협력으로 학습을 보고 있다. 이 실험은 여전히 그 영향을 미치고 있다.

참여했던 학생들 중에 몇 사람이 이제는 교사와 카운슬러가 되어 교육에 영향을 미치고 있다. 오래 지속되는 그 실험의 영향은 다음에 소개하는 이야기가 잘 증명해 주고 있다. 이 이야기는 2년 동안 참여하고 또 1년은 학생조교로 관계했던 한 여학생이 쓴 것이다. 그의 보고서는 나에게 특별한 의미가 있다. 왜냐하면 그 당시 내 기록에는 그 여학생이 입을 열지 않다가 학기 말이 거의 다 돼서 비로소 말을 했고, 그것도 아주 조심스럽게 말하는, 겁이 많고 수줍은 소녀라고 써 놓았기 때문이다. 이 기억은 그 학생이 그 실험에 참여한 첫해 말에 그 자신의 말로 증명하였다.

진 긴스버그(Jeanne Ginsberg)는 학생으로서 그 경험이 어떠했는지를 다음과 같이 적어놓았다.[11]

회고
충격과 혼돈

그 '실험적' 수업에 대한 나의 첫인상은 마치 축제 때 도깨비 집에 들어선 것 같았다. 정상적인 것이 하나도 없었다. 학점도 없었고, 교사의 지시도 최소한으로 줄었고, 학생들은 어른들과 똑같이 존중받았다.

지켜야 할 외부의 기준이 없었으므로 나로서는 공부하거나 참여해야 할 이유가 없어 보였다. 우리 토론에서도 옳은 답이나 틀린 답이 없어 보였다. 대부분의 학생들이 내가 느낀 것과 같이 느꼈다. 그리고 처음 토론들은 재미가 없었고, 조심스러운 논평은 긴 침묵으로 중단되곤 하였다.

그때까지도 교사들은 참여하지 않았다. 아무도 어떤 조치를 취하지 않으니 무언가 잘못됐다고 나는 느끼기 시작했다. 남들의 칭찬이나 벌이 없고, 특별한 지식과 권위를 가진 어른이 나에게 무엇이 옳은가를 말해 줄 것이 아니었다. 나 스스로 무엇이 옳은가를 생각해 내야 하고, 이 경험에서 내가 얻고 싶은 것이 무엇인지를 알아내야 한다는 사실을 깨닫고 나는 불안을 느꼈다. 누군가가 이 경험을 재미있게, 의미 있게, 흥미 있게 만들어야 한다면 그것은 바로 나 자신이었다.

그 순간까지 굳게 닫혔던 문을 내가 열어서 빛과 공기와 움직임이 있게 한 것은 바로 이 깨달음이었다. 나의 주목을 끌었던 그 프로그램의 첫 번째 요인은 일련의 영화였다. 나는 남자와 여자의 역할과 선택의 자유가 분명하게 구분되는 집안에서 태어났다. 각 상황마다 바른 행동과 바르지 못한 행동이 있고, 규범이 되는 행동에서 벗어나는 일에는 엄청난 불안이 연상되었다.

〈존재와 과정〉이라는 영화는(나는 이 말의 뜻에 대하여 흥미 있는 토론을 했고, 그 말이 잘 어울린다는 것을 기억한다) 비관습적인 직업을 보여 주었고, 각 역할에 맞는 '적절한'(또 그런 말을 쓴다) 성을 늘 제시하지는 않았다. 갑자기 전에 그토록 제한됐던 선택의 자유가 나에게 활짝 열렸다. 나는 독립심, 열성 그리고 자긍심을 얻기 시작하였다.

학습과 자기발견

이 경험을 한 후에 나는 『살아 있는 교과서』에 있는 기사에서 한 줄을 읽었다. 그것은 돌고래들이 그들의 언어를 따로 가지고 있을 가능성과 존 릴리라는 사람이 그 언어를 연구하고 있다는 것을 암시해 주었다. 바다 속에 있는 포유동물이 되면 어떤 느낌일까를 깨달을 수 있을 정도로, 사람이 돌고래의 언어를 해석하는 법을 실제로 배울 수 있었으면 하는 생각에 사로잡혔다. 그래서 나는 지칠 줄 모르고 적은 정보들을 탐색하기 시작했다. 나는 존 릴리에게 편지를 쓰고, 도서관에서 책과 잡지를 찾아내고 내가 발견한 것에 대하여 사람들과 이야기를 나누었다. 학교에서 내가 처음으로 발견한 것에 대하여 재미를 느꼈다. 마침내 나의 탐구는 생물학과목의 연구과제가 되었고, 나는 A+를 받았다. 그러나 다른 점이 있다면 그 연구 과제를 내가 하고 싶어서 했다는 것이다. 그리고 학점은 부수적인 것이었다.

나는 점점 선생님의 칭찬을 듣기 위해서 공부하던 습관을 버리고, 내가 하고 싶어서 하기 시작했다. 어떻게 이런 일이 벌어졌을까? 내 생각에 중요한 요인 중의 하나는 선생님들이 내가 말한 모든 것을 수용해 주는 것 같았다는 사실이다. 선생님들은 칭찬도 반대도 하지 않았다. 어떤 판단도 없어 보였다. 그들은 단지 관심을 가지고 있는 것 같았다. 그러니 남들의 반응 때문에 무엇인가를 해야 할 이유는 없었다.

다른 사람 때문에 행동하던 것을 그만두기 시작하자, 내가 관심 있는 것이 무엇인지를 깨닫기 시작했고, 내가 배우고 싶은 것, 나에게 중요한 것, 본질적으로 내가 누구인가를 알게 되었다. 나는 나의 부모님, 학교 선생님들의 기대에서 벗어나 나 자신으로 돌아오기 시작했다.

자유 대 경직성

아마도 수년이 지난 지금 나에게 가장 생생한 심상은 그 실험적 수업에서 나와 복도를 걸어 네거리를 통과해서 또 다른 복도를 지나 왼쪽으로 라틴어 수업을 향해 가는 괴로운 여행이었을 것이다. 전체 거리라야 2분밖에 안 걸리지만, 그 시간 동안 14세가 된 나로서는 삶과 죽음 사이의 갈림길로 보이는 곳에서 나를 조정해야만 했다.

삶에서 나는 변화, 행동, 갈등, 색깔, 감정, 모험, 성장, 선택을 생각한다. 죽음에서 나는 정체, 무기력, 갈등이 없음, 회색, 억제된 감정, 확실성, 획일성, 경직된 행동·느낌·생각이라는 믿음을 생각한다. 마야 안젤루의 글을 읽은 기억이 난다. "어린이들의 참아내는 재능은 다른 선택이 있음을 모르는 데서 나온다." 실험에서는 나는 사물에 대하여 생각하기, 더 깊이 탐구·탐험하고 느끼고 개발하기, 그리고 나 자신이 되기를 권유받았다. 우리 교과서는 『살아 있는 교과서』였다. 그 수업은 학습자료, 토론 혹은 상호작용 속으로, 교실 밖의 세계로 뛰어들 장소를 제공했다. 그 수업은 세계와 다른 사람들과 관계 맺는 방법을 소개하는 것이었다.

라틴어 시간에는 성(姓)의 알파벳 순서로 줄을 지어 앉도록 지시받았다. 칠판에 적힌 것을 복사한 것이 우리의 노트가 되었다. 교과서는 줄리어스 시저의 번역이었다. 선생님은 우리가 깨끗하고 정확하게 필기하는가를 확인하기 위하여 책상 줄 옆을 오고 갔다. 전날 저녁에 암기해 오도록 지시받은 내용에 관하여 우리는 매일같이 시험을 보았다. 숙제는 가장 지긋지긋한 노동이었다. 나는 2년 동안 배운 라틴어를 정말로 아무것도 기억하지 못한다. 내가 종종 그 수업에 지각을 하고, 그 시간에 관하여 악몽을 꾸고, 그리고 여덟째 시간을 두렵게 생각한 것은 이상한 일이 아니다.

현재의 영향

지금 나는 정서가 불안하고 신경학적으로 손상을 입은 어린이들의 교사이다. 나 자신의 가르치는 방법을 개발하면서, 실험실과 라틴어 교실 사이의 복도와 그 길을 걸으며 내가 경험했던 어두운 감정을 돌이켜 생각해 보았다. 바로 이 어린이들은 그들의 내면세계와 지각이 무질서와 혼란으로 가득 차 있으므로 일상생활에서나 공부할 때 많은 질서와 구조를 필요로 한다. 그러나 학습의 양식은 일정한 그룹(시각학습자, 청각학습자, 운동지각학습자)으로 분류할 수 있으나, 어린아이들 수만큼이나 배우는 방식이 다양하다는 것을 나는 깨달았다. 한 어린이는 수학을 이해와 그 개념의 실험을 통해서 배울 필요가 있다. 다른 아이는 50번 반복 연습하는 기계적인 암기로 배울 필요가 있다. 그러고 나서야 개념을 이해하기 시작한다. 자기 책을 매일 방바닥에 던지는 아이는 책에 인쇄되어 있는 기호들이 위아래로 뛰고 있는 것으로 지각하기 때문에 그렇게 행동할지도 모를 일이다. 공룡에 반해 있는 다른 아이는(나는 돌고래에 흥미를 느낀 적이 있다) 그 과목의 전문가가 되었고, 내가 공룡 등에다 문제를 올려놓을 때만 나눗셈을 배웠다. 아이들마다 나에게는 독특했다. 가르치는 일의 가장 흥미 있는 국면 중의 하나는 개인의 차이를 발견하고 그 차이를 인정하고 가르치는 일이다.

어린이들이 단순하게 정보를 흡수하지 않고 정신을 사용하도록 격려함으로써 학습경험이 의미 있고 사적인 것이 되도록 하는 것이 나에게는 가장 중요한 것으로 생각된다. 나는 일차원적인 관점에 도전하고, 세계를 경험하는 또 다른 방법으로 제시하고 싶다. 이런 식으로 각 어린이가 자기 자신의 학습경험에 부분적이라도 책임을 느낄 수 있게 되기를 나는 희망한다.

이런 것 때문에 전통적으로 운영되는 교실보다 이 실험학습이 좀 더 시끄럽고 짜임새가 부족하고 규율이 덜 잡혀 있는 것처럼 보이게 된다. 정서적으로 불안한 어린이들이 발견하고, 새로운 생각을 해내고, 그들 자신의 경험을 바탕으로 결론을 내릴 수 있도록 하기 위해서 실제로는 많은 계획과 아주 조심스럽게 조직된 프로그램이 개발되어야 한다.

우리 학급 어린이들이 해내기가 가장 어려운 통찰 중의 하나는 그들 자신의 답이나 견해보다도 더 많은 견해나 답이 있을지도 모른다는 사실을 인식하는 것이라고 생각한다. 내가 한 어린이와 다른 어린이의 싸움을 처리하려고 도와주고 있는데 그 어린이는 이렇게 비명을 질렀다. "상자가 닫혔어요. 그 애가 일부러 그렇게 했어요. 왜 선생님은 나를 믿지 못하세요? 그 애는 틀렸고 내가 옳아요." 실제는 한 어린이가 눈과 손의 협응에 심각한 문제가 있어서, 모르고 그 어린이를 공으로 때린 것이었다. 그런데도 그 어린이는 의도적으로 아프게 했다고만 지각하였다.

이 말을 들었을 때 나는 놀랐다. 그것은 유태인, 부도덕한 여자와 남자, 혹은 실제로 누구든지 정부에 반대하는 견해를 표현한 사람은 자유를 누리거나 살아남을 수조차 없다고 했던 나치독일의 옛날 기억을 회상하게 했다. 그것은 자기들만 옳다고 주장하는 '도덕적 다수'에 대한 새로운 공포를 가져왔다. 어린이와 부인 학대에 연방정부가 참견하지 못하게 하기 위해 제안된 가족보호법에 대한 공포, 그리고 유산, 이혼, 동성연애자의 권리 혹은 인종통합을 위하여 버스를 운행하는 일, 그리고 오랜 세월 동안 미국 사람들이 성취해 온 발전과 업적을 파괴할 30개 이상의 항목과 관련된 소송사건에 대해서는, 법률봉사 주식회사가 돈을 쓰지 못하게 하는 가족보호법에 대한 새로운 공포를 느끼게 하였다. 그것은 흑인을 배척하는 비밀결사에 대한 공포와 애틀랜타 주의 흑인어린이 살해자에 대한 두려움을 다시 느끼게 했다. 만약에 내가 이 어린이의 진술에 반응하거나, 그와 똑같이 닫히고 고정된 사고방식으로 수업을 이끌어 간다면 그 어린이의 병세를 키워 주거나, 공감능력, 이성, 혹은 변화의 가능성이 전혀 없는 개인이 되도록 돕는 셈이 될 것이다.

타당한 견해를 형성하기 위하여 아주 단순하게 생각해 보자면, 어린이는 듣는 법을 배워야 한다. 그리고 자기가 들은 것을 생각해 보는 법, 과거의 경험, 문화, 개인의 성격은 물론 새로운 정보에 근거하여 견해를 형성하는 법, 그리고 그 견해를 표현하는 법을 배워야만 한다고 나는 생각한다. 나는 보통 견본에서 편지나 단어를 복사하는 것만큼 구조화된 학습지도와 함께 그런 기술을 가르치는 일에, 그리고 사적인 경험을 새 문장으로 쓰기, 특별한 주제에 관한 작문 쓰기, 생각과 감정과 가치관을 토론하기 등에 교과과정의 큰 부분을 할애한다.

학습과 성장과정에 대한 나의 많은 열정은 그 실험적인 수업에서 비롯된 것이다. '실험적' 이라는 이름은 만약 당신의 눈과 마음, 귀 그리고 감정을 개방하면 어떤 일이든 발생할 수 있다는 것을 암시한다. 나는 어린이들이 그 열정과 힘을 느낄 수 있도록 이 고조된 감정을 나의 교실로 가져갈 수 있기를 희망한다.

전통적인 학교에서 과격하리만큼 자유로운 학습 환경을 시간제로 조성하는 것은 정말로 열광적인 본보기이다. 어떻게 그것이 성공했는가? 그것은 우선 학교장의 지지를 얻었다. 그 프로그램은 많은 정규교사와 카운슬러를 개입시켰기 때문에 제3자가 와서 시작했더라면 일어날 수 있는 많은 비판을 진정시켰다. 그리고 교사든 학생이든 누구에게도 무엇을 하도록 강요하지 않았다. 단지 그 프로그램은 기회를 주었을 뿐이다. 학생들은 이 기회를 아주 건설적으로 활용해서 그 프로그램이 학부모들과, 초기에 회의적이던 사람들에게도 환영을 받았다.

나는 두 보고서를 읽으면서 많은 귀중한 학습이 일어난 데 대하여 놀랐다. 분명히 증가한 것은 솔선수범하는 능력, 학습에 대한 열성, 생각의 자주성, 선택할 수 있는 능력, 연구 과제를 조직하고 지속할 수 있는 능력, 창의력, 개방성과 정직, 자기 자신에 대한 진가를 아는 일 등이다.

이 모든 것이 무비판적인 사랑, 고무적인 학습자료 그리고 학생에 대한 신뢰의 분위기에서 발생했다.

긴스버그의 진술에 생생하게 돋보이는 세 가지 요소가 있다. 하나는 자주적인 학습의 환희와 아주 전통적인 수업의 악몽 사이의 비교이다. 또 하나는 실험적 수업의 효과가 오래 지속한다는 증거이다. 명백하게 그것은 그의 가르침에 영향을 주어 왔다. 그는 자기 학생들이 특별한 문제를 가지고 있고, 구조가 필요했기 때문에 학급에서 실험적 수업을 반복하려 하지 않았다. 그러나 그의 태도는 실험적 수업에서 배운 것들이다.

마지막으로, 그 실험적 수업프로그램은 사려 깊고 자주적인 시민, 인간적 · 도덕적 · 정치적 문제를 자기 자신이 판단하고 표현하기를 즐기는 시민이 되도록 도움을 주는 데 한몫을 했다. 이제 그는 불우한 학생들까지도 그와 같이 사려 깊은 시민이 되도록 도와주고 있다. 학습할 자유의 체험은 비록 그것이 일주일에 몇 시간 동안일지라도 오랫동안 지속되는 긍정적인 영향을 미친다고 나는 결론 내릴 수밖에 없다.

결론적인 논평

나는 경험담을 통해서 그들의 다양한 세계에 들어가 볼 수 있도록 허락해 준 여섯 분들에게 고맙게 생각한다. 체험담 속에 그토록 생생하게 표현해 준 학생들에게도 또한 감사한다. 교육의 책임자가 인본주의적, 인간중심의 견해를 가지고 있으면 교육의 어느 측면이 급격하게 변한다는 요지가 명백해졌으리라고 믿는다. 크든 작든 간에 혁명은 일어난다.

참고문헌

1. John P. Barkham, "Environmental Sciences 365: Ecosystem Management" (Unpublished evaluation of the course, 1980-81).
2. Adam Curle, *Education for Liberation* (London: Tavistock Publications, 1979).
3. Carl R. Rogers, *Freedom to Learn*, 1st ed. (New York: Macmillan/Merrill, 1969).
4. William Romey, "Radical Innovation in a Conventional Framework: Problems and Prospects," *Journal of Higher Education* 48 (November/December 1977): 680-96.
5. C. J. Sugnet, "Metamorphosis of a Geology Department," *Change* (July 1977).
6. Alvin M. White, "Humanistic Mathematics: An Experiment," *Education* (Winter 1974).
7. Alvin M. White, "Process and Environment in Teaching and Learning," *in New Directions for Teaching and Learning: Interdisciplinary Teaching*, no. 8, ed. Alvin M. White (San Francisco: Jossey-Bass, 1981).
8. S. Tobias, *Overcoming Math Anxiety* (New York: Norton, 1978).
9. Julie Ann Allender, "Fourth Grade Fantasy," *Journal of Humanistic Education* 6 (1982): 37-38.
10. Ruth Sanford, *Eight Years of an Experimental Program* (Unpublished personal document, 1981).
11. Jeanne Ginsberg, *Looking Back* (Unpublished personal document, 1981).

| 제 3 부 |

교사를 위하여

제8장

학습을 촉진하는 인간관계

이 장은 학습의 과정과 그 과정을 촉진하는 태도와 나의 관계를 규명해 보려고 노력했기 때문에 열정적이고 사적인 글이다. 이 글은 여러 군데서 다른 형태로 여러 번 제시된 바 있는데 처음은 하버드대학에서였다(pp. 1~18).[1] 그러나 이 책에 싣기 위하여 그 글을 개정하였다. 이 글에서 나는 '교육' 이라고 일컫는 과정에 관한 나의 깊은 신념을 표현하고 있다고 믿는다.

어떤 사람들에게는 놀랍고, 또 다른 사람에게는 기분을 언짢게 하는 말로 이 글을 시작하고자 한다. 그것은 간단히 말해서 교수(敎授)란 내가 보기에 상당히 과장된 기능이라는 말이다. 이와 같은 주장을 하고 나서, 나는 즉시 사전을 찾아 내가 한 말이 진실로 무엇을 뜻하는지를 알아보았다. 교수는 '가르치는 것' 을 의미하고 있다. 비록 남들은 가르치기를 좋아하지만, 나는 개인적으로 다른 사람에게 무엇을 알아야 하고 생각해야 하는지를 가르치는 일에 별로 흥미를 느끼지 않는다. 교수란 '지식과 기술의 전수' 를 의미한다. 이에 대한 나의 반응은 학생들이 알게 하기 위해서는 책이나 프로그램학습법이 더 효율적이라는 것이다. 여기에서 나의 회의가 제기된다. 나는 어떤 사람에게 무엇인가를 알게 하기를 원하지 않는다. 교수는 '보여 주고 안내하고 지시하는 것' 을 뜻하기도 한다. 내가 보기에는 너무나 많은 사람이 그저 수동적으로 안내받고 지시받으며, 구경만 해 왔다. 따라서 내가 한 말이 그대로 진실이라는 결론에 도달한다. 교수란 내가 보기에 중요하지 않은 활동이며, 교육현장에서 지나치게 과대평가된 활동이다.

그러나 나의 태도는 이보다도 더 강한 것으로서 교수에 대해 나는 부정적인 견해를 가지고 있다. 왜냐하면 가르침은 모든 잘못된 의문을 야기하기 때문이다. 우리가 교수에 중점을 두자마자 무엇을 가르칠까, 우리의 우월한 입장에서 볼 때 남들이 알아야 할 것이 무엇일까 하는 의문이 제기된다. 현대사회에서 어른들은 미래에 대하여 현명하고, 젊은이들은 어리석다는 가정이 정당화될 수 있는지 나는 의문을 가지고 있다. 우리는 진실로 젊은이들이 알아야 할 것에 대해 확신하고 있는가? 그리고 얼마나 알아야 하는지에 대하여 질문이 생긴다. 교육과정은 무엇을 다루어야 하는가? 교육과정에 대한 이 같은 생각은 가르친 것은 학습되고, 제시된 것은 그대로 동화된다는 가정에 기초하고 있다. 그러나 그토록 극명하게 거짓된 가정을 나는 알지 못한다. 이 가정이 틀렸음을 증명하기 위해 연구할 필요조차 없다. 단지 몇 명의 학생들과 대화만 해 봐도 그것을 충분히 알 수 있다.

"내가 교수에 대하여 지나친 편견을 가지고 있기 때문에 교수가 가치 있다는 것을 모르는 것은 아닌가?"라고 스스로 물어본다. 나는 오래전 오스트레일리아에서의 경험을 즉시 떠올려 본다. 나는 오스트레일리아 원주민에 대하여 많은 관심을 가지고 있었다. 오스트레일리아에는 2만 년 이상 살아온 한 부족이 있는데, 그들은 현대인이라면 며칠밖에 살 수 없는, 황폐한 환경에서 생존해 왔다. 그 원주민의 생존 비밀은 교수였다. 원주민은 젊은이들에게 물을 찾는 법, 사냥감을 찾는 법, 캥거루를 잡는 법, 길 없는 사막에서 길을 찾는 법과 같은 여러 가지 지식을 전수해 왔다. 그와 같은 지식은 젊은이들에게 행동방식으로 전수되며, 어떤 혁신도 경계한다. 비교적 변하지 않는 거친 환경 속에서 원주민에게 생존하는 방법을 제공했던 것은 분명히 가르침이었다.

이제 나는 나를 흥분시켰던 의문의 핵심에 좀 더 접근했다. 교수와 지식의 전수는 변화하지 않는 환경 속에서 의미가 있다는 것이다. 그것이 교수가 오랫동안 비판받지 않았던 이유이다. 그러나 현대인에 관한 하나의 진리가 있다면, 현대인은 계속적으로 변화하는 환경 속에서 살아가고 있다는 것이다. 오늘날 학생들에게 가르쳐지고 있는 물리학이 20년 후에는 진부한 것이 될 것임을 나는 확신할 수 있다. 오늘날의 심리학이 20년 후면 분명히 시대에 뒤진 것이 될 것이다. 소위 '역사적 사실' 이라 부르는 것도 시대의 분위기와 문화의 경향에 크게 좌우된다. 화학, 생물학, 유전학, 사회학 등이 변화 중에 있기 때문에 오늘의 정설은 학생들이 그 지식을 이용할 때가 되면 거의 모두를 수정해야 한다.

우리가 앞으로 생존하려면 **변화와 학습을 촉진하는** 것을 교육의 목표로 삼아야 할, 전적으로 새로운 교육환경에 우리는 직면하고 있다. 교육받은 사람은 배우는 법을 학습한 사람이고, 적응하고 변화하는 방법을 배운 사람이며, 변하지 않은 지식은 없고, 지식을 추구하는 과정만이 안정의 기초가 된다는 것을 깨달은 사람이다. 고정된 지식보다는 오히려 지식을 탐구하는 과정에의 신뢰, 즉 변화라는 개념이 현대사회의 교육목적으로서 의미가 있는 유일한 것이다.

따라서 나는 어느 정도 안도감을 가지고 하나의 행동, 하나의 목적을 지향하게 되는데, 그것은 **학습의 촉진**(facilitation of learning)으로서 진실로 나를 흥분시킨다. 내가 한 집단을 — 여기서 한 집단이란 나 자신을 포함한 모든 구성원을 의미한다 — 학습공동체로 바꾸어 놓았을 때 체험하는 그 감동은 거의 믿기가 어려운 정도이다. 호기심을 발동하게 하는 일, 탐구 욕구를 해방시키는 일, 모든 것을 질문하고 탐색해 보도록 개방하는 일, 존재하는 모든 것이 변천과정에 있음을 인식하는 것은 결코 잊을 수 없는 체험이다. 내가 관계하고 있는 집단 속에서 그 체험을 항상 할 수는 없다. 부분적으로 혹은 대체로 그런 경험을 하게 될 때, 그것은 결코 잊을 수 없는 집단경험이 된다. 그와 같은 환경에서 진정한 학생, 참된 학습자, 창조적인 과학자와 학자 그리고 실천가들이 배출되고, 현재 알고 있는 것과 미래의 유동적이고 변천하는 문제와 사실들 사이에서 섬세하지만 늘 유동적인 균형 속에 살 수 있는 그런 사람들이 탄생한다.

여기에 나 자신을 전적으로 바칠 수 있는 목표가 하나 있다. 나는 학습의 촉진을 교육의 목적으로 보고, 그것은 학습자를 양육하는 방법이며, 변화는 과정 속에 하나의 인간으로 살아가는 법을 배우는 방식이라고 생각한다. 나는 학습의 촉진이야말로 오늘날 인류를 둘러싼 가장 심각한 문제들에 대하여 건설적이고 실험적인, 변천하는 과정상의 해답을 제시한 기능이라고 생각한다.

그러면 우리는 이 새로운 교육목적을 성취할 방법을 알고 있는가? 이것은 어떤 때는 나타나고 어떤 경우엔 나타나지 않는, 그래서 참된 희망을 주지 못하는 도깨비불은 아닌가? 나의 대답은 자주적이고, 의미 있고, 경험적이며, 깊이 있는 학습을 조장하는 조건들에 대하여 우리가 상당한 지식을 가지고 있다는 것이다. 그런 조건들은 교육방법에서 하나의 혁명을 의미하는데, 혁명은 용기 없는 자들에게는 해당이 안 되기 때문에 그런 조건들이 실천에 옮겨지는 것을 자주 볼 수는 없다. 제6장에서 살펴보았던 바와 같이 혁명적으로 실천하고 있는 사례를 발견할 수도 있다.

그 증거를 몇 가지 간략하게 언급하고자 하는데, 학습촉진은 교사의 교수기술이나 그 분야의 학문적 소양, 교육과정계획, 시청각자료, 프로그램학습, 강의 혹은 많은 책 등에 의해서 일어나는 것이 아님을 우리는 알고 있다. 비록 그런 것들이 중요한 자료로서 한두 번 이용될 수는 있어도 학습을 촉진하는 조건은 되지 못한다. 의미 있는 학습의 촉진은 촉진자와 학습자 사이의 인간관계 속에 존재하는 어떤 태도적 자질에 달려 있다.

그와 같은 발견은 심리치료분야에서 처음으로 이루어졌는데, 이제 그 결과가 교실에서도 적용될 수 있음을 보여 주는 증거가 있다. 심리치료자와 환자 사이의 긴밀한 인간관계는 이런 자질을 가질 수 있다고 쉽게 생각할 수 있는데, 교사와 학생들 사이의 끝없는 상호작용 속에서도 그런 특성이 존재할 수 있음을 발견하게 된다.

학습을 촉진하는 특성

학습을 촉진시키는 태도와 특성은 어떤 것들인가? 교육현장의 실례를 인용하여 이 같은 자질들을 간략하게 기술해 보고자 한다.

학습촉진자의 진실성

아마도 이들 기본적인 태도 중의 가장 기초가 되는 것은 진실성 또는 진솔성이다. 촉진자가 진실한 인간일 때, 있는 그대로 존재할 때, 가면이나 가식 없이 학습자와 인간관계를 맺을 때 그는 훨씬 더 효과적일 수 있다. 이것은 촉진자가 경험하고 있는 느낌을 스스로 자각하고 있고, 그 느낌대로 살며, 그 느낌대로 존재하며, 필요하면 그 감정을 표현할 수 있다는 것을 의미한다. 그것은 촉진자가 학습자와 직접적인 만남을 통하여 인간 대 인간으로 관계한다는 뜻이다. 그것은 촉진자가 자기 자신을 부인하는 것이 아니라 촉진자 자신으로 존재한다는 것을 의미한다.

이와 같은 관점에서 볼 때, 교사는 학생들과의 관계에서 진실한 인간으로 존재할 수 있다는 점이 시사된다. 교사는 열정적일 수도 있고, 지루할 수도 있고, 학생들에게 관심을 가질 수도 있고, 화를 낼 수도 있고, 다정다감할 수도 있다. 교사는 이와 같은 느낌을 자기 자신의 것으로 수용하기 때문에 그 감정을 학생들에게 속일 필요가 없다. 교사는 학생의 작품이 좋거나 나쁘거나, 우수하거나 열등한 것에 상관없이 그것을 좋아할 수도 싫어할 수도 있다. 교사는 단지 그 작품에 대한 느낌과 자기 마음속의 느낌을 표현할 뿐이다. 따라서 교사는 교육과정의 얼굴 없는 화신(化身)도 아니고, 한 세대에서 다음 세대로 지식을 전달하는 무미건조한 통로도 아닌 한 인간으로서 학생들에게 존재한다.

심리치료에서 효율적인 것으로 입증된 이와 같은 태도적 자질은 학생들에게 단지 교사의 역할을 보여 주는 대부분의 교사들의 성향과는 분명히 대조적인 것이다. 대부분의 교사들은 의식적으로 교사라고 하는 가면과 역할을 행하는 것이 보통이고, 온종일 이 거짓 모습을 하고 있다가 저녁에 학교를 떠날 때만 그 가면을 벗어 버리는 것이 관례이다.

그러나 모든 교사가 이와 같은 것은 아니다. 실비아 애쉬튼워너(Sylvia Ashton-Warner)의 예를 들어 보자. 그는 뉴질랜드 마오리족의 초등학교 아동들을 담당했는데, 그 아동들은 저항적이며 학습속도가 늦은 부진아들이었다. 그들의 독해어휘를 계발하기 위하여 실비아 교사는 각 아동들이 어떤 어휘든 그들이 원하는 단어를 요청하면 카드에 그것을 써서 그 아동에게 주었다. **입맞추기**(kiss), **귀신**(ghost), **폭탄**(bomb), **호랑이**(tiger), **싸움**(fight), **사랑**(love), **아빠**(daddy)와 같은 어휘들이 그 예가 된다. 곧 아동들은 문장을 만들었고, 그 문장을 기억할 수 있었다. "그는 혼날 거야." "고양이는 놀랐다." 이와 같이 자주적으로 학습한 것을 아동들은 결코 잊어버리지 않았다. 그러나 내가 말하려는 것은 실비아의 교수방법이 아니라 그의 태도에 관한 것이다. 그는 자기의 독자를 대할 때나 아동들을 대할 때나 똑같이 열정적인 진실의 소유자였다. 한 편집자가 그에게 몇 가지 질문을 했을 때 그는 다음과 같이 말했다. "당신은 나에게 몇 가지 분명한 사실을 물었는데… 이 주제에 관한 한 나 자신 속에, 혹은 다른 어떤 것도 마찬가지지만 엄연한 사실이 따로 있는지 모르겠다. 나는 다만 창조적인 교수라는 문제에 뜨거운 열정이 있을 뿐이고, 그 뜨거운 사실이 책과 나를 불사를 뿐이다"(p. 26).[2]

여기에는 목석같은 거짓된 모습이 없다. 감정이 있고 확신에 찬 생기발랄한 사람이 존재한다. 그를 학습의 촉진자가 되게 한 요소 중의 하나는 그의 진실성이었다고 나는 확신한다. 그는 어떤 정교한 교육적 공식에는 맞지 않는다. 학생들은 진실로 개방적으로 존재하는 사람과 접촉함으로써 성장하는데, 그는 그와 같은 사람이다.

또 다른 한 사람의 예를 들자면 그는 바바라 쉴(Barbara Shiel)인데, 6학년생들의 학습을 촉진시켰던 흥미 있는 일들이 앞에서 예시되었다. 그는 학생들에게 많은 책임을 수반한 자유를 주었는데, 나는 그 학생들의 반응 가운데 몇 가지를 뒤에 소개하려 한다. 여기 그가 학생들과 상호작용한 실례가 있는데, 그것은 기쁨과 즐거움만을 나눈 것이 아니라 좌절과 분노의 감정도 나누었음을 보여 준다. 그는 그림 그릴 자료를 자유롭게 사용할 수 있게 하였고, 학생들은 그것을 창의적으로 사용하였으며, 교실은 혼돈의 상징처럼 어지러웠다. 여기에 그의 감정과 그가 그 감정을 가지고 어떻게 했는지를 기록하고 있다.

나는 더럽고 어지러운 데서 사는 것을 아주 싫어한다. 나 이외에는 아무도 지저분한 것에 관심을 가지지 않는 것 같았다. 마침내 나는 어느 날 어린이들에게 말하였다…. "나는 성격상 깨끗하고 정돈된 것을 좋아하는 사람이고 지저분하면 짜증이 난다. 너희는 그것을 해결할 방안을 가지고 있는가?" 이 질문에 대해 청소를 하겠다는 지원자가 있었다…. 나는 똑같은 어린이가 항상 다른 사람들을 위하여 청소하게 하는 것이 공평하지 못한 것 같다고 말했다. 그러나 어린이들은 어떤 사람들은 청소하기를 좋아한다고 응답하였다. 그래서 그런 식으로 해결하고 말았다.[3]

이 같은 예가 내가 앞에서 말한 문구에 어떤 생생한 의미를 부여할 수 있기를 기대한다. 촉진자는 이렇게 "느낌대로 살 수 있고, 느낌 그 자체가 될 수 있으며, 필요하면 그 느낌을 적절히 표현할 수도 있다"고 말한 적이 있었다. 우리 대부분이 그 말의 뜻을 제대로 알기가 어렵기 때문에 나는 부정적인 감정의 한 실례를 보여 주었다. 그 실례에서 쉴 교사는 지저분한 것에 대한 분노와 실망을 드러내야 하는 모험을 감행하고 있다. 그런데 과연 어떤 일이 일어났는가? 내 경험으로도 그와 같은 일이 항상 일어난다. 그 어린이들은 교사의 감정을 수용하고 존경하고 있다. 그들은 교사의 감정을 고려하고, 내가 보기에 아무도 제시할 수 없는 산뜻한 해결책을 고안해 내고 있다. 쉴 교사는 "나는 내가 분노할 때 불안했고 죄책감을 느꼈다"고 현명하게 대답한다. "마침내 나는 어린이들도 나의 감정을 수용할 수 있음을 깨달았다. 그리고 그들이 나를 등한시하는 때가 언제인가를 알게 되는 것도 중요한 일이다. 나 역시 한계가 있으니까."[3]

긍정적인 감정도 진실하게 표현하면 똑같이 효과적인 것을 입증하기 위하여 대학생들의 반응을 간단히 소개하겠다.

학급에서의 선생님의 유머감각은 우리를 즐겁게 하였습니다. 선생님이 기계적인 교사의 이미지가 아닌 인간적인 모습을 보여 주었기 때문에 우리는 모두 마음이 놓였습니다. 나는 이제 선생님들에게 더 많은 이해와 신뢰를 가지고 있음을 느끼게 됩니다. 나는 다른 학생들과도 더 가까워지고 있음을 느낄 수 있습니다.

또 다른 사람은 이렇게 말한다.

선생님은 한 인간으로서 수업을 이끌어 나가셨습니다. 그래서 제 마음속에 자리 잡고 있는 선생님의 모습은 걸어다니는 교과서가 아닌 한 인간의 모습이었습니다.

같은 수업의 다른 학생은 이렇게 말했다.

교실에는 선생님이 계신 것 같지 않고, 오히려 우리가 신뢰할 수 있고, '동반자'로서 동일시할 수 있는 사람이 한 분 계신 것 같았습니다. 선생님은 우리들의 생각을 아주 잘 헤아려 알고 민감했기 때문에 훨씬 더 진실하게 느껴졌습니다. 이 모든 과정은 그저 수업이 아니라 하나의 진실한 체험이었습니다.[4]

참된 인간이 된다는 것은 쉬운 일이 아니며 그것이 단번에 성취되는 것도 아님을 분명히 보여 주고 있다고 나는 믿는다. 그러나 학습의 촉진자, 즉 혁명적인 인간이 되기를 원한다면 참된 인간이 되는 것이 시급한 일이다.

존중, 수용, 신뢰

학습을 성공적으로 촉진시키는 사람에게서 볼 수 있는 또 하나의 태도가 있다. 나는 이 태도적 자질을 관찰하고, 경험해 왔다. 그러나 그것을 어떤 용어로 설명할지 몰라서 여러 가지로 설명해 보고자 한다. 그것을 나는 학습자에 대한 존중, 즉 학습자의 느낌, 학습자의 의견, 학습자의 인간성에 대한 존중이라고 생각한다. 그것은 학습자에 대한 사랑이다. 그것은 비소유적 사랑이다. 그것은 다른 사람을 별개의 인간으로, 존재가치가 있는 개인으로 수용하는 것이다. 그것은 한 사람이 근본적으로 믿을 만한 가치가 있다는 기본 신뢰이다. 우리가 그것을 인간에 대한 존중, 수용, 신뢰라고 부르든 혹은 다른 말로 부르든 간에, 그것은 관찰이 가능한 다양한 방식으로 나타난다. 이와 같은 태도적 자질을 갖추고 있는 촉진자는 학생들의 성취감은 물론 새로운 문제에 접근할 때 학생들이 느끼는 두려움과 망설임도 충분히 수용할 수 있다. 그 교사는 학생들이 주요한 학습목표를 성취하고자 하는 노력은 물론 학생들의 무관심과, 학습목표를 벗어난 학생들의 별난 욕구도 받아들일 수 있다. 그와 같은 교사는 학습을 방해하거나 증진시킬 수 있는 사적인 느낌, 즉 경쟁심, 권위에 대한 증오, 적절성에 대한 개인적인 관심 등도 받아들일 수 있다. 여기에서 묘사하는 것은 많은 느낌과 잠재력을 가지고 있는 불완전한 인간존재로서 학습자를 존중하는 것을 의미한다. 학습자에 대한 촉진자의 존중이나 신뢰는 인간유기체의 능력에 대한 기본적인 확신과 신뢰의 실제적인 표현이다.

이와 같은 태도의 몇 가지 실례를 나는 교실상황에서 제시해 주고 싶다.

그러나 교사의 진술은 어떤 것이든 의심받을 수 있다. 그 까닭은 우리들 중 많은 사람이 이런 태도적 자질을 가지고 있다고 느끼기 쉽고, 또 우리의 자질에 대한 왜곡된 인식이 있을 수 있기 때문이다. 그러나 운 좋게 경험해 본 학생들에게 존중, 수용, 신뢰의 태도가 어떻게 지각되는지 알아볼 수 있다. 여기 모리 아펠(Morey Appell) 박사의 수업에서 경험한 대학생의 진술을 소개한다.

선생님이 우리를 대하는 자세는 저에게 계시적이었습니다. 선생님의 수업에서 저는 중요하고 성숙한 존재라는 것을 느꼈고, 저 스스로 무언가 할 수 있다는 느낌을 갖게 되었습니다. 저는 혼자서 생각하고 싶은 욕구를 느꼈는데 그것은 교과서와 강의만으로는 얻을 수 없고 삶을 통해서 성취될 수 있는 것입니다. 선생님이 저를 참된 느낌과 욕구를 가진 한 인간으로 보고 있다고 생각합니다. 제가 말하고 행한 것은 저에게서 나온 의미 있는 표현이고, 선생님께서는 그것을 인정해 주셨습니다.[5]

패트리샤 불(Patricia Bull) 박사와 더불어 수업을 한 대학생들은 이 같은 존중과 신뢰의 태도뿐만 아니라 이 태도들이 다른 상호작용에 끼친 효과까지도 기술하고 있다.

우리들 사이에 무언중에 약속이나 한듯한 상호이해가 있어서 저는 선생님께 친근감을 느낍니다. 다른 사람들이 이해해 줄지 몰라서 자신이 없을 때라도 적어도 한 사람, 선생님만은 반응해 줄 것이라고 느끼기 때문에 저는 더욱 문제가 되지 않습니다. 선생님의 반응이 있다는 것이 중요합니다. 그것을 감사하게 느낍니다.

저는 저를 포함한 다른 사람들에게 선생님이 표명한 관심과 존중을 감사하게 생각합니다. 수업에서의 경험과 독서의 결과로 학습자 중심의 교수방법이 이상적인 학습구조를 제시한다는 것을 진심으로 믿게 되었습니다. 사실의 축적이 아닌, 다른 사람과의 관계 속에 있는 우리 자신에 관한 학습이 더 중요하다고 저는 생각합니다. …돌이켜 생각해 보면 9월 학기 초의 얕은 인식과 지금의 깊은 통찰을 비교해 볼 때, 저는 이 과정이 다른 학습방법으로는 얻을 수 없는 커다란 가치를 지닌 학습경험이 된다는 것을 알게 되었습니다.

대부분의 선생님들은 학생들의 존경을 잃게 될까 봐 이 방법을 시도하지 않습니다. 그 반대입니다. 선생님은 우리 위에 군림하는 대신에 우리들과 같은 수준에서 말씀하심으로써 오히려 존경을 받았습니다. 대화가 부족했던 우리 학교에서 사람들이 서로 경청하고, 지적인 어른 수준에서 대화하는 것을 보게 되니 놀라운 일이었습니다. 좀 더 많은 수업이 우리들에게 이런 경험을 제공해야 할 것입니다.[4]

이와 같은 예들은 학습자에게 관심을 가져 주고, 학습자를 존중하며 신뢰하는 촉진자는 일반교실과 아주 판이한 학습풍토를 조성하기 때문에 다소 유사한 점이 있다면 그것은 우연의 일치일 것임을 분명히 보여 준다.

공감적 이해

자주적인 경험학습 분위기를 조성하는 또 하나의 요소는 **공감적인 이해**이다. 교사가 학생 반응의 동기를 이해할 능력이 있고, 교육과 학습과정에 대해 학생들이 지각하는 방법을 민감하게 알아차리면 의미 있는 학습이 일어날 가능성은 증대된다.

이와 같은 유형의 이해는 "나는 너에게 문제가 있다는 것을 이해한다"는 식의 평가적 이해와는 다르다. 공감적 이해가 있을 때 학습자의 반응은 다음과 같다. "마침내 어떤 사람이 나를 분석하거나 판단하지 않고, 있는 그대로 나의 감정을 이해하고 있다. 이제 나는 배우며 성장할 수 있다."

다른 사람의 입장에서 보는 태도, 학생의 눈으로 그린 세계를 보는 태도는 보통교실에서는 거의 찾아볼 수 없다. 우리는 수천 번의 보통교실의 상호작용을 떠올릴 수 있지만 명료하고 정확한 공감적 이해는 단 한 번 만나기가 어렵다. 그러나 공감적인 이해는 그것이 실현될 때 놀라운 효과를 얻을 수 있다.

초등학교 2학년 어린이를 다루는 버지니아 액슬린(Virginia Axline)의 예를 들어 보자. 제이는 7세이고 공격적이었으며, 문제아였고 언어발달이 느린 학습 부진아였다. 그가 욕을 했기 때문에 교장실에 끌려갔고, 교장선생님은 그를 때려 주셨는데, 액슬린은 그 사실을 모르고 있었다. 자유시간에 제이는 점토로 된 인형을, 모자와 주머니 속의 손수건까지 아주 조심스럽게 만들었다. 액슬린이 "그 인형이 누구냐?"고 물었다. 제이는 "몰라요."라고 응답했다.

"그 인형, 교장선생님 아니야? 교장선생님도 그 인형처럼 주머니에 손수건을 넣어 다니시잖아." 제이는 점토로 된 인형을 노려보면서 "맞아요."라고 대답하였다. 그러고 나서 인형의 머리를 뜯어 버리더니 쳐다보며 웃었다. 액슬린은 "너는 때때로 그의 머리를 비틀고 싶지? 교장선생님이 밉지?"라고 말했다. 제이는 한쪽 팔을 뜯어내고, 또 다른 쪽을 비틀더니 주먹으로 인형을 쳐서 망가뜨렸다. 제이의 마음을 아는 다른 소년이 "제이는 오늘 점심때 교장선생님한테 몹시 혼났기 때문에 화가 나 있어요."라고 말하였다. "그렇다면 이제 기분이 후련해졌겠다."라고 액슬린이 말했다. 제이는 씩 웃으며 교장선생님을 다시 만들기 시작하였다(pp. 521~33).[6]

내가 인용한 예는 학생들이 교사의 관점에서가 아니라 학생들의 관점에서 평가받거나 판단되지 않고, 있는 그대로 이해받을 때 얼마나 고맙게 여기는가를 보여 준다. 만약에 어떤 교사가 학생들의 감정표현에 대하여 하루에 한 번씩 무비판적, 수용적, 공감적 이해를 해 주려고 노력한다면, 현재는 거의 전무한 이런 이해의 위력을 발견하게 될 것이라고 나는 믿는다.

촉진적 태도의 바탕은 무엇인가?

하나의 '수수께끼'

내가 지금까지 언급한 태도를 항상 유지할 수 없는 것은 당연한 일이다. 일부 교사들은 "내가 지금 나의 학생들에 대해 공감하지 못하고, 그들을 존중하거나 수용할 수 없다면 어떻게 해야 되느냐?"라고 질문을 제기할 수 있다. 이에 대한 나의 대답은 이제까지 언급된 태도적 자질 중에서 진실성이 가장 중요한 것이며, 그것이 가장 먼저 언급된 것은 우연한 일이 아니라는 것이다. 따라서 만약 학생들이 내면세계를 거의 이해하지 못하고, 학생이나 그의 행동을 싫어한다면 거짓된 공감이나 관심보다는 진실하게 행동하는 것이 더 바람직한 일이다.

그러나 이것은 말처럼 그리 간단한 것이 아니다. 진실되다는 것, 정직하다는 것, 참되다는 것은 자기 자신에 대하여 이와 같아야 한다는 것을 의미한다. 무엇이 그 사람에게 진실일지 내가 모르기 때문에 나는 그에게 진실할 수가 없다. 내가 만약 정말로 진실하기를 원한다면 나는 마음속에서 일어나는 것을 말할 수 있을 뿐이다.

하나의 예를 들어 보자. 이 장의 서두에서 미술시간에 생긴 '쓰레기' 에 대한 쉴 교사의 느낌을 인용했었다. 그 교사는 "지저분한 데서 생활하는 것은 괴로운 일이다. 나는 깨끗하고 정돈된 것을 좋아하는 성격이어서 정신이 혼란스럽다"고 말하였다. 그러나 만약 그 교사의 감정이 각급 학교의 교실에서 흔히 행해지는 대로 거짓된 방식으로 표현되었다고 가정해 보자. 그것은 다음과 같이 표현되었을 것이다. "너희는 내가 아는 애들 중에 가장 지저분한 아이들이다. 너희는 깨끗하게 정리 정돈하는 것에 관심이 없다. 너희는 정말 지긋지긋하다." 이 말은 내가 사용하는 의미에서 볼 때 분명히 정직성이나 진실성의 예가 되지 못한다. 두 표현 사이에는 의미심장한 차이가 있는데 그것을 자세히 설명하고자 한다.

두 번째 진술 속에서 그 교사는 자기 자신에 관한 것이나 자기 감정을 아무것도 표현하지 않고 있다. 틀림없이 아이들은 그 교사가 화가 나 있다고 느낄 것이다. 그러나 아이들은 분별력이 있기 때문에 그 교사가 자기들에게 화가 난 것인지 아니면 교장과 말다툼을 하고 나와서 그런지를 의심하게 될 것이다. 그 진술은 혼란스러운 자신의 감정과 불만을 표현하고 있는 첫 번째 진술의 정직성을 전혀 가지고 있지 않다.

두 번째 진술의 또 다른 측면은 그것이 판단되고 평가된 내용인데, 다른 모든 판단처럼 그것은 논쟁의 대상이 될 수 있다는 것이다. 그 어린이들은 지저분한 것인가 아니면 그들이 하는 일에 단지 몰입되어 있고 열심이었는가? 그들 모두가 지저분한가 아니면 일부 어린이는 그 교사와 같이 정신이 혼란스러웠는가? 그들은 정돈에 대하여 무관심한가 아니면 항상 관심을 가지지는 못한 것뿐인가? 일단의 방문객이 찾아온다면 그들의 태도는 다를 수도 있지 않을까? 그들은 형편없는 아이들인가? 아니면 보통 어린이들인가? 우리가 판단을 내릴 때 그것이 절대로 정확할 수는 없으며, 그런 판단은 죄책감과 불안은 물론 적개심과 분노를 야기할 수 있다고 나는 생각한다. 만약 쉴 교사가 두 번째 진술을 사용했더라면 학급 어린이들의 반응은 전혀 다른 것이 되었을 것이다.

나는 이 점을 분명히 하기 위해 좀 더 설명하고자 한다. 왜냐하면 진실된 것, 자신의 느낌대로 존재하는 것의 중요성을 강조하면 그것이 다른 사람을 판단하고, 자신이 소유해야 할 감정을 타인에게 투사해도 좋다는 뜻으로 받아들이는 사람이 있음을 나는 경험을 통해서 알고 있기 때문이다. 내가 말하는 뜻은 그런 것과는 거리가 멀다.

실제로 진실해진다는 것은 가장 어려운 일이며, 진실로 참되기를 원할지라도 그것은 자주 성취되지 않는다. 진실됨은 사용하는 단어의 문제가 아니다. 그래서 만약 어떤 사람이 판단하는 느낌을 가지고 있다면 감정을 공유하는 것 같은 단어를 사용할지라도 도움이 되지 않는다. 그것은 단지 또 하나의 가식과 진실성의 결핍을 의미한다. 우리는 아주 느린 속도로만 진실을 배울 뿐이다. 무엇보다도 먼저 자기 자신의 느낌에 충실해야 하고, 그 느낌을 자각해야만 한다. 그러고 나서 내면에 존재하고 있는 그대로의 느낌을 고백하는 모험을 기꺼이 해야지, 그 감정을 남의 탓으로 돌리거나 위장하여 판단하는 것은 금물이다. 내가 쉴 교사를 존경하는 것은 그가 아무런 위장 없이 분노와 좌절을 표현하는 용기가 있었기 때문이다.

인간유기체에 대한 신뢰

인간유기체와 그의 잠재력에 대한 깊은 신뢰가 없다면 앞에서 언급한 세 가지 태도를 가진다거나 자신을 바쳐 학습의 촉진자가 된다는 것이 거의 불가능하다. 내가 만일 인간을 불신한다면 학생들이 잘못된 길로 가지 못하게 하기 위하여 옳다고 생각하는 정보를 학생들에게 주입시켜야 된다. 그러나 만약 내가 잠재력을 실현하기 위한 인간의 능력을 신뢰한다면 나는 학생들에게 많은 기회를 제공할 수 있고, 학생이 스스로 학습방법과 방향을 선택할 수 있도록 허용할 수 있다.

앞에서 소개한 교사들은 그들의 학생이 가지고 있는 자아실현 성향을 근본적으로 신뢰한다는 것이 분명하다. 그와 같은 교사들은, 학생들이 자신과 밀접한 관계가 있는 문제에 직면하면 배우고 성장하기를 원하며, 탐색하고 학습하기 위해 노력하고, 자율적으로 창조하고 행동하려고 한다는 가정에 기초하고 있다. 그런 교사는 허용적인 교실분위기와 학생들과의 관계를 이 천부적인 성향이 열매를 맺을 때까지 유지하려고 노력한다.

발견의 불확실성을 시인하기

앞에서 언급한 인간에 대한 긍정적인 견해와 학생에 대한 태도는 학습의 촉진자에게 기적처럼 갑자기 나타나는 것이 아니라고 말할 수 있다. 오히려 그것은 잠정적인 가설에 따라 모험을 시도하는 과정에서 생성된다. 이것은 쉴 교사에 대해 기술한 제6장에서 가장 명백하게 입증된다. 쉴 교사는 자기가 확신하지 못하는 가설을 쫓아 행동하고, 학생들과 새로운 방식의 관계를 맺을 때 스스로 모험을 감행한다. 그는 이 새로운 견해가 교실에서 발생하는 일에 의해서 확인되는 것을 발견한다. 스웬슨 교사의 경우도 마찬가지이다. 나는 그 밖의 다른 사람들도 똑같은 유형의 불확실성을 경험했다고 확신한다. 나의 경우에도 개인은 저마다 그들의 선(善)을 위해 조정되어야 마땅하다는 확고한 신념을 가지고 내 직업을 시작했다고 말할 수 있다. 나는 학습과 건설적인 변화를 가져오는 데 훨씬 더 유용한 것을 발견했기 때문에 앞서서 언급했던 그 태도와 인간에 대한 신뢰에 도달할 수 있었다. 따라서 이 새로운 방식을 모험적으로 시도해 봄으로써 교사는 스스로의 힘으로 그 방법이 효과적인지, 자기에게 합당한지 여부를 발견할 수 있게 된다.

이제 몇몇 촉진자들과 지금까지 소개한 학생들의 경험을 바탕으로 나는 결론을 도출하려고 한다. 촉진자가 진실성, 존중, 공감적 이해가 가능한 교실분위기를 어느 정도까지만 조성할 수 있으면, 그리고 개인이나 집단의 건설적인 성향을 신뢰할 수 있으면, 그는 교육적인 혁신에 착수했음을 발견하게 될 것이다. 확산적인 침투력을 가지고 서로 다른 속도로 전진하는 색다른 학습이 일어난다. 긍정적, 부정적 혹은 혼돈된 감정이 수업 경험의 일부가 된다. 학습은 곧 삶인데 매우 활기찬 것이다. 학생은 때로는 흥미진진하게, 어떤 때는 마지못해 배우며 성장하는 존재가 되기 위한 과정에 들어서게 된다.

학술연구의 증거

위에 말한 주장에 대한 실험적 연구결과가 지금은 매우 확신을 주고 있다. 반박할 수 없을 정도로 증거가 축적되고 있음을 보고 나는 매우 흥미를 느끼고 있다.

일찍이 1960년대에 심리치료와 교육 분야의 소수 연구물로부터 몇 가지 잠정적인 결론을 유도해 냈다. 연구방법은 언급하지 않고 그 결론을 간단히 요약해 보겠다(참고문헌을 보면 연구방법을 찾아볼 수 있다). 심리치료의 내담자가 치료자를 진실한 사람, 존중과 공감적 이해를 잘하는 사람으로 인식하면, 자기학습(self-learning)과 치료적 변화가 촉진되었다. 치료자의 태도적 자질이 중요하다는 것이 입증된 셈이다.[7]

또 다른 연구는 교사를 중심으로 한 것이다. 어떤 교사들의 당면 문제는 '아동들이 스스로 생각하며 자주적인 사람이 되도록 돕는 것', '학생들이 참여하도록 유도하는 것' 등이다. 이 교사들은 '긍정적인 집단'으로 분류되었다. 다른 집단의 교사들은 당면 문제를 '학생들이 경청하도록 만드는 일', '학습할 능력이 없는 아이들을 가르치는 일' 등으로 보고 있었다. 이 교사들은 '부정적인 집단'으로 간주되었다. 학생들은 첫 번째 집단의 교사들이 두 번째 집단의 교사들보다 공감능력, 학생에 대한 존중 그리고 진실성이 더 높다고 지각하고 있음이 발견되었다. 첫 번째 집단의 교사들은 높은 차원의 바람직한 태도적 자질을 보여 주었고, 두 번째 집단은 그렇지 못하였다.[8]

쉬먹(Schmuck)의 흥미 있는 연구는 교사들이 학생들에게 공감적 이해를 해 줄 때, 그 학생들은 서로를 더 좋아하는 경향이 있음을 보여 주었다.[9] 이해해 주는 교실 분위기에서는 모든 학생들이 동료에게 호감을 가지는 경향이 있고, 자기 자신과 학교에 대하여 더 긍정적인 태도를 가진다. 교사의 태도가 파급되는 양상은 고무적이고 의미심장한 것이다. 학생에 대한 공감적 이해를 확산시키는 것은 끊임없이 번져 가는 효과를 가지고 있다.

앞에 진술한 것은 축적되는 많은 연구물 중 몇 가지 예이다. 그러나 이런 태도들이 실재할 때 실제로 학생들이 더 많이 학습하는가 하는 문제는 여전히 제기될 수 있다. 1965년 데이비드 애스피(David Aspy)는 여섯 개 학급의 3학년 학생집단을 주의 깊게 연구하였다.[10] 그는 교사의 촉진적 태도가 가장 높은 세 개의 학급 학생들이 그런 태도가 부족한 교사의 학급 학생들보다 더 높은 독해력에 도달하고 있음을 입증하였다. 애스피와 그의 동료인 플로라 로벅(Flora Roebuck)은 이 연구를 10년 이상 계속되는 연구로 발전시켰다. 그들이 수집한 전체적인 증거는 이 책의 뒷부분에 제시된다. 그들의 연구는 교사가 조성하는 교실의 풍토가 학습을 증진하거나 방해하는 중요한 한 요인임을 분명히 보여준다.

1990년대에 웨인 호이(Wayne Hoy), 존 타터(John Tarter), 그리고 로버트 커트캠프(Robert Kottkamp)는 그들의 책 『열린학교/건강한 학교』[11]에서 학교의 건전성과 분위기에 관한 30년 동안의 연구를 종합하였다. 그들은 학생들이 공부하는 이유의 59%는 그 학교의 건전성에 달려 있다고 결론을 내렸다. 건강한 학교는 구성원들 사이에 강한 연대감과 공동체 의식을 느끼게 한다. "학교생활을 통합하는 핵심기제인 교사들의 단결은 교사들의 친절함과 학교, 동료 및 학생들에 대한 교사의 헌신에서 생긴다. 그것이 학교를 공동체가 되게 한다. 건강한 학교는 협력을 강요할 필요가 없다. 왜냐하면 전문가들의

자발성에서 나오기 때문이다"(p. 194).[11]

학생들로부터 나온 증거

그런 연구결과가 나오기 전에도 학생중심 혹은 인간중심의 수업에 대한 학생들의 반응을 보면, 교육혁명이 이루어지고 있음을 분명히 알 수 있었다. 그 증거는 오늘날까지 계속 나타나고 있다. 그와 같은 학습 환경을 체험한 학생들의 가장 획기적인 성과는 읽기, 쓰기, 셈하기의 기본학습에서 더 높은 성취를 거둔 점에 국한되지는 않는다. 의미 있는 학습은 좀 더 인간적인 면, 즉 독립심, 자율적이고 책임감 있는 학습, 창의력 신장, 좀 더 인간다워지는 것 등이다. 이와 같이 의미 있는 학습을 입증하는 길은 신뢰와 존중과 진실과 이해 및 자유의 학습분위기를 조성해 온 교사들에게서 배운 제자들의 진술을 내가 무작위로 제시할 수 있을 뿐이다.

또 다시 나는 실비아 애쉬튼 워너의 말을 인용하여 그와 같은 학습분위기의 핵심적인 영향을 보여 주려고 한다. "학습의욕은 이제 교사의 것이 아니라 아동들의 것이다…. 교사는 드디어 아동들의 끊임없는 창의력에 순응할 뿐, 그것에 역행하지 않는다"(p. 93).[2]

그것을 입증할 필요가 있다면 사무엘 문(Samuel Moon) 박사가 인도한 시(詩) 과목을 수강한 학생의 소감 하나를 소개하겠다.

회고해 볼 때, 이 과목이 때때로 나를 어리둥절하게 만들기는 했지만 하나의 경험과 수업으로서 정말로 즐겁다는 것을 알았다. 그 사실만으로도 가치가 있는 것이었다. 왜냐하면 이번 학기에 신청한 대부분의 과목들과 대학 교육과정 전체가 지루했기 때문이다. 다른 어떤 과목과도 달리 이 과목 때문에 나는 소설 쓰기보다는 시 쓰기에 더 많은 시간을 보내게 되었는데 그래서 당장은 쓰는 일이 방해받고 있다.

이 과목에서 배운 것을 분명히 지적하고 싶다. 그것은 나에게 동료들의 의견을 듣고 신중하게 생각하는 태도가 생겼다는 것이다. 나의 과거 태도를 미루어 볼 때, 그것만 보아도 이 과목의 가치를 알 수 있다. 나는 어떤 과목의 성과는 "당신은 그것을 또 수강하고 싶은가?"라는 질문에 대한 대답으로 표현될 수 있다고 본다. 나는 주저할 거 없이 "예."라고 대답할 것이다(p. 227).[12]

패트리샤 불 박사로부터 청년심리학을 수강한 2학년 학생들의 몇 가지 소감을 덧붙이고 싶다. 처음 두 사람은 학기 중간에 논평한 것이다.[4]

이 과목은 저에게는 중요하고 의미심장한 경험임이 밝혀지고 있습니다…. 이 독특한 학습상황은 학습이 무엇인가에 대한 전적으로 새로운 개념을 저에게 심어 주었습니다…. 저는 건설적이고 자유로운 분위기에서 참된 성장을 체험하고 있습니다. 그 경험은 고무적이었습니다.

이 과목은 저에게 대단히 소중한 것이었다고 생각됩니다…. 이 과정은 저를 생각하게 만들었기 때문에 다행으로 생각합니다…. 전에는 제가 개인적으로 깊이 빠져들어간 과목을 경험하지 못했습니다. 특히 강의실을 나오면 더욱 그랬습니다. 이 과목은 도전의식을 느끼게 했고, 보람이 있었으며, 즐거웠습니다.

학기가 끝나면서 받은 다른 소감들은 다음과 같다.

저에게 이 과목은 학기와 더불어 끝나지 않고 계속되는 것입니다. 한 과목에서 더 알고 싶은 욕망을 얻는 것보다 더 큰 소득을 기대할 수 있을지 모르겠습니다.

이런 유형의 학습상황이 저의 책임이 무엇인가를 깨닫게 해 줌으로써 저 스스로 과제를 할 수 있도록 자극해 주었습니다. 저는 시험시간표가 더 이상 책을 읽는 동기가 되지 못한다고 느끼고 있습니다. 앞으로는 시험점수 때문이 아니라 배워서 얻기 위해 공부할 것이라고 느끼고 있습니다.

학급에서 일어난 일을 관찰하면서 저는 우리 사회에 존재하는 대화의 단절을 절실하게 깨닫고 있습니다…. 저는 많이 성장하였습니다. 현재 이 과목을 시작했던 때와는 다른 사람이 되었다는 것을 알고 있습니다…. 이 과목은 저 자신을 좀 더 잘 이해하는 데 큰 도움을 주었습니다…. 제가 성장하도록 도와준 선생님께 감사드립니다.

강의를 통해서 교사로부터 지식을 얻는 것이 교육이라고 저는 생각해 왔습니다.

그 강조점과 초점은 교사에게 있었습니다…. 이 과목에서 경험한 가장 큰 변화 중의 하나는 교육에 대한 저의 시각이었습니다. 학습은 성적표에 기록된 점수보다 더 중요한 것입니다. 아무도 우리가 학습한 것을 측정할 수 없습니다. 왜냐하면 그 학습은 사적인 것이기 때문입니다. 저는 학습과 암기를 혼동하고 있었습니다. 잘 기억할 수 있었으나 제가 기억한 만큼 학습했는지에 대해서는 의심이 생깁니다. 학습에 대한 저의 태도가 성적중심에서 보다 인간중심으로 바뀌었다고 저는 믿고 있습니다.

만약 이런 유형의 과정이 초등학교 6학년 학생에게는 어떻게 지각되었을까를 알고 싶다면 쉴 교사에게 배운 학생들의 반응을 있는 그대로 제시해 보겠다.

저는 자신의 능력을 학습하고 있다고 생각합니다. 저는 학교공부만 배우는 것이 아니라 남이 가르쳐 준 것은 물론 스스로 배울 수 있다는 것을 배우고 있는 중입니다.

저는 자유가 많기 때문에 이 시간을 좋아합니다. 저는 다른 방식보다도 이런 식으로 해야 더 많이 학습합니다. 우리는 저마다 자기 속도로 학습하기 때문에 다른 친구들을 기다리지 않아도 됩니다. 그리고 많은 책임이 따르기도 합니다.[3]

아펠(Appell) 박사가 지도한 대학원생들의 소감을 두 가지 더 소개하겠다.

저는 이 경험을 통하여 얻은 것이 무엇인지를 생각해 보고 있습니다. 제가 얻은 결론은 만약 제가 경험한 것을 측정하려고 하거나 혹은 처음에 제가 어떤 상태에 있었나를 측정하려고 한다면, 저는 어떤 사람이었나를 알아야만 합니다. 그런데 저는 알 수가 없습니다…. 그러니 제가 경험하고 느꼈던 많은 것이 그냥 상실되는 것 같습니다. 마음속에 뒤범벅이 되어 있거나… 그것들은 제가 말로나 글로 명쾌하게 표현할 수 있는 형태나 조직으로 나타나지 않습니다…. 표현할 수 없는 것이 대단히 많이 있습니다…. 저는 수박 겉핥기식으로 겨우 표면만 건드린 것 같습니다. 막 튀쳐나올 듯한 것이 많이 있음을 느끼고 있습니다. 그렇게밖에는 표현할 수가 없습니다. 모든 것들이 과거보다는 지금 더 의미가 있어 보입니다…. 이 강의 경험은 저에게 의미가 있었고, 많은 변화를 가져왔습니다. 그런데 얼마나 많이 그리고 얼마나 오랫동안 영향을 줄지는 저도 모르겠습니다. 가을이 되면 저는 훨씬 더 나은 인간이 될 것 같습니다. 그것만은 제가 확신할 수 있습니다(pp. 143~48).[13]

🦋 당신은 계획대로 하지 않는데도, 저는 많이 배우고 있습니다. 학기가 시작된 이후로 저는 좀 더 생기가 나고, 자신에게 충실한 것 같습니다. 남들과 함께 지내는 것은 물론 홀로 있는 시간을 저는 좋아합니다. 학생들이나 다른 어른들과의 관계에서 저는 전보다 더 감정을 가지고 몰입합니다. 지난주에 오렌지를 먹으면서 한 부분 한 부분을 따로 떼어 투명한 껍질을 벗겨 낸 후 먹으니 훨씬 더 좋았습니다. 그렇게 먹으니 즙도 많고 맛도 신선했습니다. 저는 둘러싼 투명한 벽도 없이 저의 진실한 감정을 표현하고 싶은 때가 종종 있다는 생각이 들었습니다. 저는 성장하고 있는 것 같은데 얼마나 자라는지는 알 수가 없습니다. 저는 생각하고 궁리하고 그러면서 학습하고 있습니다.[5]

나는 깊은 감동을 가지고 이 학생들의 소감 — 6학년 아동, 대학생, 대학원생 — 을 읽을 수밖에 없었다. 여기에 예시된 교사들은 헌신적이었고, 있는 그대로 자신들을 보여 주고, 학생들을 신뢰하고, 미지의 세계로 뛰어들고, 주관적인 행동을 취했다. 그때 무슨 일이 일어났는가? 감동적이고 믿기 어려운 인간적인 일들이 벌어졌다. 우리는 창조되는 인간, 솔선수범하는 학습, 미지의 세계에 도전하는 미래의 시민을 느껴 알 수 있다. 만약에 백 명 가운데 단 한 교사라도 모험을 하고, 있는 그대로 진실을 보여 주고, 신뢰하고 이해한다면, 우리는 교육 속에 살아 있는 영혼을 투입시키게 될 것이며 그것이 더없이 귀한 일이라는 것이 나의 판단이다.

교사에게 미치는 효과

나에게 고무적인 다른 측면을 살펴보고자 한다. 의미 있고, 자율적이고, 인간적인 학습을 조장하는 분위기가 학생에게 미치는 효과에 대해서만 나는 언급했다. 교사에게 미치는 효과에 대해서는 전혀 언급하지 않았다. 그러나 교사가 위와 같은 자율적인 학습의 촉진자가 되었을 때 그 교사는 학생들은 물론 자기 자신도 변하는 것을 발견하게 된다. 한 교사는 다음과 같이 고백한다.

🦋 발생한 일이 나를 압도했다고 말함으로써 나는 애매하게나마 나의 느낌을 반영시

킬 수 있다. 여러 해 동안 가르쳐 왔지만 이와 유사한 경험을 해 본 적이 없다. 내 경험으로 살펴볼 때 교실에서 그렇게 깊은 인간관계를 맺고 깊이 감명받으며, 그렇게 많이 전인적인 모습이 나타나는 것을 본 적이 없다. 나아가 전통적인 교실환경에서 교과목, 시험, 점수만을 강조한다면, 자기 자신을 실현하고자 하는 인간이, 다양하고 깊은 자신의 욕구를 가지고 과연 견디어 낼 수가 있을까를 생각하게 된다. 그러나 이 질문은 너무 동떨어진 것 같다. 나는 있었던 일을 전할 따름이며, 나의 경험을 소중히 여기고 감사할 뿐이라고 말할 수 있다. 그 경험으로 인해 나의 삶과 존재가 풍성해졌으므로 나는 여러분에게 알려드리고 싶다(p. 313).[14]

또 다른 교수는 다음과 같이 말하고 있다.

로저스는 이런 가정에 따라 성립된 인간관계가 "오늘날의 교육을 완전히 뒤바꾸어 놓을 것"이라고 말한 적이 있다. 나는 그것을 학생들과 더불어 이행함으로써 그 가정이 옳았다는 것을 알게 되었다. 나의 체험은 의미 있고 도전적이며 더할 나위 없는 그런 인간관계에 나를 몰입시켰다. 그 경험은 나에게 자극이 되었고, 나와 학생들에게 미친 영향 때문에 놀라게 하였으며, 때때로 나를 흥분시켰다. 오늘날 우리 교육의 비극이라고 부를 수밖에 없는 사실이 있으니, 그것은 굴욕, 왜곡 그리고 빈정거림을 교묘하게 견디어 왔던 학생들마다 이 수업이 온전한 신뢰와 자유를 경험한, 그리고 자긍심을 보전유지하고 향상시킬 수 있는 최초의 경험이었다는 것이다.[5]

너무 이상주의적인가?

어떤 독자들은 이 책의 전체적인 접근방식 — 교사가 학생들과 인간적인 관계를 맺을 수 있다는 신념 — 이 비현실적이고 이상주의적이라고 느낄지도 모른다. 그들은 본질적으로 그 접근방식은 교사와 학생 모두 그들의 관계에서 창의적일 수 있고, 교과목과의 관계에서도 창조적일 수 있다는 말인데, 그런 목표는 실현불가능이라고 볼 수도 있다. 그렇게 생각하는 사람들이 많이 있다. 나는 유수한 학교의 과학자들과 대학교의 학자들이 모든 학생들을 창조적인 사람으로 만들려는 것은 터무니없는 것이라고 주장하는 말을 들어 왔다. 그들은 많은 평범한 기술자와 노동자가 필요하다고 주장하면서, 소수의 창조적인 과학자와 예술가 그리고 지도자들이 배출되면 그것으로 족하다고 말한다. 그들의 시각에서는 그것으로 충분할지 모른다. 독자들도 그것으로 만족할지 모른다. 나는 그것에 만족할 수 없다고 말하여 기록에 남고 싶다. 나는 보통 학생에게서 무한한 가능성을 발견하였을 때 그것을 실현시켜 주려고 노력한다. 우리는 원자와 원자핵의 무한한 에너지를 개발하려고 열심히 노력하고 있다. 만약 우리가 개인의 가능성 실현에 그와 똑같은 에너지와 돈을 투자하지 않는다면 과학에너지 자원과 인간에너지 자원의 엄청난 불일치로 인해 우리는 당연히 파멸에 직면하게 될 것이다.

이 점에 관하여 내가 냉철하게 과학적일 수 없음이 유감스럽다. 이 문제는 대단히 심각한 문제이다. 사람들은 중요하며 인간관계가 긴요하고, 우리는 인간의 잠재력을 신장하는 법을 좀 알고 있고, 인간을 훨씬 더 잘 학습할 수 있다는 나의 주장에 나는 열정적일 뿐이다. 우리가 당면한 교육적인 문제의 인간적인 요인에 적극적인 관심을 기울이지 않는다면 인간문명은 파멸에 이르게 될 것이다. 더 좋은 교육과정, 더 좋은 계획, 더 좋은 학습기계가 당면한 어려운 문제를 근본적으로 해결해 주지는 못한다. 학생들과의 관계에서 인간답게 행동하는 사람들만이 현대교육의 당면과제에 영향을 미칠 수 있을 것이다.

요약

지금까지는 감정적이고 열정적으로 말했던 것을 다소 차분하게 진술하고자 한다. 나는 교육자와 일반대중이 교수에 관해 생각하고, 교수를 강조하는 것이 불행한 일이라고 말한 바가 있다. 참교육과 관련지어 볼 때 그것은 무관하거나 터무니없는 많은 문제를 제기한다. 나는 우리가 학습의 촉진에 관심을 기울인다면 — 다시 말해 학생이 어떻게, 왜, 그리고 언제 학습하는가 그리고 학습자의 내면에서 볼 때 학습은 어떻게 보이고 느껴지는가에 관심을 기울인다면 — 우리는 보다 생산적인 길로 접어들게 될 것이라고 주장했다.

학습을 촉진시키는 조건에 관하여 우리가 많이 알고 있고, 그것에 관하여 더 많은 지식을 얻을 수도 있다고 나는 진술하였다. 그리고 이 조건들 가운데 가장 중요한 것은 촉진자와 학습자 사이의 인간관계와 관련된 태도적 자질임도 언급하였다.

학습을 촉진하는 데 효과적인 태도적 자질은 묘사될 수 있다. 무엇보다도 중요한 것은 촉진자의 진실성으로서 그것은 기꺼이 한 인간으로 존재하고, 순간순간의 느낌과 생각대로 생활하고 존재하는 성향을 의미한다. 이 진실성이 학습자에 대한 존중과 관심, 그리고 신뢰와 연합될 때 학습을 촉진하는 분위기가 조성된다. 진실성이 예민하고 정확한 공감적 이해를 동반할 때 자율적인 학습과 성장을 자극하는 자유로운 분위기가 진실로 가능하다. 그 경우 학생은 발전할 것이라고 믿어도 좋다. 이와 같은 태도를 가지고 그 태도를 행동으로 옮길 만큼 용기 있는 사람들은 교실수업방법을 단지 수정하는 것이 아니라 개혁하는 것임을 분명히 말하려고 노력하였다. 그들은 전통적인 교사의 역할은 거의 하지 않는다. 그들은 교사라고 부르는 것조차도 더 이상 적당하지 못하다. 그들은 학생들에게 자유와 삶과 배울 기회를 제공하는 촉매자이고 촉진자이며 활력소이다. 가장 중요한 것은 그들은 학생들과 함께 공동 학습자이다.

나는 이와 같은 태도적 자질을 소유한 사람들이 교실에서 효율적임을 암시하는 누적된 연구 자료를 인용하였다. 그들의 관심사는 학생들의 부정적인 측면이 아닌 잠재력 신장에 있고, 총애를 받는 만큼이나 미움을 사는 학생 없이 모든 학생들이 생활 속에서 사랑과 인정을 체험하는 그런 교실분위기를 만드는 것이다. 이와 같은 심리적 분위기를 조성한 교실에서는 학생들은 전통적인 교과목에서도 더 많은 것을 배운다.

그러나 나는 의도적으로 여러분을 초등학생, 대학생 그리고 대학원생의 내면세계로 인도하고 싶어서 실험적인 연구결과 이상의 것을 제시하였다. 그 학생들은 촉진자와의 인간관계 속에서 생활하며 학습한 운 좋은 학생들인데, 그들의 주관적인 체험을 인용한 것은 자유롭고 자율적이고 자발적인 학습이 어떻게 느껴지는가를 알게 하기 위함이다. 그와 같은 학습분위기가 심지어 학생과 학생의 관계도 변화시킨다는 것을 지적하였다. 즉 그와 같은 학습분위기는 중요한 자료와 자신을 관련짓는 학습은 물론, 학생들 상호 간에 자각을 높여 주고 서로 더 관심을 가지게 하며, 상대방에게 민감하게 대해 준다. 그리고 학습이 교사에게 가져다주는 변화에 대해서도 언급하였다.

복잡다단하게 변하는 세계 속에서 건설적으로 살아갈 수 있는 시민을 양성하려면, 학생들이 자진해서 공부하고 자율적으로 학습하는 사람이 되게 할 때 가능할 것임을 나는 시사하려고 애썼다. 결국 우리가 알고 있는 바로는 성장을 증진하는 촉진적인 인간관계 속에서 이와 같은 유형의 학습자가 가장 잘 성장 발달한다는 것을 보여 주자는 것이 나의 목적이었다.

참고문헌

1. Carl R. Rogers, "The Interpersonal Relationship in the Facilitation of Learning," in *Humanizing Education*, ed. R. Leeper (Washington, D.C.: National Education Association, 1967), pp. 1-18. Association for Supervision and Curriculum Development.
2. Sylvia Ashton-Warner, *Teacher* (New York: Simon and Schuster, 1963).
3. Barbara J. Shiel, *Evaluation: A Self-directed Curriculum, 1965* (Unpublished manuscript, 1966).
4. Patricia Bull, *Student Reactions, Fall, 1965* (Unpublished manuscript, New York State University College, 1966).
5. Morey L. Appell, *Selected Student Reactions to Student-centered Courses* (Unpublished manuscript, Indiana State University, 1959).
6. Virginia M. Axline, "Morale on the School Front," *Journal of Educational Research* (1944): 521-33.
7. G. T. Barrett-Lennard, "Dimensions of Therapist Response as Causal Factors in Therapeutic Change," *Psychological Monographs* 76, no. 562 (1962).
8. F. C. Emmerling, "A Study of the Relationships Between Personality Characteristics of Classroom Teachers and Pupil Perceptions" (Ph. D. diss., Auburn University, 1961).
9. R. Schmuck, "Some Aspects of Classroom Social Climate," *Psychology in the Schools* 3(1966): 5-5; "Some Relationships of Peer Liking Patterns in the Classroom to Pupil Attitudes and Achievements," *The School Review* 71 (1963): 337-59.
10. David N. Aspy, *A Study of the Three Facilitative Conditions and Their Relationship to the Achievement of Third Grade Students* (Ph. D. diss., University of Kentucky, 1965).
11. K. W. Hoy, J. C. Tarter, and R. B. Kottkamp, *Open Schools/Healthy Schools* (London: Sage, 1991).
12. Samuel F. Moon, "Teaching the Self," *Improving College and University Teaching* 14 (Autumn 1966): 213-29.
13. Morey L. Appell, "Self-understanding for the Guidance Counselor," *Personnel and Guidance Journal* (October 1963): 143-48.
14. Carl R. Rogers, *On Becoming a Person* (Boston: Houghton Mifflin, 1961).

제 9 장

촉진자가 되는 길

학생의 목소리가 크든 작든,
부드럽든 화가 나 있든,
관련이 있어 보이든 없어 보이든 할 것 없이,
교사로서 나는
우리 학생들의 목소리를 인정하기 위해,
즉 그 말에 가치를 부여하는 순간을 갖기 위해,
먼저 말의 속도를 늦춰야만 했다.

어느 초등학교 교사(p. 30)[1]

마술지팡이

얼마 전에 교사 한 분이 나에게 "교육에 어떤 변화가 오기를 바랍니까?" 라고 물었다. 나는 그 당시에 최선을 다해서 대답했으나 그 질문은 아직도 내 마음속에 있다. 나에게 마술지팡이가 있어서 우리 교육계에 단 한 가지 변화가 오게 할 수 있다고 상상해 보자. 그 변화는 무엇일까?

나의 상상의 지팡이를 한 번 휘둘러서 각급 학교의 모든 교사들이 자기가 교사인 것을 잊어버리게 하리라고 마침내 결심을 했다. 여러 해 동안 고생해서 습득한, 가르치는 기술은 기억상실증이 생겨 완전히 잊어버리게 하리라. 교사들이 전혀 가르칠 수 없음을 깨닫게 될 것이다.

그 대신에 교사들은 학습촉진자의 태도와 기술, 즉 진실성, 존중, 공감적 이해를 소유하고 있음을 알게 될 것이다. 왜 나는 교사들의 그토록 소중한 기술을 박탈할 만큼 잔인할까? 그 이유는 우리 교육기관들이 절망적인 상태에 있어서 우리 학교가 손에 땀을 쥐게 하는 재미있는 학습의 장이 될 수 없으면 아마도 파멸로 치달을 것이기 때문이다.

'학습의 촉진자' 는 교사에 대한 그럴듯한 이름일 뿐 아무것도 변하지 않을 것이라고 여러분은 생각할지도 모른다. 만약 그렇게 생각했다면 당신이 틀렸다. 전통적인 교수의 기능과 학습촉진자의 기능 간에는 유사성이 없다. 전통적인 교사, 훌륭한 전통적인 교사는 자신에게 이런 종류의 질문을 한다.

이 연령과 능력수준에 있는 학생이 무엇을 배워야 좋을 거라고 나는 생각하는가? 이 학생에게 적절한 교과과정을 어떻게 계획할까? 이 교과과정을 배우도록 하기 위하여 어떻게 동기를 유발할 수 있을까? 어떻게 하면 학생이 마땅히 배워야 할 지식을 배우도록 가르칠 수 있을까? 그 지식을 학생이 실제로 배웠는지 알아보기 위하여 어떻게 시험문제를 잘 낼 수 있을까?" 등이다.

다른 한편, 학습의 촉진자는 다음과 같은 질문을 자신에게 묻지 않고 학생들에게 물어본다.

여러분은 무엇을 배우고 싶은가? 어떤 문제가 여러분을 당황하게 하는가? 여러분이 호기심을 가지고 있는 것은 무엇인가? 어떤 문제 때문에 걱정하고 있는가? 무슨 문제를 해결할 수 있기 바라는가? [학생들이 이런 질문에 대한 대답을 알고 있으면, 질문은 계속된다.]

이제 학생이 학습자료, 즉 사람, 경험, 학습시설, 책, 내가 알고 있는 지식을 발견

> 할 수 있도록 어떻게 도와주어야 할까? 그런 자원은 학생들이 배우고 싶은 것, 그들에게 관심이 있는 것에 해답을 찾는 방식으로 배우도록 도와주게 될 것이다. [그러고 나서 나중에] 어떻게 도와주면 그들이 자기의 발전을 평가해 볼 수 있으며, 이 자기평가를 근거로 미래의 학습목표를 설정하게 될까?

전통적인 교사와 촉진자의 태도 역시 정반대이다. 전통적인 가르침은 아무리 위장을 해도 **찻잔과 물병이론**에 근거를 두고 있다. 교사는 스스로 질문해 본다. "교과과정 전문가와 내가 중요하다고 생각하는 사실을 내가 물병에서 찻잔으로 채워 넣는 동안 나는 어떻게 하여야 찻잔을 가만히 붙들고 있을까?" 그러나 촉진자의 태도는 거의 전부가 분위기와 관련이 있다.

> 어린이가 호기심을 가지고 자유롭게 실수하고, 주변 환경, 친구들, 나 혹은 경험에서 자유로이 배울 수 있는 그런 심리적 분위기를 어떻게 하면 조성할 수 있을까? 어떻게 하면 그가 유아기에 가지고 있던 학습에 대한 열성을 다시 찾게 할 것인가?

일단 원하는 학습의 촉진과정이 시작되면 학교는 어린이들에게 '우리 학교'가 될 것이다. 앞선 장에서 보았듯이 학교를 사랑하는 아동들은 교실을 '우리 교실'로 보고, 공부를 '우리 공부'라고 표현한다. 우리는 학생들마다 매우 만족스러운 과정의 살아 있는, 생기 있는 한 부분이 된다는 것을 발견했다. 어른들은 아이들이 다음과 같이 하는 말을 듣고 놀랄 것이다. "어서 학교에 갔으면 좋겠다." "생전 처음으로 제가 알고 싶던 것을 배우고 있어요." "야, 그 돌 버려! 우리 학교 유리창을 깨면 안 돼!"

정말 멋지게도 지진아, 수재, 빈민촌 아이, 불우한 아동이 똑같은 말을 하게 된 것이다. 이것은 어린이들마다 그들의 흥미와 관심사에 관하여 스스로 문제를 파악할 수 있는 수준에서 배우고, 유익한 해답을 발견하고 있기 때문이다. 저마다 성공하는 경험을 계속하게 된다. 휴스턴에 있는 공연예술고등학교 졸업반인 크리스티나는 제1장에서 점심시간에 '흑인 탁자, 남미계열 탁자, 재즈 탁자'에 관하여 이야기하면서 "우리 모두가 가족이 되도록 그들에게 가서 다른 인종을 만나도록 가르치는 것은 자기 책임 중의 하나"라고 말했다. 그는 현실의 정곡을 찔렀다.

어떤 교육자들은 이와 같이 개별화된 학습은 교사들의 엄청난 증가를 필요로 하기 때문에 완전히 비현실적이라고 믿고 있다. 그것은 진실과는 거리가 먼 말이다. 한 가지 예로 어린이들이 배우고 싶어 할 때는 그들 스스로가 앞장을 서고, 그들 나름대로 많은 자율학습을 한다. 그리고 규율을 잡고 통제할 문제가 현저하게 줄어들어서 교사의 시간을 많이 절약하게 된다. 마지막으로, 내가 짤막하게 묘사한 그런 분위기가 가져오는 상호작용의 자유가 미개발된 큰 저력 — 학습과정에서 서로 돕는 어린이들의 능력 — 을 사용할 수 있게 한다. 존과 로베르토가 "너희는 이 문제를 해결하기 위해서 그 많은 나눗셈을 함께 잘하고 있구나."라는 말을 듣는 것은 두 학생 모두에게 놀랄 만한 경험이다. 시키지도 않았는데 두 어린이가 배우도록 서로 돕기 위하여 협력하는 것은 더욱 놀라운 일이다. 존은 다른 아이가 이해할 수 있도록 도와주면서 정말로 나눗셈을 배우게 된다. 로베르토는 성적표에서나 혹은 여러 사람 앞에서 망신당하는 일이 아니니까 존의 도움을 수용할 수 있고 배울 수 있다.

교사가 아니라 학습촉진자가 되는 것은 하나의 모험이다. 그것은 불확실성, 어려움, 후퇴를 의미하기도 하고, 아동들이 성장함에 따라 신나는 인간 모험이 되기도 한다. 이 모험을 감행한 한 교사가 말하기를 "아동들이 각자 자유로이 배우게 했더니 가장 놀라운 일 중의 하나는 내가 각 아동들과 보낼 시간이 줄어들지 않고 더 많아졌다"는 것이다.

누군가가 마술지팡이를 휘둘러 가르침을 학습촉진으로 바꾸어 놓기를 내가 얼마나 간절히 바라는지는 아무리 강조해도 지나칠 수가 없다. 전통적인 교수는 오늘처럼 변하는 세계에서는 거의 완전히 헛수고이고 시간낭비며, 과대평가된 기능이라고 나는 믿는다. 그것은 학습자료를 이해하지 못하는 학생들에게 패배감을 심어 주는 데 주로 성공한다. 또한 가르치는 자료가 학생들의 생활과 거의 관련이 없음을 깨닫고 학생들이 중도 탈락하도록 강요하는 데 성공한다. 어느 누구도 자기에게 관련성이 없어 보이는 것을 배우려고 노력해야 할 이유는 없다. 누구도 남보다 늦게 배운다고 해서 거부당하거나, 교사나 남들로부터 조롱받고 비난을 받거나 평가제도 때문에 패배감을 경험해서는 안 된다. 사실 너무 어려운 것을 성취하고 싶어서 노력하다가 경험한 실패감은 그로 하여금 더 배우도록 촉진하는 건강한 실패이다. 그것은 인간으로서의 존재가치를 깎아내리는 강요된 실패와는 매우 다른 것이다.

방법론

만약에 한 교사가 아동에게 배울 자유를 주고 싶거나, 다른 말로 촉진자가 되고 싶다면 어떻게 그 목적을 달성할 수 있을까?

변화를 가져올 수 있는 방법이 다양하기 때문에 나는 다른 사람에게 대답할 수가 없다. 그래서 내가 한 집단의 아동들의 학습에 책임이 있다면 나 자신에게 질문을 제기하여 단지 나 자신의 이야기를 하려고 한다. 나 자신에게 물어볼 일, 내가 배우고 싶은 것과 하고 싶은 일 등에 대하여 생각해 본다. 그와 같은 집단으로부터의 도전을 내가 어떻게 감당할 수 있을까?

배운다는 것은 어떤 모습일까?

내가 제기할 첫 번째 질문은 "무언가 중요한 것을 배우고 있는 아동은 어떤 모습일까?"라는 것이다. 내가 할 수 있는 가장 의미 있는 대답은 나의 경험에서 말하는 것이라고 생각한다.

나는 초등학교와 중·고등학교 시절 아주 우수한 학생이었다. 나는 좋은 성적을 받았다. 나는 공공연히 반항하지는 않았으나 교사들이 정해 놓은 규칙을 빠져나갈 만큼 영리해서 종종 교사들을 괴롭혔다. 나는 매우 엄격한 종교적인 집안 출신이어서 남들로부터 거리가 있고, 친구가 별로 없는 고독한 소년이었다. 우리 가족은 내가 13세 때 교외에 살다가 넓은 숲이 있는 큰 농장으로 이사를 했다. 그 당시에는 진 스트래튼 포터의 책이 인기가 있었는데, 그것은 광야를 배경으로 하고 있었고 커다란 밤 나방에 관한 이야기가 많았다.

우리가 농장으로 이사 간 직후에 나는 참나무 몸통 위에서 자주색 가장자리를 한 커다란 초록색 날개의 루나나방 한 쌍을 발견했다. 나는 아직도 검은색 껍질을 배경으로 밝고, 너비가 6인치나 되는 보랏빛 점을 가진 희미한 초록색 나방을 볼 수 있다. 나는 완전히 사로잡혔다. 나는 그것을 담아 보관했는데, 암놈이 수백 개의 알을 낳았다. 나는 나방에 관한 책을 샀다. 어린 나방에게 먹이를 주었다. 비록 첫 번째 새끼에선 많이 실패했지만 다른 나방을 잡아서 유충을 키우고 보살펴서 자주 허물을 벗는 것, 누에고치가 집 짓는 것, 나방이 나오는 이듬해 봄까지 오래 기다리는 것 등 일생의 변화를 점진적으로 배웠다. 누에고치에서 나방이 손톱만 한 날개를 가지고 나와서 한두 시간 내에 5~7인치 너

비로 발달하는 것을 보는 일은 참 재미있었다. 그러나 나방이 좋아하는 나무에서 매일같이 새순을 찾는 일, 상자를 깨끗이 비우는 일, 겨울에 누에고치가 마르지 않도록 수분을 뿌리는 일 등은 어려운 작업이었다. 간단히 말해서 큰 연구과제였다. 그러나 15~16세 때 나는 그런 나방에 대한 권위자였다. 나는 아마도 20가지가 넘는 종류의 나방과, 그들의 습관, 먹이 그리고 한평생 먹지 않는 나방, 유충시절에만 먹는 나방 등을 알고 있었다. 나는 종류별로 애벌레를 구분할 수 있었다. 나는 조금만 걸어가도 최소한 유충이나 누에고치를 발견할 수 있었다.

그러나 과거를 돌이켜 볼 때 아무리 생각해 보아도 나는 이 재미있는 일을 몇몇 친구들에게만 이야기했고, 어떤 교사에게도 말한 적이 없다는 사실이 흥미가 있다. 시간이 많이 드는 이 과제가 나의 학교교육과는 아무 상관이 없었다. 교육이란 학교에서 진행되는 것이었다. 교사는 흥미 있어 하지 않을 것이다. 더군다나 교사들은 나를 가르쳐 주도록 되어 있는데, 내가 그들에게 설명할 말이 너무 많았을 것이다. 그 시절에 내가 좋아하는 교사가 한두 분 계셨으나 이것은 개인적인 연구과제일 뿐 교사와 함께하는 것이 아니었다. 그것은 기간이 최소한 2년 걸리고 학문적이며, 잘 연구한 힘든 작업을 요구하는 자제력과 넓은 지식과 실제적인 기술을 요구하는 연구과제였다. 그렇지만 그것이야말로 한 소년에게 진정한 학습이 일어났던 모습이다.

의미 있는 학습은 인생경험이 나와 다른 아이들에게는 매우 다르게 일어난다는 것을 나는 확신한다. 만일 교육을 내 눈으로만 바라본다면 나는 학생들과 더불어 성장할 기회를 많이 놓치게 될 것이다. 농촌, 독실한 기독교 가정에서 자라난, 그리고 중국에서도 살아 본 경험을 가진 소년으로서 나는 소녀들, 도시 아이들, 혹은 육체적으로 부자유한 아이들이 아마도 경험해 보지 못했을 세계관을 형성하였다. 그러나 촉진자로서 나는 어린 시절의 학습의 이 특성을 마음에 두고서 진정으로 배우는 아동의 모습은 어떠한가를 발견하기 위하여 열심히 노력하고 싶다. 아동에게 무엇이 중요한가를 알아내기 위하여 그들의 내면세계에 들어가 보도록 노력하기를 원한다. 의미 있는 학습이 아동의 생활 중에 어디에서 일어날지 모르지만, 나는 학교를 최소한 다정한 가정처럼 만들도록 노력하고 싶다.

나의 학교 경험도 나의 세계관 형성이나 학습에 영향을 주었다. 나는 내가 배운 대로 그런 식으로 가르치고 싶은 충동을 자주 느낀다. 이 습관을 타파하기 위해서는 우리에게 익숙한 것이 무엇인가가 아니라 학습자에게 가장 좋은 것이 무엇인가를 곰곰이 생각해 봐야 한다.

모험적인 인간관계

나 자신에게 물어보고 싶은 두 번째 질문은 이런 식으로 표현될 것이다. 나는 내가 존경하는 어떤 사람처럼 학생들을 한 인간으로 대하는 모험을 할 수 있겠는가? 감히 학생에게 나 자신을 보여 주고, 그들은 나에게 그들 자신을 보여 주도록 할 수 있겠는가? 학생이 어떤 영역에서는 나보다 더 많이 알지도 모르고 나보다 재능이 많을지도 모른다는 사실을 감히 인정하겠는가?

이런 질문에 대한 답은 두 가지 면을 가지고 있다. 하나는 모험의 문제이다. 내가 제기한 질문에 긍정적인 답을 하는 모험을 감히 할 수 있겠는가? 두 번째 측면은 학생과 나 사이에 이런 종류의 관계가 어떻게 성립될 수 있느냐는 문제이다. 그 대답은 소위 대화그룹, 인간관계그룹, 만남의 그룹 혹은 무엇이라 부르든 간에 집중적인 집단경험 속에서 찾을 수 있다고 믿는다. 이런 종류의 사적인 집단에서는 인간관계가 형성되는 데 필요한 심리적 분위기를 제공하기 때문에 모험하는 것이 훨씬 용이하다.

「이게 내 길이야(That' s My Way)」[2]라는 감동적인 영화가 생각난다. 그 영화에서는 교사, 마약취급자 그리고 선고받은 약물중독자가 출연한다. 영화에 나오는 집단 상담의 종결부분에 가서 고등학교 학생인 약물중독자는 놀란 음성으로 "선생님, 경찰 그리고 약물중독자도 모두 인간이라는 것을 알게 되었어요! 도저히 믿을 수가 없는 일이에요."라고 말한다. 그는 학교에서 교사들과 그런 관계를 경험한 적이 없었던 것이다. 다른 영화 〈서서 줘라(Stand and Deliver)〉는 동부 로스앤젤레스 서민층 학교인 가필드고등학교에서 수학교사 에스카란테의 노력을 묘사한 것이다. 에스카란테가 가르치기 전에는 가필드고등학교에서는 전국배치고사 미적분시험에서 통과한 학생이 전혀 없었다. 그는 그의 18명 학생들이 미적분을 배워서 대학교 배치고사를 치를 수 있다고 믿었다.[3] 에스카란테는 학생들의 흥미를 발견해서 수학은 그들의 인생에 벽돌쌓기가 될 수 있다고 보여주었다. 18명 모두가 미적분 배치고사에 합격하였다. 시험관리위원회는 그들이 정직하게 그 시험을 통과했는지 믿을 수가 없어서 그들은 재시험을 치게 되었다. 얄궂게도 학생들은 같은 교사로부터 배웠기 때문에 모든 학생들이 비슷한 실수를 했다. 교사의 약점은 학생들의 약점이 되었다. 1982년부터 1987년까지 가필드 고등학교에서 354명의 학생이 배치고사 미적분시험을 통과하였다. 1992년 에스카란테는 관료들과의 인용문제와 동료들의 지지 부족으로 가필드고등학교에서 사직하였다. 지금은 북부 캘리포니아의 한 고등학교에서 가르치고 있다.

배울 기대와 기회 그리고 배우고 싶은 욕망의 수준은 많은 학생들의 인생행로에서 갈림길이 된다. 학생들이 온정 있게 배려하는 교사로서의 사람이 없으면 그들은 자기 자신과 남들에게 파괴적인 행로를 선택할 수도 있다. 동료 한 명이 낮에는 도시 서민층 학교 6학년을 가르치고 저녁에는 중무장한 교도소에서 가르친 자기 경험을 나와 공유한 적이 있다. 그는 범죄와 수감의 악순환을 깨는 세 가지 장벽을 발견하였다. ① 모든 수감자들은 독해능력의 문제 때문에 사회에서 성공하지 못했다. ② 그들은 고등학교 시절 인간으로서 그들과 관계를 맺어 준 교사를 동일시할 수 없었다. ③ 누군가가 관심을 가져 준 것은 그들이 범행을 저질렀을 때뿐이었다.[4] 우리 학교를 인간화하는 것이 교도소를 더 건설하는 것보다 전국에 걸쳐서 범죄를 줄이는 더 좋은 방법이다.

우리는 의과대학 교육의 인간화에 관한 회의에서도 배우는 인간관계의 필요성이 똑같은 것을 발견했다. 집중적인 집단에서의 중요한 학습 중의 하나는 수련의들이 학과장, 학장 그리고 교수들도 그들 자신처럼 인간이라는 것을 발견한 것이다. 그들은 이것을 놀랄 만한 사실로 받아들인다. 우리는 Immaculate Heart 교육재단의 고등학생들과 대학생들을 다루면서도 똑같은 경험을 했다. 교사들과 학생들은 역할이 아니라 인간으로 관계를 맺을 수 있었다. 그것은 쌍방에게 완전히 새로운 경험이었다.

학습자와 촉진자 사이에서 개방적이고 인간적인 관계의 매우 긍정적인 결과를 보아 왔지만, 그렇다고 해서 내가 모든 학습에서 혹은 모든 학생들과 그런 관계를 쉽게 맺을 수 있다는 말은 아니다. 있는 그대로 불완전하고 때때로 방어적인 나 자신을 보여 주는 것은 개인적으로 모험으로 보인다는 것을 나는 경험에서 알고 있다. 그렇지만 만약에 학생들과 나 자신 사이의 관계가 진실로 인간적인 관계라면 많은 것을 얻을 수 있다는 것도 알고 있다. 만일 내가 어떤 학생들은 지식에서, 어떤 학생은 통찰력에서, 어떤 경우엔 인간관계 측면에서 나를 앞서 가고 있다는 것을 기꺼이 시인할 수 있다면 나는 교사라는 동상 받침대에서 뛰어 내려와 학습자들 가운데서 촉진하는 학습자가 될 수 있을 것이다.

학생들의 관심사

나 자신에게 물어볼 다른 질문은 "이 학생들의 흥미, 목표, 목적, 열성은 무엇인가?"이다. 그 질문은 집단적으로뿐만 아니라 개인적으로도 물어볼 만한 것이다. 그들의 호기심을 자극하는 것은 무엇이며 어떻게 그것을 알아낼 수 있을까?

내가 지나치게 자신만만한지 모르겠지만 그 질문에 대한 대답은 쉽다. 만약에 정말로 내가 학생들의 흥미를 발견하기를 바란다면 그렇게 할 수 있다. 흥미가 자연스럽게 나타나는 분위기를 조성하면 된다. 비록 젊은이들이 학교경험 때문에 많이 죽어 있긴 하지만, 심리적으로 건강한 분위기에서는 그들은 다시 살아나서 그들의 욕망을 서슴지 않고 이야기한다.

돌이켜 생각해 보면 나의 흥미가 무엇인지를 물어본 교사가 단 한 분도 생각나지 않는다는 것은 인상적이다. 그것은 놀랄 만한 말일지 모르지만 사실이 그렇다. 어떤 교사가 물어보았더라면 나는 야생의 꽃, 숲 속의 동물 그리고 밤 나방에 대하여 말해 주었을 것이다. 내가 쓰려고 애쓰던 시나 종교에 관한 나의 관심도 언급했을 것이다. 그러나 아무도 묻지 않았다.

60년 이상이 흘러갔지만 나는 대학 1학년 때 작문의 여백에 교수가 쓴 질문을 기억하고 있다. 우리 집 개한테 해 준 것에 관하여 글을 썼다고 생각된다. 나의 행동을 묘사한 글 옆에다 그 교수는 "왜 그랬지, 칼?"이라고 썼다. 이 여백에 써 놓은 한마디를 나는 늘 기억하고 있었으나 최근에 와서야 겨우 기억하고 있는 그 이유를 깨닫게 되었다. 그것은 개인 '칼'이 왜 어떤 일을 했는지 알고 싶어서 진정으로 개인적인 관심을 표시한 교수가 있었기 때문이다. 내 작문에 적어 놓은 현명한 다른 논평들은 다 잊어버렸으나 그것만은 기억하고 있다. 그것은 교사가 학생이 활동하는 동기나 흥미를 진정으로 알고 싶어 하는 경우가 얼마나 드문 일인가를 보여 준다. 그래서 내가 교사라면 학생들이 그런 것들을 나에게 말할 수 있도록 하고 싶다.

탐구정신의 고취

나 자신에게 물어볼 네 번째 질문은 "어떻게 하면 호기심을 보전하거나 발동하게 할 수 있을까?"이다.

학생들이 학교에 다님에 따라 탐구심이 줄어들고 호기심이 적어진다는 증거가 있다. 그것은 내가 알기에 가장 나쁜 현상 중의 하나이다. 캘리포니아공과대학의 교무처장은 만약 그가 학생을 선발하는 단 한 가지 기준을 만든다면 그것은 학생들이 보여 주는 호기심의 정도가 될 것이라고 말해 주었다. 그러나 우리는 이 세상 사람들에 대해 알고 싶어 하는 학생의 마음, 폭넓은 탐구정신을 죽이는 일만 하고 있는 것 같다.

내가 알고 있는 캘리포니아공과대학의 한 교수는 탐구열을 보전하는 방법을 발견하고 있다. 그는 나에게 다음과 같이 편지를 썼다. "당신의 책 『학습의 자유』가 나와 우리 학생들에게 미친 영향을 알려 주고 싶습니다."[5] 그리고 그는 어떻게 자기의 심리학 과목들을 더 자유롭게 개조하기로 결심했는지 말해 주었다.

나는 우리가 시도하고자 하는 방법의 기초가 되는 가정들을 학생들에게 신중하게 설명했다. 더 나아가서 그런 '실험'에 학생들이 참여하고 싶은지 여부를 곰곰이 생각해 보도록 권했다(내 과목은 선택과목이었다). 아무도 수강을 취소하지 않았다. 학생들과 나는 학기가 지나감에 따라 함께 그 과목을 창조해 갔다(그 학급에는 60명이나 있었다). 그것은 내가 경험한 가장 흥미 있는 수업이었다. 그리고 학생들도 똑같이 흥미 있어 했다. 그들은 내가 가르친 학부 학생들 중에 가장 훌륭한 과제를 제출했다. 그들의 열성은 전염되었다. 나중에 여러 군데서 알게 된 사실인데 이 과목을 수강한 학생들은 룸메이트나 식당에서 친구들로부터 "오늘은 수업에서 무엇을 했니?", "오늘 수업은 어땠어?" 등의 질문을 받았다는 것이다. 나에게 청강을 요청하는 학생들이 끊임없이 찾아왔다.

아마도 나에게 가장 의미 있는 평가는 학생들이 배울 수 있었던 만큼 배우지 못했으나, 그것은 그들의 잘못이라고 말한 그 학생들의 논평이었다. 그들이 책임을 느꼈던 것이다. 할 말이 많이 있으나 칼, 요점을 흐려 놓고 싶지 않다. 내가 바라는 것은 우리 학생들에게 배울 기회를 주었더니 그들에게 중요한 방식으로, 참으로 열광적으로 반응했다는 사실을 당신에게 알려 주고 싶은 것이다. 그리고 나 역시 동료 학습자로서 얼마나 자유로웠던지….

자원 제공

내 자신에게 물어볼 또 다른 질문은 "어떻게 내가 독창적으로 학습을 위한 물질적, 심리적 자원을 제공할 수 있을까?"이다.

훌륭한 학습촉진자는 자기가 함께 공부할 학생들에게 자원을 쓸 수도 있도록 준비해 주는 데 대부분의 시간을 보내야 한다고 나는 믿는다. 대체로 모든 학생들, 특히 영리한 학생들은 가르칠 필요가 없다. 그러나 그들은 호기심을 충족시킬 자원을 필요로 한다.

나의 아들은 내과의사이다. 어떻게 해서 되었냐고? 고등학교 2학년에 있는 진로탐색 과정은 2주 동안의 견습생 훈련을 주선하느라고 학생 개개인에게 많은 도움과 시간을 보냈다고 한다. 고등학교 학생의 근본적이고 천진난만한 질문에 도전을 받은 한 내과의사는 내 아들을 견습생으로 받기로 동의를 했다. 그 의사는 내 아들을 순회 진료와 가정에

왕진 갈 때, 그리고 분만실, 수술실에 데리고 다녔다. 내 아들 데이브는 약 처방에 관심이 많았다. 그 경험은 그의 잠재적인 호기심을 간절한 소원으로 확대시켰다. 누군가가 그의 학습을 촉진하기 위한 자원에 대하여 창조적인 생각을 했던 것이다.

창의력 신장

내가 교사라면 나는 나 자신에게 다음과 같은 질문을 할 것이다. "나는 학생들에게 창의적인 생각을 길러 줄 용기와 겸허한 자세를 가지고 있는가? 나는 창의적인 생각을 하고 있는 사람들의 짜증나게 하는, 가끔은 반항적인 이상한 질문을 받아들일 만큼 너그럽고 겸손한가? 창의력 있는 사람에게 자리를 양보할 수 있을까?"

모든 교사양성과정에 '유아적인 사고와 보호와 양육'에 관한 과목이 있어야 한다고 나는 믿고 있다. 창의적인 사고와 행동은 어린아이들처럼 약하고 무뚝뚝하고 위축되기 쉽다. 새로운 생각은 이미 자리 잡힌 생각에 비해 항상 부적절해 보인다. 학생들은 그와 같은 제멋대로의 비상한 사고와 지각으로 가득 차 있으나 대부분이 학교생활의 일상적인 일에 짓밟히고 만다.

겟젤스(Getzels)와 잭슨(Jackson)의 연구가 보여 주듯이 머리가 영리한 학생과 영리하면서 창의적인 학생 사이에는 차이가 있다.[6] 후자는 성격이 더 모가 나고 예측할 수 없고, 말썽을 더 잘 일으킨다. 그런 학생들이 내 교실에서 성장하고 발달할 수 있도록 허락할 수 있을까? 분명히 초등교육, 대학교육 혹은 전문직훈련에 관계없이 교육은 이런 측면에서 성공하지 못하고 있다. 그래서 토머스 에디슨은 머리가 좋지 않고 어리석은 것으로 간주되었었다. 비행은 자전거 기술자 두 사람이 어찌나 전문지식에 무지했던지 공기보다 무거운 기계가 날 수 있다는 기상천외의 어리석은 생각을 실험한 결과로 가능했다. 교육받은 전문가들은 그런 어리석은 일에 시간을 낭비하지 않았을 것이다.

아마도 나는 교실에서 교육자들이 종종 두려워하는, 상호신뢰하고, 서로 표현의 자유가 있는 분위기를 창조할 수 있기를 희망한다. 그런 분위기는 창의적인 인간이 묵살당할 두려움 없이 시를 쓰고, 그림을 그리고, 발명품을 만들고, 새로운 모험을 시도할 수 있게 하리라고 나는 생각한다. 나는 그런 일을 할 수 있었으면 한다.

휴스턴대학교에서 물리학을 전공하는 4학년 체이스 맥마이클은 기계적인 마찰이 거의 없는 베어링을 공동개발한 사람으로 1993년에 두 개의 특허를 받았다. 아마도 이 발명가에 관하여 가장 흥미로운 점은 모터의 마찰을 줄여서 수천억의 비용을 절감해 줄 기념비적인 발명을 하기까지 그가 걸어온 길과 학교에 관한 그의 기억일 것이다.

그는 고등학교에서 주의력결핍증과 난독증으로 명명되었다. 그의 고등학교 카운슬러는 그가 "대학에 갈 깜이 아니라"고 기록했다(p. 1e).[7] 휴스턴에 있는 신문의 긴 인터뷰 기사에 따르면 그는 고등학교 때 B와 C를 받은 학생이었다. "그는 수업에는 별로 흥미가 없었다. 그는 항상 지식의 핵심을 알고 싶어 했다"(p. 10e).[7] 고등학교의 지원이 부족했음에도 그는 큰 대학교에 가서 초전도분야의 지도자 폴 츄 교수와 함께 공부하고 싶은 꿈을 접지 않았다. 스스로 책을 읽으면서 그는 영원히 돌아가는 관성바퀴를 창조할 생각에 골똘하였다. "세상에서 가장 좋은 베어링을 나는 만들어야 만 해"(p. 10e).[7] 처음부터 그 대학교는 그 학생의 필요에 부응하였다. 그의 난독증 때문에 그에게 시험 칠 때마다 시간을 더 주었더니, 대학교에서는 A와 B를 받았다. 얼마나 많은 체이스 맥마이클 같은 사람들이 학교의 부정적인 반응 때문에 좌절하고 개인적으로나 세계적으로 엄청난 손실을 가져오겠는지 생각해 본다.

육체적인 측면

아마도 마지막 질문은 "학생이 지적인 삶은 물론 감성적인 삶도 계발하도록 도울 수 있을까?"이다. "토머스 한나(Thomas Hanna)가 소마(soma)라고 부른 몸과 마음, 감성과 지성 둘 다를 학생이 통합할 수 있도록 돕는 길이 있을까?"

현대교육의 비극 중에 하나는 인지적 학습만이 중요한 것으로 간주된다는 사실임을 우리는 잘 알고 있다. 데이비드 핼버스탬(David Halberstam)의 『가장 우수하고 영리한 사람들(The Best and the Brightnest)』이라는 책을 그런 비극의 축도라고 나는 생각한다. 케네디와 존슨 대통령 주위에 있던 사람들은 모두 천재적이고 재능이 뛰어난 사람들이었다. 핼버스탬이 말하는 대로 "그 시절의 주제가 있었다면, 그 사람들을 한데 뭉친 무엇이 있었다면, 그것은 순수한 지성과 합리성이 무슨 일이든 해결하고 풀어 줄 것이라는 신념이었다." 물론 그들은 그런 관점을 학교에서 배운 것이었다. 그래서 인지적, 지성적인 면에 전적으로 의지한 것이 이 명석한 지도자들로 하여금 우리를 월남전의 수렁으로 조금씩 조금씩 끌려 들어가게 했다.

컴퓨터는 공군도 없고 별 장비도 없는 검은 파자마를 입은 작은 국민들, 그러나 그들이 믿는 바를 위해서 싸우는 이들의 감정, 정서적인 결단을 계산에서 빼 버렸다. 그 계산이 결정적인 실수였다. '가장 우수하고 영리한 사람들'은 개인의 감정, 정서적인 생활을 계산에 넣지 않았기 때문에 그 인간적 요인은 컴퓨터에 입력시키지 않았다. 내 교실에서 벌어지는 학습은 성취하기는 어렵지만 그 결과 대단히 보람 있는 전인적인 학습이 되기를 간절히 바란다.

하나의 예

지금까지 제기한 질문에 교사들이 대체로 긍정적인 대답을 할 수 있는 그런 학교가 있느냐고 여러분은 물어볼 만하다. 그런 학교가 많이 있지만 그중의 한 학교로 샌디에이고에 있는 오파렐 지역학교의 발달을 4년 동안 추적해 온 카렌 바쵸퍼가 조심스럽게 묘사한다.[8] 우리는 바쵸퍼의 묘사를 통해서 오파렐 학교를 방문할 수 있다.

남들은 모두 구식으로 일하고 있는데 오직 학교에서만 우리는 새로운 일이 일어나기를 기대하고 있다. 그것은 공중에 떠 있는 비행기를 수리하려고 노력하는 것이나 다름없다. 어느 순간에 우리는 그 비행기를 수리하기 위해 착륙시키거나 아니면 상세한 발명 명세서와 소비자 요구를 만족시킬 비행기를 고안하기 위해 시간을 내야 한다. 학교에서 진정한 변화가 오게 하려면 학교개혁방법에 대하여 다르게 생각해야 한다. 우리는 공중에 떠 있는 비행기를 더 이상 고칠 수 없다는 것을 깨달아야만 한다. 그 대신에 우리는 깊이 생각하고 목적의식을 가지고 모든 학생들의 필요와 세계적인 수준을 충족시킬 학교를 시간이 걸리더라도 다시 설계해야 한다.

1990년 9월 4일에 개교한 오파렐 지역학교는 캘리포니아 샌디에이고에 위치한 중학교인데, 설립목적을 심사숙고하여 기획한 결과로 탄생하였다. 그것은 샌디에이고 시 학교들 중에서 가장 광범위한 구조조정을 한 학교이다. 1988년 1월 샌디에이고 창조적 공연예술학교를 새 시설로 옮기자는 결의에 따라서, 지역 기획자들은 낡은 창조적 공연예술학교 건물에 새로운 지역사회 학교개념을 도입할 가능성에 대하여 토론을 시작했다. 그 학교는 첫해에 450명, 나중에는 1,300명 이상 학생의 새로운 집, 오파렐이 될 예정이었다.

1989년 10월에 오파렐의 교장과 최초 7명의 교사들은 청소년들의 교육적인 필요를 충족시킬 학교를 계획하기 위해서 매주 회의를 시작하였다. 지역인사, 대학교수, 사회봉사기관 대표, 학부모, 지역위원들이 기획위원회에 초대받았다. 지속적인 기획위원회의 외에도 기획위원들은 전국의 비슷한 구조조정을 하는 학교들을 방문하였고, 여름 내내 교사개발활동에 참여하였다. 지역행정기관과 개인 재단의 지원을 받은 이 기획위원들의 노력은 오파렐 학교의 전망, 교육과정 및 구조를 개발하는 데 필수적이었다.

오파렐 지역학교를 방문하면 학생들이 안내하는 학교탐방을 통하여 캠퍼스를 보게 된다. 탐방안내자는 방문객들을 학생들이 대수방정식을 풀기 위해 공부하고 있는 교실, 소크라테스식의 세미나에서 문학작품을 토론하는 교실, 두 명씩 짝을 지어 소의 눈의 해부학적 부분들을 공부하는 반, 컴퓨터 교실에서 남북전쟁 게임을 개발하는 교실 등으로 안내한다. 방문객 안내를 맡은 학생들은 도서관에서 컴퓨터로 참고자료 사용법을 보여 주고, 학교 안의 가정지원봉사센터에서 제공하는 건강봉사 등을 설명하고, 오파렐 학교의 철학, 역사, 그리고 구조의 개관을 보여 준다. 그리고 짐작할 수 있듯이 끝없는 질문에 그들은 답변해 준다. 학생들이 1년에 거의 1,000명의 방문객들을 환영하는 책임을 진다는 것도 주목할 만하다. 괄목할 만한 것은 오파렐 학생들마다 재학 중에 적어도 한 번은 방문객 안내를 담당한다는 사실이다.

현재 오파렐 지역학교는 캘리포니아 주 샌디에이고 남동쪽에서 인종과 언어가 다양한 1,350명의 6, 7, 8학년 학생들을 수용하는 도시의 마그넷스쿨이다. 그 학교는 9개의 교육가족으로 구분되어 있고, 정서적 · 육체적 장애가 심각한 학생들을 제외하고는 모두 교육가족 안에서 동일한 수준의 풍성한 교육과정을 제공받고 있다. 매일의 수업은 인문학(문학과 사회학)과 기술(수학, 과학, 컴퓨터), 그리고 체육을 중핵교육과정으로 통합해 놓았다. 미술, 음악, 그리고 외국어는 매일 같은 시간대를 공유한다. 이들 통합교육과정은 전교적으로 9주 동안 주제별로 연계되어 있다.

다양한 사고를 가진 교사, 행정가, 학부모, 그리고 지역사회 주민들이 중학생들의 사회적, 인지적, 심리적 및 육체적 필요를 충족시킬 목적으로 학생중심적이고 활동중심의 학습경험을 최첨단기술과 지역사회 봉사와 결합시켰다. 학교의 모든 의사결정은 모든 학생들에게 최선의 교육을 제공한다는 결의를 반영한다. 오파렐에서는 학생들이 최우선이다.

오파렐 학생들은 모두 후견인 교사가 있고, 매일 자문집단에서 만나며, 전교생 모임은 정보를 공유하고, 학교에 중요한 쟁점을 토론하고, 학생들의 일체감을 강화하기 위하여 소집한다. 혁신적인 일과표는 교육가족 안에 있는 교사들이 공동으로 준비시간을 가질 수 있도록 해 주고, 중핵교육과정의 개발, 교육가족단위의 결정, 학생 및 학부형들과의 만남을 가능하게 한다. 교사들의 전문화와 높은 수준의 교수와 학습분위기는 오파렐

개혁방법의 중심이고, 1987년도 캘리포니아 중학교 문제해결 보고서 「어중간한 상태(Caught in the Middle)」에서 기술한 철학을 반영한 것이다. 즉 "교사들과 학생들이 학제 간 팀으로 구성되면, 그것은 학교 교육과정의 모든 측면을 결합시키는 교육적인 아교역할을 하게 된다."

축소된 학급규모 23 : 1을 유지하기 위해서 오파렐 학교는 교감과 카운슬러 자리를 채우지 않기로 결정했다. 그 대신에 중핵교육과정시간에 교사-학생비율을 줄이기 위한 교사를 보충하는 데 그 재정을 사용하였다. 결과적으로 교감과 수석 카운슬러가 책임지던 행정업무와 지도력을 교사들이 분담하였다. 통상 교장이라고 부르던 자리는 CEO(chief educational officer : 교육자대표)가 차지하고, 그는 모든 교육가족들을 위한 지도력을 발휘하고, 학생들의 후견인 역과 전교의 행정책임도 맡았다.

언뜻 보면 오파렐의 혁신적인 구조, 학제간 교육과정, 교사활용방식 등이 그 학교의 가장 중요한 특징인 것처럼 보인다. 그러나 오파렐 교사들은 가장 중요한 특징은 학문적으로 풍요로운 교육과정에서 모든 학생들의 동일한 기회와 성공을 보장하려는 교사들의 결단이라고 분명하게 밝힌 학교의 사명이라고 바로 지적한다. 오파렐의 사명의 개발은 기획과정에서 교사들의 가장 우선순위였으며, 그 사명은 학교의 모든 의사결정과정에서 교사들에게 가장 편리한 것, 일정 짜기에 쉬운 것이나 교육청의 규정과 가장 근접한 것이 아니라 학생들에게 최선의 교육이 무엇인가에 초점을 두게 했다.

학문적인 수월성과 평등에 대한 헌신은 교사, 학생, 그리고 학부형들 사이에 강력한 유대감을 형성하게 하는 구조였으며, 모든 학생들에게 높은 기대를 거는 학교분위기는 오파렐 교육과정의 성공에 이바지하였다. 오파렐 학생들은 교사들의 기대와 격려와 협조에 힘입어서 자주적인 학습자로 성장함에 따라서 학생들의 능력에 대한 흔들림 없는 교사들의 신뢰를 알고 있다.

1993년 2월 우리는 한 집단의 오파렐 학생들에게 그들의 학교에 대한 소감을 물었다. 한 학생은 전형적인 7학년답게 말했다. "오파렐의 음식은 미각을 돋우지요. 케이준 프라이, 아이스크림바, 다른 맛있는 음식을 아주 싸게 팔아요." 대부분의 다른 학생들은 오파렐 학교에 대하여 가장 좋은 점은 그들의 교사들이라고 답했다.

애미 : 내가 오파렐 학교에서 제일 좋아하는 점은 선생님들이다. 왜냐하면 그들은 우리가 배울 수 있도록 진실로 열심히 도와주고 존중해 준다. 그들은 또한 우리의

감정과 우리의 현대생활을 이해해 주려고 노력한다.

래쿠엘 : 오파렐의 다른 훌륭한 점은 교사들이 학생들을 매우 아껴 주신다는 점이다. 그들은 학생들을 돕는 방법을 변화시키려고 노력하고 있다. 때로는 학생을 돕기 위해서 그들의 할 일을 제쳐 놓고 학생들이 교실에서나 가정 숙제를 이해했는지 확인한다. 어떤 교사는 방과 후에까지 학교에 남아서 학생들이 그들의 과제를 마치는 것을 확인한다.

이케오 : 교사들은 그냥 교사가 아니라 우리의 친구들이다.

러리 : 여기 교사들은 항상 학생들을 도울 준비가 되어 있고, 흥미 있는 것을 가르쳐서 학생들이 재미를 느끼게 한다.

죠니타 : 나는 선생님들이 우리의 학점과 장래에 대하여 진정으로 관심을 가지고 있기 때문에 나는 선생님들을 존경한다. 만일 이 학교에 온다면 당신도 똑같은 생각을 할 거다.

글렌 : 오파렐의 장점은 선생님들이다. 우리가 교육받도록 하기 위해서 선생님들은 정말로 노력한다. 그런데도 일부 학생들은 여전히 놀고 아무것도 하지 않는다.

쇼나 : 내 생각에 오파렐의 가장 좋은 점은 선생님들이다. 왜냐하면 그들은 배울 수 있도록 도와주기 때문이다. 비록 어떤 때는 엄격하지만 그들은 학생들의 의견을 존중할 줄 알고, 무시하는 말을 하지 않는다. 내 여동생이 내년에 오파렐에 오면 교사들이 우리를 존중해 주듯이 똑같이 여동생을 존중해 주기를 희망한다.

앤토넷트 : 오파렐에는 좋아하는 점이 많지만 제일 좋아하는 것은 선생님들이 우리를 끝까지 믿어 주신다는 것이다. 어떤 상황에서도 그들은 하던 일을 멈추고 우리가 더 잘할 수 있도록 도와준다. 여기 선생님들은 사람을 아껴 주신다.

이런 반응은 교사들의 노력에 대한 학생들의 감사와 강한 동일시를 보여 주는 동시에 교수학습과정에서 학생들 자신의 책임도 자각하고 있음을 보여 준다. 분명히 오파렐 학교의 사명은 학교 문화의 통합된 부분이고, 학생 및 교사들이 모두 가치를 두고 있다. 오파렐 교사들은 저마다 오파렐 드림팀의 구성원임을 보여 주는 명찰을 달고 다니며, 교장의 명찰은 '꿈을 실현하는 사람'으로 규정한다. 오파렐 학교의 꿈은 어느 교사가 벽에 달아 놓은 문구에 의해서 명시되어 있다. "영리함은 저절로 되는 것이 아니라 네가 얻어 낼 수 있는 것이다."

논평

학생들의 만족감과 세계의 발견에 우리가 초점을 맞추고, 이 목적을 향해서 우리가 한 팀으로 일할 때 어느 한 사람이 대가가 되지는 않는다는 것이 괄목할 만한 사실이다. 오파렐에서 그들의 사상을 공유한 모든 학생들은 선생님들에 대하여 언급했지만 어느 한 특별한 교사에 관해서 말하지는 않았다. 휴스턴의 공연예술고등학교 학생들의 반응에서 발견한 것처럼, 학습분위기와 그 학습환경의 모든 촉진자들이 핵심요소가 되었다.

그 학교들은 지역사회 구성원의 팀들이 벽돌과 아이디어로 건설하는 것이 아니라 배우는 학생들이 관심의 중심이 되는 환경을 구축하는 장소로 이용된다. 팀 개념은 잘 정의된 학습자 가족 주위에 건설된 학교구조의 바탕이 되었다. 학교의 규모가 많은 잠재적 문제를 안고 있었지만, 학습과 돌봄의 단위로 그리고 학생들의 후견인으로서 '가족' 의 사용은 교사와 다른 사람들이 성공의 장애물을 타파하게 할 수 있었다. 이런 장애물들이 너무 오랫동안 많은 학생들에게 의미 있는 학습을 우회하게 하거나 혹은 더 악화되면 막다른 골목이 되게 하였다. 이 장의 시작에서 인용한 초등학교 교사의 말은 촉진자가 되려면 먼저 학생들의 음성에 경청해야 할 필요가 있다는 뜻이다.

참고문헌

1. The Institute for Education in Transformation at the Claremont Graduate School, *Voices from Inside: A Report on Schooling from Inside the Classroom* (Claremont, Calif.: Claremont Graduate School, 1993).
2. W. H. McGaw, C. R. Rogers, and A. Rose, *Because That's My Way* (Lincoln, Neb.: Great Plains TV, 1971). Film.
3. R. Mendez and T. Musca, *Stand and Deliver* (Burbank, Calif.: Warner Brothers, 1988). Film.
4. H. Jerome Freiberg, *A Conversation with Carl Rogers on Educational Change* (Unpublished manuscript, University of Houston, 1984).
5. L. Rock, Personal correspondence, 1972.
6. J. Getzels and Jackson, *Creativity and Intelligence* (New York: Wiley, 1962).
7. Cheryl Laird, "Big Dreams: Physics Student Is Patented Success," *Houston Chronicle*, 1993, pp. 1e, 10e.
8. K. V. Bachofer, *O'Farrell Community School* (Unpublished manuscript, San Diego City Schools, Planning Research and Evaluation Division, 1993).

제 10 장

자유를 신장하는 방법

"나도 교실에서 이렇게 할 수 있을까?" 앞 장들을 읽고 좋은 인상을 받은 교사들은 그런 질문을 해 볼 것이라고 생각된다. 이 장에서 나는 교사들이 보다 자주적인 학습 기회를 제공할 수 있는 특별한 방법을 몇 가지 기술하고자 한다. 이런 생각들이 교실의 혁신이라는 험난한 길로 들어서기를 희망하는 교사들에게 확신과 자극이 될 수 있기를 희망한다.

학생들에게 배울 자유를 주고 싶다면 당신은 어떻게 하겠는가? 우리는 그런 분위기 조성에 기본이 되는 인간적이고 주관적인 태도를 검토해 보았다. 그런 태도를 성취하는 과정 중에 있는 교사는 학생들과 자유롭고 긴밀한 상호작용의 결과로 얻은 자기 나름의 방식에 적합한 자유 신장의 방법을 개발할 것이라는 데 의심의 여지가 없다. 그렇다. 그 교사는 틀림없이 자기 나름의 방법 — 그것이 가장 좋은 절차인데 — 을 개발 중에 있을 것이다.

창의적인 모험을 감행하는 교사들은 남들이 무엇을 시도했는지 알고 싶고, 그리고 학생들이 그들에게 자유가 주어졌음을 지각하고 그것을 활용할 수 있도록 하기 위하여 그들의 인간적인 태도를 교실에서 활용하는 방법을 당연히 알고 싶어 할 것이다. 배우는 자유를 주려고 노력한 교사들이 성공적으로 사용한 접근방법과 기술 중 몇 가지를 간단히 소개하는 것이 이 장의 목적이다.

현실적인 문제에 바탕을 두기

우리가 논의하는 종류의 학습을 위해서는 학생들이 그들에게 관련성과 의미를 갖는 문제에 봉착해야만 한다는 것은 명백한 사실인 것 같다. 우리 문화에서는 삶의 현실적 문제로부터 학생들을 격리시키려고 하는데, 이 고립이 어려움을 가져온다. 만약 학생들로 하여금 자유롭고 책임감 있는 사람이 되는 법을 배우도록 하고 싶다면 그들이 문제에 봉착하는 것을 우리가 기쁘게 생각해야 한다.

교사가 학생들에게 절실하고, 지금 배우는 과목과 관련 있는 문제들을 그들로부터 끌어낸다는 것은 현명한 일인 것 같다. 일반적으로 학생들이 현실문제로부터 매우 격리되어 있어서 나중에 그들에게 실제 문제가 될 만한 상황에 부닥치게 하는 것이 필요하다. 학생들을 개입시킬 상황을 설정하고, 매우 절실한 문제를 제시하는 것은 가능한 일이다.

학생들은 상당한 정도에 이르기까지 내적 동기가 유발되어 있다. 주변 환경의 많은 요인들이 그들에게는 도전이 된다. 그들은 호기심이 많고, 발견하고 싶어 하고 알고자 하며, 문제를 해결하고자 한다. 대부분의 교육에서 한 가지 안타까운 점은 그들이 수년간 학교생활을 하면 이 내적 동기가 꽤 많이 수그러진다는 것이다. 그러나 그 동기가 여전히 있으니 학습의 촉진자로서 우리의 임무는 그 동기를 촉발하고, 학생들에게 참신한 도전이 될 만한 것이 무엇인지 발견하여 이 도전에 대응할 기회를 많이 주는 일이다.

자원 제공

학습의 촉진에 관심 있는 교사들은 가르치는 기능에 전념하는 전통적인 교사들에 비해서 그들의 시간과 노력을 아주 다르게 사용한다. 학습지도안이나 강의준비에 많은 시간을 보내는 대신에 촉진적인 교사는 학생들의 필요와 관련 있는 경험학습을 제공하기 위한 모든 자료를 준비하는 데 정신을 집중한다. 이런 교사들은 학생들이 그 자료를 사용하기 위하여 거쳐야 할 실제적, 심리적 단계를 곰곰이 생각하고 단순화시켜서 그런 자료들이 쓸모 있는 것이 되도록 하는 데 많은 시간을 보낸다. 예를 들면 어떤 책이 도서관에 있다고 말하는 것은 그뿐이다. 학생이 도서목록에서 찾아보니 그 책은 이미 대출되었다는 것을 알게 된다. 모든 학생들이 그 책이 돌아올 때까지 기다릴 인내와 흥미가 있는 것은 아니다. 만일 내가 책과 복사물을 교실에서 빌려 줄 수 있도록 준비를 한다면, 독서량과 개인의 필요를 충족시키기 위해 도서관을 이용하게 하는 자극은 몇 배로 커진다.

자원에 관하여 말이 나왔으니 말이지 나는 책, 논문, 작업실, 실험실, 실험기구, 연장, 지도, 영화, 녹음테이프 등등의 학구적인 자원만을 생각하는 것이 아니라 학생들에게 흥미를 일으키고 이바지할 수 있는 인적 자원도 또한 생각하고 있다. 종종 지역사회에는 학생들의 관심사를 조명해 주기 위하여 초빙할 만한 사람들이 있다. 그러나 교사가 가장 중요한 자원인사임이 분명하다. 교사가 한 인간으로 행동하고 그의 지식과 경험을 학생들이 사용할 수 있게 함으로써 강요하지 않고 도와줄 수 있다. 교사가 자기가 가지고 있는 특별한 능력을 알려 주면 학생들은 그 영역에서 도움을 요청할 것이다.

우리는 교사가 자기 자신을 활용하게 하는 몇 가지 방법을 검토해 보았다.

쉴 교사는 학생들이 과제 때문에 어려움을 겪고 있을 때 개별적인 자문역을 했다. 바바라 쉴 교사는 과제를 하는 데 어려움이 있는 학생들에게 개인적으로 자문역할을 해 주었다. 스웬슨 교사는 목록을 만들기가 벅찰 만큼 많은 방법으로 자기 자신을 활용케 했다. 빌 러미 교사는 학생들이 학과 내에서 어느 과목이나 수강할 수 있도록 주선했다. 샌포드 교사는 학생들을 데리고 현장학습을 갔다. 경험담을 발표한 모든 교사들은 예외 없이 수업시간에 개인적으로 유용한 자원이 되어 주었다.

캘리포니아공과대학의 리차드 딘은 고등수학 과목을 아주 자유로운 방식으로 가르쳤다. 그는 수업시간마다 토론하거나 해결한 주요 문제를 요약해서 '요약지'를 준비해 주었다(해결하지 못하고 제기된 문제도 물론 포함시켰다). 어느 수업에 들어오는 학생에게도 전 시간에 다룬 요약지를 나누어 주었다. 그 요약지는 학생들에게 수업시간에 한 것을 다시 생각해 볼 기회를 주었다. 나중에 딘은 학생 중에 누가 자원해서 그 요약지를 준비해 줄 수 있느냐고 물었다. 이렇게 해서 그와 몇몇 학생들이 토론내용을 요약하는 일을 나누어 했다. 그 외에도 딘과 학생들은 배운 것에 대한 그들 자신의 분석이나, 제기된 문제나 논쟁점에 대한 그들 나름의 해결책을 첨가하기도 했다.

지정된 교육내용을 계획하는 데 시간을 보내는 대신에 우리는 많은 학습 자료를 독창적으로 준비하는 데 시간을 보낸다. 우리는 학생들이 그들의 필요에 가장 알맞은 요소를 선택할 수 있는 온갖 종류의 새로운 학습 환경을 만들곤 하였다.

학습의 목표

1950년대 이후 학습에 관하여 교사들이 배운 것은 대부분 행동주의 목적에 관한 것들이다. 제2차 세계대전의 산물이자 산업화 시대의 유물인 행동주의 목적은 학생들이 배울 것을 관찰가능한 행동으로 쪼개도록 고안되었다. 세 가지 형태의 목적이 규명되었는데 행동적, 정서적, 그리고 운동신경적인 것이 그것이다. 개발한 사람들은 모든 차원에서의 목적의 사용을 권장하였지만 실제로 대부분의 목적은 행동과 사실의 암기 차원에 머물렀다. 높은 차원의 정서적 혹은 운동신경적인 목적은 교실에서는 거의 서술되지도 포함되지도 않았다.

경험학습 대 행동주의 목적

교과서 출판사와 검사지 개발자들이 수업의 질을 높이기 위한 행동주의 목적에 근거하여 낮은 차원의 사고에 초점을 맞추어 노력하게 되자, 1950년대 하나의 실험에 불과했던 것이 매일매일의 주인공이 되었다. 제1장에서 우리가 본 것처럼 이 방법은 우리나라의 많은 학교들이 낮은 기대와 낮은 차원의 지식과 기술의 여정을 시작하게 만들었다. 많은 학교들이 오늘날 교사들에게 학습계획서와 학습의 목적을 요구하지만 다른 대안이 있다. 만일 행동주의적인 목적이 학생들이 배울 것을 기술하는 것이라면, 경험적인 학습은 산출된 결과를 말하는 것이 아니라 학습의 조건을 말하는 것이다. 촉진적인 교실은 학습할 분위기 조성에 초점을 두고, 전체를 구성하는 부분이 아니라 학생들 전체에 대한 이해를 촉진하는 경험에 초점을 둔다.

다음에 기록된 예는 두 교사의 교실수업에서 나타난 행동주의적 목적과 경험적 학습 사이의 차이점을 보여 준다.

학생들은 고대 이집트가 현대사회에 공헌한 다섯 가지 점을 100% 정확하게 기록할 것이다.

학생들은 박물관의 고대 이집트 소장품을 견학하기 위해서 현장학습을 고안하고 계획하여 다녀올 것이다.

첫 번째 진술은 행동주의 목적으로 학생들이 무엇을 배울 것인지 미리 정해 놓았다. 경험적인 학습을 조장하는 두 번째 진술은 경험이 기술되어 있고, 학습할 것을 미리 정해 놓지는 않았다. 첫 번째 교실에서 교사의 역할은 학생들이 다섯 가지 공헌을 이야기할 수 있어야 한다고 결정하는 것이다. 두 번째 교실에서 교사의 역할은 미술관에 있는 고대 이집트 소장품을 보기 위해서 학생들이 현장학습을 고안하고 계획하는 일에서 그들을 후원해 줌으로써 학습을 촉진하는 것이다. 현장학습을 통한 학급경험을 고안하는 일에 반 전체 학생들이 참여하는 것은 그들에게 폭넓은 경험을 제공한다.

이런 형태의 경험은 초등학교와 중등학교에만 제한되어 있지 않다. 애리조나 주 프레스콧에 있는 프레스콧대학교에서는 1966년에 체험학습이 시작되어 모든 신입생들이 3주 동안 야외체험을 한다. 23년이 지난 오늘 그 3주 경험은 계속되고 있다. 그것은 4년 동안 그들의 교실과 집이 될 환경에 관하여 신입생들에게 의미를 부여하기 위하여 계획되었다. 프레스콧대학교에서는 학생들이 야외생활, 독자적인 연구, 집단 연구, 인턴십과 실습, 학습장, 학습계약 등을 통하여 배운다. 각 학생들은 교수들과 팀을 이루어 한평생 학습할 것의 일부를 완성하여 자기가 갈 행로를 제시하는 졸업 보고서를 구안한다. 프레스콧대학교의 총장 짐 스터키(Jim Stuckey)는 그가 개인적인 학습분위기를 창조할 것으로 믿는 학교의 철학에 관하여 1990년에 다음과 같이 기술하였다.

> 인문학은 지식만큼이나 존재방식을 가르쳐 준다. 단순히 지식과 기술의 획득에 머무는 것을 넘어서기 바란다…. 일과 절차와 생산품에 대하여 생각해 보라, 특별한 소비자에게뿐만 아니라 사회, 인류, 그리고 이 세상에 미치는 궁극적인 비용과 가치에 대하여 생각해 보라. 자기 자신의 가치관에 의문을 제기하고, 우리의 모든 지식과 이해가 얼마나 잠정적인 것인가를 인정하라. 그러면서도 논리적이고 윤리적인 입장을 기꺼이 취하라(p. 12).[1]

프레스콧대학교는 학습을 위한 다양한 도구를 사용한다. 그 학교는 각 학생과 교수들에게 학습할 수 있는 선택과 기회의 다양한 목록을 제공한다.

교수방법의 연속선

우리는 다양한 방법으로 학습한다. 듣기, 관찰하기, 질문하기, 실제로 해 보기를 통해서, 그리고 남들이 배우도록 도우면서 우리는 학습한다. 대부분의 중 · 고등학교에서 가르침은 선택의 여지가 매우 좁은 틀 속에서 진행된다. 보통 강의, 질문, 반복훈련 및 연습이 그것이다. 래리 쿠번(Larry Cuban)[2], 존 굿래드(John Goodlad)[3], 제리 브러피(Jere Brophy) 및 톰 굿(Tom Good)[4] 등이 실시한 1980년대 연구는 교실에서의 교수학습 방법이 매우 제한적이라는 사실을 보여 주었다. 너무나도 많은 교실에서 수업은 학생중심적이기보다는 교사중심적인 방법에 따르고 있었다. 쟁점은 이것 아니면 저것이 아니라 교실에 있는 모든 참석자들이 교육의 여정에서 공동학습자라야 한다는 점이다.

인간중심적인 교실은 교사와 학생들이 배울 수 있는 기회를 다양하게 제공한다. 교수학습을 위한 선택의 연속선(그림 10.1)은 각 사람들의 관심 있는 목록의 한 부분이라야 한다. 교사와 학생들이 공동학습자가 되기 위해서는 교사들은 그 연속선상에서 학생중심 전략을 인간중심적인 수업에 통합할 필요가 있다. 이 장은 몇 가지 전략을 집중조명하고 다른 전략을 위한 자원들도 규명하려고 한다.

계약서 이용

자유로운 환경 속에서 안도감과 책임감을 느끼게 하는 한 가지 개방적인 방안은 학생계약서를 사용하는 것이다. 이 방법은 촉진자가 경험하게 될 불확실성과 불안감을 완화시키는 데도 역시 도움이 될 것이 틀림없다. 실 교사가 재빨리 자기 학생들과 매일 계약하는 법을 우리는 보았다. 계약을 하면 학생들은 목표를 세우고 그들이 하고 싶은 것을 계획하게 된다. 계약제도는 흥미 있는 것이면 무엇이나 배울 수 있는 완전한 자유와 비교적 자유로운 학습 사이에서 일종의 과도기적인 경험을 할 수 있게 한다. 그러나 그것은 그 기관의 규정이나 그 과목의 요구조건의 범위 내에서 가능하다.

아더 콤즈(Arthur Combs)는 대학생과 대학원생들에게 재미있고 특징이 있는 계약법을 사용했다. 그는 학기 초에 각 학생은 자기가 선택하는 학점을 받을 수 있다는 것을 설명한다. 그 과목에서 통과학점[학점을 A, B, C, D, F로 구분하는 대신에 통과(pass)와 낙제(fail)로만 구분하는 방법이 있다. 이 경우에 학생들은 학점에 대한 경쟁의식이 줄어

그림 10.1 교수방법의 연속선

교사중심 교수방법

- 강의
- 질문
- 반복연습
- 시범 보이기
- 토론
- 협동집단
- 발견학습
- 계약서
- 역할연습
- 연구계획서
- 탐구활동
- 자기평가

학생중심 교수방법

출처 : H. J. Freiberg and A. Diescoll, "Instructional Continuum" in *Instructor' s Manual: Universal Teaching Strategies* prepared by H. J. Friberg A. Driscoll and R. H. Stetson. Boston: Allyn & Bacon, 1992. p. 46.

들게 된다]을 받고자 하는 학생은 일정량의 책을 읽었음을 증명하고 그 범위 내에서 낸 시험에 통과하면 된다. 이런 결심을 한다고 해서 낙인이 찍히지는 않는다. 그보다 더 좋은 학점을 받고 싶은 학생은 각자가 A나 B학점을 받을 만한 공부계획을 세워야 한다. 그 계획을 완수하고 나면 그 학생은 계약한 학점을 받게 된다. 이 방법은 수업시간의 불안이나 걱정을 없애고 정말로 자유로운 토론을 가능하게 한다. 학생들은 성적이 나빠지면 어쩌나 하는 염려 없이 교수와 논쟁을 할 수도 있다. 학생들은 진실로 느끼고 생각하는 바를 표현할 수 있다.

계약은 교수나 학생 마음속에 존재하는 의심을 해결하는 데 도움이 될 수도 있다. 만약에 교수가 학생들이 책임감 있는 학습자가 될 수 있을까 하고 의심하거나, 학생들이 많이 시키지 않아도 공부할 수 있다고 믿기가 어렵다면 계약 성립을 위해 소비한 시간은 양자에게 모두 큰 도움이 될 것이다. 정말로 학기 초 몇 시간은 이 과정에 소비해야 될지도 모른다.

학생의 계약서를 사용하는 것은 양과 질을 함께 관찰한 결과에 따라 학생을 평가하는 한 가지 방법이다. 전통적으로 교사들은 학생들의 의견을 고려하지 않고 A학점의 기준을 결정하였다. 계약서를 사용함으로써 학생은 성적결정에 참여할 기회가 생긴다. 계약은 학생들이 인지적 목적을 성취하도록 돕기 위한 활동 및 동기나 보상을 제공하는 데 이용될 수 있다. 계약은 어느 수준 어느 과목에도 사용될 수 있다. 많은 수업기술처럼 계약은 가르치는 유일한 방법이 아니라 학습을 돕는 방법으로 인정되어야 한다.

계약의 한 가지 예

계약은 전통적인 방법과 보다 더 자유로운 수업 사이에 매우 유익한 가교 역할을 하므로 계약서 사용법을 구체적으로 제시하고자 한다.[5] 독자적인 학습계약은 6학년 사회시간에 적용했다. 우리가 배울 내용은 아프리카 역사여서 이 계약은 아프리카 연구와 관련되어 있다(그림 10.2).

어느 날 수업시간에 신시아가 "만약 아프리카가 덥고 그곳에 음식이 충분하지 않다면 어떻게 사람들이 살아남을까요?"라고 물었다. 우리는 앉아서 그 질문 속의 가정에 대하여 토론했다. 즉 ① 아프리카는 덥다, ② 그곳엔 음식이 없다(그 학생이 말한 가정은 가설과 매우 유사했다. 가정이 소수라야 한다. 너무 많으면 더 구체적인 질문이 필요하다는 신호가 될 것이기 때문이다). 계약을 사용하는 첫 단계는 일반적인 용어로 그 기능과 적용방법을 설명하는 것이다. 우리가 계약서 사용법을 설명하면서 그 학생이 자기의 참여 수준을 결정하게 한다(한 학생과의 계약수립은 학생계약방법을 쉬운 일부터 추진하는 좋은 방법이다. 그렇게 해야 교사는 개별지도, 평가의 어려움, 학습 자료의 사용 등과 관련된 문제를 알게 되기 때문이다).

일단 계약이 성립되면 쌍방은 그것을 지키도록 노력해야 한다. 이 사례(이것은 신시아의 세 번째 계약이었다)는 연구기간이 2~3주 되는 것이었다. 처음에는 짧은 기간의 계약으로 시작해서 차차 늘리는 것이 바람직하다. 그 학생과 대화를 해서 그 계약이 너무 어려운지 혹은 너무 쉬워서 도전이 되지 않는지를 알아내는 것이 중요하다.

우리는 매주 화요일에 계약기간 중 필요한 대로 학생-교사회의를 정해 놓았다. 우리는 또한 신시아에게 독자적인 학습시간을 정기적으로 정하는 것이 바람직하다고 일러주었다. 이 시간은 그 학생이 도서관에 있는 자료를 사용하도록 정했으나, 만약 그날 도서관에 갈 필요가 없으면 교실에서 독자적으로 공부할 수 있게 했다. 도서관이나 교실에서 공부할 결정은 신시아가 하는 것이었다.

계약 초기에 제기된 질문은 교사와 학생의 공동 활동으로 해결되었다. 강우량을 나타

그림 10.2 자습 계약서

자습 계약서

신시아 에스
프라이버그 선생님

질문 : 만약 아프리카가 무덥고 음식물이 충분치 않다면 사람들이 어떻게 살 수 있나요?
가정 : 1) 아프리카는 무덥다.
2) 음식물이 없다.

자습시간 :	매주 화요일 신시아는 필요하면 도서관에 간다.
연구기간 :	2~3주
프라이버그 교사와 신시아의 면담시간 :	매주 화요일과 그 외의 필요한 시간
활동 :	신시아는 연구결과를 다음과 같이 발표하여 위 질문에 대답한다. 1) 일기도, 강우량지도 2) 열 가지 질문을 가지고 아와드 씨, 쉬콩고 씨와 면담한다. 3) 아프리카에 관한 영화 및 슬라이드 일지 작성 4) 신시아는 자신의 질문에 대한 답을 반에서 발표한다. 5) 신시아는 프라이버그 교사와 반 학생들의 질문에 관하여 대답한다.
평가 :	신시아는 이상의 다섯 가지를 완수하면 A를 받게 될 것이다.
이용 가능한 자원 :	연감, 세계지도, 도서관에 있는 영화 및 슬라이드, 아와드 씨 및 쉬콩고 씨와의 면담, 도서관에 있는 책

서명 : ____________________
신시아 에스

____
프라이버그 선생님

내는 지도를 보고 신시아는 아프리카 일부 지방에는 눈이 내리고, 비도 많이 오고, 나무도 많은 것을 알았다. 아프리카의 서로 다른 지역에서 온 두 사람과의 면접이 아프리카에 관한 더 많은 정보를 얻게 하였다. 영화와 슬라이드 시청일지는 신시아가 본 것들을 기록하는 데 사용되었다. 그는 자기의 질문에 대한 대답들을 학급 전체에게 발표하기로 약속했고, 그때는 학생들과 교사가 함께 신시아에게 질문을 할 수도 있었다. 이 시간에는 전체가 아프리카에 관하여 토론하였으며, 신시아도 도서관에 가는 화요일을 제외하고는 수업에 참여했다. 신시아는 정규수업의 많은 부분을 다 배웠을 뿐 아니라 독자적인 연구계획도 마쳤다(그 둘은 중복되기도 한다).

계약은 어떤 기간에도 관계없다. 첫 번째 계약들은 짧은 기간이다. 나중에는 학생의 능력에 따라 연장될 수 있다. 계약은 다양한 활동, 즉 독서, 쓰기, 그림 그리기, 면담, 구두발표, 보고서 등을 포함하는 것이 중요하다. 만약 영화가 없으면 책을 사용한다. 초기부터 도서관에 가게 하는 것보다는 점차로 도서관에 갈 필요를 느끼게끔 지도한다. 처음에는 학생과 교사가 함께 앉아 필요한 자료들을 생각해 보는 것이 중요하고, 계약서에 서명하는 일도 중요하다.

이제 계약과정을 다 검토했으므로 포함된 요소들을 목록으로 만들어 보는 것도 도움이 될 것이다.

계약서에 포함될 요소

1. 계약기간이 단기간인지 장기간인지를 결정한다.
2. 계약서 양식을 하나 개발한다.
3. 학습 자료와 정보를 수집한다.
4. 학생들의 진도에 관하여 피드백해 줄 시간을 마련한다.
5. 학생을 어떻게 평가할 것인지를 계약서에 명기한다.
6. 한 학생과 먼저 시작하고, 그것이 성공하면 다른 학생과 계약을 시작한다.

자문해 볼 질문

1. 계약에서 이행되어야 할 사항은 무엇인가?
2. 누가 그것을 이행할 것인가?(첫 계약학습이 성공한 후에는 학생들이 그룹을 지어 학습해도 무방함)
3. 계약 종료 시에 학생은 무엇을 얻게 되는가?
4. 학생은 무엇을 얻게 되는가?
5. 3번과 4번을 어떻게 평가할 것인가?
6. 어떤 자원이 필요한가?
7. 어디에 가면 학생 스스로 자원을 구할 수 있는가?

계약서를 보다 효과적으로 쓰는 데 도움이 될 일은 교내 자체 연수시간에 다른 교사와 짝을 지어 써 보는 것이다. 예를 들면 당신이 학생 역할을 하고 다른 교사는 교사 역할을 해볼 수 있을 것이다. 계약을 협상해 보고, 역할을 바꾸어 보기도 하고, 다른 계약을 수립해 볼 수도 있다. 당신은 당신의 계약서가 예시한 기준들에 대하여 얼마나 접근해 있는지를 확인할 수도 있을 것이다.

처음에 학습계약서와 학생학습을 위한 도구들은 주로 교사중심적일 수도 있다. 그러나 학생들이 학습할 그들 자신의 힘을 더 많이 이해함에 따라서 계약은 더 학생중심이 될 것이다. 짐 스터키는 프레스콧대학교에서 30년 이상 운영해 온 학습계약을 개발하는 과정을 다음과 같이 기술한다.

> 프레스콧대학에 입학하면 학생은 초기에는 좋은 학습계약을 개발하기에는 너무 생소할 수도 있다. 그래서 지도교수가 교육과정의 고안을 제안하기도 한다. 그 학생이 프레스콧대학교의 생활에 익숙해짐에 따라 그리고 지식의 세계에 더 유식해지고 접근방법을 알게 됨에 따라 학생은 자기의 학습계약에 훨씬 더 큰 몫을 하게 된다(p. 17).[1]

인간중심적인 학습은 선택사양이 많고, 계약서 작성은 자유를 획득하는 다양한 방법 중의 하나이다.

지역사회 활용

또 다른 접근방법은 지역사회의 학습자원을 사용하는 길이다. 예를 들어 루이지애나의 서민층 공립학교인 뉴올리언스 프리스쿨의 학생들은 집 없는 사람들에게 지역사회의 지원을 제공하였다. 학생들은 집 없는 사람들의 배경을 분석하고 연구하기 시작하였다. 그 학생들은 사람들에게 접근하는 법, 경청하는 법을 배우고, 그 지역사회에서 이런 연구활동의 필요성을 강조하는 중요한 점들을 발견하기 위하여 그들의 노트를 분석하는 방법을 배워야 했다. 그 결과 이런 활동은 내가 상상할 수 있는 어떤 학과목보다도 훨씬 더 값진 학습경험이 될 것이다. 여러 가지 형태의 지역사회 연구활동이 있다. 패서디나에 있는 캘리포니아공과대학의 학생들은 로스앤젤레스의 스모그 문제를 연구하기로 결정하고, 마침내 얼마나 인상적인 계획을 세웠던지 연방정부의 연구비를 받게 되었다.

또 다른 가능성을 소개하겠다. 만약에 학생이 사람들과 함께 일하는 데 흥미를 느낀다면 교수의 도움을 받아, 개업한 심리학자, 정신과 의사 혹은 지역사회 사회사업가의 견습생이 될 수도 있다. 그는 만남의 그룹이나 자신과 비슷한 학생들을 위한 동료상담자 그룹에 등록할 수 있다. 다른 말로 하면 경험적으로 심리학을 배울 수도 있다는 말이다.

이 잠정적인 제안들이 내가 주장하는 한 견해를 구성하는데, 즉 학생들이 진정한 자유만 주어진다면 그들 나름대로 개발한 흥미진진한 학습경험을 따라가게 되고, 거기서 그들은 많은 것을 얻게 된다. 그들은 수동적이고 일시적인 지식의 수령자가 아니라 지식을 추구하는 연구자가 될 수 있다. 그들은 학습과정에 들어가서 그 모험이 어떤 것인지를 발견할 수 있게 된다.

탐구활동을 통한 학습

계약학습은 생기가 없는 교육과정에 활기를 가져오고, 아무런 관련이 없어 보이는 정보의 홍수에 의미를 부여하기 위해서 학생중심 교사들에 의해서 활용되어 왔다. 어제의 지식이 오늘에는 역사에 불과하고 1~2년 내에 쓸모없는 지식으로 변하는, 정보와 변화가 하나로 통합되는 미래사회에 청소년들을 준비시켜야 할 필요성에 대하여 우리는 읽어왔다. 많은 교사들은 학생들이 탐구활동을 통해서 교육과정을 구성하도록 격려하여 그들의 수업이 인간중심적이 되도록 노력해 왔다. 연구과제는 교사와 학생들이 함께 산만한 견해, 개념 및 사실을 한평생 지속될 의미수준으로 끌어올린다. 앞서 언급한 뉴올리언스 프리스쿨의 탐구활동은 학생들로 하여금 뉴올리언스 시의 사회적 필요를 충족시키면서 동시에 학생들의 흥미분야 중에서 선택할 수 있게 하였다. 다른 연구과제들은 그들 나이 또래의 관심사에 관하여 알아보고 싶은 학생들의 필요를 반영하는 것들도 있다. 연구과제는 아이디어의 목록을 칠판에 적어 놓고 학급에서 토론하는 브레인스토밍으로 시작한다. 탐구활동을 고안하고 실행하는 과정에서 교사의 역할은 그 경험에서 배울 수 있도록 안내하고, 자원을 제공하고, 배울 기회를 촉진하는 것이다.

탐구활동은 학생들이 흥미 있고 의미 있는 것을 발견하게 한다. 어떤 탐구활동은 교사가 시작하지만 곧 학생들과 함께 배우는 경험이 되기도 한다. 교사와 학생들이 공동으로 배우는 기회가 너무 적은 편인데 탐구활동은 공동학습 기회를 제공한다. 학습할 기회를 제공하는 탐구활동들은 학생들의 궁금증이나 문제에 대하여 전모를 밝힐 수 있도록 고안된다. 가장 우수한 연구과제는 더 많은 질문을 유도하는 것들이다. 계약학습과 흡사하게 탐구활동은 수업시간이나 학생들의 일상생활에서 발생하는 의문점이나 상황에서 출발한다. 탐구활동은 학생들의 모든 감각기능을 자극하고 다른 학습과 연계될 수 있는 일상의 문제에 관심 갖게 하며, 그런 과제들은 학생들이 스스로 혹은 다른 사람들과 협동하여 완성할 수 있다.

탐구활동의 활용은 짜여진 수업시간표 관계로 중 · 고등학교에서보다는 초등학교에서 더 유행할 수 있다. 중등학교에서는 42분이 한 교시로 수업이 짜여져 있는데 탐구활동을 생각하고 계획하는 것은 며칠씩 걸릴 수 있다. 그러나 이런 제한도 학생들과의 협동적인 계획으로 극복할 수 있다. 나중에 소개하지만 많은 중등학교들은 학습할 기회를 확장하기 위해서 수업시간의 배정방법을 수정해 가고 있는 중이다.

교사들은 얼마나 자주 학생들의 현실과 교실 사이에서 다리를 놓으려고 하는가? 다음 예는 다이앤 라비노비츠가 샌프란시스코의 인종과 언어가 다양한 1,100명이 넘는 중학교 학생들과 더불어 프로그램을 개발한 방법을 보여 준다.[6] 컴퓨터를 사용하여 그는 학생들의 학교세계와 그들의 다른 현실세계 사이의 연결고리를 만들었다. 그 반은 400명이 넘는 그 학교 학생들의 텔레비전 보는 습관을 연구하는 과제를 개발하였다. 다이앤은 컴퓨터 수업에서 중학교 2학년 30명과 함께 이 탐구활동을 시작한 모습과 학생들이 탐구활동에 관한 그들의 견해에 관하여 토론하는 모습을 다음과 같이 묘사한다(p. 1-5).[6]

익숙한 장면 : 내가 매우 정성껏 준비한 흥미 있는 수업을 진행하는데 학생들이 하품만 하고 있는 모습을 보게 된다. 나는 이 학생들의 주목을 끌 수가 없는 것 같다. 그렇지만 최근 연구에 의하면 학생들은 텔레비전 앞에서는 여러 시간씩 정신을 집중해서 보니까 주의집중 시간의 문제는 전혀 아니다. 학생들은 내가 그들의 나이에 했던 것에 비해서 그들은 훨씬 더 세련된 감각을 가지고 있는 것 같다. 내 생각에는 한 가지 주된 원인은 그들이 텔레비전을 보는 시간의 양인 것 같다. 청소년들은 홍수처럼 밀려오는 이미지, 성격, 상황의 세례를 받아서, 아마도 그런 것들이 가장 영향력이 큰 교사인 셈인데, 그들의 현실을 구축하게 된다. 그러나 이런 경험에 대하여 비판적으로 검토할 기회는 거의 없다. 이들 이미지가 청소년들 자신의 태도에 영향을 주고, 그들의 삶에서 사람들과 관계 맺는 일에, 인생을 살아가는 '세계의 관행'을 배우는 데 영향을 미친다. 어떻게 우리 교사들은 이 귀중한 텔레비전 보는 시간을 검토하지 않은 채로 내버려 둘 수가 있는가? 과거에는 "검토해 보지 않은 삶은 살 가치가 없다."라는 경구에 관심을 가지고 자기 자신을 곰곰이 생각해 보는 것으로 충분했다. 그러나 오늘날은 텔레비전 매체가

우리 생활과 통합되어 있어서 이렇게 말해야 한다. "대중매체와 관련하여 검토해 보지 않은 삶은 살 가치가 없다." 어떻게 대중매체를 본 경험이 학생들의 일상 경험과 교실수업 사이에서 연결고리가 되게 할 수 있을까?

많은 청소년들은 텔레비전에서 가상과 현실세계에 대한 심상을 흡수하면서 일주일에 50시간 이상을 보낸다. 아무도 텔레비전이 우리에게 미치는 영향을 제대로 이해하지 못하고 있다. 예를 들면 텔레비전이 우리 가족구조에 영향을 미쳤는가? 영화 〈아발론〉에서 텔레비전 시청이 늘어 갈수록 가족들은 점점 더 고립된다는 것이 작은 주제이다. 영화 초반에는 다세대 대가족이 모여서 감사절을 함께 보냈으나 영화 끝에서는 텔레비전의 파란 불빛 아래 외로운 핵가족만 남아 있다. 둘째로 텔레비전 시청이 우리의 언어와 문자표현 방식에 영향을 주었는가? 공영방송에서 〈시민전쟁〉을 연속물로 송출하는 동안에는 많은 사람들은 일선에서 군인들이 집으로 보낸 편지에서 표현한 웅변적인 수사법에 주목했다. 그런데 오늘날 그 웅변적인 표현에 무슨 일이 생겼는지 궁금해진다. 그런 수사법이 텔레비전 시청으로 근절된 것이 아닐까?

인기 좋은 대중매체는 사라질 것 같지 않다. 사실은 텔레비전 시청은 우리의 삶 속으로 통합되고 세상을 배우는 수단으로 자리 잡아 가고 있다. 만일 내가 텔레비전을 많이 시청하지 않는다면 그 영향력을 염려하지 않을 테지만 그러나 청소년들의 주 활동인 텔레비전 시청에 관심 가져야 마땅하다. 청소년들은 텔레비전의 좁은 화면에 나타나는 경험이 현실세계를 대표한다고 어느 정도로 믿을까? 특별히 프로듀서들이 방송의 질을 위해서가 아니라 그들이 판매할 수 있는 광고를 위해서 평가 등급에 주로 관심을 가진다면 어떻게 될 것인가? 청소년들이 이런 현상에 대하여 호기심을 가지고 그런 것을 연구하는 데 흥미를 느낄까?

이 연구과제에 대한 나의 관심은 뉴욕의 '올해의 교사'로 선발된 할렘가 교육학자인 존 테일러 가토(John Taylor Gatto)의 "교육의 목적과 방법"[7]이라는 글을 읽고 시작되었다. 그는 청소년들의 일상 계획이 꽉 짜여져 있어서 그들이 자기성찰을 통하여 정체감을 형성할 시간은 하루에 몇 분밖에 안 된다는 통계를 인용하였다. 이 통계 중에는 보통 청소년들이 일주일에 평균 55시간 텔레비전을 시청한다는 사실도 들어 있다. 이 숫자가 나를 놀라게 하였다. 그래서 단순한 과제를 주었다. 우리 학생들에게 "좋아하는 TV 쇼 이름 3개를 쓰고 그중 하나를 선택하여 네가 무엇을 좋아하는지를 쓰라"고 했다. 그들의 답변은 나의 호기심을 더 자극했다. 거의 계획이 없었는데도 우리의 토론은 작은 설문조사로 발전되었다. 우리는 "하루 저녁에 TV를 몇 시간 보느냐?"고 서로 질문했다. (많은 학생들은 오후 4시부터 11시까지 7시간이라고 답했다.) 우리는 모두 활발한 토론에 참여했고 거기서 많은 궁금증이 도출되었다. 다음 수업시간에 우리는 TV 시청 습관에 관하여 서로에게 물어보고 싶은 다섯 가지 질문을 써냈다.

그들은 학교 친구들이 텔레비전에 대하여 어떤 생각을 하고 있는지 매우 궁금해하였다. 그다음 시간에 우리는 설문조사 준비를 시작하였다. 질문을 칠판에 적어 놓고, 각 질문에 대한 답의 누적 기록을 총계를 냈다. 우리는 다른 7교시 수업 학생들의 반응이 우리와 비슷한가를 알아보기 위해 이 질문을 가져가기로 결정하였다. 질문은 학생들의 TV 시청 습관과 텔레비전을 보는 동기에 초점을 맞추었다.

처음에는 학생들이 다른 수업에 가서 설문지를 소개하고 그 학생들이 하는 질문에 답하기를 좀 수줍어하였다. 그러나 첫 시간이 끝나자, 그들의 성공은 그들의 사기를 높였다. 우리 학교는 다양한 민족과 문화적으로 복합적인 학생들로 구성되어 있는데 막 영어를 배우기 시작한 중국인, 러시아인, 멕시코인의 비율이 매우 높아서 특수교육을 받았던 학생들이 주류를 이룬다. 학교에서는 그들을 위험집단으로 분류해 왔다. 이 다양한 범위의 학생들은 설문지 제작과 반응 측면에서 모든 상황을 충분히 대표하고 있었다.

우리는 약 400명의 중학교 2학년생들을 연구대상으로 결정하였다. 30명의 학생들이 데이터베이스를 만들고 그 결과를 컴퓨터에 입력하였다. 학생들은 둘씩 짝을 지어서 설문지 반응을 입력하였다. 그 학생들은 데이터베이스에 질문해서 조사하는 방법, 재정렬하는 기술, 분석을 위해 범주별로 자료를 분류하는 방법 등의 기술을 배워야만 했다. 갑자기 학생들은 필요와 흥미가 생겨서 컴퓨터와 통계기술을 배우고 싶어 하였다.

다음은 그 탐구활동을 마치고 학생들과 함께한 인터뷰에서 발췌한 것이다.

팬와 나는 전에 이런 공부를 해 본 적이 없다. 이것은 다른 연구과제와 달랐다. 교사가 내준 숙제를 해야만 할 필요가 없는 자주독립적인 느낌, 부모님의 도움 없이 복잡한 사회에서 혼자서 견디어 내야 하는 어린이와 같았다. 학생들이 항상 수동적이었던 과거의 공부방식에 대한 나의 견해를 바꾸어 놓았다.

멜리사 나는 이런 공부를 해 본 적이 없었다. 나는 정말로 흥분되었다. 우리가 인터뷰하러 갔을 때 남들 앞에서 말하는 훈련을 제대로 하게 되었다. 나는 자주독립적이었고, 이것이 미래의 직업에 대비시켜 줄 것 같다. 이 설문조사를 하기 위하여 컴퓨터를 사용한 것은 우리가 꼭 암기해야만 배우게 되는 것은 아니라는 생각을 하게 하였다. 마지막 날 우리가 보고서 뭉치를 제출했을 때 기분이 아주 좋았다.

매건 나는 다른 반에 가서 인터뷰한 것이 제일 재미있었다. 나는 컴퓨터에 입력하는 것은 지루하게 느껴졌고, 컴퓨터에 타이핑하는 것보다는 사람들과 대화하는 것이 더 좋았다. 나는 그 연구과제가 마음에 들었다. 우리 또래 친구들과 인터뷰하고 그들이 좋아하는 텔레비전 쇼가 어떤 것인지 알아내는 것이 재미있었다.

셀비 우리는 이런 연구과제를 해 본 적이 없다. 제시카가 그 과제에 흥미를 느끼고 신이 났다. 스콧트는 바보 같고 어리석은 짓이라고 생각했었는데 나중에는 좋아했다. 그는 여러 반에 다니면서 학생들의 질문에 답하기를 즐겼다. 나도 전에 이와 같은 것을 해 본 적이 없어서 처음에는 생소했지만 교실마다 찾아다니며 설문지를 나누어 주는 것이 좋았다. 그 경험이 다른 반에서 내가 더 많은 질문을 할 수 있게 해주었다.

앤지 나를 두렵게 한 것은 다른 반에 가서 그들과 대화하는 일이었다. 나는 많은 사람들과 대화해 본 경험이 없다. 나는 다른 학생들에 관한 정보를 얻는 것이 제일 재미있었다. 이런 연구과제는 내가 몰랐던 정보를 얻게 하고, 텔레비전이 시청자들에게 어떤 영향을 미치는지를 알게 하고, 텔레비전이 내게 나쁜 영향을 주지 않도록 거리를 두어야 한다는 것을 알게 했다고 나는 생각한다. 나는 중국 학생들은 중국 채널만 보는 줄 알았는데 많은 아시아 학생들이 〈벨 에어의 황태자〉를 시청한다는 것을 알고 나는 깜짝 놀랐다. 그것 때문에 나는 중국 학생들과 사귈 수 있겠다는 느낌이 들어서 좋았다. 나는 그 연구과제가 재미있었고, 그런 것을 더 많이 했으면 좋겠다.

딤플 우리는 이런 과제를 전에 해 본 적이 없었다. 나는 정보를 컴퓨터에 입력할 프로그램을 짜는 것이 제일 재미있었다. 나는 수줍어서 다른 교실에 가서 사람들과 인터뷰하는 것이 제일 겁이 났었다. 그러나 이 연구과제 때문에 나는 다른 사람들 앞에 서는 두려움을 극복할 수 있게 되었다.

학생들에게 대부분의 친구들이 설문지에 어떻게 반응할 것인지 예측해 보도록 하였다. 그리고 데이터베이스를 사용하여 그들 질문에 답할 통계 숫자를 발견하도록 하였다. 협동학습으로 서로의 작업을 확인하게 하였고, 탐색하는 범주가 그들의 질문과 관련 있는지, 그리고 통계는 결론을 지지하는지 확인하게 하였다.

여기에 그들이 발견한 결과가 나와 있다.

- 대부분의 학생들은 텔레비전을 시청하여 시사문제에 대하여 배운다고 동의하였다.
- 대부분의 학생들은 독서를 즐기고, 가토가 인용한 55시간보다 훨씬 더 적은 주당 0~20시간 텔레비전을 본다고 동의하였다.
- 독서를 좋아하지 않는다고 보고한 학생들은 대부분이 주당 55시간 이상 텔레비전을 시청하였다.
- 대부분의 학생들은 TV 시청보다 독서를 통하여 더 많은 것을 배운다고 동의하였으나 대부분의 학생들은 텔레비전이 학교 공부와 그들의 문제를 해결하는 데 도움을 준다고도 보고하였다.
- 대부분의 학생들이 TV가 교육적이라고 동의하기는 하지만 많은 학생들은 다른 할 일이 없기 때문에 TV를 시청하게 된다는 데 동의하였다.
- 대부분의 학생들은 그들이 신체적으로 건강한지 잘 모른다고 보고하였고, 신체적으로 건강하지 못하다고 대답한 학생들은 대부분이 주당 55시간 이상 TV를 시청하였다.
- 학생들은 TV가 그들의 문법에 도움이 되느냐는 질문에 똑같이 양분되었다.
- 인기 있는 네 가지 쇼는 순서대로 〈인 리빙 컬러〉, 〈벨 에어의 황태자〉, 〈패밀리 매터스〉, 그리고 〈심슨가족〉이었다. 남녀 학생들 사이에 인기 있는 텔레비전 쇼에는 거의 차이가 없었다.

가장 흥미로운 것은 제2국어로서의 영어를 배우고 있는 중국 학생들이 발견한 것인데 그 내용은 다음과 같다. 여학생들과 비교해 훨씬 더 많은 남학생들이 TV 시청은 그들의 도덕발달에 도움을 준다고 보고했다. 여학생들은 TV 시청이 지닌 도덕적 장점에 대하여 의구심을 표현했다. 텔레비전이 여전히 남성위주인 점을 감안하면 그 결과는 이해가 된다. 또한 성적인 매력이 제품판매를 위한 수단으로 자주 이용된다는 것을 생각해 보면 대다수의 여학생들이 TV 시청의 도덕적 가치를 부정하는 태도는 놀랄 일이 아니다.

아마도 전에는 학교에서 이런 주제에 관한 토론을 해 본 적이 없었기 때문에 그 연구활동의 가장 어려운 문제는 설문조사가 가져온 엄청난 양의 정보에 압도되었다는 점이다. 그리고 그 주제를 토론해 봄으로써 그들은 자각하기 시작하였다. 연구활동을 겨우 시작하자마자 지각, 사고, 학습, 현실구상에 미치는 텔레비전의 영향에 관한 더 많은 질문을 제기하였다. 교사와 학생들은 문학작품이나 역사상의 신화적인 영웅과 전형적인 상황을 대중매체에 나오는 인물들과 비교할 수 있다. 이와 같은 학생중심의 수업은 TV 시청을 수동적인 활동에서 능동적인 활동으로 전환시킬 수 있다. 대중매체 속에 청소년들의 시대가 어떻게 반영되었나는 물론 그들 세대와 그들이 사는 현 시대를 반성해 볼 기회가 된다. 그런 수업은 학생들의 일상생활과 교실을 연결해 주는 다리 역할을 함으로써 학생들이 의미 있는 학습으로 빠져들게 한다.

논평

교사-촉진자로서 그녀의 역할을 생각해 보면서 다이앤 라비노비츠는 다음과 같이 결론 내렸다. "이 연구과제는 학생들과 진실한 관계를 맺고, 촉진자가 되고, 학생들을 신뢰하는 관계를 맺는 여정의 시작을 보여 준다." 그 학생들은 새로운 지식을 창출하는 경험과 동료들과 연구과제를 수행하는 대인관계 경험을 통하여 감동을 받았다.

멜리사와 팬와의 논평은 강한 자주독립심을 보여 주었다. 앤지 역시 비슷한 시청습관을 가졌으나 자기와 다른 학생들이 있음을 깨달았고, 그것은 토론을 위한 공통점을 제시하는 기회가 되었다. 학생들은 자료수집을 돕는 컴퓨터 사용을 포함한 많은 것들을 얻었다. 비록 자료의 분석과 종합은 학생들의 결론을 이끌었지만 그들은 논평에서 정의적인 경험을 강조하였다.

교사와 학생들이 그 연구과제의 경험으로부터 함께 배웠다는 것은 기록할 가치가 있다. 왜냐하면 자기 반 학생들에게 연구과제는 새로운 경험이어서 다이앤은 그 과정을 안내해 주었다. 학생들과 교사가 학습의 수단으로서 연구과제에 더 익숙해짐에 따라서 그 교사는 교사의 역할보다는 촉진자의 역할을 더 하게 될 것이다.

동료지도

개인교사-학생 관계는 도움을 받는 학생과 가르치는 상급생이나 선배 모두에게 크게 도움이 되는, 학습을 촉진하는 한 가지 방법이다. 이런 종류의 특기할 만한 연구는 신시네

티대학의 두 교수[8]에 의해서 수행되었다. 그들은 조심성 있게 6학년 76명을 뽑아 같은 수의 2, 3학년생들의 개인교사가 되게 하였다. 그 아동들은 도심, 교외 그리고 농촌 학생들로 구성되었다. 과목은 수학이었다. 관찰 결과, 교사의 제안을 근거로 개인교사와 학생을 짝 지었다. 2주 동안에 여섯 차례의 30분짜리 개인지도가 있었다.

이 짧은 실험의 평가는 도움을 받은 학생들의 대부분이 수학실력이 향상되었고, 12%의 아동들은 별 진전이 없었음을 보여 주었다. 아마도 중요한 관찰은 '아동들은 자신감이 더 생겼고 학습의 동기가 유발되었으며, 수학과목에 대한 태도가 더 좋아졌음' 을 나타낸 사실이었다. 개인교사였던 학생들은 가르친 횟수가 충분하지 않았다는 것이 불만이었다. "개인교사들은 자신감과 책임을 지려는 성향에서 발전이 있었다." 그들 중 몇몇은 수학지식을 향상시키기 위해 열심히 노력하여 발전이 있었다(p. 431).[2] 최근 연구의 종합은 학생들의 학습을 위한 동료의 가르침에 관한 긍정적인 초기의 연구결과를 지지해 주고 있다.[9] 특히 예산 삭감과 대규모학급 시대에 개인교사제도는 관련 있는 모든 이들에게 유익하므로 더 자주 사용할 만한 방법이다.

집단의 선택

자유를 희망하지 않는 사람에게 자유를 줄 이유는 없어 보인다. 아동들에게 학습할 자유를 줄 때, 자유를 원치 않고 가르쳐 주기를 바라는 아동들에 대한 준비 또한 있어야 한다. 쉴도 이 문제를 인정하고 6학년 아동들을 두 집단, 즉 자율적인 집단과 전통적인 집단으로 나누었다. 아동들은 이 두 집단 사이에서 오고 갈 자유가 있어서 그런 방식의 분반을 매우 만족스러워했다. 고등수학을 가르친 딘도 자유를 싫어하는 학생들이 같은 과목의 전통적인 집단에 옮겨 갈 수 있게 하였다.

그와 같은 쉬운 해결책이 항상 가능하지는 않을지도 모르지만 학습촉진자는 그 문제를 늘 고려해야 할 것이다. 학생들이 자유롭다면 그들의 자율적인 학습은 물론 수동적인 학습을 할 자유도 있어야 한다. 아마도 프로그램학습의 개발은 또 다른 선택이 될 것이다. 조심성 있게 미리 준비한 학습지도안을 따라가기 좋아하는 학생들은 프로그램학습을 선택할 수도 있다. 스스로 해 가는 자율학습을 좋아하는 학생들은 하나의 집단을 만들어 만나거나 이제까지 소개한 여러 가지 방법 중의 하나를 따를 수도 있을 것이다.

촉진자 학습 집단의 조직

대규모 수업에서 학습의 자유를 제공하는 것이 가능한가? 이 질문이 종종 제기되는데 생각해 볼 만한 질문이다. 장래 중등학교 교사가 될 사람들을 가르치는 웰든 쇼프스탈(Weldon Shofstall)은 이 문제를 다루는 흥미 있는 방법을 제시했다.[10] 그는 몇 가지 일반적인 논평으로 수업 분위기를 설정한다.

나는 학습촉진자이고 여러분은 학습자들입니다. 전통적인 의미의 교사는 없습니다. 여러분이 배우든 안 배우든 그것은 여러분의 개인적인 책임입니다. 내가 할 일은 여러분이 솔선해서 그 책임을 지도록 허락하는 일입니다…. 나는 개인적인 의논을 위해 항상 준비되어 있습니다. 여러분은 첫 주 중에 개별면담을 시작해 주기 바랍니다 .

그 밖에도 나 역시 학습자가 되기를 바라고 있어서 개인적인 의논은 여러분의 촉진자인 나에게도 매우 유익한 것입니다. 여러분이 나에게 개인적으로 질문하거나, 반대의견을 제시하거나 제안한다면 나는 배울 수 있게 됩니다.

그러고 나서 그는 비교적 자율적인 '촉진자 학습 집단 형성'에 대비한다.

여러분은 7~10명의 촉진자 학습 집단에 배정될 것입니다. 이 집단 안에서 여러분과 다른 사람의 시간을 낭비하든가 아니면 그 집단이 일찍이 경험해 본 것 중에서 가장 자극적이고 가치 있는 학습경험을 발견하게 될 것입니다. 대부분의 사람들에게 중간지점은 없을 것입니다…. 나는 집단이 초청할 때에만 촉진자 학습 집단에 참석할 것입니다. 여러분의 집단모임에 내가 참석하기를 원하면 하루 전에 나에게 알려 주십시오.

촉진자 학습 집단은 의장을 선출해야 합니다. 의장은 한 번에 일주일 이상을 맡을 수 없게 되어 있습니다. 의장은 집단의 중재자로 매번 모임 전에 나에게 보고해야 합니다. 의장선출 이외에 집단의 한 명은 보고자로 임명되어야 합니다. 이 보고자는 매번 모임 후에 나에게 보고할 사람입니다.

각 집단은 촉진자 학습 집단의 활동과 과제의 2회 모임 이상을 미리 계획하지는 않기로 제안되어 있습니다…. 구성원 개개인이 집단모임에 준비할 것을 못하면 그 집단의 효율적인 기능에 심각한 장애가 될 것입니다.

학기 말에 쇼프스탈은 수강생들에게 다음 해에 이 과목을 택할 학생들에게 편지를 쓰도록 부탁한다. 여기에 편지 중에서 하나를 발췌하여 싣는다.

> 첫째로, 만약 당신이 강의실에 앉아 교수가 노트하기 바라는 것을 적고 읽으라는 것을 읽고, 제출하라는 보고서를 써내고, 그리고 학기 말에 교수가 알기를 바라는 것에 관하여 시험을 치면서 대학생활을 지내 왔다면, 그리고 그런 교육을 좋아한다면 이 과목을 취소하시오. 그러나 만약에 당신이 공부에 대하여 정직하고 성실하게 책임을 져 보고 싶다면, 그렇다면 환영이오!

대규모 수업을 작고, 기능적인, 자주적 집단으로 나누는 방법이 여러 가지다. 학생들을 특별한 관심사나 주제별로, 그 밖의 다른 방법으로도 나눌 수 있다. 쇼프스탈의 방법을 보여 주는 이유는 만약 우리가 강의준비에 정성을 쏟듯이 학습촉진계획에 많은 관심을 가지려 한다면, 불가능해 보이는 많은 문제들이 해결될 수 있다는 점을 지적하려는 것뿐이다.

협동학습 집단

의미 있는 학습 환경을 조성하는 새로운 발전의 매우 중요한 예는 협동학습 집단이다. 이 접근법은 교육의 새로운 목표에 관하여 학생들은 물론 교사와 행정가들을 교육하는 데도 도움이 된다. 지난 20년 동안에 협동학습 집단에 관한 많은 논문이 발표되었다. 그 논문들의 일부는 이 장의 끝이나 책의 마지막 부분에 실려 있다.

교실에서의 협동집단은 통상 동질 집단보다는 서로 다른 능력을 가진 4명의 학생들로 구성된 여러 집단으로 형성된다. 협동학습은 학생들이 함께 공부하는 방법을 배우는 것부터 시작한다. 많은 교사들은 간단한 과제로 시작해서 점진적으로 교사가 제시한 문제를 4명이 해결해 가도록 하고, 마침내는 그 집단이 개발한 문제를 해결하도록 한다. 일반적으로 협동집단은 집단원 사이의 인종이나 인간관계를 도와주고, 특수교육을 받아서 정규수업으로 참여할 수 있게 조력하고, 성취검사의 점수가 향상되게 하고, 학생들로 하여금 문제해결을 위한 협동전략을 개발하게 한다.[11]

협동학습 집단에서 교사의 역할은 그 집단의 자문-촉진자의 역할과 자원인사가 되는 것이다. 정보제공자의 역할에서 촉진자와 자원제공자의 역할로 변하는 것은 많은 교사들에게 어려운 과정이므로 본인이 가장 편안하게 느끼는 곳에서 시작하면 된다. 본인이 편안하게 느낄 수 있는 것보다 더 많은 자유를 주었다가 빼앗는 것보다는 학생들이 스스로 할 수 있는 작은 자유를 주는 것이 더 바람직하다. 제이 엠 모스코비츠와 그의 동료들이 시행한 연구에 의하면 어떤 교사들은 협동학습에 각 학생들이 그 과제의 한 조각만 책임지게 하는 그림조각 맞추기 방식을 사용한다.[12] 각 학생들의 임무는 그림 맞추기 게임의 한 조각이 된다. 예를 들면 4명의 학생 집단이 그들의 협동학습 과제로 대수를 선택했다. 그 집단의 각 학생들은 그 나라의 생산품, 문화, 언어, 혹은 지리에 관한 중요한 정보 수집에 각자 독자적으로 책임진다. 그러나 이 연구과제에서 교사는 협동학습을 수정하여 그들이 좀 더 편안하게 느끼는 전통적인 수업처럼 되게 하였다. 이것은 교사와 교육자들에게 인간중심 학습의 철학을 이해할 중요성과 학생들에게 지속적으로 자유를 줄 결심의 중요성을 조명해 준다. 협동집단과 같은 활동은 교사와 학생들이 전통과 결별하고 새로운 학습방법을 탐색할 수 있을 때에만 방대한 학습의 기회를 제공한다.

발문지도

최근에 점점 강조되고 있는, 참여하고 경험하는 학습의 특수형태가 자연과학분야에서 개발되어 왔다. 여러 개인과 국가들이 학생들로 하여금 자연과학세계의 발견을 목적으로 유동적으로 연구하는 질문자가 되도록 조력하기 위하여 일하고 있다.

이 운동의 힘은 이미 발견한 사실들의 조직으로서의 책이 아니라 현대사회에서처럼 변하는 분야로서 자연과학을 경험할 강한 필요를 느끼는 데서 나온다. 자연과학에 대한 체계적 지식의 소유는 오늘날 학생들에게는 적절한 성취가 되지 못한다. 오늘날의 목적은 학생이 자연과학을 절대적이고 완전한, 그리고 영원한 것으로 잘못 보지 않도록 하는 데 있다.

이 목적을 달성하기 위하여 교사는 문제제기, 응답하는 분위기 조성 그리고 탐구하는 학생을 도와주어 질문하는 정신자세를 기르는 것이다. 이런 분위기는 학생들로 하여금 자율적인 발견을 성취하고 자주적인 학습에 몰입하게 한다. 그들은 단순한 차원에서 그들 자신이 과학자가 되어 실제 질문에 답하고, 과학자들의 탐구하는 기쁨과 함정을 스스로 발견하게 된다. 그들은 많은 과학적인 사실을 배우지는 못하지만, 진정한 과학에는 끝이 없다는 인식과 영원히 계속되는 탐구로서의 학문의 진가를 알게 된다.

만약 장래의 교사들이 자기 제자들에게 이런 종류의 질문을 위한 자극을 주려면 스스로 그것을 경험해 보아야 한다는 것은 자명하다. 만약 교사들 스스로 자연과학세계의 자주적인 발견의 만족을 경험하려면 교사양성과정은 앞에서 묘사한 것과 같은 방법으로 가르치는 것이 당연하다.

자연과학분야의 이 운동은 현재의 개념학습에 큰 도전이 되고 있다. 오늘날 교육의 실제는 아동들이 초등학교과정을 거치면서 지식과 탐구와 이해 면에서 점점 더 자율성과 실험정신을 잃어 가게 한다. 이 경향은 질문에 초점을 두는 사람들의 목적과 전혀 다르다. 아동들이 스스로 생각해서 새로운 이해에 도달하게 한다면 그 과정에서 얻은 개념은 더 깊이 이해되고 오래간다. 그들은 그만큼 자율적이고 경험적인 접근에 굳건히 서게 된다.

교사들에게는 다양한 경험을 제공할 필요가 있다. 전보다도 더 오늘날 교육제도와 특히 교사들은 언뜻 해결할 수 없어 보이는 문제의 연속에 당면해 있다. 그런데 우리는 15세기에 사용하던 방법을 21세기에 교육할 교사들에게 가르치고 있다. 문제의 진술과 그 해결 사이에는 점점 큰 괴리가 생긴다. 교육자로서 우리는 가능한 한 실제적인 도구를 제공해야 한다. 우리는 목수가 장도리로만 집을 짓기를 기대하지는 않는다. 왜 우리는 교사들이 단 한 가지 방법으로 아동들의 교육적 기초를 구축하기를 기대하는가?

이 장에서 기술한 어느 방법도 마찬가지지만 질문하는 정신자세를 개발하는 절차는 그 자체가 교사중심 교육과정을 학생들에게 더 부과하는 결과가 될 수 있다. 나는 그런 일이 발생하는 것을 보았다. 이 장에서 언급한 어떤 방법도 교사가 배울 자유가 있는 분위기를 조성할 마음이 없다면 아무 효과가 없을 것이다.

자기평가

자기 자신의 학습평가는 독학을 책임 있는 학습이 되게 하는 주요 수단 중의 하나이다. 각자가 자기에게 중요한 평가기준, 달성할 목표, 그 목표의 성취 정도를 결정하는 책임을 스스로 질 때 그는 진실로 자기 자신과 자기 방향에 책임지는 법을 배우게 된다. 이런 이유 때문에 경험학습 형태를 촉진하려면 어느 정도 자기평가가 개입되어야 한다는 것이 중요한 일이다.

우리는 이미 여러 가지 자기평가의 실천방법을 보아 왔다. 쉴은 자기 학생들과 상호의논해서 학점 문제를 해결하였다. 스웬슨은 고도로 개별화된 학점을 주기 위해 학생들과 협력했다. 내 수업에선 학점의 기준과 결정에 주로 학생들이 책임을 졌다. 다른 수업에선 계약의 이행이 자기평가의 완결 바로 그것이다. 쇼프스탈은 전 학기 학생들의 학습 내용과 자기평가를 수강생들에게 제공해 주어서 그 문제해결에 도움을 주었다. 학기 내내 학생들은 그들의 개인적인 강점과 약점을 분석하고 귀환반응을 얻기 위해 구성원들과 의논한다. 학점은 각 집단이 선출한 대표들이 교수를 만나 추천함으로써 대표들에 의해 결정된다.

개인의 노력과 학습을 평가할 때 여러 가지 방법이 있음은 분명하다. 평가방법은 특수한 학습목적의 지적인 추구에 대한 책임감에 비하면 중요한 것이 아니다. 어떤 학생은 공부한 분야의 시험 가능한 정보를 단순히 암기하는 것과 같은 융통성 없는 목표를 선택할 수도 있다. 다른 학생은 광범위한 자극에 보다 개방적이거나 자율적인 학습자가 되기 위하여, 자유롭게 활용 가능한 자원에 반응하기 위하여 한 과목을 사용할 수도 있다. 명백한 것은 이 두 사람의 평가기준이 매우 다를 것이라는 사실이다. 그러나 각자는 책임감 있고 전문적인 사람이 사회에서 기능하듯이 저마다 독특하게 기능한다.

기타 자원

나는 이 장을 교사들이 고려해 볼 만한 몇 가지 방법과 영역에 의도적으로 국한시켰다. 직접 교실에서 수업한 교사들이 묘사한 다양한 생각과 독특한 절차들이 많이 있다. 수업을 인간화하기를 갈망하는 교사들에게 도움이 될 책들은 (더 많이 있지만) 다음과 같다.

E. Cohen, *Designing Group Work: Strategies for the Heterogeneous Classroom* (New York: Teachers College Press, 1986). 이 책은 교실에서 실제적이고 인간적인 협동학습 활동을 개발할 전략을 담고 있다.

H. J. Freiberg and A. Driscoll, *Universal Teaching Strategies* (Boston: Allyn and Bacon, 1992). 교실경험이 있는 저자들에 의해서 저술되었고, 초 · 중등학교에서 다양한 교수 학습 전략을 이행하는 방법을 연구와 실제를 묶어서 썼다.

Gerald I. Pine and Angelo V. Boy, *Learner-centered Teaching: A*

Humanistic View (Denver: Love Publishing, 1977). 두 교사의 풍부한 경험에서 나온 책인데, 인본주의 교육방법에 전념한 책, 영화, 단체 등의 명단이 도움을 준다.

Shlomo Sharon, ed., *Handbook of Cooperative Learning Methods* (Westport, Conn.: Greenwood, 1993). 교실에서 협동학습을 개발하는 종합적이고 실제적인 관점을 제공한다. 교사와 학생에게 협동학습이 공히 유익하게 전교에서 개발될 수 있는 예를 제공한다.

추가 참고문헌은 이 책의 마지막에 '변화를 위한 자원' 에 들어 있다.

마지막 논평

만약 여러분이 책임감 있는 자율학습 분위기를 조성하고 싶다면 그 접근법에 적합한 방법이 이미 여러 가지 있음을 이 장에서 분명히 제시했다고 믿는다. 이들 방법의 몇 가지를 논의했고 참고문헌도 소개하였다. 바라건대 이들이 여러분에게 자극이 되어서 교수방법의 연속선을 개방하여 촉진적인 방법의 확장된 범주를 개발하는 데 사용되기를 기원한다. 우리가 배운 대로 가르치는 것은 능동적인 교사와 수동적인 학생에 의해서 지배되는 것인데 그것은 선택사항이 될 수가 없다. 여러분이 책임감 있고 자유로운 교실분위기를 창조하려고 노력함에 따라서 그것에 관한 연구논문들과 실제가 변하는 사회에서 살게 될 학생들의 미래에 매우 중요한 측면에서 도움이 된다는 사실을 보여 주니 마음이 든든하다.

참고문헌

1. J. Stuckey, *Prescott College: A Case Study in Intuitive Quality Management* (Paper presented at Conference on Quality, sponsored by the Sacramento Area Council for Total Quality, Sacramento, August 1990), pp. 12-17.
2. L. Cuban, *How Teachers Taught: Constancy and Change in American Classrooms, 1890-1990* (New York: Teachers College Press, 1993).
3. J. Goodlad, *A Place Called School: Prospects for the Future* (New York: McGraw-Hill, 1984).

4. J. E. Brophy and T. L. Good, "Teacher Behavior and Student Achievement," in *Third Handbook of Research on Teaching*, ed. M. L. Wittrock(New York: Macmillan, 1986), pp. 328-75.
5. H. Jerome Freiberg, "Recipe of Classroom Ideas," in *Professional Development Modules*, ed. W. R. Houston and S. White (Houston: University of Houston, College of Education, Professional Development Center, 1973).
6. D. Rabinowitz, *Bridging the Student Interest Gap Through Media Study* (Unpublished document, San Francisco, 1993).
7. J. T. Gatto, "Teacher of the Year Calls for Ferocious Debate on Education Aims and Methods" (Reprint of keynote address, Santa Cruz, Calif.: New Society Publishers, 1990).
8. I. C. Hills and Tanveer, "Kids Teaching Kids: It Works," *Educational Forum* 45 (1981): 425-532.
9. D. Berliner and U. Casanova, "Peer Tutoring: A New Look at a Popular Practice," *Instructor* 97, no. 5 (1988): 14-15.
10. W. Shofstall, *Training High School Facilitators of Learning* (Unpublished manuscript, Arizona State University, 1966).
11. T. Graves and Nancy Graves, "Recent Research in Cooperative Learning," *International Association for the Study of Cooperative in Education* 9 (1988): 2-23.
12. J. M. Moskowitz et al., "Evaluation of a Cooperative Learning Strategy," *American Educational Research Journal* 20 (1983): 687-96.

제 11 장

교육의 정치

인본주의 교사는 자기가 전통적인 학교에 맞지 않는다는 것을 종종 발견한다. 인본주의적인 교사는 전통적인 조직 속에서 이방인이 된 것 같은 느낌을 가진다. 학습과정에 접근하는 아주 다른 두 가지 방법이 있기 때문에 그것은 놀랄 일이 아니다. 이 점을 좀 더 자세히 살펴보고자 한다.

전통적인 교육과 인간중심 교육은 수직선상의 양극으로 생각할 수 있다. 모든 교육적 노력, 교사, 교육기관들이 이 척도 위에 적절한 위치를 정할 수 있다. 당신은 당신 학교와 교육기관의 위치는 물론 당신 자신의 위치를 이 수직선상에서 점찍어 보고 싶을 것이다.

전통적인 모형

다음에 나오는 것은 이 나라에서 오랫동안 알려진 학생들과 교사들이 경험한 전통적인 교육의 주요 특징들이라고 내가 믿는 것이다.

- 교사는 지식의 소유자요, 학생은 그 수령인으로 기대된다. 교사는 그 분야의 전문가이다. 학생은 지혜의 말씀을 기다리며 연필과 노트를 가지고 앉아 있다. 학생과 교사는 지위수준에서 큰 차이가 있다.
- 강의, 교과서 혹은 구두로 하는 지적인 교수방법들은 학생들이 지식을 얻게 되는 주요 수단이다. 시험은 학생이 받아들인 지식의 정도를 측정한다. 이런 것들이 전통적인 교육의 중심요소들이다. 왜 강의가 가르침의 주요 수단으로 간주되는지 그것은 수수께끼이다. 책이 발행되기 전에는 그것이 일리가 있었다. 그러나 오늘날에 와서는 그 근거가 설명될 수가 없다. 시험에 대한 점진적인 강조 또한 이해할 수가 없다. 이 나라에서 시험의 중요성은 확실히 지난 20년 동안에 엄청나게 증가했다. 시험은 교육의 가장 중요한 측면으로 간주되고, 다른 모든 것이 지향하는 목표가 되어 버렸다.
- 교사는 권위의 소유자요, 학생은 복종하는 자이다. 교육행정가 역시 권위의 소유자이고, 교사와 학생들은 복종하는 사람들이다. 통제는 항상 아래로 향한다.
- 권위에 의한 지배는 교실에서 수용되는 정책이다. 초등학교 신임교사들은 "첫날부터 학생들을 다 잡아야 한다는 것을 명심하시오."라는 충고를 자주 듣는다. 이 통제의 단호함을 표시해 주는 다른 명언은 "크리스마스 전에는 아이들을 보고 웃지 마시오." 이다. 권위 있는 인물이나 교사는 이런 교육의 중심이 된다. 지식의 샘으로 크게 존경을 받거나 독재자로 경멸을 받거나 간에 교사는 항상 중심이다.
- 신뢰는 극히 제한되어 있다. 가장 특기할 것은 학생에 대한 교사의 불신이다. 학생은 교사의 끊임없는 감독 없이는 만족스럽게 공부할 것으로 기대되지 않는다. 교사에 대한 학생들의 불신은, 예컨대 교사의 동기, 정직성, 공평성, 능력에 대한 불신은 훨씬 더 확산되어 있다. 즐겁게 해 주는 교사와 즐거워하는 학생들 사이에 진정한 친근감이 있을 수도 있다. 교사에 대한 존경심이 있을 수 있으나 상호신뢰가 주목할 만한 요인은 아니다.
- 학생들은 가끔 가다 아니면 항상 공포상태 속에 가두어 놓아야 잘 다스려진다. 오늘날 체벌은 그리 많지 않지만 공공연한 비난, 비웃음 그리고 끊임없는 실패의 두려움이 더 많은 영향을 미친다. 내 경험으로는 이 공포상태는 상급학교로 올라갈수록 학생들이 실패할 가능성이 많아지기 때문에 증가하는 것 같다. 초등학교 어린이는 꾸중의 대상이거나 바보 취급을 받을 수 있다. 고등학교에서는 거기에다 직업적, 경제적, 교육적 불이익과 함께 졸업하지 못할지도 모른다는 두려움이 더해진다. 대학에서는

이 모든 결과가 확대되고 강화된다. 대학원에서는 한 교수의 후원이 독재적인 변덕 때문에 극단적인 처벌의 기회를 훨씬 증가시킨다. 많은 대학원생들이 자기 지도교수의 희망사항에 순응하기를 거부했기 때문에 학위를 받지 못하였다. 대학원생들의 위치는 군주가 가진 생사여탈권에 매여 있는 노예와 같은 데가 종종 있다.

- **민주주의와 그 가치들은 실제로는 무시되거나 멸시당한다.** 학생들은 목표, 교육과정 혹은 공부방법의 선택과정에 참여하지 않는다. 그런 것들은 학생들을 위해서 결정해 놓는다. 학생들은 교육정책의 어떤 발언권이나 교사임용의 선택권이 없다. 마찬가지로 교사들은 그들의 행정가 선정에 선택권이 거의 없다. 그들도 역시 교육정책 수립에 참여하지 못한다. 이 모든 것이 민주주의의 장점, 자유세계의 중요성과 같은 것을 가르치는 일과는 극적인 대조가 된다. 학교의 정치적 실습은 가르친 것과 아주 판이하게 실행된다. 자유와 책임감이 우리 민주주의의 영예로운 특징이라고 가르치면서 학생들은 무기력하고, 자유가 거의 없고, 책임을 지거나 선택해 볼 기회가 거의 없음을 체험한다.
- **교육기관에는 전인이 설 땅은 없고 오직 지성만이 자리한다.** 초등학교에서 정상적인 아동의 분출하는 호기심과 과도한 육체적 정력은 억제되거나 가능하면 짓밟아 버린다. 중등학교에서는 모든 학생들의 지배적인 관심사는 성이고, 이성 간의 정서적 · 육체적 관계이다. 교사들은 이 관심을 거의 무시하고 그것을 중요한 학습영역으로 보지 않는다. 중등학교에서는 정서문제를 다룰 여지가 없다. 대학은 더 극심해서 오직 합리적인 사람만 환영받는다.

전통적인 교육의 정치

전통적인 교육의 정치를 논할 때 '가족 정치', '심리요법의 정치' 혹은 '성의 정치'에서처럼 나는 'politics'라는 용어를 사회학적 의미로 사용한다. 그런 뜻에서 정치는 통제와 선택하는 일과 관련이 있다. 그것은 통제와 선택기능을 수행하는 책략과 전술에 관계가 있다. 간단히 말해서 정치는 권한과 의사결정권을 얻거나 사용하거나, 그것을 포기하거나 함께 사용하는 과정이다. 정치란 권한과 의사결정권이 개인과 개인, 개인과 집단, 집단과 집단관계에서 작용하는 효과 및 복잡한 상호작용의 과정이다.

이런 관점에서 볼 때 전통적인 교육의 정치는 너무나도 분명하다. 결정은 윗사람들이다 한다. 상위권한이 중요한 개념이다. 이 권한을 유지하고 행사하는 전술은 ① 학점 및 직업적 기회로 보상하거나, ② 성적불량, 졸업실패 및 공개적인 모욕과 같은 벌주고 두려움을 조장하는 방법의 사용이다.

그것은 교육의 '주전자와 찻잔' 이론의 정치인데, 교사는 지성적이고 사실적인 지식을 소유한 주전자이고, 학생으로 하여금 수동적인 찻잔이 되어 지식을 받는 수령인이 되게 한다는 것이다.

이런 전통적 교육개념이 우리 주변에서 실천되고 있는 것을 볼 수 있다. 그것은 최선의 방법으로 공공연히 옹호될 뿐만 아니라 필수불가결한 방법으로 단순하게 받아들인다. 그러나 그것은 가끔 캘리포니아대학교 부총장 제이 마이클(Jay Michael) 박사의 경우처럼 대변인을 요구하기도 한다. 마이클은 의회에 제출된 두 가지 추천안을 강력하게 반대했다. 한 가지 안은 교육혁신을 위해 약간의 예산액을 할당하자는 것이었다. 이 제안을 그는 절대로 수용할 수 없었다. 다른 안은 교육이 정의적, 인지적 학습을 모두 포함해야 한다는 것이었다.

이것에 관하여 마이클은 "인간의 감정과 분리되어 따로 존재하는 지식이 있고, 지식의 축적은 인지적이다. 그 지식은 전승이 가능하여 가르치고 배울 수 있다"고 말하였다. 정의의 학습을 포함시키면 인지적 학습의 중요성이 '학자들에게 용납될 수 없는 수준까지' 떨어질까 그는 두려워했다.[1] 주전자와 찻잔 이론의 정치를 그는 분명히 지지하고 있었다. 교사들은 학생에게 전승되어야 할 것이 무엇인지를 가장 잘 안다는 것이다.

인간중심 모형

인간중심 접근법은 그 수직선 척도의 정반대 끝에 위치한다. 인간중심 접근법은 그 철학, 방법 및 정치에서 판이하게 차이가 난다. 현재 우리의 교육풍토에서 한 가지 전제가 주어지지 않으면 인간중심 접근법은 존재할 수가 없다.

이 전제조건이 존재한다면 다음에 나열한 다른 특징들을 유치원부터 대학원에 이르기까지 어느 수준에서도 경험하거나 관찰할 수 있다.

> 그 전제조건은 이런 것이다. 그 상황에서 권위자로 지각되는 지도자나 사람이 자신감이 있고, 대인관계에서 아주 편안하면 그는 스스로 자주적으로 생각하고 학습할 수 있는

인간의 능력에 근본적인 신뢰를 느끼게 된다. 그는 인간을 신뢰할 만한 유기체로 존중한다. 이 전제조건이 존재한다면 다음과 같은 특성들이 나타나기가 쉽다.

- 촉진적인 지도자는 파급효과를 가진다. 다른 사람을 촉진하는 지도자는 그들 스스로가 촉진되어 있다. 의사결정을 함께하면 관련된 모든 사람들이 지지하고 지지를 받게 되면서 그 결정에 새로운 힘과 무게가 실린다. 많은 행정가들은 의사결정과정에서 외롭게 된다. 소속감은 학습과정에 대한 책임을 공유하게 만든다. 학생들을 위한 최적의 학습분위기를 만드는 과정에서 학교 안의 모든 성인들이 서로 지지하지 않고서는 긍정적인 학습분위기를 상상할 수가 없다.
- 교사는 학생들, 그리고 가능하면 학부모 혹은 지역사회 인사들과 배우는 과정에 대해 공동책임을 진다. 교육과정 계획, 행정 및 운영방식, 재정, 정책결정 등은 관련된 집단의 공동책임이다. 그래서 반 학생들은 그 반의 교과과정에 책임을 질 수 있고, 전반적인 정책은 그 집단 전체가 책임지게 될 것이다.
- 촉진자는 자기 자신과 자신의 경험, 혹은 책이나 지역사회 경험에서 학습하는 데 필요한 자원을 제공한다. 촉진자는 학생들이 가지고 있는 자료나 그들의 경험에서 학습자원을 보태도록 권장한다. 그는 그 집단경험 이외의 자원도 소개한다.
- 학생은 자신의 학습계획을 혼자서 또는 다른 사람들과 공동으로 수립한다. 자신의 흥미를 탐색하고, 풍부한 자원을 이용해서 그 학생은 자신의 학습방향을 선택하고, 그 결과에 대해서는 책임을 진다. 그들은 촉진적인 학습분위기에서 공부한다. 교실에서나 학교 전체 모임에서 진실성, 아끼는 마음, 이해심 있는 경청의 분위기가 역력하다. 그런 분위기는 처음에는 지도자로 지각되는 사람에게서 나올 수 있다. 학습과정이 진행됨에 따라 학습자들이 점점 더 그런 분위기를 서로 제공하게 된다. 서로에게서 배우는 것이 책이나 영화, 경험에서 배우는 것만큼이나 중요해진다.
- 촉진자는 계속적인 학습과정의 조장에 주로 초점을 맞춘다. 초점은 학습의 계속적인 과정을 촉진하는 데 주로 둔다. 학습의 내용은 중요하긴 하지만 제2의 문제로 밀려난다. 그래서 한 과목은 '학생이 알아야 할 모든 것을 배웠을 때' 끝나는 것이 아니라 자기가 배우고 싶은 것을 배우는 방법을 학습하는 일에서 크게 발전이 있을 때 성공한 것이다.
- 학생이 목표를 달성하는 데 필요한 훈육은 자기수양이어서 학습자에 의해서 자기 자신의

책임으로 인정되고 수용된다. 자기수양이 타인의 훈육을 대신한다("인간중심 교실에도 규율이 있는가?"라는 질문에 초점을 둔 제12장을 참조하라).

- 학생은 자기 자신이 배운 것을 평가한다. 학습자가 자기가 배운 것의 중요성이나 학습 정도에 관한 평가를 하는 평가자이다. 이 자기평가는 그 집단의 다른 구성원들이나 촉진자의 배려 깊은 반응에 따라 영향을 받거나 풍성해질 수도 있다.
- 이와 같은 성장을 촉진하는 풍토에서의 학습은 전통적인 교실에서 습득한 학습보다 더 깊고, 더 빠른 속도로 진행되고, 학생의 행동이나 생활에 더 큰 파급적인 효과가 있다. 이런 결과는 학습방향을 학생 자신이 선택하고, 스스로 학습을 시작하고, 그리고 그 과정에 지성은 물론 감정과 열정을 가진 전인을 투신했기 때문에 나타난 것이다.

인간중심 교육의 정치

인간중심 교육의 정치적 의미를 고려해 보자. 누가 기본적인 권한과 통제권을 가지고 있는가? 그것은 학습자 혹은 촉진자이면서 학습자인 교사를 포함하는 집단으로서의 학습자들임이 분명하다. 누가 누구를 통제하려고 하는가? 학생은 자신의 학습절차와 삶에 대한 통제력을 얻는 과정에 있다. 촉진자인 교사는 남들에 대한 통제를 포기하고 자기 자신에 대한 통제권만을 가지고 있다.

권한과 관련해서 두 가지 전략을 생각해 볼 수 있다. 촉진자는 학생이 책임감 있는 통제력을 발휘할 수 있는 심리적 풍토를 마련해 준다. 촉진자는 또한 정적인 내용목표를 지양하고 학습이 일어나는 방식과 경험과 학습과정 그 자체에 강조점을 둔다.

의사결정 권한은 그 결정에 의해서 영향을 받을 개인이나 개인들의 손에 있다. 문제의 성격에 따라 학생 개인이나 학생들과 촉진자들의 집단이 결정할 수도 있고, 행정가, 학부모, 지방정부의 담당자들 혹은 지역사회위원들이 참여할 수도 있다. 어떤 특정 과목에서 배울 내용을 결정하는 일은 학생 개개인과 촉진자의 손에 달려 있다. 새로운 건물에 대한 신축 결정은 더 많은 사람들에게 영향을 주므로 그들이 모두 참여해서 다루어질 것이다.

각 사람은 감정, 사고, 행동 및 가치관의 표현을 자기수양을 통하여 조절하게 된다. 성장하고 배우는 사람은 이런 교육에서는 정치적으로 강력한 세력이 된다. 배우는 사람이 중심이다. 이런 학습과정은 전통적인 교육의 정치에서 볼 때는 백팔십도 전환을 의미한다.

인간중심 접근방법의 위협

인간중심의 학습방법이 가장 위협적인 것은 인간중심 접근법의 정치에 있음을 나는 서서히 깨달았다. 그런 접근법을 사용하고자 하는 교사는 자기의 권한과 통제권을 나누어 가져야 하는 두려운 국면에 직면하게 된다. 학생들이 신뢰할 만한지 그리고 변하는 과정이 신뢰할 만한지 여부를 누가 아는가? 우리는 단지 모험을 해 볼 수 있을 따름이다. 그런데 모험은 두렵다.

인간중심 교육은 학생들도 위협한다. 순응하고 불평하는 것이 책임을 지고 실수를 해 보고 그 결과에 따라 사는 것보다 훨씬 쉬운 일이다. 더군다나 학생들은 여러 해 동안 지시만 받아 왔기 때문에 해야 할 일을 결정해 주는 안도감을 계속 아쉬워한다. 바로 이번 주에도 교수 한 분이 결혼과 가족에 관한 과목에서 학습의 책임을 학생들과 공유하려 했던 경험을 나에게 들려주었다. 개인적으로 의미 있는 성장가능성이 큰 그런 과목에서조차도 초기 학생들의 반응은 주로 경계하는 것이었다. "우리는 어떻게 평가받게 되지요?" "시험은 몇 번이나 보나요?" "교과서는 얼마나 공부해야 되나요?" 분명히 책임지는 선택은 우리를 불안하게 한다는 것이 우리가 늘 깨닫지 못하는 사실이다. 고등학교에서 기하를 가르치는 친구교사는 문제풀이에서 점진적으로 연구과제로 옮겨 간 경험을 소개했다. 학생들은 문제풀이가 대학시험에 더 잘 대비하게 할 것이라고 불평했다. 그 교사는 학생들이 선택한 연구과제는 인생에 더 잘 대비하게 할 것이라고 응수했다.

행정가들이 느끼는 위협은 언급할 필요도 거의 없다. 만약에 전통적인 학교에 있는 한 교사가 교실에서 인간중심 학습과정을 아무 말이나 신호도 없이 시작한다면 그 교사는 전교에 위협이 된다는 사실을 나는 관찰해 왔다. 책임지는 자유와 공유하는 권한의 위력은 가히 혁명적인 힘이 있다고 인정되어, 할 수만 있으면 억압하려고 한다. 물론 전통적인 학교의 교사들은 민주적인 과정이나 책임 있는 자유에 반대한다고 말하지는 않는다. 그 위협에 대한 가장 흔한 반응은 "이상주의적인 그 생각은 꿈으로는 매우 훌륭하지만 실제로는 안 될 것이고 될 수도 없다"는 것이다.

이 진술은 인간중심 교육이 실용적이거나 효율적이지 못하다는 의미를 내포하고 있다. 그러나 이 책에 제시된 사실과 실례들은 정반대이다. 휴스턴 공연예술고등학교, 뉴올리언스 프리스쿨, 오파렐 지역학교, 에이미 식스, 밀비고등학교와 다른 학교 출신 학생들의 논평은 지난 20년 동안 학술 연구에 의하여 지지되었고, 제13장에 제시되어 있다. 교사나 행정가들이 인간중심 접근법을 학습 촉진 면에서 비능률적이고 불가능한 교육방식이라고 제쳐 놓던 시절은 지나갔다. 밝혀진 사실은 학습을 촉진하는 인간중심 접근법을 지지하고 있다.

증거의 정치적 함축성

연구된 '촉진적 조건' 은 교육기관의 권력관계에 중대한 변화를 일으킨다. 학생을 존중하고 아끼는 일, 학교에서의 경험이 학생에게 어떤 의미가 있는지 이해하는 것, 그리고 학생과의 관계에서 인간으로서 진실해지는 것은 학교가 전통적 · 권위주의적 입장에서 멀리 떠나야 한다는 것을 의미한다. 이들 조건은 학생을 자기 경험의 평가과정에서 책임 있는 중요한 존재로 훨씬 더 강조하면서 교실을 하나의 인간적인 상호작용의 장(場)으로 만든다. 그리고 학술연구는 이 인본주의적 정치가 인간적인 학습과 지적인 학습 둘 다, 즉 모든 종류의 건설적인 학습을 조장한다는 것을 증명한다. 더구나 그와 같은 인간적인 환경의 결핍은 그런 학습을 방해하고 정상적인 발전에 도움이 되지 않는다. 정확하게 측정이 가능하도록 규정된 인간적인 정치 아래서는 학생들은 그들 자신의 지각방법과 사회적 행동에서 향상이 있다. 앞에 나온 장에서 학교에 관한 그들의 생각을 표현한 학생들은 미래의 가능성을 반영한다.

전부가 아니더라도 많은 학생, 교사, 행정가들은 인간중심 환경에서 크게 성장할 수 있다. 이 모든 것은 교육에서 인간중심 접근법의 가치를 명쾌하게 확인해 준다.

전문직에 미치는 영향

하나의 전문직 전체가 보다 더 인본주의적인 인간중심 접근법을 향해서 옮겨 갈 수 있을까? 우리가 그런 시도를 해 볼 생각이 분명하다면, 그 전략은 전문가를 양성하는 과정에서 관련된 사람들에게 인간중심의 경험을 제공하는 일이 될 것이다. 우리는 제10장에서 교사양성기관별로 차이가 있음을 알았다. 그러나 한 전문직 전체 — 의학계 — 를 포함하는 흥미 있는 시도의 실례가 하나 있다. 그 이야기는 우리가 배울 바가 많은 예이다.

10여 년 전에 남편이 죽기 전까지 의사였던 우리 회원 중의 한 사람인 오리엔 스트로드-멀로니(Orienne Strode-Maloney)는 의사들이 인간관계에서 보다 더 인간적이 되도록 돕는 계획에 착수하였다. 그는 존스홉킨스대학교 의과대학 학장과 나를 포함한 몇 사람으로부터 지지와 격려를 받았다. 하나의 교육계획이 개발되었는데, 그것은 젊은 의사들의 태도에 가장 책임이 큰 의과대학 교수들을 목표로 하였다.

의과대학 교육의 인간적 측면에 관한 4일간의 워크숍이 1972년 6월에 처음으로 열렸다. 우리는 고위직 의사들이 의사가 아닌 사람들에 의해서 수행된 교육프로그램에 참석하지 않을까 염려했었다. 그런데 많은 학과장 및 의과대학 학장을 포함해서 50명 이상이 참석하였다. 알고 보니 참석자들은 그 경험의 유용성에 대해서는 대체로 미심쩍어했다. 소수에게는 그 프로그램은 별로 유익한 것이 아니었다. 그러나 대부분의 사람들이 개인적인, 그리고 전문적인 것을 많이 새로 배워서 워크숍을 떠났다. 수련의들의 견해도 표본으로 보여 주기 위하여 우리는 의과대학 학생과 인턴들도 몇 명 포함시켰다. 그것은 매우 현명한 조치였음이 증명되었다. 그 프로그램의 임원들은 이번 워크숍과 그 뒤에 계속된 회의에 참석한 사람들이, 어떻게 하면 기관에 변화가 오게 할 것인가에 관한 회의보다, 지극히 인간적이고 집중적인 소집단 경험에서 그들이 필요한 것을 더 많이 얻었다고 말한 데 대해서 놀랐다. 결과적으로 소집단 경험이 그 회의의 초점이 되고 말았다.

그 참석자들이 무엇을 얻었을까? 내 생각에는 몇몇 참석자들이 설문지 응답과 편지를 통해서 직접 말하게 하는 것이 제일 좋을 것 같다.

교수진 반응 : '가르치는 것' 이 더 즐거워졌다. '남들을 따라가기 위해', '남들보다 앞서 가려고', '남들만큼은 해야겠다' 는 광적이고 비현실적인 충동을 느끼지 않게 되었다. 최근의 논문들을 다 읽지 못해도 죄책감을 느끼지 않는다. 학생들, 교수들 그리고 직원들한테 훨씬 더 인간적으로 대한다.

의과대학장 반응 : 그 경험을 한 후 요즘 나는 집에서 더 따듯한 관계, 이해하는, 동료들을 더 잘 알고 싶은 충동, 다른 사람들과 관계할 수 있는 능력을 여전히 얻어 가고 있다. 정말로 효과가 있다. 나는 전에는 경험한 적이 없는 나의 동료들과의 친밀감을 느낀다.

교수 반응 : 학생들을 인간으로 지각하는 데 크게 이바지했다.

의과대학 3학년생의 반응 : 그곳에서의 경험은 이날까지 나의 의대교육 중에 가장 의미 있고 값진 부분이었다. 의학계 사람들과의 진실하고 역동적인 상호작용의 경험은 의사가 되는 전 과정을 통하여 나에게 영향을 주었다.

외과 과장의 반응 : 간단히 말하자면 나는 많이 배웠다. 의학이나 약학교육은 이런 모임에서 얻을 수 있는 것을 절실히 필요로 한다. 돌아오는 비행기에서 우리가 개발할 외과 인턴과정과 레지던트 프로그램에 인간관계훈련을 필수로 넣을 결심을 했다.

많은 반응들이 더 자유로운 대화와 더 많은 권한의 분배를 지적하고 있음을 유의하자.

그때부터 그 프로그램은 매우 급성장하였다. 이와 같은 4일간의 회의가 이제 천 명 이상의 참석자를 배출하였다. 거의 모든 미국의 의과대학이 참여해 왔고 외국 대학의 인사들도 참석하기 시작한다. 참석자들 중에는 돌아가서 그들이 좀 더 효율적인 사람이 되고 싶어서 좀 더 집중적인 집단촉진 훈련을 희망하는 사람이 있었다. 그 결과로 9박 10일 일정의 회의가 열렸다. 촉진자가 되기 위한 가장 좋은 훈련은 집단 속에서 자기 자신이 되는 법을 배우는 경험이지만, 그 회의에서는 좀 더 인지적인 자료도 제공되었다. 같은 학과나 의과대학에 있는 다른 사람들도 참석했으면 하는 반응이 자주 나타났다. 그래서 한 팀의 참석도 권장했다. 여러 의과대학에서는 5~15명의 교수들이 참석하기도 하였다. 그들은 자기 학교에 돌아가서 서로 돕는 집단을 구성한다.

가장 중요한 것은 의과대학 안에서 유사한 모임을 개최해 달라는 많은 요청이었다. 여기에 외과 과장의 예를 소개한다.

저는 당신의 회원들과 4개 의과대학이 좀 더 인본주의적인 방법으로 의학의 가르침과 실천을 꾀하고 전인적인 의사양성을 목표로 하는 특별프로그램을 협력사업으로 추진하는 데 관심이 있습니다.

많은 의과대학들은 그들 상황에 맞는 좀 다른 형태를 채택했지만 이와 같은 인본주의적인 프로그램을 시행하고 있다. 그 프로그램들은 효율적인 인간관계의 경험과 훈련을 받은 의사를 배출하자는 공동목표를 가지고 있다.

이들 의과대학 중 한 곳에는 초기 워크숍에 자기 자신이 참석했던 학장이 강력하게 후원하는 독특한 선구자적인 프로그램이 있다. 이 학교는 집중적인 집단경험을 포함한 4일간의 회의를 개최했는데, 그것은 신입생 전원, 그 학생들을 가르칠 30명의 교수 및 학적과 직원, 비서 그리고 도서관 직원들을 위한 것이었다. 그 집중적인 집단의 촉진자들은 우리가 개최했던 9박 10일 프로그램에 참석했던 그 지역에 있는 다른 의과대학 의사들이었다. 교수, 학생 그리고 직원들 사이에 깊은 차원의 대화가 이루어졌다. 당신은 90명의 신입생과 그 배우자들이 교수들과 친구처럼 서로의 이름을 부르며 동등한 인간으로 자기들의 희망, 꿈, 불안, 근심, 걱정을 이야기하며, 수업시간의 역할로서가 아니라 인간으로 상호작용하는 상황을 상상할 수 있는가? 그 사태는 전문가교육에 하나의 혁명을 이룩한 것이다. 모든 직급에서 나온 귀환반응이 열성적이었다. 그 학생들과 교수들은 졸업할 때까지 6개월마다 2일간의 교외모임을 가지기로 하였다. 또 하나의 혁명이다!

이 모든 의과대학의 인간화교육 프로그램은 많은 학교에서 교육과정에 극적인 변화를 가져왔다. 그것은 인간적인 학습과정 촉진에 효율적이라고 기술된 바로 그 태도를 교수와 학생들에게 심어 주고 있다. 그것은 유능하면서 인간적인 의사 배출을 위한 인간중심의 환경을 조장하고 있다.

결론

의과대학에서는 이런 프로그램이 급격하게 성장하고 있는데 교육대학이나 사범대학에는, 내가 알고 있는 한, 비교할 만한 프로그램도 없고 그런 욕망도 없는 까닭이 무엇인지 스스로 물어본다. 나는 몇 가지 답이 있다고 생각한다. 첫째로 의사들은 새로운 지식과 치료법이 개발되면 그들의 관행을 바꾸는 데 익숙해 있다. 의사는 가장 새로운, 질병의 가장 효율적인 치료법을 배우려고 노력하고 그렇게 하면 보상을 받는다. 그런데 교사양성기관에서는 새로운 방법을 시도하는 데 대한 보상이 별로 없다. 다른 요인은 의사는 계속적으로 피드백에 노출되고 실수로부터 배우는 데 익숙하다. 환자의 사망으로 인한 부검과 동료들의 검토는 진단에서 심각한 실수가 있었는지 혹은 치료방법의 선택 혹은 죽음이 피할 수 없는 것이었는지에 대하여 의사에게 말해 준다. 새로운 약물로 인하여 환자가 부작용을 나타내면 의사는 새로운 학습의 필요성에 직면한다. 의사가 개방적으로 변하는 것은 그에게 재정적, 정치적으로 유익하다. 그러나 교육에서는 장기간의 귀환반응이 매우 드물다. 교육자는 자기가 피해를 준 학생이나 호기심을 억압한 행동에서 거의 깨닫고 배우는 것이 없다. 같은 측면에서 교사 교육자들은 그들의 성공을 눈으로 보기가 어렵다. 교사 교육에 생동감을 불어넣어 줄 귀환반응은 정치적으로 너무 위협적이다.

나의 결론은 인간중심 접근법이 커다란 교사양성기관에서 중요한 역할을 하기 전에 진보적인 학교, 개방대학 그리고 의과대학과 같은 특별한 상황에서 강한 뿌리를 내리는 것을 우리가 볼 수 있게 되리라는 것이다. 주 정부에 의해서 경직된 권력구조는 결과적으로 인간중심적인 변화에 더 큰 장애가 되고 있다.

사범대학만 변화에 저항하는 것은 아니다. 최근에 도시학교의 '효율적인 경영' 에 관한 회의에서 어느 고등학교 교사가 일어나서 선언하였다. "나는 학생들이 우리에게 오게 하지 말고 학생들과 함께 앉도록 지시받은 대안 자격증 프로그램을 거쳤다. 당신은 학생들을 인간으로 대하라. 크리스마스 이전에 미소를 지어도 좋고, 교실에서 진정한 인간으로 돌아가도 좋다고 말하는 유일한 사람이다." 같은 학교에서 온 두 번째 교사는 회의가 끝난 후에 찾아와서 앞서 발언한 교사는 위대한 사람이고, 학생들이 항상 그의 관심의 중심이라고 설명해 주었다.

도전과 가능성은 아직도 남아 있다. 의사양성에 진정한 영향을 주기 시작한 것처럼, 더 인간적이고 효율적인 학습분위기를 교실에 가져올 목적으로 교사양성에서도 새로운 발걸음을 내디딜 수 있을 것이다. 촉진자가 되는 것은 당신이 다른 사람들과 경험을 공유하려고 할 때 더 보람 있고, 힘도 생길 것이다. 이 여정에서 혼자일 필요는 없다. 인간중심 교육의 정치는 당신이 그들의 촉진자가 되는 것처럼 당신이 촉진자가 되는 과정을 조력해 주는 친구와 동료를 만들게 한다. 이 책의 끝부분에 나오는 '변화의 자원 : 학습 공동체' 에 가 보면 당신의 학습 동료가 될 수 있는 사람들을 포함한 풍부한 자원을 제공한다. 우리는 교육자로서 그 발걸음을 내딛기를 희망하는가, 아니면 전통적인 교육의 정치가 우리를 방해하도록 내버려 둘 것인가?

참고문헌

1. As reported in the *Los Angeles Times*, 3 December 1974.

제 12 장

인간중심 교실에도 규율이 있는가?

좋은 질문인데 인간중심 학습을 경험해 보지 못한 교사, 부모, 행정가들이 주로 묻는 질문이다. 물론 인간중심 학습환경에도 규율이 있다. 그것은 자기조절이다.

인생의 큰 맥락에서 보면, 자기조절은 자기 자신에 대한 지식과 인간으로서 성장 발달하는 데 필요한 행동을 의미한다. 대부분의 교사들의 목표는 자기조절을 격려하는 것인데 선택한 목표달성의 방법이 잘못되어 있다. 교사들이 가르치기 위해서 학생들의 협력을 구하지만 학습과정에 정말로 개입하도록 허락하지는 않는다. 교사들은 학생들의 학습을 위한 필요조건과 관계없이 질서를 위한 요구사항만을 강조한다는 것을 발견하게 된다. 통상 규율은 필요에 의해서 만들어지는 것이 아니라 일방적으로 명령하는 것이다. 자기조절의 계발과 강제하는 규율 사이의 차이는 전통적인 교실과 인간중심 학습환경 사이의 균형점이다.

자기조절은 많은 복합적인 경험을 포함하고 시간에 걸쳐서 형성된다. 모든 학생들의 자기조절로 안내할 한 가지 방법, 모델, 혹은 프로그램은 따로 없다. 자기조절은 실수를 포함한 자기 자신의 경험에서 배울 기회와 반성할 기회를 허용하는 학습환경을 필요로 한다. 그렇다면 자기조절은 어떤 것이며 어떻게 습득되는가? 아마도 그것을 묘사하는 가장 좋은 방법은 학교와 교실에서 발생한 짤막한 일화들을 통해서 소개하는 것이다.

교실 수업의 예

자기지도적인 능동적 학습

능동적인 2학년 교실의 아동들은 교실 안의 네 군데 학습센터에서 나누어 공부하고 있다. 글쓰기 센터에서는 4명의 아동이 그날 아침에 본 나비에 대하여 글을 쓰고 있다. 글쓰기 센터에는 동시에 4명밖에는 앉을 수가 없는데 다른 2명이 더 들어오고 싶어 한다. 그 두 아동은 글쓰기 센터 가까이에 붙어 있는 칠판을 쳐다보고 모든 자리가 찼다는 것을 알게 되었다. 시간표를 보니까 글쓰기 센터의 두 아동이 10분 후에 마감시간이 된다는 것을 알게 된다. 대기 중인 두 아동은 그들의 자리를 예약하기 위해서 작은 칠판에다 그들의 이름을 적어 놓는다. 그러고 나서 그들은 독서용 책꽂이로 가서 전날에 시작했던 책 읽기를 계속한다.

선택, 자기 시간 조절, 목표설정과 우선순위, 그리고 질서의식의 유지가 자기조절의 한 부분이다. 아주 어린 아이들도 선택의 자유와 구조가 있는 환경에서 무럭무럭 자랄 수 있다. 공간, 자료, 시간의 한계는 어떤 형태로든 조직을 필요로 한다. 그 조직은 흔히 소수의 학생 혹은 교사에게만 도움을 주지 둘 다에게 이롭지는 않다. 앞선 예에서는 그 조직이 글쓰기 센터의 학생들 사이의 갈등을 피하고 좋은 선택을 할 수 있게 했다. 이 반의 아동들은 돌아다닐 자유와 그날 배우고 싶은 것을 선택할 자유, 다른 아이들과 상호작용할 자유가 있었다. 교사는 구조를 제공하지만 아동들은 그 구조 안에서 선택의 자유가 있었다.

돕는 나무

4살과 5살을 위한 학교에서 어린이들이 종이로 오려 만든 나무가 붙어 있는 칠판으로 걸어간다. 나무 위에는 어린이들의 이름이 적힌 나뭇잎들이 있다. 어린이들은 왜 그들 자신의 이름을 나무에 붙여 놓았을까? 그렇게 한 것은 그들이 아니다. 그것은 그 주간에 어떤 방식으로든 그들을 도와준 어린이의 이름을 붙인 것이다. 나무 위에 있는 이름은 어린이, 교사, 그리고 학교 안의 다른 사람들이 붙인 것이다. 부모나 자녀들은 가정에서 도와준 행동을 알아 주기 위해 이름을 붙일 수도 있다. 그 어린이의 선행은 간단한 말 혹은 그림으로 나뭇잎 뒤에 묘사된다. 나뭇잎의 수는 계산하지 않지만, 교사는 매월 나뭇잎들을 떼어서 상자 안에 넣는다. 그러면 그 나무는 다시 새로운 잎을 달 준비가 된다. 교사와 어린이들은 나무가 잎으로 가득 차서 보관할 준비가 될 때 모두 환성을 지른다. 매월 말에는 모든 잎들을 책상 위에 올려놓아 누구든지 다른 사람에게 얼마나 도움을 주었는지 알 수 있게 한다.

남을 배려하고 도와주는 것은 자기조절의 한 부분이다. 자상하고 협력적인 분위기에서는 '돕는 나무' 가 서로에게 배려하는 중요한 학습이 될 수 있지만, 경쟁적인 분위기에서는 '돕는 나무' 는 누가 제일 많은 나뭇잎을 얻게 되는지 경쟁할 수 있다. 사례 속의 교사는 반 어린이들의 공동노력을 강조함으로써 함정을 피하려고 했다.

자기조절을 훈련할 때 중요한 것은 '돕는 나무' 가 아니라 그 뒤에 숨어 있는 철학이다. 인간중심 철학이 없는 인간중심 활동은 진정한 자기조절 훈련에 해로울 수 있다. 이것이 요체인데, 많은 사람들이 오해하기 쉬운 것이다. 남들 배려나 돕기보다 나뭇잎 획득에 주력하는 것은 회피해야 할, 잘못 인도된 목표이다.

교실의 정관

개학 첫날 8학년 학생들이 금년에 모두 알아야 할 필요가 있는 학급 규정을 토론하기 위해 원으로 둘러앉았다. 모든 학생들이 사인할 학급의 정관을 만들기로 결정한다. 교사는 규정은 긍정적으로 진술할 필요가 있고 자기 자신을 포함해서 모두 다 사인할 것을 제안함으로써 기준을 제시한다. 학생들은 "우리 213호실 사람들은 보다 더 완벽한 학습환경을 조성하기 위해, 다음의 권리와 책임을 질 것에 동의한다"고 서문을 시작한다.

교사는 그의 여섯 반 수업에서 똑같은 과정을 밟는다. 교실 벽 공간의 한계 때문에 여섯 규정 모두 괘도에 기록한다. 각 반에서 한 학생이 매일 자기 반 정관을 자진해서 넘겨 놓는다.

한 학기가 지난 후에 4교시 수업 학생들이 더 이상 필요없는 부분[지각]을 삭제하고 새로 문제가 되는 것[상대방에 귀 기울이기]을 첨가하기 위해 개정할 것을 결정한다. 교사는 학급 행동의 틀을 짜는 과정에 학생들을 참여시키자 그들이 자신의 행동에 더 책임을 진다는 것을 목격한다.

하나의 사회구조가 우리 민주사회의 근간인 사회계약과 다르지 않게 교실에서 창조된다. 규율에서 행동주의적 접근은 교실에서 민주주의 원칙을 사용하는 학생들이 경험하는 잠재적 성장을 무시한다. 그 대신에 계급제도나 권위주의적 모델은 모든 것이 위에서 내려온다. 예를 들면 정관이 개학 전에 교실에 나붙어 있다. 그러나 많은 교사들은 학생들이 이런 과정에서는 마지못해 참여한다는 것을 발견한다. 학교조직이 수직 계급으로 운영될 때는 계층에 있는 사람마다 그다음 단계에다 명령을 전한다. 파급효과는 교실에서 끝나는데 교사와 학생들은 그들에게 직접 영향을 미치는 결정에 거의 영향력이 없다. 만약 학교가 교사들을 배려하는 방식으로 운영하지 않으면, 교사들은 학생들을 배려할 육체적 · 정서적 에너지를 발견하기가 더 어려워진다.

99%의 참여자들이 배제된 교실에서 협력적인 사회구조를 형성하려는 것은 인간관계 형성에 대하여 우리가 아는 것과 정반대이다. 학생들은 그런 규정은 당신들의 것이지 우리 것이 아니라고 보기 시작한다. 앞의 교실 사례가 보여 주듯이 저마다 필요로 하는 교실형태를 위해 이해의 협정을 맺을 수 있는 합리적인 방법이 있다.

교실에서 대화의 기회

고메즈 선생님 반 6학년 아동들은 매일 아침 일기를 쓰고 책을 읽거나 녹음기에 그들의 생각을 녹음한다. 교사는 만약에 그 페이지가 열려 있으면 일기를 읽어도 된다. 접혀 있는 페이지는 아동의 글이 비밀이라는 뜻이다. 녹음테이프도 마찬가지이다. 이와 같은 아침 활동 외에도 아동들은 잘되고 있는 것과 학급의 관심사와 해결할 것에 대하여 대화할 정규 학급 회의가 있다. 아동들이 원으로 둘러앉으면 교사를 포함해서 누구든지 토론할 주제를 내놓을 수 있다. 고메즈 선생님은 일기 시간과 학급회의가 아동들 상호 간에 그리고 교사와 연결하도록 도움을 준다는 것을 안다. 지난해 경험한 많은 문제들, 즉 서로 무시하기, 싸우기, 별명 부르기 등이 거의 사라졌다.

남에게 그리고 자신에게 경청하는 것이 자기조절을 습득하는 한 가지 방법이다. 아동들은 그들의 연필과 책만 학교에 가져오는 것이 아니다. 점점 더 그들은 아이중심이 아닌 세계에서 외상, 학대, 갈등 및 분노 등을 가져온다. 아동들은 열대림에 대하여 배울 수 있기 전에 그들 자신에 대해서도 배워야만 한다. 말하기, 듣기에 사용한 시간과 생산적인 표현 수단을 제공하는 것은 유익한 시간이다.

화해자로서의 학생

2명의 도심 중학교 학생이 교정에서 싸우려고 맞섰다. 주위에 학생들이 둘러섰다. 흥분과 긴장의 분위기였다. 보통 상황은 싸움이 시작되도록 군중이 응원의 소리를 지른다. 그러나 이번에는 군중 속에 있던 중재자라고 알려진 2명의 학생이 싸우려는 학생들에게 말을 시작했다. "잠깐만, 싸움이 문제를 해결하지는 않아!"라고 한 학생이 말한다. "너희도 그 정도는 알잖아."라고 다른 학생이 말한다. 잠시 중재자가 하는 화해의 말에 경청하더니 싸우려던 학생들은 그들의 손을 내리고 4명이서 토론을 시작한다. 구경꾼들 숫자는 줄어들고 그 사태를 해결하려던 두 학생은 여전히 남아 있다. 잠시 후에 갈등은 해소되었고, 4명은 교실로 향한다.

구경꾼들 속에 있던 2명의 중학생은 중재자 훈련을 받았고, 자신들의 안전을 잃지 않으면서 갈등이나 잠정적 폭력사태를 해결하는 법을 배우고 있었다. 그들은 중재에 대하여 다음과 같이 말한다.

"누구도 체면을 손상받지 않는다."라고 한 학생이 말한다. "만약 둘이서 어려운 문제가 있으면 그 문제를 해결하도록 도와줄게. 우리 모여서 해결점을 찾자. 그건 회의하는 것과 같아." 그 회의는 매주 전체 학생이 모여서 문제를 해결하고 쟁점을 토론한다. "동료 학생은 교사들보다 싸우는 학생에게 더 가깝게 다가설 수도 있다"고 두 번째 학생이 말한다.

"중재가 항상 성공하는가?"라고 내가 물었다.

그들은 "항상 성공하지는 않지만 종종 도움이 된다"고 답한다.

화해는 자기조절의 중요한 요소이다. 매일 대중매체가 우리 사회의 폭력을 생산하는 수준을 생각하면 화해자들의 필요성은 매우 중요하다. 학생들은 화해의 특별한 모델을 볼 필요가 있고, 폭력의 대안을 찾는 장점을 경험해야 한다. 서로 다른 태도, 가치관, 신념을 가진 사람들이 모이면 늘 갈등이 생길 수 있다. 그러나 갈등은 적대감으로 인도하기보다 더 큰 이해로 통할 수도 있다.

학생 중재자들은 몇 가지 중요한 교훈을 얻는다. 첫째, 그들은 학습분위기에 긍정적인 영향을 미칠 수 있다. 둘째, 본인들이 학생인 까닭에 학생들의 갈등을 중재하는 데 부가적인 장점을 가지고 있다. 셋째, 자기조절은 남들의 갈등을 해결하도록 돕는 데서 얻어진다는 것을 이해하기 시작한다.

촉진자로서의 학생

대리교사 관리자

2학년 담당 존슨 선생님이 감기로 출근을 못해서 대리교사가 오늘 수업을 할 예정이다. 다음은 수업시작 5분이 지나서부터 벌어진 일이다.

"여러분 안녕? 나는 데이비스 선생님인데, 며칠 동안 여러분을 가르치게 되었어." 한 어린이가 손을 들자 지명을 한다.

"데이비스 선생님, 저는 대리교사 관리자인데 존슨 선생님이 그려 준 대리선생님이 앉을 자리와 우리 반 수업 진행방법에 관하여 묘사한 것을 주셨습니다. 그리고 저는 오늘 사라, 라니타, 세드릭, 호세와 함께 행정실에 보낼 서류와 종이를 나누어 주고 걷는 일을 돌볼 선생님 조교입니다. 선생님이 도움이 필요하시다면 교실에서 도와줄 책임이 있는 다른 어린이들 명단도 벽에 붙어 있습니다." 다른 많은 교실에서 선생님의 도우미는 선택된 소수가 되는 것과는 달리, 존슨 선생님 반의 관리자 자리는 모든 학생들에게 열려 있다.[1]

수업이 끝난 후 데이비스 교사는 존슨 선생님에게 반 어린이들이 모범적으로 행동한 데 대하여 긴 편지를 써 보냈다. 그는 어린아이들이 그런 책임을 질 수 있다는 것을 미처 깨닫지 못했었다는 설명을 하고, 다시 기회가 생기면 그 반 수업을 환영하겠다고 썼다.

스스로 가르치기

새벽 5시에 교감선생님 댁 전화벨이 울린다. 그 부인이 전화를 받으니 윌콕스 선생님이 몸이 아파서 오늘 학교에 갈 수 없다는 메시지다. 교감선생님 부인은 전화를 끊고 다시 잠자리에 든다.

윌콕스 교사는 여러 지역에서 오는 학생들을 가르치는 시골 고등학교에서 세계사, 미국 및 주 역사를 거의 20년 동안 가르쳐 왔다. 매일 교실운영에 학생들을 참여시킬 필요와 학습의 인간적인 면을 강조하는 대학의 여름학기 과목을 수강한 후에,[1] 윌콕스 교사는 수업에서 '일관성 경영' 이라는 제목의 프로그램을 실행한다.

처음에 그는 7개 반 수업 학생들을 만나서 모든 이들이 공부하기에 적절한 교실의 필요조건에 대하여 대화를 한다. 학생들이 필요한 것이 있는 것처럼 자기도 원하는 것이 있음을 설명한다. 교실에서 누구든지 관광객이 아니라 시민이 될 기회를 갖기 위해서 교실에서 그들이 해야 할 일의 목록을 함께 만들었다. 각 반 수업마다 20개의 항목이 선정되었고, 학생들이 하나씩 자원하여 그것이 왜 중요하고 어떻게 실행할 것인지를 직무분석하였다. 학생들이 그들의 일을 선정하자 윌콕스 교사는 모든 학생들을 위해서 간단한 직무훈련을 했다. 일거리보다는 학생 수가 더 많아서 교사는 3주마다 한 가지 일을 하도록 기준을 정했다. 새로운 일을 맡은 학생들은 그 일의 특수성에 대하여 배우기 위해 선임자들과 함께 일한다. 반 학생들이 개발한 직무분석과 함께 그 직무가 벽에 붙어 있다. 어떤 학생도 그 직무에서 해고된 적이 없다. 교사는 어려움을 겪는 학생이 있으면 그와 함께 시간을 좀 더 보낼 뿐이다. 한 학생이 결석을 하면 전에 그 일을 맡았던 학생이 그날 책임을 진다.

그다음에 일어난 일은 지역사회의 화젯거리가 되었다. 윌콕스 선생님의 결석에 관한 메시지는 교장 선생님에게 전달되지 않았고, 대리교사에게도 통보하지 않았다. 윌콕스 선생님이 가르치는 일곱 반은 교사 없이도 수업을 한다. 수업시간마다 촉진자인 학생들이 그날의 수업을 가르치고, 연구활동계획을 제시하고, 토론집단을 진행하고, 행정실에 출결사항과 다른 서류를 제시간에 제출한다. 그 반 주위에 있는 다른 교사들이나 행정가들도 윌콕스 교사가 출근했는지 여부를 모른다. 7교시가 되어서 행정실이 다른 일로 윌콕스 교사를 찾았을 때에야 하루 종일 학생들이 스스로 가르쳤다는 것을 깨닫게 된다. 행정가들은 '학생들 스스로 수업을 한 날' 에 대하여 아무 말 없지만, 그 소문이 곧 학교와 지역사회에 퍼졌다. 윌콕스 교사는 나중에 자기 없이도 협력해서 학습하는 자기조절을 배우고, 각 반의 수업을 책임 있게 수행한 것에 대하여 학생들을 칭찬했다. 윌콕스 교사는 기회가 주어지면 학생들이 책임지는 정도는 만족스럽고도 보람 있는 일이라고 묘사했다.

신뢰는 자기조절의 한 요소이다. 존슨과 윌콕스 교사는 그들의 학생들을 신뢰하였다. 대신에 학생들은 1년 내내 교실 내의 모든 임무에 참여했기 때문에 수업을 하고 일상적인 행정업무를 수행하는 책임을 감당할 수 있었다. 교사가 엄격하게 다스리는 교실에서는 대리교사가 들어오는 경우 학생들이 문제행동을 해서 난장판이 된다는 이야기를 나는 대리교사들에게 들었다. 존슨과 윌콕스 교사는 둘 다 자신들의 학생들과 암암리에 관계를 맺어 왔다. 세월이 걸려서 형성된 그 관계는 교실에서 학생들이 배우기 위해서 필요한 것을 어른이 지시하지 않고서도 학생들 각자가 책임을 지는 결과를 가져왔다. 이 학생들은 하루 종일 베이비시터가 필요하지 않으니 그들 스스로 배우고 일할 수 있었다. 윌콕스 교사의 예에서 한 가지 괄목할 점은 교사가 다른 어른들과의 상호작용이 없었다는 것이다. 교사가 7시간 동안 없었는데도 그 학생들을 제외한 어느 누구도 몰랐다. 그 예는 많은 교사들이 하루 종일 경험하는 고립상태를 돋보여 준다.

1학년 교실 친구들의 서클

18년 경력의 1학년 교사 수잔 셔우드는 심각한 복합장애를 가진 아이를 포함한 수업 중의 하나를 소개한다(p. 41).[2] 그의 참고문헌은 이 장의 말미에 기록되어 있다.

> 6살 된 앤. 심각한 복합장애. 출생 외상. 머리 부상. 중증 지적장애. 몸의 오른쪽 반신마비 그러나 걸을 수 있음. 오른쪽 눈 장애. 왼쪽 주변 시야가 약간 남아 있음. 색맹. 대화 가능.

출입구에서 왔다 갔다 하면서 나는 구체적인 사항을 마음속에 그려 보았다. 버스로 올 앤의 도착을 예상하면서 나는 평온한 마음과 공황 사이를 오고 가고 있었다. 3일 전에 특수교육교사가 웃는 낯으로 통합교육배치를 요청했었다. 모든 학생들의 필요를 충족시킨다는 나의 확신에서 즉각적으로 대답을 했다. 그런데 지금은 내가 자신이 없었다.

18년 경력의 교사로서 교실마다 다양한 능력과 문제들을 가지고 있음을 나는 알고 있다. 21명의 이 특수집단도 예외는 아니었다. 인지능력 검사로 측정한 그들의 지능의 범위는 앤의 것을 제외하면 68에서 137까지이다. 앤은 독해력이 8학년이고, 사라는 학습불능으로 진단되어 있으며, 제임스는 과잉행동이고, 마이크는 수학문제풀이에 빼어나고, 에리카는 6살 때 사춘기가 시작되는 등 다양하다. 정말로 앤도 크게 남다르지는 않았다. 그들은 자유롭게 남들을 수용하기에 앞서 모두들 그들의 장점과 약점을 수용하고, 교실 공동체에 소속될 필요가 있었다. 자신감 심어 주기, 배우는 즐거움, 자아개념 향상을 위해서 교사는 어린이들의 남다른 점에 착안하여 모두 자유롭게 협력해서 공부할 수 있는 도전적인 분위기, 즉 실수하면서 배우기, 모험하기, 성취하는 기쁨 경험하기 등을 강조한다. 그와 같은 학습공동체는 구성원 개개인을 위한 지지집단이다.

특수교육교사들은 심각한 복합장애자 주변의 일상생활에서 주로 지지해 주는 동료, 친구, 어른들과의 체제를 '친구들의 서클'이라는 용어로 묘사한다.[a, b] 그 용어 자체는 늘 교실에서 이런 관계를 형성하려고 노력하는 교사들에게도 생소한 편이다.

친구들의 서클이 어린이들의 생활을 통합하고, 교실 안에서의 연결이 특수교육교사와 일반교사를 공동목표를 향해서 함께 가게 한다.

사회적 상호작용에서 비장애아들은 좋은 역할 모델이 된다. 그들이 관찰함으로써 장애아들은 적절한 사회적 행동을 모방하고 부적절한 행동은 덜하게 된다.[c, d] 우리 학생들이 어른 조수가 없을 때에도 앤의 행동에 모범을 보이는 능력에 나는 감탄했다. 예를 들면, 마이크가 앤이 도움이 필요한 것을 목격했을 때 그는 필요한 물건들을 정리하여 조용히 접근하더니 단호하게 앤이 할 일을 가르쳐 주었다. 어떤 때는 앤이 참여하기를 거절하니까 그는 흥분하지 않고 "이것은 네가 해야 돼. 왜냐하면 너는 1학년인데 이것은 모든 1학년들이 해야 되는 문제니까."라고 권했다. 그러고 나서 지체 없이 어른처럼 목적의식을 가지고 앤이 글자를 추적하도록 지도하였다.

물론 앤의 자주독립을 위해서 그녀가 지시사항대로 수행하고 정상적으로 참여하기 위해서는 기본적인 1학년 자료를 적용했어야 한다. 예를 들면 학습도구들에 쉽게 접근하도록 우리는 연필, 크레용, 반듯하게 서 있는 명찰이 붙어 있는 스탬프를 쥘 수 있도록 앤의 책상 위에 나무토막을 붙여 놓았다.

1에서 100까지 혹은 5단으로 100까지 계산하는 것과 같은 산수과제에서는 앤은 충분히 참여할 수 있었다. 다른 경우에는 그가 집단의 구성원이라는 느낌을 받도록 창의적으로 평행활동을 고안하여 제공하려고 노력했다.

우리는 또한 우리 교실의 보조자 어른에게 '학습의 촉진자' 역할의 기초를 가르쳤다. 그들의 주된 목표는 앤의 통합을 도와주는 것이지만 앤과 함께하지 않을 때는 다른 아동을 보조해 주도록 하였다. 이렇게 해서 다른 아동들이 앤을 특수한 조력자가 필요한 사람으로 지각하지 않도록 하였다.

지난 1년을 회고해 보니 앤의 삶은 그의 동료나 교사들에 의해서 여러 가지 방법으로 영향을 받았다. 왜냐하면 그는 정규교실에서 자유롭고 열린 교육을 받고 있기 때문이다. 그러나 통합과정은 용이하지 않다. 경우에 따라서는 탈진하게 만들 수도 있다. 그러

> 나 정답이 없는 상태에서 과거의 관행에 맡겨 둘 수는 없다. 새로운 시도를 두려워하지 말자. 우리는 시행착오를 통해서 배우고 그것을 창조적인 문제해결을 위한 학습경험과 기회로 삼으면 된다. 나의 교육에 대한 미래상은 학생, 부모, 교사, 그리고 행정가들이 정규교실에서 각 학생들에게 힘을 실어 주고 학습경험이 긍정적이 되도록 협력하는 것이다.*

특별교육 철폐는 많은 학생들에게 새로운 학습 기회를 열어 주었다. 과거에는 앤 같은 어린이들은 비슷한 아이들끼리 폐쇄적인 공간에 고립되었다. 모든 학생들이 개방적인 학습분위기에서 함께 배울 필요를 깨달은 것은 금세기 들어서 가장 중요한 교실혁명이다. 고립된 특수교실을 철폐하고 정규교실로 통합한 법적인 근거는 모든 학생들에게 촉진적인 학습의 가능성을 높여 준 전위대가 되었다.

자유를 통한 자기조절 배우기

이 모든 사례가 무슨 공통점을 가지고 있는가? 그들은 자기조절 선택하기, 시간 배분하기, 목표설정 및 우선순위 정하기, 조력하고 배려하기, 경청하기, 사회망 구축하기, 화해중재자 되기, 신뢰하기, 그리고 아마도 제일 중요한 것은 자유롭고 개방적인 학습분위기에 동참하기라고 묘사하고 있다. 그 실례들은 자유와 책임이 자기조절의 개발과 어떻게 연계되는지를 보여 준다. 학생과 교사는 선택의 자유와 실수할 수 있는 자유에 근거한 학습분위기를 공유하는 과정에서 동반자가 된다.

학습의 자유는 개방된 학습환경을 조성하는 데 필요한 것이 무엇인지 제대로 이해해야 한다. 자유를 허용하는 것은 하나의 방법이 아니라 철학이다. 학생들을 믿고 책임을 맡길 수 있다고 진정으로 믿지 않으면 당신은 성공할 수 없다. 그러나 그런 철학은 공중에서 나오는 것이 아니라 경험에서 쌓아야 한다.[3]

자기조절은 조금씩 싹터서 개인과 함께 성장한다. 어느 대학교에서 자기조절에 대한 3학점짜리 과목을 개설한다면 나는 생각만 해도 몸서리가 쳐진다. 자기조절에 관한 과정은 인생과정이고, 학교와 교실은 하루에 8시간의 인생경험의 한 부분일 뿐이다. 외재적

---

* Sherwood, Susan K.(1990). "A Circle of Friends in a First Grade Classroom", *Educational Leadership* 48, 3. Reprinted with permission of the Association for Supervision and Curriculum Development.

규율에서 내재적 규율로의 전환은 시간이 걸린다. 자기조절능력 계발을 위한 자유는 교사와 학생 모두에게 새로운 경험이 될 것이다. 새로운 것을 시도하려면 늘 모험이 따른다. 그러니 과거에 위축되었던 학생들은 격려와 지지 없이는 새로운 자유와 책임을 바로 환영하지 않을 수도 있다.

자유에 대하여 불안하거든 자유를 한꺼번에 다 주지 마라. 학생들에게 학습에 대한 책임을 몽땅 다 맡겼다가 실망하고는 다시 자기가 책임을 지는 것보다는 감당할 수 있는 자유를 조금씩 누리는 것이 더 바람직하다. 단번에 자유를 다 주는 것은 재앙이 될 수 있다. 자유를 한 번에 다 주는 것보다는 진정으로 믿는 것만큼 조금씩 주는 것이 더 좋다. 학생들에게 자유를 준다 함은 그들이 일을 하다가 실수할 수 있다는 것을 의미한다. 그것은 일반교실의 절차를 완전히 다시 생각해 보자는 의미이다. 학생들이 한 일을 검토해 보도록 격려할 수 있는 조건이라면 실수를 해 보는 것은 가장 소중한 학습 방법이다.[3] 자신의 실수에서 학습하고 책임지는 경험의 결합은 새로운 발상의 근거가 된다. 어린이가 조기에 자유와 책임을 경험하면 할수록 자기조절의 개발과정은 더 자연스럽다.

규율에 대한 대중들의 견해

교회나 정부와 같은 다른 조직과 달리 학교는 국민의 99%가 참여한다. 갤럽이나 피 델타 카파가 실시한 교육에 관한 여론조사는 학교에서의 규율이 30년 이상 가장 큰 관심사였음을 보여 준다. 1971년 갤럽조사에 의하면 공립학교에서 가장 큰 문제는 재정 문제, 인

그림 12.1 규율문제의 과거와 현재

1940년대	1980년대
잡담하기 껌 씹기 복도에서 뛰기 줄을 바로 서기 부적절한 옷 입기 휴지 버리기	약물남용 알코올남용 임신 강간 절도 주거침입 폭행 방화 폭발물

출처 : Dr. Harold L. Hodgkinson, *Discipline Problems Then and Now* (Washington, D.C.: Institute for Educational Leadership, Center for Demographic Policy). Used with permission.

종통합/차별 문제 다음에 세 번째가 규율 문제였다. 1982년에는 규율 문제가 첫 번째였고, 1992년에는 학교에서의 규율 부족이 학교재정, 약물 다음으로 세 번째가 되었다.[4]

규율 문제에 관한 교사들의 관심을 비교 · 연구한 바에 의하면 1940년대와 1980년대는 극적으로 차이가 났다(그림 12.1). 1990년대의 교사들의 관심사 목록에는 새로 갱단이 들어갔다. 1940년대 관심사는 학교에서 발생한 사건들이지만, 1980년대는 학교생활의 일부가 된 사회 문제를 반영한다.

예방대책

교사들의 관심사 목록은 청소년들과 단절된 사회를 반영한다. 좌절감이 재물이나 인명에 대한 폭력으로 연결될 때 우리는 나타난 증세만 보지 말고 근본 원인을 찾아야 한다. 1980년대 중반에 나는 웨스트버지니아 교사아카데미에서 교사들과 만난 일을 기억한다. 우리는 많은 도시 학교의 갱들의 폭력과 혼란은 물론 초등학교에서도 약물이 출현했다는 이야기를 나누었다. 한 교사가 "그런 문제는 여기서는 발생하지 않는다"고 말했다. 5년 후에 다시 방문했더니 아주 다른 반응을 보였다. "우리도 그런 문제들이 발생하고 있어요."라고 중학교 교사가 말했다. 다른 교사들도 모두 고개를 끄덕이며 동의했다. 5학년 교사는 "우리는 예방할 생각은 전혀 못하고 많은 시간을 문제해결에 바치고 있다. 대부분의 교사들이 위기관리하느라 탈진상태에 있다"고 했다. 인명과 재산의 손실은 문제를 무시하는 것보다 훨씬 더 큰 대가를 치러야 한다. 그래서 인간관계가 문제해결의 마지막 수단이다.

청소년이 갱단에 가입하는 이유

옛날에도 사람들은 집단에 가입하였다. 집단은 구성원을 보호해 주고, 정체감을 심어 주고, 다른 사람들과 사귀게 하고, 자기 환경을 극복할 것 같은 (가끔은 거짓) 지배력을 주기도 한다. 일차적인 가족이나 확대가족이 아마도 가장 기본적인 집단이지만 종교, 학교(밴드부, 바둑, 토론, 컴퓨터반 등), 운동, 사업, 투자 관련 집단 등도 있다. 각 집단마다 개인이나 집단을 위하여 전체로서 기능을 발휘한다.

그러나 모든 집단이 사회적으로 건설적인 것은 아니다. 제2차 세계대전 이후에 1950년대와 60년대에 대도시에 갱단이 출현했다. 1990년대에는 갱단이 국가적인 문제로 등장했다. 학생들이 왜 갱단에 가입할까? 몇 가지 이론이 있는데 그중에 한 가지 견해는 어린 시절 긍정적인 성인남자의 역할이 없던 경우에 나중에 성장해서 어린이의 필요와 성격에 변화를 가져온다. 1950년대의 청소년 갱은 제2차 세계대전이나 한국전쟁 중에 성장기를 보낸 아들들이 아버지 없이 자라난 결과일 수 있다. 오늘날 대부분의 남자 갱들은 아버지 없는 가정 출신이거나 아버지 역시 갱이었던 가정 출신이다.

학생들이 갱에 가입할 때는 그들은 정체성을 찾는다. 거의 모든 갱들이 다른 갱들과 구분하기 위해 이름, 색깔 및 휘장을 가지고 있다. '검은 용(Black Dragon), 검은 도사(Black Disciple), 단발족(Skinheads), 납골당(Crypts), 피(Blood)' 와 같은 명칭은 갱단에 가입한 청소년들의 삶에서는 결여되어 있던 힘과 지배의 심상을 준다. 갱들은 처음에 매력적인 보호조직, 즉 일종의 가족관계 같은 조직을 형성한다. 갱단의 구성원들은 대부분의 경우에 역기능적인 가정의 대용으로 갱단을 생각한다. 후에 대부분의 갱 단원들은 미래가 없다는 것을 깨닫지만 이미 깊이 빠져 있다. "도저히 사직서를 낼 수가 없다"고 한 갱단원은 말한다. 폭행, 많은 경우에는 죽음의 위협 때문에 꼼짝하지 못한다. "외부의 도움 없이 갱을 떠나려 하는 건 자살행위나 마찬가지다."라고 한 갱단원이 설명한다.

『거리의 갱들 이해하기』의 공동 저자 웨스 맥브라이드는 로스앤젤레스 경찰국에 근무하는 갱 전문가이다. 그는 갱에 가입하거나 그 후 폭력의 행사는 "역기능적인 가정, 학교에서의 실패, 실직, 절망, 권태, 그리고 절대빈곤과 같은 다른 뿌리가 깊은 문제의 증상에 불과하다"는 점을 지적한다. 장래가 없다는 생각과 "아무도 관심 가져 주지 않는다"는 생각이 갱단에 가입하는 핵심 이유라고 갱 단원들은 말한다(p. 6a).[5]

그러나 이들 역경에 있는 청소년들에게 희망은 있다. 그것은 관심을 가져 주는 데서 시작된다. 돌봄은 학교 밖의 냉정한 삶에서 어느 정도 보호해 준다. 제1장에서 소개한 돌봄의 주제는 학교를 사랑하는 학생들과의 모든 면담에서 인용되었다. 만약에 우리 교실과 학교에서 제일 먼저 변해야 할 요소가 있다면 그것은 아끼고 배려하는 장소가 되어야 한다는 것이다. 그것이 우리가 지금 당면한 그리고 미래에 당면하게 될 많은 문제를 예방할 수 있는 길이다.

규율에 대하여 우리가 알고 있는 것

규율과 학급운영은 책이나 논문 속에서 광범위하게 논의되고 있다. 인간중심 학급과 학교가 어떻게 가능한지에 대해서는 다른 사람들의 업적에서 배울 수 있는 여러 교훈이 있다. 다음에 나오는 요약은 인간중심 학교와 학급으로 인도하는 자기조절에 관하여 우리가 아는 것 중의 일부를 들여다볼 수 있게 한다. 그 밖의 자료들은 이 장의 끝에 기록되어 있다.

남을 배려하는 교실은 학습과 규율을 위해 더 좋은 환경을 제공한다. 에릭 샤프스와 대니얼 솔로몬은 캘리포니아 두 학군의 7개 초등학교에서 배려하는 공동체 창조에 관한 어린이들의 친사회적 발달 — '그들의 친절과 어린이 발달 프로젝트(Child Development Project : CDP)의 효과에 관한 연구' 보고서를 냈다. 그들은 교사들이 경쟁과 개인 행동에 초점을 맞출 때 학교는 배려하는 공동체 의식을 파괴할 수 있다는 것을 발견했다. 학교의 경쟁은 어떤 이들은 성공하고 다른 이들은 실패할 것을 보장한다. 두 저자에 의하면 '친절과 어린이 발달 프로젝트(CDP)의 효과에 관한 연구' 학교는 타인에 대한 배려와 관심, 대인관계의 자각, 자기 자신의 필요와 타인의 필요에 대한 배려 사이에서 균형 맞추는 능력과 성향에 초점을 맞춘다(p. 39).[6] 샤프스와 솔로몬은 CDP 프로그램의 세 가지 핵심요소, 즉 ① 협동학습, ② 발달적 규율, ③ 문학작품 읽기에 대하여 기술하였다. 그들은 유치원에서 6학년에 이르는 300명 이상의 학생집단을 6년간 추적하여 교실관찰, 면담, 설문조사를 실시했다.

이 학생들은 비경쟁적인 학습집단에서 공부했다. 문학작품을 통한 읽기 연습에서 학생들은 교과서를 읽는 대신에 단행본 소설들을 읽었다. 발달적인 규율은 외부에서의 통제가 아니라 학생에게서 우러나오는 동기의 필요성을 강조했다. 학생들은 규율과 관련하여 상이나 처벌을 받지 않으니까 자기조절을 강조한다. 샤프스와 솔로몬은 CDP 프로그램을 사용하는 교실에서 학생들에게 유익한 점을 많이 발견했다.

> 그 프로그램은 사회적 유능감, 대인관계행동, 그리고 이해심, 민주적인 가치관의 지지, 고급 독서능력을 향상시킨다. 학생들은 교실에서 외롭지도, 대인관계에서 불안하지도 않다고 보고했다. 전체적으로 우리는 그 프로그램이 그들 자신의 필요충족과 타인의 필요와 권리를 배려하는 성향 사이에서 건전한 균형을 이루고 있다고 믿는다(p. 40).[6]

그 저자들은 3년에 걸쳐서 학생들은 그들의 교실이 비교집단의 교실보다 더 친절한 것으로 지각하였다고 보고한다. 배려하는 공동체 개발은 "어린이들의 모든 측면의 발달, 즉 인지적 · 정서적 · 도덕적 발달을 조장하는 데 통계적으로도 더 효과적이었다"(p.

42).[6]

학생들은 선생님이 긍정적일 때 그들의 학교를 더 사랑한다. 교사가 크리스마스 전까지는 미소를 보여서는 안 된다는 생각은 연구결과에서 나온 말이 아니라 민속에서 전해진 것이다. 버논과 루이스 존스가 종합한 연구에 의하면 학기 초(9월 20~27일)에 부정적이 아니라 보다 더 긍정적인 진술을 사용하는 교사의 학생은 그 후 15주 동안(1월 22~24일까지) 계속해서 학교를 사랑하게 된다는 버드 프레데릭스의 결론을 인용한다. 반대로 "너는 학교를 사랑하니?"라는 질문에 긍정적으로 답했던 학생들이 1월 셋째 주에 다시 면담을 했더니 교사가 65% 이하의 긍정적인 말을 하는 교실에서는 48%로 떨어졌다(pp. 42-43).[7]

외적 보상은 필요하다면 되도록 적게 사용해야 한다. 교수방법에 관한 연구편람에 보면 "학습을 위한 자극에 관한 월터 도일의 결론은 바람직한 행동이나 학업성적에 보상하는 것은 내적 동기 유발에 해로울 수 있다"(p. 423)[8]고 제시한다. 재미있어서 하는 공부는 학습자 내부에서 유발된 것이어서 외적 자극이 필요 없다. 타인이 시켜서 하는 지루한 학습은 외적 보상을 강화하는데도 학생이 최소한도로 참여하게 만든다. 자극이 사용된다면 일시적이라야 하고, 학습분위기 조성이 일차적인 목표여야 한다.

교실에서의 질서 정도는 학습활동의 유형에 따라 상대적이다. 집단학습에 관한 스탠포드대학교 엘리자베스 코헨의 연구에 의하면 교실의 질서는 교수방법에 따라서 상대적인 요인이다. 예를 들면 소음의 정도는 소그룹 협력학습이 전통적인 교실보다 더 높지만, 교사가 직접 감독을 삼간다면 소그룹 학습집단이 가장 성과가 높다. 코헨은 자신과 그의 동료들은 집단활동 중 교사의 직접적인 지시는 집단의 상호작용을 방해하고 학생들의 학습이 줄어들게 한다는 것을 발견했다고 보고한다(p. 75).[9] 반대로, 그들은 학생들의 대화와 협동학습의 비율이 높으면 높을수록 표준화 검사의 점수가 높다는 것을 반복해서 발견했다(p. 9).[10]

교실 규정을 학생들이 만들면 문제행동이 줄어들고, 학생들의 학습은 향상된다. 교사들이 수업운영방법 전문성 개발 세미나(일관성 경영)에 참석한 5개 학교의 학생들은 1년 동안에 걸쳐서 학칙위반이 적었고, 절대기준 평가와 전국성취도검사에서 의미 있는 더 높은 성적을 냈다.[11] 일관성 경영은 학생들을 위해서는 긍정적이고 적극적인 학습환경, 교사와 행정가들을 위해서는 지지적인 근무환경을 조성하기 위하여 고안된 수업운영방법이다. 도시 저소득층 600명의 학생이 있는 초등학교에서 프로그램의 전후 9년 동안의 문제행동 의뢰 횟수가 90회에서 3회로 유의미한 감소를 보였다. 교사들은 문제행동 때문에 학생들을 교장실에 보낼 필요는 적게 느끼고, 공부에 참여시키는 새로운 방법을 발견했다. 두 번째 초등학교에서는 전교생이 겨우 276명인데 프로그램 시작 전 해에는 109명이 규율문제로 의뢰되었다. 같은 해에 34명의 학생이 정학 경고통지를 받았고, 24명은 실제로 정학당했다. 1년 후에는 19명이 규율 문제로 의뢰되었고, 정학은 전무하였으며 단 1명이 방과 후에 언쟁으로 정학 경고를 받았다. 교장실에 의뢰된 19명 중에서 9명은 대리교사들이 보낸 학생들이다.[11] 프로그램에 참여한 5개 학교의 부모들은 자녀들의 안전, 질서, 학습분위기 면에서 다른 비교된 학교의 부모들보다 더 긍정적으로 평가하였다. 자료수집한 마지막 해의 관찰기록도 그 프로그램에 참여한 학생들이 보다 더 적극적인 학습분위기를 즐겼다고 되어 있다. 그 프로그램에 관한 책은 이 장의 마지막에 기록되어 있다.

학생들은 행동주의 규율프로그램이 적용될 때 학교를 가장 좋아하지 않는다. 엠머와 어시커는 규율 문제 의뢰, 학교에 대한 학생들의 태도 및 학생들의 학습에 대한 다양한 운영 방법의 효과를 연구하였다. 연구자들은 보다 더 인간중심적 프로그램(토마스 고든의 교사효율성훈련, 루돌프 드라이커스의 아들러식 모델)일수록 성적이 더 좋았으나 규율문제의 감소에는 효과가 없었다. 그들도 또한 자기주장 훈련, 행동주의 프로그램을 적용하는 학교의 학생들은 학교를 좋아하지 않는다는 것을 발견하였다.[12]

중등학교에서 사회계층의 차이를 존속시키면 분노와 규율 문제를 야기할 수 있다. 학술지 *Journal of Classroom Interaction*에 보고된 엘렌 브렌트링거의 연구는 미국 중서부 지방 중소도시의 2개 중학교와 2개 고등학교에서 40명의 저소득층 학생과 34명의 고소득층 학생들 사이의 갈등을 보고하였다.[13] 그는 학생 가정의 수입이 교사와의 매일 상호작용에서 자명하게 드러난다는 것을 발견하였다. 저소득층 학생들의 비굴함과 분노와 고소득층 학생들이 학교생활에서 즐기는 권리는 학교의 역할을 위대한 사회적 평준화로 보는 것과는 사뭇 대조적이었다(그림 12.2). 학교가 어떻게 구조되어 있느냐가 교사들이 경험한 많은 규율 문제와 관련이 있다. 브렌트링거는 저소득층 학생들 비행의 57%는 분노와 적개심에서 오는 데 비해서 고소득층 학생들 비행의 8%가 분노와 적개심이 원인이라는 것을 발견했다.

브렌트링거는 그의 연구에서 저소득층 학생들을 싸우고 공격하게 만드는 사이클을 묘사하였다. 시초에는 그들은 타인들의 행동이나 말에 상처받기 쉽고 매우 민감하다. 그래서 자극을 받으면 보복한다. 통상 보복한 학생들은 더 심한 처벌을 받게 된다. 그 학생들

그림 12.2 분노의 원인과 학교 안에서 저소득층 청소년들의 분노의 영향

분노의 원인	분노의 영향
모멸감	분노의 전위 저소득층 친구들과의 마찰
조롱(건방진 행동, 말대꾸)	위협받고 상처받기 쉬운 느낌 고소득층 친구들과의 마찰
배제	교묘하게 피하기 수동적임, 철수
실패	교사들과의 언쟁 무가치함을 느낌
무능감(무기력감)	분노의 내면화 포기, 중도탈락

출처 : E. Brantlinger, "Adolescents' Interpretation of Scocial Class Influence on Schooling," *Journal of Classroom Interaction* 28, no. 1 (1993): 1-12. Used by permission of the *Journal of Classroom Interaction*, © 1993

은 자기 자신과 타인들에게 분노를 느끼게 된다. 그들은 자신들을 무가치한 존재로 지각하기 때문에 그만큼 더 상처받기 쉽다. 저소득층 청소년들은 공공연한 모멸감, 학교성적의 실패, 교사와 행정가들에 의한 편애가 교실에서 비행과 갈등의 수준을 높인다고 보고한다. 브렌트링거는 면담에서 얻는 학생들의 진술을 그들의 좌절을 설명하는 데 사용하였다(p. 5).[13]

대부분의 대입준비생(고소득층)들은 속물이어서 명품을 입고 다니는 학생들만 좋아한다. 나도 그 부류에 끼고 싶지만 명품 옷을 사 입을 형편이 안 된다. 정말로 가난해 보이면 사람들은 대체로 피해 가거나 무시하려고 한다.

다른 학생은 다음과 같이 반응했다.

저소득층 학생이 식당에서 그들 앞에 앉으면 그들은 일어나서 옮겨 앉는다.

세 번째 학생은 이렇게 말했다.

> 학교에서 집단을 형성하는 것이 나를 괴롭혔다. 내가 친구가 될 수 있는 사람들을 학교는 배제해 버렸다. 눈에 보이지 않는 경계선이 있다.

고소득층(57%)과 저소득층(80%) 학생들은 공히 결말의 형태로 규율위반을 보면 저소득층 학생들에게 불공평하게 많이 주어진다. 부유한 학생들은 말로 설득하거나 반칙에 대한 기준대로 처벌받는다. 그러나 저소득층 청소년에 대한 처벌은 공공연한 놀림과 추방(학생들 앞에서 고함 지르기, 복도에 무릎 꿇기, 별 이유도 없이 나무라기) 및 교직원들의 분노의 표현도 포함된다. 중도탈락한 한 학생은 다음과 같이 말했다.

> 난 학교를 싫어했다. 교사들이 날 괴롭혔다. 도움을 준 분들도 있었다. E선생님은 정말로 멋진 선생님이었다. 내게 문제가 있으면 그분은 도와주셨다. 그런데 B선생님은 나를 좋아하지 않았다. 그가 중요시한 것은 시간 지키기뿐이었다. 우리는 논쟁도 많이 했다. 난 이해할 수가 없었다. 그는 화가 나서 소리쳤다. "하는 방법을 내가 가르쳐 주었잖아!" 그는 나를 바보처럼 느끼게 했다. 대부분의 교사들이 나를 거칠게 대했다. E선생님은 나를 아껴 주셨지만 대부분은 안 그랬다(p. 6).[13]

저소득층이나 고소득층 학생들 모두 분반제도(대학진학반, 정규반, 취업반, 특수교육반)가 그들에게 영향을 주었다고 느꼈다. "대학진학반은 자부심을 느꼈고, 성적이 저조한 우리는 바보처럼 느꼈다." 저소득층 학생들의 대응전략은 수업 빠지기, 지각하기, 자퇴 등의 비참여가 특징이다. 이와 같은 수동적인 활동은 매우 적대적인 학교환경이라고 지각한 것에 대항하는 학생들의 방어작용으로 분노의 표출과 위협하는 성격스타일로 강화된다.

논평

교사와 교육자들은 학생들이 학교에 가져오는 사회경제적 상황을 조성하지는 않는다. 그러나 브렌트링거의 연구는 학교가 사회계층에 따라서 학생들을 영속적으로 분리시키고, 어떤 학생들은 교육받을 가치가 없다는 인식을 강화시켜 준다고 지적하였다. 그 연구와 학생들의 반응은 정신을 바짝 차리게 한다. 교사들의 편애, 불공정한 규율, 모멸감 주기, 학생과 교사들이 딱지 붙이기(예를 들면 대학 진학반, 쓰레기) 그리고 저소득층 학생들이 느끼는 무기력감의 수준은 실패의 설계이다. 그림 12.2에 있는 분노의 원인들은 교직원들의 모든 학생에 대한 사랑과 존중의 부족을 보여 준다. 이 연구에 반영된 사회계층문제는 학생 개개인의 생각과 감정을 탐색하지 않기 때문에 보통은 빠트리기 쉽다.

그러나 대안은 있다. 예를 들어 공연예술고등학교에서는 (제1장에 나와 있는 대로) 상급반 학생들이 중학교에서 형성된 파벌을 해산하는 책임을 진다. 우리 학교들은 좀 더 사랑을 실천할 필요가 있다. 브렌트링거의 연구에서 저소득층 학생들은 돌봐 주는 소수의 교사들이 있었다. 그러나 그 숫자는 소수에 그쳤다. 그 연구결과는 그들의 학교와 교실이 인간중심적이 되기를 원하는 교사와 교장들에게 당면한 문제의 심각성을 밝혀 주는 것이다.

인간중심적인 교실에도 질서가 있는가?

문명은 삶의 불규칙적인 사건에서 어떤 질서를 창조하려는 인간의 필요라고 볼 수 있다. 선사시대의 사냥과 채집은 자신의 양식을 재배하는 것보다 예측 불가능한 것이었다. 음식, 거주, 안전 등 기본욕구가 충족되자 인간은 보다 발달한 활동, 즉 예술, 음악, 집필, 독서 등을 위해서 더 많은 시간을 얻게 되었다. 그날그날의 생존이 걱정되지 않자 사람들은 그들의 관심을 주변세계로 넓혔다. 학교라는 개념은 자신의 세계에 대하여 더 알고 싶어하는 과정에서 탄생한 것이다.

'학교(school)' 라는 단어를 추적해 보면 그리스어로 '여가(leisure)' 라는 의미이다. 그리스 시대에 소수 계층의 사람들은 다른 사람들이 노동하는 대가로 배울 시간과 여가가 있었다. 같은 맥락에서 '교사(teacher)' 는 학습자들을 위한 '안내자(guide)' 였다. '규율(discipline)' 이라는 용어는 라틴어로 '가르침과 배움' 을 의미한다.

문명이 어느 정도의 질서와 안정 위에서 번창함에 따라서 교실도 모든 사람들이 배우도록 일정한 수준의 질서가 필요했다. 그래서 어떤 일상적인 활동은 조직하기보다는 배우는 데 더 많은 시간을 보내기 위해서 확립되어야 마땅하다. 인간으로서 우리는 서로 다른 수준의 욕구를 가지고 있다. 즉 소속감, 안전, 음식, 옷과 주거, 인간으로 대우받기, 안정감 유지하기, 일상적인 삶을 살아가기 위한 질서 등에 대한 욕구가 그것이다. 어린이가 교실에 들어가도 이들 인간의 욕구는 변하지 않는다. 현대 세계의 상호연결성이 예측가능하고도 일관성 있는 일처리 방식을 우리에게 더 요구한다. 그래서 우리는 일마다 새롭게 결심할 필요를 최소화하기 위해서 일상적인 틀을 세워 놓는다.

나는 아인슈타인의 장롱에 대하여 그와 인터뷰한 것을 읽은 기억이 난다. 아인슈타인은 똑같은 색깔의 스웨터를 많이 가지고 있는 것으로 유명했다. 왜 그는 매일 똑같은 스웨터를 입느냐고 질문받았을 때 그는 매일 어떤 것을 입을까를 결정하는 일에 신경 쓰고 싶지 않다고 응답했다. 그는 분명히 그보다 더 중요한 문제를 마음속에 가지고 있었다. 마찬가지로 내가 전국에서 만나 인터뷰한 학생들은, 예측할 수 있듯이 따듯하고 친절하고 질서정연하고 평화로운 공간을 원했다. 자유는 질서가 있지만, 그 질서는 집단에서 나온 것이지 개인 한 사람이 정한 것이 아니다. 그러나 일단 계약이 이루어지면 계약의 위반은 어떤 영향을 받아야 마땅하다.

행동의 결과

어린이가 뜨거운 난로를 만지면 그 결과가 있게 마련이다 : 고통. 어린이가 거리로 뛰어들면 거기에도 잠재적인 결과, 즉 자동차에 치일 수 있다. 어른들은 어린이들이 생활하며 배울 수 있는 안전한 환경을 마련할 필요가 있다. 어린이들이 안전한 환경을 꾸미는 일에 어른들과 함께 협력할 수 있다. 결과가 벌주는 일이라면 안내자로서 교사의 역할은 통제자로 변하고, 학습자로서 학생의 역할은 회피자가 된다.

어떤 교육청은 교사들에게 외적 통제 제도에 초점을 둔 일정한 규율프로그램을 추종하도록 요구한다. 벌이나 결과(상호 교환하여 쓸 수 있는 단어로 보임)의 사용은 마치 모든 학생들이 동일한 필요와 의도가 있는 똑같은 사람인 것처럼 취급한다. 나는 이 제도를 '고정결과' 라고 부른다. 삶은 고정결과를 가져오지는 않는다. 그러나 많은 교실은 마치 한 가지 방식이 모든 이에게 통하는 것처럼 운용한다.

고정결과와 다르게, '합리적 결과' 는 학생으로 하여금 벌어진 일을 원래대로 돌리도록 한다. 만약에 학생이 무언가 흘리면 그는 그것을 닦아 내는 법을 안다. 어린이의 이름을 칠판에 적거나 체크 표시를 해 두는 것은 그 상황을 개선하는 데 거의 도움이 안 된다. 다른 예를 들어 보자. 싸움을 하면 두 학생이 교장실에 보내진다. 그러나 대안은 심각하지 않은 싸움일 때는 두 학생이 앉아서 감정을 가라앉히고, 그다음에 어떤 일이 벌어졌는지 그리고 그들이 선택할 대안이 무엇이었는지 쓰도록 한다. 우리 모두가 바라는 것은 긍정적인 경험인데 그것을 처벌로 사용한다는 것이 이상한 일이라고 나는 생각한다. 방과후에 학생들을 남게 하는 것은 잘못된 메시지를 전달하게 된다. 합리적 결과는 그 행동을 반성해 보게 하는 일이다.

학부모인 교사들에게 자녀들의 학교에서 전화를 받으면 맨 처음 반응은 어떤 것이냐고 물었다. 만장일치로 그들은 "무엇이 잘못된 것 아닌가?"라고 반응했다. 교사와 학부모가 처음 접촉하는 것은 대체로 문제 때문이라는 것은 불행한 일이다. 학기 초에 관계를 형성하기 위해서 전화하거나 방문하는 것이 부적응행동을 통보하기 위해서 전화하는 것보다 훨씬 더 효과적인 방법이다. 전통적인 교실은 고립된 교실이다. 부모나 다른 어른들이 초대받아서 그들의 삶에 대하여 학생들과 대화할 기회가 거의 없다. 인간중심 교실은 어른들이 교실에서 초대받아서 학생들과 함께 어울려서 그들이 외롭지 않다는 것을 알려 준다. 다음 예는 부모의 참여가 교사와 학생들 모두에게 도움이 될 수 있음을 보여 준다.

2학년 교사가 학기 초에 반 학생들과 대화할 초대 손님으로 '사막의 폭풍' 전문가를 모셨다. 그 반은 저소득층 가정 출신이 많았는데 25명의 학생들은 그가 책임과 자기 조절에 관하여 이야기할 때 열심히 들었다. 그분은 자기의 생활, 지켜야 할 규칙, 준수하지 않으면 그가 직면해야 할 결과 등에 관하여 학생들과 대화하였다. 학생들은 "규칙을 준수하는 것을 어떻게 배웠나?", "당신은 학교를 사랑했나?", "교사가 당신을 좋아하지 않을 때 어떻게 했나?" 등을 질문했다. 이런 토론이 있은 후에 학생들과 교사는 그 교실의 규칙을 제정하기로 하였다.

인간중심 학급경영

인간중심 학급경영은 협동적인 학습분위기에 적극 참여하도록 격려하는 데 필요한 촉진

그림 12.3 교사중심과 인간중심 교실의 규율 비교

교사중심 교실	인간중심 교실
• 교사가 유일한 지도자이다. • 경영은 감독하는 형태이다. • 교사가 학습자료와 조직의 책임을 진다. • 규율은 교사로부터 온다. • 소수의 학생들이 교사를 돕는다. • 교사가 규칙을 만들고 칠판에 공고한다. • 결과는 모든 학생들에게 일정하다. • 대부분의 보상은 외발적이다. • 학생들에게는 제한된 책임만 주어진다. • 지역사회 주민들이 교실에 갈 기회가 거의 없다.	• 구성원들이 지도력을 공유한다 • 학급경영은 안내하는 형태이다. • 학생이 수업운영의 촉진자이다. • 규율은 각자에게서 나온다. • 모든 학생이 학급경영의 참여자가 될 기회를 갖는다. • 규칙은 교사와 학생들이 학급의 헌법처럼 개발해 낸다. • 결과는 개인의 차이를 반영한다. • 대부분의 보상이 내발적이다. • 교실에서의 책임을 학생들이 공유한다. • 학생들의 학습기회를 넓히기 위해서 기업체와 지역사회 집단이 동업자의 형태를 취한다.

적 조건을 조성한다. 학급경영은 행정과 감독은 물론 돌보고 배려하기, 안내, 협력 등 여러 가지 측면이 필요하다. 인간중심 교실은 교실의 모든 구성원들의 발달단계에 적절한 돌보기, 안내, 협동, 자기조절 훈련을 강조한다. 학생들이 스스로 생각하고 서로 돕도록 격려하기를 강조하는 곳이 인간중심 교실이다.

그림 12.3은 교사중심과 인간중심 교실 사이에서 차이점의 균형추를 제공한다. 아마도 가장 중요한 것은 인간중심 교실은 학생들과 교사들 모두에게 유익하다는 것이다. 대부분의 교실은 온전히 학생중심도 교사중심도 아니지만 그러나 두 접근법 사이에 분명한 차이가 있다.

규율에 관한 미신

규율에 관한 많은 미신과 오해가 있다. 그것은 학교, 어린이 및 규율의 철학을 기술하는 언어에서 명백하게 드러난다.

"매체를 아끼면 아이가 버릇이 나빠진다."
"매로 치는 행위는 너보다는 나를 더 아프게 한다."
"고통이 없으면, 배우는 것도 없다."
"정숙한 학교가 좋은 학교이다."
"그 선생님은 훌륭한 규율을 가지고 있다."
"학생들은 통제불능이다."

규율을 묘사하는 데 사용하는 단어들, 즉 순응, 통제, 처벌, 존경, 권위, 엄격 등이 특별히 마음에 떠오른다.

그러나 인간중심 규율을 묘사할 수 있는 언어는 따로 있다.

"그들은 정말로 이 학생들을 사랑해요."
"나는 이 학교를 사랑합니다."
"우리는 여기서는 싸울 필요가 없어요."
"우리 함께 해 보도록 하자."

"제가 스스로 했거든요. 기분이 아주 좋아요."
"나는 집중하려면 시간이 필요했어요."

인간중심 규율을 기술하려면 떠오르는 단어들, 즉 공유하기, 돕기, 베풀기, 협력하기, 초점 맞추기, 돌보아 주기, 존경하기, 자유롭게 하기 등이 있다. 그 단어들은 태도, 가치, 그리고 자유롭게 하는 철학을 암시한다.

우리는 문제의 핵심으로 되돌아온다. 즉 가르침, 학습의 본질, 교실과 학교에서 시행되는 교수 방법과 규율의 형태를 학생들이 결정하는 것에 관한 우리의 철학이 핵심이다. 우리는 배운 대로 가르치는 경향이 있다. 또한 우리가 스스로 경험한 그대로 규율을 보려는 경향이 있다. 이 두 가지 경험이 교실과 학교에서 학습분위기를 촉진하기 위해 우리가 선택하는 방법에 영향을 준다. 인간중심적인 환경에서의 교사와 학생들의 새로운 경험은 학생들의 학습에 영향을 주는 교수방법과 규율방법에 변화를 가져올 것이다.

3차원적 규율(훈육)과 학습

훈육과 교수는 별개의 과정이 아니다. 그들은 상호작용하고 3차원적이다. 즉 교사 차원(한 곳에서 나온 지식과 구조), 협동적인 차원(함께 작업하는 학생들과 교사), 그리고 개인 차원(다양한 자원에서 자주 독립적으로 학습하는 개인)이 그것이다. 훈육의 3개 차원은 제10장에서 토론한 대로 교사중심에서부터 학생중심 학습으로 가는 가르침의 연속선과 비슷하다.

훈육의 **교사 차원**은 우리가 가장 익숙한 것이다. 지식과 훈육은 교사로부터 나온다. 학생들의 역할은 듣는 사람이 되어 선생님의 결정에 따르는 것이다. 특히 중등학교에서 생기는 갈등은 학생들에 대한 배려가 없는 교사의 요구에 학생들이 저항하는 기능이다.

협동적인 차원은 외발적 가르침 및 훈육과 자기주도적 가르침 및 훈육 사이의 중간지점에 있다. 일방적인 지식과 훈육의 원천인 교사로부터 떨어져 나와서 교실에 있는 모든 사람들의 편안한 속도를 근거기준으로 교사와 학생들이 함께 일한다. 협동집단에서의 작업은 많은 교실에서 교사와 학생들을 자기주도적인 훈육과 학습 방향의 연속선으로 인도하는 데 필요한 경험적인 차원을 형성한다. 제4장에서 기술한 바바라 쉴의 교실은 학생들이 교사가 지도하거나 촉진하기를 원하느냐에 따라서 학생들의 편의에 맞추어서 그들을 지원해 주었다. 교사는 학생들의 개인적 필요에 따라서 접근 방법을 달리하면서 학생들에게 지시적, 협동적, 촉진적 그리고 비지시적이기도 했다. 우리는 또한 이 장의 앞부분에 소개한 실례에서 교실의 헌법을 함께 제정하거나 교실 수업을 조직하는 과정의 특수한 책임을 맡는 일에서 학생들과 교사들은 함께 일할 수 있음을 보았다.

훈육의 개인 차원은 교사와 학생들이 서로 아주 다른 수준에서 작업한다는 것을 보여준다. 학생들은 그들의 연구계획을 수행하고, 계약 학습을 실천하고(제10장에 소개된 대로), 자신의 시간을 조절하고, 인쇄물이나 사진에서 비디오에 이르기까지 다양한 매체를 이용하여 그들이 배운 것을 보고한다. 학생들이 사랑하는 학교는 자기주도적인 훈육과 학습을 위한 기회를 제공한다. 예를 들면, 매사추세츠 로웰의 유치원부터 8학년까지 있는 마그넷 학교에서는 외부에서 결정한 훈육체제가 없지만 법과 판례가 학생들에 의해 결정되는 학생 재판제도의 형태로 자기주도적인 훈육이 생성된다.[14] 뉴올리언스 프리스쿨, 공연예술고등학교, 오파렐, 에이미 식스, 그리고 많은 다른 학교들은 학생들에게 전체 회의, 연구계획, 지역사회 봉사 및 복합적인 문제해결 등을 통해서 자기주도적인 훈육을 할 기회를 매일같이 제공한다.

그림 12.4에 제시한 3차원적인 훈육과 학습의 연속선은 수업과 훈육 사이의 상호관련성을 보여 준다(제10장의 수업의 연속선 참고).

한평생 교사중심적이던 선생님들은 3차원적 훈육과 학습의 연속선의 한쪽 끝에서 다

그림 12.4 3차원적인 훈육과 학습

교사중심	
교사 차원 : 교사가 학생의 행동을 지도하고 통제한다. **교사의 역할은 지시적이다.** 협동 차원 : 교사와 학생이 긍정적인 교실학습환경을 조성하는 데 협력한다. **교사의 역할은 어느 정도 지시적이고 촉진적이다.** 개인 차원 : 학생들은 내적으로 자기주도적이어서 어른들의 직접적인 감독은 최소화된다. **교사의 역할은 비지시적이고 촉진적이다.**	• 강의 • 질문 • 반복연습 • 시범 보이기 • 토론 • 협동집단 • 발견학습 • 계약서 • 역할연습 • 연구계획서 • 탐구활동 • 자기평가
학생중심	

른 쪽으로 짧은 시간 안에 변하기는 어려울 것이다. 지속적인 변화는 지역사회의 모든 영역으로부터 후원은 물론 시간이 필요하다. 그 연속선은 학생 개개인과 학습의 촉진자들에게 폭넓은 선택의 여지를 제시해 준다. 학습과 훈육의 다른 접근방법도 경험할 기회를 주면서 연속선상의 한쪽 끝에서 반대쪽으로 옮겨 보는 것은 현실적이고 성취 가능한 목표이다.

연속선상에서 교사의 역할은 수업의 형태와 함께 변한다. 마찬가지로 학생들의 역할도 동시에 변한다. 교사와 학생들은 공동학습자가 된다. 학생들은 마침내 모든 연속선상에서 배울 기회가 주어진다. 보다 더 촉진적인 학습을 경험한 교사와 학생들은 창의적이며 자기주도적인 훈육을 학습하는 지역공동체의 한 부분이 된다. 자기주도적인 훈육을 학습한 사람들은 단순한 정보를 습득하는 것보다 더 많은 것을 한다. 그들은 과거를 딛고 일어나서 미래를 창조할 수 있는 사람이다.

다른 자원들

훈육에 관한 주제가 이 장에서는 다른 관점에서 검토되었다. 학급경영과 훈육에 관한 주제는 수백 권의 책에 기술되어 있다. 다음에 소개되는 책들은 교실에서 자기주도적인 훈육을 개발하고자 갈망하는 교사들에게 도움이 될 수 있을 것이다.

Vernon Jones and Louise Jones, *Comprehensive Classroom Management*, 3d ed. (Boston: Allyn and Bacon, 1990).

H. Jerome Freiberg, *Consistency Management: Cooperative Strategies for Active Learning* (Houston: University of Houston, College of Education, National Center on Education in the Inner Cities, 1994).

H. Jerome Freiberg, "A Social That Fosters Resilience in Inner-city Youth," *Journal of Negro Education, Yearbook Edition* 62, no. 3 (Washington, D.C.: Howard University Press, 1993).

Richard Curwin and Allen N. Mendler, *Discipline with the Dignity* (Washington, D.C.: Association of Supervision and Curriculum Development, 1988).

William Glasser, *The Quality School: Managing Students without Coercion* (New York: HarperCollins, 1992).

결론

문제를 예방하는 사람들에게는 굉장한 명예나 개선장군의 밴드도 울리지 않는다. 다만 가치 있는 일을 했다는 뿌듯한 만족감뿐이다. 따뜻하게 돌보는 교실과 지지적인 학교는 파괴적인 갱단이나 깡패들과 연합하고 싶은 학생들의 필요성을 줄이는 방향으로 크게 이바지할 것이다. 긍지가 생기고, 한 인간으로서 자신을 사랑하며, 그들 자신이 원하는 학습활동을 선택할 기회가 주어지고, 오늘날 복잡한 문제해결의 기회가 주어지는 그런 장소를 추구하는 청소년들에 대한 지원은 우리의 미래를 훨씬 더 희망적인 장소로 만드는 일이다.

자유, 질서, 그리고 학습은 상호 배타적인 것이 아니다. 우리는 교도소 비슷한 학교를 원하지는 않는다. 많은 학교에서 발견되는 증가하는 폭력과 갈등의 해결책으로 처벌과 통제를 주장하는 움직임이 전국에서 일고 있다. 나는 이 장이 의미 있고, 안전하고, 생산적이며 창조적인 학습환경을 만들기 위해서 보다 더 바람직한 대안이 있음을 보여 주었기를 간절히 바란다.

참고문헌

1. H. Jerome Freiberg, *Consistency Management: Cooperative Strategies for Active Learning* (Houston: University of Houston, College of Education, National Center for Education in the Inner Cities, 1994).
2. S. Sherwood, "A Circle of Friends in a 1st Grade Classroom," *Educational Leadership* 48, no. 3 (1990): 41.
3. C. R. Rogers, Personal communications with H. Jerome Freiberg, 1984.
4. S. Elam, R. Lowell, and A. Gallup, *Phi Delta Kappa 24th Annual Poll Gallup/PDK Poll of the Public' s Attitude Towards Public Schools* 74, no. 1 (1992): 41-55.
5. C. Horswell, "Sense of Belonging Is a Powerful Incentive to Join," *Houston Chronicle*, 20 May 1991, pp. 6a-7a.
6. E. Schaps and D. Solomon, "Schools and Classrooms as Caring Communities," *Educational*

Leadership 48, no. 3 (1990): 38-42.

7. V. Jones and L. Jones, *Comprehensive Classroom Management: Motivating and Managing Students*, 3d ed. (Boston: Allyn and Bacon, 1990).
8. W. Doyle, "Classroom Organization and Management," in *Handbook of Research on Teaching*, 3d ed., M. Wittrock (New York: Macmillan, 1986).
9. E. Cohen, R. Lotan and L. Catanzarite, "Can Classrooms Learn?" *Sociology of Education* 62 (April, 1989): 75-94.
10. E. Cohen, *Classroom Management and Complex Instruction* (Paper presented at the annual meeting of the American Educational Research Association, Chicago, April 1991).
11. H. J. Freiberg, N. Prokosch, E. Treister, and T. Stein, "A Study of Five At-risk Inner City Elementary Schools," *International Journal of School Effectiveness and School Improvement* 1, no. 1 (1990): 5-25.
12. E. Emmer and A. Aussiker, *School and Classroom Discipline Programs: How Well Do They Work?* (Paper presented at the national meeting of the American Educational Research Association, Washington, D.C., April 1987).
13. E. Brantlinger, "Adolescents' Interpretation of Social Class Influence on Schooling," *Journal of Classroom Interaction* 28, no. 1 (1993): 1-12.
14. D. Fadiman, *Why Do These Kids Love School?* (study guide). (Santa Monica, Calif.: Pyramid Film and Video, 1991).

수잔 셔우드 교사의 '1학년 교실 친구들의 서클' 의 참고문헌

a. R. Perske, *Circles of Friends* (Nashville: Abington Press, 1988).

b. W. Stainbeck and S. Stainbeck, "Educating All Students in Regular Education, *The Association for Persons with Severe Handicaps Newsletter* 13, no. 14 (1987): 1, 7.

c. D. Donder and J. Nietupski, "Nonhandicapped Adolescents Teaching Playground Skills to Their Mentally Retarded Peers: Toward a Less Restrictive Middle School Environment," *Education and Training of the Mentally Retarded* 16 (1981): 270-76.

d. S. B. Stainbeck, W. C. Stainbeck, and C. W. Hatcher, "Nonhandicapped Peer Involvement in the Education of Severely Handicapped Students," *The Journal of the Association for Persons with Severe Handicaps* 8(1983): 39-42.

제 13 장

교육에서 인간중심적 쟁점에 대한 학술연구

증거 제시

촉진적인 방법으로 가르침은 많은 유의미한 성과를 가져오지만 앞 장에서 소개한 개념들은 학교와 교실에서 성공적으로 활용될 뿐만 아니라 아시아, 유럽, 미국의 다양한 문화적 맥락에서, 그리고 거의 관련 없어 보이는 분야인 육군, 해군, 공군 장교들에게 인간관계를 가르치는 일에도 성공적으로 적용된다. 그럼에도 불구하고 이 개념의 풍부한 효과를 묘사하는 것은 어린이와 청소년들의 일상생활과 떨어져 있는 정책 입안자들에게는 종종 설득력이 없어 보인다. 정책 입안자들은 "전통적인 학교가 나에게는 좋았다. 왜 오늘날 청소년들은 조용히 앉아서 강의에 경청하지 못하는가?"라고 말하는 경향이 있다.

회의론자들은 이런 발상, 철학, 그리고 개념이 교실, 학교, 그리고 가장 중요한 학생들에게 지속적인 변화를 가져오느냐고 질문할 것이다. 그 대답은 명백하게 "예"이다.

교실에서 인간적인 가치에 대하여 회의적인 사람에게 대응하고 싶은 사람들에게는 이 책 속에서 이 장이 가장 중요한 부분이다. 이 장이 가장 중요한 이유는 지금까지 이 책에서 기술한 인간적이고 촉진적인 분위기를 교사가 제공하면 학생들은 더 많이 배우고, 출석률이 높아지고, 더 창조적이고, 문제해결능력도 향상된다는 사실을 다양한 맥락에서 시간을 두고 학술연구가 자료를 제시하기 때문이다. 이 장은 추가 자료를 제공하고, 그리고 성공한 자료의 출처를 제공하여 당신 자신의 경험을 쌓아 가도록 지원한다. 인간적인 접근은 학습의 전제조건이고 기본이며 많은 기본적인 차원에서 전통적인 학습방법보다 더 적절하다.

그 이유는, 우리가 제2장에서 본 대로, 수동적인 학습방법을 수용해 온 학생들은 점점 더 퇴보한다는 데 있다. 더욱 중요한 점은 오늘날 어른들이 필요로 하는 전문성의 수준은 20년 전보다도 훨씬 더 복잡하고 필수적이다. 아는 것만으로는 충분하지 않다. '왜' 와 '어떻게' 까지 아는 것이 한층 더 중요하다. 또한 학생들이 역기능적인 사회에 적응하기보다는 자신들의 잠재능력을 개발하는 것이 더 중요하다. 이 장은 학교를 의미 있는 결실의 장소로 전환시킬 토대를 형성할 수 있는 인간중심학습에 관하여 새로운 조망을 제공한다.

여기 소개된 학술연구는 여러 자료에서 추출된 것이다. 어떤 자료는 8개국에서 수천 시간의 교실활동을 녹음한 테이프에 근거한 것이다. 이 자료는 각급 학교, 다양한 민족과 국민, 그리고 광대한 지역을 포괄한다. 다른 연구결과는 따듯하게 돌보는 학교와 가정들의 종단적 연구에서 나온 것이다. 어떤 연구들은 위험성이 높은 학생들에게 유연성을 키워 주는 문제를 다루었다. 그리고 또 다른 연구들은 개방적인 학습과 전통적인 학습 사이의 차이점에 대하여 수백 개의 연구를 종합한 결과이다.

여러분은 놀랄 만한 연구결과를 보게 될 것이다. 한 학교에 있는 선생님들이 모두 학생들과 눈을 접촉하면서 상호작용하는 시간을 더 갖기로 결정했을 때 출석률이 어떻게 달라졌는가? 교실에서 교사가 말하는 시간이 수업시간의 20, 40, 60 혹은 80%가 되는가? 초등학교, 중학교, 고등학교에서 학생들은 얼마나 자주 그들의 학습활동을 선택할 수 있는가? 학생들의 학습, 학교에 대한 태도, 창의성 측면에서 열린 교육과 전통적인 교육 사이의 차이점은 무엇인가? 뇌에 관한 연구는 경험적인 학습과 아동/성인들의 뇌의 발달과의 관계에 대해서 무엇을 보여 주는가? 협동집단이 학습과 자긍심에 미치는 영향은 무엇인가? 거의 40여 년 전에 가정에서 매를 맞지 않고 성장한 오늘날 어른들의 모습은 어떠한가? 매일 지속되는 비촉진적 조건을 경험하는 청소년들에게 학교는 유연성을 키워 줄 수 있는가? 학생들은 그들의 시간 중에서 몇 퍼센트나 실제로 생각하는 데 사용하는가? 더 중요한 것은 교사는 그의 시간의 몇 퍼센트나, 10%, 1%, 혹은 그보다도 적게 생각하는 데 사용되지 않는가? 이 장을 읽고 나서 교실에서 당신이 시간을 어떻게 보낼 것인지에 대한 생각에 변화가 오기를 바란다.

학술연구의 중요성

연구결과는 숫자 이상의 의미가 있다. 그것은 새로운 학습을 가능하게 할 방향을 제시해 주고, 시험의 유형과 성향을 규명해 줄 경험과 생각의 체계적인 수집을 포함하고 있다. 연구는 교육에 관한 보고서를 생성할 뿐만 아니라 그 진술을 뒷받침해 준다. 너무나 많은 교육적 경험과 사상들이 진지한 고려 없이 내던져지고 있다.[1]

변화는 시간이 걸린다

이 장은 과거와 현재의 인간중심적인 교육에 대한 연구결과를 탐색하고자 한다. 최근에 나는 인간중심적 교육에 관한 연구결과가 정책 결정자들에 의해서 무시되고 있어서 걱정된다. 이것은 부분적으로 인간중심적인 학습에 관한 연구는 과정이 먼저이고, 결과는 둘째로 친다는 사실 때문이다. 인간중심적인 학습은 기술이나 행동에 초점을 두지 않고, 전인 — 개인의 가치, 신념 및 태도 — 에 초점을 둔다. 우리가 저마다 자신의 가치, 신념 및 태도를 반추할 기회를 주지 않고서 행동만 바꾸는 데 초점을 맞춘다면 우리는 학습의 근거지를 변하기 쉬운 모래사장에 건축할 위험성이 있다.

사색하는 과정은 시간이 걸리며 개인의 행동에서 어떤 변화보다도 확실하게 선행한다. 우리 사회는 지금 결과물을 원하지만, 생각이 무르익어서 의미 있는 인간중심 프로그램으로 발전하기까지는 인내와 끈기가 필요하다. 기회가 주어지고 지원을 해 준다면 사람들은 장기간에 걸친 혜택을 보게 된다. 다른 대안은 현재 우리가 경험하고 있다. 즉 권위적, 지시적이고, 유행을 타는 프로그램은 반짝하다가 만다. 인간중심 프로그램의 즉각적인 결과를 보여 주지 못하고 있을 때, 지시적인 프로그램들은 다른 유행성 프로그램으로 교체되고 사라진다. 경험이 많은 유능한 교사들도 회의적이 되고 회전문 현상에 지쳐 있으며, 그들도 "좀 기다리면 이것도 지나갈 거야."라는 자세를 취하고 있다.

지시적 수업과 비지시적인 수업

지난 20년간 성공적인 가르침에 대한 연구들을 검토해 보면 지금 학교와 교실에서 예외가 아니라 표준으로 인정받는 것과 경쟁하고 있는 한 유형을 발견하게 된다. 대부분의 연구물로 보고된 학교나 프로그램에 대한 연구는 가르침에 대한 지시적 접근을 반영한다.[2]

고전적인 지시적 수업에서 교사는 학생들 앞에서 수동적인 학생들에게 정보를 제공한다. 학습과 가르침에서 지시적인 수업방식은 많은 주창자들을 확보하고 있다. 사실 어떤 학생들은 이런 수업을 받을 때 표준화 검사에서 잘한다는 연구결과도 있다. 그런데 많은 학생들은 이것이 유일한 수업형태로 주어졌을 때 배우지 않는다. 지시적인 수업형태는 학생들의 상호작용이나 참여를 극적으로 제한하는 반면에 학업성적의 책임은 학생들에게 돌린다.

그림 13.1의 자료는 1991~1992년도에 전국 저소득층 교육연구센터가 수집해서 연구에 참여한 학교들에게 배포한 조사결과이다.[3] 그 자료는 대도시 12개 학교에 있는 128개 교실에서 무작위로 표집한 512명의 학생들에 관한 관찰을 근거로 한 것이다. 4개의 초등학교 3학년과 5학년, 4개의 중학교 6학년과 8학년, 그리고 4개의 고등학교 9학년과 12학년이 대상이었다. 평균하면 한 번에 한 교실에서 네 학생이 관찰되었다. 4명의 학생들은 50분 동안에 교사와 열 번 상호작용하는 것이 이틀 동안에 관찰되었다. 관찰자들은 학생들이 그들의 학습활동을 선택하는 데 보내는 시간과 교사가 그 학생이 활동을 마칠

그림 13.1 초 · 중 · 고등학생들의 학습활동 선택과 환경

구분	전체 평균(%)		
	초등학교	중학교	고등학교
학습활동 변인			
교사가 지시한 활동	99.85	97.96	99.07
학생이 선택한 활동	0.14	2.03	0.93
환경변인			
반단위 수업	78.19	88.04	80.84
소집단	12.20	5.20	3.17
개별	9.60	6.75	15.98

National Center on Education in the Inner Cities, *School Profiles* (Philadelphia: Temple University, Center for Research in Human Development and Education; Houston: National Center on Education in the Inner Cities, 1993). Composition profile adapted from H. J. Freiberg, S. Huang, M.C. Wang, and H. Waxman, 1993.

수 있도록 허락하는 시간의 양을 측정하였다.

그 결과는 다른 대도시 학교에서 교실수업을 연구한 것과 대동소이했는데, 놀라운 것이었다. 고등학교에서는 학습활동의 99%, 중학교에서는 98%, 초등학교에서는 놀랍게도 거의 100%가 교사가 선택한 것이었다. 추가하자면 초등학교 수업의 78%는 일제수업이었고, 중학교에서는 88%, 고등학교에서는 81%가 대단위 수업이었다. 고등학교 수업이 소집단활동이 가장 적어서 3.17%였다. 낮은 수준의 일제수업은 교사가 지시하는 것을 학생들이 각자 앉아서 하는 수업이다. 이런 교실에는 학습센터의 활용, 협동학습집단, 그리고 자주적인 학습활동은 기본이 아니라 예외였다.

두뇌발달과 풍부한 환경

두뇌연구와 다양하게 상호작용하는 학습환경과 두뇌발달과의 관계에 대한 연구가 활발해지면서 자극이 풍부한 다양한 학습환경의 필요성은 더욱 분명해졌다. 《시카고 트리뷴》지 과학담당기자 로날드 커틀락(Ronald Koutulak)은 인간중심 학습의 핵심에 호소하는 기사에서 학습과 두뇌에 관한 연구를 최근에 요약했다. 그는 두뇌연구분야의 지도자들과 인터뷰하면서 두뇌연구가 학습에 미치는 함의를 이야기해 달라고 요구했다.[4]

커틀락의 기사에 요약된 최근 연구에 근거하면 어린이들은 두뇌발달의 초기에 3단계를 거쳐 간다. 첫 번째 단계는 태아발달 중에 일어난다. 이 단계에서 두뇌 세포는 저마다 특수한 임무를 맡게 된다. 시카고대학교의 신경생물학 연구자인 피터 하텐락커(Peter Huttenlocher)는 28주 된 태아는 두뇌의 세포를 연결하는 1억 2,400만 개의 시냅스(synapses)를 가지고 있음을 발견했다. 이 연결점의 하나하나가 잠재적인 학습통로이다. 출생부터 만 1년 사이에 두뇌는 크기나 시냅스의 숫자에서 극적으로 증가한다. 시냅스의 수는 50조에서 1,000조로 기하급수적으로 증가했다가 그 후에 감소한다. 그의 보고서에 의하면 이 숫자는 쉽게 거의 25% 정도 증가하거나 감소할 수 있다.

유아 시절에 시냅스의 감소는 아이의 환경과 관련 있다. 보기, 듣기, 말하기, 움직임, 시각화 등을 통하여 자극을 주는 행위가 시냅스의 수준이나 통로 그리고 두뇌발달의 수준을 결정하는 것으로 보인다. 자극을 받지 않은 시냅스는 줄어들거나 사라진다. 뒤에 남는 것은 여러 경험들의 지도(p. 8b)[4], 일종의 생물학적 통합 회로를 형성하는 두뇌 세포이다. 커틀락은 학습촉진을 위한 함의를 다음과 같이 계속 기술하였다.

> 시카고대학교의 하텐락커는 두뇌가 어떻게 단어 저장을 위하여 초기의 학습능력을 사용하는지를 발견하였다. 어떤 어린이는 천부적인 능력 때문에 다른 이들보다 단어를 더 빨리 학습한다는 믿음을 버리게 하는 선구자적 연구에서 하텐락커는 사회경제적 요소가 동일할 때 어머니가 아이와 대화를 많이 하면 더 많은 단어를 학습한다는 것을 보여 주었다(p. 8b).4

커틀락의 보고서는 4살에서 10살 사이에 두뇌에 두 번째 변화가 생긴다는 것을 보여준다. 캘리포니아주립대학교(UCLA) 신경학자 해리 추가니(Harry Chugani)에 의하면 두뇌세포가 업무를 수행하는 데 필요한 설탕 사용량 측정자료는 어른들의 두뇌활동과 비교해 볼 때 4살에서 10살 사이에 225%나 증가함을 보여 준다. 10살이 지나면 두뇌 지도는 고정되어 새로운 학습은 새로운 통로의 건설이나 오래된 것의 쇠약을 요구한다. 새로운 통로의 건설이나 상실의 과정은 태어나서 죽을 때까지 계속되는 과정이지만 학습에 가장 중요한 기회는 인생의 최초 10년 동안에 일어나는 것 같다. 통로의 증가나 감소는 아이가 풍요로운 환경에서 성장하는가 아니면 빈곤한 환경에서 성장하는가에 달려 있다.

커틀락은 그 후의 발달에 관하여 다음과 같이 보고한다.

> UCLA 과학자들은 지적으로 활발했던 대학원생들의 두뇌는 고등학교 중퇴자의 두뇌에 비해서 40%가 더 많은 시냅스를 가지고 있음을 부검환자에서 최근에 발견했다. 그러나 교육만으로는 더 좋은 두뇌를 개발할 수 없다는 것을 UCLA 과학자들은 발견했다. 두뇌가 계속해서 자극을 받지 않으면 대학 경험을 통해서 성장했던 두뇌의 연결점들을 상실하게 된다. 지적으로 나태한 삶을 산 대학원생들의 두뇌는 계속해서 머리를 쓰는 대학원생들의 두뇌보다 연결점이 적었다.[4]

두뇌와 학습에 관한 이 새로운 연구의 함의는 놀랍기도 하고 흥분되게 한다. 이 연구가 내포한 뜻은 학교와 가정에서 풍부한 학습환경의 필요성에 관하여 크게 강조한 것이다. 그림 13.1에서 128개 교실에서 수집한 자료는 자극이 풍부한 학습환경의 중요성을 강조했을 뿐이다. 학생들은 학교에서 하루에 6~8시간을 보낸다. 만약에 풍요로운 환경이 학생들의 경제적 지위에 상관없이 모든 학생들에게 조성되어야 한다면, 학습활동을 선택하는 과정에서 학생들의 견해가 반영되어야 할 기회가 필요하다. 빈곤한 가정에서 성장한 어린이들은 (미국의 경우 5명 중 1명꼴) 가정에서도 자극이 부족하고, 학교에서도 제한된 환경을 경험하게 된다. 독자들이 "학생 개개인의 학습을 풍성하게 만들기 위해서 어떤 형태의 조건이 필요하며, 그 효율성을 지지하는 연구결과가 있느냐?"고 질문한다면 내 대답은 "이 책을 계속 읽어 가시오."이다.

촉진자에게 달려 있다

플로라 로벅(Flora Roebuck)과 데이비드 애스피(David Aspy)는 수천 명의 학생들을 대상으로 인간중심 학습의 효과를 연구하고 학생들의 태도와 학업성취에서 의미 있는 향상을 발견하였다. 그들의 중요한 연구결과를 다음에 요약한다.

로벅과 애스피의 연구결과

근본적인 질문

많은 사람들의 기본적인 경향은 "그래서 어쨌단 말이냐? 인간중심의 자유가 있는 교실이 다른 교실에 비해 더 우수한 것이 무엇이냐?"는 것이다. 인간화교육전국협의회에서는 42개 주와 7개 외국에서 17년 동안 이 문제에 대한 학술연구를 해 왔다. 이 연구결과는 인간중심 원리를 학교에서 일상생활에 적용하면 매우 긍정적인 성과가 있음을 암시해 준다.

인간화교육전국협의회의 연구 결과는 다음과 같이 간단히 요약될 수 있다. 학생들은 높은 수준의 이해, 아끼는 마음 및 진실성을 경험하면 낮은 차원의 그것을 경험한 학생들보다 더 많이 배우고 더 잘 행동한다. 학생들을 섬세하고 자각 있는 인간으로 대해 주면 그 대가가 있게 마련이다.[5]

그 진술은 교실에서 인간관계에 초점을 둔 거의 20년간의 연구와 훈련계획에 근거를 둔 것이다.[6] 인간화교육전국협의회 활동은 학술연구와 훈련을 다 포함했고, 주관적(현상학적)인 절차와 과학적인 절차를 다 활용하였다. 다양한 접근법을 활용하여 우리는 로저스의 촉진적 조건, 즉 공감, 일치성, 긍정적인 관심과 자기 자신, 학교, 타인에 대한 태도, 규율문제, 건강, 출석, 학습의 변화, 인지적 성장과 같은 다양한 요소와의 관계를 연구해 왔다. 이 연구들은 각급 학교들을 모두 포함했으며 초등학생, 중 · 고등학생과 대학생들을 참여시켰다. 결국 우리는 2만 명의 학생들과 2천 명 이상의 교사들과 함께 연구하였다.

촉진적인 조건과 학생들의 성과

초등학교에서부터 고등학교 3학년에 이르기까지 600명의 교사와 1만 명의 학생들이 참여한 연구[6]에서 애스피와 로벅은 공감, 일치성 및 긍정적 존중을 포함하는 높은 수준의 촉진적 조건을 제공하도록 훈련을 받은 교사들의 제자들과 촉진적 조건을 제공하지 못하는 교사들의 제자들을 비교해 보았다. 이 연구의 요약을 여기에 기록할 텐데 부가적인 연구와 절차는 애스피와 로벅의 저서 『학생들은 그들이 싫어하는 교사들로부터는 배우려 하지 않는다』[6]와 『학습의 자유』의 전 편에 소개되어 있다.

높은 수준의 촉진적인 교사와 낮은 수준의 촉진적인 교사를 비교했을 때 교실 학생들에 대한 연구결과는 다음과 같다.

1. **학생들의 결석일수가 연중 4일 더 적다.** 낮은 수준의 공감적인 교사 반 학생들 3,199명에 대한 연구에서는 학생들이 연중 평균 9일을 결석했다. 높은 수준의 공감적인 교사 반 학생들 3,410명은 연중 5일 결석을 했다. 그 차이는 $p<.005$ 수준에서 통계적으로 의미가 있었다.
2. **학생들은 보다 더 긍정적인 자기개념을 나타내는 자기개념 측정점수가 향상되었다.** 3학년에서 6학년까지 그리고 중학교 1학년에서 고등학교 3학년까지 학생들에게 '내가 보는 나 검사(How I See Myself Test)'를 실시하였다. 그것은 6개 하위영역에서 자기존중감을 측정하는 검사이다. 높은 공감을 보이는 교사들의 3학년에서 6학년 학생들은 그들의 교사와 학교 상호작용, 신체적인 외모, 대인관계의 적절성, 자율성, 학업성적의 만족도, 학교 환경 속에서의 그들의 위치 등에 관하여 더 높은 존중감을 느끼고 있었다. 중학교 1학년에서 고등학교 3학년 학생들은 그들의 교사와 학교 상호작용을 제외한 모든 영역에서 자존감의 향상이 있었다. 학교 크기가 아마도 이 영역의 점수에 영향을 주었을지도 모른다. 향상된 모든 점수는 $p<.05$ 수준에서 통계적으로 의미가 있었다. 가장 놀랄 만한 결과는 대인관계훈련을 받지 않은 교사들 반 학생들과 비교한 데서 발견되었다. 이 학생들은 연중 자율성과 신체적 외모 영역에서 자존감이 감소했음을 보고하였다.

3. **학생들은 수학과 읽기 성적을 포함한 학업성적 검사에서 더 큰 향상이 있었다.** 1학년에서 3학년, 4학년에서 6학년, 중학교 1학년에서 중 3학년, 그리고 고 1에서 고 3에 이르기까지 모든 학생들이 독해력에서 의미 있는 향상이 있었다. 저학년 학생일수록 성적이 더 향상되었지만, 모든 학생들이 $p<.05$ 수준에서 의미 있는 향상을 보였다. 4학년에서 6학년, 중 1에서 중 3, 그리고 고 1에서 고 3 학생들이 모두 수학과 영어시험을 치렀다. 고등학교 1학년에서 3학년에 이르는 학생집단의 영어 점수를 제외하고, 모든 학년 학생들의 영어 성적이 향상되었다.
4. **학생중심적인 교실의 학생들은 규율 문제나 학교 기물파괴의 숫자가 줄어들었다.** 88개 학급의 2학년에서 6학년 학생에 대한 연구에서 문제행동이나 기물파괴 행동의 16%에서 45%에 이르는 편차는 교사의 인간중심적인 대인관계에 대한 자각에서 기인한 것일 수 있다. 애스피와 로벅의 연구에 의하면 공감, 존중, 칭찬이 적고, 학생들의 의견 수용이나 생각할 시간을 적게 주는 교사의 반에서 문제행동은 더 자주 발생하였다.[7]
5. **학생들은 보다 더 자발적이고 높은 수준의 사고를 한다.** 학생들에 대한 긍정적 존중의 특징은 블룸(Bloom)의 분류에서 인지사고의 높은 수준, 즉 2~6 수준에 있는 학생들에게는 가장 낮은 암기수준에 있는 학급과 비교했을 때 의미심장한 차이가 있었다. 블룸의 높은 수준은 분석, 종합, 그리고 평가능력을 포함한다. 애스피와 로벅의 연구에 따르면 이와 같은 이점은 누적되는데 낮은 수준의 교사들을 만난 학생들과 비교해 볼 때 높은 수준의 교사를 만난 학생들은 그 햇수가 길수록 향상은 더 컸다(p. 221).[6]

연구에서 파생된 숫자들은 매우 중요한 면도 있지만, 교수와 학습의 이론적 틀을 변화시킬 몇 가지 의미 있는 사례의 일부에 지나지 않는다. 이 책 안의 사례나 사례연구는 통계숫자를 인간적인 맥락 안에서 다루면서, "어떻게 모든 학습자의 필요를 충족시키는 학습환경을 조성할 수 있을까?"라는 질문의 중요성을 가중시킨다. 공감, 일치성, 진정성 및 무조건적 긍정적 존중을 실천하는 교사와 학생들의 감동적인 이야기는 더 넓은 맥락의 변화가 일어날 수 있는 근거를 문서로 증명하고 있다.

교사의 대인관계기술

여러 연구에서 애스피와 로벅은 교사들이 학생들에게 제공한 촉진적 조건의 수준을 평가하였는데 높은 수준의 공감을 제공한 교사들은 다른 행동들에 의해서도 그 특징이 들어남을 발견하였다(pp. 21-22).[8,9,10] 보다 더 촉진적인 조건을 조성하는 교사들은 다음과 같은 행동을 자주 하는 경향이 있음이 발견되었다.

1. 학생 감정에 더 많이 반응한다.
2. 수업진행과정 중에 학생들의 의견을 더 많이 사용한다.
3. 학생들과 더 자주 대화한다.
4. 학생들을 더 자주 칭찬한다.
5. 교사의 말이 더 일치되어 있고, 의례적인 말이 적다.
6. 개개인 학생의 참고체계에 더 잘 맞도록 내용을 선정한다(설명은 학습자의 그 당시 필요에 적합하도록 창조되는 경향이 있음).
7. 학생들을 보고 자주 웃어 준다.

더 나아가서 교실에서 고차원적인 촉진적 조건을 격려하는 교사들의 교실활동은 다음과 같은 일반적인 특성을 반영하는 경향이 있다.

1. 학습목적은 교사와 학생들 간의 협동적인 계획으로 도출되었다.
2. 교실은 출석한 학생들의 필요를 그들이 충족할 수 있도록 개별화하였다. 학생들이 만든 전시회나 구안학습이 더 많았다. 교실은 사람들이 사는 것 같이 보였다.
3. 시간제한에서 더 자유가 많았다. 정해진 마감시간이 드물었고 일의 순서에 융통성이 있었다.
4. 교사는 평가보다는 생산성과 창의성에 더 많은 강조점을 두었다. 성공의 기준으로 시험을 치는 것보다는 의미 있는 연구계획을 수행하는 것이 더 중요했으므로, 학점이나 시험에 치중하지 않았다.

앞선 장에서 토론한 교사와 뉴올리언스 프리스쿨, 휴스턴의 공연예술고등학교, 필라델피아의 에이미 식스의 교사들과 행정가들 역시 일치성, 공감 및 긍정적 존중의 특성들을 보여 주었다.

눈 맞춤의 중요성

애스피와 로벅은 다른 연구에서 많은 교사들이 학생들과 눈 맞춤을 하지 않는다는 것을 발견했다. 연구자들은 "어떤 학생들은 교사로부터 호의적인 눈 맞춤을 경험한 적이 없고, 다만 문제행동을 할 때만 부정적인 눈 맞춤을 경험한다"고 결론을 내렸다. 애스피와 로벅이 교사들로 하여금 긍정적인 눈 맞춤을 유지하도록 조력했을 때, 학생들의 출석률이 의미 있는 수준으로 증가하였다($p<.01$).[11] 결과적으로 연구자들과 교사들은 시선의 접촉이 학교를 인간화하기 위한 목표 중 하나가 되어야 한다는 결정을 하게 되었다.

공감, 일치성 및 긍정적 존중

일반적으로 공감, 일치성 및 긍정적 존중에 관한 애스피와 로벅의 연구결과는 7가지로 요약될 수 있다.

1. 교사들의 공감, 일치, 그리고 긍정적 존중의 평균수준은 일반대중의 그것과 비슷했다(5점 만점 척도에서 2.0). 5점 만점에서 3점 수준은 효율적인 인간관계 반응을 위한 출발점이었다(p. 14).[12]
2. 인간중심 교육방법으로 훈련받지 않은 교장과 카운슬러들의 대인관계기술의 평균수준은 그 과정 척도에서 3.0 이하였다(pp. 163–71).[13]
3. 대인관계기술 훈련을 받지 않은 사범대학 교수들의 인간관계 기술의 평균수준은 최소한의 효율적인 수준의 시발점인 3.0 이하였다(p. 15).[11]
4. 대인관계기술을 훈련받지 않은 사람의 수준분포는 성별, 인종, 교육경력 혹은 지리적 위치와는 상관이 없었다(pp. 9–14; pp. 86–92).[14,15]
5. 미국 교사들의 대인관계기술 수준은 다른 나라 7개국의 그것과 의미 있는 차이가 없었다(pp. 163–71).[13]
6. 교사들이 학생들에게 제공하는 촉진적인 조건의 수준은 9월*에서 다음 해 5월로 감에 따라 퇴보하는 현상이 있었다.[16]

* 역자 주 : 미국의 경우 9월에 새 학년이 시작되어 다음 해 6월 초에 끝난다.

데이비드 애스피와 플로라 로벅의 연구결과
교사들의 대인관계기술의 향상

인간화교육전국협의회의 초기 연구는 대부분의 교사들이 교실에서 촉진적인 대인행동 그 자체를 목적으로 삼는 일에 별로 관심을 가지지 않는다는 사실을 지적했다. 다른 한편 교사들은 학습, 규율, 출석과 같은 학생들의 즉각적인 행동에 영향을 주는 것에만 관심을 가지고 있다. 그래서 우리는 교사들이 소중히 여기는 결과와 촉진적 대인행동의 관계를 기술함으로써 연구자들과 교사들 사이의 간격을 좁혀 보고 싶었다.

인간관계 전문가들은 사람을 제일 중요하게 그리고 교과내용은 두 번째로 보는 경향이 있고, 교사들은 특히 고등학교 수준에서는 교과내용을 일차적인 것으로, 그리고 인간관계는 이차적인 것으로 본다. 우리 연구에서는 교사는 교실에서 학습의 성과를 높이기 위한 가장 중요한 대인관계 요인이라는 것을 암시했으므로, 교사들의 효율적인 교수방법의 보조수단으로 대인관계훈련을 제시하는 것이 필수적이다.

학생들에 대한 높은 수준의 공감, 일치 및 긍정적 관심을 제시하도록 교직원들을 훈련한 효과에 대한 3년에 걸친 연구에서 인간화교육전국연합회는 다음과 같은 결론을 얻었다.[16]

1. 교사, 교장 및 카운슬러들은 훈련프로그램을 통하여 최소한의 효율적인 수준(공감, 일치, 긍정적 관심 척도에서 3.0) 이상으로 기능하도록 성공적으로 훈련받았다.
2. 성별, 인종, 교직경력, 출신지역에 따른 하위 교사집단이 이 훈련에 체계적으로 다른 반응을 나타내는 경우는 없었다.
3. 일반적으로 촉진적 기능이 3.0 수준에 도달하는 데 중등학교 교사가 초등학교 교사보다 더 오랜 기간이나 더 집중적인 훈련이 필요했다.
4. 교사들은 그 프로그램이 다음 조건을 갖출 때 더 효과적으로 학습하였다. 첫째로 대인관계과정의 훈련과 그 기술을 학습과정에 적용하는 훈련을 결합시켰을 때, 둘째로 교실에서 교사들의 기능수준을 정기적으로 평가해 줄 때, 셋째로 가르치는 분들이 공감, 일치, 긍정적 관심척도에서 3.0 이상 기능을 발휘하는 사람일 때 등이다.
5. 학교장과 교육위원회 행정가들이 교사의 훈련 참가에 보상을 제공하여 지지하여 줄 때 교사들의 기술습득은 더 많았고, 공감, 일치 및 긍정적 관심 수준의 향상은 더

자주 교실에서 실행되었다.

6. 교장들이 높은 수준의 대인관계 및 상호작용의 기술을 교사들에게 사용하도록 훈련을 받았을 때, 첫째로 그 교사들은 높은 수준의 기술을 학생들에게 사용하였고, 둘째로 그들의 근무환경과 가르치는 일이 보다 더 매력적이라고 보고했고, 셋째로 결근률과 이직률이 줄어들었다.
7. 교사들의 공감수준은 학생의 자기개념, 학업성취, 출석률의 향상과 방해 행동의 감소 측면에서 결과의 예측은 물론, 교실에서 학생이나 다른 교사의 행동을 예측하는 데 가장 자주 나타나는 유일한 요인이었다.

대인관계기술과 체력단련

체력단련 측면의 여러 연구는 체력과 대인관계기술 측면의 밀접한 관계를 옹호해 주었다. 이들 연구의 결과는 다음과 같다.[5,17,18,19]

1. 학교행정가들의 사례연구에서 높은 기능 교장의 93%는 정기적으로 운동프로그램에 참여하고 있었다. 이들 인간중심적인 교장(45세와 그 이상)의 60%는 2마일을 15분 이내에 달릴 수 있었다.
2. 일반적으로 학생에 대한 교사의 민감성은 매주 월요일에 회복된다.
3. 고도의 체력단련 집단의 자료만을 검토해 보면 위에 기술한 것과 양상이 달라서 학생들이 가장 필요로 하는 금요일 오후에 그들의 민감성은 최고 정상에 도달한다.
4. 체력단련은 당장 기술학습과정에서, 그리고 학생에 대한 건설적인 민감성을 증가시키기 위하여 계획된 직무연수를 마친 후 나중에 교사들의 교실에서 잘 실천할 것을 예언하는 중요한 요소였다.
5. 교사들이 가르칠 때의 맥박수는 육체적으로 유사하지만, 가르치지 않는 활동에 참여할 때보다 1분당 12회 더 뛰었다.
6. 교사가 솔선해서 수업을 조직할 때보다 교사가 학생들에게 반응할 때 교사의 맥박은 의미 있게($p<.02$) 더 빨라진다.
7. 그러나 위에 있는 6번의 발견은 육체적으로 단련된 교사에게는 해당되지 않는다.
8. 교사의 육체적 단련수준은 교사가 가르치면서 웃는 횟수와 학생들과 눈을 맞추는 횟수와 의미 있는($p<.001$) 상관관계가 있었다.

9. 체력단련은 학점평균보다도 교생과 간호실습생의 실습성적의 더 좋은 예언자였다.
10. 높은 수준으로 체력단련이 되어 있는 교생들은 낮은 수준으로 체력단련이 되어 있는 교생보다 학생들의 의견을 더 많이 수용하고, 학생들을 비난하는 횟수가 더 적었다(R^2 =0.483; $p<.002$).

애스피와 로벅은 다음과 같은 결론을 내렸다.

> 피로, 영양부족 그리고 운동부족은 긍정적인 인간관계에 해롭다. 그다음에 나온 연구 자료는 장시간에 걸친 건설적인 인간관계를 유지하는 데 체력단련이 필요하다는 사실을 강력히 암시한다. 건설적인 인간관계를 이해하는 모든 교사들은 누구나 잠시 동안은 인간적일 수 있다. 그러나 그들의 체력단련 수준이 인간관계 촉진의 내구성을 결정하는 것 같았다.
>
> … 체력단련이 건설적인 인간관계 행동의 유일한 요인이 아니라는 것이다. 즉 육체적으로 잘 단련된 사람이 대인관계에 서투를 수 있다. 체력단련은 높은 수준의 인간관계 기능을 유지하기 위한 필요조건이지 충분조건은 아닌 것 같다. 또한 인간관계를 잘 촉진하는 교사들이 모두 육체적으로 단련되어 있다고 말할 수도 없다. 체력단련의 수준이 우리의 높은 대인관계기술을 활용할 기간을 결정한다고 말할 수 있을 것이다. 물론 우리의 기술이 매우 한정되어 있다면 체력단련의 높은 수준은 인간관계를 향상시키지 못할 것이다.
>
> 많은 학교의 관행은 학생들이나 교사들에게 체력단련을 권장하지 않는다. 예를 들면 교사들에게 운동시설을 제공하는 학교가 아주 적고, 점심시간은 아주 짧으며, 짜증날 정도의 시끄러움과 학생운동에 대한 책임, 동료교사들로부터의 고립 등이 연상될 뿐이다. 체력단련과 인간관계 기능과 관련된 자료 측면에서 볼 때 교사들이 낮은 차원의 인간관계 촉진에 머물러 있는 것은 놀라운 일이 아니다.
>
> 우리 연구의 단편적인 지식을 망라한다면 이런 식으로 표현될 수 있다. 체력단련은 인간관계기술을 개발할 수 있는 기반이 되는 것이고, 인간관계기술은 지적 발달의 초석이 되는 것 같다. 이것은 새로운 사실이 아니다. 그것은 우리 교육현장에서 오랫동안 소홀히 했던 것의 재확인일 뿐이다.

학생중심 학습을 지지하는 다른 연구들

애스피와 로벅의 연구는 독일에서 라인하르트와 안네 마리 타우쉬 및 그의 동료들에 의해서 확증되었다. 애스피와 로벅은 교사와 학생들의 상호작용 방식을 변화시키기 위해서 기술발달에 초점을 맞춘 반면에 타우쉬 동료들은 인간관계 집단을 사용하여 유사한 결과를 가져왔다.[20] 독일에서 그들이 연구한 바에 의하면 "교사들의 10%만 학생중심적으로 접근하였다."[21,22,23] 애스피와 로벅, 그리고 안네 마리와 라인하르트 타우쉬가 1970년대에 실험했지만 부모, 교사, 그리고 관심 있는 시민들이 우리 청소년들의 학습조건과 질을 향상시키려 노력하고 있어서 그들의 연구는 오늘날에도 여전히 높은 상관이 있다.

이미 보고된 연구 이외에 학습에 대한 다른 인간중심철학에 관한 추가적인 연구결과를 제공하기 위해서 보다 더 최근의 연구물들을 요약하고자 한다. 20년 이상의 연구결과가 아주 유사한 결론에 도달한 것은 놀랄 일이 아니다. 즉 교사들이 촉진적 조건이 높다고 평가된 학교에서는 의미 있게 더 높은 사회적 · 인지적 성과가 나왔다. 그들은 교실에서 진실한 사람들이고, 그들은 학생들의 개별성을 존중하고, 학교에서의 경험이 학생들에게 가지는 의미와 느낌을 교사들이 이해하고 있음을 알려 준다. 긍정적인 대인관계의 상호작용 없이는 학습한 것을 쉽게 잊어버리게 되고, 설상가상으로 장래의 학습을 방해하는 방어벽이 생긴다. 학습의 체제가 자유롭고, 적극적으로 가담하고 싶은 학생들의 필요에 개방적이라면 어떤 일이 발생할까?

열린교육의 효율성*

이 책에 소개된 많은 예와 교실에서 인간관계발달에 관한 지금까지의 연구는 개방적인 교수와 학습이라는 용어로 분류할 수 있다. 그 용어를 정의하자면 다음과 같다.

> 학생들마다 자기 자신의 학습과정에 참여하기를 소망하는 것을 인정하는 교수와 학습으로 통하는 개방적인 접근법을 의미한다. 이 방법은 학생들의 배우고 싶어 하는 천부적인 욕구를 존중하고, 그들이 배우고 지식을 창출하는 방식을 이해한다. 특별히 주목하는 것은 정보제공이라는 교사의 기능을 선택의 자유와 발문활동의 촉진기

* A portion of this section is adapted from H. Jerome Friberg, "Carl Rogers's Philosophy and Current Educational Research Findings," *Person-centered Review* 3, no. 1 (1988): 30-40.

표 13.1 열린교실과 전통적 교실의 차이점*

	결과(연구물들의 백분율)			
변인과 연구물	우수 열린교실(%)	우수 전통교실(%)	혼합(%)	무의미한 차이(%)
학업성적(102)	14	12	28	46
자기개념(61)	25	3	25	47
학교에 대한 태도(57)	40	4	25	32
창의성(33)	36	0	30	33
자주독립과 순응(23)	78	4	9	9
호기심(14)	43	0	36	21
불안과 적응(39)	26	13	31	31
통제소재(24)	25	4	17	54
협동심(9)	67	0	11	22
전체평균	**39**	**4**	**24**	**33**

* ( ) 속의 숫자는 연구논문 편수. 결과는 백분율로 표시되어 있음.
출처 : R. A. Horwitz, "Psychological Effects of the 'Open Classroom'," *Review of Educational Research* 49 (1979) : 71-85. © 1979 by the American Educational Research Association. 출판사 허락을 받고 게재함.

능으로 변화시킨 것이다(p. 3).[24]

열린교육은 많은 학술연구에서 평가받아 왔다. 호르위츠(Horwitz)와 월버그(Walberg)[26]는 102편의 연구물을 검토한 2개의 별도의 보고서에서 비슷한 결론에 도달하였다. 월버그는 다음과 같이 언급한다. "열린교육은 제대로 이행되면 창의성, 자기개념, 학교에서의 태도, 호기심과 자주독립심에서 일관성 있게 그 목표를 달성한다"(p. 102).[27] 호르위츠는 이런 결론을 보다 더 극적인 방식으로 보여 준 연구결과의 통계표를 표 13.1에 정리하였다.

열린교육은 통상 1960년대 말과 1970년대 초에 활성화되었던 벽 없는 학교와 개방된 공간의 교실과 관련 있는 교육의 사조이다. 그러나 오늘날 열린교육은 겨우 10%의 교실에서만 실행되고 있는데 그 숫자는 증가하는 추세이다. 열린교육에 대한 연구를 종합하기 위하여 1980년대에 실시한 연구보고서는 열린교육이 학생들의 보다 더 구체적인 성취에 피해를 주지 않으면서도 '협동심, 비판적 사고, 자존감, 건설적인 태도형성, 평생학습습관'을 포함한 교육의 폭넓은 목적달성에 의미 있는 영향을 미친다고 결론을 내렸다(p. 226).[26]

창의성, 학생중심의 학습, 비판적 사고, 협동학습 및 긍정적인 자기개념의 필요성은

레이븐즈(Ravens)[28], 샘슨(Samson)[29] 등이 미래의 성공과 만족을 위한 기본 틀을 준비하는 일이라고 언급한 개념들이다. 열린교육에 관한 연구를 종합하는 과정에 월버그[26]는 열린교육에 관한 수백 편의 논문들을 검토한 학자들의 연구를 다시 종합하였다. 호르위츠[25]는 200편의 연구물을, 피터슨(Peterson)[30]은 45편의 연구를, 헤지즈(Hedges), 지아코니아(Giaconia) 그리고 게이지[31]는 153편의 연구물을 분석하였다. 이 연구들의 결론과 지아코니아와 헤지스[32]의 후속 재분석은 표준화 검사에서 열린교육의 학생들과 전통적인 교육의 학생들은 점수가 거의 비슷하였다. 그러나 성취도에서 약간의 차이는 표준화 검사 경험이 적었던 열린교육프로그램의 학생들에게서 오히려 나타났다. 예를 들면, 연구들의 종합분석에 따르면 자기개념, 학교에 대한 태도, 창의성, 자주독립심, 호기심, 협동심 영역에서 열린교육의 학생들이 더 큰 성취를 보였다.

열린교육의 성공은 시설에 달려 있지 않고 오히려 교직원들의 철학에 달려 있다는 사실이 발견되었다. 지아코니아와 헤지스는 열린교육에 관한 연구물들의 종합분석에서 다음과 같이 말했다.

> 열린교육프로그램은 자기개념, 창의성, 학교에 대한 긍정적인 태도에서 더 큰 향상을 기대할 수 있다. 열린교육 프로그램은 우리가 네 가지 특징으로 기술한 학습과정에서의 학생의 역할, 진단 평가, 공작재료, 개별화된 수업이 특징인 비성취도 검사에서 우월한 효과를 가져왔다. 이 네 가지 특성은 열린교육의 이론적 개념의 핵심이지만 학자들은 여러 기관을 포함하는 열린 공간의 건축물과 같은 좀 더 구체적인 특징에 초점을 두어 왔다. 우리의 연구결과에 의하면 여러 기관의 결합, 열린 공간, 혹은 팀티칭은 비효과적인 프로그램과 더 효과적인 열린교육프로그램을 구별하지 못했다(p. 600).[32]

겨우 지난 몇 해 동안의 문헌 연구 속에서 종단적 연구의 결과가 나오기 시작하였다. 이 장에서 보고된 연구결과들은 열린교육은 실행 가능한 필요한 교육프로그램이라는 주장을 지지한다.

조기 경험학습

조기교육은 몬테소리와 기타 학습의 적극적인 접근방식을 좋아하는 부모들의 상승하는 흥미가 보여 주는 대로, 열린교육의 철학이 극적으로 성장한 영역이다. 마리아 몬테소리(Maria Montessori)는 1912년에 출간한 『몬테소리 방식』으로 취학 전 및 조기 초등교육에서 혁명을 시작하였다. 그의 방식은 어린이들은 전통적인 의미에서 교사가 가르칠 것이 아니라 어린이들이 스스로 배워야 한다는 철학에 근거한다. 몬테소리 교실의 교사는 풍부한 자료와 활동을 제공하여 학습환경을 조성하고 어린이는 그 물건들, 교사, 다른 아이들과의 상호작용을 통하여 관계와 의미를 탐험하고 발견하도록 허용되어야 한다. 몬테소리는 어린이들에게 자유로운 기회를 제공하는 수단으로만 교실에서 구조와 질서를 상상하였다. 그의 철학에 의하면 어린이의 필요가 교사, 학교 및 행정당국보다 제일 우선한다. 그의 철학은 그가 "학교는 어린이들이 자유롭게 살 수 있는 곳이 되어야 한다"(p. 142)[33]라고 말하고, "새로운 학교는 학문을 위해서가 아니라 살아 있는 인간에게 봉사하기 위해서 창조되어야 하고, 교사들은 그들의 눈 아래서 펼쳐지는 생명의 관조를 즐길 수 있어야 한다"(p. 127)[33]라고 말할 때 자명해진다.

제인 스털링즈(Jane Stallings)와 데보라 스티펙(Deborah Stipek)[34]이 검토한 연구에 의하면 저소득층 취학 전 어린이를 위한 여러 가지 조기교육프로그램은 취학 전 몬테소리 프로그램에 참석한 어린이들이 전통적인 교실에서 배운 어린이들보다 유치원 졸업할 때와 10년 후 표준화 검사에서 더 높은 점수를 받았다. 취학 전 몬테소리 교육을 받은 도시 저소득층 고등학교 1학년 남학생들은 학업성적에서 전국의 기준보다 더 우수하였다. 밀러와 비젤[35]에 의하면 저소득층 소수민족 남학생들에게 구조화된 경험중심 학습을 제공하면 그들의 학교생활 동안에 측정이 가능한 학습 성과를 올려서 그 중요성을 입증하였다.

저소득층 여학생들은 표준화 성취검사로 측정했을 때 몬테소리 프로그램에 참석한 남학생들이 얻은 것과 같은 성과가 없었음에 유의할 필요가 있다. 스털링즈와 스티펙은 다음과 같이 지적한다.

> 4살 때 남자 어린이들은 전형적으로 여자 어린이들보다 더 미숙하다. 그래서 남자 어린이들은 여자들보다 개별적으로 구조화된 프로그램의 효과에 더 쉽게 영향을 받을 수 있었다고 볼 수 있다. 아마도 몬테소리가 어린아이의 지적인 발달과 긴밀한 관계가 있다고 믿었던 감각적 경험을 통하여 어린이들이 더 배우기 쉬운 시기, 즉 가르칠 수 있는 순간들이 있을 수 있음을 보여 준다(p. 734).[34]

다른 해명은 고위험군 어린이들의 회복력 연구에서 발견될 수 있다. 에미 워너(Emmy Werner)[36]와 다른 이들의 연구에 의하면 남자 어린이들은 처음 10년 동안에는 여자 어린이들보다 보호자 결손의 영향을 더 많이 받는다. 그러나 이 성향은 여자 어린이들이 사춘기에 들어서면 반대가 된다. 몬테소리 접근방식은 남자 어린이들에게 더 큰 필요를 느끼는 영역에서 보호하는 요소를 제공했을는지도 모른다.

다른 요소들도 그 연구를 지지한다. 사설 몬테소리 학교에 자녀를 보낼 여유가 없는 도시 저소득층 부모들은 자녀들을 공립학교 몬테소리 프로그램에 입학시키려고 휴스턴과 뉴올리언스의 초등학교 앞에서 며칠씩 침낭 속에서 캠핑을 했다(최근에 휴스턴에서는 대기자의 불편을 줄이기 위해서 심지 뽑기를 한다). 지역 방송사에서 인터뷰한 부모들은 몬테소리에 참여했던 나이 든 형제들이 교사들이 제공한 체험학습에서 크게 덕을 봤다고 대답했다. 부모들이 볼 때는 자연환경을 선택하고 탐험할 자유를 주는 것이 효과적이며 만족을 주는 학습의 필요한 성분이었다.

어느 한 프로그램이 어린이들의 모든 욕구를 충족시킬 수는 없을 것이다. 몬테소리 프로그램이 어떤 어린이들에게는 너무 구조화되었거나 덜 구조화되었을지도 모른다. 그 외에도 교실에서의 진실한 실천 정도가 다른 열린교육은 물론 몬테소리 프로그램의 성공 요소일 것이다.

마리아 몬테소리가 가난한 어린이들을 위해서 본래 고안한 프로그램에 가난한 어린이들은 접근할 수가 없고, 많은 부유층 부모들의 선택이 되었다는 것은 운명의 장난인 것 같다. 우리나라가 발전하려면 이런 불평등은 수정되어야 한다. 민주사회의 학교는 사상, 문화, 사람들의 위대한 만남의 장소가 되어야 한다. 그러나 어디에서, 어떻게 한 번이라도, 어린이들이 학교에서 서로 존중하고 이해하기를 배우기 위해 만나서 생각을 공유할 기회가 주어지는가?

협동학습

우리는 학교에서 함께 배우라고 학생들을 불러모아 놓으면서 사실은 서로 분리시킨다. 우리는 학교가 사회화하는 기관이 되기를 기대하지만 학생들끼리 대화하고 상호작용하기를 거의 격려하지 않는다. 우리는 학문적으로 단련시키면 고차원적 비판적 사고능력이 생길 것으로 기대하지만, 학생들이 스스로 결단을 내릴 수 없을 때 우리는 어리둥절해한다. 사업, 기업, 가족, 종교, 군대 및 사회의 본래 질서는 협동이다. 그런데 유독 학교에서만 협동은 자연스럽지 않아 보인다. 최근에 협동학습이 강력한 사회적 · 학문적인 성과를 가져올 수 있음을 보여 준 연구와 경험이 있다. 어떻게 하면 학교에서도 대부분의 사회에서 그토록 자연스럽게 보이는 협력 능력을 계발할 수 있을까?

학생들마다 교실에서 다른 학생들과 공유할 수 있기 전에 교사를 통해서 전달되어야 할 풍부한 지식과 경험을 학교에 가지고 온다. 학생들이 열정적으로 학교를 시작했다가 점진적으로 학습할 동기를 상실하게 되는 것은 이상할 일이 아니다. 학급경영 다음에 교사와 부모들의 가장 큰 관심사는 학생 동기유발인데, 이런 방식은 무관심, 약물남용, 중도탈락, 자살을 통하여 그것의 폐단을 자주 보여 준다. 대부분의 학교에서 학습은 외롭고 고독한 경험이다. 학생들은 조용히 앉아서 의미 있는 상호작용이나 대화할 기회가 없이 남들이 하는 말을 듣기만 해야 한다.

애스피(Aspy)와 로벅(Roebuck)[6], 굿래드(Goodlad)[37], 브러피(Brophy)와 굿(Good)[38], 그리고 플랜더스(Flanders)[39]는 모두 교실 상호작용에 관하여 유사한 결론에 도달하였다. 교실에서 70~80%의 대화는 교사가 주도한다는 결론이다. 지난 10년 동안 학자와 교육자들은 협동학습을 한 차원 더 높은 학습을 위한 상호작용과 수업의 변화가능성을 제공하는 수단으로 주목하기 시작하였다. 협동학습에서 교사의 역할은 전통적인 교수방법 모델에서와 같이 정보의 배급자가 아니라 학습의 촉진자이다. 협동학습은 학생들이 배우도록 서로 돕는 모둠활동에서 함께 공부할 기회를 제공한다. 협동학습의 목적은 학생들로 하여금 긍정적인 자주독립, 면대면 상호작용, 모둠학습은 물론 개인학습, 대인관계 및 소집단 기술을 개발할 수 있게 하는 것이다.[40]

이와 같은 학생중심 접근의 성과는 일반적으로 인상적인 것이었다. 데이비드 존슨(David Johnson)과 로저 존슨(Roger Johnson) 및 미네소타대학교의 동료들[40], 그리고 존스홉킨스대학교의 로버트 슬레이븐(Robert Slavin)[41]은 교사가 학습의 촉진자 역할을 하면 교실의 규범이 개인에게서 협동학습으로 변하고, 학업성취는 상승한다고 지적하였다. 린 코노(Lyn Corno)와 리처드 스노우(Richard Snow)에 의하면 더 중요한 것은 전통적인 교실과 비교할 때 가장 많이 일관성 있게 나타나는 성과는 '동료들의 지지, 자긍심, 자존감' 과 같은 학생 동기유발에 관련된 영역이었다(p. 622).[42] 교실에서 서로 배울 기회는 학생들의 동기유발과 학습을 증가시키는 확실한 접근으로 인정받고 있다. 협동집단은 또한 더 큰 사회에서 기능하는 데 필요한 다문화 의사소통을 포함한 학생들의 대인관계기술을 배우고 연습할 수 있는 기회를 제공한다.

대인관계기술의 중요성은 기업체에서 오랫동안 인정되어 왔고, 사원 훈련에 많은 자원을 투자하고 있다. 대인관계를 극대화하여 사람들이 함께 일할 수 있도록 준비시키는데 엄청난 돈을 쓰고 있다. 기업체에서는 많은 교육정책 입안자들이 이해하지 못하는 것이 무엇인지를 깨닫고 있다. 사람들이 함께 일하면 차이가 난다는 것이 그것이다.

배려하기 : 하나의 보호벽

학생들이 자기 학교를 사랑한다고 말할 때마다 자기 학교 사람들은 배려한다고 그들은 말한다. 배려는 이 책을 위해서 전국의 학생들을 면접할 때마다 되풀이된 주제이다. 필라델피아 에이미 식스에서 휴스턴에 있는 공연예술고등학교와 밀비고등학교, 샌디에이고 오파렐지역학교, 시카고에 있는 데트* 학교와 몬테피오레학교, 뉴올리언스에 있는 프리스쿨에 이르기까지, 그 학교 사람들은 서로에 대하여 배려한다.

학교는 어린이를 보호하는 요소를 제공할 수 있거나 아니면 어린이를 위축시킬 수 있다. 출생부터 32세까지의 종단적 연구에서 에미 워너는 하와이 카우아이 섬에서 1955년에 태어난 698명의 신생아에 대한 자료를 연구하였다. 태아 단계에서 시작하여 32년 동안 계속된 종단연구는 가난한 가정이나 역기능 가정, 알코올중독, 정신이상 등 고위험상황에 태어난 어린이들을 관찰하였다. 워너[36]는 가난한 가정에 태어나서 그런 삶을 모방할 위험에 처해 있는 어린이들을 보호하는 기능의 중요성에 관하여 주목할 만한 결과를 발표하였다. 많은 어린이들은 고위험 출생에도 불구하고 회복력을 보여 주었고, 워너는 그들이 상처를 넘어서 성장 발달한 이유를 몇 가지 기술했다. 한 가지 중요한 요소는 이 연구에서 회복력 있는 어린이들은 학창시절에 배려하고 도와주는 사람들을 찾아냈다는 사실이다.

> 회복력 있는 남녀 아동들은 그들의 가정 밖에서 정서적 지지를 발견하였다. 그들은 적어도 한 명, 보통은 몇 명의 친한 친구들을 사귀었다. 그들은 위기상황에서 자문

---

* 유치원에서 8학년까지 다니는 데트학교는 시카고의 악명 높은 고층 주택가 옆에 위치한다. 학교 밖은 황량하여 미래영화 세트처럼 보인다. 학교 안에 들어가면 천연색과 온정과 배려하는 분위기가 배어 있다. 1991년 면접 때 어느 8학년 학생이 "선생님들은 학생을 실망시키지 않고, 최선을 다하게 한다. 학생들을 신뢰하고 아껴 준다"고 말했다. 그 학교는 구조조정을 하고 있는 중인데, 제17장에서 학교 공동체 위원들을 만나 볼 것이다.

> 과 지지를 얻기 위해서 비공식적인 인척관계, 이웃, 동료와 선배들에게 의지하였다. 어떤 학생들은 그들에게 모델, 친구, 혹은 비밀을 고백할 친한 사람이 되어 준 존경하는 교사가 있었다(p. 74).[36]

연구 참여자들의 삶이 스트레스가 많았기 때문에 그에 상응하는 보호하는 요소들이 필요했다. 성의 차이와 아동, 청소년, 성인으로 가는 발달단계는 연구에 참여한 사람들의 상황을 변화시켰다. 남자들은 인생의 처음 10년 동안에 상처받기가 더 쉬웠고, 여자들은 사춘기에 더 상처받기 쉬웠다.

서북지역 교육실험실[43]에 있는 바니 버나드(Bonnie Benard) 박사의 최근 연구보고서, 〈어린이들의 회복력 키워 주기 : 가정, 학교, 지역사회의 보호적 요소들〉은 그들의 어려운 환경을 이겨 낸 어린이들은 네 가지 기본적인 보호특성들을 가지고 있었는데 사회적 유능감, 강력한 문제해결기술, 자율성, 미래에 대한 목적의식이 그것이었다. 그 연구자는 가정, 학교, 지역사회가 어린이들의 이런 보호적 특성을 양육해 줄 수 있다고 결론을 내렸다.

> 가정환경의 역경에도 불구하고 성공한 개인들은 학교와 지역사회가 가족구성원, 학교교사, 혹은 지역사회 인사의 형태로 그들의 성공을 격려하고 참여를 환영하고 지지해 주는 환경으로 존재했기 때문에 성공이 가능하였다(pp. 18–19).[43]

버나드는 그의 연구에서 문맹퇴치 프로그램, 청소년들, 노인들을 위한 돌봄, 가정교사를 위한 10대들의 자원봉사 프로그램이 확립된 지역사회와 기타 지역사회 지원프로그램은 회복력의 기본바탕을 제공해 줌으로써 어린이들을 도울 수 있다고 지적하였다.

캐롤 프란츠(Carol Franz), 데이비드 맥클러랜드(David McClelland) 및 조엘 웨인버거(Joel Weinberger)[44]는 시어즈(Sears), 맥코비(Maccoby) 및 레빈(Levin)[45]이 1951년에 시작한 보스턴 지역의 379명 어머니와 그들의 5살 된 어린이들의 양육방식에 관한 연구를 추적연구하였다. 36년 동안의 연구(1951~87)는 '모성의 따뜻함이 성인들의 사회적 기술에 미치는 장기적인 영향에 관한 것' (p. 587)[44]이었는데 부모의 역할이 어린이의 회복력과 건강에 미치는 영향은 성인이 되어서도 지속된다는 중요한 통찰을 얻게 했다.

379명의 5살 된 아동들이 41살이 될 때까지 94명의 연구대상자에 대하여 추적연구가 이루어졌다. 36년 동안에 걸쳐서 인터뷰와 함께 추수연구한 결과 5살 때 엄격한 훈육 대신에 포옹, 키스, 껴안아 주기 등으로 아버지나 어머니가 따뜻한 정을 보여 준 어린이들은 그런 양육을 받지 못한 어린이들에 비해서 12살 때는 더 높은 자긍심을 보였고[46], 23살 때는 더 높은 협동적인 대인관계기술을 나타냈고[47], 41살 때는 더 높은 사회적 성취를 보여 주었다.[44] 따듯한 어머니나 아버지 밑에서 자란 어린이들은 그렇지 못한 어린이에 비해서 중년이 되도록 행복한 결혼생활을 지속적으로 유지하고, 자녀들을 양육하고, 결혼생활 이외에 친구관계도 즐기는 능력에서 차이가 있었다(p. 592).[44] 정반대로 '5살 때 부모의 냉담함은 식습관, 야뇨증, 공격성, 양심발달의 지연 등과 관련' (p. 586)[44]이 있었다. 이 연구에서 연구자들이 예측했던 것과는 반대로 부부간의 화합은 성인들의 사회적 성취와는 상관이 없었다.

고위험 학생들의 소외감에서 학교의 역할에 관한 문헌연구를 보면 도나 케이건(Dona Kagan) 박사는 고위험 상황에 있는 학생들은 교사들이 자신들을 돌보지 않는다고 자주 일관성 있게 지각한다는 것을 발견하였다.[48] 알피 콘(Alfie Kohn) 박사는 〈어린이 사랑 : 학교의 역할〉이라는 논문에서 학생들이 서로 사랑할 수 있는 조건을 촉진하는 일에서 학교의 역할이 얼마나 중요한가를 자세히 보여 주었다.[49] 그는 낸시 버그 아이젠버그(Nancy Berg-Eisenberg)와 신시아 닐(Synthia Neal)이 연구한 4~5세 어린이들의 자유놀이 특성을 인용하였다.[50] 77명 어린이 중에서 67명은 45분간의 관찰시간에 "서로 공유하고, 조력하고, 다른 어린이를 위로하였다"(p. 499).[50] 연구자들이 그 어린이들에게 개별적으로 그 이유를 묻자 그들은 다른 어린이가 도움이 필요했기 때문이라고 답하였다. 이들 연구가 보여 주는 대로 학교는 남들을 돕고 돌보고 싶어 하는 어린이들의 자연적인 성향을 더 육성해 주어야 한다.

스탠포드대학교 교육학 교수 넬 너딩즈(Nel Noddings)의 연구는 학교에서 '배려하는 행동의 위기' 에 관하여 토론하고 있다.[51]

몇 해 전에 교육자들이 사춘기 청소년들의 발달과업을 돌보기 위해 중학교를 따로 창설해야 한다는 의견을 내놓았다. 그러나 대부분의 사람들이 생각하지 못하는 것은 특별한 집단을 고립시키는 것은 그들의 발달상의 필요를 충족시키기 위한 가장 좋은 방법은 아닐 수도 있다는 사실이다. 중학생들은 도움이 필요한 더 어린 아이들과 함께 있어야 한다. 도움을 주는 방법을 배우는 것이 그들 교육의 중요한 부분이 되어야 한다….

> 전통적인 배려의 구조가 무너지는 시대에 학교는 교사와 학생들이 함께 생활하며 서로 대화하고, 동반자관계에서 서로 기쁨을 누려야 하는 장소가 되어야 한다. 나의 짐작은 학교가 삶에서 진정으로 중요한 것에 초점을 맞춘다면 우리가 지금 고통스럽게 인위적으로 추구하는 인지적인 목표도 훨씬 더 자연스럽게 성취하게 될 것이다.
>
> 학교가 우리 사회의 배려의 위기를 종식시킬 수는 없다. 그러나 학교는 어린이들이 배려하고 돌봄을 받는 법을 가르칠 수 있고, 그러면 그들은 마침내 이 위기상황을 과거의 것으로 만들게 될 것이다(p. 32).[51]

너딩즈의 주장은 일리가 있다. 우리는 학교와 학습을 위해 배려하는 환경을 조성할 필요성에 대한 새로운 시각이 필요하다. 이 책을 위해서 면담했던 많은 학생들은 뉴올리언스 프리스쿨, 데트스쿨을 포함해서 둘 다 유치원에서 중학생들까지 함께 다니고 있어서 남들을 도와줄 기회에 관해서 대화하였다. 집 없는 아이들을 도와주기, 어린이 박물관에서 봉사하기, 더 어린 학생들을 위한 개인교사나 운동을 함께 하기 등이 남들을 도와줄 기회를 제공하였다. 학습의 촉진자로서 우리는 배려하는 학습공동체를 위한 촉진적인 조건을 조성할 책임과 기회를 가지고 있다.

맺음말

나이지리아 사람들에게는 얼룩말은 흰 줄이 있는 검은 동물이고, 유럽 사람들에게는 검은 줄이 있는 하얀 동물이다. 알래스카의 가장 추운 지방, 에스키모 문화에서는 지옥은 몹시 뜨거운 곳이 아니라 엄동설한의 장소로 묘사된다. 그러나 서방의 온대지방에서는 지옥은 뜨거운 유황불로 묘사된다. 어떻게 이 네 가지 조망이 다 옳다고 할 수 있을까? 정답은 한 인간의 경험이 그의 믿음을 확신시켜 준다는 것이다. 인간중심적인 교사, 프로그램, 그리고 학교가 개발되어 연구해 보면 그것은 학생들과 교사들에게 의미심장한 유익이 된다는 것이 증명되었다.

이 장에 소개된 여러 독립된 연구들에서 보고된 것처럼, 향상된 촉진적 태도와 조건은 서로 다른 접근방법으로 학습을 조장했다는 것이 나에게는 흥미롭다. 그러나 그들의 연구결과를 연결시켜 주는 일맥상통하는 점이 있었는데 그것은 인간중심적이었다는 것이다. 이처럼 보호요소를 만드는 접근법은 오늘날 많은 어린이들이 위험요소를 가지고 그들의 삶을 시작하는 데 대응하여 균형을 잡아 주는 셈이다. 그 연구는 많은 어린이들에게 회복력의 원천으로 교사들의 중요성을 분명히 검증하고 있다. 교장과 교사들이 높은 수준의 공감, 일치성, 그리고 긍정적인 관심을 보여 주는 학교는 모든 어린이들의 학습과 삶을 풍요롭게 할 수 있다. 이들 촉진적 조건을 갖춘 학교는 모든 어린이들이 가고 싶어 하고, 교사의 이직률이 낮고, 사기가 높을 뿐 아니라 결석률이 적은 그런 장소가 된다. 학교 전체가 배우는 장소가 된다.

인간중심 교육은 마치 낙타의 혹처럼 두 가지 모드를 보여 준다. 1960년대와 1970년대 초에 그리고 다시 1980년대 중반과 1990년대 초에 인간중심 연구들을 보았다. 연방정부 예산의 부족과 인간중심교육은 자유로운 프로그램을 대표한다는 견해 때문에 기본으로 돌아가자는 운동의 정점이었던 1980년대에 인기가 시들했다. 이런 현상이 새로운 연구의 부족과 기존 연구의 보급을 제한하는 결과를 가져왔다. 과거의 인간중심적인 연구자들이 직면했던 곤경이 연구할 대상인 학생중심 프로그램과 학교를 제한하였다. 이 문제는 학생중심 학습으로 나아가는 현재의 추세에서는 향상되어 가고 있다.

학술연구에는 언급해야 할 많은 격차가 아직 남아 있다. 예를 들면, 학교가 높은 수준의 촉진적 조건으로 운영될 때 교수학습의 상호작용은 어떠한가? 어떻게 하면 인간중심 학교가 예외가 아니라 표준이 될 수 있을까? 촉진적 조건이 실행되기 위해서는 연방정부, 주정부 그리고 교육청의 정책이 어떻게 변해야 하는가? 어떻게 교사와 학교들은 모든 학생들을 위한 보호요소를 제공하는 데 필요한 촉진적 조건을 조성할 수 있을까? 1990년대는 학습의 촉진적인 조건과 인간 연구에 관한 학술적 연구가 부활할 것이 점점 더 명백해지고 있다.

많은 도전이 앞에 놓여 있다. 아마도 가장 큰 것은 인간이 어떻게 학습하는가에 관한 지각과 새로운 방향으로 우리가 나아가는 데 필요한 것이 무엇인지에 대한 지각을 수정하는 일이다(이런 새로운 방향에 대한 토론은 제17장에서 이루어진다. 제17장은 인간중심적 관점에서 학교를 변환시키는 전망을 제시한다). 교사, 교장, 학생, 그리고 학부모들은 학습의 과정과 모든 어린이가 성공하는 데 필요한 촉진적 조건들을 고안하고, 연구하고, 문서로 증거하는 연구팀의 통합된 부분이 되어야 한다. 독자들은 사례나 다른 연구방식을 통해서 인간중심 학습의 노력과 성과를 문서로 증거하는 데 참여하는 많은 사람들 중의 한 분이 되기를 나는 희망한다. 우리의 가장 소중한 자원인 우리 어린이들이 불안한 상태에 놓여 있다.

참고문헌

1. C. R. Rogers, Personal communications with Jerome Freiberg, 1984.
2. M. Wittrock, ed., *Handbook of Research on Teaching*, 3d ed. (New York: Macmillan, 1986).
3. National Center on Education in the Inner Cities, *School Profiles* (Philadelphia: Temple University Center for Research in Human Development and Education, 1993).
4. R. Koutulak, "Human Brain Teaches Science a Thing or Two," *Houston Chronicle*, 10 May 1993, p. 8b. Originally published in the *Chicago Tribune*, ⓒ copyrighted date of publication, Chicago Tribune Company, all rights reserved, used with permission.
5. D. N. Aspy and F. N. Roebuck, *Client Centered Therapy in the Educational Process* (Paper presented at the proceedings of the European Conference on Client Centered Therapy, Wurtzburg, Germany; Wurzburg: University of Wurtzburg Press, 1975).
6. D. N. Aspy and F. N. Roebuck, *Kids Don't Learn from People They Don't Like* (Amherst, Mass: Human Resource Development Press, 1977).
7. F. N. Roebuck, *Cognitive and Affective Goals of Education: Towards a Clarification Plan* (Paper presented at the annual meeting of the Association for Supervision and Curriculum Development, Atlanta, March 1980).
8. D. N. Aspy and F. N. Roebuck, "The Relationship of Teacher-offered Conditions of Meaning to Behaviors Described by Flanders' Interaction Analysis," *Education* 95 (Spring 1975): 216-22.
9. F. N. Roebuck, *Polynomial Representation of Teacher Behavior* (Address presented at American Educational Research Association, National Convention, Washington, D.C., March 1975; abstracted in *Resources in Education* [October 1975], ERIC document ED106718).
10. F. N. Roebuck and D. N. Aspy, *Response Surface Analysis*, Interim report no. 3 for NIMH grant no. 5 PO I MH 19871 (Monroe, La: Northeast Louisiana University, 1974; abstracted in *Resources in Education* [October 1975], ERIC document ED106732).
11. D. N. Aspy and F. N. Roebuck, *The National Consortium for Humanizing Education: An Update of Research Results* (Paper presented to the annual meeting to the American Educational Research Association, San Francisco, 12 April 1979).
12. F. N. Roebuck et al., *Maintaining Reliability*, Interim report no. 1 for NIMH grant no. 5 PO I MH 19871 (Monroe, La: Northeast Louisiana University, 1974; abstracted in *Resources in Education* [October 1975], ERIC document ED106730).
13. D. N. Aspy and F. N. Roebuck, "From Humane Ideas to Humane Technology and Back Again Many Times," *Education* 92 (Winter 1974): 163-71.
14. F. N. Roebuck, "Human Thoughts and Humane Procedures/Effective Behavior," *Peabody Journal of Education* (October 1975): 9-14.

15. F. N. Roebuck and D. N. Aspy, "Grade-level Contributions to the Variance of Flanders' Interaction Categories," *The Journal of Experimental Education* (Spring 1974): 86-92.

16. D. N. Aspy and F. N. Roebuck, *Research Summary: Effects of Training in Interpersonal Skills*, Interim report no. 4 for NIMH grant no. 5 PO I MH 19871 (Monroe, La: Northeast Louisiana University, 1974; abstracted in *Resources in Education* [October 1975], ERIC document ED106733).

17. D. N. Aspy and F. N. Roebuck, *A Lever Long Enough* (Dallas: The National Consortium for Humanizing Education, 1976).

18. J. H. Buhler and D. N. Aspy, *Physical Health for Educators: A Book of Readings* (Denton, Tex:: North Texas State University Press, 1975).

19. F. N. Roebuck and J. H. Buhler, "The Relationship between Physical Fitness of a Selected Sample of Student Teachers and Their Performance on the Flanders' Verval Interaction Scale," in *Physical Health for Educators: A Book of Readings*, ed. J. H. Buhler and D. N. Aspy (Denton, Tex.: North Texas State University Press, 1975).

20. A. Tausch, O. Wittern, and J. Albus, "Erzieher-Kind-Interaktionen in einer Vorshul-Lernsituation im Kindergarten," *Psychol. in Erz. u. Unterricht* 23 (1976).

21. J. Hoder, R. Tausch, and A. Weber, *Forderliche Dimensionen des Lehrerverhaltens und ihr Zusammenhang mit der Qualitat der Unterrichtsbeitrage der Schuler* (Manuscript, 1976).

22. H. Joost, "Forderliche Dimensionen des Lehrerverhaltens in Zusammenhang mit emotionalen und Kognitiven Prozessen bei Schuler," in *Psychol. in Erz. u. Unterricht* 25 (1978): 69-94.

23. P. Klyne, *Dimensionen des Lehrerverhaltens in ihrem Zusammenhang mit Vorgangen der Schuler* (Manuscript, 1976).

24. M. L. Silberman, J. S. Allender, and J. M. Vannoff, eds., *The Psychology of Open Teaching and Learning: An Inquiry Approach* (Boston: Little, Brown, 1972).

25. R. A. Horwitz, "Psychological Effects of the Open Classroom," *Review of Educational Research* 49 (1979): 71-85.

26. H. Walberg, "Synthesis of Research on Teaching," in *Handbook of research on teaching*, 3d ed., ed. M. Wittrock (New York: Macmillan, 1986).

27. H. Walberg, D. Schiller, and G. D. Haertel, "The Quiet Revolution in Educational Research ," *Phi Beta Kappan* 61 (1979): 179-83.

28. J. Ravens, "The Most Important Problem in Education Is to Come to Terms with Values," *Oxford Review of Education* 7 (1981): 253-72.

29. G. Samson, M. E. Graue, T. Weinstein, and H. J. Walberg, *Academic and Occupational Performance: A Quantitative Synthesis* (Chicago: University of Illinoise, Office of Evaluation Research, 1982).

30. P. L. Peterson, "Direct Instruction Reconsidered," in *Research on Teaching*, ed. P. L. Peterson and H.

J. Walberg (Berkeley, Calif.: McCutchan, 1979).

31. L. V. Hedges, R. M. Giaconia, and N. L. Gage, *Meta-analysis of the Effect of Open and Traditional Instruction* (Stanford: Stanford University, Program on Teaching Effectiveness, 1981).
32. R. Giaconia and L. Hedges, "Identifying Features of Effective Open Education," *Review of Educational Research* 52, no. 4 (1982): 579-602.
33. M. Montessori, *Spontaneous Activity in Education: The Advanced Montessori Method* (New York: Schocken, 1965).
34. J. Stallings and D. Stipek, "Research on Early Childhood and Elementary School Teaching Programs," in *Handbook of Research on Teaching*, 3d ed., ed. M. Wittrock (New York: Macmillan, 1986).
35. L. Miller and R. Bizzell, *Long-term Effects of Four Preschool Programs: Ninth and Tenth Grade Results* (Louisville: University of Louisville, 1983).
36. E. E. Werner, "High-risk Children in Young Adulthood: A Longitudinal Study from Birth to Thirty-two Years." *American Journal of Orthopsychiatry* 59, no. 1 (1989): 72-81.
37. J. Goodlad, *A Place Called School: Perspectives for the Future* (New York: McGraw Hill, 1983).
38. J. Brophy and T. Good, "Teacher Behavior and Student Achievement," in *Handbook of Research on Teaching*, 3d ed., ed. M. Wittrock (New York: Macmillan, 1986).
39. N. A. Flanders, *Teacher Influence on Pupil Attitudes and Achievement*, U.S. Department of Health, Education, and Welfare, Cooperative Research Monograph No. 12 (Washington, D. C.: Government Printing Office, 1965).
40. D. W. Johnson, R. G. Johnson, and E. J. Holubec, *Circles of Learning: Cooperation in the Classroom* (Edina, Minn: Interaction, 1986).
41. R. Slavin, *Cooperative Learning* (New York: Longman, 1983).
42. L. Corno and R. Snow, "Adapting Teaching to Individual Differences Among Learners," in *Handbook of Research on Teaching*, 3d ed., ed. M. Wittrock (New York: Macmillan, 1986).
43. B. Benard, *Fostering Resiliency in Kids: Protective Factors in the Family, School and Community* (Portland, Or.: Western Regional Center for Drug Free Schools and Communities, Far West Laboratory Monograph, 1991).
44. C. Franz, D. McClelland, and J. Weinberger, "Childhood Antecedents of Conventional Social Accomplishment in Midlife Adults: A Thiry-six Year Progressive Study," *Journal of Personality and Social Psychology* 60, no. 4 (1991): 586-93.
45. R. R. Sears, E. E. Maccoby, and H. Levin, *Patterns of Child-rearing* (Evanston, Ill.: Row, Peterson, 1957).
46. R. R. Sears, "Relation of Early Socialization Experiences to Self-concepts and Gender Role in Middle Childhood," *Child Development* 41 (1970): 267-89.

47. C. N. Edwards, "Interactive Styles and Social Interaction," *Genetic Psychology Monographs* 87 (1973): 123-74.
48. D. M. Kagan, "How Schools Alienate Students at Risk: A Model for Examining Proximal Classroom Variables," *Educational Psychologists* 25, no. 2 (1990): 105-20.
49. A. Kohn, "Caring Kids: The Role of the Schools," *Phi Delta Kappan* (1991): 496-506.
50. N. Berg-Eisenberg and C. Neal, "Children's Moral Reasoning About Their Own Spontaneous Prosocial Behavior," *Developmental Psychology* 15 (1979): 228-29.
51. N. Noddings, "Schools Face 'Crisis in Caring'," *Education Week* vol. 32. 7 December 1988, p. 32.

| **제 4 부** |

철학적 입장과 가치지향

제 14 장

가치판단과정의 현대적 접근

교사와 교육자의 일은 심리치료자와 마찬가지로 어쩔 수 없이 가치(價値)문제에 관련된다. 학교는 한 세대가 다음 세대에게 그 문화의 가치를 전수하는 매개체 중의 하나로 항상 생각되어 왔다. 그러나 많은 젊은이들이 이 세상에서 작동하고 있다고 보는 혼돈되고 위선적인 가치체계에서 그들 스스로 탈퇴했다고 선언함으로써 이 전수과정은 대변혁을 겪고 있다. 교육자들과 시민들은 이 복잡하고 어리둥절하게 하는 문제와 관련하여 어떤 자세를 취하여야 하는가?

여러 해 전에 자메이카에서 휴가를 보내며, 물안경을 통해 풍요로운 해양생물과 똑같이 재미있는 나의 세 손자의 발달을 지켜보면서 나는 심리치료의 경험에 주로 근거해서 이 가치문제에 관한 논문을 쓰기 시작했다.*

다 썼을 때 나는 그 글에 불만을 느꼈으나 그 논문은 세월의 심판을 잘 견디어 냈다. 그

---

* A condensed version of this chapter was first published by Carl Rogers as "Toward a Modern Approach to Values," *Journal of Abnormal and Social Psychology* 68 (1964): 160-67. © 1964 by the American Psychological Association. Adapted by permission of the publisher and the author.

래서 이제는 그 글의 모험적 성격에 대하여 나는 좋게 생각하고 있다. 나는 그 글에 관해서 다른 몇 편의 글도 그렇지만, 내가 '의식적으로' 알고 있는 것보다도 더 많은 것을 써 놓고 있어서 내가 쓴 것을 나 자신이 이해하는 데도 시간이 필요했다고 느낀다. 나는 그 글이 많은 사람들에게 중요한 의미가 있었음을 발견하였다. 그 당시에 나는 우리 문화를 혁혁하게 변화시킬 엄청난 가치의 변화를 예견하지 못했다. 그렇지만 심오한 측면에서 그 변화가 도래할 과정의 조짐을 보았다고 믿는다.

사회학자 다니엘 얀켈로비치(Daniel Yankelovich)는 1980년대 초 전국적인 여론조사의 방대한 자료를 검토한 후 그 변화를 어느 정도 묘사하려고 시도하였다. 새로운 의미의 추구는, 아마도 모든 성인들의 80%가 관심을 가지고 있는데, 기발한 아이디어와 실험을 감행해 보는 것임을 미국 사람들은 분명히 보여 주고 있다. "그것은 마치 수천만의 사람들이 그들 손에 가지고 있는 유일한 재산인 그들의 삶에서 모험적인 실험을 하기로 동시에 결심한 것과도 같다."[1] 이들 가치의 변화가 도래한 모습과 마침내 그 결과 중의 몇 가지가 문화적으로 수용된 것을 이 장에서 발견하게 될 것이다.

오늘날 가치문제에 대하여 많은 염려가 있다. 거의 모든 나라의 젊은이들은 가치관이 매우 불확실하다. 여러 종교와 관련된 가치들이 그 위력을 많이 상실했으며, 모든 문화권의 교양 있는 사람들은 그들이 소중히 여기는 목표에 관하여 불확실하고 걱정하는 것 같다. 그 이유를 발견하기 위하여 먼 곳에 가 찾을 필요가 없다. 세계문화는 모든 측면에서 점점 더 과학적이고 상대주의적이므로 과거에 받아들인 경직되고 절대적인 가치관은 시대에 뒤떨어진 듯싶다. 한층 더 중요한 것은 현대인들이 다양하고 상충적인 가치주장 때문에 사방에서 공격받고 있다는 사실이다. 그리 멀지 않은 과거 역사에서처럼 조상이나 지역사회 아니면 교회의 가치관 속에 안주하면서 그 가치관의 본질이나 가정을 검토하지 않고 자기의 삶을 살아간다는 것은 이제는 불가능하다.

이 같은 상황에서 과거로부터 습득한 가치관이 붕괴되거나 와해상태에 놓여 있는 것은 놀랄 일이 아니다. 사람들은 범세계적 가치가 있는지 또는 있을 수 있는지를 질문한다. 우리는 현대화된 세계에서 가치의 어떤 일반적, 범문화적 근거의 모든 가능성을 잃어버릴 수도 있다고 자주 느끼게 된다. 이 불확실성과 혼돈의 한 가지 당연한 결과는 오늘날 세계에서 제구실을 할 수 있는 건전하고 의미 있는 가치 추구법에 대한 염려, 관심 그리고 탐구가 증가하게 마련이라는 것이다.

나도 이 염려를 같이한다. 나는 또한 내 자신의 분야에서 대두되는 더 구체적인 가치

문제를 경험해 왔다. 나는 이 모든 문제에 조심스러운 접근법을 시도해 보고 싶다. 나는 한 인간이 유아기에서 성인기로 성장하면서 가치에 접근하는 법이 변하는 것을 관찰해 왔다. 한 인간이 운이 좋아서 진정한 심리적 성숙을 향해 계속 성장할 때의 변화도 관찰한다. 이 많은 관찰은 교육자로서의 나의 경험에서 나온 것인데, 나는 한 인간이 보다 풍성한 삶을 향해 나아가는 방법을 관찰할 아주 귀중한 기회를 가져왔다. 이들 관찰로부터 현대세계에서 보다 쓸모 있는 가치화과정의 새로운 개념을 제시할 일정한 방향성이 출현하고 있음을 나는 감지하고 있다. 이런 의견의 일부를 다른 글[2,3]에 발표함으로써 나는 그 일을 시작한 셈이다. 이런 관찰을 한 나의 입장은 학자나 철학자의 입장이 아님을 강조하고 싶다. 나는 인간의 성장, 변화, 발달을 지켜본 하나의 충분히 기능하는 사람으로서 나의 체험에서 말하는 것이다.

가치에 대한 몇 가지 정의

이들 관찰결과를 소개하기 전에 가치의 정의를 명백하게 하는 것이 좋을 것 같다. 정의가 여러 가지 있는데, 나는 찰스 모리스(Charles Morris)[4]의 정의가 도움이 된다고 생각한다. 그는 가치라는 용어가 여러 가지로 사용되고 있음을 지적한다. 우리는 어느 생물체가 그들의 행동에서 다른 것보다 한 가지 대상이나 목적을 선호하는 경향성을 가리켜 가치라고 한다. 이 우선적 행동을 그는 '효력가치' 라고 한다. 그것은 어떤 인지적 혹은 개념적 사고를 개입시킬 필요가 없다. 그것은 유기체가 다른 것을 거절하고 한 대상 Y형 미로에서 사포(砂布)로 된 길을 피하는 대신에 매끄러운 길을 선택할 때 그는 하나의 효력가치를 보여 주는 것이다.

두 번째 사용법은 '개념적 가치' 라고 명할 수 있다. 이것은 상징적인 대상에 대한 개인의 선호이다. 통상 그와 같은 선택에서는 상징적인 대상을 향한 행동결과의 기대 또는 예상이 있다. "정직이 최선의 방책이다"를 선호하는 것은 바로 개념적 가치이다.

마지막 사용법은 '객관적 가치' 라고 부를 수 있다. 바람직한 것에 대한 개념이나 감각에 상관없이 객관적으로 더 선호하는 것에 대하여 말하고자 할 때 객관적 가치란 말을 사용한다. 이 장에서 내가 말하고자 하는 것은 마지막 정의와는 별로 상관이 없다. 나는 효력가치와 개념적 가치에 더 관심을 가지고 있다.

유아식의 가치화

먼저 유아에 관해서 말하겠다. 살아 있는 인간은 초기에 가치에 대한 분명한 접근법을 가지고 있다. 유아는 더 좋아하는 사물과 경험이 있고, 그 밖의 것은 싫어한다. 우리는 어린아이가 자기 유기체를 보전하고 향상시키고 혹은 실현하는 그런 경험을 더 좋아하고, 이 목적달성에 도움이 되지 않는 경험은 거부한다는 것을 유아행동의 관찰을 통해서 추론할 수 있다. 어린아이를 잠시 관찰해 보자.

배고픔은 부정적으로 평가된다. 배고픈 것은 분명히 큰 소리로 종종 표현한다.

음식은 긍정적으로 평가된다. 그러나 배가 부를 때는 음식이 부정적으로 평가되어 그렇게 열심히 먹던 우유를 이제 내뱉거나 매우 만족을 주던 젖이 싫다는 표정을 지으며 젖꼭지로부터 머리를 돌려서 거절한다.

유아는 안전감을 소중히 여기고, 안아 주거나 매만져 주면 안도감을 느끼는 것 같다.

유아는 새로운 경험 그 자체를 선호하는데 자기 발톱을 발견하고 즐거워하는 모습, 탐색하는 움직임, 끊임없는 호기심에서 이 사실이 관찰된다.

유아는 고통, 쓴맛 그리고 갑작스런 큰 소리에 대하여 부정적인 평가를 명백히 보여준다.

이 모든 것은 평범한 것이다. 그러나 유아의 가치에의 접근법에 대하여 그 예들이 알려 주는 것이 우리에게 어떤 의미가 있는지 그 사실들을 살펴보자. 그것은 무엇보다도 고정된 체계가 아니라 융통성 있고 변화하는 평가과정(valuing process)이라는 것이다. 유아는 음식을 좋아하기도 싫어하기도 한다. 유아는 안전감과 편안함을 소중히 여기는데 새로운 경험을 위해 그것을 거부하기도 한다. 실제로 일어나는 일은 유기체의 가치판단과정이라고 기술하는 것이 가장 좋을 듯싶다. 그 과정에서 유아가 경험하고 있는 것의 각 요소와 순간은 그 순간에 유기체를 실현하는지 여부에 따라서 비교 검토되고 선택되거나 거절당한다. 이 복잡한 경험의 검토는 분명히 유기체의 기능이지 의식적이거나 상징적 기능은 아니다. 이것은 개념적 가치가 아니라 효력가치이다. 그러나 이 과정은 복잡한 가치문제를 다룰 수 있다. 어린아이들 앞에 10여 개의 자연음식(향료가 섞이지 않은)이 담긴 접시를 차려 놓은 실험을 상기해 보자. 시간이 흘러감에 따라 유아들은 그들의 생존, 성장 그리고 발달을 돕는 음식을 선호하는 경향이 있었다. 만약에 한 아이가 당분과 녹말을 잔뜩 먹으면, 이것은 곧 단백질 '잔치' 로 균형을 이루게 될 것이다. 만약에 유아가 때때로 어떤 비타민이 부족한 음식을 선택했다면 나중에 그 비타민이 풍부한 음식을 찾게 될 것이다. 유아는 자기의 가치선택에서 육체의 지혜를 활용하는 것이다. 좀 더 정확하게 말하자면 그의 신체생리적인 지혜가 결과적으로 우리가 객관적으로도 건전한 가치선택이라고 생각할 행동을 선택하게 하였다.

유아의 가치접근법의 다른 측면은 그 평가과정의 기준이나 위치가 분명히 자기 안에 있다는 것이다. 많은 어른들과는 달리 유아는 좋아하는 것과 싫어하는 것을 알고 있는데, 이 가치선택의 원천은 정확하게 유아 내부에 존재한다. 자기가 선택한 근거는 자기의 감각에 의해서 제공되므로 그 유아는 가치판단과정의 중심이다. 이 시기에 유아는 부모들이 권유하는 것, 교회가 가르치는 것, 그 분야 전문가의 견해, 혹은 광고회사의 설득력 있는 탤런트에 의해서 영향받지는 않는다. 유아의 유기체가 비언어적으로 "이것이 나에게 좋다", "저것은 나에게 해롭다", "나는 이것이 좋아", "나는 저것을 아주 싫어해"라고 알려 주는 자기 자신의 경험에서 그 선택이 이루어진다. 만약에 유아들이 이해할 능력이 있다면 어른들이 가치에 관해 걱정하는 것을 비웃을 것이다. 자기가 좋아하고 싫어하는 것, 무엇이 자기에게 좋고 나쁜가, 그리고 중요한 것과 중요하지 않은 것을 모르는 사람이 어디에 있단 말인가?

가치판단과정의 변화

이 지극히 효율적이고 건전한 가치판단과정이 어떻게 이루어지고 있나? 어떤 경로로 우리는 어른들 대부분의 특징인 보다 경직되고 불확실하며, 효율성이 떨어진 평가방법과 그 가치판단과정을 바꾸게 되는가? 어떻게 이런 일이 발생하게 되었나를 간단히 진술하고자 한다.

유아는 사랑을 필요로 하고 사랑을 원해서 이 필요한 경험의 반복을 초래할 방식으로 행동하는 경향이 있다. 그러나 이것은 복잡한 문제를 야기한다. 한 소년이 여동생의 머리를 잡아당겨 여동생이 울며 항의하는 소리를 들으며 재미있어한다. 그런데 그 소년은 '나쁜 녀석' 이라는 말을 듣게 되고, 한 대 맞으면 그 사실이 강화된다. 그는 애정과 단절된다. 이런 경험과 그와 비슷한 수없이 많은 경험이 반복되자 그는 '기분이 좋은' 것이

다른 사람 눈에 나쁠 수도 있음을 점차 배우게 된다. 그 다음 단계는 남들이 취했던 것과 같은 태도를 자기 자신에게 취하게 된다. 이제는 여동생의 머리를 잡아당기게 되면 근엄하게 그는 '나쁜 녀석' 이라고 말한다. 그는 남들의 가치판단을 자신의 것으로 받아들여 내면화한다. 그 정도가 되면 그는 자신의 유기체적 가치판단과정과 단절된다. 그는 평가의 기준을 포기하고 유기체의 지혜를 저버린다. 그리고 사랑받기 위하여 남들이 세운 가치기준에 따라 행동하려고 한다.

아니면 좀 더 나이 든 수준의 예를 들어 보자. 한 소년이 의식적으로는 아니지만 자기가 화가가 될 것을 생각할 때보다 의사가 될 생각을 할 때마다 부모들로부터 더 사랑받고 아낌을 받는다고 느낀다. 점차 그는 의사가 되는 것과 관련된 가치를 내면화한다. 그는 무엇보다도 의사가 되고 싶어진다. 그런데 대학에 가서 그가 화학과목을 이수할 능력이 있다고 카운슬러가 안심시키는데도 불구하고, 의사가 되는 데 필수과목인 화학에서 반복해서 실패한 사실 때문에 그는 좌절한다. 그는 상담을 통해서 비로소 그의 유기체 반응과 접촉을 얼마나 완전히 상실했는지, 어떻게 자기 자신의 가치판단과정과 단절되었는지를 깨닫기 시작한다. 한 소녀가 자기는 진정으로 의사가 되고 싶은데, 화가가 의사보다 더 낫다는 말을 들은 소녀에게도 똑 같은 일이 벌어질 수 있다.

장차 교사가 될 사람들인 내 반 학생들에게서 다른 예를 들겠다. 나는 강의 초기에 "여러분이 가르칠 아동들에게 가장 전수하고 싶은 두세 가지 가치를 적어 내시오."라고 그들에게 부탁했다. 그들은 많은 가치를 써냈다. 그러나 몇 가지 항목은 나를 놀라게 하였다. 어떤 학생은 '정확하게 말하기', '사투리를 쓰지 말고 표준영어를 사용하기' 와 같은 항목을 써냈다. 다른 이들은 '지시대로 일하기' 같은 깔끔함을 언급했다. 한 사람은 '내가 이름을 오른쪽 상단에 쓰고 날짜를 그 아래 쓰라고 할 때 다르게 하지 말고 그대로 하기를 바란다' 고 자기 희망을 설명했다.

여대생들 중 몇 사람이 제자들에게 물려줄 가장 중요한 가치가 정확한 문법 사용과 교사의 지시에 정확하게 따르는 것이라는 사실에 나는 어안이 벙벙해졌음을 고백한다. 나는 좌절감을 느꼈다. 이런 행동은 분명히 그들의 삶에서 가장 중요하고 의미 있는 요소로 경험되지는 않았을 것이다. 그런 가치의 나열은 그런 행동이 칭찬을 받게 했다는 사실로 설명이 될 수 있을 뿐이고, 그래서 아주 중요한 것으로 내면화되었던 것이다.

아마도 이들 실례는 사랑, 칭찬, 존중감을 얻거나 유지하기 위해서 한 인간이 유아 시절에 자기 것이었던 평가의 기준을 포기하고 타인들에게 의지한다는 사실을 보여 준다.

그는 행동의 안내자로서의 경험을 근본적으로 불신하도록 배운다. 어린이들은 많은 개념적 가치를 남들로부터 학습하여, 비록 그것이 자기가 경험한 것과 큰 괴리가 있을지라도 자신의 것으로 채택한다. 이들 개념은 자신의 가치판단에 근거한 것이 아니기 때문에 유동적이고 변하기보다는 경직되고 고정적인 경향이 있다. 이런 식으로 우리들 대부분은 한평생 준수하면서 살아갈 내면화된 가치관을 형성해 간다고 나는 믿는다.

내면화된 몇 가지 가치관

내면화라는 말은 의식적인 노력 없이 은연중에 다른 사람의 특성을 자기의 것으로 수용한다는 심리학적인 용어이다. 놀랄 만큼 복잡한 현대문화에서 우리가 바람직한 것으로 혹은 바람직하지 않은 것으로 내면화하는 가치양상은 다양한 출처에서 오기 때문에 그 의미가 매우 모순될 때가 자주 있다. 공통적으로 믿고 있는 내면화된 가치를 몇 가지 적어 보겠다.

- 성욕과 성행위는 대체로 나쁘다. 이런 개념의 원천은 많은 부모, 교회 및 교사들이다. 성적인 이해와 평가소재의 결핍으로 많은 청소년들은 정반대로 행동하여 매년 백만 명이 넘는 청소년들이 임신하는 결과를 가져온다.
- 불복종은 나쁘다. 여기서는 부모와 교사들이 군인들과 합세하여 이 개념을 강조한다. 복종은 착한 것이고 질문 없는 복종은 한층 더 좋은 것이다. 이 세상의 대량학살은 생각 없이 명령에 복종하는 보통 사람들에 의해서 자행되어 왔다.
- 돈벌이가 최고의 선이다. 이 개념적 가치는 사람보다는 사물을 더 중요시하는 추세에서 파생된 것이다.
- 축적된 학술적인 지식을 배우는 것은 매우 바람직한 일이다. 이것은 소수 선택된 사람만 책을 가지고 있었고, 지식은 다른 사람으로부터 받아야 하는 소모품이라고 생각하던 시절에 통하던 말이다.
- 재미로 책을 여기저기 뒤적이며 읽는 것은 바람직한 일이 아니다. 이상의 두 개념의 출처는 학교나 교육기관인 것 같다.
- 맵시와 유행은 중요하다. 여기에서는 우리가 세련되고 교양 있다고 보는 사람들이 이런 가치의 출처이다.
- 우리의 목적을 지지해 줄 때는 예외이지만 독재정권은 분명히 나쁘다. 이 문제에서는 정

부가 그 원천이 된다.

- 이웃을 사랑하는 것은 최고의 선이다. 이런 개념형성은 교회나 부모에게서 온다.
- 경쟁은 협동이나 공동작업보다 더 바람직하다. 이 문제에서는 기업체와 회사들이 중요한 원천이 된다.
- 속이는 것은 영리하고 바람직한 일이다. 동료집단과 일부 어른들이 출처가 된다.
- 코카콜라, MTV, 껌, 비디오게임, 아메리카 진, 자동차는 명백하게 바람직한 것이다. 이런 개념형성은 광고에서 올 뿐만 아니라 전 세계인들이 보강해 주고 있다. 자메이카에서 일본, 코펜하겐에서 홍콩에 이르기까지 '코카콜라 문화'는 바람직한 것의 극치로 간주되고 있다.

이것은 사람들이 내면화해서 그들 자신의 것으로 믿고 있는 수없이 많은 개념적 가치 중의 몇 가지 예에 불과하다. 흔히 개인들이 자기 자신의 내면적인 감정이나 믿음을 따르도록 격려하지 않고 외부에서 개인에게 부과된 것을 믿게 하려는 것으로 보인다.

성인 가치판단의 공통적인 특성

보통 성인들은 거의 대부분이 다음과 같은 특징이 있는 가치접근법을 가지고 있음이 앞에 든 예에서 명백해졌으리라고 믿는다.

- 성인 가치의 대부분은 자신에게 중요한 다른 개인이나 집단으로부터 내면화된 것인데 자기 자신의 것으로 간주된다.
- 평가의 기준이나 위치는 대체로 자신의 외부에 있다.
- 가치를 두는 기준은 그것이 그 사람으로 하여금 사랑받고 인정받게 하는 정도에 달려 있다.
- 이들 개념적 선호는 자기 자신의 경험과정과는 전혀 관계가 없거나 명백한 관련이 없다.
- 자기 자신의 경험이 알려 주는 증거와 이들 개념적 가치 사이에는 자각하지 못하는 큰 괴리가 있다.
- 이들 개념형성은 경험을 통한 실험에 응하지 않으므로 성인들은 경직된 불변의 태세로 그 가치를 믿어야만 한다. 다른 길이 있다면 그것은 그의 가치가 붕괴되는 일이

다. 이래서 성인의 가치는 메디아나 페르시아 사람의 법칙처럼 변할 수 없는 항상 '옳은 것' 이다.

- 이들 가치는 시험해 볼 수 없는 것이어서 모순을 해결할 방법이 없다. 만약에 한 성인이 지역사회로부터 돈이 최고선이라는 생각을 받아들였고, 또 교회에서 이웃사랑이 최고의 가치라는 생각을 받아들였다면 어느 것이 자기 자신에게 더 가치가 있는 것인지를 발견할 길이 없다. 그래서 현대 생활의 공통점은 서로 상충되는 가치를 가지고 사는 일이다. 우리의 적으로 간주되는 나라에 폭탄을 떨어뜨릴 것을 조용히 의논하거나 노숙자의 몸을 뛰어넘어 가면서도 다른 한편 한 아이의 고통에 관한 기사를 읽으면서는 눈물이 글썽해지기도 한다.
- 우리는 평가의 기준을 남들에게 양도하고 우리 자신의 가치판단과정과는 단절되어 있어서 우리의 가치관에 쉽게 불안이나 두려움을 느낀다. 만약 이들 개념 중의 어떤 것이 무너지면 무엇이 그 자리를 차지하게 될까? 불안하게 하는 이런 가능성은 그들 자신의 가치개념을 보다 더 경직되게 하거나 혼란스럽게 만들거나 혹은 그 둘이 뒤섞여서 집착하게 만든다. 오늘날 우리가 당면한 위기는 가치관의 상실이 아니라 경험과 상충되는 가치관 때문이다.

근본적인 상충

거의 내면화되고 고정관념으로 인식되었으며, 검토하거나 시험해 보지 못한 가치를 소유한 개인의 모습이 우리 대부분의 모습이라고 나는 생각한다. 다른 사람의 생각을 우리 자신의 것으로 받아들였기 때문에 우리는 자신의 기능의 잠재적 지혜를 상실했으며 자신감도 잃었다. 이들 가치개념은 우리 자신이 체험하고 있는 것과 크게 상충되는 것이 흔한 일이어서 우리는 근본적으로 자기 자신으로부터 분리되어 있다. 이 사실이 현대인의 많은 긴장과 불안을 설명해 준다. 우리의 생각과 우리가 실제로 체험하고 있는 경험 사이와, 그리고 우리의 가치의 인지적 구조와 내부에서 알아차리지 못하게 진행되고 있는 가치판단과정 사이의 이 근본적인 불일치는 현대인이 겪고 있는 자신으로부터 소외되는 근본원인 중의 하나이다. 이것이 교사, 사회복지사, 그리고 심리치료사 등 조력전문직에 종사하는 사람들에게는 커다란 문제이다.

경험과의 관계회복

어떤 사람들은 운이 좋다. 다행히도 내가 막 묘사한 모습을 넘어서서 심리적인 성숙을 향하여 더 발전해 가기도 한다. 이런 현상은 개인의 성장에 유리한 풍토를 제공하려고 노력하는 심리치료에서 나타나는 것을 볼 수 있다. 생활이 그 개인에게 심리치료적 분위기를 마련해 주면 그것은 일상생활에서도 일어날 수 있다. 내가 심리치료에서 관찰한 대로 가치접근법의 성숙과정에 관하여 말하고자 한다.

먼저 조력관계는 가치판단이 결여된 상태가 아니라는 말을 삽입해 두고자 한다. 정반대이다. 조력관계가 가장 효과적일 때는 한 인간은 가치 있는 존재라는 한 가지 주된 가치에 의해서 그 특징이 부각된다. 한 인간으로서 그는 그의 독특성과 개별성에서 존중받는다. 우리가 한 인간으로 존중받는다는 것을 깨달을 때 우리는 자기 자신의 그 측면을 서서히 존중하기 시작한다. 가장 중요한 것은 우리가 처음에는 매우 어렵게 우리 자신의 내부에서 일어나고 있는 것, 우리의 감정, 우리가 경험하고 있는 것과 우리가 어떻게 반응하고 있는가를 알아차리기 시작한다는 것이다. 우리는 자신의 경험을 행동의 안내자로 그리고 정확한 개념형성과정에서 조회대상으로 사용한다. 젠들린(Gendlin)은 이 과정을 정교하게 설명한다.[5,6] 우리의 경험에 점점 더 솔직해지고, 우리 자신의 감정대로 더 자유로이 살 수 있게 되면 우리의 가치 접근법에 중요한 변화가 일기 시작한다. 그 과정은 유아시절의 특징을 많이 닮아 가기 시작한다.

교실에서 학생들이 적절한 언어를 사용하기를 바라는 교사는 학생들에게 사실상 더 중요한 다른 세상에서 사용하는 언어와 갈등을 일으킬 수 있다. 6학년 교사가 욕을 하면서 교실로 들어오는 학생에게 반응하는 것을 나는 들어 봤다. 그 교사는 책상 위에 앉아서 이렇게 말했다.

> 여러분, 우리는 언어를 다양한 방법으로 사용하는데 어떤 사람에게는 할 수 없는 말을 다른 사람에게는 말한다는 것을 나는 깨달았다. 친구에게 하는 말, 가족에게 하는 말, 혹은 교회, 학교, 직장에서 사용하는 말이 다르다. 여러분이 교실에서 욕을 하면 나는 불편해진다. 다른 곳에서는 사용하는 말이지만 학교에서는 적합하지 않은 말이 있다.

그 후에 교실에서 언어의 의미와 타인들에게 전달되는 의미에 관하여 토론회를 가졌다. 학생들이 가치에 접근하는 방식이 색달랐다. 학생들이 욕을 하면 교사가 “입 닥쳐”라고 외쳤던 다른 반과 그 반을 비교해 보자. 학생들의 가치를 존중하고, 사람마다 소중히 여기는 것이 다를 수 있다는 것을 관찰하게 하는 것은 훨씬 더 강한 가치관을 형성하게 한다. 학생들은 그들의 '다른 세상의 가치들'을 평가절하하지 않는 접근방법을 존중하였다. 이 방법은 상황에 따라서 다른 언어를 사용해야 된다는 맥락을 배울 수 있게 하였다. 아마도 예측할 수 있던 대로 그 반 학생들은 교실에서 그들의 선생님을 더 존중하기 시작했다.

성숙한 인간의 가치판단

보다 성숙한 인간에게 형성되는 가치판단과정은 어떤 면에서 어린아이와 같은 데가 있고, 또 다른 면에서는 아주 다르다. 그 과정은 자신을 향상시키고 실현하게 하는 것으로 경험된 바로 그 순간에 근거해서 유동적이고 융통성이 있다. 가치관은 경직되어 있지 않고 끊임없이 변하고 있다. 지난해 의미 있어 보이던 그림이 지금은 별 흥미가 없어 보인다. 전에 좋았다고 생각되었던 인간관계 방식이 이제는 부적절하게 보이기도 한다. 그 당시 옳게 보이던 믿음이 이제는 부분적으로 진실이거나 거짓으로 경험되기도 한다. 보다 더 성숙한 사람이 경험을 평가하는 방법의 다른 특징은 고도로 세분화되거나 혹은 의미론자들이 말하는 대로 외연적(外延的)이다. 교사가 될 학생들이 나의 수업에서 배운 일반원칙들은 섬세하게 구분되는 반응만큼 실용적이지는 못하다. 어떤 이는 말하기를 "이 아이에게는 내가 매우 단호해야 될 것 같았어요. 그 아이도 그 태도를 환영했지요. 내가 단호했던 것이 다행이었습니다. 그러나 다른 아이들에게는 대체로 그렇게 단호하지 않아요."라고 했다. 그는 각 아동들과의 관계를 경험하면서 자기 행동의 지침으로서 자기 경험을 신뢰하였다. 나는 예를 들면서 전에는 견고하고 획일적이며, 내면화된 가치였던 것에 그 사람이 얼마나 더 세분화된 반응을 보여 주는가를 이미 지적하였다.

또 다른 면에서 성숙한 사람의 접근법은 어린아이와 같은 데가 있다. 평가의 위치가 자기 내부에 견고하게 자리 잡고 있다. 귀환반응이나 가치판단 정보를 제공하는 것은 그 자신의 경험이다. 이 말은 그 사람이 다른 원천에서 획득한 모든 증거에 무관심하다는 의미가 아니다. 그 증거는 외부의 증거로서 있는 그대로 받아들이지만 자기 자신의 경험만큼 그렇게 의미심장한 것은 아니라는 말이다. 그 사람이 친구로부터 새 책 한 권이 아주 재미없다는 말을 들었다고 하자. 그는 부정적인 서평을 두 개나 읽는다. 이쯤 되면 그의 잠정적 가설은 그 책은 별 가치가 없다는 것이다. 그럼에도 불구하고 그 책을 읽게 된다면 그의 가치판단은 남들이 한 말에 근거를 두지 않고 자기 마음속에 일어나는 반응에 근거를 둘 것이다.

이 가치판단과정에는 그 모든 복잡한 의미를 명료화하고 판단하려고 노력하면서 자기가 경험하고 있는 것에 직접 참여하는 일이 개입된다. 한 내담자가 심리치료 종결부분에 와서 한 문제에 대하여 고심하고 있을 때 머리를 손으로 감싸쥐고 한 말이 생각난다. "가만 있자, 내가 느끼고 있는 것이 무엇이지? 그 감정에 다가가고 싶다. 그게 도대체 무엇인지 배우고 싶다." 그러고 나서 그는 자기가 경험하고 있는 그 감정의 정확한 색조를 구분해 낼 때까지 자기 자신에게 귀를 기울이면서 조용히 참을성 있게 기다렸다. 다른 이들처럼 그는 자기 자신에게 접근하려고 노력하고 있었다.

성숙한 사람이 자기 자신의 내부에서 일어나고 있는 것에 접근하는 과정은 유아의 그것에 비하여 훨씬 더 복잡하다. 성숙한 사람은 이 순간의 경험 속에 과거에 학습한 관련 있는 기억이 내포되기 때문에 그 범위와 폭이 훨씬 더 넓다. 이 순간은 감각기관의 즉각적인 반응은 물론 과거 유사한 경험에서 나온 의미도 간직하고 있다. 한순간은 새로운 경험과 오래된 기억을 둘 다 포함한다. 그래서 내가 한 폭의 그림이나 사람을 경험하고 있을 때 나의 경험은 이 순간의 특별한 만남에서 얻은 반응은 물론 과거에 그 그림이나 사람과의 만남에서 축적된 학습을 다 포함한다. 마찬가지로 성숙한 사람이 경험하는 그 순간은 결과에 대한 가정을 가지고 있다.

"세 번째 잔을 마시고 싶긴 한데 과거의 경험을 보면 내일 아침에 후회하게 될지도 몰라." "이 사람에게 나의 감정을 솔직하게 말해 주는 것은 즐거운 일이 아니지만, 과거의 경험을 보면 계속되는 관계에서는 결국 그것이 도움이 되었거든." 이와 같이 과거와 미래가 이 한순간에 공존하고 가치판단에 참여한다.

내가 말하고 있는 성숙한 사람에게서 우리는 다시 어린아이 같은 점을 발견하게 되는데, 그의 가치판단의 기준은 경험의 대상이 얼마나 자신을 실현하느냐에 달려 있음을 나는 발견한다. "그 경험은 그를 더 풍성하게 더 완전하게 더 충분히 발달한 사람이 되게 하는가?" 이 말은 마치 이기적이고 반사회적인 가치기준처럼 들릴 수도 있으나 그렇지 않음이 판명된다. 왜냐하면 다른 사람들과 깊이 상호 부조하는 인간관계가 자기를 실현하는 것으로 체험되기 때문이다. 심리적으로 성숙한 인간은 어린아이와 마찬가지로 유기체의 시혜를 믿고 사용하는데, 어른은 의식적으로 그렇게 할 수 있나는 차이가 있을 뿐이다. 우리는 자기가 자신의 모든 것을 신뢰한다면 감정과 직관이 우리의 마음보다 더 현명할 수 있고, 전인으로서 우리는 자신의 생각만 활용할 때보다는 더 섬세하고 정확할 수 있음을 깨닫는다. 그래서 이렇게 말하기를 두려워하지 않는다. "이 경험(이 물건, 이 방향)은 유익하다. 나중에 왜 그것이 좋은지 그 이유를 아마 알게 될 것이다." 우리는 우리 자신의 전체성을 신뢰한다.

성숙한 인간의 가치판단과정은 쉽거나 단순한 것이 아니라는 사실을 내가 한 말 중에서 분명히 알았을 것이다. 그 과정은 복잡하고 선택은 매우 어렵고 어리둥절하게 한다. 그리고 선택한 경험이 사실상 자아를 실현하게 할는지 보장이 없다. 그러나 어떤 증거든지 존재하는 것은 그 개인이 다 알고 있고, 그는 자기 경험에 개방적이므로 잘못은 시정될 수 있다. 만약에 자기가 선택한 행동이 자신을 향상시키는 것이 아니라면 그것은 감지될 것이고 따라서 조정하거나 적응할 수 있다. 성숙한 인간은 귀환반응을 최대한으로 교환하며 성장하고, 배 위의 회전나침반처럼 자기실현의 진정한 목표를 향하여 끊임없이 항로를 수정할 수 있다.

가치판단과정에 관한 몇 가지 명제

이와 같은 관점의 기본요소를 포함하는 두 가지 명제를 진술하면 이제까지 내가 말한 것의 의미가 명백하게 드러날 것이다. 각 명제의 전체를 과학적인 실험으로 검증하기는 어렵지만 어느 정도까지는 과학적인 방법으로 실험할 수 있다. 다음의 명제를 분명하게 하기 위하여 단정적으로 진술하긴 하지만 실제로 나는 그것을 잠정적인 가설로 제안한다는 사실을 또한 밝혀 두고 싶다.

Ⅰ. 인간 내부에 존재하는 유기적인 가치판단과정에는 유기체적인 근거가 있다. 이 근거는 인간이 다른 생물들과 공유하는 무엇이 있다는 것을 가정한다. 가치판단과정은 어떤 건강한 유기체가 기능을 발휘하는 과정의 일부분이다. 그것은 가능한 최대한의 자기향상을 위하여 유기체가 그의 행동을 계속적으로 조정할 수 있게 하는 귀환반응정보의 수용능력이다.

Ⅱ. 인간의 이 가치판단과정은 개인이 자기 내부에 일어나고 있는 경험에 개방적인 정도만큼 자기향상을 도모하는 데 효과적이다. 나는 자신의 경험에 근접한 두 사람의 예를 보여

주려고 노력하였다. 즉 자기 내부에서 일어나고 있는 과정을 자각하지 못하거나 거부하기를 아직 배우지 않은 어린아이와, 자기 경험에 개방적인 상태의 장점을 다시 터득한 심리적으로 성숙한 사람이 그 예이다. 두 번째 명제에는 계(係)가 있는데 다음 용어로 표현할 수 있다. 한 개인이 경험에 개방적인 방향으로 나아가도록 돕는 방법 중의 하나는 그 개인이 독립된 인간으로 인정받고, 자기 내부에서 일어나는 경험이 공감적으로 이해되어 존중받고, 그 자신과 타인들의 감정이 강요당하는 일 없이 경험할 자유가 있는 인간관계를 통해서 가능하다. 이 계는 심리치료의 경험에서 나온 것이 분명하다. 그것은 어떤 형태의 성장 촉진 관계에도 존재하는 필수적인 성질을 간결하게 진술한 것이다. 그와 같은 진술을 지지하는 실험적 연구가 있다.

가치판단과정의 결과에 관한 명제

나는 이제 가치이론의 핵심에 접근하고 있다. 그 결과는 어떤 것인가?

이제까지 말한 가치판단과정에서 나온 행동의 속성에 관한 두 가지 명제를 진술하면서 이 새로운 영역에 접근하고자 한다. 그리고 이 명제를 지지하기 위하여 심리치료자로서 나의 경험에서 나온 증거를 제시할 것이다.

I. 자신의 경험에 보다 더 개방적인 방향으로 나아가는 사람들에게는 가치지향의 유기체적인 공통점이 있다.

II. 이들 공통의 가치지향은 개인의 발달과 지역사회 주민들의 발달을 도모하고, 인류의 생존과 발전에 이바지하는 유형의 것들이다.

개인이 존중받고, 보다 더 자유롭게 느끼고 존재할 수 있는 심리치료에서는 일정한 가치지향이 나타난다는 것이 나의 경험적 사실이었다. 그 가치지향은 혼돈된 지향이 아니라 오히려 놀랄 만한 공통점이 있다. 이 공통점은 치료자의 인성에 달려 있지 않다. 왜냐하면 이 경향은 인성이 아주 다른 치료자들의 내담자에게도 나타나기 때문이다. 미국, 덴마크, 프랑스, 일본과 같은 다양한 문화에서도 그 지향성의 증거를 발견했기 때문에 이 공통점은 우리가 모두 같은 인간이라는 사실 때문이라고 생각하고 싶다. 한 어린아이가 개별적으로 다른 아이들이 선택한 음식과 비슷한 음식을 고르는 것 같이, 심리치료의 내담자도 다른 내담자들이 선택한 것과 유사한 가치지향을 선택하는 경향이 있다. 만약에 진정으로 선택의 자유가 모든 인간에게 주어진다면 같은 인류로서 모든 인간이 선택하게 될 내적 발달을 구성하는 일정한 경험의 요소가 있을 것 같다.

내담자들이 인간적인 발달과 성숙의 방향으로 성장함에 따라 그들에게서 내가 관찰한 몇 가지 가치지향을 지적하고자 한다.

- 그들은 가식으로부터 멀어져 간다. 방어나 가면 쓰기를 부정적으로 평가하는 경향이 있다.
- 그들은 당위성(當爲性)을 멀리하는 경향이 있다. "나는 마땅히 이래야 혹은 저래야 한다"는 강박적인 감정을 부정적으로 평가한다. 그들은 누가 그 기준을 정해 놓았든 간에 '마땅히 해야 한다'는 생각을 멀리한다.
- 그들은 타인들의 기대에 부응하는 일에서 멀어져 간다. 남들을 기쁘게 하는 것 자체가 목적이 되면 부정적으로 평가한다.
- 진실한 것은 긍정적으로 평가한다. 내담자는 자기 자신이 되고, 자신의 진실한 감정대로 살며, 있는 그대로의 자신이 되는 방향으로 나아가는 경향이 있다. 이것은 아주 철저한 선호성향(選好性向)인 것으로 보인다.
- 자기지도는 긍정적으로 평가된다. 내담자는 스스로 선택하고 자신의 삶을 이끌어 가는 데서 점증하는 자신감과 긍지를 발견한다.
- 자기 자신과 자신의 감정을 긍정적으로 평가하게 된다. 자기 자신을 절망과 경멸의 자세로 보던 관점에서 내담자는 자기 자신과 자신의 반응을 가치 있는 것으로 평가하게 된다.
- 변하는 과정을 긍정적으로 평가한다. 고정된 어떤 목표를 갈망하던 자세에서, 잠재가능성이 있는 실현과정의 즐거움을 더 좋아하게 된다.
- 아마도 내담자는 다른 어떤 것보다도 자신의 내적 및 외적인 경험에 솔직해지는 것을 소중히 여기게 된다. 자기 자신의 내적인 반응과 감정, 타인들의 반응과 감정, 그리고 객관적인 세계의 현실에 개방적이며 민감해지는 것, 그것은 내담자가 분명히 더 좋아하는 방향이다. 이 개방성은 내담자의 가장 값진 자원이 된다.
- 타인들에 대한 감수성과 타인들의 수용은 긍정적으로 평가된다. 내담자는 자기 자

신을 있는 그대로 소중히 여기듯이 타인들을 있는 그대로 수용하게 된다.

- 끝으로 깊은 인간관계는 긍정적으로 평가된다. 가깝고 절친하고 진실하며, 충분히 대화하는 인간관계는 모든 인간의 깊은 필요를 충족시키는 것으로서 아주 귀중한 것으로 평가된다.

이상이 인간적으로 성숙해 가는 개인들에게서 내가 관찰한 선호하는 방향이다. 제시한 항목이 부족하고 아마도 어느 정도는 부정확하겠지만, 나에게는 신나는 가능성을 보여 준다. 그 이유를 설명하겠다.

사람들이 한 인간으로 존중받을 때 그들이 선택하는 가치가 모든 가능성으로 치닫지 않는다는 사실은 중요한 뜻이 있다고 나는 생각한다. 그와 같이 자유로운 풍토에서 한 사람은 사기, 살인, 절도를 높이 평가하는데 다른 사람은 자기희생적인 삶을 소중히 여기거나 돈만을 높이 평가하는 삶을 사는 것을 나는 발견하지 못했다. 그 대신에 일맥상통하는 깊은 공통점이 존재하는 것 같다. 인간에게 자기가 깊이 소중히 여기는 것을 선택할 자유가 주어진다면 그는 자기 자신의 생존 및 성장발달과 타인들의 생존 및 발달에 이바지할 대상, 경험 그리고 목표를 높이 평가하는 성향이 있음을 나는 믿는다. 한 인간이 성장촉진적인 분위기에 있게 되면 그와 같이 사회화된, 실현하는 목표를 더 선호하게 되는 것이 인간유기체의 특징이라고 나는 가정한다.

한 인간이 사람으로서 존중받는 그런 존경과 자유의 풍토가 조성되면 내가 말한 것의 당연한 결과는 어느 문화에서든 성숙한 인간은 똑같은 가치지향을 선택하고 선호하리라는 사실이다. 이것은 실험이 가능한 매우 의미심장한 가설이다. 내가 묘사하는 그 사람은 일관성이 있거나 고정된 개념적 가치체계를 가지고 있지는 않을지라도, 자기 속에 있는 가치판단과정이 문화나 시간을 초월한 항상성이 있는, 새로 대두되는 가치지향으로 인도하리라는 것을 의미한다.

내가 알 수 있는 또 다른 의미는 이제까지 기술한 유동적인 가치판단과정을 보여 주는 사람, 즉 내가 열거한 것과 같은 가치지향을 가진 사람은 인간발달의 계속적인 과정에서 고도로 효율적일 것이라는 사실이다. 만약에 인류가 이 지구상에서 살아남으려 한다면 새로운 상황과 문제에 더 잘 적응할 수 있어야 하고, 새롭고 복잡한 상황에서 살아남고 발달하는 데 도움이 되는 것을 선택할 줄 알아야 하며, 그런 선택을 하려면 현실감정(現實鑑定)이 정확해야만 한다. 내가 묘사해 온 심리적으로 성숙한 사람은 인류의 생존과 번영을 촉진할 그런 경험을 소중히 여기는 자질을 가지고 있다고 나는 믿는다. 그는 인간발달과정에서 가치 있는 참여자이며 안내자가 될 것이다.

끝으로 우리는 가치의 보편성 문제에 다른 길을 통해서 되돌아온 것 같다. 어떤 그룹, 즉 철학자, 통치자 혹은 성직자들이 정해 주는 보편적 가치체계나 '저 멀리 있는' 보편적 가치 대신에 우리는 인간유기체의 경험에서 나온 보편적인 인간가치지향의 가능성을 가지고 있다. 심리치료의 증거는 한 개인이 자신의 유기체적 가치판단과정에 접근할 때 개인적 및 사회적 가치는 자연스럽게 나타나고 경험된다는 것을 보여 준다. 잠정적인 결론은 비록 종교나 과학이나 철학이 현대인들에게 가치관을 제시하리라고 더 이상 기대하지 않을지라도 그들은 그들 내부 깊은 곳에서 유기체적 가치판단의 근거를 발견할 수 있다는 것이다. 만약 현대인들이 유기체적 가치판단의 근거와 통하는 법을 배울 수만 있다면 그것은 우리 모두가 직면한 복잡한 가치문제에 대한 하나의 유기적이고, 적응력 있고, 사회적인 접근법임이 판명될 것이다.

가치와 공동학습자

지금까지 제시한 것이 교사나 학생들에게 어떤 의미나 관련성이 있는가? 당연히 있다고 생각한다. 평가의 소재가 발달하는 과정은 성인들의 경우에는 심리치료를 통해서 가능하지만, 다른 학습 환경에서는 의미 있고 지지해 주는 경험을 계속함으로써 가능해지는 것 같다. 그러나 학교가 지금처럼 머물러 있게 된다면 다음 세대의 성인들은 삶에서 의미를 발견하는 데 집중적인 도움을 필요로 할 것이다. 세상은 급속도로 변하고 있어서 만약 청년들이 복잡하고 상호의존적인 세계에서 잘 살아남으려면 대부분의 학생들이 학교에서 보내는 만 오천 시간을 재구성해야 한다.

학생, 교사, 행정가, 부모 그리고 우리 모두가 일하고 있는 학습환경은 주목할 만한 공통가치관을 가지고 있다. 제1장에서 보여 준 대로 학생들이 좋아하는 학교의 묘사는 학생들이 사람으로 존중받으며 다른 사람으로부터 배울 뿐만 아니라 그들의 생각을 공유할 기회를 갖기를 원한다. 사례에 나온 학생들은 교사를 자원인사 혹은 때때로 조정자로 보지만 항상 '나를 인간으로 알아 주는' 배려해 주는 사람으로 보고 있었다. 학교는 재미있고, 자극을 주는 일로 가득하고, 학습이란 '신뢰 속에 하는 모험' 이고 발견이기 때문에 그들이 가고 싶어 하는 곳이었다. 그런 학교에서 생활하는 사람들의 가치는 경직되지 않고 유동적이었으며 행동은 물론 동기는 학생 행동에 관한 토론의 결과에서 나온 것이었다. 자유는 방임과 다르다. 자유는 책임과 참여를 똑같이 중요시한다. 건전한 가치는 학습할 수 있는 건강한 분위기를 조성하고 건강한 어린이들을 격려한다.

요약

인류가 추구하는 만족할 만한 가치판단 이론의 근거와 촉진적인 전문가들이 추구하는 함축적인 의미와 관련 있는 것으로, 나는 심리치료 경험에서 도출된 몇 가지 관찰결과를 제시하였다. 어린아이는 자기 세계를 직접 평가할 때, 작지만 복합적인 유기체의 모든 지혜를 활용하여 자기의 경험이 자아실현에 의미가 있는지 여부에 따라 자신의 경험을 거절하거나 높이 평가하는 것으로 나는 설명하였다. 우리는 이 직접적인 평가능력을 상실하고 사회적 승인, 사랑, 긍지를 가져올 방법과 그런 가치관에 입각하여 행동하게 되었다는 것을 지적하였다. 사랑받기 위해서 우리는 가치판단과정을 포기하였다. 우리 삶의 중심은 이제 타인들에게 있기 때문에 우리는 두렵고 불안해서 우리가 내면화한 가치관에 완고하게 매달리지 않으면 안 된다.

그러나 만약에 심리치료나 생활이 심리적 성장을 계속할 만한 호의적인 조건을 부여해 준다면 어린아이의 직접성과 유동성을 닮지만 농도에 있어서는 그것을 초월하는 가치판단 접근법을 우리는 개발하게 된다. 경험과의 상호작용에서 우리는 다시 가치판단의 원천이 되고, 결국은 우리 자신을 향상시키는 경험을 선호하게 되며, 풍성한 인지적 학습과 기능을 모두 활용하게 된다. 그러나 동시에 우리는 유기체의 지혜를 신뢰하게 된다. 이와 같은 관찰은 어떤 근본적인 진술을 유도해 낸다는 것을 나는 지적하였다. 인간은 자기 속에 가치판단의 유기체적 근거를 가지고 있다. 내부에 존재하는 가치판단과정과 자유로이 통할 수 있는 정도만큼 우리는 자기번영을 위한 방향으로 행동하게 될 것이다. 우리는 우리 자신이 경험과정과 통할 수 있게 하는 조건까지도 알고 있다. 심리치료에서 경험에 대한 이와 같은 개방성은 아마도 문화를 초월하고 개인의 차이를 넘어서 공통적인 새로운 가치지향을 가능하게 한다. 옛날 용어로 표현한다면 자기가 경험하고 있는 것과 연결되어 있는 사람은 성실성, 자주독립성, 자기지도, 자기이해, 사회적 감응성, 사회적 책임 그리고 따뜻한 대인관계와 같은 성향을 높이 평가하게 된다.

새로운 종류의 가치지향의 보편성은 개인의 심리적인 성숙, 좀 더 정확히 말해서 자기가 경험하고 있는 것에 개방적인 자세로 나아가게 될 때 가능해진다고 나는 결론을 내린다. 그와 같은 가치기준은 자기와 타인들의 번영을 촉진하고 긍정적인 진화발전과정을 조장하는 것 같다.

참고문헌

1. D. Yankelovich, "New Rules in American Life: Searching for Self-fulfillment in a World Turned Upside Down," *Psychology Today* 15 (1981): 39.
2. Carl R. Rogers, *Client-centered Therapy* (Boston: Houghton Mifflin, 1951).
3. Carl R. Rogers, "A Theory of Therapy, Personality and Interpersonal Relationships," in *Psychology: A Study of Science*, vol. 3, ed. S. Koch, pp. 185-256; *Formulations of the Person and the Social Context* (New York: McGraw-Hill, 1959), pp. 185-256.
4. Charles W. Morris, *Varieties of Human Value* (Chicago: University of Chicago Press, 1956).
5. E. T. Gendlin, *Experiencing and the Creation of Meaning* (New York: Macmillan, The Free Press, 1962).
6. E. T. Gendlin, *Focusing* (New York: Everest House, 1978).

제 15 장

자유와 책임

학습의 자유, 선택의 자유, 자기주도적인 학습은 인간이 조건화의 필연적 산물에 불과하다고 믿는 많은 행동주의 과학자들 마음으로는 전혀 지지할 수 없는 개념이다. 그렇지만 나는 그들 개념이 진정한 의미를 가지고 있는 것처럼 이 책에서 자유로이 사용해 왔다. 나는 미국 인본주의자협회에 의해서 '금년의 인본주의자' 로 선정되었다. 그때 한 연설에서 이 모순을 정식으로 대면하려고 노력하였다. 자유와 결정론의 해묵은 문제를 해결한 척하지는 않겠으나, 나로서는 그 문제와 더불어 사는 방법을 알아냈다. 기계적 행동주의자의 견해와 학습의 인본주의적 접근 사이에서 그 차이 때문에 갈등을 느끼는 사람들에게 나의 진술이 명쾌한 답을 줄 수 있기를 희망한다.

현대 생활에서 가장 심각한 논쟁 중의 하나는 오늘날처럼 과학적인 세상에서 개인의 자유라는 개념이 도대체 무슨 의미가 있느냐는 질문이다. 행동주의 과학자들이 행동을 예측하고 통제할 수 있는 능력은 그 문제를 관심의 초점이 되게 하였다. 미국 심리학계를 지배하고 있는 논리적 실증론과 엄격한 행동주의적 강조를 받아들인다면 토론할 여지조차 없다.

그러나 만약에 우리가 행동주의 과학자들의 편협성을 넘어선다면 그 질문은 논쟁거리일 뿐만 아니라 현대인을 규정하는 큰 문제 중의 하나이다. 프리드먼(Friedman)은 그의 책에서 주제를 "현대인의 문제들 — 소외, 분열된 인간성, '신의 사망' 다음에 온 개인의 자유와 심리적 강박현상 사이의 해결되지 않는 긴장"(p. 251)[1]이라고 정했다. 개인의 자유와 책임에 관한 문제는 한 인간이 자신의 자각과, 자신도 깨닫지 못하는 요소들의 역동적 기능 사이에서 분열을 느끼는 세상에서 매우 심각해졌다. 인간이 아는 한 무관심한 이 우주에서, 만일 어떤 의미를 얻어 내야만 한다면 그는 영원한 불확실성에 관하여 자기가 지지할 수 있는 어떤 입장에 도달하지 않으면 안 된다.

"왜 교사와 다른 교육자들은 이런 것들을 알아야 합니까?"라고 질문할지도 모른다. 만약에 우리가 가르침에 대한 기계적인 관점을 선택한다면, 어느 유능한 교사는 다른 교사들과 똑같을 것이다. 한 교사가 사직하면 다른 교사로 보충해도 아무 문제가 없다. 사실은 많은 학교에서 이런 관점 때문에 우리가 현재 가지고 있는 조직을 낳았다. 이런 제도에서는 교사는 교환이 가능한 부품이나 다름없다. 교사가 부족하면 그런 관점에서 충원한다. 의사, 변호사, 회계사 및 기술자를 포함한 다른 전문직에서는 인력이 부족하면 높은 봉급, 근무조건의 개선, 전문적인 권한과 궁극적으로 자유를 주는 쪽으로 해결한다. 교직에서는 인력이 부족하면 그 반대현상이 일어난다. 1970년 이래로 봉급은 내려가고 학급당 학생 수의 기준을 늘려서 더 많은 학생으로 반 편성을 한다. 교육과정은 미리 정해져서 교사들이 손을 댈 수 없게 만들고, 마치 교사들은 아껴야 할 귀한 선물이라기보다는 부담인 것처럼 다루는 조직에서 평가받고, 감시받고, 시험당하고, 잡무에 지쳐 있다. 지난 10년간 이와 같은 교직의 상하관계 운영은 학교와 학습의 상황을 대부분의 관점에서 열악하게 만들었다. 이런 상황과 개인에 대한 존중의 부족으로 대부분의 교사는 부임 5년 이내에 사직한다. 그들은 통제받는 데 싫증이 나 있다.

행동주의는 대부분의 심리학자들에게 그 중요성을 잃어 가지만 미국에서는 행동주의가 아직도 교육계를 지배하고 있다. 그 예들은 많이 있다. 학생들이 훈련받는 방식에서부터 교사들이 평가받는 방식에 이르기까지 그 방법은 보상과 벌로 통제하는 것이다. 나는 행동과학자와 사적인 면, 현상학적인 면, 객관적으로 접근할 수 없는 인간에 깊이 관심 가지는 학자로서 자유의 의미와 가능성에 관한 대화에 계속해서 이바지하고자 한다. 만약에 우리가 교직을 개인이 소중하게 여겨지는 촉진적인 과정으로 여긴다면, 그러면 자유와 책임의 두 단어는 지극히 중요한 의미를 갖게 된다.

부자유한 인간

대부분의 심리학자들과 행동과학에 종사하는 사람들에게 이 장의 제목은 정말로 이상하게 보일 것이라는 사실을 먼저 설명하겠다. 대부분의 행동과학자들 생각에는 인간은 자기외적인 요소에 의하여 통제되기 때문에 자유롭지 않거나 자유인으로서 어떤 목적에 관여할 수가 없다. 그러나 통상 이해되는 대로는 자유나 책임도 현대 행동과학에서는 있을 법한 개념이 되지 못한다.

내가 과장하는 것이 아님을 보여 주기 위해서 하버드대학의 비 에프 스키너(B. F. Skinner) 박사의 말을 인용하고자 한다. 그는 엄격한 행동주의 심리학의 가장 일관성 있는 대변인의 한 사람이다. 그는 다음과 같이 말한다.

> 인간이 자유롭지 않다는 가정은 인간행동 연구에 과학적 방법을 적용하는 데 필수적이다. 자기 행동을 결정하는, 내부에 있는 자유로운 사람은 과학적 분석과정에서 발견되는 종류의 존재에 대신하는 과학 이전의 대용물에 불과하다. 이 모든 행동의 원인들은 개인의 외부에 존재한다(p. 477).[2]

많은 심리학자들과 스키너처럼 모든 행동의 효율적인 원인은 그 사람의 외부에 존재하고 행동이 일어나는 것은 외적 자극을 통해서만 가능하다고 믿는 사람들은 바로 그런 견해를 가지고 있다. 행동의 과학적인 기술은 어떤 식으로든 자유의 기미가 있는 것을 피한다. 예를 들면 스키너(pp. 90~91)[3]는 비둘기가 시계방향으로 돌아가도록 조건화된 실험을 묘사한다. 비둘기의 행동은 시계의 회전방향과 가까운 행동을 강화함으로써 조형되었는데 마침내는 비둘기가 원을 그리듯이 돌아가고 있었다. 이것이 조작적 조건화라고 알려져 있는 것이다.

그 실험을 관찰한 학생들은 그들이 본 것을 설명하는 글을 쓰게 되어 있었다. 학생들의 반응은 다음과 같은 생각을 포함하고 있었다. 즉 비둘기는 바른 행동을 하면 보상이 있을 것을 기대하도록 조건화되었다. 비둘기는 무엇인가가 그 음식을 다시 가져오기를 희망했다. 비둘기는 행동이 어떤 특별한 결과를 가져오는 것 같다는 관찰을 하였다. 비둘기는 자기 행동 때문에 음식이 나온다고 느꼈다. 비둘기는 자기 행동과 음식분배기의 철컥 소리를 연합시키게 되었다. 스키너는 이런 진술문을 우습게 생각한다. 왜냐하면 그들은 모두 '기대한다', '희망한다', '관찰한다', '느낀다' 및 '연합한다'와 같은 단어를 사용함으로써 그들이 관찰한 행동을 벗어나기 때문이다. 스키너의 관점에서 설명은 비둘기가 어떤 정해진 행동을 할 때 그 비둘기는 강화되었다는 것이 전부이다. 즉 비둘기는 음식그릇이 다시 나타날 때까지 배회했다. 어떤 행동은 주어진 결과를 가져왔다. 비둘기가 정해진 방향으로 행동할 때 비둘기에게 음식이 주어졌다. 그리고 음식분배기의 철컥 소리는 비둘기의 행동에 시간상으로 관계가 있었다. 이상과 같은 진술문은 과학적인 관점에서 비둘기의 행동을 묘사한다.

스키너는 학생들이 비슷한 상황에서 그들이 기대하고 느끼고 희망했을 것을 틀림없이 보고하고 있는 것이라고 지적한다. 그러나 그는 비둘기에게 생각이 없는 것처럼 사람에게 있어서도 그런 생각의 실재는 없다고 주장하고, 그와 같은 단어는 그 인간이 성장한 언어공동체에 의하여 강화되었기 때문에 그런 단어를 사용할 뿐이라고 주장한다. 그들로 하여금 그런 단어를 사용하도록 조건화한 언어공동체는 그들이 비둘기의 생각을 보지 못한 것처럼 그들의 행동을 보지 못했다고 그는 주장한다. 다른 말로 표현하면 내부에서 발생하는 것은 만약 존재한다 할지라도 과학적으로 중요한 의미는 없다는 것이다.

비둘기의 행동을 수정하는 데 사용한 방법에 관하여 말하자면 스키너 이외의 많은 학자들도 긍정적 강화를 통하여 동물 행동은 물론 인간 행동도 조형하고 통제할 수 있다고 생각한다. 스키너는 그의 저서『월든 Ⅱ (Walden Two)』에서 다음과 같이 말한다.

> 우리는 긍정적 강화가 얼마나 성과가 있고 부정적 강화는 효과가 없는지를 알기 때문에 문화를 설계함에 있어서 보다 더 정교하고 훨씬 더 성공적일 수 있다. 피지배자들이 구체제하에서보다는 훨씬 더 신중하게 암호를 따르게 되긴 하지만 그럼에도 불구하고 그들이 자유롭다고 느낄 수 있는 그런 종류의 통제력을 우리는 성취할 수 있다. 그들은 강요받은 일이 아니라 그들이 하고 싶은 일을 하게 된다. 그것은 긍정적 강화의 놀랄 만한 힘의 원천이다. 거기엔 견제도 반란도 없다. 우리는 조심성 있는 문화의 계획에 의해서 최종행동을 통제하는 것이 아니라 행동할 성향, 즉 동기, 욕망, 소원을 통제한다. 흥미 있는 일은 그런 경우에는 자유의 문제가 전혀 제기되지 않는다(p. 218).[4]

버클리에 있는 캘리포니아대학교의 리처드 크러치필드(Richard Crutchfield) 박사가 실행한 다른 심리학적인 실험은, 인간은 자유롭지 않은 것처럼 보이고, 행동은 통제될 수 있다는 예를 다시 제시한다.[5] 이 실험에는 5명의 피실험자가 동시에 옆으로 앉게 되어 있고, 각자 옆 사람과 차단된 칸막이에 들어가 앉아 있다. 각 칸막이에는 여러 가지 전등과 스위치가 있는 네모난 화판이 있다. 피실험자는 그 그룹 앞에 있는 벽에 투사된 항목에 관한 자기 판단을 스위치를 사용하여 신호할 수 있다. 전등은 다른 4명의 각 항목에 대한 판단을 보여 주는 신호등이다. 실험 대상자들은 자기들이 A, B, C, D, E로 명명될 것이라는 말을 듣고, 그 순서대로 한 번에 한 사람씩 응답하도록 지시를 받는다. 그러나 그들이 칸막이에 들어가 보니 저마다 자기가 E인 것을 발견한다. 그들은 실험 중에는 말하지 않도록 되어 있다.

실제로 각 칸막이에 있는 전등은 실험자가 통제하는 것이고, 다른 4명의 피실험자의 판단을 표시하는 것은 아니다. 이렇게 해서 실험자가 집단압력을 부과하고 싶은 결정적인 문항에서는 실험자 4명, 즉 A부터 D까지 모두가 정답과는 아주 다른 한 가지 답에 동의하는 것처럼 보이게 할 수 있다. 이런 방법으로 각 피실험자는 자기 자신의 판단과, 4명의 일치된 견해라고 믿는 것 사이에서 갈등에 직면하게 된다. 예를 들면 질문이 "이들 두 개의 불규칙 도형 중에 X가 더 큰가, 아니면 Y가 더 큰가"와 같은 것이다.

피실험자가 보기에는 X가 Y보다 분명히 더 크게 보이는데 다른 4명은 하나씩 차례대로 Y가 더 크게 보인다고 신호등을 켰다. 이제 자기 차례가 왔다. 그는 어떻게 반응할까? 어느 스위치를 누르게 될까? 크러치필드는 알맞은 조건만 갖추어 놓으면 거의 모든 사람이 자기 감각기관의 증거나 정직한 견해를 포기하고 만장일치로 보이는 집단견해에 순응한다는 것을 보여 주었다. 예를 들면 높은 수준의 수학자들이 정상적인 상황에서는 결코 답이 틀리지 않을 것인데, 아주 쉬운 수학문제에서 틀린 답을 말하고 집단의 거짓된 만장일치에 따라갔다.

여기에서도 다시 한 번 개인의 행동은 외부의 자극, 이 경우에는 사회적 자극에 의하여 조성되고, 자신의 행동선택에서 자유와 같은 것은 없다는 증거를 보여 주는 것 같다. 그것은 스키너의 『월든 II』에서 그의 주인공이 하는 말을 설명하는 데 도움이 된다.

> 저, 성격의 조형에 대해서는 어떻게 생각하니? 그것 재미있겠지? 기질의 통제 말이야. 구체적으로 요구하면 내가 바로 그런 사람을 만들어 주겠어. 가장 생산적이고 가장 성공적인 사람이 되도록 할 흥미를 만들어 주고 동기를 통제하는 것에 대해서

> 는 어떻게 생각해? 신나는 일로 생각되지 않아? 지금까지 몇 가지 기술이 개발되어 있고 더 많은 기술이 실험적으로 개발되어 나올 거야. 그 가능성을 생각해 보라고…. 우리 아이들의 삶을 통제하여 그들이 어떤 인간이 되는지 보자고(p. 243).[4]

서부 해안에 있는 한 대학교에서 내가 얼마 전에 한 경험도 '인간의 **부자유**' 를 설명해 준다. 심리학자들은 집단 속에서 개인의 행동양상을 변화시킬 수 있는 방법을 연구하고 있었다. 4명의 남성 피실험자가 테이블 주위에 둘러앉아 있다. 각 피실험자는 다른 사람에게 보이지 않는 갓을 씌운 전등을 자기 앞에 가지고 있다. 그들은 토론 제목을 받는다. 그 집단에서 가장 지배적이 아닌 사람, 즉 지도자 역할을 전혀 안 하는 사람이 있어 눈길을 끈다. 그러고 나서 그 실험의 2부에 가서 그 사람에게 이 토론은 전문가들이 시청하고 있는 중인데, 그 전문가들이 보기에 그 사람이 그룹토론에 유익하게 이바지하고 있을 때는 그의 전등이 깜박일 것이라고 쓴 쪽지를 준다. 그는 자기가 어떤 도움이 되는 일을 하고 있는지 스스로 판단해야만 할 것이다.

보다 더 지배적인 다른 세 사람에게도 비슷한 쪽지가 주어졌는데, 그 내용은 그가 쓸모없는 발언을 하고 있을 때에 그의 전등이 깜박거릴 것이라는 점만 달랐다. 그러고는 그들은 30분 후에 이 문제에 관하여 결론에 도달하여야 한다는 지시와 함께 다른 질문이 제시된다. 이제는 그 '수줍어하는 사람' 이 말할 때마다 그의 전등이 깜박거린다. 그리고 다른 세 사람이 말할 때마다 그들의 전등도 역시 깜박거린다. 그러나 그들은 쓸모없는 발언을 하고 있다는 의미를 나타낸다. 그렇게 조건화시킨 뒤 30분 후에는 수줍어하던 사람이 그 집단의 지도자로 거의 지각된다. 더군다나 이 양상은 전등을 사용하지 않은 그 다음 30분 동안에도 계속되는 것 같다. 이 이야기는 3명의 성숙한 과학자와 1명의 젊은 대학원생이 그 실험절차를 밟은 것에 관한 것이다. 첫 시간에는 그 젊은 대학원생이 얼마나 주도적이었던지 그 집단이 토론한 것을 요약해야 할 끝 무렵에는 3명의 과학자가 그에게 부탁까지 했다. "자네가 요약하지 그래? 자네가 제일 잘할 수 있는 사람이니까." 여기에서도 행동은 지극히 조작될 수 있는 것이어서 자유 같은 것은 없는 것으로 보인다. 그 집단의 구성원들은 실험자의 기분에 따라 움직이는 꼭두각시처럼 행동하고 있다.

과학자들이 성취할 수 있었던 통제의 정도에 관한 또 하나의 예는 쥐를 가지고 한 실험이다. 수년 전에 제임스 올즈(James Olds) 박사[6]는 실험실 쥐의 뇌에다 작은 전극을 이식할 수 있음을 발견하였다. 그 동물이 자기 상자 안에 있는 지렛대를 누르면 전극을 통해서 미미한 전류가 흐르게 된다. 전극을 두뇌세포의 정확한 자리에 침투시켰을 때 그것은 얼마나 만족스러운 경험이었던지 그 동물은 지칠 때까지 발광하듯이 지렛대를 눌러 댄다. 그러나 그 경험의 주관적인 성질은 매우 만족스러운 것이어서 그 동물은 다른 어떤 행동보다도 그것을 더 선호하는 것 같다. 지친 다음에도 잠시 동안의 휴식과 약간의 음식과 물을 먹으면 그 쥐는 쾌락의 축제로 되돌아간다. 한 실험에서는 쥐가 하루 24시간씩 3주 동안 줄곧 이런 식으로 행동하였다. 신기한 것은 그 당시나 나중에도 쥐에게 육체적 혹은 정신적 피해가 없어 보였다. 우리는 이 절차가 인간에게 충분히 적용된다면 어떤 결과를 가져오게 될까를 추측해 볼 수 있을 뿐이다. 이런 종류의 동물실험뿐만 아니라 그와 같은 뇌의 전극자극이 인간에게도 의학적인 목적을 위하여 사용되는 상황이 전개되고 있다. 물론 동물실험이 있었던 것처럼 인간실험을 할 수는 없다. 그러나 이들 전극의 흐름이 뇌의 작은 부분을 지나가면 행복감, 분노, 공포 그리고 심한 통증의 감소를 가져올 수 있음을 우리는 이미 알고 있다.

이 모든 증거를 보면 인간은 복잡한 기계이고 자연과학의 통제에 점진적으로 좌우되는 기계라고 나는 생각한다. 행동이 『월든 Ⅱ』에서처럼 조작적 조건화에 따라 관리될는지 아니면 우리가 사회 압력에서 암시하듯 무계획적 조건화 형태로 조형이 될는지, 또는 두뇌의 전극에 의해서 통제될는지 모르지만 분명한 것은 과학은 인간을 물건이 되게 하며, 그런 과학의 목적은 이해와 예측일 뿐만 아니라 통제하려는 것이다. 따라서 사람이 자유롭다는 사실만큼 이질적인 개념은 있을 수 없다는 것이 자명한 것처럼 보인다. 인간은 하나의 기계이고 자유롭지 않으며, 어떤 의미 있는 판단력으로 스스로 책임질 능력이 없다. 우리 인간은 자기 외부의 계획적 혹은 무계획적인 힘에 의하여 통제될 뿐이다.

자유로운 인간

앞에 소개한 예에서 보여 준 자연과학의 발달에 나는 감명을 받았다. 연구를 수행한 개인들의 재간, 통찰력, 인내에 큰 찬사를 보낸다. 그들은 우리의 지식에 크게 이바지하였다. 그러나 내 생각에 그들은 매우 중요한 것을 언급하지 않고 있다. 심리치료와 교실에서의 경험을 바탕으로 먼저 그것을 예증해 보려고 한다.

주립병원에서 내가 오랫동안 치료해 온 정신분열증으로 분류된 청년을 나는 생각하고 있다. 그는 말을 분명히 하지 못하는 사람이었는데, 최근에 그 병원에서 퇴원한 사람들에 관하여 한 시간 동안에 몇 마디 말을 했다. 그러고 나서 거의 40분 동안 침묵을 지켰다. 그가 나가려고 일어섰을 때 들릴 듯 말 듯 중얼거렸다. "그들이 할 수 있다면 아마 나도 할 수 있을 거야." 그 말이 전부였다.

극적인 발언도, 힘 있게 한 말도 아니었다. 그러나 이 청년은 자신의 향상과 마침내 퇴원을 위해 노력하겠다는 선택을 진술한 것이었다. 그 말을 한 후 약 8개월 만에 그가 병원을 나서게 된 것은 그리 놀랄 일이 아니었다. 나는 이 책임 있는 선택의 경험이 심리치료의 가장 심오한 측면 중의 하나이고, 인성변화에서 가장 확실한 근거가 되는 요소 중의 하나라고 믿는다.

이번에는 정신이상 분기점의 경계선에 있고, 몹시 혼란한 젊은 여자 대학원생이 생각난다. 그런데 자기에게 필요한 것을 충족시켜 주지 못한 사람들에 대하여 매우 비판적으로 말한 수차례의 면접 후에 그는 마침내 다음과 같이 결론을 내렸다. "자, 그런 상황이니 모든 것이 정말 나에게 달려 있지. 다른 누가 나를 교육시켜 줄 것으로 기대할 수는 없는 것이 분명하다는 말이다." 그다음 그 대학원생은 매우 부드러운 어조로 말하였다. "정말로 나 스스로 해야만 할 거야." 그는 이 중요하고 책임 있는 선택의 경험을 계속해서 탐색한다. 그것이 겁나는 일인 것을 발견하지만 자신에게 힘을 주는 것이기도 하다. 자신의 내부에 힘이 있고 강한 의지력이 솟아나는 것 같으면서도 그 여자는 남들의 지지로부터 단절되어 자기 혼자뿐이라는 느낌을 가진다. 그는 "내가 해야 할 일들을 좀 더 하기 시작해야지."라고 말하더니 정말로 그렇게 하였다.

다른 예도 많이 들 수 있다. 한 젊은 남자는 그의 인생 전체가 부모 때문에 왜곡되고 못쓰게 되었다고 털어놓더니 마침내 "내가 그 사실을 알고 있으니 이제 내가 하기에 달려 있다."라는 결론에 마침내 도달했다.

어쩌면 주립병원에 세 번이나 입원한 혼돈되고 비통한 정신병 환자의 말을 인용함으로써 자유롭고 책임 있는 선택의 중요성을 잘 전달할 수 있을지도 모르겠다. 내가 그를 상담하기 시작한 것은 세 번째 입원한 지 2년 6개월이 되었을 때이다. 점진적으로 일어나고 있던 그 변화는 그가 특별히 혼란을 느끼고 있을 때 가졌던 면담에서 한 문장으로 요약된 말에 근거해서 생겼다고 본다. 그는 "무엇을 해야 좋을지 모르겠어요. 그러나 하긴 할 거예요."라고 말하였다. 나에게는 그 말이 엄청난 무게를 가진다.

수년 전에 만들어진 영화 〈데이비드와 리사〉는 내가 주장해 온 것을 정확하게 예증하고 있다. 정신분열증에 걸린 데이비드는, 예컨대 누가 손을 대기만 해도 기절할 정도로 놀란다. 그는 만지면 죽을 것처럼 느낀다. 그래서 그는 만지기를 두려워하고 만지는 것이 의미하는 가까운 인간관계를 두려워한다. 그런데 영화가 끝날 무렵 그는 내가 설명해 온 그런 종류의 대담하고 긍정적인 선택을 한다. 그는 현실을 떠난 소녀 리사를 도와주려고 노력해 왔다. 처음에 그는 지적으로 경멸하는 자세로, 그리고 점점 더 따뜻하고 인간적인 태도로 그 소녀를 도우려 한다. 나중에 매우 극적인 순간에 그는 소녀에게 말한다. "리사, 내 손을 잡아요." 분명히 갈등과 두려움이 있는데 촉수금지(觸手禁止)의 안전감을 떨쳐 버리고 그는 감히 진정한 인간관계에 뛰어들 것을 선택한다. 거기에서 글자 그대로 그리고 상징적으로 다른 사람과 접촉을 가진다. 만약 그 영화를 보고 그 순간 눈물이 핑 돌지 않았다면 그 사람은 보통 사람이 아니다. 아마도 행동주의자는 그가 손을 내민 것은 부분적인 행동에 대한 간헐적 강화의 결과라고 설명할 수 있을 것이다. 그와 같은 설명은 부적절하고 불완전하다고 생각된다. 그 행동을 이해하는 데 필수적인 것은 결단의 의미이다.

교실에서의 선택의 자유는 건강한 개인의 발달에서만큼이나 필요하고 중요하다. 만약 어린이 생활의 모든 부분이 통제된다면 가르치고 배우는 것에 대한 결심에도 통제가 추진력이 된다. 무엇을 어떻게 가르칠 것인가도 통제할 사항이 될 것이다. 어린이들의 배우는 생활이 13년 동안 학교에서 통제받다가 18살이 되어서 갑자기 선택의 자유가 주어진다. 새로 발견한 자유는 과거에 경험해 본 적이 거의 없이 맞이하게 된다. 경험이 가장 훌륭한 교사라고 하는데 너무나 많은 우리 학생들에게 자유와 선택은 생소한 경험이다.

공립학교 학생들과 일하는 임상심리학자와 대화를 나눈 경험이 있는 한 동료가 나에게 털어놓았다. 그 임상심리학자는 중학생들의 학습분위기를 개선하기 위해 개설한 워크숍에 참석하고 있었다. 6학년 교사들이 학급의 의사결정에 학생들을 참여시키고 그들의 감정을 표출할 기회를 만들어 준 방법에 대하여 예를 들어 가며 설명하였다. 그들은 교실에서 선택의 중요성도 언급하였다. 교사들은 여러 가지 연구계획 중에 학생들이 선택하는 방법과 수업운영을 학생들과 함께하는 방식에 대하여 토론하였다. 예를 들면, 학생들은 팀을 형성해서 그들이 연구해 온 주제에 대하여 작은 발표를 준비하고 시청각 자료를 활용하여 교실에서 발표를 했다. 교사들은 학습의 새로운 파트너를 발견한 데 대하여 열성적으로 흥미 있게 토론하였다. 마지막 시간에 워크숍에 참석하도록 초대받았던 어느 학교 심리학자는 그날의 토론이 매우 중요한 것이었다고 말했다. 왜냐하면 그는 보통 학생들에게 선택의 자유가 없음과 문제에 대해서만 들어 왔었기 때문이다. "통상 교사들은 나에게 문제 학생을 제시하고 그 학생이 문제가 있으니 고쳐 보시오."라고 말한다고 논평했다. 그는 현재 자기가 상담하고 있는 학생들 중의 일부를 사전에 예방해 줄 수 있는 건전한 학습환경을 조성하기 위해서 학생들과 교사가 함께 협력할 잠재 가능성을 또한 깨달았다. 교사들은 일반적으로 상담교육을 받지 않지만 지지하고 배려하는 학습분위기는 전문적인 상담을 필요로 하는 학생 수를 감소시키는 데 크게 이바지할 수 있다. 그렇게 하면 심리학자들은 더 시급한 도움이 필요한 학생들을 상담할 여유가 생길 수 있다.

교실에서 어떻게 선택이 가능해지는지 구체적으로 이야기해 보겠다. 덱스터라는 학생은 6학년에서 낙제한 학생이다. 결석일수 과다로 모든 과목에서 낙제를 했다. 그는 그 학교에 새로 온 교사가 맡은 6학년 다른 반에 편성되었다. 일주일이 지나니 덱스터는 영리하고 능력 있는 학생인데 교실에서 문제행동을 한다는 것이 드러났다. 몇 차례 대화 후에 그 학생은 친구들과 함께 진급하지 못한 것이 창피해서 6학년을 또 다니고 싶지 않다고 설명했다. 담임교사는 덱스터가 그동안 배우지 못한 것을 보충하기 위해서 도서관, 학교 그리고 집에서 자주독립적으로 공부할 생각이 있는지를 물어보았다. 그는 "나는 진급해야 돼요. 6학년 교실에 더 이상 머물 수 없어요."라고 말했다. 그 말을 듣고서 담임교사는 덱스터가 7학년으로 진급하는 데 필요한 구체적인 사항을 학습계약서로 작성하였다. 그 계약서는 교장이 승인하였고, 담임교사와 덱스터가 사인하였다. 덱스터는 7주 동안에 자기 공부를 다 마쳤다. 그는 7학년으로 진급하였고 학교에서 개인지도 프로그램이 제공되었다. 덱스터를 추적해 보니 그는 학교공부도 잘하고 있었고, 다른 학생들의 공부를 도와줄 정도였다. 그는 자기 행동에 책임질 줄 알았으며 과거에 이미 심리적으로 거리가 멀었던 상황에서 물리적으로도 중도탈락할 가능성이 높은 상황이었는데 그것을 바꾸어 놓을 수 있었다.

이 책의 앞선 장에서 여러분은 학교에서 선택과 자유를 누리는 학생들에 관하여 읽었다. 그러나 많은 학생들은 더 일찍이 자유를 선택하는데, 학교에서는 그것을 '중도탈락'이라고 부른다. 많은 경우에 청소년들에게는 중도탈락이 그들이 선택할 필요를 표현할 수 있는 유일한 방법이다. 모든 학생들이 덱스터와 같은 선택권을 가지지는 못한다.

이 모든 예에서 내가 제안하려고 노력하는 것은, 만약 내가 내담자, 교사 및 학생들 편에서 느끼는 자유와 책임 있는 선택의 의미와 중요성을 배제해야 한다면 심리치료와 교육에서 일어날 수 있는 긍정적인 변화를 도저히 설명할 수가 없다는 사실이다. 선택할 자유의 체험은 변화의 기초를 이루는 가장 중요한 요소 중의 하나라고 나는 믿고 있다.

자유의 의미

내가 언급한 자연과학적인 장점을 고려한다면 어떻게 자유에 대하여 말할 수가 있을까? 어떤 의미에서 내담자, 교사, 혹은 학생들은 자유로운가? 어떤 의미에서 우리가 자유로운가? 현대사회에서 자유에 대한 어떤 정의가 있을 수 있는가?

그와 같은 정의를 나는 시도해 보려고 한다. 첫째로 내가 말하고 있는 자유는 근본적으로 내적인 것, 즉 우리가 흔히 자유를 구성하고 있는 것으로 생각하는 외적인 양자택일의 것과는 달리 살아 있는 인간의 내부에 존재하는 것이다. 죄수들의 모든 것, 즉 소유물, 사회적 지위, 정체감을 빼앗겼던 강제수용소에서 빅터 프랭클(Viktor Frankl)이 체험하고 생생하게 묘사한 종류의 자유를 나는 말하고 있다. 그와 같은 환경에서 수개월 혹은 수년의 체험은 "사람에게서 모든 것을 빼앗아 갈 수 있으나 인간의 자유 중의 마지막 단 한 가지 자유, 즉 주어진 환경에서의 자신의 태도와 처신을 선택할 자유는 빼앗아 가지 못한다는 것을 보여 주었다."[7] 내가 관찰한 것은 바로 이 내적, 주관적, 실존적 자유이다. '나는 지금 여기에서 내가 선택한 대로 스스로 살아갈 수 있음' 을 깨달은 것이다. 스스로 선택한 대로 미지세계의 불확실성으로 사람이 뛰어들 수 있게 하는 것은 용기의 특성이다. 그것은 자기가 체험하고 있는 것의 복잡성에 민감하고 개방적으로 경청한 데서 오는, 자기 내부로부터 오는 의미의 발견이다. 그것은 자기가 되기로 선택한 자신에 대하여 책임을 져야 하는 의무이다. 그것은 정적인 최종산물이 아니라 자기가 형성되는 과정 중에 있는 한 인간인 것을 인정하는 일이다. 이렇게 깊이 용기 있게 자주적인 사고를 하고, 자기 자신의 독특한 인간이 되며, 스스로 책임감을 가지고 선택한 그 사람은 수백 개의 객관적인 선택사항이 있어서 운이 좋을 수도 있고 선택의 여지가 없어서 운이 나쁠 수도 있다. 그러나 자유는 그럼에도 불구하고 존재한다. 그래서 우리는 외적인 것보다는 현상적인 것, 개인의 내부에 존재하면서도 소중하게 여길 수 있는 어떤 것에 관하여 우선 말하고 있는 중이다.

이 자유의 경험을 정의하는 데 있어서 두 번째 요점은 그것이 인과관계로 보는 심리세계의 개념과 상충되는 것이 아니라 그와 같은 심리세계의 보충자료로 존재한다는 것이다. 바르게 이해된 자유는 한 사람이 자기의 삶을 정해진 순서대로 실현하는 것이다. 자유인은 정해진 사건들이 자발적인 선택과 의지를 통하여 이행되는 세계에서 자신의 의미 있는 역할을 수행하기 위하여 자발적으로 자유롭게 책임감을 가지고 살아간다.

지금 말하고 있는 이 자유는 인과관계의 정해진 순서라기보다는 다른 차원에 존재하는 것으로 나는 본다. 그 자유는 주관적인 인간 속에 존재하는 자유, 자신의 잠재력을 실현하기 위하여 용기 있게 사용하는 자유라고 나는 생각한다. 이런 형태의 자유는 행동주의 심리학자들의 인간묘사와는 전혀 융화되지 않는다. 이 사실은 나중에 토론해야 할 문제이다.

자유는 차이가 나게 한다

이상하게도 이런 의미의 자유의 중요성을 입증하는 과학적인 증거가 있다. 예를 들면 앞에서 언급한 크러치필드[5]의 연구에 의하면 극한 상황에서는 거의 모든 사람이 집단압력에 어느 정도 굴복한다고 말하였다. 그런데 개인의 차이가 크고, 이 차이는 성격특성과 분명한 상관관계가 있음이 드러났다. 예를 들어 순응, 동의, 순종하는 경향이 있는 사람들은 스트레스를 효율적으로 이겨 낼 능력이 일반적으로 부족한 데 비하여 비순응자들은 갈등의 압력을 받을 때에도 당황하지 않았다. 순응자들은 또한 인간적인 열등감과 부적절감(不適切感)을 표현하는 경향이 있는 데 비하여 압력에 굴복하지 않는 사람은 인간적인 적절감과 유능감을 느끼고 있었다. 그의 생각은 보다 더 자주적이고 자발적이었다. 그는 또한 다른 사람들의 태도를 더 정확하게 판단할 수 있었다.

우리의 목적에 가장 중요한 것은 순응자들은 자유로운 정서적 반응이나 개방성이 부족함을 보여 준다는 사실이다. 그들은 자율성이 부족하고, 그들의 충동을 억압하므로 정서적으로 한정되어 있다. 한편 스스로 선택한 비순응자들은 훨씬 더 개방적이고 자유스럽고 자율적이었다. 그들은 자연스럽게 표현하고 가식이 없고, 있는 그대로였다. 순응자는 자기 자신의 동기나 행동의 이해가 부족한 데 비해 자주적인 사람은 자기 자신을 잘 이해하고 있었다.

크러치필드 연구의 이런 측면은 무엇을 의미하는가? 마음이 자유로운 사람, 자기 경험에 개방적인 사람, 자기 자신의 자유와 선택의 책임감을 가지고 있는 사람은 그런 자질이 부족한 사람처럼 쉽게 환경의 통제를 받지는 않는다는 것을 의미하는 것 같다.

나와 긴밀한 관계가 있는 이 분야의 다른 연구의 예는 그 연구가 끝난 후에 나에게 결정적인 영향을 주었다. 나의 지도를 받으며 대학원 공부를 하는 유능한 학생이 여러 해 전에 청소년비행을 예측하는 요인을 연구하기로 작정하였다. 그는 비행청소년 가정의 심리적 환경, 교육경험, 지역사회와 문화적 영향, 사회적 경험, 건강상태 그리고 유전적 배경을 신중하게 객관적으로 평정하였다. 이들 외적인 요인들은 그 아동의 복지에 파괴적인 요인, 건전한 발달에 해로운 요인으로부터 아주 유리한 요인에 이르기까지 그 요인이 성장발달에 이바지한 정도에 따라 수직선상에서 평정되었다. 자기이해 정도에 관한 평정도 있었는데 지나가는 생각에 그것이 주된 결정요인은 아닐지라도 미래의 행동을 예측하는 데 어떤 역할을 할지도 모른다는 느낌 때문이었다. 이것은 자기 자신과 환경에 관하여 그가 개방적이고 현실적인 정도를 평정하는 것, 즉 자기 환경과 자신에 관한 사실을 정서적으로 수용하는지 여부에 관한 판단이었다.

비행청소년 75명에 관한 평정결과는 최초의 평정 후 2~3년 동안의 그들 행동과 적응에 관한 평정과 비교되었다. 가정환경과 동료들과의 사회적 경험에 관한 평정이 장래 행동의 가장 훌륭한 예언자가 될 것으로 기대하였다. 그러나 놀랍게도 자신의 이해 정도가 장래 행동과 .84의 상관관계를 나타내면서 가장 훌륭한 예언요소였고, 사회적 경험의 질은 .55, 그리고 가정환경은 .36의 상관관계가 있었다. 우리는 이 연구결과가 믿어지지 않아서 다시 반복해 볼 때까지 책꽂이에 보관하였다. 후에 76명의 새로운 집단에 대하여 같은 연구를 해 보았다. 그런데 그렇게 극적인 것은 아니었지만 모든 기본적인 연구결과가 재확인되었다. 더군다나 그 연구결과는 상세한 분석에서도 나타났다. 가장 불리한 가정에서 태어나 그 가정에서 계속 자라고 있는 비행청소년만을 조사 연구한 결과 그들의 장차 행동은 불리한 가정환경에서 오는 조건에 의해서가 아니라 그들 자신과 환경에 대한 현실적인 이해의 정도에 의해서 가장 잘 예측되었다.[8]

나는 이 연구의 중대한 의미를 점차 이해할 수 있게 되었다. 나는 마음속에서 우러나오는 자율성의 중요성을 깨닫기 시작하였다. 자기 자신과 자신의 환경을 명쾌하게 알고 그것에 대하여 스스로 책임을 지는 사람은 외부환경에 사로잡혀 있는 사람과는 아주 다른 인간이다. 이 차이점은 그의 행동의 중요한 측면에서 선명하게 나타난다.

책임감과 결단의 출현

이제까지 나는 주로 자유에 관하여 말하였다. 책임은 어떠한가? 확실히 우리 시대의 질병은 개인의 목적의식의 결여, 의미의 상실, 책임감의 부족이다. 이 문제에 관하여 내가 할 말이 있을까? 내가 소개한 예에서 지적된 대로 심리치료에서 목적과 삶의 의미에 대한 결단은 변화를 가져오는 중대한 요소 중의 하나임이 명백하다. 그 사람이 "나는 사람이다. 존재가치가 있는 사람이다. 나는 나 자신이 되기를 결심했다."라고 결의할 때에만 그 변화는 가능해진다.

라이스대학교에서 있었던 매우 흥미 있는 한 심포지엄에서 지그문트 코흐(Sigmund Koch) 박사는 오랫동안 그런 강조가 없었는데 이제 다시 결단성이 부각되는 과학, 문학, 예술분야에서 일어나고 있는 혁명을 묘사하였다. 그가 한 말의 뜻은 과거 물리학자였던 과학철학자 마이클 폴라니(Michael Polanyi) 박사가 과학이 근본적으로 무엇인가에 관하여 발표한 것을 소개함으로써 부분적으로 설명이 될 것 같다. 그의 저서 『사적인 지식(Personal Knowledge)』에서 폴라니는 과학적 지식조차도 사적인 지식이고 책임을 느껴야 할 지식임을 분명히 한다. 과학적인 지식은 그것을 발견한 사람과는 아무 상관이 없는 비개인적인 것이라는 믿음에 우리는 안주할 수가 없다. 오히려 자연과학의 모든 측면에는 훈련받은 개인의 책임감이 내재한다. 그래서 과학을 과학자로부터 분리하려는 온갖 노력은 완전히 비현실적인 것임을 폴라니는 설득력 있게 주장한다. 그의 판단에 의하면 모든 지식은 불확실하고 모험이 내포되어 있으며, 탐구정신으로 단련된 개인의 깊은 결단에 의해서만 파악되고 이해될 수 있다. 실증철학과 오늘날 모든 과학의 체계도 그 사실을 부인할 수 없다고 진술하면 그의 신념을 바르게 설명한 것이라고 생각한다.

다음에 나오는 간단한 인용이 그의 생각의 일면을 보여 줄 것이다. 그는 위대한 과학자에 관하여 다음과 같이 말한다.

> 케플러(Kepler)와 아인슈타인은 지성적 열정과 이 열정 속에 존재하는 믿음을 가지고 자연에 접근했고, 그 열정과 믿음이 그들을 성공하거나 실수하게 했음을 알 수 있다. 이 열정과 믿음은 그 두 사람이 보편적으로 타당한 것이라는 확신 속에 가지고 있었겠지만 그것은 그들의 개인적인 것이었다. 그들은 그들의 충동에 의해서 잘못 인도될지도 모르는 모험을 감수하면서 그 충동을 따라갈 만큼 자신감이 있었다고 나는 믿는다. 그리고 오늘날 그들의 업적을 내가 수용하는 것은 그들의 것과 비슷한 열정과 믿음에 의해서 인도되어 내가 개인적으로 수용하는 것이다. 나의 충동이 틀릴 수 있음을 시인해야만 하지만 나의 충동이 보편적으로 타당성이 있다고 나름대로 믿으면서 말이다.[9]

깊은 개인적인 책임감이 과학이 굳건하게 설 유일한 토대임을 현대 과학 철학자가 믿고 있다는 것을 우리는 알 수 있다. 이 견해는 지식을 비개인적인 우주공간에 있는 것으로 믿었던 40년 전의 실증철학과는 정말로 거리가 먼 것이었다.

심리학적 관점에서 결단의 의미가 무엇인지 좀 더 부연하고자 한다. 한 개인이 단지 의식적인 선택으로 일정한 방향의 행동이나 혹은 다른 것에 개입된 것을 가리키면서 그 말에 너무 좁은 의미를 부여하기가 쉽다. 결단의 의미는 그보다 훨씬 더 깊다. 결단은 의식적인 마음뿐만 아니라 유기체의 모든 지시를 포함하는 유기체 전체의 명령이다.

나의 판단으로는 결단은 우리 내부에서 발견하는 어떤 것이다. 그것은 개인 마음에 대한 신뢰라기보다는 개인 전체의 반응에 대한 신뢰이다. 그것은 창의력과도 많은 관계가 있다. 아인슈타인이 자기 목표에 대한 분명한 지식도 없이 어떻게 상대성원리를 추적했는가에 대한 그의 설명은 유기체 전체의 반응에 기초한 결단력의 의미를 잘 보여 주는 예이다. 그는 다음과 같이 말한다.

> 그 시절에는 무엇인가 구체적인 것을 향해 가는 방향감이 있었다. 그 감정을 말로 표현하기는 물론 대단히 어렵지만 그것은 그 해답을 나중에 합리화한 과정과는 분명히 구별되는 경우였다(pp. 183~84).[10]

이렇게 볼 때 결단은 결정 이상의 것이다. 그것은 자기 내부에서 발생하는 방향감을 추적하는 개인의 기능이다. 키에르케고르(Kierkegaard)는 "진리는 되어 가는 과정, 사용하는 과정에서만 존재한다"(p. 72)[11]라고 말했다. 결단의 본질은 행동을 통해 잠정적인 개인의 진리를 각자가 창조하는 것이다.

사람은 통합된 조화로운 전인으로 기능할 때 가장 성공적일 수 있다. 전체적으로 기능하면 할수록 그들은 무의식적으로 선택하는 방향에 그만큼 더 자신감을 가질 수 있게 된다. 그들은 그들이 경험하고 있는 것에 신뢰를 느끼게 되는데, 비록 운이 좋을지라도 그들의 경험에 대한 이해는 그들 자각 속에 부분적으로만 존재한다.

내가 기술하고 있는 그런 의미에서 생각해 보면 결단은 하나의 업적이다. 자신의 의식적 선택만큼이나 무의식적인 성향을 존중하는 관계에서 자기 자신의 경험과 점점 더 긴밀하게 유대를 갖고 살아가는 사람은 목적의식과 의미가 있는 방향으로 점진적으로 전진하게 된다. 이것은 사람들이 지향할 수 있는 그런 종류의 결단이라고 나는 생각한다.

그것은 충분히 기능을 발휘하는 삶의 중요한 한 측면이다.

화해할 수 없는 모순

나는 두 가지 상반되는, 타협할 수 없는 관점을 제시한 것이 분명하리라고 믿는다. 한편으로 현대 심리학과 다른 많은 영역은 인간이 자유롭지 않고 통제되며 목적, 선택, 결단과 같은 단어는 특별한 의미가 없다면 인간은 더 완전하게 이해될 수 있고 통제될 수 있는 하나의 물건에 지나지 않는다는 견해를 가지고 있다. 이와 같은 관점을 충족시키기 위하여 많은 노력이 있었고 지금도 진행 중에 있다. 이 견해를 따져 묻는 것은 정말 이단자로 보일 것이다.

그러나 폴라니가 그의 다른 글[12]에서 지적했듯이 과학의 독선은 오류를 범할 수 있다. 그는 이렇게 말한다.

> 어떤 견해가 종교에 위배된다는 것을 보여 주면 그 견해가 묵살될 수 있던 시절에는 신학이 가장 큰 오류의 근원이었다. 어떤 인간의 생각도 비과학적이라는 이름으로 무시할 수 있는 오늘날에는 신학이 과거에 행사하던 그 권세가 과학으로 넘어갔고, 그래서 이제는 과학이 가장 큰 오류의 원천이 되었다.

그래서 부자유한 인간이나 하나의 물체로 보는 인간관과 상반되는 증거가 심리치료, 주관적인 삶 그리고 객관적인 연구에서 도출되었다는 말을 대담하게 할 수 있다. 개인의 자유와 책임은 중대한 의미가 있고, 자기이해와 책임 있는 선택은 개인의 행동에서 측정할 수 있는 뚜렷한 차이를 가져온다는 증거가 그것이다. 이런 맥락에서 볼 때 결단은 의미가 있다. 결단은 그 사람과 그의 생활의 모든 경향, 의식과 무의식 사이의 친밀하고 수용적인 관계 위에 기초하여 생성되고 변하는 개인의 전체적인 지시이다. 개인적으로나 사회적으로 우리가 이 자유와 결단의 능력을 건설적으로 활용하지 못하면 인류는 파멸로 치닫게 될지도 모른다.

내가 묘사해 온 모순에 대한 해답은 무엇인가? 나로서는 그 갈등을 심오하고 지속적인 역설이라고 생각하고 싶다. 역설은 좌절을 가져오는 그 자체가 생산적일 수 있다는 것이다. 물리학에는 빛은 파장운동의 형태이며 동시에 양으로 존재할 수도 있어서 파장이론과 미립자이론이 모순되는 역설이 있다. 이 역설은 서로 융합될 수는 없지만 그것을 기초로 물리학은 중요한 발전을 해 왔다.

철학자 프리드먼(Friedman)은 우리가 의미의 철학적인 논쟁에 직면할 때 그것과 똑같은 관점을 필요로 한다고 믿고 있다. 그는 "오늘날 의미를 조금이라도 찾을 수 있다면 불합리성과 더불어 살기를 원하는 사람, 영원히 규정하기를 기대할 수 없는 불가사의를 기꺼이 수용하는 사람의 그 태도를 통해서만 가능할 뿐이다"(p. 468)[1]라고 말한다. 우리는 불가사의와 불합리한 것을 수용하면서 살아야만 한다는 그 확신에 나는 동감이다. 나의 주장의 전체 주제를 모순의 형태로 써 보겠다. 현대 생활의 한 부분은 인간이 복잡한 기계라고 보는 한 관점의 역설에 직면하는 일이다. 우리는 인간이라고 부르는 이 객관적인 기계장치를 매일같이 좀 더 이해하고 더욱 정확하게 통제하는 방향으로 전진하고 있다. 그러나 인간 존재의 다른 중요한 측면에서 보면 인간은 주관적으로 자유로운 존재이다. 그의 개인적 선택과 책임감은 그의 삶의 형태를 결정한다. 그리고 인간은 사실상 자기 자신의 설계자이다. 인간존재의 중대한 부분은 자기 전 존재(全存在)와 함께 삶에 대한 의미 있는 자기 자신의 책임을 발견하는 것이다.

만약에 이 말에 대한 반응으로 당신이 "그렇지만 두 가지 견해가 다 진실일 수는 없다"고 말한다면 나는 "그것이 우리가 더불어 살아가기를 배워야 할 심오한 역설"이라고 대답할 것이다.

역설에 관한 최신정보

윗글을 쓴 이후에도 과학자들은 행동주의가 근거를 둔 일차원적인 결정론적 과학의 부적절성과 기계론적인 세계관의 결점을 인정하는 방향으로 많이 진보했다. 우주는 겉으로 보이는 것보다 훨씬 더 신비로워서 항상 유동적인, 해결하기 어려운 수수께끼와 비슷한 우주관을 가진 저명한 물리학자들을 발견하게 된다. 이 장에서 내가 주장한 문제에 관하여 다른 과학자나 과학철학자들도 같은 견해를 갖고 있지만 나는 이론물리학자 프리초프 카프라(Fritjof Capra)의 말을 인용하겠다. 나는 편협한 인과관계의 과학은 사라졌다는 그의 견해를 포함하여 카프라의 세계관에 대한 주장을 언급하고자 한다.

> 우주는 필수적으로 항상 관찰자를 포함한 역동적이고 분리할 수 없는 전체로 경험된다. 이런 경험으로는 시간과 공간에 대한 전통적인 개념, 독립된 개체와 인과관계

에 관한 전통적 개념은 의미를 상실한다. 그러나 그와 같은 경험은 동양의 신비론자들의 경험과 아주 흡사하다(p. 81).[13]

카프라는 또한 선택의 문제를 고찰하고 있다. "살아 있는 유기체는 스스로 조직하는 체계이다. 그 말은 구조와 기능의 질서는 환경에 의해 좌우되지 않고 조직 자체에 의해 확립된다는 뜻이다…." 생물체는 주위환경과 계속적으로 상호작용하지만 "이 상호작용이 그 조직을 결정하지는 않는다." 카프라는 계속해서 말한다.

> 스스로 조직하는 체계의 상대적 자율성은 자유의지라는 해묵은 철학적 질문에 새로운 빛을 던진다. 조직이론의 견해로는 결정론과 자유가 모두 상대적 개념이다. 한 조직이 자기 환경으로부터 자율적인 것만큼 그 조직은 자유롭다. 한 조직이 계속적인 상호작용을 통하여 환경에 의존하는 정도만큼 그 조직의 활동은 환경의 지배를 받는다. 유기체의 상대적 자율성은 유기체의 복잡성과 더불어 통상 증가한다. 따라서 자율성은 인간에게 와서 그 정상에 도달한다.
>
> 자유의지의 이 상대적 개념은 제자들에게 독립된 개체라는 생각을 버리고 우리는 우주의 분리할 수 없는 한 부분임을 자각하도록 훈계한 신비주의자들의 전통적 견해와 일치하는 것 같다. 이런 전통적인 사상의 목표는 모든 자아감을 완전히 떨쳐 버리고 신비스러운 경험 속에서 우주의 전체와 융합하는 것이다. 그런 경지에 도달하면 자유의지의 문제는 그 의미를 상실하는 것 같다. 만약 내가 우주라면 외부의 영향이 있을 수 없고, 나의 모든 행동은 자율적이고 자유롭다(pp. 269~70).[14]

물리학자로서 『시간의 간단한 역사(A Brief History of Time)』의 저자인 스티븐 호킹(Stephen Hawking)은 현재 이론에 의하면 여러 개의 우주가 존재하거나 혹은 많은 형태를 가지고 있는 하나의 거대한 우주가 존재하는 것이라고 말하고 있다. 가장 훌륭한 증거에 근거한 우주는 평탄하기보다는 혼돈되고 불규칙적이다. 그런데 우리에게는 우주가 평탄한 것으로 보인다. 만약에 우주의 평탄한 부분만이 생명을 유지한다면 그렇다면 "우주는 존재하는 까닭에 있는 그대로 우리는 우주를 보는 것이다"(p. 124).[15] 아마도 우리가 우리 자신을 더 많이 알게 됨에 따라서 자유의 역설은 덜 혼돈스럽고 더 '평탄해질' 것이다.

이 장에서 내가 한 말을 돌이켜 보면 "자유인은 정해진 사건들이 자신의 자발적인 선택과 의지를 통해 이행되는 세계에서, 자신의 의미 있는 역할을 하기 위하여 자발적으로, 자유롭게, 책임감을 가지고 살아간다." 이 말은 카프라의 진술 측면에서 볼 때 새로운 의미와 깊이를 더 발견하게 한다. 심리치료의 경험에 주로 바탕을 둔 견해가 실험과 수학에 근거한 이론물리학자의 생각과 같다는 사실을 발견하니 마음 든든한 일이다. 인간의 자유의 역설적 성질은 여전히 존재하지만 그것은 우주의 본질에 뿌리를 둔 역설이다.

참고문헌

1. M. Friedman, *The Problematic Rebel* (New York: Random House, 1963).
2. B. F. Skinner, *Science and Human Behavior* (New York: Macmillan, 1953)
3. B. F. Skinner, "Behaviorism at Fifty," in *Behaviorism and Phenomenology: Contrasting Bases for Modern Psychology*, ed. T. W. Wann (Chicago: University of Chicago Press, 1964).
4. B. F. Skinner, *Walden Two* (New York: Macmillan, 1948).
5. Richard S. Crutchfield, "Conformity and Character," *American Psychologist* 10 (1955): 191-98.
6. James Olds, "A Psychological Study of Reward," in *Studies in Motivation*, ed. D. C. McClelland (New York: Appleton-Century Crofts. 1955).
7. V. E. Frankl, *From Death Camp to Existentialism* (Boston: Beacon Press, 1959).
8. C. R. Rogers, B. L. Kell, and Helen McNeil, "The Role of Self-understanding in the Prediction of Behavior," *Journal of Consulting Psychology* 12 (1948): 174-86.
9. M. Polanyi, *Personal Knowledge* (Chicago: University of Chicago Press, 1958).
10. M. Wertheimer, *Productive Thinking* (New York: Harper, 1945).
11. S. Kierkegaard, *Concluding Unscientific Postscript*, ed. Walter Lowre (Princeton: Princeton University Press, 1941).
12. M. Polanyi, "Scientific Outlook: Its Sickness and Cure," *Science* 125 (1957): 480-84.
13. Fritjof Capra, *The Tao of Physics* (Boulder, Colo.: Shambala Press, 1975).
14. Fritjof Capra, *The Turning Point* (New York: Simon and Schuster, 1982).
15. Stephen Hawking, *A Brief History of Time* (New York: Bantam Books, 1990).

제 16 장

목표 : 충분히 기능하는 인간

우리는 무엇을 추구하고 있는가? 왜 우리는 가정생활, 학교, 대학교, 지역사회에서 최상(그 용어를 어떻게 정의하든 간에)을 갈망하는가? 그것은 우리가 인간 중에 최선의 인간을 길러 내고 싶기 때문이라고 나는 믿고 있다. 그러나 이 목적의 정확한 의미에 대하여 우리는 분명한 개념을 가지고 있지 못하다. 우리는 어떤 부류의 인간을 길러 내고자 하는가?

수년 전에 나는 심리치료자로서 그 질문에 대한 개인적인 대답을 진술하려고 노력하였다.[1] 이 장을 심리치료의 입장에서 쓰게 된 것을 변명할 생각은 없다. 내 생각에는 최상의 교육은 최상의 심리치료가 배출하는 인간과 아주 유사한 인간을 길러 낼 것이다. 학교 바깥의 상황에서 이 문제를 생각해 보는 것은 교사와 교육자들에게도 도움이 될 것이다. 그것은 내가 묘사하는 인간상에서 그들이 동의하는 점과 동의할 수 없는 점을 더 명료하게 볼 수 있게 할 것이다.

우리는 가끔 최적의 인간의 일반적 특징에 관해 생각해 보곤 한다. 만약 인간의 성장 발달을 촉진하는 데 있어서 우리가 바라는 대로 교육이 완벽하게 이루어졌다면 어떤 인간이 배출되겠는가? 혹은 내가 많은 경험을 쌓은 분야에서, 말하자면 심리치료가 최선의 형태로 끝났다고 가정할 때 어떤 부류의 인간이 탄생할까? 심리적인 성장발달의 가설적 종점인 최후 종점은 무엇인가? 나는 이 질문을 심리치료의 관점에서 논의하고자 하는데 내가 작성한 잠정적인 해답은 인간의 건전한 발달을 목표로 하는 교육이나 가정 혹은 다른 기관에도 똑같이 적용될 것으로 믿고 있다.

나는 목표가 무엇인가 하는 문제를 진정으로 제기하는 것이다. 최적의 인간은 어떤 인간인가? 가끔 이런 질문을 자문해 보는데 나는 이미 나와 있는 종류의 대답에 점점 더 불만을 느껴 왔다. 그 대답은 너무나도 알쏭달쏭하거나, 지나치게 상대적이어서 발전하고 있는 성격이론에 비추어 볼 때 별 가치가 없다. 그 해답 중에는 숨겨진 편견이 들어 있어서 바람직하지 못한 것도 있다. 심리치료를 완수했거나 성숙한 사람은 사회에 잘 적응한다는 통속적인 견해를 생각해 본다. 그러나 어떤 사회에 적응한다는 말인가? 어떤 특성의 사회인가에 관계없이 적응만 잘하면 되는가? 나는 이런 생각을 받아들일 수 없다. 많은 심리학책이 암시하는 대로 병적이라는 진단분류에서 정상으로 옮겨 가면 성공적인 심리치료라는 개념도 생각해 본다. 그러나 진단분류에 관한 견해가 일치하지 않아서 과학적인 개념으로서는 무의미하다는 증거가 계속 나오고 있다. 그리고 만약 어떤 사람이 정상인이 된다면 그것은 심리치료의 적합한 결과인가? 더군다나 최근 경험은 정신병리학이라는 용어가 한 집단의 집단의사들이 자기들 내부에서 가장 두려워하는 성격특성들을 그저 편의상 그렇게 부르는 것이 아닌가 하는 의심이 생기게 한다. 이런저런 이유로 진단의 변화가 있다고 해서 심리치료의 만족스런 결과라고 할 수는 없다.

이제 이 분야에서 지배적인 개념인 정신건강을 생각해 본다. 심리적인 발달이 최상인 사람은 긍정적인 정신건강을 성취한 사람이라고 한다. 그러나 누가 정신건강을 규정하느냐가 문제이다. 매닝거병원(Menninger Clinic)과 인간연구소(The Center for Studies of the Person)는 정신건강을 아주 다르게 정의할 것이라고 짐작된다. 그리고 전체주의 국가들은 또 다른 정의를 가지고 있을 것임이 틀림없다.

이런 질문들을 계속하다가 나는 심리치료가 최대한 성공적일 경우 그 결과로 나타나는 사람의 특성을 추측해 본다. 나는 잠정적인 나의 사색의 결과를 소개하고자 한다. 내가 하고 싶은 것은 심리치료, 혹은 교육의 최후 목표에 대한 이론적 개념을 성문화시키려는 것이다. 앞서 언급한 비판의 대상이 아닌 용어, 즉 객관적 검사나 조작적 정의가 언젠가는 가능할 그런 용어로 내가 표현할 수 있기를 희망한다.

문제접근의 배경

나는 내담자중심 혹은 인간중심 심리치료의 배경에서 말할 것임을 처음부터 밝혀 둔다. 아마도 모든 성공적인 심리치료가 비슷한 결과를 가져오겠지만 그전보다도 그 문제에 대해선 자신이 없어 고려해 볼 범위를 좁히려 한다. 그래서 내가 기술할 이 가설적인 인간은 내담자중심 치료에서 집중적이고 광범위한 경험을 했고, 그 심리치료도 이론적으로 생각할 수 있는 것만큼 성공적이었다는 것을 전제로 한다. 그 말은 심리치료자는 연구대상에 접근하는 과학자나 진찰하고 치료할 의사의 입장이 아니라 인간 대 인간으로 내담자와 개인적이고 주관적인 인간관계에 깊이 들어갈 수 있다는 것을 의미한다. 그것은 그 내담자가 무조건적으로 존재가치가 있고, 그의 상태, 행동 혹은 감정에 상관없이 소중한 사람이라고 치료자가 느낀다는 말이다. 그것은 치료자가 내담자의 마음을 이해할 수 있고, 순간순간마다 내담자가 느끼는 것을 알아차리는 데 심리적 장애물이 없으며, 치료자의 공감적 이해의 내용을 전달해 줄 수 있다는 것을 의미한다. 그것은 치료자가 두 사람의 관계가 어떻게 될 것인지에 대하여 인지적으로 알지 못하지만 편안한 마음으로 그 관계를 유지할 수 있고, 내담자에게 자기 자신이 될 수 있도록 자유롭게 해 주는 분위기를 제공할 수 있다는 것을 뜻한다.

내담자에게 이 최적의 심리치료는 자신 속에 있는 이상하고 잘 알 수 없으며, 위험해 보이는 감정을 탐색한다는 뜻이 된다. 그 탐색은 내담자가 무조건적으로 수용되고 있음을 점진적으로 깨달으므로 가능해진다. 이렇게 해서 내담자는 자아구조에 너무 피해를 주거나 지나치게 위협적이어서 과거에 자각을 거부해 온 자기 경험의 요소들과 친숙해진다. 그 순간에 그는 공포, 분노, 상냥함 혹은 힘이 곧 자기 자신인 것처럼 그들 감정을 충분히 완전하게 경험하고 있는 자신을 발견하게 된다. 그는 이들의 다양한 감정을 여러 각도에서 체험하면서 자기 자신을 경험하고 그가 곧 이들 감정 자체인 것을 발견한다. 그는 새로 경험한 자기 자신과 일치하는 방향으로 그의 행동이 건설적으로 변하는 것을 깨닫는다. 그는 어떤 경험이라도 더 이상 두려워할 필요가 없고, 변하고 성장하는 자신의 일부로 환영할 수 있음을 깨닫게 된다.

이것이 최선의 상태일 때의 내담자중심 심리치료에 관한 간략한 기술이다. 나는 이런 종류의 경험을 하면 내담자에게 어떤 인성적 특징이 나타날까에 대한 나의 주된 관심을 소개하기 위하여 간략하게 적어 본 것이다.

심리치료를 받은 사람의 성격특성

그렇다면 심리치료의 목적인 최대의 심리적인 성장은 어떤 것일까? 임상적 경험과 연구에서 얻은 지식을 바탕으로 나는 이 질문에 대답할 작정인데, 심리치료가 가장 효율적일 때 나타날 수 있는 사람의 모습을 잘 볼 수 있도록 묘사하겠다. 해답을 써 보니 그 묘사는 아주 일원적이고 단일한 것이지만 명료한 설명을 위하여 세 국면으로 나누어 보겠다.

1. 이 사람은 자기 경험에 개방적이다. 이 문장은 나에게 점점 더 명확한 의미를 주고 있다. 그것은 방어의 정반대 개념이다. 자아구조와 불일치하는 것으로 지각되거나 기대되는 경험에 대한 유기체의 반응을 우리는 과거에 방어라고 규정하였다. 자아구조를 유지하기 위하여 그런 경험은 자기 속에서 왜곡되어 불일치를 감소시킨다. 이렇게 하여 그 개인은 자기개념의 변화의 위험성에서 자기 자신을 방어한다.

자신의 경험에 개방적인 사람의 경우에는 유기체 내부에서 유발된 자극이나 환경에서 나온 자극에 관계없이 모든 자극이 방어기제에 의해서 왜곡되지 않고 그대로 신경계통을 통하여 전달될 것이다. 그래서 자아에 위협적인 경험을 유기체에게 사전에 경고하는 '잠재지각(subception)' 이라는 방어기제가 필요 없게 된다. 오히려 그 자극이 환경 속의 형태, 색 또는 소리가 감각신경에 주는 것이든, 과거의 기억 흔적이든 혹은 오장육부에서 나오는 공포, 즐거움, 증오의 감정이든 간에 상관없이 그 사람은 그것을 체험할 것이고 완전히 자각하고 있을 것이다.

녹음된 면접을 통해서 설명하면 더욱 생생한 의미를 느끼게 될 것이다. 전문직에 종사하는 한 젊은 남자는 48회째 면접에서 다른 감정은 물론 자기의 육체적 감각에 대해서도 더 개방되었음을 보여 준다.

내담자 : 아무도 제가 느끼는 모든 변화를 말해 줄 수 있을 것 같지 않아요. 그런데 최근에 저는 저의 육체적 구조에 대하여 존경과 객관적 타당성을 확실히 더 느꼈습니다. 저는 자신에 대하여 지나친 기대를 하지 않는다는 말입니다. 그 내막은 이렇습니다. 과거에는 저녁식사 후 제가 느꼈던 피곤함을 이겨 보려고 애썼던 것 같습니다. 제가 저 자신을 피곤하게 만드는 것이 아니라 생리적으로 나른할 뿐이라는 것을

확실히 느낍니다. 제가 피곤한 것을 과거에는 항상 비난했던 것 같습니다.

치료자 : 피곤한 것을 비난하는 감정 대신에 자기 자신이 피곤하도록 허용할 수 있다는 말이군요.

내담자 : 예, 제가 피곤해서는 안 될 텐데…가 아니라 이 피곤과는 싸울 수 없고, 쉬어 가면서 하자는 감정과 함께 피곤을 느끼는 것이 그렇게 두려운 일이 아니라는 사실이 어떤 면에서는 의미심장한 것으로 보입니다. 제가 왜 이런 면에서 아버지와 같으며 아버지의 태도를 닮았는지 알 수 있을 것 같습니다. 예를 들면 제가 병이 나서 아버지께 말씀을 드리면 그는 분명히 병이 낫도록 무언가 조치를 취해야 되겠다면서도 '이런 제기랄! 또 말썽이군' 과 같은 숨은 뜻을 전달한 것 같습니다.

치료자 : 마치 병이 난 것이 매우 귀찮다는 듯이 말이죠.

내담자 : 예, 아버님은 제가 그랬던 것처럼 당신의 몸을 경멸한 것이 틀림없어요. 지난 여름에 등허리를 다쳤는데요, 삐끗하는 소리가 났던 것 같아요. 그래서 의사한테 진찰을 받았더니 심각하지 않다는 거예요. 심한 운동만 안 하면 저절로 나을 것이라고 말했어요. 이것이 수개월 전 일인데 최근에 와서야 정말 통증이 있고 여전히 거기가 아픈데 그것이 저의 결점은 아니라는 것을 알게 되었다는 말입니다.

치료자 : 그것이 도덕적으로 당신이 나쁘다는 증거는 아니라는 말이죠.

내담자 : 그렇습니다. 그리고 제가 이상하게 피곤을 더 느끼는 이유는 항상 느끼는 긴장 때문인 것 같아요. 진찰을 받거나 X레이를 찍어 보기 위해 의사와 약속을 이미 해 놓았습니다. 어떤 면에서는 제가 남보다 더 민감하거나 아니면 이런 일에 더 섬세한 사람이라고 생각할 수도 있겠지요. 이런 현상은 제가 먹는 음식과 음식의 양과도 관계가 있다고 확신합니다. 정말로 이것은 큰 변화입니다. 그리고 저와 제 아내, 두 아이와의 관계도 선생님께서 제 마음속을 볼 수만 있다면 알아보지 못할 정도로 변했습니다. 진정으로 아이들에게 사랑을 느끼고 동시에 그 사랑을 받는 것보다 더 놀랍고 아름다운 일은 없는 것 같습니다. 그것을 어떻게 표현해야 될지도 모르겠어요. 우리는 서로 존중하게 되었어요. 심리치료에 참석한 후 아내에게서 엄청난 변화를 목격했습니다. 그 변화는 아주 심오한 것 같아요.

치료자 : 당신이 하는 말을 들어 보니 당신은 자신에게 좀 더 정확하게 경청할 수 있는 것 같습니다. 당신 몸이 피곤하다고 느끼면 당신은 그것을 경청하고 비난하는 대신에 그것을 믿어 주는군요. 그리고 통증을 느끼면 그것도 시인하고, 만약에 아내나

아이를 진심으로 사랑하고 있는 느낌이면 당신은 그 감정을 느낄 수 있고, 그런 것이 그들의 행동에도 변화를 가져온다는 말이군요.

비교적 간단한, 그렇지만 상징적으로 중요한 발췌에서 내가 설명해 온 경험에의 개방이 무엇인가를 볼 수 있었을 것이다. 전에는 그 내담자가 통증인 병을 자유롭게 느낄 수가 없었다. 왜냐하면 아픈 것은 용납되지 않았기 때문이다. 아이들에 대한 사랑이나 상냥함은 연약한 것을 의미하므로 강하다는 가면을 앞세우기 위해 그런 감정을 느낄 수가 없었다. 그러나 지금은 진실로 그의 유기체의 경험에 개방적일 수 있다. 즉 그가 피곤할 때는 피곤을 느낄 수 있고, 유기체가 통증을 가지고 있을 때는 그 아픔을 느낄 수 있으며, 딸에 대하여 느끼는 사랑을 자유롭게 표현할 수 있다. 그리고 다음 발췌에 나오는 대로 딸한테 화가 날 때는 그것을 표현할 수 있게 되었다. 그는 자기 유기체의 전 경험을 바깥으로 몰아내지 않고 충분히 체험할 수 있다.

경험에 대한 개방성의 의미를 분명히 하려고 자각가망성(availability to awareness)이라는 개념을 나는 사용하였다. 이 말은 오해받을 수도 있다. 지네가 자기의 모든 다리를 자각하는 것처럼 그 사람이 자기 내부에 일어나는 모든 것을 의식적으로 자각한다는 말은 아니다. 오히려 그는 감정을 자각하는 것은 물론 주관적으로 그것을 자유롭게 체험할 것이다. 그런 사람은 주관적인 태도로 사랑, 고통 혹은 공포를 경험할 수 있다. 아니면 그는 이 주관성에서 자기를 빼내어 자각 속에서 "나는 아프다", "나는 두렵다", "나는 사랑한다"를 깨달을 수도 있다. 중요한 문제는 유기체에 현존하는 것이 무엇이든 충분한 경험을 방해할 장애물이나 금기가 없다는 것이다. 그래서 자각가망성은 이 장애가 없음을 보여 주는 좋은 기준이 된다.

2. **이 사람은 실존적 방식으로 살아간다.** 자기 경험에 완전히 개방적인 사람은 방어가 전혀 없으므로 매순간이 새로울 것임이 자명하다. 이 순간에 존재하는 내·외적 자극의 복잡한 형상은 이와 똑같은 모양으로는 전에 존재한 적이 결코 없었다. 결과적으로 우리가 가정하는 그 사람은 "다음 순간에 내가 어떤 사람일는지, 그리고 무엇을 하게 될는지는 그 순간의 산물이지 나나 다른 사람이 예측할 수 없다"는 사실을 깨달을 것이다. 때때로 내담자들이 그와 같은 감정을 표현하는 것을 볼 수 있다. 심리치료의 종결에 도달한 내담자는 어리둥절한 태도로 다음과 같이 말했다.

아직 나 자신을 통합하고 재조직하는 일이 끝나지 않았어요. 그렇지만 이것이 계속되는 과정이라는 것을 깨달았기 때문에 낙심하지는 않아요. 제가 가는 곳이 어딘지 의식적으로 항상 알고 있지는 못하지만, 자신이 어디론가 가고 있으며 움직이고 있음을 느낀다는 것은 신나기도 하고 당황스럽기도 하고 크게 고무적일 경우도 있어요.

그와 같은 실존적 삶에 현존하는 유동성을 표현하는 한 가지 방법은 자아와 인성은 사전에 형성된 자아구조에 맞추기 위하여 왜곡되고 변형된 경험보다는 체험에서 생성된다고 말하는 것이다. 그 삶은 경험을 통제하기보다는 유기체적 경험의 계속적인 과정의 관찰자이고 참여자라는 말이 된다. 이런 식의 삶이 어떤 것인지를 묘사하여 보겠다.

이 경험의 연속과 그 속에서 이제까지 내가 발견한 의미는 매혹적이면서도 때로는 두려운 과정에 나를 뛰어들게 한 것 같다. 내가 그 경험의 의미를 이제까지 이해한 바로는 내가 희미하게밖에 규정할 수 없는 목적을 향하여 앞으로 전진하는 방향으로 경험이 나를 인도하게 한다는 뜻인 것처럼 보인다. 그 느낌은 끊임없이 변하는 경험의 복잡성을 이해할 놀랄 만한 가능성과 함께 복잡한 경험의 흐름을 좇아 떠다니는 감정이다.

그와 같이 순간에 산다 함은 경직성, 완벽한 조직, 경험에 대한 의도적인 구조가 없다는 것을 의미한다. 그것은 오히려 자아와 인성의 유동적인 조직, 경험 속에서 구조의 발견, 최대한의 적응력을 의미한다. 인성과 자아는 계속 유동적인데 변하지 않는 요소가 있다면 유기체의 심리적 수용 능력과 한계, 그리고 생존, 향상, 음식, 사랑, 성 등에 대한 계속적이고 반복적인 유기체의 필요가 그것이다. 가장 안정된 성격특징은 경험에의 개방성과 존재하는 환경에 실재하는 필요의 융통성 있는 해결이다.

3. **이 사람은 실존적 상황에서 그의 유기체가 가장 만족스러운 행동에 도달하는 믿을 만한 수단임을 발견한다.** 그 사람은 바로 그 순간에 '옳다고 느껴지는' 행동을 할 것이고, 그것이 일반적으로 그의 행동에 적절하고도 믿을 만한 지침이 된다는 것을 발견하게 될 것이다.

이 말이 신기하게 생각된다면 그 이유를 설명하겠다. 그는 자기 경험에 개방적이므로 그 상황에서 자기 행동에 근거가 될 모든 자료, 즉 사회적 요구, 자기 자신의 복잡하고 모순되는 욕구, 비슷한 처지에 대한 기억, 이 독특한 상황에 대한 지각 등을 입수할 수 있을 것이다. 각 상황의 역동적인 국면은 정말로 매우 복합적이다. 그러나 그는 자기의 전 유기체와 참여하는 의식이 개개의 자극, 필요 및 요구와 그것의 상대적 강도와 중요성을 고려하도록 허용할 수 있고, 이 복잡한 평가와 조정을 통하여 그 상황에서 자기의 필요를 가장 잘 충족시키는 행동을 찾아낼 수 있다.

이 설명과 가까운 비유를 든다면 커다란 전자계산기와 비교하는 것이다. 그는 자기의 경험에 개방적이므로 그의 감각적인 인상, 기억, 과거의 학습, 그의 내적 상태에서 얻은 모든 자료를 기계 속에 입력한다. 그 기계는 자료로 투입된 많은 장점과 효과를 취하고 계산하여 그 실존적 상황에서 가장 경제적인 욕구충족의 방법이 될 행동을 찾아낸다. 이것이 우리의 가설적 인간의 행동이다.

최근에 성공적인 기업체의 사장들을 면접해 본 결과 그들의 결심은 숫자에만 근거하지 않고 오히려 직관적이었다. 그들은 복잡한 문제의 해결을 위해 직감과 신체적 반응을 강조하였다. 휴스턴의 공연예술고등학교 교장 아네트 왓슨은 자기 자신에게 경청하는 일에 관하여 제6장에서 언급하였다.

> 만약에 앉아서 조용히 내면을 들여다보면서 "해야 할 바른 일이 어떤 것인가?"라고 물으면 그것이 옳은지 그른지를 알려 준다. 그리고 내면의 소리에 반하여 행동하면 매번 그 대가를 치르게 된다. 왜냐하면 어떤 때는 당신의 마음이 직관을 무시해 버리기 때문이다. 당신 자신을 신뢰하는 것이 중요하다.

우리들 내부에서 이 과정을 믿을 수 없게 만드는 결함은 존재하지 않는 자료의 첨가와 기존 자료의 누락이다. 잘못된 행동의 발생은 기억과 과거의 학습이 기억과 학습으로서가 아니라 마치 그 순간의 현실인 것처럼 계산에 포함될 때 발생한다. 아니면 어떤 두려운 경험이 금기로 자각되지 않아서 계산에 빠지거나 왜곡되어 입력됐을 때 잘못된 행동이 나타난다. 그러나 우리의 가설적 인간은 존재하는 모든 자료를 사용할 수 있고, 그 자료는 왜곡되지 않고 정확하게 존재하기 때문에 그의 유기체가 철저하게 신뢰할 만한 것임을 발견하게 된다. 그래서 그의 행동은 자기향상, 대인관계 등에 대한 그의 필요를 거의 모두 만족시킬 수 있다.

이 평가, 조정, 계산과정에서 유기체가 결코 오류를 범하지 않는 것은 아니다. 유기체는 존재하는 자료에 대한 가능한 한 가장 좋은 대답을 항상 줄 것이지만 때때로 자료를 상실할 수도 있다. 그러나 경험에 대한 개방성 때문에 어떤 실수나 만족스럽지 못한 행동도 바로 시정될 수 있다. 말하자면 계산은 계속해서 행동으로 확인될 것이므로 항상 시정되는 과정에 있게 된다.

추상적인 말을 좀 더 인간적인 용어로 설명하겠다. 앞서 인용한 내담자는 자기 딸에게 애정은 물론 마음이 내킬 때는 짜증도 내는 자신을 발견하였다. 그러나 그는 자기 자신의 긴장을 해소할 뿐만 아니라 자기 딸이 화를 낼 수 있는 방법으로 대화하는 자신을 발견하였다. 그는 성난 감정의 대화와 그 감정을 딸에게 뒤집어씌우는 것의 차이점을 다음 예에서 묘사하고 있다.

> 나의 감정을 딸에게 뒤집어씌우고 싶지 않았기 때문에 내 얼굴에서 그 감정을 보여주어야 했던 것 같다. 아마도 내 딸은 '그렇다, 아버지가 화가 나셨다. 그러나 나는 겁먹을 필요가 없다' 는 식으로 해석했을 것이다. 왜냐하면 딸은 두려워하는 경우가 전혀 없었기 때문이다. 이 자체가 소설의 주제가 될 만하다. 그토록 기분이 좋았으니 말이다.

이 예에서처럼 자기의 경험에 개방적이면 그 사람은 놀랄 만한 직관적인 기술로 자신의 성난 감정을 해소할 필요와 좋은 아빠가 되어야 할 필요, 그리고 딸의 건전한 발달에서 만족을 얻고 싶은 필요를 충족시킬 세련된 행동을 선택하게 된다. 그런데 그는 옳다고 느껴지는 것을 단지 행함으로써 이 모든 것을 성취하고 있다.

좀 다른 차원에서 보면 창조적인 사람의 행동을 결정하는 것은 위와 같은 종류의 복잡한 유기체적 선택인 것 같다. 창조적인 사람은 완전히 의식적이고 합리적인 근거를 제시할 수 있기 오래전에 일정한 방향으로 자기 자신이 움직이고 있음을 알게 된다. 이 기간에 그가 새로운 유형의 그림, 새로운 형태의 문학, 자연과학의 새로운 이론, 아니면 교실에서의 새로운 방법에 접근하든 간에 그는 단순히 유기체적인 전 반응을 신뢰하고 있을 뿐이다. 그는 여행의 목적지를 말할 수는 없을지라도 본 궤도에 올라섰음을 확실히 느낀다. 이것은 심리치료에서 많은 것을 학습한 사람의 행동특성이거나 또는 교육을 통해 배우는 법을 배운 사람의 행동특성이라고 나는 믿고 있다.

충분히 기능하는 인간

인간의 이 세 가지 특성 — 경험에 대한 개방, 실존적인 삶, 그리고 자신에 대한 신뢰를 보다 통합된 하나로 엮어 보고 싶다. 이론적으로 가장 적절한 성장경험을 통해서 자란 사람은 내담자중심의 심리치료를 경험했든지 혹은 다른 학습과 발달을 경험했든지 간에 충분히 기능하는 인간이 된다.

그는 자기의 감정 하나하나와 모든 반응 속에서 충만하게 살 수 있다. 그는 내부와 외부의 실존적 상황을 가능한 한 정확하게 판단하기 위하여 그의 유기체의 장비를 총동원한다. 그는 그의 전 유기체가 자각보다 더 현명할지도 모르고 실제로 더 현명하다는 것을 종종 인정하면서 그의 신경계통이 제공하는 모든 자료를 활용한다. 그는 순간순간마다 수없이 많은 가능성 가운데 가장 보편적으로 진실한 만족을 주는 행동을 선택하는 복잡한 과정 속에서 자기의 전 유기체가 제대로 기능하게 할 수 있다.

그가 이 과정에서 자기 유기체를 신뢰할 수 있는 것은 그것이 완벽해서가 아니라 그는 자기 행동의 결과에 충분히 개방적일 수 있어서 만족스럽지 못한 행동이 나타나면 교정할 수 있기 때문이다. 그는 자신의 모든 감정을 경험할 수 있어서 어떤 감정도 두려워하지 않는다. 그는 증거를 스스로 걸러 내지만 모든 출처의 정보에 대하여 마음을 열어 놓고 있다. 그는 있는 그대로 존재하며 자기 자신이 되는 과정에 온전히 정진하고 있어서 자기가 현실적으로 건전한 사회적 존재임을 발견한다. 그는 매순간 남김 없이 살아가지만 그것이 언제나 가장 건전한 삶인 것을 깨닫는다. 그는 충분히 기능하는 하나의 유기체인데, 자기 경험 속을 자유롭게 들여다보는 자기 자신에 대한 자각 때문에 그는 충분히 기능하는 인간이다.

이 해설의 함축적인 의미

그렇다면 이것은 심리치료의 최종목표에 대한 나의 잠정적인 정의가 되고, 실제 내담자들이 완전히 도달하지는 못하지만 접근해 가는 최후의 모습에 대한 기술이며, 꾸준히 배우는 법을 배우는 사람의 진면목이다. 이 묘사는 나의 임상적 · 교육적 경험에 근거하고 있고, 그것은 중요한 임상적 · 과학적 · 철학적 의미를 지니고 있다고 믿는 까닭에 나는 그 묘사가 마음에 든다. 거기에 내포된 의미를 내가 보는 대로 몇 가지 적어 보고 싶다.

A. 임상적 경험과 일치

첫째로 그 묘사는 성공적인 치료의 임상경험에 근거를 두고 있는 것 같다. 내담자는 평가의 기준을 자기 내부에 둔다는 것이 목격되었는데, 그것은 유기체의 신뢰성 개념과 일치하는 것이다. 우리는 있는 그대로 존재하고 자기 자신이 되는 과정에 내담자가 만족한다는 말을 해 왔다. 충분히 기능하는 것과 관련된 만족이다. 내담자는 전에 불안을 야기하던 감정까지 포함하여 한층 다양하고 광범위한 감정을 용납하고, 그리고 이 감정은 보다 더 융통성 있게 조직된 인성 속에 쓸모 있게 통합된다는 사실을 우리는 발견한다. 한마디로 내가 진술한 개념들은 우리가 알고 있는 심리치료의 긍정적 결과를 수용할 만큼 포괄적이다.

B. 조작적 가설로 전진

앞에 진술한 공식적인 표현은 이론적인 것이 사실이지만 정밀하고 조작적인 용어로 가설을 진술하는 방향으로 발전하고 있다. 그와 같은 가설은 문화에 따라 차이가 나는 것이라기보다는 탈문화적이고 보편적일 것이다. 이미 언급한 개념들이 쉽게 검증되거나 측정될 것은 아니지만 이 분야의 연구가 정교해짐에 따라 객관적인 측정이 불가능한 것도 아니다.

C. 개인적 성장의 역설

심리치료에 관한 실험적 연구에 의하면 다른 전문가들이 실시한 직전/직후 인성검사의 분석에는 서로 어긋나는 결과가 나타났다. 여러 가지 증거로 보아 심리치료에서 많은 개인적 성장이 있었던 내담자의 인성검사 결과의 해석에서 전문가들은 이견을 가지고 있었다. 간단히 말해서 성격을 엄격하게 진단하여 개인을 기준집단에 비교하기를 좋아하는 심리학자들은 심리치료 종결 시에 보이는 방어적 성격의 부족 혹은 성격의 이완된 정도에 대하여 염려를 표시한다. 그들은 내담자가 '무너질까' 걱정하는 것 같다. 심리치료에 관심 있는 심리학자들은 바로 그 증거를 유동성, 경험에의 개방성, 경직된 성격구조가 아닌 실존적 성향으로 보는 경향이 있다. 괄목할 만한 개인적 성장을 경험한 사람의 그 개방성은 전체 인구 기준에서 이탈되었거나 '비정상' 으로 보일 수도 있다. 자기 자신의 새로운 면모의 이해와 수용의 고통, 자기 내부의 불확실성, 망설임 그리고 혼돈까지도 좀 더 자기 자신이 되고 더 충만한 자신으로 성장하며, 더 충분히 기능하는 사람이 되는 즐거움과 만족의 통합된 한 부분이다. 나에게는 이것이 어리둥절한 역설일 수밖에 없는 현상에 대한 의미 있는 설명이 된다.

D. 결과로서의 창의성

내가 제시한 이론적인 묘사에서 내 마음에 드는 요소 중의 하나는 그 사람이 창의적인 인간이라는 사실이다. 심리치료의 최종단계에 이른 가설적 인간은 매슬로우(Maslow)의 '자아실현의 인간' 과 같을 수 있다. 자기 세계에의 섬세한 개방성, 자기 환경과 늘 새로운 관계를 형성할 수 있는 능력에 대한 신뢰가 있어서 그는 창의적인 삶과 창조적인 활동을 하는 그런 형태의 사람이다. 그는 자기 문화에 꼭 '적응하려' 하지는 않을 것이며, 분명히 순응하는 사람도 아니다. 그러나 그는 자기 문화에 조화를 이루며 사는 것만큼이나 다른 어떤 문화나 어느 시대에서도 균형 있는 욕구를 충족시키면서 건설적으로 살아갈 것이다. 어떤 문화적인 상황에서는 매우 불만스러울 수 있으나 그는 계속해서 자기 자신을 유지할 것이고 자신의 가장 깊은 욕구를 최대한 충족시키는 방향으로 꾸준히 살아갈 것이다. 그와 같은 사람은 진화론자들이 보기에 변화하는 환경에서 가장 잘 적응하고 생존할 사람으로 인정될 것임을 나는 믿고 있다. 그와 같은 사람은 익숙한 상황에는 물론 새로운 상황에도 창의적으로 건전하게 적응할 수 있을 것이다. 그는 진화 발전하는 인간의 선구자가 될 것이다.

E. 인간본성에 대한 신뢰

이제까지 제시한 인간관에 의하면 자유롭게 기능할 때의 인간본성은 건설적이고 신뢰할 만하다는 사실이 명백해졌을 것이다. 그것은 나로서는 40년 이상 심리치료의 경험에서 나온 필연적 결론이다. 한 개인의 방어기제에서 헤어날 수 있도록 도와서 다양한 환경적, 사회적 요구는 물론 자기 자신의 다양한 욕구에 개방적이 될 수 있게 하면 그의 행동은 긍정적, 전진적, 건설적이 될 것으로 믿어도 좋다. 그의 깊은 욕구 중의 하나가 다른 사람들과 연합하고 대화하는 것이므로 누가 그를 사회화할 것인가에 대하여 염려할 필요가 없다. 그가 충분히 자기 자신이 되면 현실적으로 사회화되지 않을 수가 없다. 우리는 누가 그의 공격적인 충동을 통제할 것인가를 물어볼 필요가 없다. 왜냐하면 그가 그의 모든 충동에 개방적이 되면 남들로부터 사랑받고 싶은 충동과 사랑하고 싶은 성향이, 때리고 빼앗고 싶은 그의 충동만큼이나 강하기 때문이다. 그는 현실적으로 보아 공격이 적절한 상황에서는 공격적일 것이지만 다루기 힘든 공격적 욕구는 없을 것이다. 그가 모든 경험을 수용하게 되면 모든 영역에 걸쳐서 그의 행동전체는 균형 있고 현실적이며, 지극히 사회적인 존재의 생존과 향상에 적정한 행동으로 나타나게 된다.

인간은 근본적으로 불합리하고 충동을 통제하지 않으면 자기 자신과 타인을 파괴할 것이라는 널리 알려진 관념을 나는 이해하지 못한다. 우리의 행동은 절묘하게 합리적이고 유기체가 성취하려는 목적을 향하여 교묘하고도 질서정연하게 전진한다. 대부분의 비극은 우리의 방어가 이 합리성을 자각하지 못하게 하여 우리는 의식적으로는 어느 한 방향으로 움직이고 있는데 유기체는 다른 방향으로 나아간다는 사실이다. 그러나 우리의 가설적 인간에게는 그런 장애가 없고 그는 유기체의 합리성에 동참자가 될 것이다. 충동에 대한 통제가 필요하거나 존재한다면 그것은 욕구 상호 간의 천부적이고 내적인 균형과 모든 욕구충족에 가장 접근하는 행동을 발견하면 된다. 다른 욕구들, 예를 들면 동반자 관계나 다정한 관계에 대한 욕구를 파괴하면서까지 어느 한 욕구, 즉 성욕이나 공격성을 지나치게 충족시키는 경험은 방어적인 구조를 가진 사람에게서 흔히 나타나는 경험인데, 우리의 가설적 인간에게는 찾아볼 수 없는 현상이다. 그는 자기 자신과 그리고 타인들과 조화롭게 살기 위하여 생리적인 자동온도조절은 물론 심리적인 조절까지 포함한 유기체의 굉장히 복잡한 자기조절 활동에 참여할 것이다.

F. 믿을 만하지만 예측하기 어려운 행동

행동의 예측성과 관련 있는 이 최적의 인간에 대한 관점에는 생각해 볼수록 재미있는 의미가 내포되어 있다. 그 사람이 한순간에 체험하고 있는 내적 및 외적인 자극형태는 똑같은 식으로는 전에 존재해 본 적이 없다는 사실이 내가 기술한 이론적 묘사에서 명백하게 드러났을 것이다. 그리고 그의 행동은 이 모든 내면화된 증거를 정확히 이해하고 현실적으로 반응한 것임도 밝혀졌을 것이다. 따라서 이런 사람은 자기 스스로 볼 때 특별히 예측할 수는 없지만 믿을 만하다는 것이 분명해졌을 것이다. 만약 그가 어느 권위 있는 사람이 있는 새로운 장소에 가게 되면 자기가 어떻게 행동할는지 예측할 수가 없다. 그 행동은 이 권위 있는 인사와 자기 자신의 내적인 반응 및 욕구 등에 달려 있다. 그도 적절하게 행동하리라는 자신감은 있지만 어떻게 행동할지 미리 알 수는 없다. 나는 내담자들이 가끔 이런 견해를 표현하는 것을 보게 되는데 매우 중요한 것이라고 믿고 있다.

내담자에 대하여 내가 해 온 말은 그의 행동을 연구하는 과학자에게도 똑같이 적용된다. 그 과학자는 내담자의 행동이 합법적이어서 사후에 묘사하는 것이 가능하다는 것을 알 수 있으나 그의 어떤 특정한 행동을 예측할 수는 없을 것이다. 그 이유는 이렇다. 만일 우리의 가설적 인간의 행동이 어느 한순간에 존재하는 복잡한 모든 자료를 정확히 판단하여 결정되고, 그리고 그 자료만 가지고 결정된다면 예측하는 데 필요한 정보가 빤하다. 방대한 자극들의 하나하나를 측정할 기계와 가장 경제적인 행동방향을 계산할 대형 계산기가 필요할 것이다. 이 계산이 진행되는 동안에 우리의 가설적 인간은 유기체 내에서 그 복잡한 계산을 이미 마치고 행동한다. 과학자는 만일 그 모든 자료를 상당히 정확하게 수집할 수 있다면 이론적으로 그것을 분석할 수 있고 똑같은 결론에 도달해야 그의 행동을 사후에 기술한 셈이 된다. 행동을 사전에 예측하려면 모든 자료를 순간적으로 수집 분석해야 하는데 그것은 불가능한 것 같다.

행동을 구체적으로 예측할 수 있는 것은 부적응인의 행동이고, 그가 경험에 개방적이고 실존적 삶에 충실해짐에 따라 예측은 빗나간다는 사실을 내가 지적하면 위에 한 말이 분명해질 것이다. 적응하지 못하는 사람은 행동이 경직되어 있어서 정확히 예측할 수 있다. 만약 어떤 부적응인이 권위에 대한 반감을 가지고 있다면, 그리고 만약 이 '나쁜 권위' 라는 생각이 권위와 관련한 그의 자기개념의 일부라면, 그리고 그 부정적 생각 때문에 상반되는 증거를 보여 주는 경험을 그가 부인하거나 왜곡한다면, 그의 행동들은 구체적으로 예측할 수 있다. 그는 권위 있는 사람이 있는 새로운 장소에 들어갈 때 그 권위 있는 사람에게 적대적일 것임을 자신 있게 말할 수 있다. 그러나 심리치료나 성장을 촉진하는 인간관계가 개인의 경험에 대한 개방성을 증가시켜 주면 줄수록 그의 행동은 그만큼 예측을 불허한다. 이 사실은 임상심리학에서 성공을 예측하고자 시도한 미시간 연구[2]에서 확인되고 있다. 연구기간 동안 심리치료를 받고 있던 사람들에 대한 예측은 그룹전체에 대한 예측보다 분명히 적중률이 떨어졌다.

내가 지금 하는 말은 심리학의 장기목적이 '인간행동의 예측과 통제' 라는 흔한 진술과도 관계가 있는데, 그 정의는 나로서는 불만스러운 철학적 의미를 내포하고 있다. 한 개인이 이 최적상태인 완전한 기능에 접근해 갈수록, 비록 항상 합법적으로 결정되지만 그의 행동은 예측이 그만큼 더 어렵고, 비록 믿을 만하고 적절하지만 통제하기는 훨씬 더 어렵다는 말이다. 심리학은 그 절정에 달하면 예측하는 과학이라기보다는 이해하는 과학이고, 일어날 행동을 통제하기보다는 발생한 행동의 적법성을 분석하는 과학이 될 것이라는 의미이다.

일반적으로 내담자들도 어떤 상황에서 그들이 취할 행동은 적절하고 이해가 되고 건전할 것이라는 자신감을 가지고 있으나 그들이 어떻게 행동하게 될지 예측할 수는 없다고 말함으로써 위의 사실을 확인해 준다. 그 사실은 심리치료자로서의 우리의 경험으로도 확인되는데, 우리가 맺은 관계에서 내담자는 자신을 발견하고 자기 자신이 되며, 더 자유롭게 기능하기를 배우지만 우리는 다음 진술의 구체적 내용, 심리치료의 다음 국면 혹은 내담자가 처한 문제에 대한 그의 해결방안을 예언할 수가 없다. 대체적인 방향은 믿을 만하고, 그 행동은 적절할 것이라고 안심할 수 있으나 그 구체적 내용은 예측할 수 없다.

G. 자유와 결정론

나에게는 중요한 마지막 철학적 함축성을 하나 소개하고자 한다. 얼마 동안 나는 심리치료에서 자유와 결정론 사이에 존재하는 생생한 역설로 인해서 앞 장에서 언급한 대로 갈등을 겪어 왔다. 그 주제에 관하여 한 가지 생각을 더 보태고 싶다. 치료 관계에서 가장 설득력 있는 주관적인 경험은 내담자들이 자기 속에서 느끼는 선택의 힘이다. 그는 자유롭다. 그는 자신이 되거나 혹은 가면을 쓰고 숨거나, 전진하거나 후퇴하거나, 자신과 남들에게 파괴적인 행동을 하거나 향상시키는 방향으로 행동하거나 아니면 생리학적, 심리학적 의미에서 문자 그대로 살거나 죽거나 간에 선택에 달려 있다. 그런데 우리가 객관적인 연구방법으로 심리치료 분야에 접근함에 따라 다른 과학자들처럼 완전한 결정론을 따르게 된다. 이런 관점에서 볼 때 내담자의 모든 생각, 감정, 행동은 선행하는 사건에 의해서 결정된다. 내가 설명하려는 이 문제는 다른 분야에서도 나타나지만 단지 여기서는 좀 더 선명하게 나타날 뿐이다. 얼마 전에 나는 이 두 가지 상반되는 견해를 한 논문 속에서 비교해 보았다.

> 여기 주관적, 내적, 개인적인 모든 것의 극대화가 있다. 시험해 보는 것이 아니라 실제로 사는 인간관계, 물건이 아니라 한 사람으로 등장하고, 자동기계가 아니라 한 인간으로 느끼고 선택하고 믿고 행동한다. 또한 과학의 최후의 보루도 있다. 삶의 가장 주관적인 국면들의 객관적인 탐색, 가장 개인적이고, 지극히 내적인, 철저하게 사적인 세계로 간주되는 모든 것을 가설로, 마침내는 이론으로 축소시키는 것도 있다(pp. 267-68).[3]

내가 제시한 충분히 기능하는 인간의 정의 측면에서 볼 때 자유와 결정론은 새로운 조망으로 보일 수 있다. 심리치료가 제대로 진행되면 그는 당연히 가장 완전하고 절대적인 자유를 체험한다고 말할 수 있다. 그는 내적 및 외적인 자극 모두와의 관계에서 가장 경제적인 방향으로 행동을 취한다. 그것이 가장 만족스러운 행동이기 때문이다. 그런데 그것은 다른 관점에서 보면 실존적 상황에 존재하는 모든 요소에 의해서 결정된 행동과 똑같은 방향이다.

이것을 방어적으로 조직된 사람의 모습과 비교해 보자. 그는 특정한 행동방향을 따를 것이지만 그가 선택한 방향으로 행동할 수가 없다. 그는 실존적 상황의 모든 요소들에 의하여 결정되지만 이들 요소에는 그의 행동은 충분히 만족을 주지는 못할 것이 확실하다. 그의 행동은 결정될 뿐 효율적인 선택을 할 자유가 없다. 한편 충분히 기능하는 사람은 필연적으로 결정된 것을 자발적으로, 자유로이, 자원해서, 의지적으로 선택함으로써 가장 절대적인 자유를 경험할 뿐만 아니라 활용하기도 한다.

이것은 철학자들에게 새로운 것이 아니지만 인성이론의 한 개념을 분석하는 과정에 전혀 예기치 못한 각도에서 보게 되어 나는 아주 새로운 맛을 깨달았다. 그것은 나에게는 심리치료에서 매우 중대한 무조건적 선택의 자유라는 주관적 현실에 대한 이론적 근거를 제시하고 동시에 오늘날 과학의 초석이 된 완벽한 결정론의 근거가 되기도 한다. 이런 관점에서 나는 내담자가 경험하는 선택의 자유를 주관적으로 이해할 수 있고, 또한 과학자로서 완전하게 결정된 인간의 행동을 연구할 수도 있다.

결론

여기에 가장 훌륭한 교육이나 심리치료를 받고 나타난 사람에 관한 이론적 모형이 있다. 그 사람은 그의 유기체적 잠재가능성을 자유롭게 한껏 발휘하는 최적의 심리적 성장을 경험한 사람이다. 그는 현실적이어서 믿을 만하고, 자신을 향상시키며, 사회화되어 있고, 계속 발전하고, 순간마다 자기 자신과 자기 안의 새로운 면을 발견하는 사람이다. 그러나 내가 묘사한 사람은 존재하지 않는 이론적 인간임을 밝혀 둔다. 그는 이론적인 목표이고 인간적인 성장의 종점에 해당된다. 가장 훌륭한 교육경험, 최적의 심리치료, 가장 좋은 가정과 집단경험을 한 사람은 그런 방향으로 나아갈 것을 우리는 알고 있다. 그러나 우리가 관찰하는 것은 그 목표를 향하여 전진하는 불완전한 인간이다. 내가 묘사한 것은 이론적 목표에 대한 나의 소견이다.

이 장은 나 자신의 생각을 부분적으로나마 명백하게 밝히려고 쓴 것이다. 나의 수업, 집단, 심리치료에서 과연 어떤 종류의 인간이 탄생할까? 그러나 그보다 더 중요한 것은, 교육자들이 그들 자신의 목적을 훨씬 더 깊이 생각해 보도록 하기 위하여 이 글을 썼다.

'교육받은 인간' 이 어떤 인간인지를 우리 모두는 알고 있다고 오랫동안 가정해 왔기 때문에 그 안이한 정의가 현대사회에 완전히 부적합하다는 사실을 거의 직면하지 못하고 있다. 그래서 이 장은 모든 수준의 교육자들에게 하나의 도전이 될 것이다. 만약 충분히 기능하는 인간에 대한 나의 개념이 교육목적으로 당신 마음에 들지 않는다면 오늘날 교육에서 배출해야 할 인간의 정의를 당신도 출판하여 모두가 볼 수 있게 해 주길 바란다. 오늘날 최적의 인간, 이상적인 시민은 어떤 사람인가에 관하여 아주 뜻 깊은 토론이 가능해지려면 그와 같은 많은 정의가 나와야 한다. 이 장이 그런 대화에 작은 공헌을 하기를 나는 기대한다.

참고문헌

1. Carl R. Rogers, "The Concept of the Fully Functioning Person," *Psychotherapy: Theory, Research, and Practice* 1 (1963): 17-26.
2. E. L. Kelley and Donald W. Fiske, *The Prediction of Performance in Clinical Psychology* (Ann Arbor: University of Michigan Press, 1951).
3. Carl R. Rogers, "Persons or Science: A Philosophical Question," *American Psychologist* 10 (1955): 267-78.

| 제5부 |

학교교육의 일시정지

제 17 장

새로워지는 학교 : 인간중심적인 조망

미래에 어떤 문제에 봉착할는지 우리는 잘 모른다….
그래서 미래에 대한 최선의 대비책은 오늘 복합적인 문제를 해결하는 법을 배우는 것이다.[1]

우리나라는 위기에 처해 있다. 한때 통상, 산업, 과학 및 기술혁신에서 따라올 자가 없던
우리의 탁월성은 전 세계 경쟁자들에게 추월당하고 있다. 비우호적인 외국의 권력이
오늘날 존재하고 있는 평범한 교육을 미국에 수출했다면
우리는 그것을 하나의 전쟁행위로 간주했을지도 모른다. 그런데 지금 우리는
가만히 서서 그런 일이 일어나도록 내버려 두고 있다(p. 5).[2]

왕의 모든 병력과 왕의 모든 신하들도
험프티 덤프티 왕을 다시 회복시킬 수 없었다네.*

---

* 역자 주 : 18세기 영국에서 전해 내려온 유아원의 자장가 가사임. 한번 일이 그르처지고 나면 어떤 사후 대책도 소용이 없다는 메시지를 전달하려고 저자가 인용한 것으로 보임

이 인용문들은 학습에 관한 논평, 학교에 관한 연방정부 위원회 보고서, 그리고 유아원 노래가사인데, 그것들은 우리 학교를 즐거움과 배움의 공동체로 새롭게 변화시키기 위해 우리가 직면한 문제를 반영하고 있다. 만일에 우리가 청소년들을 일찍이 복잡한 문제해결에 참여시키지 않는다면 미래 세대를 준비시키는 데 실패하게 될 것이다. 오늘 함께 문제를 해결함으로써 우리는 내일의 문제를 예방할 수 있다.

〈위기에 처한 국가 : 교육의 수월성에 관한 전국위원회〉 보고서는 18명의 위원들이 20개월 동안 교육의 수월성을 연구한 결과이다. 그 보고서는 1983년에 작성되었다. 연방정부 위원회가 경종을 울린 지 10년이 지났고 그후에 학교교육을 개선하기 위해서 수천만 달러가 지출되었다. 수없이 많은 보고서, 위원회, 과제해결 팀이 '위기에 처한 국가'의 뒤를 이어 구성되었다. 모두 학교상황에 대한 비난할 대상을 찾아냈고, 학교가 어떻게 변해야 될 것인지에 대한 처방을 내놓았다. 안타깝게도 통찰력 있는 결과는 거의 없었다. 교육 장면을 보면 지금 우리나라는 모든 학생들에게 의미 있는 교육기회를 제공하지 못하여 10년 전보다 더 위기에 처해 있다고 말할 수 있다.

지난 10년 동안에 학교개혁을 위한 제안이 연방정부, 주지사, 주의회, 기업체 지도자들, 전국 혹은 지방학교 인증기관, 교직원 노동조합, 고등교육기관, 개별 학교 단위에서 쏟아져 나왔다. 이들 서로 다른 집단의 노력은 몇 가지만 예를 들자면, 교사들의 경쟁을 통한 진급제도, 교사자격증의 국가표준화, 교사들의 수업지도안 감독, 사전에 고지된 기준에 따른 교사평가, 교사시험 등의 혼란을 가져왔다. 학교 향상을 위해 지난 10년 동안 그토록 노력했음에도 왜 학교는 변하지 않는가?

상자를 바꾸기

동부 해안에 있는 도시들, 중서부, 미국 전역에 있는 학교, 공장, 그리고 교도소는 거의 다 비슷하게 생겼고, 종종 같은 방식으로 운영된다. 그것들은 같은 재료로 건축되었고, 국가 산업 발달에 부응하는 것이 목적이었다. 공장이나 교도소의 칸막이처럼 대부분의 학교도 큰 상자를 작은 칸막이 교실로 나누어 놓은 것처럼 보인다. 환경오염, 소음, 비좁은 공간, 질병, 미성년자 노동, 그리고 노동착취는 가난한 노동자 계급에게는 예외가 아니라 정상이다. 공립학교는 많은 어린이들에게 억압적인 환경에서 오아시스 같은 곳이 되었다. 초등학교 이후에 교육을 계속 받는 아이들은 드물었지만 학교에서 보내는 시간은 12시간 노동에서 제외된 시간이었다. 다른 한편 부유층 어린이들은 더 위생적이고 좋은 생활조건, 사립학교, 여름방학, 해외여행을 즐기는 전혀 다른 삶을 살았다. 공립학교 수업일정은 학습자중심이 아니라 노동 환경에 맞게 채택되었다. 농경사회의 영향이 세기가 바뀌어도 도시학교에 그대로 남아서 9개월 수업과 여름방학으로 되어 있다. 그러나 농촌의 사촌들은 논밭에서 수확을 돕는 동안에, 도시의 어린이들은 여름 방학 동안에 공장에서 일하거나 거리를 배회하였다.

그런 시대는 지나간 지 오래되었다. 그러나 백 년 전에 짜여진 학교교육의 형태는 오늘날에도 우리와 함께 남아 있다. 교육은 1년 내내 진행될 수 있는데 우리는 아직도 농경사회의 달력대로 운영한다. 이것이 어떤 학생들에게는 유익할 수도 있지만 많은 도시 학생들에게는 여름방학이 지나친 TV 시청과 방랑 때문에 그들 학습에 도움이 되지 않고 오히려 방해가 된다. 현대의 건축 기술은 인간중심적으로 학교를 지을 수 있지만 학교는 여전히 상자처럼 건축되는데, 단지 과거보다 더 크게 그리고 더 비인간적으로 만들 뿐이다. 미국 남서부지방에 최근 1,200명을 수용할 초등학교가 세워졌고, 같은 지역에 새로운 고등학교는 3,000명을 수용할 수 있다. 학교는 아직도 오전/오후반의 2부제까지도 공장처럼 운영한다. 많은 중등학교에서는 1,200명 학생들이 엄격히 통제된 수업시간 사이에 42분마다 복도를 드나드는 형태를 취하고 있고, '학습'은 미리 정해진 시간 단위로 나누어 준다. 얼마나 많은 성인들은 읽기, 생각하기, 혹은 토론처럼 중요한 활동을 단 42분 안에 마칠 수 있을까?

학교는 불필요하게 스트레스가 쌓이는 곳이다. 소수만 듣고 많은 학생들은 무시하는 공립학교의 훈화제도에서부터 식사할 때마다 스트레스를 받는 학교식당에 이르기까지, 학교는 긍정적이고 평화로운 환경을 조성할 진지한 생각 없이 돌아가고 있다. 예를 들자면 학교식당들은 편안한 식사가 아니라 대량 음식공급을 위해서 설계되었다. 점심시간은 혼잡하고 시끄러워서 스트레스를 높이는 데 한몫을 한다. 학교식당은 정상적인 대화를 할 수 없도록 고안되었다. 이런 상황에서 기꺼이 먹을 어른들은 별로 없을 것이지만 학생들은 연중 180일을 견뎌 내야만 한다. 교사들은 학교식당에서 식사하지 않지만, 대부분의 교사들은 점심식사 후의 수업을 꺼린다.

공장 같은 환경은 교사들도 매우 어렵게 한다. 종종 교사들은 분주한 버스터미널에서 표를 주는 사람처럼 교실에 오고 가는 학생들에게 출석표를 나누어 준다. 교사들은 경찰과 비슷해서 복도를 감시하고, 싸움을 말리고, 수업 교체시간에는 문 앞에 지켜 서 있다.

공장 같은 예의 목록은 계속 이어질 수 있다. 그러나 나의 의도는 우리 학교들이 어떻게 공장과 비슷한가를 보여 주려는 것이 아니라 시대에 뒤진 상자 모델에서 현대에 맞게 그리고 더 생산적인 미래에 맞도록 변화시키느냐는 것이다.

대량생산된 학습

대량생산된 학습 모델은 20세기에 많은 사람들에게 도움을 주었음을 나는 깨닫는다. 그런데 왜 바꾸자는 것인가? 강철로 된 증기기관 선박이 미국 해안으로 무수한 사람들을 옮겨 왔다. 자동차가 서부를 개척했고, 전례를 찾아볼 수 없는 국가적 성장을 가져왔다. 그러나 얼마나 많은 사람들이 오늘날 로스앤젤레스에서 뉴욕으로 기차로 여행을 하며, 영국에 가기 위해서 배를 타는가? 학교와 사회는 변화를 외면할 수가 없다. 산업사회로 되돌아가기를 원치 않는다면 다가오는 시대의 학생들 필요에 민감하게 반응하는 학습 공간을 마련하기 위해서 우리는 전진해야 한다.

우리 자녀들의 행복에 관한 최신 정보에 의하면 지난 50년 동안 어느 때보다도 변화의 필요성은 오늘날 더 크다. 인생에서 성공과 행복을 위해서 교육이 가장 중요한 기회를 제공한다. 고등학교와 대학 졸업생들이 학교를 마치지 못한 동료들보다 더 오래 살고 생활 수준도 더 좋다는 증거가 늘어나고 있다. 그러나 우리 국민은 두 방향으로 향하고 있는데 하나는 가난을 향하고 다른 하나는 풍요를 향하고 있다. 통계가 나올 때마다 불평등은 점점 더 또렷해진다. 5살 이하일 때 최고 빈곤층에 속하던 어린이들은 성장해서도 거의 4명 중 1명은 가난하다. 10대가 되어서도 5명 중에 1명은 가난하게 산다. 이런 학생들이 속했던 가정, 지역사회, 그리고 학교는 어린이들에게 지지 혹은 보호기능을 하지 못하고 오히려 위험 요소였다.[3]

학교의 질을 향상시킬 의도로 많은 프로그램과 활동이 있어 왔다. 그러나 그런 활동은 단기간만 영향을 주었던 것으로 보인다. 그러나 진정한 변화를 위한 활동과 혼돈해서는 안 된다. 과거의 학교개혁은 가장 기본적인 질문에 반응하지는 못했다. ① 학생들의 배우는 즐거움과 능력을 향상시킬 교사와 학생들 사이의 상호작용의 유형을 어떻게 급격하게 영원히 변화시킬 수 있을까? ② 의미 있는 학습공동체를 조성하기 위해서 어떤 노력을 해야 하는가? ③ 학교라고 알려진 그 상자를 인간의 필요에 부응하기 위해서 어떻게 변화시켜야 하는가?

학교교육의 일시정지

유아원의 노래 "험프티 덤프티"는 도저히 수선할 수 없을 정도로 망가진 어떤 것을 고쳐보려다 좌절한 심정을 묘사하고 있다. 앞선 장에서 소개한 것처럼 모든 학교들이 희망이 없는 것은 아니다. 어떤 학교들은 학생들과 학부모들의 필요를 충족시키고 있으므로 그들의 노력을 계속 지지해 주어야 한다. 그러나 다른 학교들은 손댈 수가 없는 상황이어서 새로운 형태의 학습공동체로 변환시켜야 한다. 그런 학교들은 학기 중에는 손을 댈 수가 없으므로 일시정지 조치를 취해야 한다. 현재로서는 이들 역기능적인 학교는 학생들과 교사들의 지적 · 사회적 · 정서적 건강에 장애물이 되고 있다.

그 학교들이 새로이 변환되는 과정에 있다면 학생들에게 어떤 일들이 발생할까? 아마도 제2차 세계대전 때 런던의 폭탄투하로부터 교훈을 얻을 수 있을 것이다. 거의 백 만 명의 학생들이 시골로 피난 가서 살면서 배웠다. 5년이 지나서 영국의 부모들은 그 경험에서 그들의 자녀들이 학문적으로나 사회적으로 발전이 있었음을 발견하였다. 오늘날 우리의 상황에서 새롭게 변환시키는 학교의 학생들은 지역사회 학습센터에서 배울 수 있고, 도제제도에서 일해 볼 수 있고, 박물관과 도서관에서 배울 수 있으며, 전문대학이나 대학교에서 공부하거나 다른 학교에 다녀 볼 수도 있다. 만약에 변환기간이 2~3년이 걸린다면 더 큰 지역사회가 그 변화를 지원해 줄 수 있을 것이다. 많은 경우에 이들 새로운 배치는 더 큰 학습공동체에서 반영구적인 요소가 될 수도 있다. 교육을 재고하는 과정에서 교사와 행정가들은 지역사회의 교육자들이나 지도자들과 함께 일할 수 있을 것이다. 그들은 학교의 일시정지상태에서 인간중심적인 학교를 방문하거나 일해 보거나 배울 기회를 가질 수도 있다.

관료주의의 일시정지

관료주의에 억눌린 다른 학교들은 살아 숨 쉴 공간이 주어져야 한다. 주정부, 교육구청, 학교 차원의 정책과 절차는 학교들을 통제하는 대신에 자유롭게 성장하도록 격려해야 한다. 예를 들면 텍사스에서는 각 교육구청마다 주정부나 연방정부가 요청한 84가지 보고서를 완성해야 되는데 그 후엔 수천 명의 관료들이 그것을 읽어야만 했다. 이런 규제와 통제의 비용은 엄청난 것이어서 텍사스 주에 있는 모든 학교의 1년 비용은 1억 5천만 달러나 된다.[4] 미국 전체 50주의 비용을 계산해 보면 그 비용은 충격적이다. 어떤 규정들은 학생들을 보호하지만 그러나 다른 것들은 학생들의 독특한 필요를 충족시키려는 학교와 교육구청의 노력에 방해가 된다. 모든 규정과 규칙은 사문화시키거나 재고될 필요가 있는데 그런 규정이 진정으로 학생들을 보호하는지 아니면 오히려 피해를 주는지 여부를 확인하고 검토할 필요가 있다. 학교장, 교사, 학부모, 그리고 학생들이 학교운영 방법을 내부로부터 개혁할 수 있도록 관료주의는 변해야 한다.

학교들은 진정한 그리고 지속적인 변화를 가능하게 하는 자유를 주지 않는 세력에 의해서 상자 안에 갇혀 있다. 학교이사회, 장학사, 혹은 연방정부나 주정부 의회가 창조적인 문제해결을 기대하지 않고 순응하기를 기대하면 그 파급효과는 교실에 가장 큰 영향을 미치게 된다. 실패의 악순환에 빠져 있는 학교들은 새로워져야 한다. 그런 학교들이 우리의 최대한의 노력과 토론을 필요로 하는 학교이다. 도시의 빈민층 학교가 대부분 그렇지만 농촌이나 교외에도 그런 학교들이 있다. 이들 학교에 진정한 변화가 오게 하려면 학습환경이 물리적, 정서적, 그리고 교육적으로 재고되어야 한다. 규제와 법에 의한 안전장치는 학생들과 그들의 촉진자들의 필요에 의해서 물리쳐져야 하고, 학교에서 제거되어야 한다. 초점은 모든 사람들의 필요충족에 맞추어져야 한다. 학교 상자의 변혁은 학교에서 시작되어야 하지만 거기에서 멈출 수가 없다. 학교는 학생들의 회복력을 조장하는 역동적인 학습공동체를 건설하기 위해서 원근의 지역사회를 통합하고 그 지역사회의 원동력이 될 필요가 있다.

내부로부터의 개혁

학교개혁을 위한 10년간의 노력에서 명백해진 것은 변화는 내부로부터 와야 한다는 것이다. 위로부터의 명령은 학습의 질, 학습자의 만족감이나 교사들의 삶을 향상시키지 못하였다. 위스콘신 교육연구센터에서 나온 학교의 조직과 재구조화에 관한 1993년 보고서 〈학교재구조화의 범위측정〉은 다음과 같이 결론을 내린다.

> 행정구청, 주정부와 전국단위의 조직체들이 주도권을 가지고 웅변적으로 선언하였음에도 불구하고 재구조화 운동은 미국 학교 집단을 아직은 의미 있는 방향으로 접촉하지도 못했다(p. 4).[5]

교사들은 외부의 끊임없는 요구사항에 반응하느라고 학교와 교실 내부에서 시행할 것을 재고하는 데 필요한 에너지를 빼앗기기도 한다. 교사들은 부족한 자원을 가지고 더 많은 것을 하도록 요구받는다. 새로운 것을 배우고 계획하는 데 시간이 걸리는데 이것이 개혁과정의 한 부분이 되어야 한다. 현재 미국 초등학교 교사들은 일주일에 30시간 이상 가르치는데 일본이나 독일 교사들은 일주일에 17～21시간을 가르친다.

인간중심 학교는 아동들의 수업시간 수에 대한 주정부의 지침을 만족시킬 창조적인 방법을 알아냈다. 예를 들면 매일 10분 학교를 일찍 시작하면 교사들이 한 달에 한두 번 만나서 토론하고 배울 시간이 생긴다. 지쳐 있을 때는 창의적이기가 어렵다. 꽉 찬 일정과 교육과정에 일을 추가한다면 건강한 어린이, 교사 혹은 학교가 되기 어렵다. 우리는 학교 상자에 더 넣으려고 하면 옆면이 터질 수밖에 없는 지경이다. 학습에 할당된 시간의 양은 지난 백 년 동안 놀랄 만큼 일정하게 유지해 왔지만 교육과정과 가르치도록 명령한 것은 우후죽순처럼 늘어났다. 교육하고 가르치고, 배우는 학교 상자는 더 이상 네 면으로 구성될 필요가 없다. 교사와 학생들 사이의 상호작용이 좀 더 균형이 잡히고, 학교라는 상자의 개념이 새로워지려면 교사와 학생들은 어린 나이에서부터 한평생 계속되는 여정에서 꼭 공동학습자가 될 수 있어야 한다.

진정한 변화

〈위기에 처한 국가〉라는 보고서가 처음 나온 이래로 많은 학교개혁은 현장중심 경영, 전국 단위의 고사와 인가제도, 다양한 학교조직, 지역사회 의회 등 변화의 주변에 초점을 맞추어 왔다. 학습의 변화 잠재력을 가지고 있음에도 불구하고, 개혁의 노력은 학생과 교사의 기본적인 관계가 정보제공자에서 학습촉진자로, 그리고 학습환경이 학교건물에서 학습 공동체로 변한 것만큼만 효과가 있었다.

학교건물을 학습공동체로 변환시키는 과정에 대한 토론의 출발점으로 나는 어린 시절 학습의 측면에서 우리가 걸어온 길을 회고해 보고 싶다. 교육을 개혁 · 변화시키려는 노력에서 우리는 가장 중요한 부분인 어린이들을 배제하는 경향이 있다.

어린 시절의 기적

내가 알고 있고 관찰해 왔던 어린이들, 그들이 학교 문 앞에 가 보기 전의 사진들을 회상해 본다. 이들은 거리, 가정, 혹은 부모와 함께 슈퍼마켓에서 내가 관찰한 어린이들이다. 이들은 내가 중국, 일본, 브라질, 오스트리아, 그리고 영국 등 전 세계에서 관찰한 어린이들이다. 나는 어린 소녀가 커다란 나무상자에 못을 박고 또 박아서 못대가리로 가득할 때까지 두들기는 것을 본다. 나는 어린 사내아이가 어머니가 고른 것이 아니라 자기가 선택한 것만 입겠다고 고집스럽게 주장하는 것을 본다. 나는 슈퍼마켓에서 어린아이가 어머니가 만류하는데도 불구하고 모든 통조림, 상자, 야채묶음을 손으로 만져 보려는 것을 보게 된다. 나는 3살 된 아이가 우유컵을 조심스럽게 들어서 바닥에 부으면서 "왜 컵 속에 그냥 있지 않고 쏟아지는가?"를 묻는 모습을 본다. 나는 어린이들이 찰흙을 가지고 놀면서 새로운 모양이 만들어질 때마다 깔깔대며 노는 것을 본다. 청소년들이 부모님의 규칙을 어기고 어른들 행동을 조작하기를 배우는 것을 보게 된다. 나는 어린이가 계속해서 "저 글자는 뭐야? 저 글자는 뭐야?"라고 묻는 것을 듣는다. 브라질의 집 없는 거리의 아이들, 사랑받지 못하고 버려진, 거리에서 방황하는 어린이들이 훔치거나 쓰레기통에서 음식을 찾거나 어른들을 속이고 조작하려고 하거나 살아남으려고 안간힘을 쓰는 것을 보게 된다. 나는 해변에서 모래성을 쌓거나 물통에 물을 담아 옮기는 것을 본다. 나는 캔디 바를 사 먹으려고 어린이들이 동전을 세는 것을 본다. 나는 도시 거리에서 어린이들이 빈 깡통을 차는 소리를 듣고 보게 된다. 나는 끊임없이 반복되는 질문 "왜?", "어떻게?", "왜 물은 흘러가나요?", "어떻게 아이는 어머니 뱃속에 들어가나요?", "왜 그 아이는 저렇게 큰 소리를 지르나요?", "어떻게 하면 그것이 움직이나요?" 등등을 듣는다.

질문은 끝이 없고, 호기심도 한이 없다. 어린이들은 알고 싶어서 열심이다. 그들은 해 보고 싶고, 만들어 보고 싶고, 창조하고 싶어 한다. 그들은 눈, 귀, 코, 입, 손으로 정보를 끊임없이 수집한다. 그들은 부단히 움직이고, 자발적이고, 단호할 때도 있다. 그들은 지식을 동화하고, 형태를 지각하고, 언어를 습득하고, 기술을 향상시키는 중이다. 어린이들은 배우고 또 배우는데 아마도 그토록 빠른 속도로 배울 때가 다시 없을 것이다.

그러고 나서 소위 '교육'이 시작된다. 그들은 학교로 향한다. 그들이 발견하는 것은 무엇일까? 그 가능성은 거의 무궁무진하지만 나는 두 개의 극단적인 그림을 그려 볼 것이다. 물론 방법, 태도와 절차 등이 이 양극단 사이에 위치할 학교들도 많이 있을 것임을 알고 있다.

학교교육이 가는 길

한 소년이 첫날 학교에 들어간다. 그는 성장을 위하여 한 걸음 더 내딛는 것이기 때문에 학교에 빨리 가고 싶어 한다. 그는 큰 아이들은 학교에 다닌다는 것을 알고 있다. 그러나 한편 두렵기도 하다. 왜냐하면 무슨 일이 일어날지 모를 새롭고 생소한 환경에 접해야 하기 때문이다. 그는 학교에 대하여 벌을 받는가 하면 신나는 일도 있으며 성적표도 있고, 친절한 교사와 무서운 교사도 있다는 이야기를 들었다. 그것은 겁나고 불안한 일이다.

그는 교실로 안내된다. 교사는 사무적이다. 반듯하게 놓여 있는 책걸상 중에 하나, 그의 책상과 걸상도 있다. 교사는 미소를 띠며 어린이들을 맞았으나 의례적인 것으로 보인다. 그다음에 온갖 규칙이 발표된다. 자리를 떠나서는 안 되고 심지어 화장실에 가는 것도 손을 들어 허락받지 않고서는 갈 수 없다. 옆 친구들에게 속삭이거나 말을 해서는 안 된다. 교사가 지명을 했을 때에만 대답해야 되고, 불필요한 소리를 내서는 안 된다. 그는 어제까지만 해도 끊임없이 움직이며 마음대로 소리를 지르고 친구들과 떠들어 댔다. 그러나 학교는 완전히 다르다.

수업이 시작된다. 책과 칠판의 낱말을 읽는다. 교사가 말을 하다가 한 어린이를 지명한다. 옳게 대답하자 칭찬을 받는다. 그 어린이가 다시 지명된다. 그가 대답을 못하자 "틀렸어, 누가 옳은 대답을 할 수 있을까?"라고 묻는다. 손들이 올라가고 곧 정답이 나온다. 그는 자신이 바보 같다고 느낀다. 그는 옆자리 친구에게 허리를 굽혀 어쩌다 틀리게 되었나를 말하려다 그만 교사로부터 잡담을 한다고 꾸중을 들었다. 교사는 그 소년 옆으로 와서 자기가 그를 주시하고 있으니 규칙을 지켜야 한다고 따끔하게 말해 준다.

쉬는 시간은 즐겁다. 소리치고 뛰어다니고 놀이도 하고…. 그러나 너무 시간이 짧다. 그 후 시련은 다시 시작된다. 몸은 스멀스멀하고 마음은 방황한다. 마침내 점심시간이다. 그러나 어린이들은 똑바로 한 줄로 선 다음 식당으로 조용히 걸어가야 한다.

그의 교육은 시작된 것이다. 비록 그는 말로 표현할 수는 없으나 이미 많은 것을 배웠다. 그가 배운 것은 이런 것들이다.

- 교실에서는 그의 용솟음치는 육체적 에너지를 발산할 데가 없다.
- 순응하지 않으면 달갑지 않은 결과를 받아들여야 한다.
- 규칙에 복종하는 것이 매우 중요하다.
- 실수를 하면 매우 비참하다.
- 실수에 대한 처벌은 모욕적이다.
- 자연발생적인 흥미는 학교에서는 중요시하지 않는다.

- 교사와 교관은 동의어이다.
- 학교는 일반적으로 말해 불유쾌한 경험을 하는 곳이다.

등교 첫날이 저물어 갈 때 그는 부모에게 물어본다. "얼마나 더 학교에 다녀야 되나요?" 그는 점차 자신이 아주 오랫동안 학교에 다녀야 할 운명이라는 것을 알게 될 것이다.

세월이 흘러감에 따라 그는 다음과 같은 것들을 배우게 될 것이다.

- 대부분의 교과서는 따분하다.
- 교사와 다른 의견을 가지면 인정받지 못한다.
- 공부하지 않고 빠져나가는 여러 가지 방법이 있다.
- 들키지만 않으면 속이는 것도 괜찮다.
- 백일몽이나 공상에 빠지면 하루가 보다 빨리 지나간다.
- 공부를 열심히 하여 좋은 성적을 얻으면 동료들로부터 비웃음을 사게 된다.
- 자기 삶과 관련되는 것은 대부분 학교 밖에서 배운다.
- 독창적인 아이디어는 학교에서 발붙일 곳이 없다.
- 시험과 학점이 교육의 가장 중요한 부분이다.
- 교사들은 교실에서 대부분 비인간적이고 무미건조하다.

따라서 진짜 삶을 살 수 있는 방학을 고대하는 것은 당연하다. 권태, 압박, 강압으로부터 해방되기 위해서는 졸업하는 것이 바람직한 일이다.

이것이 학교경험의 한 가지 길이며 유형이다. 최근 연구와 관찰에 근거하면 수백만의 어린이와 청소년들이 이 같은 경험을 하며 졸업한다고 나는 믿는다. 내가 혹시 너무 암담하게 기술한 것일까? 몇몇 학생들의 견해를 들어 보고 여러분 스스로 판단해 주기 바란다.

제12장에서 엘렌 브렌트링거가 보고한 저소득층 가정 출신 학생들의 굴욕과 멸시에 대해서 캘리포니아 북부지방 초등학교의 다른 학생들이 한 말을 인용하였다. 그 학생들에게 "너희 학교와 지역사회에서 무엇이 바뀌었으면 좋겠니?"라고 물었다. 바바라 레빈은 17년간 교사로 근무했고 최근에 버클리에 있는 캘리포니아대학교에서 교육학 전공으로 박사학위를 받았는데[6] 그 목록을 나와 공유하였다. 이 목록은 그 학교 교사가 바바

라 레빈에게 전달한 것이다.

우리 학교와 지역사회에서 고치고 싶은 것들

1. 우리는 협동해야 한다. "싸움이 너무 잦다." 그래서 "맨날 싸우면서 공부하기는 정말로 힘들다."
2. 갱에 속한 학생들의 문제가 있다. "문제가 생기기 전에 경찰, 주지사, 대통령, 부통령 그리고 시장이 모두 학생들을 도와줄 필요가 있다." "학생들은 가족을 갖고 안전감을 느끼고 싶어서 갱에 가담한다." "갱에 가담한 학생들은 사랑받고, 소속감을 느끼고, 친구들을 추종하고 싶어 한다."
3. 우리는 약물과 알코올을 사용하는 학생들을 걱정하고 있다. "동료들의 압력이 문제이다." "대중매체의 영향이 나쁘다. 그런 것을 사용해도 괜찮다는 메시지를 학생들에게 준다." 텔레비전, 라디오, 가수들, 거리의 광고가 다 문제의 한 부분이다. "대중매체는 좋을 수도 있고 우리에게 도움을 줄 수도 있을 것이다."
4. 여학생들에 대한 성적 괴롭힘이 너무 많다.
5. 방과 후 활동이 더 많이 필요하다.
6. 여학생들에게는 방과 후 운동이 없다.
7. 문화의 충돌이 있다. 학생들이 서로 다른 언어로 대화를 한다.
8. 우리는 언어수업을 원한다.
9. 어떤 학생들은 약물을 거래하거나 괴롭히는 사람들 때문에 집에 갈 때 혼자 가기를 두려워한다.
10. 깨끗한 화장실이 필요하다. 우리에게 시설을 잘해 주라. 형편없는 시설은 우리가 중요하지 않다고 느끼게 한다.
11. 우리 학교는 더럽다!!! "학교에 페인트를 칠하고 청소하는 데 돈을 투자하라." "중요한 사람들이 학교를 방문할 때 우리 학교는 쓰레기, 낙서, 더러운 벽 때문에 우리에 대하여 나쁘게 생각한다." "우리 학교의 외형 때문에 우리 학교가 남들에게 나쁘게 평가받고 그래서 우리가 나쁘다고 평가받는다."
12. 우리는 진짜 교육을 원한다. "내 여동생은 4학년인데 아직도 빼기를 연습하고 있다." "어떤 교사들은 가르칠 줄을 모른다. 그들은 우리끼리 책과 연습문제를 풀도록 내버려 둔다." "교사들도 개인지도가 필요하다!" "교사들은 학생들에게 경청

할 필요가 있다."

13. 어떤 교사들은 편견을 가지고 있다. "우리 선생님은 캄보디아 학생들을 더 좋아하고 흑인 학생들은 나쁘다고 생각한다."
14. 교사들은 다른 교사를 무시하지 말고 존중하기를 배워야 한다.

논평

그 목록을 읽었을 때 나는 고등학생들이 쓴 논평인 줄 알았다. 그 학생들이 지지집단에서 한 교사를 만난 6학년 여학생들이었음을 알고 나는 놀랐다. 그들의 실망과 분노를 느낄 수 있지만, 변할 수 있다는 그들의 희망도 또한 감지할 수 있다. 긍정적으로 격려해 주면 그들이 많은 문제를 해결하는 데 기꺼이 도울 것이라는 판단도 선다.

그 학생들은 존중받고 공평하게 대우받으며 깨끗하고 안전하고 배려해 주는 환경에서 배울 필요성에 대하여 할 말이 많다는 것을 알 수 있다. 그들의 견해는 도시 빈민층의 비극적인 현실과 다른 많은 학교들을 관찰해 본 결과 많은 사람들의 감정을 표현한 말이라고 나는 믿는다. 그런 학교에서 근무하는 사람들은 학생들만큼이나 희생자들이다. 아름다운 그림은 아니지만 변화시킬 수 있는 그림이다.

학습으로 통하는 두 번째 길

우리는 앞서서 학습에 이르는 또 다른 길이 있음을 살펴보았다. 이제부터는 그 방법을 살펴보기로 하겠다.

한 소녀가 처음으로 학교에 간다. 분위기는 우호적이고 격식이 없다. 교사가 따듯하게 맞아 주고 다른 어린이들에게 소개해 주자, 그 소녀는 가슴에 품었던 두려움과 걱정이 사라져 버린다. 수업시간이 되자 어린이들은 교사 주위에 둥글게 둘러앉는다. 여교사는 어린이들에게 하고 싶은 것 한 가지씩을 말해 보라고 한다. 각 어린이에 대한 교사의 관심이 역력하니까 그 소녀는 더욱 편안해진다. 교실에는 책, 지도, 그림, 나무토막, 크레용, 종이, 장난감 등 여러 가지 흥미 있는 것들이 있다. 곧 어린이들은 그들의 환경을 탐색한다. 그 소녀는 다른 나라의 어린이들에 대한 그림책을 본다.

교사가 어린이들을 다시 불러 모아 놓고 그 소녀에게 짧은 이야기를 하나 들려줄 수 있느냐고 묻는다. 그 소녀는 어머니와 함께 가게에 가는 이야기를 시작하고 교사는 그 이야기를 부분적으로 칠판에 적어 놓고 글자를 가르쳤다. 그런 식으로 첫날 공부는 시작되었다.

그 소녀가 배운 것은 무엇일까? 그는 다음과 같은 것을 배웠다.

- 자기의 호기심은 존중되고 환영받는다.
- 교사는 친절하고 잘 보살펴 준다.
- 자기 혼자서 혹은 교사의 도움으로 새로운 것을 배울 수 있다.
- 자발적인 활동이 가능하다.
- 그는 집단학습에 기여할 수 있다.
- 그는 인간대접을 받는다.

우리는 그 소녀의 학교생활을 더 이상 추적할 필요가 없다. 이 책 속에서 이미 모두 묘사되었기 때문이다. 이와 같은 인본주의 학교에서는 그 소녀가 학교생활을 계속함에 따라서 다음과 같은 요소들을 발견하게 될 것이다.

- 그 소녀는 그가 원하는 배울 필요가 있는 것을 선택하는 과정에 참여하게 될 것이다.
- 그 소녀는 다른 학교 어린이들보다 더 빨리 읽기와 수학을 배우게 될 것이다.
- 그는 창의성을 발휘할 수 있을 것이다.
- 그는 자신의 느낌이나 생각을 자유롭게 표현할 수 있을 것이다.
- 그는 배우는 것이 즐겁다고 느끼게 될 것이다.
- 그는 학교에 가기를 고대할 것이다.
- 그는 교사를 좋아하고 존경할 것이며, 따라서 교사에게 사랑을 받을 것이다.
- 그는 학교에서 점점 늘어나는 많은 흥밋거리를 발견할 것이다.
- 그는 알고 싶은 것을 찾아내는 방법과 학습자료에 대한 지식을 가지게 될 것이다.
- 그는 그 시대의 사회 문제에 대하여 읽고 생각하며 토론할 것이다.
- 그는 어떤 문제는 배우기가 어려워서 노력과 집중, 그리고 훈련이 필요하다는 것을 깨닫게 될 것이다.
- 그는 배우는 것이 매우 보람 있는 것임을 알게 될 것이다.
- 그는 어떤 과제를 풀고 목적을 달성하기 위하여 다른 사람들과 협력하며 과제를 해결하는 법을 배울 것이다.
- 그는 배우는 법을 배운 사람, 교육받은 사람이 되는 과정에 있음을 깨닫게 될 것이다.

우리가 아는 것

우리는 이 책에서 두 번째 소개한 학교교육을 가능하게 하는 여러 요소들을 이미 발견하였다.

- 우리는 학습분위기를 조장하는 태도와 존재양식을 비교적 정확히 알고 있다.
- 우리는 교사지망생들이 학습의 촉진자로서 그런 태도를 개발하도록 도움을 줄 수 있다는 것을 확인하였다.
- 현직 교사들에게 이와 같은 태도와 존재양식을 비교적 짧고 집중적인 훈련을 통하여 연수시킬 수 있게 되었다.
- 우리는 학교행정가들이 교사들을 위하여 촉진적인 분위기를 조성하려고 노력하는 학교에서 이와 같은 촉진적인 태도가 가장 신속하게 채택되고 있다는 사실을 발견하였다.
- 연구와 경험에 따르면 이 같은 분위기를 유지하고 있는 교실에서 더 많은 학습문제 해결과 창의성이 발휘되고 있다는 것을 보여 준다.
- 우리는 초등학교 교실에서 대학원 세미나에 이르기까지 교사들이 학생들로 하여금 선택하고 배우고 성장할 수 있도록 돕기 위하여 독창적인 방법들을 개발하고 있음을 보아 왔다.
- 우리는 학생들이 책임감 있게 자율적으로 일하는 능력을 개발하고 있음을 목격했다.
- 간단하게 말해서, 우리는 어느 교사나 학생들과의 관계에서 더 진실하고 민감하게 이해하고 배려하는 방향으로 변하는 것이 가능하다는 것을 알고 있다.
- 우리는 그와 같은 분위기 속에서는 전통적인 교실보다 학생들이 열정을 가지고 믿어도 좋을 만큼 자주적이고, 선택할 수 있고, 그 선택에 책임을 지며, 더 많이 배운다는 것을 알게 되었다.

따라서 이에 따른 논리적 결론은 모든 학교가 학습의 자유를 보장하는 공간이 되고, 교사나 학생들의 인간적인 자질이 존중받는 장소가 되어야 한다는 것이다. 그러나 현실은 그렇지 않다. 우리 교육기관의 대부분이 전통적인 형태를 고수하고, 믿기 어려울 만큼 변화에 저항적인 것 같다. 산업체, 정부, 결혼생활, 가족 등 우리 문화의 다른 조직체들은 현대적 상황에 맞춰 최근 10년 동안 대단히 많이 변하였다. 그러나 학교는 대체로 별다른 변화를 보이지 않고 있다. 무엇 때문일까?

무반응

어떤 변화에 대한 이 같은 완고한 저항의 주된 요소는 한 단어로 요약될 수 있을 것이다. 무반응(no feedback)! 암호 같은 이 말의 뜻은 학교가 교육의 궁극적인 성과에 관한 증거를 거의 가지고 있지 않다는 것이다.

학습자로부터 정보 얻기

"너희 학교와 지역사회에 어떤 변화가 오기를 바라는가?"라는 질문에 앞에서 보고된 학생들의 반응으로 증거를 보여 주었듯이 학교가 학생들로부터 피드백을 얻는 것은 어려운 일이 아니다. 학생들은 그들의 학교가 개선되기 위해서 어떻게 하면 좋을지 아주 구체적인 피드백을 주었다. 이 형태의 정보를 연구하면 교수와 행정의 질을 크게 높이는 데 도움이 될 것이다. 그 과정을 상술할 필요는 없을 것이다. 학생들의 반응은 초등학교, 중등학교, 대학교 졸업할 때 얻어 내고, 3년 내지 5년 후에 다시 수집하면 된다. 간단한 무기명의 질문지를 제시하면 많은 정보를 얻어 낼 수 있다. 질문지 문항은 다음과 같은 질문을 포함해도 좋을 것이다.

- 이 학교가 여러분의 필요를 어떻게 충족시켜 주었는지 그 방법을 두 가지 혹은 그 이상으로 기술하시오.
- 이 학교가 여러분의 필요를 충족시켜 주지 못한 것에 대하여 두 가지 혹은 그 이상을 기술하시오.
- 여러분이 가장 많이 배운 과목, 선생님, 학생들, 연구 프로젝트, 행사에 관한 경험을 간단히 목록으로 기록하시오.
- 어떤 경험이나 수업 혹은 과정이 여러분에게 아무 상관없는 시간낭비라고 느꼈는지 쓰시오.
- 학교생활이 당신의 장래를 위하여 어느 정도 준비시켜 주었다고 생각하는가? 아주 좋았다( ) 좋았다( ) 그저 그렇다( ) 빈약했다( ) 매우 빈약했다( ). 왜 그렇

게 평가하는지 간단히 설명하시오.

- 학교가 보다 나은 배움의 터전이 되기 위하여 어떤 변화가 있어야 한다고 생각하는가?

질문지는 학부모나 지역사회 주민들용으로도 고안될 수 있을 것이다. 예를 들면 휴스턴 학교들은 지난 3년 동안 학부모와 지역사회 주민들이 피드백을 주도록 부탁하였다. 질문지 외에도 교외 인사를 고용하여 학생이나 학부모, 지역사회 주민들에게 이 같은 질문의 면접을 하도록 할 수도 있다. 이 같은 면접은 보다 깊이 있는 응답을 유도해 내고 예견하지 못했던 만족이나 불만의 측면을 찾아낼 수도 있을 것이다. 이렇게 고용된 사람을 활용하여 질문지나 면접에서 얻은 결과를 분석하고 표를 만들거나 요약할 수 있고, 또 질문지에서 자주 언급된 교과목, 행정관리 등의 이름을 객관적인 입장에서 정리할 수 있을 것이다. 요약된 결과는 그 후 모든 교수와 행정관리들에게 배포하여 다음 학년도 학습계획의 자료로 삼을 수 있을 것이다.

전국 도시 빈민층 교육센터는 각 학교의 성적과 사회적 건전성을 측정한 학교 프로필을 작성하여 교사들과 학부모들에게 제공해 왔다. 그 프로필은 학습환경에 대한 학생들의 반응, 학교분위기에 대한 교사와 학부모의 지각, 교사와 학생들의 상호작용에 대한 수업관찰에 근거한 것이다. 학교 프로필의 부분이 제13장에 보고되어 있다(그림 13.1). 관찰 자료의 한 부분은 학습활동을 선택할 수 있는 학생들의 자유의 정도를 보고하고 있다. 그 프로필은 각 학교의 교사들에게 비밀로 제공되었는데 그 프로필에 대한 반응은 매우 긍정적이었다. 교사와 행정가 그리고 학부모들은 학교에서 학습의 질을 개선하는 데 프로필의 정보를 활용하였다. 제6장에서 언급한 LISAM 자기평가도구는 교사들이 자기 수업의 녹음테이프를 사용하는 것인데 학교에서 수업의 질을 향상시키기 위한 또 다른 도구이다.

이와 같은 자체 분석이 종종 고통스러운 정보와 함께 매우 값진 자료를 포함하고 있는 것임을 잘 알고 있다. 많은 학교들은 이 같은 작업을 실시한다는 생각만으로도 놀랄는지 모른다. 만약 이 같은 자체 분석작업을 거부한다면 이는 학생들이 학교에서 정말 잘 배우고 있는지 아닌지, 또 학생들이 무엇을 배우고 있는지를 알고 싶어 하지 않는 것으로밖에 이해될 수 없다. 책임 있는 교육자라면 부담은 느끼지만 그 효과는 엄청날 것이므로 이 같은 작업을 시도해 보려 할 것이다. 우리는 교사, 교과서, 장비, 비품 등에 엄청난 노력과 경비를 들인다. 이 같은 자체 검사를 통해서 학습환경이나 교과목 내용이 학생들에게 전수되고, 그래서 학생들의 삶에 보탬이 된다는 것을 알 수 있게 될 것이다. 또 이 과정을 통해서 학생들은 자신들이 교육과정을 수립하는 데 참여했다는 것을 깨달음으로써 활기를 찾게 될 것이다. 그 비용은 얻을 수 있는 정보의 가치에 비하면 매우 미미할 것이다. 학생들의 반응이 학교, 교사, 행정관리 또는 교과목을 평가하는 유일한 기준이 될 수는 없다는 것은 명백하다. 그러나 예컨대 고등학교 생활이 개개 학생들에게 의미 있고 유익한 학습을 촉진했는지 아니면 그들의 학습욕구를 질식시켰는지에 대하여 전혀 알 길이 없는 현재의 상황에 비하면 그것은 장족의 발전이라 할 수 있다.

작은 학교들을 통합하여 큰 고등학교를 만들어야 할 필요가 있는 웨스트버지니아의 한 행정구역에서 피드백이 어떻게 작용했는지 그 예를 제시하고자 한다.

학생과 학부모들의 관심사에 대한 피드백

큰 조직체들도 인간중심적일 수 있지만, 모든 구성원이 학습공동체의 일원이 되게 하려면 더 많은 시간과 계획이 요구된다. 웨스트버지니아에서 심각한 재정 문제로 학생 수가 150~300명 되는 작은 시골 학교들이 문을 닫고 학생들은 훨씬 더 큰 통합학교로 통학을 해야 할 형편이었다. 폐교와 통합은 심각한 갈등을 야기했다.

그런 상황에서 작은 마을은 학교 폐교뿐만 아니라 그 지역의 역사, 전통 및 정체감을 상실하게 되었다. 마을 학교 학생들은 다른 지역에서 온 천여 명의 학생이 있는 학교에 편입될 때에 존재가치나 중요성을 상실하기 쉽다. 그 외에 여러 명의 교사들은 실직하게 된다.

1970년대 웨스트버지니아에서 통합이 이루어졌을 때 어른들은 위협, 폭발물, 총 같은 것으로 폭력적으로 반응했다. 그러나 1990년대 주 정부의 예산 삭감으로 200~300명의 작은 학교들이 통합하게 되었을 때 한 행정구는 폭력 없이 해결했다. 무슨 차이가 있었을까?

그 지역 교육자들은 통합된 새로운 학교를 개교하기 위해서 교사, 학생, 학부모로 한 팀을 구성하였다. 교육자가 학부모들이 별로 원치 않는 학교통합 과정을 인간화하기 위해서 개교 이전에 학생들과 학부모들과 개인적인 접촉이 중요하다는 결정을 하였다. 그 지역 병원에서 연구비를 받아서 그 팀은 여름 동안에 가정방문 프로그램을 만들고, 1년 내내 학생들을 위한 자문단을 구성하였다. 학생들과 접촉이 있었던 모든 교사, 학교 행정관료, 직원들은 방문팀에 참여하였다. 한 구성원은 사전 약속을 통하여 학생들과 가족들을 찾아가 만났다. 자문회의 일정, 학생들의 방문 일정, 학생과 가족들의 관심사에 관한 토론 등이 그 회의의 일부였다. 가정방문 외에도 학교는 학생들의 관심사와 필요를 설문지로 조사하였다. 새로운 학교로 가야 하는 다른 마을에서 온 학생들의 관심사에 대한 녹화된 면담 테이프도 만들어 냈다. 가정방문을 위해 특별히 훈련받은 교사와 방문 팀에게도 그 테이프를 보여 주었다. 최초의 자문위원들을 위해서 새로운 아이디어를 개발하기 위한 간부회의도 개최하였다.

작은 학교에서 편입해 올 모든 학생들에게 설문조사를 하였다. 그들의 관심사는 다음과 같았다.

- 60%의 학생들은 모르는 학생들 앞에서 발표할 일에 대하여 걱정하거나 매우 걱정하는 편이었다.
- 45%의 학생들은 시험에 대하여 걱정하거나 매우 걱정하는 편이었다.
- 44%의 학생들은 학교에서 실패하게 될까 봐 걱정하거나 매우 걱정하는 편이었다.
- 40%의 학생들은 약물, 숙제, 과제를 따라갈 수 없을까 봐 걱정하거나 매우 걱정하는 편이었다.
- 38%의 학생들은 큰 학교에서 길을 잃을까 봐 걱정하거나 매우 걱정하는 편이었다.
- 27%의 학생들은 사람들이 불친절할까 봐 걱정하거나 매우 걱정하는 편이었다.
- 24%의 학생들은 괴롭힘을 당할까 봐 걱정하거나 매우 걱정하는 편이었다.
- 23%의 학생들은 관심 가지고 경청해 주는 어른이 있을까를 걱정하거나 매우 걱정하는 편이었다.[7]

인지적인 것은 물론 분명한 유형의 대인관계 염려가 설문조사에서 나오기 시작하였다.

교사들도 개교준비를 위한 일주일 동안의 여름 교직원 개발연수 동안에 똑같은 설문지에 응답하도록 하였다. 교사들은 학생들의 입장에서 설문지에 응답하도록 하였다. 그런데 학생들의 응답과 교사들의 생각 사이에는 중복되는 것이 거의 없었다.

별도의 질문지에서 새로운 학교의 개교에 관한 교사들의 염려를 열거하도록 부탁하였다. 첫 번째 걱정은 규율을 지키는 문제였고, 둘째는 가정방문이었다. 학생들의 설문조사 결과를 보기 전에 교사들은 농담으로 학생들은 느긋한 시간을 갖게 되겠지만 교사들은 크게 고생할 것이라 말했었다. 학생들의 설문조사 결과는 학생들의 관심사와 걱정거리에 교사들이 어떻게 대응할 것인지를 재조정하게 만들었다. 교사들은 학생들의 필요에 부응할 전략을 개발하는 데 그 후 며칠을 보냈다. 예를 들면 학급 전체 앞에서 발표하기보다는 소집단 앞에서 발표하도록 교사들이 요청하고, 학생들이 편안해지면 학급 전체 앞에서 발표하게 하든 혹은 계속 소집단 앞에서 발표하게 하는 것은 학생들의 선택에 맡기기로 했다. 계속된 토론은 학생들과 교사들이 모두 걱정, 근심을 덜어 주는 데 그 전략이 매우 효과적이었음을 보여 주었다.

학생들의 다른 걱정거리를 위해서 다른 전략들도 개발되었다. 많은 교사들의 관심사도 그 과정에 표출되었다. 그런 노력은 여름 가정방문 동안과 자문 프로그램과도 함께 계속되었다. 두 번째 비디오테이프는 졸업반 학생들이 학년 말에 고등학교 교사들에게 주는 피드백으로 제작된 것이다. 자문 프로그램과 가정방문은 3년차에도 계속되었다. 지금은 매년 그 고등학교에 입학할 중학생들과 고등학교를 졸업하는 졸업반 학생들에게 피드백을 요청하고 있다.

여러분이 학부모들과 학생들의 필요에 초점을 맞추면 교육의 진정한 소비자들에게 강조점을 두는 것이다. 이 점이 많은 학교에서 부족한 요소이다. 몇몇 사립학교들은 소비자들의 필요에 특별히 초점을 맞춤으로써 그런 영역에서 공립학교에 비해서 분명한 장점을 가지고 있다.

순응자의 필요성

순종자를 길러 내도록 하는 압력은 학교를 변화에 저항하게 만드는 또 다른 요소이다. 산업적, 기술적, 군사적 발달을 추구하고 있는 우리 사회는 원활한 기능을 위해 많은 순응자가 필요한가? 공개적으로 그렇다고 말하는 사람은 별로 없을 것이다. 그러나 무의식적으로 또는 입 밖에 내지는 않지만 많은 사람들은 학교가 복종하고 순응하는 학생들을 길러 낼 필요성이 있다고 믿고 있다. 자주적이고 스스로 생각할 줄 아는 학생들은 '일을 그르친다' 고 보는 경향이 있다. 규칙에 순응하기를 배운 학생들은 기업체나 군대에서 보다 용이하게 통제될 수 있음은 말할 것도 없다.

오늘날과 같은 시대적 상황에서 그것은 근시안적인 관점이라고 말하지 않을 수 없다. 미국의 산업은 서서히 저개발국의 손으로 넘어가고 있다. 미국의 기술 발달은 도를 지나쳐 엄청난 오염과 낭비의 요인이 되고 있다. 방어를 위한 우리의 군대는 우리 모두를 전멸시킬 위협을 가하고 있다. 이와 같은 상황에서 우리는 우리 문화의 존속을 위해 비판적이고 독립적인 생각, 그리고 창조적인 문제해결을 절실히 필요로 하고 있다. 우리는 인간중심학교에서 성장한 그런 학생들이 꼭 필요하다.

권력분배에 대한 저항

교육자들의 변화를 어렵게 만드는 다른 한 요소는 한 집단에 책임 있는 사람들이 기존의 권한을 나누어 갖기를 싫어한다는 것이다. 관리자들은 교사들과 권한을 나누어 갖기를 꺼리고 교사들은 학생들과 권한을 나누기를 두려워한다. 너무 위험 부담이 많다는 것이다. 우리 사회에 널리 만연되어 있는 전통적인 권위구조, 계급질서 속에 머무는 것이 훨씬 쉬운 일이다. 좀 더 심층분석을 해 보면 이는 우리가 참된 민주적 철학을 채택하는 것을 두려워하고 있다는 의미이다. 장기적으로 최선의 결정은 국민들에 의하여 내려진다는 신념이 실제 행동으로는 별로 옮겨지지 않고 있다. 어떤 결정에 영향을 받게 될 사람들은 그 결정에 참여할 권한이 있다는 신념 위에 미국은 세워진 나라라는 사실을 우리는 너무 쉽게 잊어버리고 있다. 많은 미국 대통령들은 이 점을 반복해서 강조해 왔다. 존 에프 케네디가 가장 잘 표현한 것 같다.

> 우리는 불유쾌한 사실, 색다른 생각, 이국적인 철학 및 서로 경쟁하는 가치관을 가진 미국 사람들을 신뢰하기를 두려워하지 않는다. 국민들이 공개적으로 진실과 거짓을 판단하게 두기를 두려워하는 나라는 자기 국민들을 두려워하는 나라이다.[8]

우리는 "대표 없이는 세금도 없다"는 당시의 슬로건이 현재 미국의 모든 기관에 관련되는 의미를 전해 주고 있음을 인식하지 못하고 있다. 이 슬로건을 오늘날 학교에 적용시켜 본다면 대충 다음과 같이 번역될 수 있을 것이다. "학생들의 참여 없이는 교육과정은 무효이다." "교육정책에 영향을 받을 사람들의 참여 없이는 교육정책도 없다." 이 책에서 보여 주려고 한 것은 개개인에 대한 기본적인 신뢰를 바탕으로 하는 민주적 방식은 교육에 적용될 수 있으며 또 효과적이라는 확신이다. 앞에서 교육자들의 경험을 기술한 것처럼 민주적인 철학을 학교에서 실행한다는 것은 교육자가 학생들로 하여금 자신의 교육과정에 적극적으로 참여하게 하기 위하여 권한을 부여하는 모험을 시도해야 한다는 것을 의미한다. 특별히 이 시대에 우리 사회에서 민주주의 철학을 교실에서 실천에 옮긴다는 것은 매우 중요한 일이다. 우리는 오늘날 학생들의 얼굴을 들여다보면서 그 미래를 내다볼 수 있다. 내일의 지도자들은 오늘의 우리 교실에 있다. 어떤 미래를 우리는 원하고 있는가?

가장 중요한 질문 : 현상유지냐 혹은 변화냐?

이 책이 도전하는 바가 여기에 있다. 우리는 학교로부터 무엇을 원하는가? 학생들에게 무엇을 바라는가? 우리는 우리 사회에 어떤 유형의 젊은 시민을 필요로 하고 또 원하는가?

우리는 서로 다른 지적 호기심을 가지고 각급 학교에서 일하는 매우 다양한 사람들이 책임과 자유가 있는 학습분위기를 조성할 수 있음을 보여 주었다. 이들 학습촉진자들은 그들 스스로도 참인간이 될 수 있고, 학생들의 인격도 존중할 수 있는 인간적인 분위기를 만들어 간다. 이와 같은 풍토에는 이해, 사랑 그리고 격려가 있다. 그리고 학생들은 학습에 열의를 가지고 자신감을 얻으며, 독립적으로 창조적인 에너지를 가지고 행동하고 있음을 우리는 목격하였다.

우리는 또 전통적인 교실에서보다는 이 같은 학급에서 더 효과적인 학습이 일어나고 있음을 증거하는 연구결과도 얻었다. 교사가 학습을 촉진하기 위하여 인간적으로 접근하였을 때 출석률이 높고 사기가 앙양되며 기물파괴가 줄어드는 등 바람직한 결과가 나온다는 점도 분명해졌다. 우리는 인간중심적인 접근방법의 철학이 역사적으로도 우리의 민주주의 정신이 깃든 이상, 목표, 가치와도 일치한다는 것을 분명히 하기 위하여 노력하였다. 우리는 이 같은 접근방식을 택할 때 제기되는 위험과 장애와 어려움을 공개하였다. 완전히 인간이 된다는 것, 인간을 신뢰한다는 것, 그리고 책임을 수반한 자유를 부여한다는 것 등은 성취하기가 쉬운 목표는 아니다. 우리가 제시한 방법은 하나의 도전이다. 이는 우리의 사고방식, 존재방식, 그리고 학생들과의 관계 등의 변화와 관련되어 있다. 이는 민주주의 이상을 향한 험난한 결단을 포함하고 있다.

결국 모든 것은 우리가 개인적으로나 집단적으로 물어보아야 할 두 개의 질문으로 귀착된다. 우리는 현 상태대로 계속 갈 것인가? 아니면 변화를 향한 첫 번째 발걸음은 어떤 것인가?

탈바꿈

제왕나비는 자연의 가장 괄목할 만한 그리고 아름다운 창조물 중의 하나이지만, 그 출생은 아름답지가 않다. 현재 황량한 교육에서 우리가 아름다운 탈바꿈을 원하는 사회로 거듭나기를 원한다면 유충에서 나비가 되기까지의 탈바꿈은 우리 학교들이 거쳐 가야 할 과정이다. 이 탈바꿈은 여러 단계가 있는데 나비처럼 각 단계는 전 단계에서 힘을 얻는다. 가장 훌륭한 모델이나 학교가 따로 존재하는 것은 아니다. 만약에 내가 모든 학생들, 교사, 그리고 교육자들에게 맞는 어떤 틀을 제시하려고 한다면 그것은 인간중심적인 핵심에 반대되는 것이다. 그러나 이런 변형이 일어나기 위한 필요충분조건이 몇 가지 있다.

학습경험이 학습자들에게 실제적이고 진실한 것이어야 하고, 학습촉진자들이 가식이나 가면을 쓰지 않은 진실한 사람이어야 할 일치성을 필요로 한다. 다른 필요는 전제조건이 없는 학습자에 대한 무조건적 긍정적 관심 그리고 학습자의 눈으로 세상을 들여다보는 공감적 이해이다. 반영은 있는 그대로 사려 깊게 수용하고 학습자에게 가장 유리하게 반응하는 촉진자의 능력이다. 마지막으로 자각은 학습환경에서 일치성, 수용, 공감 및 반영을 알아보는 학습자의 능력을 의미한다. 그런 조건들이 존재하는 것만으로는 충분하지 못하다. 그 조건들이 학습자에게 의사소통되고 이해되어야만 한다.

학습공동체

필요조건들을 출발점으로 채택할 때 무엇이 학습자들의 인간중심 공동체의 구성요소가 될 것인가? 이 질문에는 적어도 네 가지 반응들이 있다. 여러분은 다른 것을 생각해 낼 수도 있겠지만 다음 목록은 진정한 일치성 있는 학습환경을 위한 출발점을 나타낸다.

1. 학부모, 교사, 각계의 행정가 그리고 학습과정에 직접 혹은 간접적으로 투자한 어른들을 포함하는 **협력과 연락망**
2. 학습자와 촉진자들을 포함한 모든 구성원들의 필요에 초점을 맞춘 **배려하는 공동체**
3. 오늘날 복잡한 문제를 해결하고 우리가 알고 있는 것에서 알아야 할 것을 설계하는 **능동적인 공동체**
4. 사실을 접할 수 있는 장소와 방법이 수시로 변하는 **적시 학습**(適時學習). 정보는 교

사와 책에서만 얻어지는 것이 아니라 다양한 출처에서 습득될 것이다.

학습자 공동체에 유리하게 함께 일하는 방법을 좀 더 자세히 관찰하기 위해 이들 구성요소들을 각각 검토해 보고자 한다.

협력과 연락망

대인관계로 보아 우리는 노인들과 결별한 젊은이, 지역사회와 동떨어진 학교, 부모와 결별한 자녀들인 섬사람으로 변해 가고 있다. 사회에서 많은 사람들이 느끼는 외로움이 학교에 반영된다. 학부모를 포함하여 어른들이 학교에서 시간을 보내는 일이 거의 없고, 학교는 학부모나 다른 지역사회 주민들의 지지를 얻기 위해 거의 적극적으로 나서지 않는다.

만일 우리가 건전한 학교와 학생들을 양육할 생각이라면 우리는 공교육이라고 부르는 것에 세금 이상의 것을 투자해야 할 필요가 있다. 우리 자신을 바쳐야 한다. 학교는 공개수업을 하거나 뭔가 잘못되었을 때에만 학부모를 접촉하는 것 이상의 것을 해야 한다. 교사와 행정가들은 청소년들의 학습을 지지하는 데 필요한 인적 · 재정적 자원을 총동원할 필요가 있다. 우리는 모든 학생들의 삶의 질 향상을 위한 목표달성에 필요한 장기적인 헌신과 남들의 이목을 끌 만한 새로운 유행성 사업을 구분할 필요가 있다.

가까운 지역사회

주로 학부모, 학생, 그리고 지역사회의 몇 사람으로 학교 지역사회를 보는 관점을 나는 넓혀서 보고 싶다. 학교는 지리적으로 가깝거나 먼 지역 공동체를 가지고 있다. 가까운 지역사회는 학교를 둘러싼 근처에 살고 있는 사람들로 가장 잘 대표된다. 지역사회에 살고 있는 학생들의 교육에 이해관계를 가지고 있는 모든 어른들이다. 역사적으로 보면 많은 지역사회 학교들은 그 지역의 학생들과 학부모들보다 더 많은 사람들의 필요를 충족시켜 왔다. 지난 100년 동안의 학교들은 새로운 이민자들을 위한 야간 수업과 저녁과 주말에 학교를 열게 한 지역사회의 프로그램을 포함한 다양한 봉사를 제공한 지역사회의 중심으로 자리 잡았다.[9] 오늘날 많은 학교들은 학교 인근과 지역사회를 넘어서 더 넓은 고객들에게 봉사한다. 마그넷 학교는 도시 전역에서 학생들을 끌어오고, 지역 농촌과 교외학교들은 전 행정구역에서 학생들을 모집한다. 자기 학교 근처로 좁게 생각하던 학교 지역사회의 개념은 변하고 있다.

먼 지역사회

가까운 지역사회의 경계선에서 먼 지역사회의 개념은 시작된다. 대도시, 군, 나라 전체가 넓은 행정구역을 대표한다. 거대기업이 기본인 시대에는 지역사회와 거리가 먼 기업체가 동네 주유소, 영화관, 혹은 편의점을 소유하거나 운영하기 쉽다. 의사결정도 지역사회에서 먼 거리에서 이루어진다. 지역사회 봉사기관과 의사결정의 분리는 학교와 지역사회의 분리를 가져올 수 있다.

오늘날 학교는 학습과정에 동업자가 될 수 있는 사람들, 조직체, 기업 및 기관과의 제휴와 연락망을 유지하기 위해서 노력해야 한다. 학생들을 위해서 도시 저소득층 학교들은 같은 지역에 있는 다른 학교들과 비교할 때, 가깝고 먼 기업체나 지역사회 동반자를 3배나 더 가지고 있었다.[10] 본사로부터 거리가 먼 학교에 기업체의 참여는 만일 현재처럼 학교운영과 고립이 계속된다면 20년 후에 잘 교육받은 유능한 일꾼들을 찾아보기 힘들 것이라는 사실을 깨달았음을 반영하는 것이다. 기업체나 외부 인사들과의 연계는 외부의 영향력을 영입하여 학교, 교사 및 학생들의 고립을 극복하는 데 필수적인 요소이다. 학교와 기업체의 제휴를 통하여 지역사회에서 먼 곳의 지도자들을 적극 참여시키는 것은 대기업이 소유한 점포들이 마치 지역주민들이 소유한 것처럼 그 지역 학교에 반응하도록 촉진하는 것이다. 이런 방식은 지리적으로 먼 대기업이 학교와 지역사회의 동반자가 되게 할 것이다. 이와 같은 제휴는 학생, 교사, 행정가 및 학부모들을 위해서 또 다른 후원자가 될 수 있다.[3]

배려하는 공동체

배려는 진실한 것으로 경험되어야 한다. 대부분의 학교들은 물리적으로 아늑한 장소로 고안되어 있지 못하다. 그런데 내가 학생들과 면접한 대부분의 경우의 배려하는 교사들은 학생들에게 긍정적인 변화를 가져왔다. 지난 100년 동안의 공장형, 비둘기 집 같은 상자 학교는 일대일의 인간관계에 중점을 두지 않았다.

배려하는 공동체는 학교의 모든 사람들이 서로 이름을 알 수 있을 만큼 소규모라야 한다. 그런데 1,000명 이하의 학생을 가진 고등학교가 거의 없다. 고등학교의 평균 학생수는 1,500~2,500명이나 된다. 3,000명이나 4,000명이 되는 학교들은 큰 것이 더 좋다는 철학을 가지고 있다. 그러나 규모가 큰 것은 싸구려일 뿐이다. 최초에 건축비가 저렴했던 대규모 학교의 장점은 결국 학생들과 교사들의 소외감, 무감각, 지루함을 가져와서 단점이 되었다. 단기간의 재정적인 이득을 얻는 과정에서 인간적인 행복은 거의 확실하게 침해당한다.

학교 조직의 재구조화

매일 같은 학교에 다니면서도 학생들은 학생들대로 그리고 그들의 교사들과도 서로 낯선 사람들이다. 고등학교 교사가 나에게 이렇게 말하는 소리를 들었다. "나는 아직 학년 초여서 우리 반 학생들의 이름을 모른다." 그는 학기가 시작되고 3개월이 지난 11월에 그렇게 말했다. 현존하는 학교들을 무너뜨리고 새로운 작은 학교를 세운다는 것은 비현실적인 기대이다. 그러나 여러 교육구청은 현재의 구조를 리모델링하여 교사와 학생들의 '가족' 을 형성하려고 생각 중에 있다. 1,300명 학생을 가지고 있는 샌디에이고 교육청의 오파렐 지역학교가 오래된 건물을 9개의 교육가족으로 나눈 것이 그 예이다. 그 학교는 상담교사와 교감을 없애고, 그 자원을 그들이 필요했던 교실에 활용하였다. 시카고의 데트스쿨과 뉴올리언스의 프리스쿨도 행정직원 없이 운영한다. 제6장에서 뉴올리언스 프리스쿨에 관하여 읽은 기억이 날 것이다. 그 학교가 새로운 교장을 초빙하지 않으면 학교 문을 닫겠다고 교육구청이 요구할 때까지 밥 페리스는 그 학교의 교사로 여러 해 근무했다. 데트스쿨은 교감직을 없애고, 그 대신에 지역사회에서 더 많은 시간강사를 초대하여 교실에다 학생들에게 더 많은 전문성과 새로운 자원을 제공하였다. 자원의 재분배 전략은 학교가 공장식 감독 체제에서 학습을 촉진하는 인간중심 체제로 바꾸면서 가능해진다. 학습공동체는 전통적인 학교 조직보다 훨씬 더 자율적이고 자족적일 수 있다.

배려심의 개인적 속성

배려하는 학교의 몇 가지 인간적 속성은 서로에게 경청하고, 농담은 자발적이고 상처를 주지 않고 지지적이며, 서로를 돕고 상대방의 성공을 축하해 주고, 방문객들에게 웃음으로 대하며, 비록 견해가 서로 달라도 그 견해를 존중하고, 그리고 배려하는 것이 가식이 아니라 진정으로 한다. 필라델피아에 있는 에이미 식스 학교에서는 학부모가 나를 환영해 주었다. 그는 "안녕하세요."라고 말하고는 혹시 행정실 가는 길을 찾느냐고 물었다. 나는 나중에 학부모들이 학생들을 돕기 위해서 최저임금으로 그곳에 채용되었다는 것을 발견했다. 학부모는 안전을 위해 순찰을 하면서 필요할 때는 학생들과 대화하고 의지할 사람이 되어 준다.

필라델피아의 공립학교인 에이미 식스 학교에서는 교사들이 학생들을 포옹해 준다.

학생들과 사적인 접촉에 대하여 매우 민감한 시대에 교사들은 "인사를 마음껏 한다"고 남자답게 생긴 중학교 교사가 말했다. 그는 "그런 인사가 학생들이 교실에서 환영받는다는 느낌을 준다."고 말했다. 다른 학생도 "예, 그리고 우리는 그 포옹을 받을 만한 좋은 일을 합니다. 우리는 뭔가 좋은 일을 해야 합니다. 그것이 우리로 하여금 자부심이 생기게 합니다."라고 말했다.

배려하는 학교는 경청한다

이 책에서 언급한 학교들은 학생들의 의견을 경청하는 다양한 법을 알고 있다. 공연예술고등학교, 에이미 식스, 뉴올리언스 프리스쿨, 데트, 몬테피오레 그리고 오파렐 학교는 학생들과 교직원들이 정기적으로 만나서 문제를 토론하고 해결하고 구성원들의 중요한 날을 축하해 준다. 교장선생님들은 학생이나 교사들에게 사무실을 개방하는 정책을 채택한다. 학습공동체 구성원들에게 개방하는 정책은 파급효과가 있다. 말로만 하는 것보다 믿는 대로 행동하는 것이 훨씬 더 중요하다.

실수는 학습의 기회

배려심 있는 학교는 실수가 배우는 과정의 일부분이 되게 하는 교육과정을 가지고 있다. 실수는 한 사람의 결점이 아니라 달리 처리할 수 있었음을 배울 기회이다. 이 책에서 묘사한 대부분의 학교는 시험을 자기측정 수단으로 사용한다. 학생들은 매번 자기향상을 위해서 재시험을 볼 수 있다.

현재 사용되고 있는 전통적인 시험과정은 많은 학교에서 대부분의 학생들을 실패자로 만드는 분류와 선발의 수단으로 보고 있다. 대부분의 인간중심적인 학교는 학생들의 노력을 평가하기 위해서 서류철 제도*를 활용한다. 공연예술고등학교에서는 학생들이 교사들과 1년에 두 번씩 만나서 서류철에 보관된 자료에 대한 평가와 그들의 향상에 관하여 토론한다. 뉴올리언스 프리스쿨에서는 학점은 주지 않고, 다만 서류철과 교사들이 대화로 그들의 향상 정도를 알려 준다. 두 학교 모두 20년 이상 이런 피드백 방식을 성공적으로 활용해 왔다. 만일 시험이 더 위대한 사회의 요구조건이 아니라면 주 단위 그리고 전국 단위 표준화 검사를 준비하느라고 몇 주나 몇 달씩 낭비하는 게임을 멈추자. 애리조나주립대학교 교육학 교수 메리 리 스미스(Mary Lee Smith)는 초등학교에서 교수 및

---

* 역자 주 : 학생들의 활동내용, 작품, 그리고 그들에 대한 교사의 반응을 글로 써서 학생평가의 도구로 사용하기 위해 서류철에 보관하는 제도.

학습에 미치는 시험의 영향을 연구하였다. 그는 결론적으로 이렇게 말한다.

> 교실관찰에서 시험제도는 가르치는 데 사용할 시간을 크게 축소시키고, 교육과정 제공과 수업양식을 제한하고, 표준화 검사 형태와 일치하지 않는 학습자료, 방법의 사용 및 내용을 가르칠 교사의 역량을 잠재적으로 축소시킨다고 결론지었다(p. 8).[11]

공부할 좋은 기회를 낭비하지 않게 할 가장 좋은 방법은 소수의 학생을 선택하여 예고하지 않은 시간에 시험을 보게 하는 것이다. 언제 시험을 보게 될지 누가 보게 될지 모르게 한다. 시험점수는 어느 학생의 서류철에도 표시하지 않는다. 다만 그 점수는 학교 공동체에서 많은 자료 중의 하나로 사용될 수 있을 것이다.

논평

동반자 제휴, 조직망, 배려하는 공동체를 개발할 때 강조점은 삶의 질과 학습공동체에 관련된 사람들을 향상시키는 데 둔다. 교사들은 그런 학교에서 근무하고 싶어 하고, 종종 그런 학교에 다니고 싶어 하는 교사들과 학생들의 대기자 목록이 있다. 학교마다 장래의 꿈과 사명이 바뀔 수도 있지만, 그 사명에 도달하는 과정은 모든 학교 구성원들이 공유한다. 이 과정은 구성원 모두의 적극적인 참여를 요구한다.

능동적인 학습공동체

오늘날 학습자의 점증하는 도전에 부응하기 위해서는 우리는 공동체의 정의를 재규정해야 하고, 학교가 지역사회에서 기능하는 방법도 다시 생각해 보아야 한다. 작은 노트 크기의 패드 위의 지시문을 인식할 능력을 가진, 애플컴퓨터사가 개발한, 손에 들고 다닐 수 있는 PDA 뉴턴의 발명은 그 분야에서 잠재능력의 한 예에 불과하다. 결국 뉴턴 같은 컴퓨터는 음성지시도 인식할 수 있게 될 것이다.

세대 간 센터

학습공동체 안에서 세대 간 센터는 젊은이와 어른들이 함께 일하는 장소이다. 대개의 경우 이 두 집단은 인위적으로 분리해 놓았다. 그러나 학습공동체는 언어, 예술, 컴퓨터 등의 수업을 개설할 수 있다. 어린이와 어른들을 위한 주간보호시설은 세대 간 센터의 한 부분이 되어도 좋다. 예를 들면, 웨스트버지니아 찰스턴에 있는 캐피털 고등학교는 부모들이 그 학교의 학생인 아동들을 위한 주간보호시설을 가지고 있다. 그 시설에서 노인들이 그 학교의 학생인 아버지 어머니와 함께 자원봉사를 한다. 세대 간 센터는 가까운 지역사회 구성원들을 위한 문맹퇴치센터가 될 수도 있다. 나이 든 학생들이 더 젊은 학생들을 개인지도할 수도 있다. 예를 들자면, 휴스턴의 독서위원회는 학교, 기업체 그리고 도서관 안에 그와 같은 문맹퇴치 프로그램을 21개나 가지고 있다.

아카데미

스쿨(학교)이라는 용어는 오늘날 학교에서 성공하지 못한 학생들과 학부모들 쌍방에게 굉장한 부정적인 의미를 지니고 있다. 학습공동체는 이런 태도를 변화시킬 수 있다. 아카데미가 학생들이 다른 학생들과 촉진자들을 만나는 학습공동체의 한 부분을 지칭하는 용어이다. 아카데미는 융통성과 구조를 동시에 가지고 있고, 자유가 있다. 오늘날 공장처럼 운영되는 중 · 고등학교가 변할 것이다. 종소리, 학부모 모임, 42분으로 정해진 수업시간, 황량한 학교식당, 복도 감시 등도 사라질 것이다. 아카데미는 그 운영에 관한 사항에 대해 모든 구성원들과 계약을 체결할 것이다. 아카데미에 있는 학생들과 촉진자들(교사와 행정가들)은 물론 수위, 요리사, 환경미화원을 포함한 모든 사람들이 참여해야 할 것이다.

확대가족

촉진자들의 핵심멤버는 학생들로 구성된 학습집단과 합세하여 학습자의 가족을 형성한다. 이 일차적인 가족에다 촉진자들로 구성된 확대가족이 첨가될 수도 있다. 공연예술고등학교는 그와 같은 확대가족 집단이 40개나 있다. 그들은 워크숍을 실시하거나 세미나를 열고, 학생들의 작품을 관찰하고 피드백을 준다. 공연예술고등학교에서는 추가 비용이 매년 학생당 150달러 정도 된다. 학습의 다른 촉진자들은 그 아카데미에 새로운 차원을 제공하여 실습을 통한 전문지식이 파생된다. 이들 확대가족들은 학생들에게 새로운 조명을 제시할 뿐만 아니라 교사들에게도 참신한 것을 제공한다. 교실 밖에 지식과 경험의 보고가 기다리고 있는 셈이다. 그것을 받아들이기만 하면 된다.

시간 소요

아카데미에서 보내는 시간도 사람마다 다를 수 있다. 학습계약과 목표도 각 학생들과 체결되니까 학생과 그의 촉진자들과의 정기적인 만남도 계속해서 이루어진다. 공연예술고등학교처럼 평가는 자기 평가와 서류철 평가에 초점을 둔다. 만일 표준화 일제검사가 요구된다면 무선표집된 소수의 학생들에게만 시행한다. 학생들은 그들의 학습과정에서 책임을 공유하므로 아카데미는 학생들의 책임감을 저해하기보다 촉진한다. 학교경영계획은 광역 학습공동체의 한 부분으로 아카데미의 협동적인 경영을 요청하게 될 것이다. 전통적인 학교가 응원단활동, 댄스파티, 경쟁적인 스포츠에 쏟던 에너지는 다른 봉사활동 방향으로 돌리게 된다. 아카데미와 지역사회는 다른 다양한 방식으로 양자의 복지를 위해서 협력할 수 있게 된다.

학습자들로 구성된 능동적인 지역사회는 내적이며 외적인 에너지 소재를 둘 다 가지고 있다. 아카데미는 모든 구성원들에게 보호와 지지를 제공하는 지역사회의 중심으로 가깝고 먼 지역사회의 통로가 될 것이다. 경륜이 있는 학생들은 청소년 학생과 성인 학생들에게 개인교사가 될 수 있다. 부모들은 특별히 고안된 수업에서 자녀들과 함께 공부할 수 있다. 가능성은 한이 없다. 예일대학교 심리학자 제임스 코머(James Comer)는 여러 해 동안 그가 협력해 온 학교 안에다 정신건강시설을 포함시켰다. 호그 재단(Hogg Foundation)은 그 재단에 속하는 학교에 학생들을 위한 정신건강센터를 두도록 지원해 왔다. 이들 학습공동체는 그들만의 생각은 아니다. 전국에 있는 학교 안에 존재하지만 그런 학교가 많지 않을 뿐이다.

학사일정, 수업시간, 학교의 크기, 교육과정은 그 학습자들의 필요와 흥미에 부응하는 것이라야 한다. 융통성과 세심함이 능동적인 학습공동체가 진화 발전하는 기본 방침이 되어야 한다. 하버드대학교 심리학자 하워드 가드너(Howard Gardner)의 다중지능이론은 학교 밖에서 사람들이 하는 것을 반영하고 그리고 교실에서 나타낸 지능의 범주를 정확하게 반영하는 개인과 집단 연구계획을 사용할 것을 제안한다. 지식과 정보의 주된 원천으로서 교과서와 교사에 대한 의존성을 줄이기 위해서는 계속적으로 발달하는 기술을 도구로 사용해야 할 것이다.

적시(適時)학습

만약 교사의 역할이 변해야 한다면 사실과 지식을 전파할 근본적인 필요도 또한 변해야 할 것이다.[12] 이 비유를 생각해 보라. 헨리 포드는 자동차 생산을 위해서 부품을 잔뜩 쌓아 놓고 줄지어 있는 조립자들에게 대 주는 일관작업장을 개발하였다. 부품의 가격과 노동력이 저렴할 때는 그것이 필요할 때마다 공급이 보장된 합리적인 방법인 양 보였다. 그러나 점점 여러 달 혹은 여러 해 동안 사용하지 않는 목록을 유지하는 데 비용이 많이 들었다. 미국 기업은 잔여 목록의 문제를 더 많은 통제와 경영과 기술로 해결할 수 있을 것이라고 보았다. 그들은 그것을 철학의 문제로 보지 않고 오히려 "왜 지금 당장 사용하지 않는 것에 귀중한 자원을 낭비할 필요가 있느냐"고 생각했다.

1970년대 후반에 일본 자동차 회사는 잔여 부품을 저축이라고 생각하고 적은 비용으로 더 좋은 차 만들기에 주력하기 시작하였다. 그러면 그들은 어떻게 부품을 쌓아 놓지 않고 일관작업장에 부품을 갖다 줄 수 있었을까? 그 질문에 대한 대답은 자동차나 생산공장에서 많은 사람들에 의해서 '적시(適時) 반응'이라는 말로 통한다.[13,14,15] 그것은 이런 것을 의미하는 말이다. 부품 공급자들이 과거에 수개월 전에 공급하던 사례와 달리 공장에서 필요한 시간 2일 전에 부품을 공급하기로 계약을 한다. 적절한 시기 반응은 자동차 회사가 창고의 공간과 비용, 시간 그리고 당장 필요하지도 않은 데에 자원을 사용할 필요를 감소시켰다. 그것은 새로운 상품을 생산하는 데 낭비를 감축하는 절차일 뿐만 아니라 하나의 철학이다.

그 분야의 지도자들은 이 철학에 관하여 언급한다.

> 적시(適時)란 즉석해결이나 고위자에 의해서 하룻밤에 결정하는 제도도 아니다. 적절한 시기는 고위층의 책임과 지도력을 요구하고 동시에 그 과정에 참여하는 모든 개인들의 이해와 헌신을 필요로 한다(p. 21).[15]

> 사람들과 함께 시작한다. 아무리 자동화되어 있는 기계라도 품질향상은 사람들이 시작한다. 그들의 회사를 개혁한 사람들은 물리적인 변화를 노동자와 매니저들과의 관계에서 성공한 것으로 명시한다(p. 81).[13]

> 적시 제도에서는 물건이 필요한 정확한 시간에 그 물건을 생산하기 위해서 필요한 부품이 필요한 장소에 배달된다…. 이것은 경영자, 노동자, 공급자들이 문제해결에 함께 일하겠다는 강한 의지가 있을 때에만 성공할 수 있다(p. 6).[14]

기업은 통상 인간 존재를 보지 않고 결과에만 초점을 맞추기 때문에 교육에 기업의 접근방법을 도입하는 것을 나는 별로 좋아하지 않는다. 적시 반응은 만약에 부품을 지식으로 생각해 본다면 호기심을 자극하는 개념이다. 어린이들이 성장해서 필요할 때까지 어린이들 머리에 사실을 저장해 두려는 대신에 적절한 시기에 지식을 사용할 수 있다. 지식은 실제 문제에 적용하지 않으면 쉽게 망각이 일어나고, 그리고 많은 경우에 학생들은 시험을 위해서 암기할 뿐이다. 이 사실은 연구 자료로 쉽게 뒷받침할 수 있다. 페퍼다인대학교 경제학 교수 개리 골(Gary Galles)에 의하면 "우리 대학원생들은 그들이 배운 것을 곧 잊어버린다"라는 제목의 논문에서 다음과 같이 똑같은 결론을 내린다.

> 쓸모 있는 교육개혁을 고려할 때 만일 학생들이 그들이 배운 것이 기억할 가치가 없다고 믿는다면, 어떤 개혁도 '평범한 사람들의 득세' 를 막을 수 없다는 것을 우리는 명심해야 한다…. 그들이 배우고 있는 많은 지식이 유익하지 않다고 판단했기 때문에, 학생들은 배우는 과정에서 쓸데없는 것들로 머리를 어지럽게 하지 않으면서 성적증명서만 좋게 보이게 하려고 노력한다.
>
> … 학생들은 배우는 데 관심이 있다. 그러나 교사가 말로 설명했다고 해서 가르친 것을 기꺼이 기억하려고 하지는 않는다. 그 점은 교육을 위해서 나쁜 일이 아니라 오히려 다행이다. 결국은 배우고 있는 것에 대한 가치를 질문하는 것이 교육의 진정한 목적인 지성의 발달을 반영하는 것이기 때문이다(p. 13a).[16]

만일에 지식이 비축되어 있지 않다면 학생들은 어떻게 배울 수 있을까? 학생들은 학습을 위해 즉석에서 지식을 회득할 수 있다. 학생들은 문제를 해결할 필요가 있을 때 어떤 주제에 대한 사실이나 정보를 찾을 수 있다. 따라서 자극, 연구계획서, 협동학습집단, 객원 전문가, 질문과 발견을 위한 도전을 통하여 학습할 기회를 제공한다면 가르침은 진정으로 촉진하는 과정이다. 교사는 자원들을 조정하는 역할을 하고, 역동적인 학습분위기를 조성하기 위해서 학생들의 조력을 구할 수 있다.

지난 100년 동안 사실과 정보는 교사와 교과서가 지배하였다. 오늘날 사실과 정보의 문제는 그들의 생명을 반으로 줄였다. 정보의 유용성과 정확성이 급속도로 감소되었다. 어떤 자료에 의하면 유용한 사실의 생명단축 현상은 많은 전공분야에서 20년에서 10년, 5년, 혹은 그 이하로 계산한다. 1970년에 영국 옥스퍼드대학교에서 화학 박사학위를 받은 교수는 그가 배운 '사실' 의 거의 반은 부정확하거나 시대에 뒤진 지식이라고 결론 내렸다.[17]

과학기술의 도구화

우리는 과학기술에 놀랄지 모르지만 과거의 경험에 의하면 학습에서 인간이 가장 중요한 요소이다. 그러나 학습공동체에서 교사의 역할은 촉진자의 역할로 변형되어 가고 있다. 진정한 학습의 잠재능력은 교사들이 전문지식의 원천이라는 부담에서 자유로울 때 실현된다. 과학기술은 현대의 문제에 대한 해결방안을 개발하기 위한 도구로, 그리고 앞으로 해결해야 할 문제의 모의실험을 할 때 활용될 수 있다. 컴퓨터는 정보를 회수하고 최신정보를 구하는 데 논리적인 해결책으로 보이지만 학생들의 학습방법을 변화시키는 데는 성공하지 못하고 있다. 오늘날 학교 컴퓨터의 문제는 쉽게 접근하기가 어렵다는 것이다.* 대부분의 학교는 컴퓨터 실습실을 가지고 있지만 학생들은 일정이 허락되면 일주일에 한 번 실습한다.

노트북의 사용은 정보나 사실의 획득을 혁명적으로 변화시킬 것이고 5년 이내에 대부분의 학교에서 준비해 놓을 수 있을 정도의 가격이 될 것이다. 학생들마다 세상의 지식으로 통하는 컴퓨터를 가지게 될 때 정보제공자로서의 교사의 역할은 영원히 변할 것이다. 이것은 만약에의 문제가 아니라 이런 변화는 오고야 말 것이다.

우리는 개개인의 컴퓨터가 즉석에서의 학습을 지배할 때까지 기다릴 필요가 없다. 각 교실은 '확대가족' 의 자원에 의지할 뿐만 아니라 전 세계로부터 책, 테이프, 잡지, 신문 등 풍부한 자료를 구비하고, 학생들과 교사들은 연구활동이나 다른 필요에 따라서 즉시 정보를 획득할 수 있게 된다.

정보제공자로서의 교사의 역할이 구식이 되므로 교사의 역할을 축소하려는 시도가 있을지도 모른다. 정말로 전통적인 교사의 역할에 집착하는 교사들은 앞으로 10년 동안에 세상이 크게 바뀌었다는 것을 발견하게 될 것이다. 앞으로 20년 동안에 교사직은 줄어들고 촉진자 자리는 증가할 것이다. 학습환경을 자유롭게 할 잠재력이 기분을 들뜨게 할 것이다. 학습의 촉진자들은 인간발달 과정에서 더 큰 역할을 하게 될 것이고, 배움의 즐거움과 잠재력이 튀어나오게 할 것이다. ① 제휴협력과 연결망, ② 배려하는 공동체, ③ 능동적인 학습공동체, ④ 적시학습은 우리나라 방방곡곡의 배움이 있는 장소에서 이런 변화가 어떻게 가능한가에 관한 토론의 출발점이 될 것이다.

---

* 역자 주 : 1990년대 초까지의 미국 학교의 현상이었지만 지금은 개선되고 있다.

도전 : 전 국민적인 대화

미국 교육의 장래에 대한 전 국민적인 대화가 지속될 필요가 있다. 그 대화는 마을마다 그리고 전국적으로 개인 대 개인적인 것이라야 한다. 나는 도시와 시골, 소도시와 대도시의 주민들이 모여서 학습에 대한 대화를 시작하고, 개인의 필요에 부응하고 나라의 방향을 제시하는 계획을 개발하기를 권장한다. 우리는 더 이상 도시와 지역사회의 문제로부터 회피하여 이주할 필요가 없다.

대중매체는 이 책과 다른 출처에서 제기된 문제에 관한 신문 연재물, 잡지기사, 텔레비전 프로그램, 영화 등을 통하여 이런 대화를 조력할 수 있다. 버크민스터 풀러(Buckminster Fuller)가 1950년대에 제안했듯이 일부 회의는 전자기기로 진행될 수도 있다. 그러나 나는 우리가 직면한 교육의 문제를 토론하기 위하여 수천 개의 작은 모임들이 학교, 지역사회센터, 대학교에서 개최되기를 선호한다. 나는 이런 모임들이 전국적으로 개최되고, 그리고 모든 청소년들의 필요를 충족시키는 학교에서 학습을 촉진했거나 배웠던 사람들이 그 토론에 참여하기를 희망한다. 여러분은 전 국민의 화두가 될 문제와 질문에 새로운 생각을 불어넣을 수 있다. 여러분이 고려해 볼 몇 가지 질문과 논점을 나는 이 책의 마지막 장에서 제안하고자 한다.

대화로부터 새로운 방향이 제시될 것으로 믿는다. 대답은 우리 안에 있다. 우리는 서로 경청하고 대화하면서 국민적 일체감과 학습을 위한 지지 제도를 건설해야 한다.

마지막 견해

어떤 이들은 “우리가 한 번에 학교를 개혁할 수는 없다. 시간이 오래 걸릴 것이다.”라고 말할 수 있다. 이 방식이 지속적인 변화를 가져오는 유일한 길이라고 나는 말한다. 대량생산된 학교 개혁은 과거에 성공하지 못했다. 그것이 이제 와서 성공하리라고 생각할 이유가 없다. 교육에서는 같은 치수의 옷을 모두가 입게 할 수는 없다.

하나의 국가로서 우리는 우리 학교들이 민주적 가치가 통합되는 장소로서 위대한 평준화에 이바지하기를 기대할 수 있다. 이것이 교육의 생존 가능한 목표라고 나는 믿는다. 능동적인 학습공동체는 학습의 자원에 제한을 두지 않을 것이다. 변화의 최첨단에 있을지라도 학습공동체는 무엇을 어떻게 배울 것인지에 끊임없이 도전할 것이다.

하나의 국가로서 그리고 민주시민으로서 우리는 다시 서로 경청하고 대화를 시작해야만 한다. 우리의 삶과 미래 세대들의 삶에서 중요한 것에 대한 깊은 생각과 대화 없이는 많은 사람들이 그동안 경험한 고립이 계속될 것이다. 미국의 재정적자는 다음 세대들에게 유산으로 재정적인 부담을 남길 수 있기 때문에 감축되어야 한다. 오늘날 어린이들의 필요에 부응하지 않는다면 우리가 가지고 있는 교육의 부실은 미래 세대에게 더 큰 부담을 남길 수 있다. 애벌레가 나비가 되도록 변형시킬 시간이 도래하였다. 그런 기회는 우리가 원하는 때에 항상 오는 것은 아니다. 따라서 좀 더 생동감 있고 희망에 찬 미래를 위해서 현재를 소생시키는 데 필요한 변화를 가져올 기회를 놓쳐서는 안 된다.

참고문헌

1. C. Rogers, Personal communication with H. J. Freiberg, 1984.
2. National Commission on Educational Excellence, *A Nation at Risk: The Imerative of Educational Reform* (Washington, D.C.: Government Printing Office, 1983).
3. H. J. Freiberg, "Understanding Resilience: Implications for Inner-city Schools and Their Near and Far Communities," in *Educational Resilience in Inner-city America: Challenges and Prospects*, ed. M. Wang and E. Gordon (Hillsdale, N.J.: Erlbaum, 1994).
4. C. Rugley, "Schools Seek to Drop Costly Bureaucratic Burdens," *Houston Chronicle*, 28 March 1993, p. 1d.
5. Center on Organizing and Restructuring of Schools, "Estimating the Extent of School Restructuring," Wisconsin Center for Educational Research, Brief no. 4 (Fall 1992): p. 4.
6. B. Levin, Personal communications about student interviews, 1993.
7. "Preston County Teachers' Institute Needs Assessment" (Preston County, West Virginia, Summer 1992).
8. J. F. Kennedy, Comments made on the Twentieth Anniversary of the Voice of America (Health, Education, and Welfare Building Auditorium, 25 February 1962).
9. A. Perry, *The Management of a City School* (New York: Macmillan, 1914).
10. H. J. Freiberg, "Schools That Foster Resilience in Inner-city Youth," *Journal of Negro Education*, yearbook edition, 62, no. 3 (1993): 364-376.
11. M. L. Smith, "Put to the Test: The Effects of External Testing on Teachers," *Educational Researcher* 20, no. 5 (1991): 8-11.
12. Thanks to Professor Jerry Willis at the University of Houston for directing me to this topic.
13. R. Hall, *Attaining Manufacturing Excellence* (Homewood, Ill.: Dow Jones-Irwin, 1987).
14. A. Hernandez, *Just-in-time Manufacturing: A Practical Approach* (Englewood Cliffs, N. J.: Prentice-

Hall, 1989).

15. M. Sepehri, *Just-in-time, Not Just in Japan* (Falls Church, Vir.: The American Production and Inventory Control Society, 1986).
16. G. Galles, "Our Graduates Soon Purge What They Learned," *Houston Chronicle*, 24 May 1993, p. 13a.
17. A. Toffler, *Future Shock* (New York: Random House, 1970).

| 제 6 부 |

시작된 여정

제 18 장

몇 가지 상념

> 한 인간이 이 진리를 깨달아 아는 방법은… 일편단심으로 헌신함으로써이다. 그러나 그와 같은 헌신에도 불구하고, 한 사람에게는 진실로 보이는 것이 가끔 다른 사람에게는 진실이 아닌 것으로 보일 수 있다. 저마다 자기의 빛에 따라 진리를 추종하는 개개인에게 잘못이 있는 것은 아니다. 사실은 저마다 그렇게 하는 것이 자신의 의무이다. 그런데 만일에 그런 식으로 진리를 추종하는 어느 한 사람에게 실수가 생긴다면, 그것은 자동적으로 바로잡힐 것이다(p. 57).[1]
>
> **마하트마 간디(Mahatma Gandhi)**

비전은 보이지 않는 것을 보고, 앞으로 다가올 일을 깨닫고, 불확실한 상황에서도 믿음대로 행동할 수 있는 능력이다. 비폭력적인 저항의 가르침으로 대륙을 변화시켰던 사람, 마하트마 간디에 의하면 진리는 행선지를 정하고 따르는 것의 중요성을 반영한다. 모든 어린이와 청소년들의 행복에 이바지할 교육의 비전은 학습의 자유에 기초를 두고 있다. 학교에서 학습을 위한 잠재능력과 현실 양쪽에서 현재의 모습과 앞으로 존재해야 할 모습, 존재할 수 있는 모습을 우리는 탐색해 왔다. 인간중심적인 학습공동체로 가는 길은 도전으로 가득 차 있다. 이것이 현실이다. 그러나 도전은 취사선택할 기회이다.

풍부한 도전

모든 노력은 도전을 요구한다. 학교를 인간중심 환경으로 변환시키는 일도 확실히 도전이 필요하다. 우리의 도전은 수백 만의 학생, 학부모, 교사, 그리고 그들의 지역사회에 유익한 방향으로 인도하리라는 것이 나의 희망이다.

대화 분위기 조성

첫 번째 도전은 제17장에서 제안한 대로 국민으로서 그리고 민주시민으로서 학습에 관한 전 국민 대화를 시작하는 일이다. 이 일은 열정을 가지고 시급히 추구해야 한다. 그것은 편집자들과 연방정부, 주정부, 지역사회의 대의원들에게 편지 쓰는 일로 시작할 수 있다. 교육구청이나 대학교에서 학습에 관한 대화를 조성할 수업시간의 연구계획으로 시작할 수도 있다. 시작하기로 결심했으면 다른 사람에게 맡겨 두어서는 안 된다. 만일 다른 사람에게 맡기면 아무도 책임지지 않게 된다. 당신이 먼저 시작해야 한다.

다음 목록은 대화를 시작할 수 있는 몇 가지 질문이다. 여러분도 질문할 목록을 생각해 보았을 텐데 중복되는 것이 있는가?

1. 교육재정지원이 불평등할 때 어떻게 모든 어린이들이 학습을 위한 평등한 기회를 누릴 수 있을까?
2. 공교육에 대한 투자는 오직 재산세로만 충당되어야 하는가?
3. 어떻게 하면 폭력보다는 화해가 학교와 사회의 목표가 될 수 있을까?
4. 성공적인 학교의 기준을 시험점수, 성적 및 운동 이상으로 더 확장시킬 수 있을까?
5. 학생들의 학업적 · 정서적 행복을 위해 건강하지 못한 학교들은 일시정지시킬 수 있는가?
6. 어떻게 하면 청소년들이 폭력의 증인, 희생자, 혹은 하수인이 되는 악순환을 차단할 수 있을까?
7. 자원을 사후 처치에서 어린이들과 가족들을 후원하는 예방으로 전환시켜야 할까?

8. 학교가 어떻게 하면 더 인간중심적이 될까?
9. 어떻게 하면 자원을 관료들의 수하에서 학생들의 학습에 유익한 교실로 이전시킬 수 있을까?
10. 전국의 어린이들이 우리 지원의 초점이 되도록 하려면 어떤 결단을 내려야 할까?

보시다시피 우리는 대화할 것들이 많다. 이 목록은 시작에 불과하다. 논쟁할 문제는 이 책 안에서 다루었지만 그러나 대화는 더 포괄적이어야 한다. 모든 문제에는 적절한 해결책이 있지만 우리나라는 시간에 쫓기고 있다. 우리 각자가 청소년들의 교육과 행복에 다 제일 우선권을 주어야 한다. 나라의 장래와 우리의 황혼기에 우리를 관리할 지도자들이 오늘 우리 교실 안에 있다. 우리가 제공해 온 자원에 근거하여 판단한다면 그들이 어떤 유형의 세계를 건설할 수 있을까?

학부모, 교사, 학생 그리고 원근 지역사회의 구성원들 사이의 대화는 학생들의 필요를 충족시킬 학교의 바른 방향에 초점을 맞추어야 한다. 학교의 잘못된 부분에만 관심을 가진다면 우리는 변형하는 상황보다는 보수하는 상태에 늘 빠지게 된다. 학생, 교사, 학부모, 행정가, 그리고 다른 시민들이 묘사하는 성공적인 아카데미의 긍정적인 사례가 대화의 부분이 되어야 한다.

학교의 일시정지가 어쩔 수 없이 필요하다면 일부 학교는 변환 기간에 문을 닫고, 학생들은 물론 교사들을 위해 조성된 기회라는 관점에서 그 과정이 토론되어야 한다. 요청하는 변화에 대하여 의논하는 것만으로는 충분하지 못하다. 구조조정에 참여하는 사람들은 먼저 변화를 경험해야만 한다. 그들은 그들의 생각이 이론적으로나 글로서 타당할 뿐 아니라 그 개념을 실제로 실행하는 학교와 현실 세계에서 효과적인지를 이해해야 한다. 구조조정하는 학교의 교사와 행정가들은 인간중심학교를 방문할 시간을 할애하여 며칠 혹은 몇 주를 보내면서 대화하고, 인간중심적인 학습환경의 하루하루 일정에 참여해 봐야 한다.

샌디에이고에 있는 도시 저소득층을 위한 공립학교인 오파렐 지역사회학교는 제9장에서 묘사한 대로 어떻게 변화가 가능한지를 보여 주는 좋은 예이다. 낡은 건물 안에서 새 학교를 개발하는 사람들은 "다인종, 학생중심적인 환경에서 학문적으로 다양한 교육과정을 제공하여 중급정도의 학생들이 수월성을 조장하는 꿈과 학교에 대한 비전을 가지고 있다. 그런 학교는 중급정도의 청소년들의 사회적, 지적, 심리적, 육체적 필요를 돌봐서 그들이 책임감과 교양이 있으며, 생각하며 이바지하는 시민이 되게 하려는 희망을 가지고 있다"(p. 12).[2]

오파렐 학교 학생들의 성공의 핵심은 학습공동체의 구성원들을 위해 중요한 것이 무엇인지에 대한 대화를 지속적으로 해 왔다는 것이다. 이 대화는 오랜 시간에 걸쳐서 개발되었다. 1989년에 변환된 학교 사람들의 경험담을 알 필요가 있어서 대화가 시작되었다. 오파렐 지역사회학교의 교사들은 학습자중심의 학교개발에 성공한 학교와 다른 구조조정 프로그램을 방문할 기회를 가졌다. 오파렐 학교의 계획은 다른 데서 성공적이었던 구상(예를 들면 교사와 학생의 가족적인 학습집단, 사회봉사, 행정자원을 교실에 배분하기 등)을 통합하면서 오파렐 학습공동체에만 있는 독특한 프로그램을 고안하였다. 이 고안은 학생 수가 1학년 때 450명이던 것이 3개학년 1,350명으로 증가함에 따라 첫해 시행하고 바뀌었다. 과거에 교육제도가 제대로 돌보지 못한 학생을 위해서 무엇을 할 수 있을지에 관하여 꿈과 비전을 심어 주기 위한 교사 수련회를 열었다. 오파렐 팀 전체, 즉 학부모, 교사, 직원, 그리고 직간접적으로 학생들의 삶의 만족도에 관여하는 모든 사람들이 참석하였다. 그 수양회와 집단모임은 계획단계에 시작하여 1989년 이래로 매년 거행되었다. 지속적인 대화와 상호작용의 필요성은 꿈을 촉진했고, 모든 구성원들에게 유익한 학교의 비전을 실현하는 데 도움을 주었다. 오파렐 학교의 학습일정은 학생들과 교사들의 필요에 따라서 고안되었다. 매일 학생, 학부모, 교사들 사이의 대화를 위한 시간이 할당되었다. 팀 멤버들 사이의 매일 대화 이외에 오파렐 교직원은 서로 연락하고 대화를 촉진하기 위해서 연중 수련회 형식으로 만났다. 어느 수련회에서는 구성원들이 랭스턴 휴즈의 시 〈할렘〉을 읽도록 부탁받았고, 이루지 못한 꿈에 대하여 대화를 나누었다. 한 구성원이 말했다. "등반가로서 나는 무거운 짐을 고맙게 여길 수 있습니다. 여행이 계속될수록 그 짐은 점점 더 가벼워지기 때문입니다. 그 짐 없이는 높은 지대에 올라갈 수가 없으니 당신은 그 짐을 옮기기 위해서 점점 더 강해져야 합니다." 다른 교사가 "맞습니다. 전통적인 교수방식에서는 그 짐을 혼자서 지고 갔지만, 오파렐에서는 우리는 나누어 지고 갑니다."라고 반응했다(p. 27).[3]

대화, 모둠학습, 공동회의와 공동학습을 통하여 조성하는 혁신은 많은 교사들이 갈망하는 방법을 조성할 수 있지만 실제로 경험하는 교사는 아주 적다. 같은 장소에서 같은 일을 다른 사람들과 상호작용 없이 일상적으로 하는 교사들은 학생들의 필요에 무감각해진다. 네덜란드의 테오 우벨스(Theo Wubbels) 교수에 의해서 수행된 한 국제적인 연구는 미국, 네덜란드, 오스트레일리아, 이스라엘, 그리고 핀란드의 학생들과 교사들의 상호작용을 관찰하였다. 그 연구에 의하면 10년 경력의 교사들은 그들의 학생들과 감성적인 상호작용이 의미 있게 줄어들었음을 보여 주었다.[4]

도제제도

교사중심에서 학생중심 학습으로의 전환은 아마도 가장 큰 도전이 될 것이다. 만약에 전국의 학교에서 지속적인 변화가 일어나게 하려면 인간중심 학습환경에서 교사들이 도제실습을 할 필요가 있다. 이런 실습은 전환을 꾀하는 학교의 교사들에게는 특별히 필요하다. 우리는 해 봄으로써 가장 잘 배운다. 따라서 변화가 지속되려면 학생들의 필요를 충족시키는 데 성공한 기록을 가진 학교에서 도제 실습을 제공해야 한다. 사람들은 이 책에서 논의된 것이 실제로 일어나고 있고, 합리적이고 실제적이며, 훨씬 더 즐거운 방법이라는 것을 볼 필요가 있다. 도제실습은 촉진자들이 전문직에 진입하기 위한 과정으로 삼을 수도 있다. 교생실습 이상의 기능을 하면서 도제실습은 대학의 교수들과 더불어 촉진자들을 돕는 학습공동체의 한 부분이 될 수 있다. 이런 변화는 교수학습의 철학을 재고하게 만들 것이다. 그런 변화는 대학의 자원들을 학습공동체 안에 재배치하게 만들고 새로 부임한 교사들이 전문가들과 함께 일할 수 있게 한다.

자원

자원은 사람들과 돈 측면에서 모두 또 다른 도전거리이다. 우리는 필요한 것을 하기에 충분한 자원을 가지고 있다고 가정한다. 일부 학교에서는 그것이 사실이지만 도시와 농촌의 많은 학교에서는 분명히 그렇지 않다. 나는 최근에 미국 남서부 지방의 도시 고등학교에서 시카고 부근의 교외 고등학교로 전직한 교장을 만났다. 그는 도시 고등학교에서는 학교재정으로 학생당 3,728달러를 받았지만 교외 고등학교에서는 학생당 10,540달러를 받는다. 그 재원 때문에 새로 부임한 학교에서는 훨씬 더 많은 일이 가능하다고 말했다. 새 학교에서는 여러 명이 함께 쓰지 않고, 각 학생마다 기자재가 배당된다. 시설이 밝고 기분 좋은 분위기이며 난방에서부터 에어콘까지 모든 기계가 제대로 작동한다. 학생들이 필요에 따라 연구 계획을 짤 수 있는 공간적 여유가 있다. 그 교장이 전에 근무한 학교는 협소해서 학생들이 창작활동을 할 공간이 태부족이었다. 전국에 있는 학생들에 대한 교육재정의 불평등은 좋은 교육에 장애가 되고 있어서 전 국민의 대화의 주제가 될 필요가 있다.

학생들을 위한 자원 외에도 교사들을 부담으로 생각할 것이 아니라 우리 미래의 자산으로 간주할 필요가 있다. 오파렐 지역학교의 변신은 사람과 재정 모두에서 자원이 요청되었다. 지속적인 대화는 근무시간에 별도의 시간을 요구하였고, 학교를 떠나 다른 지역을 방문하거나 예정된 수련회에서 사람들을 만나기 위해서 돈을 필요로 하였다. 일부 기금은 교육청에서 나왔고, 다른 기금은 지역사회 기업체나 재단에서 주었다. 오파렐은 샌디에이고에서 완전하게 구조조정한 최초의 학교여서 자원이 충당되었다. 그러나 20, 40 혹은 모든 샌디에이고 학교들이 오파렐을 따라가고 싶어 한다면 어떤 일이 발생할까? 학교가 학생들의 사회정서적 필요와 학습에 필요한 것을 충족시키기 위해서 요구되는 자원의 수준을 재고하지 않으면 안 된다.

교육에 관한 신화의 두 부분에서 애리조나대학교 데이비드 벌린너(David Berliner) 교수는 유네스코의 교육지출 자료를 분석하였다. 벌린너 교수에 의하면 미국은 취학 전 아동교육에서부터 대학에 이르기까지 스웨덴을 제외하고는 다른 대부분의 나라보다 더 많은 비용을 소비한다(캐나다와 네덜란드는 미국과 비슷하다). 그러나 취학 전 아동에서 고등학교까지의 기간에는 미국은 독일보다 14%, 일본보다는 30%, 스위스보다는 51% 적게 소비한다(pp. 12-3).[5] 이 연구 결과에다 가정의 붕괴와 10대들이 표출하는 자포자기가 세계에서 가장 높은 청소년 자살과 살인비율을 첨가해 보면 즉각적이고 지속적인 반응을 요청하는 비명을 듣는 것 같다.

위대한 변화는 분명하게 정리된 몇 가지 착상으로 시작될 수 있다. 나는 이들 추가적인 도전거리를 검토해 보고 우리가 기회로 삼고 선택할 몇 가지 가능한 대책을 제시하고 싶다. 우리는 이 책을 통해서 교육자들이 작은 행동으로 의미심장한 결과를 얻는다는 것을 지켜봤다. 그러나 지속적인 변화는 하룻밤에 이루어지지 않는다. 그것은 시간과 인내 그리고 무엇보다도 사명과 비전을 필요로 한다. 학생들의 최선의 이익에 초점을 둔 전략이나 사명이라면 다양한 접근방법이 있다. 학생들의 필요와 욕구가 계속적으로 충족되는지 최선의 이익을 항상 확인해야 한다.

제1장에서 학생들의 필요가 충족되어 그들이 학교를 사랑할 때 학생들에게 미치는 영향을 기술하였다. 우리 각자의 본성인 동기는 인간중심 학습환경에서 지속적으로 유발된다. 학생들의 필요가 무시당할 때 어떤 일이 발생하는지도 보았다. 그런 까닭에 교사중심에서 학생중심의 연속선상으로, 학생과 교사의 필요를 반영하는 속도로 시작하는

것이 훨씬 더 바람직한 일이다. 만일 고등학교에서 가르치고 있다면 단번에 다 하지 말고 한두 반만 점진적으로 시작해 보라.

나는 한 여교사가 협동학습을 시도했으나 성공하지 못했다는 말을 들은 적이 있다. 그는 "학생들이 허둥댔다"고 설명했다. 내가 그 학생들을 만나 보니 그들은 "선생님이 집단으로 활동하는 우리에게 시간마다 강의를 해서 우리는 어쩔 줄을 몰랐다."고 답했다. 두 가지가 명백해졌다. 하나는 변화의 속도가 너무 급했고, 다른 하나는 교사가 학생들이 협동적으로 공부하는 방법을 배우도록 도와주지를 못했다. 그러나 교사는 학생들의 협동학습이 어떻게 진행되고 있는지 학생들로부터 피드백을 전혀 얻지 못했다. 나와 대화를 계속하면서 학생들은 교사와 함께 문제가 되고 있는 것에 대한 토론을 더 할 필요성에 대하여 구체적으로 지적하였다. 한 방법에서 다른 방법으로의 전환은 속도 경주가 아니라 하나의 과정이다. 어떤 학생들은 적응하는 데 시간이 더 필요할 수도 있다. 학생들로부터 피드백을 얻는 일과 일어난 일에 대한 반성은 성공적인 변화과정의 두 가지 중요한 요소이다.

동일한 목표로 가는 다양한 행로

인간중심 교육기관을 운영하는 성문화된 규정은 결코 있을 수 없다는 것이 또 다른 도전이다. 구성원들에게 권한을 줌으로써 각 기관마다 독특한, 그 집단 나름대로 특별한 방식으로 운영될 수 있다. 다른 책 『개인의 힘에 관한 칼 로저스』에서 로저스는 시카고대학교에서의 체험담을 기술하였다. 그 책에서 인용된 글을 여기에 소개한다.

> 나는 시카고대학교에서 이것을 처음으로 알아차렸다. 대학 측에서 보면 나는 상담센터를 책임진 사람이다. 나는 상담소를 운영하기 위해서 나를 포함한 모든 사람들과 그 책임을 공유하였다. 그 시절 나의 근무경험에 대하여 기술하겠다.
>
> 그 상담센터에서 나는 이상한 것들을 많이 배웠다. 처음에는 그 센터를 운영할 바른 길을 발견할 것 같지 않아서 나에게는 아주 낭패였다. 첫째로 모든 결정은 만장일치로 이루어졌다. 그것은 너무 부담스러웠다. 우리는 의사결정을 소집단에게 위임하였다. 진행속도가 느렸다. 조정관을 선출하여 그의 결정을 준수하되 그는 국무총리처럼 신임투표를 얻어야 되는 것으로 했다. 점진적으로 나는 바른 길이 없음을 깨달았다. 상담센터의 생명과 활기는 경직성이 없고, 집단의 마음을 움직일 수 있는 놀랄 만한 능력과 새

로운 운영방식과 긴밀하게 엮여 있었다.

권한이 분산되었을 때는 조정관이나 예산위원회의 회장이 되든 간에 결코 대단한 일이 아니었다. 그렇게 하다 보니 행정업무는 새로 들어온 직원들이 차지했다. 왜냐하면 그 길이 상담소운영의 내부 사정에 익숙해질 수 있는 통로였기 때문이었다. 인턴 실습생이 다음 해의 예산을 계획하는 집단의 회장이 될 수도 있다. 신참 직원이 기회위원회나 진급심사위원회의 장이 될 수도 있다. 만약에 여러 가지 행정업무가 구성원들의 의사를 정확하게 반영하지 못한다면 그런 결정은 전 직원들에 의해서 거절될 것을 알고 있기 때문에 연장자들은 행정업무에서 해방되어 더 많은 시간을 연구와 상담에 투자할 수 있게 되었다.

행정업무에서 나는 개인의 감정이 매우 중요함을 발견했다. 종종 직원들은 사소한 일로 많은 시간을 소비하는 것 같았다. 어느 민감한 사람이 논쟁거리에 깔려 있는 감정 — 개인적인 적대감, 불안한 느낌, 두 사람 사이의 경쟁심, 혹은 이해받지 못한 사람의 분노 등을 알아차리고 언급해야 비로소 해결되었다. 일단 그 감정이 표출되고 나면 그토록 중요해 보였던 문제는 아무것도 아니었다. 서로 공개적으로 솔직한 대화가 되고 나면 다음 해의 예산배정, 조정관의 선출, 중요한 정책의 채택 등이 수분 만에 결정될 수 있었다(pp. 94-95).[6]

섬뜩한 관료주의

또 하나의 도전은 의사결정과정에서 어떻게 관료주의의 팽창을 최소화하느냐는 것이다. 예를 들면 많은 기업체들은 성장함에 따라 한때 창의적이던 작업집단이 변화를 추구하는 데 막중한 장애물이 되는 문지기로 변질된다는 것을 발견한다. 피 알 페어필드(P. R. Fairfield)의 책 『인간중심 대학원 교육』은 모든 조직체가 일상화된 관료주의 체제를 만들어 가는 성향이 있음을 지적하고 있다(chap. 5).[7] 그는 다음과 같이 말한다.

공립학교, 개인들의 등산클럽, 기업체, 교회, 혹은 어떤 다른 조직체든 그것을 개척하는 데 참여했던 사람들은 권장하는 관점, 강령, 혹은 규칙에 다른 사람들이 순응하도록 설득할 합리적인 제도를 쉽게 적용하게 된다는 것을 깨닫게 된다. 그래서 자유주의적, 급진적, 혹은 자유 추구를 옹호할 목적으로 세운 어떤 기관이라도 그의 목적과 일치하지 않는 행동에 대비하여 사실상 독재적인 논리를 재창조하는 경향이

있다(p. 100).[7]

무엇이든지 심지어 자유조차도 강제된 규칙이 될 수 있다. 진보주의 학교 아동의 옛날 만화에서도 어느 정도 진리를 찾아볼 수 있다. 그는 "내가 하고 싶은 것을 꼭 해야만 합니까?"라고 말한다. 비구조화된 참만남 집단에서도 참여자들은 그들이 순응해야 하는 규범을 종종 발견하게 된다. 그러니 관행적인 절차의 축적은 모두 슬며시 성문화된 규정으로 쉽게 변질될 수 있다.

관료제도에 또 다른 요소가 내포되어 있다. 즉 한 조직은 일단 형성되었으므로 마치 지속되어야 마땅하다는 식으로 행동하는 성향이다. 임시위원회가 상설위원회로 변한다. 우리는 기관은 스스로 영속하려는 성향이 있다고 말한다. 기관에 속한 사람들은 그들의 최초 목적을 성취하려고 노력하기보다는 현상을 유지하려는 경향이 있음을 발견하게 된다고 말하는 것이 더 정확한 표현이다. 선출직 공무원들은 영원히 계속하려는 듯한 각종 위원회들을 처리해야 하는 어려움을 깨닫는다. 주의회 기구들은 각 위원회의 존속기간을 제한하는 '일몰' 정책을 채택하였다. 결정된 시한인 보통 3~5년 후에 위원회는 그의 최초 목적을 달성했는지 여부를 평가해야 한다.

이 방법은 우리 공립학교에서도 유용하다. 학교집단은 어떤 특별한 문제를 해결할 실제적인 목표에 초점을 둔 임시위원회를 구성할 수 있다. 이 위원회는 학부모, 학생, 교사, 그리고 행정가들을 포함한 관심 있는 이들로 구성된다. 일단 문제가 해결되거나 해결불가능이 판명되면 그 임시위원회는 사라질 것이다. 교육 혹은 행정 분야에서 모두 이 양방향 해결방식은 비인간화와 관료제도를 억제하는 데 매우 유용한 모델이 될 수 있다. 그것은 인간적인 접근방법의 지속을 담보할 것이다.

권력에의 유혹

권력을 필요로 하는 마음이 아마도 위원들이 그들 자신의 유용성을 검토하기를 거부하는 이유의 근거이다. 개인의 존엄성, 가치, 잠재능력의 존중을 목적으로 하는 대부분의 기관들의 비교적 짧은 생명을 설명해 주는 마지막 요소가 하나 있다. 권력에의 유혹은 기업체에서 나온 좋은 사례를 검토해 봄으로써 잘 조명해 볼 수 있다.

거대한 기업체의 자문관을 15년 동안 해 온 사람을 나는 알고 있다. 이 기업체의 사업은 다양했다. 그러나 대부분 제조분야의 조직들은 작고 널리 사용되었다.

이 자문관은 그 조직체에다 그의 존재방식, 훈련방식 및 인지적인 방법을 통하여 인간중심적인 경영방식을 도입했다. 그러나 전 조직체에 도입한 것이 아니라 적은 수의 중간 및 중상 간부들과 함께 시작하였다.

그가 높이·존경받아 왔고, 함께 훈련한 매니저들이 매우 효율적이어서 그는 수년 전에 하나의 '실험'을 할 수 있도록 허용되었다. 세 개의 공장이 실험 제조공장으로 분리되었는데 그 공장은 그 자문관이 훈련하고 함께 일해 왔던 관리자들이 있는 곳이다. 다른 세 개의 공장은 통제집단으로 지정되었다. 이 기업체는 매우 현대적인 대기업체이고, 노사관계가 양호하고, 같은 종류의 제품을 생산하는 다른 기업체와 비교할 때 생산성도 매우 높고 비용절감을 잘하는 곳이었음을 분명히 밝혀 둔다. 통제집단이나 실험집단의 공장들이 '잘 운영되는 집단'으로서 실험을 시작하였다.

지난 9년 동안 실험집단의 공장에 있는 사람들은 점점 더 인간중심적인 철학으로 깊이 참여하게 되었다. 근로자들은 책임자들에 의해서 철저하게 감독, 감시, 혹은 조사받는 대신에 오히려 신뢰받으며 일했다. 마찬가지로 근로자들은 서로 신뢰하였다. 근로자들 사이에 상대방의 능력에 대한 존중만큼이나 상호존중의 정도가 특별히 높았다. 자문관과 그 공장 관리들의 강조점은 좋은 인간관계, 상하 및 수평적인 양방향 대화 및 책임, 선택, 의사결정의 분배였다.

그 결과는 명백하게 나타났다. 실험집단의 공장은 한 집단의 평균비용이 약 22센트였다. 통제집단의 공장은 같은 상품의 평균비용이 70센트였다. 실험공장은 매니저가 현재 3~5명이다. 비슷한 크기의 통제집단의 공장에는 매니저가 17~23명이나 되었다. 실험집단 공장의 근로자와 감독자들은 주차장에서 그들의 일에 대하여 활발하게 대화하면서 들어온다. 통제집단의 공장에서는 사람들이 출근시간에 늦지 않으려고 부지런히 대체로 홀로 들어온다(pp. 101-2).[6]

이것은 매우 괄목할 만한 성공사례이다. 결론은 그 회사 전체에 인간중심적인 경영이 현재 조성되고 있다고 나와야 마땅하다. 그러나 현실은 그렇지가 않다. 나중에 이 자문관과 나는 대화를 나누었다. 그는 그 실험공장이 지금도 아주 잘 운영되고 있고, 그들과 함께한 자신의 업적에서 자부심을 느끼는데 그가 그 회사와 함께 일한 것은 실패로 간주한다고 말하였다. 최고경영자는 그 실험공장의 증가된 이익과 높은 사기를 평가하면서도 다른 공장에 이 모델을 따르도록 실행하지는 않았다. "왜 안 하지요?"라고 내가 물었다. 그의 대답은 깊이 생각하게 만들었다. "다른 공장의 매니저들이 우리가 하는 것을 면밀히 검토해 보았을 때 그들은 그들의 권한을 얼마나 포기해야 되는지, 근로자들과 공유해야 되는지를 깨달았다. 그러고 나서 그들은 그들의 권력을 포기하기를 싫어했다." 사람을 통제하는 권한이 기업체의 궁극적인 목표인 이익창출보다도 더 중요한 것처럼 보인다고 내가 말하자 그는 동의하였다.

이 사례에 첨부할 흥미 있는 주석은 세 개의 실험공장의 매니저들이 그 실험공장을 떠나야 하는 진급제안을 받았을 때 많은 매니저들이 사양했으며, 생산을 촉진하는 인간적인 방식에 대한 이해가 있는 조직체의 높은 자리를 희망했다. 직장에서 다른 사람을 통제할 권한을 주는 정책을 유지하는 회사들은 몇 년 후에 충격에 빠졌다. 이들 회사의 대부분은 수입은 줄어들고, 그들의 시장은 사라졌으며, 근로자들은 이직을 하였다.

똑같은 현상이 학교에도 나타날 수 있다. 교육기관의 행정가들은 학습을 촉진하기보다는 사람을 통제하는 데 높은 가치를 두는 것 같다. 사람들마다 권력에 욕심을 내기 시작한다. 행정가들은 권력이 줄어들까 봐 교사들과 권한을 공유하기를 싫어하고, 교사들은 통제하지 못할까 봐 두려워서 학생들과 권한을 공유하려고 하지 않는다. 학생들은 힘의 중요성을 알고 교사들에게는 물론 동료 학생들에게도 같은 방식으로 힘을 사용한다. 난폭한 행동은 물론 수동적인 행동도 그 결과로 나타난다. 권력에의 집착은 상부로부터의 힘을 유지하기 위해서 더 큰 통제를 요구하게 된다. 통제에 대한 필요는 얼마나 큰지 어떤 학교는 교도소처럼 운영하고, 다른 학교들은 모든 창의적인 활동을 말살시킨다.

국민의 통제

전 국민적 대화의 필요성이 나날이 더 급해진다. 교육을 향상시키려는 서로 다른 집단의 행동들이 상반되거나 역효과를 가져온다. 전국적인 기준을 향해 가는 운동이, 의도는 선하지만 위로부터 내려오는 또 하나의 통제기제가 될 가능성이 있다. 교사와 학생들은 그 기준을 따르거나 아니면 퇴색시키려고 엄청난 시간을 소비하게 될 것이다. 논쟁은 이제 시작에 불과하다. 《교육의 지도력(Educational Leadership)》의 최신호에 나온 다음과 같은 반응은 강요된 기준의 문제에 대한 교사들의 입장을 잘 대변하고 있다.

한 교사가 관료들에게 말하다

앤드류 던*

전국적인 기준을 만들려는 운동은 잘 진행되고 있다. 곧 거대한 세 단체, 즉 전국영어교사협회, 국제독서협의회 및 독서연구센터가 결정한 기준이 전국의 어문학 교사들에게 영향을 줄 것이다.

교실에서 교사들은 전국적인 표준에 관하여 한 가지 주된 관심을 가지고 있다. 일단 표준이 정해지고 표준의 평가가 시행되면, 교사와 학생들은 더 잘하게 될까?

만약에 표준화 검사와 주 단위 능력검사의 경험이 시사하는 바가 있다면 대답은 "아니올시다"이다. 이런 일들이 발생할 것이다. 첫째, 주 · 군 · 구 단위의 성적평가 사이에 비교가 될 것이다. 이 결과는 우리가 이미 알고 있는 것을 말해 줄 것이다. 어떤 학교들은 학생들을 가르치느라고 온갖 고생을 한다. 그럼에도 불구하고 그 부정적인 소식은 수없이 많은 관료주의 보고서, 정치인들의 연설, 그리고 대중매체의 해설에서 부각시키게 될 것이다.

둘째로, 행정관료들은 점수를 올리기 위해 열을 올릴 것이고, 정치적인 공격을 줄이거나 호의적인 선전을 하게 될 것이다. 관료들은 새로운 평가방법에 맞는 교육과정을 조율할 것이고 새로 맞춤식 교과서 제작자들이 등장하게 될 것이고, 그들은 큰돈을 손에 넣게 될 것이다.

셋째로, 뒤떨어진 교육기관에 돈을 퍼부을 것이다. 그러나 학급의 크기를 줄이거나 교사들과 학생들이 함께할 시간을 더 주는 의안제출에는 거의 사용되지 않을 것이다. 자원은 별 볼 일 없는 전문가를 채용하는 데 쓰거나 보고서 작성, 교사들은 사용이 금지된 복사기 구입 등에 투자할 것이다.

넷째로, 기준은 표준화될 것이다. 얼마나 다행인가. 한 3학년 어린이가 학기 중에 다른 주에서 전학 오면 단 한 줄도 손해 보지 않는다. 왜냐하면 전국의 모든 학교가 같은 페이지를 배우고 있을 테니까.

전국적인 표준을 정하는 일은 만일 그것이 교사들과 학생들 사이에서 일어나는 일을

---

* Dunn, Andrew (1993). "A Teacher Talks to the Standards Bearers," *Educational Leadership*, 50, 8:78. Reprinted with permission of the Association for Supervision and Curriculum Development.

향상시킨다면 가치가 있을 것이고, 그리고 만일 전국단위의 시험이 없어지고 그 표준이 고정된 규칙이 아니라 모델로서 기능하도록 허용할 때에만 가치가 있을 것이다. 더 나아가 자원은 그 표준을 준수하려는 말단 행정구역을 돕는 데 사용되어야만 한다.

사람을 기만하는 애매한 표현으로 오늘날 '평가(assessment)' 라고 부르는 전국적인 시험은 교사들의 능력을 향상시키는 데 도움이 안 될 것이고, 학생들 인생의 가능성이나 학교 주변에서 학생들의 기회를 확대하는 데 아무런 도움이 안 될 것이다. 평가가 비참한 현실을 경감시켜 주지도 못할 것이다. 일반 교사들은 오늘날 세계 수준을 추구하고, 적응하고, 부응하는 데 필요한 지원을 받지 못하고 있다. 교사들은 예를 들면 학습이론을 곰곰이 생각해 볼 시간이나 학문적인 논문을 쓰고 발표하거나 연구비를 신청할 시간이 없다. 이 글을 쓰면서도 얼마나 많은 교사들이 이 글을 읽을는지 의심스럽다. 누가 시간이 있단 말인가?

…만일 미국이 진정으로 아이들 교육을 더 잘하기를 원한다면, 우리가 교실의 교사들에 대한 지원 대신에 평가로 대치할 수는 없다(p. 78).[8]

논평

교육에서 중요한 것이 무엇인가에 관한 대화의 부족은 뉴저지 주 앨런데일에 있는 고등학교 영어교사인 앤드류 던과 같은 학습의 촉진자를 방어적인 입장에 서게 한다. 그는 학생들과 자신에게 오랫동안 영향을 미칠 결정을 하는 과정에 참여할 기회를 주지 않으니까 상부로부터 일방적으로 요구해 오는 물결을 물리치려고 노력한다.

시작된 여정

한 권의 책의 결론은 끝일 수도 있고, 시작으로 보일 수도 있다. 이 마지막 쪽을 넘기면서 독자 여러분은 한평생의 탐색과 나눔으로 이끄는 여행의 출발점에 서 있는 자기 자신을 보기 바란다.

하나의 여정은 마치 물방울 하나하나가 다른 것과 연합하여 개천이 되고 마침내는 큰 강과 바다로 흘러가는 강물과도 같다. 이들 작은 물방울이 없이는 강은 말라 버리고 바다는 사라질 것이다. 우리 각자는 물방울과도 같다. 우리가 개인적 혹은 집단으로 선택하는 행로는 다른 사람들에게 영향을 주고 미래를 변화시킬 것이다.

교육의 변화는 하나의 강처럼 풍경을 재구성하는 데 시간이 걸린다. 의미 있는 변화는 우리가 아동이나 교실이나 학교를 볼 때 사기가 오르게 한다는 것을 알 수 있다. 빗방울처럼 우리가 서로 연합해야 의미 있는 변형을 가져온다.

이 책을 통한 여러분의 여정은 희망, 배려, 신뢰, 나눔, 그리고 무엇보다도 사람들이 배울 수 있도록 자유를 촉진하기와 같은 주제와 함께 출발점을 고려해 볼 줄로 믿는다. 최선을 다해도 인생은 미리 예정되어 있지 않은, 변하는 과정이다. 여러분이 이웃들과 연합하여 변화의 강을 형성해 주기를 나는 희망한다. 수혜자들은 배려하는 지역사회에서 따듯한 사람들과 함께 배우고 싶어 하고 그럴 필요가 있는 사람들이다. 이런 변화는 다른 사람들이 처방하게 할 것이 아니라 당신 자신이 고안해야 한다. 어떤 여정도 고민거리가 전혀 없지는 않다. 어두운 굴을 통과해야 빛을 보게 될 때도 있다. 그러나 그 과정에서 우리는 더 현명해진다. 지혜는 세월이 지나고 나이가 들면 얻어지는 것이 아니라 삶의 도전, 실수로부터의 학습을 통하여 경험 위에 쌓인다. 새로운 경험으로 인해서 생기는 부조화가 진정한 의미에서 학습이다.

우리는 우리 자신의 감정을 신뢰하고 새로운 경험에 도전하는 모험을 해야 한다. 어린이들이 좋아하는 학습공동체를 제공하기 위해서 우리 다시 헌신하자. 그 목표를 달성하려면 우리는 뒤로 물러서서 우리 학생들과 우리 자신을 신뢰하고 우리 모두에게 학습의 자유를 허용해야 한다.

참고문헌

1. M. Gandhi, *Selected Writings*, Cited in R. Arnett, *Dialogic Education: Conversation about Ideas and between Persons* (Carbondale: Southern Illinois University Press, 1992).
2. P. Gordon and K. Bachofer, *Restructuring: An Inside Look: The Evolution of the O'Farrell Community School: Center for Advanced Academic Studies* (San Diego: San Diego Unified School District; Planning, Research, and Evaluation Division, 1990).
3. K. Bachofer and William Borton, *Restructuring: A View From the Trenches: The Continuing Evolution of O'Farrell Community School: Center for Advanced Academic Studies* (San Diego: San Diego Unified School District; Planning, Research, and Evaluation Division, 1992).
4. T. Wubbels, "Special Issue: Guest Editor's Notes," *Journal of Classroom Interaction* 27, no. 1 (1992): v-38.
5. D. Berliner, "Are Our Schools Really Failing?: Twelve Years of Myths Debunked," *NJEA Review* 66, no. 5 (1993): 12-19.

6. C. R. Rogers, *Carl Rogers on Personal Power* (New York: Delacorte Press, 1977).
7. P. R. Fairfield, *Person-centered Graduate Education.* (Buffalo, N.Y.: Prometheus, 1977).
8. A. Dunn, "A Teacher Talks to the Standards Bearers," *Educational Leadership* 50, no. 8 (1993): 78.

부록

변화를 위한 자원 : 학습공동체

여기서는 학습공동체를 개발하기 위해서 이 책에서 제시한 아이디어를 확장할 자료, 프로그램, 그리고 사람들의 연락망을 제공한다. 변화는 시간이 걸리고 지지가 필요하다. 이 자료는 학교와 교실에서 인간중심 학습을 개발하도록 노력하는 여러분을 도울 지역사회의 후원이라고 생각하면 된다.

우리는 《전인교육 평론(Holistic Education Review)》 편집자들(P.O. Box 328, Brandon, VT 05733)에게 감사드린다. 전인교육 자원 안내 부분을 이 책에 게재할 수 있도록 제공해 준 런 밀러에게 특별히 감사드린다.

그리고 이 책에 대한 여러분의 소감을 환영하고 기대한다. 다음 주소로 연락해 주기 바란다.

H. Jerome Freiberg, Professor of Education
Farish Hall, Room 350
University of Houston
Houston TX 77204-5872
Telephone : (713)743-4953

연락망과 기관

Alliance for Parental Involvement in Education (ALLPIE)

P.O. Box 59, East Chatham NY 12060-0059

가정이나 공 · 사립학교 교육에 학부모 참여를 지원하고 격려하는 비영리단체이다. 이 단체는 학부모들의 권익과 교육 참여에 관한 팸플릿, 도서목록, 뉴스레터, 의뢰 봉사, 회의, 워크숍 세미나를 제안한다.

Association for Childhood Education International

11501 Georgia Avenue, Suite 315, Wheaton, MD 20902

발달단계별 교육과정 자료를 지원하는 전문가들의 협회이다. 교육관련 주제, 학교 밖의 학습기회, 교사, 학부모 그리고 돌보는 이들을 위한 종합적인 자료 안내 등 다양한 환경에서 학습을 촉진하는 실제적인 아이디어를 포함한 각종 출판물을 제공한다.

Association for Play Therapy

c/o California School of Professional Psychology, 1350 M. Street, Fresno, CA 93721

놀이치료와 아동중심 학습방법에 헌신하는 다학제간 국제적인 학회이다. 놀이는 치료와 학습의 통합적인 요소로 본다. 회원들은 교사, 카운슬러, 건강관리사, 그리고 어린이생활전문가들을 포함한다. 뉴스레터와 회의를 지원한다.

Center for Integrative Learning

315 University Street, Healdsburg, CA 95448

고(故) 비벌리 컬린 갤리언(Beverly-Colleen Galyean)의 업적에 영감을 받아서 뇌 전체 학습 촉진, 심상의 사용, 다측면 학습, 뇌에 적합한 학습과정 및 통합적인 교육과정을 고안하는 곳이다. 관련 서적을 출판하고, 회의와 연구소를 지원하고, 교육과정 자료를 개발한다. 자문, 연락망, 그리고 '창의적인 사고과정' 을 지원한다.

Center for the Study of Learning and Teaching Styles

Learning Styles Network, St. Johns University, Grand Central Parkway, Jamaica, NY 11439

교육현장에서 학습유형연구의 적용을 후원하는 단체이다. 교사들로 하여금 자신들의 교수방법은 물론 학생 개개인의 학습유형에 익숙해지도록 격려한다. 뉴스레터, 학술연구안내, 소프트웨어 및 기타 자료를 개발하고 회의도 후원한다.

Center for Thinking and Learning

Box 7189, University of North Dakota, Grand Foxs, ND 58202-7189

학술 논문은 물론 진보주의 교육과 개방 수업방식에 관한 논문을 출판한다.

Cooperative Learning Center

200 Pattee Hall, University of Minnesota, Minneapolis, MN 55455

데이비드 존(David John)과 로저 존슨(Roger Johnson)이 개발한 협동교육방법으로 교사훈련을 지원하고 학술연구를 후원한다.

Educational Kinesiology Foundation

P.O. Box 3396, Ventura CA 93006-3396

교육적인 운동요법은 뇌 전체와 몸으로 학습하는 것을 통합하는 생물학적인 접근방법이다. 이 단체에서는 《Brain Gym Magazine》을 출판하고, 책과 다른 자료들, 그리고 미국 전역에서 교육적인 운동요법의 원리를 개강하여 지원한다.

FairTest

342 Broadway, Cambridge, MA 02139

공평하고 공개적인 테스트 전국센터는 교사와 학생들의 표준화 검사와 연계된 문제와 불평등 요인을 탐색한다. 계간지 《FairTest Examiner》를 출판하고, 〈대학입학시험에서의 성차별 : 왜 여성들이 불리한가?〉, 〈대학적성검사의 신화 : 해당사항 없음〉 등과 같은 여러 가지 탐색적인 보고서는 물론 연중 2회 다양한 문제에 대한 최신정보를 발간한다.

Folk Education Association of America

4112 38th Street NW, Washington DC 20016

청소년들에게 창의적이고, 민감한, 그리고 적극적인 삶을 준비시켜 주는 '삶을 위한 학교' 인 스칸디나비아형 평민 고등학교 모델을 조장한다. 평민교육은 책임감 있는 시민정신은 물론 인간적인 발달을 강조하는 학생중심적, 협동적, 전인적 교육이다. 성인교육과 '학습집단' 도 또한 강조되었다. 협회는 잡지, 뉴스레터를 발간하고 연차대회를 개최한다.

Global Alliance for Transforming Education (GATE)

P.O. Box 21, Grafton VT 05146

교육개혁을 위한 지구촌연맹(GATE)은 개인의 능력향상, 사회정의, 평화, 지속가능한 환경을 조장하는 교육의 비전을 촉진하기 위해 함께 뭉친 전인교육자들의 전 세계 연락망이다. 이 연맹의 활동은 전인적인 가르침과 교사교육에 관한 연례회의는 물론 지역학교와 공동체를 위한 개혁 과정을 포함한다.

Individual Education International (IEI)

c/o Bill Kiskaddon, 4404 242nd Place SW, Mountlake Terrace, WA 98043

코르시니(Corsini)의 4R 방법에 흥미를 가진 교육자들의 모임이다. 개인교육은 알프레드 아들러(Alfred Adler)의 개인주의 심리학에 바탕을 두고, 한층 더 민주적이고 학생들을 존중하는 교육을 추구한다. 회원들은 〈Individual Education Bulletin〉을 구독하는 등의 활동을 한다.

Institute for Democracy in Education

1241 McCracken Hall, Ohio University, Athens, OH 45701-2979

민주적인 방법으로 민주시민을 양성하는 방법을 탐색하는 교사와 부모들의 모임이다. 정치적인 연대 없이 풀뿌리 시민들의 조직체이다. 계간 잡지 《민주주의와 교육》, 뉴스레터 및 다른 출판물을 발간하고, 워크숍 연구소, 자원센터, 서점 등을 후원한다.

Institute for Learning and Teaching

449 Desnoyer, St. Paul, MN 55104

뇌활동에 적합한 교육방법에 관한 훈련, 학교와 지역사회 직원 훈련, 뉴스레터 《Brain-based Education Networker》를 발간한다.

International Affiliation of Alternative School Associations and Personnel

c/o Dr. Raymond Morley, Office of Educaiton Services for Children, Families, and Communities, Department of Education, Grimes State Office Building, Des Moines, IA 50319-0146

대안교육협회, 교육자, 학부모들의 조직체이다. 대안학교, 프로그램과 봉사활동을 발전시키는 주와 지역사회 집단을 조력한다.

International Alliance for Invitational Education

c/o School of Education, University of North Carolina, Greensboro, NC 27412

마음을 끄는 교육은 주로 윌리엄 퍼키(William Purkey)의 업적에 근거한 인본주의적인 접근법이다. 자긍심과 인간적인 성장을 조장하는 협동적이고, 마음을 유혹하는 교육방법을 통하여 인간의 잠재능력 개발을 고취한다. 그 연맹은 연결망, 워크숍 및 특별활동은 물론 뉴스레터, 도서, 기타 출판물을 간행한다.

International Association for the Study of Cooperation in Education

P.O. Box 1582, Santa Cruz, CA 95061

학생들이 학습팀을 구성하여 협력하고, 교사들이 서로 지원하는 협동학습 방법을 실천하고 연구하도록 지원한다. 뉴스레터 《교육에서의 협력》은 통찰력 있는 논문과 자원목록을 수록한다. 갈등해소와 평화교육도 언급한다. 또한 《협동학습》이라는 잡지를 발간하고, 협력교육 영역에서 통합적인 자원과 포럼도 개최한다.

National Association for Core Curriculum, Inc.

404 White Hall, Kent State University, Kent, OH 44242-0001

유치원부터 고등학교 그리고 대학의 교육과정에서 학제 간, 통합된 수업시간대 운영을 조장한다.

National Association for the Education of Young Children

1509 Sixteenth Street NW, Washington DC 20036

출생부터 8살까지 어린이들의 건전한 성장과 발달을 조장하는 데 헌신하는 사람들의 조직체이다. 어린이들에게 발달단계에 적합한 교육방법을 후원한다. 잡지, 도서, 브로슈어를 발행하고, 회의개최, 지역집단이나 정보제공을 지원한다.

National Association for Mediation in Education

205 Hampshire House, University of Massachusetts, Amherst, MA 01003

갈등해결기술과 동료화해 프로그램을 가르친다. 이미 시행 중인 갈등해결 프로그램에 관한 정보, 교육과정 안내, 전국적인 출판물 교환기관으로 기능한다. 문헌목록,

주소록, 뉴스레터 및 보고서를 발행한다.

National Association for Student-Centered Learning (NASCL)

c/o David Jackson, 2 Church View, Norton-sub-Hamdon, Somerset, England, TA 14 6SG

학생들은 학습과정에서 그들이 중심이 될 때 가장 잘 배운다는 신념을 가진 교육자들의 조직체로 1990년에 발족하였다. 뉴스레터와 다른 출판물을 간행하고, 회의와 모임을 주선한다. 도나 브란데스(Donna Brandes)와 폴 지니스(Paul Ginnis)의 저서 『A Guide to Student-centered Learning』과 『The Student-centered School』 두 권의 책을 영국에서 Basil Blackwell 출판사가 간행하도록 한 근원지이다.

National Coalition of Alternative Community Schools

P.O. Box 15036, Santa Fe, NM 87506

학부모 협력, 프리스쿨, 가정학교 지지자들의 조직체이다. 학생들의 여행과 교환을 촉진한다. 연례회의, 지역회의, 잡지와 뉴스레터를 후원한다. 회원학교들의 주소록과 자원목록을 발행해 왔다.

Network of Progressive Educators

P.O. Box 6028, Evanston IL 60204

공립 · 사립 대안학교, 개방학교, 진보주의 학교에서 온 교육자들의 조직이다. 진보주의 교육사상을 동일시하는, 교사와 학생들의 학습에 초점을 두는 사람들을 결집하는 것이 목적이다.

New Horizons for Learning

P.O. Box 15329, Seattle, WA 98115-0329

학습과 사고 기술에 관한 최근 연구를 소개하는 《On the Beam》을 발행하고, 세미나, 워크숍, 그 연구결과를 적용하기 위한 홍보기관이다. 특별한 회의를 주선하고, 전자 뉴스레터를 발행할 예정이다.

The Person-centered Expressive Therapy Institute

c/o Natalie Rogers, P.O. Box 6518, Santa Rosa, CA 95406

나탈리 로저스(Natalie Rogers)가 창립한 연구소로 책, 비디오테이프, 워크숍 및 기타 창의성과 의식에 관한 자료를 제공한다. 그는 최근에 『The Creative Connection : Expressive Arts as Healing』을 Science & Behavior(Palo Alto, Calif.:1993) 출판사에서 발행하였다.

Renaissance Educational Associates

4817 North County Road 29, Loveland, CO 80537

자신들의 창의적인 삶이 다른 사람들에게도 의미 있고 목적이 있는 삶이 될 것을 아는 교육자와 학부모들의 전 세계 회원 조직체이다. 계간지 《The Renaissance Educator》를 발행하고, 전 세계 30곳의 활동을 주선하고, 연례회의를 후원한다. 여름마다 전문적인 지도자연수를 실시한다.

Teachers' Research Network

c/o Dr. John Chattin-McNichols, Seattle University, Seattle, WA 98122

교사들로 하여금 어린이들 발달의 관찰자와 혁신적인 교육방법의 결과를 관찰하도록 격려한다. 몬테소리 교육에 초점을 두고, 몬테소리와 다른 조기 어린이 교육자들 사이의 연결고리 역할을 한다.

Wholistic Special Interest Group

American Educational Research Association, 1230 Seventeenth Street NW, Washington DC 20036-3078

전 세계 교육자들이 American Educational Research Association 연차대회에 모여서 정서교육과 관련된 연구결과와 쟁점을 토론하고 보고한다.

교육자를 위한 전문잡지

AERO-Gram

Alternative Education Resource Organization, 417 Roslyn Road, Roslyn Heights, NY 11577

미국 전역과 전 세계 대안학교와 지역사회에 관한 최신 정보가 들어 있는 뉴스레터를 발행한다. 20년 이상 대안학교 교육에 적극적으로 관여한 제리 민츠(Jerry

Mintz, 새로 대안학교를 시작하려는 학부모와 다른 사람들을 조력하는 자문가로도 활동)가 편집하였다.

Childhood－The Waldorf Perspective

c/o Nancy Aldrich, P.O. Box 39, Westford, VT 05494

어린이 발달에 관한 워돌프(Waldorf)의 견해에 초점을 둔 자녀교육, 학교교육, 가정학교에서 전인적 · 영적 대안을 탐색한다. 가정생활, 협력적인 주도자, 교육과정, 독창적인 놀이, 자연세계의 경이, 이야기 들려주기, 음악, 미술, 공작, 축제, 논평, 자원 제공 등을 토론한다.

Consortium for Whole Brain Learning

461 Ohio Street, St. Paul, MN 55107

학년 중에 4회 발간되는 뉴스레터는 다양한 학습유형을 소개하는 자료들을 포함한다.

Early Education and Development

39 Pearl Street, Brandon, VT 05733-1007

취학 전 아동교육과 가정을 조력하는 사람들을 위한 계간 전문잡지이다. 조기교육 종일반 프로그램, 특수교육, 기타 실용적인 교육문제에 관한 연구를 실행할 것을 강조한다.

Green Teacher

95 Robert Street, Toronto, Canada, M5S 2K5

북미에서 1년에 5회 발간되는데 초등학교/중학교 교사, 학부모들이 어린이들과 함께 지구와 환경에 대한 자각을 하도록 조장한다. 교육, 교실 활동, 원주민들의 관점, 국제적인 발달, 해양교육, 갈등해소, 에너지 교육 등 다양한 주제에 관한 새로운 자료의 논평과 논문을 제공한다.

Holistic Education Review

P.O. Box 328, Brandon, VT 05733-0328

Joyful Child

P.O. Box 5506, Scottsdale, AZ 85261

어른들은 물론 어린이들의 자긍심, 사랑, 평화, 기쁨을 일깨우기 위해서 고안된 잡지이다. 즐거움은 인간성의 진정한 본질이지만 현대사회에서 조심스럽게 계발해야 할 필요가 있다는 것을 강조한다. 이 목적으로 Joyful Child는 즐거운 어린이를 양육하는 부모수업을 촉진하는 지도자훈련을 한다. 도서와 다른 출판물을 배포하고 심포지엄을 개최한다.

Limbic Plus

Jenzen Kelly Associates, Inc., 32260 88th Avenue, Lawton, MI 49065

두뇌, 의식, 학습에 관한 최근 연구의 교육적 의미에 관하여 두 달에 한 번씩 뉴스레터를 발간한다. 평생학습, 교육자원들, 모범적인 교사 등에 관한 특종기사를 게재한다.

Pollen : Journal of BioRegional Education

Sunrock Farm, 103 Gibson Lane, Wilder, KY 41076

"인간은 자연을 존중하는 관계를 확립하고 장소에 대한 분별력을 회복해야 한다"는 인식하에 교육에서 생태학적인 조망을 촉진한다. 이 생태학적인 접근은 교육의 내용과 과정에 관련있는 다양화와 분권화를 강조한다. Pollen은 북미생태학회의 회의 내용과 연결되어 있다.

Rethinking Schools

1001 East Keefe Avenue, Milwaukee, WI 53212

밀워키 지역 공립학교 교육자들에 의해서 독자적인 교육잡지와 뉴스레터를 발간한다. 도시의 사회적 문제, 표준화 검사, 독서방법 및 교사들은 물론 학부모들의 관심사를 포함하여 오늘날 교육의 문제를 폭넓게 검토한다.

평화와 지구 교육

American Friends Service Committee

1501 Cherry Street, Philadelphia, PA 19102

평화교육 자료와 기타 학습자료 발간을 제안한다.

Canadian Peace Educators' Network

c/o The Pembina Institute, P.O. Box 7558, Drayton Valley, Alberta, Canada, TOE OMO

정보와 자원교환을 위한 조직체이다. 전 세계 평화교육 문제와 광범위한 자원목록을 탐색하는 계간지 뉴스레터와 전국적인 주소록을 발간한다.

Center for Cross-cultural Education

College of Education, Georgia State University, Atlanta, GA 30303-3083

국제적인 관점에서 교육의 문제에 관한 8권의 책을 발간해 왔다. 가장 최근의 책은 미국과 소련을 포함한 여러 나라의 교사교육과 교육개혁운동을 연구하였다.

Children Around the World Resource Center

P.O. Box 40657, Bellevue, WA 98015

다른 나라의 동료들과 편지와 작품을 교환하기 위하여 연계하는 과정에서 초등학교/중학교 교사들을 조력한다. 여러 나라의 슬라이드, 노래, 이야기를 채집한 전 세계 자료집을 개발하고 있다. 뉴스레터 《Courier》는 전 세계에서 온 소식과 아이디어를 제공한다.

Children's Creative Response to Conflict

522 North Broadway, Nyack, NY 10960-0271

아동들은 물론 교사들이 협력, 의사소통, 지지, 갈등해결, 편견, 중재의 기술을 배울 수 있는 활동, 출판, 워크숍, 그리고 과목을 개설한다. 갈등의 뿌리를 해결할 전인적, 경험적 접근을 제시한다. Fellowship of Reconciliation과 연계하여 전 세계에 27개의 지국을 가지고 있다.

Educators for Social Responsibility

23 Garden Street, Cambridge, MA 02138

핵무기와 다른 세계적인 논쟁, 갈등해결, 비판적 사고 등에 관한 교육과정자료를 제공하고, 교사들을 위한 워크숍을 후원한다.

Global Education Associates

475 Riverside Drive, Suite 1848, New York, NY 10115

탁월한 잡지 《Breakthrough》는 물론 책, 전공논문, 영상물, 녹음테이프, 비디오테이프의 광범위한 목록을 생산한다. 국제적인 분쟁의 대안을 탐색하고 다문화적인 이해를 지지한다.

International Association of Educators for World Peace

Box 3282, Huntville, AL 35810

모든 사람들이 조화, 번영, 평화 속에서 함께 살아가는 지구촌 공동체 건설을 목적으로 한다. 공포와 불신을 제거하는 방법으로 우주탐험에 초점을 두고 협력적인 국제적인 모험을 촉진한다. 《Peace Education》과 다른 출판물을 발간하고, 전 세계 50개 국가에 지국을 두고 있다.

Legacy International

Route 4, Box 265, Bedford, VA 24523

세 가지 주요 영역, 즉 대화와 갈등해결, 환경과 지속가능한 개발, 그리고 다문화적인 의사소통에서 훈련과 행동 계획을 제공한다. 세미나, 워크숍, 교육과정 개발 프로그램, 자문, 회의, 민중의 행동과 교육운동에서 오늘날 그리고 미래의 세계 문제의 해결책으로 문화 간의 이해에 중점을 둔다.

Martin Luther King, Jr., Center for Nonviolent Social Change, Inc.

449 Auburn Avenue, Atlanta, GA 30312

초등학교에서부터 고등학교까지의 학생들을 위한 교육과정 자료를 제공한다. 목록이 필요하면 편지를 쓰면 된다.

Nuclear Age Peace Foundation

1187 Coast Village Road, Suite 123, Santa Barbara, CA 93108

신간서적 『Waging Peace』는 물론 평화연구에 관한 사상가들에 의해서 집필된, 중요한 문제에 관한 폭넓은 평화실천에 관한 소책자들을 출판한다. 또한 고등학교 논술경연대회를 후원한다.

Parents and Teachers for Social Responsibility

Box 517, Moretown, VT 05660

모든 아동들에게 더 안전하고 건전한 세계를 증진하기 위한 출판, 회의 및 특별한 연구활동을 후원한다. 『What About the Children?』과 『The Monkey's Dilemma』를 출판했다. 교육자들을 위한 국제적인 회의가 1995년 개최되었다.

Peace Education Program

Box 171, Teachers College, Columbia University, New York, NY 10027

서적(『Comprehensive Peace Education』, 『Educating for Global Responsibility』)과 다른 자료를 출판하였다. 국제적인 연구소와 세미나를 후원한다.

Peace Links

747 Eight Street SE, Washington DC 20003

평화와 핵문제에 관한 공교육에 헌신한다. 'Celebrate Peace', 'Reach for Peace', 'Global Awareness'와 같은 제목으로 부모, 교사, 학생들을 위한 정보와 자료집을 편집한다. 뉴스레터 《Student Action Update》와 《Connection》을 간행한다. 교환학생과 다른 프로그램을 후원한다.

Peace of Our Minds

R. D. 1-H, Box 171, West Edmeston, NY 13485

어린이를 위한, 어린이에 의한 포럼을 개최한다. 8세부터 18세까지의 청소년들이 평화실천자로서 그들의 역할을 탐색하도록 격려한다. 그들은 신체적 장애에 도전하는 것은 물론 문화적, 인종적, 가정적 차이에 관하여 글을 쓴다. 'Kid to Kid'라는 제목으로 이루어지는, 어린이들의 관심사를 탐색하는 질의응답 토론회도 있다.

Skipping Stones

80574 Hazelton Road, Cottage Grove, OR 97424

다인종 어린이들의 토론회는 지구촌 교육을 생동감 있게 한다. 전 세계에서 문화적인 다양성과 자각을 함께 경축하기 위해 펜팔을 요청하거나 시, 기사, 이야기, 미술, 사진 등을 수집한다. 정기적으로 특기할 만한 소식, 서평, 그리고 운문 등을 수집한다.

전인교육 이론

Thomas Armstrong, *The Radiant Child* (Wheaton, Ill.: Quest Books, Theo-sophical Publishing House, 1985); *In Their Own Way* (Los Angeles: Tarcher, 1987).

John P. Miller, *The Holistic Curriculum* (Toronto: Ontario Institute for Studies in Education Press, 1988).

Ron Miller, *What Are Schools For? Holistic Education in American Culture* (Brandon, Vt.: Holistic Education Press, 1992).

Maria Montessori, *The Secret of Childhood* (New York: Ballantine, 1972).

Margaret Naumburg, *The Child and the World* (New York: Harcourt Brace, 1928).

Donald W. Oliver and Kathleen Gershman, *Education, Modernity, and Fractured Meaning: Toward a Process Theoy of Teaching and Learning* (Albany: State University of New York Press, 1989).

Joseph Chilton Pearce, *Magical Child* (New York: Dutton, 1977); *Magical Child Matures* (New York: Dutton, 1985).

David E. Purpel, *The Moral and Spiritual Crisis in Education* (Granby, Mass.: Bergen and Garey, 1989).

Mary C. Richards, *Toward Wholenes: Rudolf Steiner Education in America*(Middletown, Conn.: Wesleyan University Press, 1980).

Thomas B. Roberts, ed., *Four Psychologies Applied to Education* (Cambridge, Mass.: Schenkman, 1975).

Douglas Sloan, *Insight-Imagination: The Emancipation of Thougt and the Modern World* (Westport, Conn.: Greenwood, 1983).

부가적인 도서 목록

M. J. Adler, *The Paideia Proposal: An Educational Manifesto* (New York: Macmillan, 1982).

E. Anderson, *StreetWise* (Chicago: The University of Chicago Press, 1990).

D. Aspy and F. Roebuck, *Kids Don' t Learn from People They Don' t Like* (Amherst, Mass.: Human Resource Development Press, 1977).

R. Barth, *Improving Schools from Within* (San Francisco: Jossey-Bass, 1990).

A. Bayer, *Collaborative-Apprenticeship Learning* (Mountain View, Calif.: Mayfield, 1990).

W. Bechtol and J. Sorenson, *Restructuring School for Individual Students* (Needham Hights, Mass.: Allyn and Bacon, 1993).

W. Bennis, *Why Leaders Can' t Lead: The Unconscious Conspiracy Continues* (San Francisco: Jossey-Bass, 1989).

G. Caine and R. Caine, *Making Connections* (Alexandria, Vir.: Association for Supervision and Curriculum Development, 1991).

M. Cohn and R. Kottkamp, *Teaching the Missing Voice in Education* (Albany: State University of New York Press, 1993).

R. Elmore, *Restructuring Schools* (San Francisco: Jossey-Bass, 1990).

H. Fisher Darrow, *Independent Activities for Creative Learning* (New York: Teachers College Press, 1986).

W. Glasser, *The Quality School* (New York: Harper Perennial, 1992).

J. I. Goodlad, *A Place Called School: Prospects for the Future* (New York: McGraw-Hill, 1984).

L. Hergert, J. Phlegar, and M. Perez-Selles, *Kindle the Spark* (Andover, Mass.: The Regional Laboratory, 1991).

J. Herman, P. Aschbacher, and L. Winter, *A Practical Guide to Alternative Assessment* (Alexandria, Vir.: Association for Supervision and Curriculum Development, 1992).

G. A. Hess, *School Restructuring, Chicago Style* (Newbury Park, Calif.: Corwin Press, 1991).

R. Hunter and E. Scheirer, *The Organic Curriculum* (New York: Falmer Press, 1988).

D. Johnson, *Reaching Out*, 5th ed. (Needham Heights, Mass.: Allyn and Bacon, 1993).

B. Joyce and B. Shower, *Student Achievement Through Staff Development* (White Plains, N.Y.: Longman, 1987).

E. Lawler, B. Markovsky, C. Ridgeway, and H. Walker, *Advances in Group Processes* (Greenwich, Conn.: JAI Press, 1992).

G. Morrow, *The Compassionate School* (Englewood Cliffs, N.J.: Prentice Hall, 1987).

J. Murphy, *Restructuring Schools* (New York: Teachers College Press, 1991).

V. Richardson, U. Casanova, P. Placier, and K. Guilfoyle, *School Children at Risk* (New York: Falmer Press, 1989).

P. Schlechty, *School for the Twenty-first Century* (San Francisco: Jossey-Bass, 1990).

T. Sizer, *Horace' s Compromise: The Dilemma of the American High School* (Boston: Houghton Mifflin, 1984).

E. Stone, *Quality Teaching* (London: Routledge, 1992).

C. Teddlie and S. Stringfield, *Schools Make a Difference* (New York: Teachers College Press, 1993).

G. Wehlage et al., *Reducing the Risk* (New York: Falmer Press, 1989).

J. Wertsch, *Vygotsky and the Social Formation of Mind* (Cambridge: Harvard University Press, 1985).

비디오 자료집

〈…그리고 모든 이들을 위한 학습〉은 McREL과 Barbara McCombs 박사에 의해서 제작된 7개의 시리즈로 되어 있다. 주소는 2550 S. Parker Rd., Suite 500, Aurora, CO 80014이다. 1993년 비디오 시리즈는 사람을 아끼고 보살피는 사람들, 교육의 질에 헌신하는 지역사회의 교육프로그램에 관하여 극적인 이야기를 공유한다. 비디오 프로그램은 길이가 대략 25분이다.

찾아보기

ㅈ

기타

저자 소개

칼 로저스(Carl Rogers, 1902～1987)는 미국 역사상 가장 영향력이 큰 심리학자이다. 교육, 상담, 심리치료, 갈등해결 및 평화분야에서 모두 탁월한 영향력을 보인다. 인본주의 심리학의 창시자로서 그의 공감적인 삶, 실험적인 연구, 16권의 저서, 200편이 넘는 학술논문을 통해서 그는 전 세계에 영향을 미쳤다. 그의 가장 잘 알려진 책은 『진정한 사람 되기(On Becoming a Person)』, 『내담자중심 상담(Client Centered Therapy)』, 『학습의 자유(Freedom to Learn)』, 『사람중심상담(A Way of Being)』, 『사적인 힘에 관한 칼 로저스(Carl Rogers on Personal Power)』, 『참만남 집단에 관한 칼 로저스(Carl Rogers on Encounter Groups)』, 『배우자 되기 : 결혼과 그 대안(Becoming Partners: Marriage and Its Alternatives)』 등이다.

한평생 그의 연구와 실험은 개방적인 의사소통을 가능하게 하고, 잠재능력을 최대한 구현하도록 개인에게 힘을 부여하는 심리적 조건을 실증하는 데 초점을 두었다. 그는 전통적인 정신분석과 결별하고 내담자중심의 심리치료를 개발한 선구자였다. 내담자중심 심리치료는 '각 개인은 자기이해, 자기개념, 태도 및 자기지도적 행동을 변화시킬 수 있는 방대한 자원을 자기 자신 속에 지니고 있다. 그리고 규명된 촉진적인 태도를 제공함으로써 이 자원을 개발할 수 있다는 것' 을 인정한다.

로저스의 마지막 10년은 그의 이론을 민족 간의 갈등영역에 적용하는 데 헌신하면서 갈등해결을 실증하기 위해 전 세계를 여행하였다. 아일랜드의 벨페스트에서는 영향력 있는 신교와 구교의 지도자를 모았고, 남아프리카에서는 흑인과 백인, 그리고 미국에서는 건강분야의 소비자와 생산자를 만나게 하였다.

그의 업적을 인정받아서 그는 여러 개의 명예학위와 영광스러운 상을 받게 되었다. 미국 심리학회의 첫 번째 탁월한 과학적 공로상을 받았다. 몇 해 후에 그는 탁월한 전문직 공로상을 받았다. 1987년 2월 4일 그가 사망하던 날은 그가 노벨 평화상 후보로 지명된 날이었다. 후보 추천서에는 "…중앙아메리카, 남아프리카, 북아일랜드에서 당신이 이룬 업적은 진정으로 노벨 평화상 후보가 될 만하다." 라고 기록되어 있었다.

그의 저서 중에 두 권은 사후에 출판되었는데 그의 가장 영향력 있는 논문들을 수록한 「칼로저스 강독」과 그가 폴 틸리히, 비 에프 스키너, 그레고리 벳슨, 그리고 롤로 메이 등과 같은 저명한 인사들과의 대화를 특집으로 묶은 『칼 로저스의 대화』가 있다.

가장 중요한 것은 칼 로저스는 그가 주장했던 민주적인 이상과 연민의 정의 산 모델이었다는 점이다.

H. 제롬 프라이버그(H. Jerome Freiberg)는 휴스턴대학교의 교육학 교수이자 템플대학교에 있는 국립대도시빈민층교육센터의 선임연구원이다. 그는 또한 휴스턴에 있는 국립대도시빈민층교육센터의 소장이기도 하다. 그는 지난 20년의 대부분을 대도시 빈민층 학교의 어린이, 교사, 행정가들의 삶의 질을 향상시키기 위해서 헌신해 왔다.

그는 미국 내 혹은 국제학술지, 저서 속에 게재한 논문을 포함하여 거의 100편의 학술 논문을 발표하였다. 그는 전 세계 50여 개국의 독자를 가진 국제학술지 《Journal of Classroom Interaction》의 편집자이다. 최근에 출판한 두 권의 책은 에이미 드리스콜(Amy Driscoll)과 공저한 『Universal Teaching Strategies』와 로버트 휴스턴(Robert Houston), 르네 클리프(Renée Clift), 알렌 워너(Allen Warner) 등과 공저한 『Touch the Future: Teach?』가 있다. 프라이버그 박사는 1988-1989년도 텍사스대학교에서 탁월한 교수상과 그 대학교 교육대학의 탁월한 교수상을 수상하였다.

그는 웨스트버지니아 프레스턴 카운티에 있는 최초의 교사 아카데미를 시작하였다. 그는 교사들을 위한 프로비던스 열린학교를 창설하였다. 프라이버그 박사는 텍사스 휴스턴에 있는 교사연합을 주도하기도 하였다. 학교에 대한 그의 열정은 학생들과 교사의 복지를 위한 학교와 교실 경영을 포함하여 인간중심적인 면학분위기 조성을 강조한다. 프라이버그 박사는 휴스턴대학교 도심학교교육연구소 소장, 교육과정 및 교수학습 전공학과의 부교수와 교육대학의 교수직을 역임하였다. 그는 6학년에서 12학년까지의 학생들을 가르쳤고, 오랫동안 기간제 교사였으며, 미국 역사와 사회과목 고등학교 교사자격증을 소유하고 있다. 그는 중징계 교도소의 자원봉사 교사이기도 했다. 그는 학교장에 관한 전문 연구원 그리고 휴스턴 주 독서학습센터를 포함한 여러 주와 연방정부의 연구프로젝트의 연구자였다. 그는 휴스턴 지역 6개 학군의 부모와 학생을 위한 '함께 읽기' 운동의 개발자였다.

프라이버그 박사는 또한 면학분위기 향상을 위해 국방부 해외 주둔학교와 이탈리아와 이스라엘 교육부와 협력하였다. 그는 이탈리아, 스페인, 영국, 카나리아제도, 아조레스제도, 포르투갈, 이스라엘, 캐나다 그리고 멕시코 출신 교육자들과 공동연구하였다. 그는 미국 전역에서 대학과 대학교, 주정부 교육국의 자문역을 해 왔다.

역자 소개

연문희(延文熙)

연세대학교 영문학과를 졸업하고 미국 오리건주립대학교 대학원 교육학 석사(Ed.M.), 철학 박사(Ph.D.) 학위를 받았다. 한남대학교, 한국교원대학교, 연세대학교 교육학과에서 교수직을 역임하였으며, 한국상담심리학회, 한국로저스상담학회, 한국카운슬러협회 회장직을 역임하였다. 현재 성산효대학원대학교 초빙교수이다.

주요 저서 및 역서

『성숙한 크리스천의 성격』(역, 1989), 『성숙한 부모 유능한 교사』(저, 1996), 『한 쌍의 대화-중고등학생용』(저, 2001), 『나를 찾아 떠나온 여행』(저, 2008), 『인간중심상담: 이론과 사례실제』(공저, 2008), 『학교상담: 학생생활지도』(공저, 2009), 『학습의 자유-자기주도적인 인간육성의 길』(역, 2011), 『참만남의 대화-대학생용/성인용』(저, 2012) 등